Mechthild Seithe

Schwarzbuch Soziale Arbeit

Mechthild Seithe

Schwarzbuch Soziale Arbeit

2., durchgesehene
und erweiterte Auflage

Bibliografische Information der Deutschen Nationalbibliothek
Die Deutsche Nationalbibliothek verzeichnet diese Publikation in der
Deutschen Nationalbibliografie; detaillierte bibliografische Daten sind im Internet über
<http://dnb.d-nb.de> abrufbar.

1. Auflage 2010
2., durchgesehene und erweiterte Auflage 2012

Alle Rechte vorbehalten
© VS Verlag für Sozialwissenschaften | Springer Fachmedien Wiesbaden GmbH 2012

Lektorat: Stefanie Laux

VS Verlag für Sozialwissenschaften ist eine Marke von Springer Fachmedien.
Springer Fachmedien ist Teil der Fachverlagsgruppe Springer Science+Business Media.
www.vs-verlag.de

Das Werk einschließlich aller seiner Teile ist urheberrechtlich geschützt. Jede Verwertung außerhalb der engen Grenzen des Urheberrechtsgesetzes ist ohne Zustimmung des Verlags unzulässig und strafbar. Das gilt insbesondere für Vervielfältigungen, Übersetzungen, Mikroverfilmungen und die Einspeicherung und Verarbeitung in elektronischen Systemen.

Die Wiedergabe von Gebrauchsnamen, Handelsnamen, Warenbezeichnungen usw. in diesem Werk berechtigt auch ohne besondere Kennzeichnung nicht zu der Annahme, dass solche Namen im Sinne der Warenzeichen- und Markenschutz-Gesetzgebung als frei zu betrachten wären und daher von jedermann benutzt werden dürften.

Umschlaggestaltung: KünkelLopka Medienentwicklung, Heidelberg
Satz: format.absatz.zeichen, Susanne Koch, Niedernhausen
Druck und buchbinderische Verarbeitung: Ten Brink, Meppel

Printed in the Netherlands

ISBN 978-3-531-18070-0

Gewidmet meinem geschätzten,
viel zu früh verstorbenen Kollegen,
Michael Galuske

Inhalt

Vorwort zur 2., vollständig überarbeiteten und erweiterten Auflage...15

Vorwort 17

1	Soziale Arbeit – was ist das eigentlich? 23	
	Persönliche Erfahrungen 25	
1.1	Aufgaben- und Problemstellungen 26	
1.2	Ein kritischer und selbstkritischer Blick auf die Außenwahrnehmung der Sozialen Arbeit 31	
1.2.1	Die Profession Soziale Arbeit – belächelt und infrage gestellt ..31	
1.2.2	Der eigene Beitrag zum Bild in der Öffentlichkeit 36	
1.3	Zur Geschichte der Sozialen Arbeit 39	
1.3.1	Gesellschaftliche Herkunft und sozialpolitische Funktion 40	
1.3.2	Profilierung und Stabilisierung der Sozialen Arbeit ab 1970 ...45	
1.4	Die Profession Soziale Arbeit 47	
1.4.1	Spezifik der Profession Soziale Arbeit 48	
1.4.1.1	Alleinstellungsmerkmal Allzuständigkeit 48	
1.4.1.2	Professionelles Handeln im Alltag 50	
1.4.1.3	Inszenierung und Stiftung von Solidarität 51	
1.4.2	Professionalitätsmerkmale Sozialer Arbeit 52	
1.4.3	Lebensweltorientierte Soziale Arbeit 58	
1.4.4	Menschen- und Gesellschaftsbild der Lebensweltkonzeption ..61	
1.4.4.1	Der Klient als Subjekt in der Sozialen Arbeit 61	
1.4.4.2	Ganzheitliche Sichtweise von Individuum und Gesellschaft ...64	
1.4.5	Der ethische und fachliche Codex der Profession Soziale Arbeit....................................67	
1.5	Soziale Arbeit zwischen Menschen und System 68	
1.5.1	Praxis im Kontext des doppelten Mandates 69	
1.5.2	Die Brückenfunktion der Sozialen Arbeit 70	
1.5.3	Erwartungen und Aufträge des gesellschaftlichen Systems an die Soziale Arbeit 71	
1.5.4	Problemlagen und Unterstützungsbedürfnisse der Menschen ..76	
1.5.5	Widersprüche zwischen beiden Mandaten 78	
1.6	Was professionelle Soziale Arbeit leisten kann 80	
1.6.1	Lebensweltorientierte Lösungen der beschriebenen Fälle 80	

1.6.2	Begriffliche Fassung der Qualität lebensweltorientierter Sozialer Arbeit	88
1.7	Soziale Arbeit und Ökonomisierung – ein Ausblick	89
2	**Veränderte Gesellschaft: Der Markt ist alles**	**91**
	Persönliche Erfahrungen	*91*
2.1	Der Markt übernimmt die Regie	94
2.2	Folgen der gesellschaftlichen Veränderungen für die Menschen	98
2.2.1	Arbeitslosigkeit und prekäre Arbeitsverhältnisse werden normal	98
2.2.2	Der Alltag der Menschen gerät unter das Regime des Marktes	100
2.2.3	Ungleichheit und Armut werden zum akzeptierten Normalfall	105
2.2.4	Zunahme psychosozialer Problemlagen	106
2.3	Folgen der Veränderungen für sozial Benachteiligte	109
2.3.1	Lebensperspektive – Ausgrenzung in Armut	109
2.3.2	Der erwünschte Habitus überfordert – und verhöhnt	111
3	**Die Ökonomisierung der Sozialen Arbeit**	**115**
	Persönliche Erfahrungen	*116*
3.1	Chancen der Ökonomisierung aus Sicht der PraktikerInnen	119
3.2	Die Vermarktlichung der Sozialen Arbeit	121
3.2.1	Die Neue Steuerung	121
3.2.2	Soziale Arbeit als marktwirtschaftliche Unternehmen	124
3.2.2.1	Privatisierung öffentlicher Aufgaben	125
3.2.2.2	Neue Beziehung von Kostenträger und Leistungserbringern	128
3.2.2.3	Leistungs-, Entgelt- und Qualitätsentwicklungsvereinbarung	131
3.2.2.4	Neues Finanzierungskonzept	132
3.2.3	Wettbewerb und Konkurrenz	137
3.2.3.1	Kostenwettbewerb statt Qualitätswettbewerb	138
3.2.3.2	Der Pseudo-Markt Sozialer Dienstleistungen	140
3.2.3.3	Vernetzung als Modernisierungsmetapher	141
3.3	Effektivität, Effizienz und Kostensenkung als zentrale Ziele	141
3.3.1	Kostendämpfung als Effizienzstrategie	142
3.3.1.1	Kosten der Sozialen Arbeit	143
3.3.1.2	Lösungsmöglichkeiten des Kostenproblems	145
3.3.2	Ebenen und Strategien der Kosteneinsparungen	147

3.3.2.1	Umdeutung und Nicht-Erfüllung gesetzlicher Leistungsaufträge	147
3.3.2.2	Schließung von Einrichtungen, Einstellen von Projekten	148
3.3.2.3	Streichung von Stellen und Sachkosten	149
3.3.2.4	Schaffung und Duldung prekärer Arbeitsplätze	151
3.3.2.5	Einsatz fachfremder, nicht professioneller Kräfte	154
3.3.3	Grenzen der Rationalisierbarkeit	156
3.3.3.1	Das Verhältnis von Effizienz und Effektivität	156
3.3.3.2	Rationalisierungsmöglichkeiten in der Sozialen Arbeit	158
3.3.4	Tatsächliche Rolle der Effizienz in der Ökonomisierung	160
3.3.4.1	Dominanz des Effizienzgebotes im Ökonomisierungsprozess	161
3.3.4.2	Effizienz als Pseudokriterium für Fachlichkeit	162
3.4	Folgen von Effizienzdominanz und Kostendämpfung für die Praxis	164
3.4.1	Gefährdung der fachlichen Standards Sozialer Arbeit	164
3.4.1.1	Qualifizierte Soziale Arbeit wird als Luxus abgetan	164
3.4.1.2	Kostendämpfung macht Soziale Arbeit zum Billigprodukt	166
3.4.1.3	Ein bisschen Soziale Arbeit ist nicht genug	168
3.4.1.4	FachmitarbeiterInnen haben die Effizienzschere im Kopf	170
3.4.1.5	Verzicht auf das Gut „sozialpädagogische Fachlichkeit"	172
3.4.2	Verknappte Zeitkontingente gefährden die Qualität	174
3.4.2.1	Mangel an Kontinuität in der Sozialen Arbeit	175
3.4.2.2	Keine Zeit für intensive und nachhaltige Soziale Arbeit	177
3.4.2.3	Reduzierte Personalschlüssel beschneiden die Beziehungsarbeit	178
3.4.2.4	Prozesse bleiben oberflächlich und eher wirkungslos	180
3.4.2.5	Für pädagogische Arbeit reicht die Zeit nicht	182
3.4.2.6	Nicht-klientenbezogene Arbeiten beanspruchen kostbare Zeit	184
3.4.2.7	Burnout als Folge von Arbeitsverdichtung und Effizienzdruck	186
3.4.3	Öffentliche Soziale Arbeit als Erfüllungsgehilfin der Ökonomisierung	188
3.4.3.1	Vorzug kostengünstiger, begrenzter Hilfen	188
3.4.3.2	Effizienzauftrag dominiert die fachlichen Entscheidungen	191
3.4.3.3	Fehlentscheidungen konterkarieren gesetzliche Ansprüche	191
3.4.3.4	Aus SozialpädagogInnen werden öffentliche Finanzverwalter	193
3.5	Verbetriebswirtschaftlichung der Sozialen Arbeit	195
3.5.1	Logik der Betriebswirtschaft und Logik der Sozialen Arbeit	196
3.5.1.1	Messbarkeit der Qualität Sozialer Arbeit	197

3.5.1.2	Betriebswirtschaftliches Unverständnis von sozialen Strukturen	201
3.5.2	Qualitätsmanagement und Qualitätsentwicklung	203
3.5.2.1	Qualitätsentwicklung als fachliche Chance	204
3.5.2.2	Qualitätsentwicklung unter Kostendruck	205
3.5.2.3	Bessere Qualität darf nicht mehr kosten	207
3.5.3	Eigenschaften des Marktproduktes Soziale Arbeit	208
3.5.3.1	Soziale Arbeit, Ware mit Verfallsdatum	208
3.5.3.2	Standardisierung der Ware Soziale Arbeit	210
3.5.3.3	Industrielle Produktion Sozialer Arbeit	213
3.6	Wirkung, Ergebnisqualität und Evidenzbasierung	214
3.6.1	Spezifik sozialpädagogischer Leistungen und Wirkungen	215
3.6.2	Wirkungsforschung und Ergebnisqualität in der Sozialen Arbeit	217
3.6.3	Wirkungsorientierung und Evidenzbasierung im Kontext der Ökonomisierung	219
3.7	Effiziente und ineffiziente Kunden eines Marktproduktes	223
3.7.1	Die Attraktivität der Begriffe ‚Dienstleistung' und ‚Kunde' für die Soziale Arbeit	223
3.7.2	Nutzer Sozialer Arbeit sind keine Kunden	225
3.7.3	Wegfall der zeitaufwendigen Motivierungsarbeit	227
3.7.4	Soziale Arbeit für KlientInnen muss sich rechnen	229
3.7.5	Keine Unterstützung für ineffiziente KlientInnen	230
3.8	Was bedeutet Ökonomisierung?	233
4	**Aktivierungspolitik und Soziale Arbeit**	**239**
	Persönliche Erfahrungen	239
4.1	Der aktivierende Sozialstaat	241
4.1.1	Neoliberale Kritik am vor-neoliberalen sozialen Konzept	242
4.1.1.1	Kritik am bisherigen Sozialstaat	242
4.1.1.2	Kritik an der Sozialen Arbeit	244
4.1.1.3	Neues Leitbild der Gesellschaft: der „aktivierende Sozialstaat"	246
4.1.2	Hartz IV als Modell der aktivierenden Politik	248
4.1.2.1	Arbeitslosengeld und Sozialhilfe bis 2005 – ein Rückblick	248
4.1.2.2	Agenda 2010 und die Hartz-Gesetzgebung	249
4.1.2.3	Das Fallmanagement der Agentur für Arbeit	250
4.1.2.4	Aspekte des neuen Aktivierungsprozesses	252
4.1.3	Die Auswirkungen der Aktivierungspolitik auf die Soziale Arbeit	254

4.1.3.1	Soziale Arbeit im unmittelbaren Kontext zu Hartz IV	255
4.1.3.2	Die öffentliche Soziale Arbeit	257
4.1.3.3	Sonstige Bereiche der Sozialen Arbeit	258
4.2	Umdeutung sozialpädagogischer Grundbegriffe	261
4.2.1	Die Aktivierung des „aktivierenden Staates"	262
4.2.2	Fallmanagement als Perversion einer sozialpädagogischen Methode	267
4.2.3	Vergleich der beiden Aktivierungsbegriffe und -prozesse	268
4.2.4	Bedeutung der begrifflichen Vereinnahmung	271
4.2.5	Der eigene Beitrag der Disziplin zur semantischen Übernahme durch den aktivierenden Staat	273
4.3	Bruch mit dem Gesellschafts- und Menschenbild der Aufklärung	276
4.3.1	Verzicht des Staates auf seine soziale Verantwortung	276
4.3.2	Aufgabe des Grundprinzips ‚Soziale Gerechtigkeit'	279
4.3.3	Barmherzigkeit und Wohltätigkeit statt Ressourcenausgleich	284
4.3.4	Ausgrenzung von Menschen im aktivierenden Staat	287
4.3.4.1	Ausschluss und Zurückweisung von „Überflüssigen"	288
4.3.4.2	Zwei-Klassen-Soziale Arbeit im investiven Staat	290
4.3.4.3	Soziale Arbeit in den „Reservaten des Misslingens"	292
4.3.5	Die „Neue Unterschicht"	293
4.4	Abkehr von Klientenorientierung und Parteilichkeit	297
4.4.1	Paternalisierung statt Respekt vor den Experten ihres Lebens	297
4.4.1.1	Kein Interesse an den Menschen und ihrer Problematik	298
4.4.1.2	Thematische Engführung: Eingliederung ins Erwerbsleben	301
4.4.1.3	Bevormundung verdrängt die Empathie	302
4.4.1.4	Infragestellung des sozialintegrativen Erziehungsstils	303
4.4.2	Die Koproduktion wird zur Farce	304
4.4.3	Druck und Sanktionen als erlaubte „pädagogische" Mittel	308
4.4.3.1	Zunehmende Akzeptanz von Sanktionen in der Gesellschaft	309
4.4.3.2	Das Fallmanagement als Einfallstor einer strafenden Pädagogik	309
4.4.3.3	Die neue Pädagogik der Härte in der Sozialen Arbeit	312
4.4.4	Elternarbeit im Kontext bekannter autoritärer Konzepte	315
4.5	Ausblenden gesellschaftlicher Ursachen von individuellen Problemlagen	318
4.5.1	Individualisierung gesellschaftlicher Probleme	319
4.5.1.1	Neo-Soziale Arbeit individualisiert die Problemlagen ihrer Klientel	319

4.5.1.2	Soziale Arbeit wird reduziert auf ein reines „Erziehungsprojekt".	323
4.5.1.3	Neosoziale Soziale Arbeit fördert den „sozialpolitischen Fatalismus"	328
4.5.2	Abwälzung der Verantwortung auf den sozialen Nahraum	330
4.5.2.1	Aktivierung der Zivilgesellschaft	330
4.5.2.2	Bürgerschaftliche Initiativen und soziale Randgruppen	332
4.5.2.3	Die neosozial gewendete Gemeinwesenarbeit	333
4.6	Entwissenschaftlichung der Sozialen Arbeit	336
4.6.1	Bedeutungsverlust der Gesellschaftswissenschaften für die Soziale Arbeit.	336
4.6.2	Reduktion der Wissenschaft Psychologie auf Psychotechnik	339
4.6.3	Verzicht auf eine Theorie basierte Praxis	340
4.6.4	Standardisierung als Folge einer unwissenschaftlichen Auffassung von Sozialer Arbeit.	341
5	**Was wird aus der Profession Soziale Arbeit?**	**345**
	Persönliche Erfahrungen	345
5.1	Soziale Arbeit verschwindet nicht, aber sie verändert sich	347
5.1.1	Wie sieht eine neosozial veränderte Soziale Arbeit am Ende aus? – eine Zusammenfassung	347
5.1.2	Was neosoziale Soziale Arbeit nicht (mehr) kann und nicht mehr will	355
5.1.3	Die Profession Soziale Arbeit ist bedroht	360
5.2	Veränderungsdruck und Bewältigungsstrategien in der Sozialen Arbeit.	363
5.2.1	PraktikerInnen im neosozialen Projekt – Erleben und Perspektiven	363
5.2.2	Emotionale, kognitive und handlungsrelevante Bewältigungsstrategien	367
5.2.2.1	„Ich muss das schaffen!" – Psychisch-individuelle Entlastungsstrategien	368
5.2.2.2	Fortgesetzte Selbstausbeutung – die geduldigen HelferInnen	369
5.2.2.3	Pragmatismus ist alles – die Realos	370
5.2.2.4	Modern ist immer gut – die ModernisiererInnen	372
5.2.2.5	Endlich wird ein Geschäft daraus – die ModernisierungsgewinnlerInnen	374
5.2.2.6	Passiver Widerstand und subversive Tricks – die unbeeindruckten Profis	375
5.2.2.7	Das Beharren auf dem Verlorenen – die Konservativen	379

5.2.3	Einschätzung der Strategien und Reaktionen	380
5.3	Eckpunkte für ein neues konzeptionelles Selbstverständnis der Disziplin und Profession Soziale Arbeit	384
5.3.1	Ablehnung der Ökonomisierung – Zurückweisung der Marktförmigkeit des Sozialen	384
5.3.2	Ablehnung des sozialpolitischen Konzeptes des aktivierenden Staates – Wiederentdeckung der politischen Rolle der Sozialen Arbeit	387
5.3.3	Eckpunkte für eine wissenschaftlich geleitete, subjektorientierte und politisch aktive Praxis der Sozialen Arbeit – gegen paternalistisch verordnete, standardisierte Verhaltenstrainings	388
5.3.3.1	Besinnung auf die gemeinsame Profession und ihre Merkmale	388
5.3.3.2	Verbindlichkeit des Klientenmandates, Parteilichkeit und ethischer Kodex	390
5.3.3.3	Konsequente Umsetzung der sozialpädagogischen Handlungsstrategien	391
5.3.3.4	Fachliche Autonomie und demokratische Kontrolle der Fachlichkeit	392
6	**Repolitisierung und Politisierung der Sozialen Arbeit**	**397**
6.1	Soziale Arbeit und Politik	398
6.1.1	Das politische Mandat der Sozialen Arbeit	398
6.1.2	Gibt es heute kritische Sozialarbeit und kritische SozialarbeiterInnen?	402
6.1.3	Berechtigte Kritik oder die Verfechter des ewig Gestrigen?	403
6.2	Strategieebenen kritischer Sozialer Arbeit	405
6.2.1	Reflexivität als Gegenbild einer sozialtechnologischen Anpassung	405
6.2.2	Beharren auf sozialpädagogischen Positionen	407
6.2.3	Das politische Mandat der Sozialen Arbeit wieder aufnehmen	412
6.2.3.1	Parteilichkeit mit unserer Klientel	413
6.2.3.2	Aufklärung über das neosoziale Projekt	414
6.2.3.3	Durchführung alternativer Projekte Sozialer Arbeit	415
6.2.4	Solidarisches, vernetztes, politisches Handeln	417
6.2.4.1	Möglichkeiten und Erscheinungsformen solidarischen Handelns	418

6.2.4.2	Selbstverständnis als gemeinsame Berufsgruppe ist nicht entwickelt.	418
6.2.4.3	Hintergründe für den geringen Organisationsgrad in der Profession.	420
6.2.4.4	Organisationen kritischer Sozialer Arbeit	422
6.3	Politisierung als notwendiger Lernprozess in der Sozialen Arbeit.	422
6.3.1	Unterstützungsleistungen für den Prozess der Repolitisierung und Politisierung	423
6.3.2.1	Die Verantwortung der Disziplin für die Politisierung der Profession.	424
6.3.2.2	Verantwortung der Wohlfahrtsverbände und Träger für die Weiterentwicklung	426
6.3.2.3	Verantwortung der Hochschulen für Herausbildung eines kritischen Bewusstseins	429
6.3.2	Wie wird man eine kritische, politisch handelnde VertreterIn der Profession?	431
6.3.2.1	Lernschritte und Erkenntnisse im Kontext Reflexivität.	431
6.3.2.2	Lernschritte in Richtung offensiver Gegenwehr und Einmischung	433
6.3.2.3	Lernschritte in Richtung von Solidarisierung und organisiertem Handeln.	435
6.4	Von der Reflexivität zum politischen Handeln.	438

Literatur 443

Internet Quellen 456

Verzeichnis der Beispiele 459

Stichwortverzeichnis. 461

Vorwort zur 2., vollständig überarbeiteten und erweiterten Auflage

Vor einem Jahr war ich sehr gespannt, wie dieses Buch bei den Sozialarbeitenden (und wie ich hoffte, auch darüber hinaus) aufgenommen werden würde. Selten habe ich in so kurzer Zeit so viele nette und dazu kritische Sozial Arbeitende kennen und schätzen gelernt, wie seit dem Erscheinen meines Buches. Inzwischen habe ich so viel und so positive Rückmeldungen vor allem aus der Praxis der Sozialen Arbeit bekommen, dass ich weiß, dass mein Buch wirklich das leistet, worum es mir ging und geht:

- Es soll ein Buch sein, das jeder verstehen kann, zumindest jede/r SozialarbeiterIn, jede/r Student/in der Sozialen Arbeit und jeder, der ein bisschen Interesse hat für Sozialpolitik.
- Es soll ein Buch sein, in dem sich die Wissenschaft direkt und vor allem anderen an die Praxis wendet und für die PraktikerInnen hilfreich ist.
- Es soll ein Buch sein, das Soziale Arbeit nicht nur in Teilbereichen, Teilaspekten etc. abbildet, sondern wirklich für die gesamte Profession spricht.
- Es soll ein Buch sein, das eine gemeinsame Sicht von dem vermittelt, was Soziale Arbeit bedeuten kann. Und es soll Selbstbewusstsein und Freude an diesem Beruf vermitteln.
- Es soll ein Buch sein, das die verschiedenen Probleme und Zumutungen, denen wir in der Praxis der Sozialen Arbeit heute ausgesetzt sind, deutlich und in ihren gemeinsamen gesellschaftlichen Zusammenhängen erkennbar macht.
- Es will auf keinen Fall ein trauriges Buch sein, soll nicht niederdrücken und ohnmächtig machen. Aber es kann nicht darum gehen, Probleme unter den Teppich zu kehren oder harmlos zu reden. Deswegen ist es wohl auch ein zorniges Buch.
- Es soll ein Buch sein, das hilft zu verstehen, was zurzeit in der Sozialen Arbeit passiert. Aber es soll Mutmachen und das Bedürfnis wecken, etwas dagegen zu tun.

Das Schwarzbuch Soziale Arbeit ist mit Sicherheit nicht das erste und einzige Buch, das sich dieser Thematik widmet. Aber es ist vielleicht insofern ein Anfang von etwas Neuem, als es nicht nur analysiert und reflektiert, sondern bewusst und gezielt dazu auffordert, Widerstand zu leisten gegen alle Tendenzen, diesen anspruchsvollen und erfüllenden Beruf zu einer Menschen missachtenden und Menschen schuldig sprechenden Leistung im Dienste der herrschenden Politik und Wirtschaft verkommen zu lassen.

Ich hoffe, auch die zweite, erweiterte, überarbeitete und aktualisierte Ausgabe dieses Buches wird weiterhin dazu beitragen, die Kräfte in unserer Profession zu stärken, die nicht mehr bereit sind, zu schweigen und zu dulden.

Die neue Auflage wurde insbesondere im letzten Teil erweitert, bei dem es zum einen um die Einschätzung der gegenwärtigen Situation in der Profession und zum anderen um die Frage geht, wie eine Repolitisierung Sozialer Arbeit aussehen könnte und was dazu getan werden kann.

Darüber hinaus habe ich die Fälle, an denen im ersten Teil des Buches beschrieben und durchdekliniert wurde, was Soziale Arbeit bedeutet, im Anschluss an die Analyse der Ökonomisierung und der neosozialen Veränderungen der Sozialen Arbeit im aktivierenden Staat noch einmal aufgegriffen. Die Darstellung wurde dahingehend erweitert, dass nun auch deutlich wird, was in diesen konkreten Fällen neosoziale Soziale Arbeit leisten bzw. eben nicht mehr leisten kann und will. Des Weiteren habe ich Überlegungen vertieft, die die theoretische Verortung der Sozialen Arbeit im Rahmen individualisierender Konzepte als einen Faktor ausweist, der möglicherweise mit dazu beigetragen hat, dass die neoliberale Entwicklung dermaßen problemlos die Soziale Arbeit überrollen konnte. Hieraus ergeben sich Konsequenzen für eine notwendige theoretische Reflexion und Neudefinition der Sozialen Arbeit selber.

Mechthild Seithe
Oranienburg 15.7.2011

Vorwort

„Das ist ja alles ganz schön und gut, was wir hier lernen, aber in der Praxis weht ein ganz anderer Wind!", sagen immer öfter Studierende, wenn Sie aus ihrem Praktikum in die Hochschule zurückkommen. Offenbar bekommen sie in der Praxis zunehmend mehr den Eindruck, dass sie mit dem, was sie bei uns an Fachlichkeit und an Konzeption Sozialer Arbeit lernen, in der konkreten Praxis scheitern könnten.

Was ist da los? Vermitteln wir überkommene Methoden und überlebte Konzeptionen? Tatsächlich lehren wir eine Soziale Arbeit, die modernen Bedingungen und Herausforderungen angemessen ist, die aber – dennoch – vom Grundgedanken der Menschenwürde und vom Subjektstatus ihrer Klientel ausgeht. In der sozialarbeiterischen Wirklichkeit aber geht es heute scheinbar nur noch um Geld, um Kostenreduktion oder um das Beschaffen von finanziellen Ressourcen. Zeit für notwendige kommunikative Prozesse ist oft nicht vorhanden oder wird nicht finanziert. Hilfen, die erforderlich sind, werden nicht hinreichend zur Verfügung gestellt. Das Kinder- und Jugendhilfegesetz z. B., das noch vom Geist der Lebensweltorientierung geprägt ist, erscheint den Studierenden immer mehr als ein Ideal, das höchstens orientieren kann, das aber längst unbezahlbar ist. Der öffentliche Erfolgsdruck auf die MitarbeiterInnen der Sozialen Arbeit steigt angesichts der in den Medien breitgetretenen Skandale, gleichzeitig wird ihnen der fachliche und sozialpädagogische Handlungsspielraum genommen. In der Sozialen Arbeit machen sich in einem solchen Klima Vorgehensweisen und Menschenbilder breit, die wir mit den autoritären und fürsorglichen Ansätzen der Vergangenheit glaubten, hinter uns gelassen zu haben.

Soziale Arbeit wird seit etwa 1990 zunehmend als „Marktgeschehen" betrachtet und den Gesetzen der Ökonomisierung unterworfen. Was im Klartext vor allem heißt, dass sie mit weniger Geld auszukommen hat, dass sie vor allem effizient zu sein hat, dass sie im Kontext von Marktgesetzen zu existieren und zu wirken hat.

Verpönt ist zudem zunehmend der Blick auf die verursachenden sozialen Hintergründe von Problemlagen. Die Gesellschaft und ihre mögliche Verursachung psycho-sozialer Probleme bleiben außen vor und die Politik wird von Verantwortung frei gesprochen. „Es geht nicht mehr um die alltagsnahe und subjektorientierte Unterstützung bei der Bewältigung von Lebenskrisen, Bedarfslagen und psychosozialen Problemen, sondern um die kostengünstige

Produktion von „soft und hard skills" zum Überleben in der globalen Marktwirtschaft", bringt Galuske die gegenwärtige Situation der Sozialen Arbeit auf den Punkt (Galuske 2007, S. 23).

Die Soziale Arbeit hat längst selber damit begonnen, sich an diese Anforderungen anzupassen. Viele Sozialarbeitende sind zwar bemüht, auch unter solchen Bedingungen das eben nur Mögliche für ihre KlientInnen zu erreichen. Aber das wird immer schwieriger.

Fast alle, auch viele betroffene PraktikerInnen, und erst recht die öffentlichen Träger, sprich die Kommunen, das Jugendamt, das Sozialamt und ebenso die großen freien Träger der Sozialen Arbeit wie AWO, Caritas, Diakonie, Paritätischer Wohlfahrtsverband u. a. nehmen die neuen Entwicklungen – bis auf vereinzelte rühmliche Ausnahmen – scheinbar hin wie ein Naturgesetz. Manche versprechen sich von einer Anpassung an diese Tendenzen auch neue Anerkennung und Akzeptanz für ihre Profession. Auch unseren Studierenden scheint nichts anderes übrig zu bleiben, als sich anzupassen, wenn sie in diesem Arbeitsfeld ihre Brötchen verdienen wollen. Es ist mir und meinen KollegInnen, vielen unserer Studierenden und einer Reihe von kritischen PraktikerInnen ein dringendes Anliegen, diese Entwicklung nicht einfach hinzunehmen, uns nicht mit ihr zu arrangieren und sie nicht als „modernen", zwangsläufigen Prozess zu akzeptieren. Viele suchen eine Möglichkeit, ihre Kritik unverblümt laut zu sagen und der Öffentlichkeit zu präsentieren. Dieses Buch, das in Zusammenarbeit mit vielen Studierenden, KollegInnen und PraktikerInnen entstanden ist, soll ein Schritt dazu sein, solchen Entwicklungen und den für sie Verantwortlichen die „rote Karte" zu zeigen.

Bei meinen Recherchen habe ich die Erfahrung gemacht, dass PraktikerInnen nicht selten Angst haben, sich durch ihre kritischen Erzählungen zu gefährden und dann als unliebsame oder unangepasste MitarbeiterInnen identifiziert und schlicht ausgetauscht zu werden. Als Hochschullehrerin bin ich dagegen weitgehend von der aktuellen politischen Landschaft unabhängig und habe so die Möglichkeit, für diese Problematik ein Sprachrohr zu schaffen. Gleichzeitig halte ich es für meine Aufgabe, mich nicht auf die distanzierte Betrachtung der sich abzeichnenden Prozesse zurückzuziehen, sondern mich parteilich für die Erhaltung von Fachlichkeit, von Professionalität und für ein humanistisches Engagement der Sozialen Arbeit einzusetzen. Das vorliegende Buch begreife ich deshalb als Chance, solche „modernen" Erscheinungen innerhalb der Sozialen Arbeit laut und deutlich beim Namen zu nennen und diese Tatsachen dabei gleichzeitig einer Öffentlichkeit für eine kritische Bewertung zur Verfügung zu stellen, die über den internen Kreis der Sozialen Arbeit hinausgeht.

Wegen der oben angedeuteten Gefährdung der PraktikerInnen, die mir problematische Beispiele und Fakten aus ihrer Praxis anvertraut haben, gehe ich bei meinem ‚Schwarzbuch' so vor, dass sämtliche Fälle und Vorkommnisse vollständig anonymisiert dargestellt werden, soweit unkenntlich gemacht, dass zwar ihr Charakter deutlich werden kann, es aber nicht möglich ist, bestimmte Träger, Einrichtungen, Fälle, Städte etc. wieder zu erkennen. Es wird in diesem Schwarzbuch deshalb nicht um eine Sammlung von Beweisen und konkreten Nachweisen gehen, sondern um eine exemplarische Beschreibung von kritischen Entwicklungen und Problemlagen. Der Text, so weit er Beispiele aus der Praxis verwertet, ist zu verstehen als Auswertung und Interpretation von Erfahrungen, die nicht alle in einer empirisch abgesicherten Form vorliegen, die aber als Erfahrungen verschiedener Beobachter der Szene insgesamt ein anschauliches Bild vermitteln und Hypothesen über die Folgen von Ökonomisierung und ‚aktivierendem Staat' für die Praxis der Sozialen Arbeit nahe legen.

Sicher wäre es auch möglich gewesen, eine Fülle von Praxisbeispielen zu finden, in denen Soziale Arbeit als professionelle Arbeit auch heute noch gut funktioniert, wo MitarbeiterInnen oder auch Träger fachliche Standards durchsetzen, wo Sozialarbeitende sich aktiv und erfolgreich wehren gegen Zumutungen und Tendenzen, die Soziale Arbeit zu einem Billigprodukt verkommen zu lassen oder auch Beispiele, wo sich Sozialarbeitende für ihre Klientel einsetzen und einsetzen können. Vielleicht hätte ich ja sogar ein Beispiel gefunden, bei dem sich Sozialpolitiker für eine fachlich qualifizierte und angemessen finanzierte Soziale Arbeit eingesetzt haben. Aber hier handelt es sich um ein Schwarzbuch, das Schwachstellen und Fehler, Skandale und problematische Tendenzen aufzeigen will. Deshalb stehen die negativen Beispiele im Zentrum des Interesses. Die KollegInnen und Kollegen, die bessere Arbeit machen als es hier an vielen Stellen beschrieben wird, bei denen Qualität noch wirklich Qualität ist oder die sich z. B. nicht einschüchtern lassen von Verwaltungen, Chefs oder Sozialpolitikern, mögen mir verzeihen, wenn ich ihnen auf diese Weise nicht gerecht werden kann. Vielleicht muss als nächstes ein Buch geschrieben werden über die Möglichkeiten, im aktivierenden Staat und angesichts der Ökonomisierung und Vermarktlichung Sozialer Arbeit – dennoch, wieder und erst Recht – gute Sozialarbeit zu machen.

Mit diesem Schwarzbuch wird also die Klage der sozialpädagogischen Profession gegen die neoliberalen sozialpolitischen Intentionen und Entwicklungen der letzten Jahre geführt, gegen die Ökonomisierung und die Sparpolitik und gegen die Ideologie des aktivierenden Sozialstaates. Aber dieses Buch soll mehr sein als nur eine fach- und berufspolitische Streitschrift:

- *Es handelt sich um ein exemplarisches Buch.*
  Im Folgenden werden ein Prozess und seine Folgen beschrieben, die exemplarisch für andere Berufs- und Arbeitsfelder stehen. Was sich in der Sozialen Arbeit abspielt, das findet sich in ganz ähnlicher Weise im Bildungsbereich, im Gesundheitswesen oder auch im Kulturbereich wieder. Wer also in diesen gesellschaftlichen Feldern auf ähnliche Problemlagen gestoßen ist und sich mit ihnen und ihren Ursachen auseinander setzen will, der findet hier Anregungen und Parallelen.
- *Die folgenden Betrachtungen und Beispiele aus der Sozialen Arbeit thematisieren immer auch die Lage der betroffenen Menschen selber, mit denen diese zu tun hat.*
  Damit geht es nicht nur um die Auswirkungen der gesellschaftlichen Veränderungen und politischen Entscheidungen auf die Soziale Arbeit, sondern ebenfalls um deren Auswirkungen auf die Lebenslagen und die Lebensqualität der Menschen und hier insbesondere der Menschen mit sozialer Benachteiligung. Ohne Blick auf diese Menschen kann ein Blick auf die Profession der Sozialen Arbeit nicht gelingen.
- *Von der Entwicklung der Sozialen Arbeit hängt u. a. die Frage ab, wie diese Gesellschaft zukünftig mit den Menschen umgehen wird, die sie an ihren Rand gedrängt hat.*
  Eine neoliberale Veränderung, Vermarktlichung, Verkürzung und Deprofessionalisierung der Sozialen Arbeit trägt selber entscheidend dazu bei, ein Welt- und ein Menschenbild zu verbreiten und gesellschaftlich durchzusetzen, in dem es eine gesellschaftliche Verantwortung für soziale Problemlagen angeblich nicht mehr gibt und in dem die von der Gesellschaft als überflüssig Betrachteten nur noch verwaltet werden müssen.

Es geht in diesem Buch um die Darstellung einer Profession, die – wie viele andere – unter den Folgen der Vermarktlichung der Gesellschaft zu leiden hat. Es geht aber auch um das Aufzeigen der Tatsache, dass eine neoliberal auf den Kopf gestellte Soziale Arbeit eine Veränderung der Gesellschaft mit unterstützen wird, durch die unsere Kultur in eine Zeit zurück geworfen werden könnte, in der die Erkenntnisse und Werte der Aufklärung wie Gleichheit und Gerechtigkeit noch nicht bekannt und Richtung weisend waren.

Man kann das vorliegende Schwarzbuch unterschiedlich nutzen, je nach dem, was man erfahren will: Eine durchlaufende Lektüre des gesamten Buches verbindet für den Leser die politischen und gesellschaftlichen Zusammenhänge mit den praxiskritischen Darstellungen. Wem es mehr darum geht, dieses Buch als Lesebuch, als Sammlung von Erfahrungen zu nehmen, der sei auf die Beispiele und auf die ‚persönlichen Erfahrungen' verwiesen, die den Band durchziehen.

Im *ersten Kapitel* wird zunächst – um später den Deprofessionalisierungsprozess der Sozialen Arbeit durch die Ökonomisierung und den aktivierenden Sozialstaat erkennbar machen zu können – die Soziale Arbeit als eigenständige Profession vorgestellt. Wer von meinen LeserInnen meint, genug über Soziale Arbeit zu wissen, kann dieses erste Kapitel getrost überschlagen. Es wird hier zum einen um das Bild gehen, das die Öffentlichkeit von der Sozialen Arbeit hat. Im Anschluss daran werden die wichtigsten Merkmale und Aspekte der Profession Soziale Arbeit erläutert, ihre Funktion und gesellschaftliche Rolle entwickelt, ihre Geschichte dargestellt und ihr fachliches Vorgehen anhand der sie leitenden Lebensweltkonzeption erklärt und im Rahmen einer Reihe von praktischen Fällen veranschaulicht.

Das *zweite Kapitel* präsentiert in knapper Form die Veränderungen der Zweiten Moderne für die Gesellschaft und die Menschen dieser Gesellschaft. Hieraus ergeben sich neue Aufgaben und aktuelle Herausforderungen für die Soziale Arbeit.

Das *dritte Kapitel* stellt ausführlich die verschiedenen Aspekte der Ökonomisierung und der neuen Steuerungsprozesse in der Sozialen Arbeit dar. Anschließend werden die Implikationen und die Folgen der Ökonomisierung für die Profession diskutiert. Die Veränderungen und Zumutungen, denen die Soziale Arbeit dabei ausgesetzt ist, werden ausführlich und an einer Fülle praktischer Beispiele erläutert.

Im *vierten Kapitel* geht es um die Darstellung des aktivierenden Sozialstaates und seine Versuche, sich als sozialpädagogisches Aktionsfeld zu verkaufen. Seine Herausforderungen und Implikationen, die Folgen für die Soziale Arbeit sowie ihre Verluste werden ausführlich diskutiert und an praktischen Beispielen erläutert.

Das *fünfte Kapitel* schließlich versucht, Stellung zu beziehen zu den dargestellten Ergebnissen und Konsequenzen und Handlungsmöglichkeiten für eine Soziale Arbeit zu entwickeln, die sich nicht widerstandslos den an sie gestellten Zumutungen ergeben will.

Bedanken möchte ich mich bei allen Studierenden, PraktikerInnen und KollegInnen, die meine Recherchen mit Anregungen und Beispielen unterstützt haben. Mein besonderer Dank gilt meiner Mitarbeiterin Kaja Job für ihre konstruktive Kritik und ihre engagierten Ideen. Meinem Mann Klaus-Peter danke ich für die geduldige, hilfreiche und aufbauende Unterstützung während der langen Monate, in denen ich an diesem Buch schrieb.

Mechthild Seithe
Jena, den 1. November 2009

1 Soziale Arbeit – was ist das eigentlich?

Fast jeden Tag hören wir in den Medien von vernachlässigten Kindern, von Kindesmisshandlungen mit Todesfolge, von Kindesaussetzungen, von Kindstötungen, usf. Ein Fall ist erschreckender als der andere. Man fragt sich, wie so etwas in unserer Gesellschaft passieren kann. Man ist entsetzt und fassungslos. Und man sucht die Schuldigen: Natürlich die Mütter, manchmal die Väter und vor allem die Jugendbehörde, die offenbar zu nachlässig war, weggesehen hat oder die Situation verkannt hat. Wenn wieder einmal in den Nachrichten davon berichtet wird, dass Mütter ihre Kinder zu Tode gequält haben, sie verhungern ließen, dass Väter die Kinder brutal geschlagen oder vom Balkon geworfen haben, dann ist regelmäßig auch vom Jugendamt die Rede und die Profession Soziale Arbeit steht unter Beschuss. Skandalisierungen von zu Tode vernachlässigten Kleinkindern, die unsere Medien beherrschen, führen in Politik und Öffentlichkeit jedoch nur zu einer oberflächlichen Aufmerksamkeit gegenüber dem Berufsfeld der Sozialen Arbeit. „Soziale Arbeit hat versagt", stellt man einmal mehr fest.

Abgesehen davon, dass es entgegen dem Eindruck, den Politik und Medien vermitteln, gar keine Steigerung der Kindestötungsdelikte[1] in Deutschland gibt, sondern diese Zahl laut Statistischem Bundesamt sogar sinkt, der wirkliche Skandal – so meine These – bleibt damit ungenannt, unbestraft und unverändert bestehen. Skandalös sind nämlich die unzureichenden Bedingungen und Ressourcen, die heute für Soziale Arbeit bereitgestellt werden. Eine Soziale Arbeit, die wirklich dazu beitragen könnte, Entwicklungen und Katastrophen zu verhindern, bräuchte andere Arbeitsbedingungen als ihr in der gegenwärtigen Sozialpolitik zugestanden werden. Aber diese Tatsache wird weder angeprangert noch reflektiert. Nur wenige Fachleute haben den Mut, in der Öffentlichkeit laut zu sagen, wie es zu solchen Ereignissen kommen konnte. So kommentiert z. B. Gerhard Tersteegen (2007 a. a. O.) den Verlauf des „Falls Kevin" in Bremen wie folgt:

---

1 Aktuelle Daten zeigen, dass die Zahl der Kindstötungen nicht steigt – im Gegenteil, sie sinkt sogar. So wurden im Jahr 2006 nur 202 Kinder Opfer von Tötungsdelikten, das waren 88 weniger als im Jahr 2000 (vgl. Wermelskirchen 2009 a. a. O.).

1 Soziale Arbeit – was ist das eigentlich?

„Die Praxis der Jugendhilfe[2, 3] gerät in Gefahr, dass die von ihr erbrachten und zu erbringenden Leistungen künftig nur noch unter monetären Gesichtspunkten betrachtet werden. (...) Zu warnen ist davor, dass sozial benachteiligende Lebenslagen der Adressaten aus dem Blickfeld geraten und die Sicht öffentlicher Verantwortung und Aufgabenwahrnehmung verschwindet." (ebenda) Es geht dabei um keinen kleineren Vorwurf als den: Der Staat, der auf den Sozialstaat in seiner bisherigen Struktur meint verzichten zu können und dem es statt um Menschenwürde und Kinderrechte nur noch um Effizienz zu gehen scheint, stellt seine Kinder frei, frei von Schutz und frei von Unterstützung.

Der gegenwärtig zu beobachtende Prozess der Deprofessionalisierung und Qualitätsminimierung in der Sozialen Arbeit bleibt von der Öffentlichkeit weitgehend unbeachtet, unbemerkt und wird nicht hinterfragt:

Vielleicht liegt das auch daran, dass keiner so recht weiß, was sie eigentlich leisten kann? Denn selbst die PraktikerInnen scheinen unter den sie täglich zu Effizienz und Eile antreibenden Arbeitsbedingungen allmählich zu vergessen, was sie als professionell Sozialarbeitende wirklich können. Solange also niemand weiß, was eigentlich möglich wäre, was Soziale Arbeit eigentlich bewegen könnte, wenn man ihr die notwendigen Bedingungen und Spielräume zurückgeben würde, verwundert es nicht, dass alle nur den Kopf schütteln über die Fehler und Auslassungen der Sozialen Arbeit in solchen Skandalfällen.

Dies ist der Hintergrund dafür, dass sie zunächst einmal vorgestellt werden soll – die weithin „unbekannte Profession" Soziale Arbeit.

---

2   Mit Blick auf eine Leserschaft, die nicht ausschließlich „vom Fach" ist, sind die erklärenden Fußnoten zu sehen. VertreterInnen der Sozialen Arbeit werden diese Informationen wohl kaum benötigen.

3   Der Bereich der Kinder- und Jugendhilfe (alle Hilfen, Leistungen aber auch alle hoheitlichen Aufgaben, die sich an Kinder, Jugendliche, junge Heranwachsende und Eltern richten) hat den größten Anteil an der Sozialen Arbeit insgesamt. Hier entstehen die meisten Kosten, hier gibt es auch die meisten Stellen für Sozialarbeitende. Gleichwohl ist Soziale Arbeit keineswegs identisch mit der Kinder- und Jugendhilfe. Darüber hinaus gibt es Soziale Arbeit in der Behindertenhilfe, der Psychiatrie, der Suchthilfe, der Obdachlosenhilfe, der Krankenhilfe und vielen mehr. Dennoch wird der Bereich der Kinder- und Jugendhilfe auch in diesem Buch sehr oft exemplarisch für die Soziale Arbeit insgesamt angeführt und besprochen. Das hängt zum einen mit ihrer oben erwähnten quantitativen Bedeutung zusammen, aber auch mit der Tatsache, dass zum einen die gesetzlichen Bedingungen für Soziale Arbeit im Rahmen des Kinder- und Jugendhilfe Gesetzes (1990, auch SGB III) einen spezifischen Rahmen bekommen haben, der im Weiteren für die Soziale Arbeit in ihrer lebensweltorientierten Ausprägung insgesamt maßgebend wurde (u. a. der § 36 KJHG, der die Notwendigkeit einer Betroffenenbeteiligung der Klientel im Aushandlungsprozess Sozialer Arbeit definiert). Zum anderen hat gerade die Ökonomisierung im Bereich der Kinder- und Jugendhilfe sehr frühzeitig und durchgreifend versucht, Kosteneinsparungen und eine an Effizienz- und Effektivitätskriterien ausgerichtete Soziale Arbeit durchzusetzen, sodass viele Praktiken der Ökonomisierung und die meisten Folgen der veränderten „aktivierenden" Auffassung von Sozialpolitik in diesem Feld sehr gut zu beobachten sind.

Persönliche Erfahrungen
Es ging mir überhaupt nicht anders als allen anderen Leuten: Ich hatte keine Ahnung, was Soziale Arbeit ist und was sie kann. Als ich nach abgeschlossenem Psychologiestudium und noch mitten in der Promotion stehend, bei der damals in Münster neu gegründeten katholischen Fachhochschule vorsprach, um mich evtl. auf eine Professorenstelle zu bewerben, war die damalige Dekanin durchaus interessiert und meinte dann seufzend: „Schade, dass ich nicht Franz von Assisi bin, dann würde ich Sie hier sofort einstellen." Es war im Jahre 1970 und ich war für diese FH zu links, offenbar und interessanter Weise wäre ich das für Franz von Assisi nicht gewesen. Trotzdem, ich wundere mich heute über meinen Mut oder besser gesagt über meine Ignoranz. Denn obwohl ich wirklich keinerlei Ahnung hatte, was Soziale Arbeit ist, kann und macht – etwa im Vergleich zur Psychologie – traute ich mir locker-lustig zu, es den Studierenden beizubringen.

Als ich dann ein wenig später im Team einer Erziehungsberatungsstelle gelandet war, machte ich mir den zu uns gehörenden Sozialarbeiter vorübergehend zum Intimfeind, weil ich mein Unwissen dahingehend outete, dass ich meinte, Sachbearbeitung im Sozialamt sei das gleiche wie Sozialarbeit. Die GewerkschaftskollegInnen in der ÖTV allerdings brachten mir dann doch sehr schnell bei, was Soziale Arbeit eigentlich bedeutet und dass ich sie als Psychologin nicht so einfach nebenbei mit erledigen konnte.

Ich hatte Jahre später, als Erziehungsberaterin, mit viel Mühe und Motivationsarbeit für eine depressive Mutter einen Platz in einer therapeutischen Mutter-Kind-Einrichtung organisiert, mich aber in keiner Weise darum gekümmert, woher dafür das Geld kommen sollte. Als ich beim letzten Telefongespräch auf die abschließende Frage der Einrichtungsleitung, wer das Ganze denn nun finanzieren würde, völlig fassungslos und überfordert reagierte, schwante mir, dass ich Vieles nicht wusste und bisher auch offenbar nicht hatte wissen wollen. Ich musste passen. Die Hilfe fand nicht statt und ich habe mich kräftig geschämt. Für eine Psychologin war die Finanzierung damals offenbar kein Thema.

Als ich in einem anderen Fall das Vertrauen einer Frau aus einem Sozialen Brennpunkt gewonnen hatte, die mir ihre Erfahrungen als sexuell missbrauchtes Kind erzählte und die im Rahmen unserer Gespräche immer mehr zu einem Menschen erwachte, der seine Würde wiederentdeckte, stand ich hilflos und verdutzt vor der Tatsache, dass das allein nichts in ihrem Leben ändern konnte. Sie erwartete, dass nun alles anders werden müsse: ihre Gewalt volle Ehe, ihr ganzes armseliges, im materiellen wie im psychischen Sinne armes Leben, die Alkoholkrankheit ihres Mannes, die Entwicklungsverzögerungen bei ihren Kindern usf.

Damals begriff ich, dass Hilfe und Unterstützung für einen großen Teil der Bevölkerung nicht allein psychischer Natur sein darf. Sie brauchen mehr. Sie brauchen auch praktische Unterstützung, brauchen Unterstützung dabei, ihr

1 Soziale Arbeit – was ist das eigentlich?

Leben wieder in die Hand zu nehmen, es zu bewältigen, sie brauchen konkrete Unterstützung auch – aber nicht nur – materieller Art und sie brauchen jemanden, der Partei für sie ergreift und sich auf ihre Seite stellt, weil sie im Vergleich zu anderen in dieser Gesellschaft zu wenig Ressourcen abbekommen haben ...

Damals entschloss ich mich, nachträglich und zusätzlich noch Sozialarbeiterin zu werden. Ich studierte neben meiner Arbeit und machte es mir zur Pflicht, das Fach Psychologie in diesem Studium außen vor zu lassen und mich auf alles andere zu stürzen. Und da blieb wahrhaftig noch sehr viel übrig, von dem ich keine Ahnung gehabt und auf das ich bis dahin auch kaum Aufmerksamkeit gerichtet hatte.

Ich wurde also Sozialarbeiterin und 35 Jahre nach meinem ersten, naiven und überheblichen Versuch in Münster, unterrichte ich heute nun wirklich werdende SozialarbeiterInnen und dies seit 18 Jahren.

1.1 Aufgaben- und Problemstellungen

Soziale Arbeit, die in der 2. Hälfte des 19. Jahrhunderts entstanden und zunächst vorwiegend auf die Armutspopulation gerichtet war, hat sich in der Mitte des 20. Jahrhunderts auf eine große Vielfalt von Arbeitsfeldern ausgedehnt. Soziale Arbeit ist inzwischen z. B. tätig in der Kinderbetreuung, der Jugendarbeit und in der Schulsozialarbeit in Kooperation mit den Schulen. Sie leistet Hilfe zur Erziehung in Heimen und in Heim ähnlichen Einrichtungen oder in Pflegefamilien. Sie arbeitet ambulant mit Familien, die Erziehungsprobleme haben – und das oft mit solchen Familien, die als „Multiproblemfamilien" bezeichnet werden, weil sie gleichzeitig in den unterschiedlichsten Bereichen ihrer Lebensführung nicht zu Recht kommen. Sie bewältigt Aufgaben im Gesundheitswesen, im Strafvollzug, in der Alten- und Behindertenarbeit und in der Berufshilfe. Sie wirkt als Straßensozialarbeit, in der Scheidungsberatung, in der Suchtberatung, in der Arbeit mit MigrantInnen. Die Aufzählung ist noch lange nicht vollständig.

Neben der Arbeit mit einzelnen KlientInnen und Familien (Einzelfallarbeit) leistet Soziale Arbeit auch Gruppenarbeit und Gemeinwesenarbeit. Als Beispiele für Gruppenarbeit seien hier Kindergruppenangebote genannt für Kinder, deren Eltern sich trennen wollen, oder auch Angebote für jugendliche Straftäter im Sinne von „Sozialen Trainingskursen"[4].

Gemeinwesenarbeit ist ein Aufgabenfeld der Sozialen Arbeit, das eine lange Tradition hat. Heute finden sich Projekte der Gemeinwesenarbeit in Sanierungsgebieten, in Obdachlosengebieten aber auch in „normalen" Neu-

---

[4] *Soziale Trainingskurse* sind Erziehungsmaßregeln bzw. erzieherische Maßnahmen, die das Jugendgerichtsgesetz (§ 9 JGG) vorsieht, um auf eine Straftat eines Jugendlichen oder Heranwachsenden zu reagieren. Es wird hier versucht, Möglichkeiten und Hilfen zur Korrektur des Fehlverhaltens bzw. zur Verarbeitung von Konfliktlagen bereitzustellen.

baugebieten, die eine hohe soziale Problematik aufweisen und meist eine schlecht entwickelte Infrastruktur. In der Gemeinwesenarbeit steht nicht der Einzelne im Fokus der Sozialen Arbeit, sondern das gesamte Gemeinwesen, also z.B. alle Gruppen eines Stadtgebietes. Auf die Gemeinwesenarbeit und ihre heutigen Herausforderungen wird im weiteren Verlauf des Textes noch näher eingegangen (s. Abschnitt 4.5.1.3). Die Forderung, sich einzumischen in alle politischen Felder, die für ihre Klientel von Relevanz sind, wurde für die Jugendhilfe im KJHG §1 Abs. 4 festgehalten. Hier fordert der Gesetzgeber: „Jugendhilfe soll zur Verwirklichung des Rechtes nach Abs. 1 KJHG (Recht des jungen Menschen auf Förderung seiner Entwicklung und auf Erziehung zu einer eigenverantwortlichen und gemeinschaftsfähigen Persönlichkeit) dazu beitragen, positive Lebensbedingungen für junge Menschen und ihre Familien sowie eine kinder- und familienfreundliche Umwelt zu erhalten oder zu schaffen."

Um zu zeigen, mit welchen Problemlagen Soziale Arbeit heute konfrontiert wird, sollen im Folgenden sieben Beispielfälle vorgestellt werden, die in Ansätzen die Breite des Aufgabenfeldes veranschaulichen und anhand derer im weiteren Verlauf dieses Textes erklärt werden soll, was dabei die Aufgaben Sozialer Arbeit sind und wie Soziale Arbeit sie löst.

Die Problematik der meisten vorgestellten Fälle, z.B. die Gewalt in Schulen, die Folgen der Trennungskrisen in Familien, die Obdachlosigkeit, die Perspektivlosigkeit von jugendlichen MigrantInnen könnte man auch mit einem Gemeinwesen- oder Gruppenansatz sinnvoll und effektiv angehen. Gemeinwesenarbeit, soziale Gruppenarbeit, präventive Projekte, Projekte, die Einfluss nehmen auf Lebensbedingungen, auf soziale Institutionen wie z.B Schule oder Stadtverwaltung, die sich einmischen in politische Entscheidungen zugunsten ihrer Klientel, all diese Ansätze gehören zur Sozialen Arbeit genau so dazu wie die so genannte „Einzelfallarbeit". Aus Gründen der Übersichtlichkeit und um den Einstieg nicht zu sehr auszudehnen wird hier auf die Darstellung von Beispiel der Gruppen- und Gemeinwesenarbeit verzichtet. Auf beide wird im weiteren Verlauf des Textes noch eingegangen (s. Kapitel 4.5).

Fallbeispiele

1. Swen
Arbeitsfeld: Wächteramt der Jugendhilfe[5]
Er heißt nicht Kevin, aber seine Zukunft könnte ähnlich verlaufen, wenn nichts passiert:
Swen ist 2 Jahre alt und lebt mit seiner allein erziehenden Mutter Katja (19 Jahre alt) zusammen. Der Vater des Kindes ist mit der Mutter nur noch sporadisch zusammen. Er hat auch Beziehungen zu anderen Frauen und verlangt seine Freiheit. Katja versucht, ihre Mutterpflichten zu erfüllen, was ihr bei der beengten finanziellen Situation (sie bezieht für sich und Swen Hartz IV) und angesichts der Einschränkungen ihrer Freiheit durch das Kind sehr schwer fällt. Sie fühlt sich vom Vater des Kindes alleine gelassen und gibt Swen dafür die Schuld. Von ihren Eltern oder Bekannten bekommt sie kaum Unterstützung, auch deshalb, weil sie sie selten einfordert und lieber so tut, als bräuchte sie keine Hilfe. Als Swen wieder einmal die ganze Nacht hindurch schreit, weil Katja ihn alleine gelassen hat, ruft die Nachbarin anonym beim Jugendamt an. Die Mitarbeiterin kommt noch am gleichen Tag zum unangekündigten Hausbesuch. Katja ist ungehalten und fühlt sich kontrolliert und bevormundet. Der Eindruck, den die MitarbeiterIn bekommt, ist denkbar schlecht.

2. Tom
Arbeitsfeld: Jugendgerichtshilfe [6]
Tom ist 15 Jahre alt. Er geht in die Regelschule, hat aber in der letzten Zeit keine Lust mehr am Lernen und die Noten sehen entsprechend aus. Tom ist zu Hause aggressiv und lässt sich von seinen Eltern nichts mehr sagen. In der Schule war er mehrfach in Schlägereien und in Erpressungsversuche jüngerer Schüler verwickelt. Seit einigen Wochen hat er sich einer Clique von Jugendlichen angeschlossen,

---

5 *Wächteramt des Staates:* Die Aufgabe des staatlichen Wächteramtes bei Kindeswohlgefährdungen haben das Jugendamt (§ 8 a SGB VIII), aber auch die Gerichte (Familiengericht, Vormundschaftsgericht). Das Jugendamt hat nicht nur zu beraten, zu betreuen und Leistungen zu gewähren, es hat auch den Auftrag, über das Wohl des Kindes zu wachen (Wächteramt des Staates). Dieser Auftrag ist in § 37 SGB VIII Absatz 3 geregelt.
6 In Verfahren nach dem Jugendgerichtsgesetz wirkt in Deutschland in der Regel auch das Jugendamt mit (§ 52 Achtes Buch Sozialgesetzbuch). Hierfür ist häufig ein spezieller Fachdienst zuständig, die *Jugendgerichtshilfe*. Die Vertreter der Jugendgerichtshilfe bringen unter Anderem sozialpädagogische Gesichtspunkte in Strafverfahren vor den Jugendgerichten zur Geltung, indem sie (schriftlich und/oder mündlich) über die Beschuldigten berichten. Ebenfalls prüfen sie aber auch, ob Leistungen der Jugendhilfe eingeleitet werden sollten und ob es Alternativen zu einem förmlichen Strafverfahren gibt. Sie nehmen Einfluss auf den weiteren Gang des Verfahrens und organisieren und überwachen gerichtlich angeordnete pädagogische Maßnahmen (§ 38 und § 50 Jugendgerichtsgesetz).

die mit kleinen Diebstählen, mit Übergriffen auf Passanten und mit Autoknacken aufgefallen sind. Beim letzten Coup ist er erwischt worden. Eine Anklageschrift liegt auf dem Tisch der Familie. Die Eltern sind entsetzt und reagieren damit, dass sie dem Jungen den Rausschmiss aus dem Elternhaus androhen. Das Jugendgericht hat die Jugendgerichtshilfe eingeschaltet. Die nimmt Kontakt auf und Tom folgt gezwungener Maßen und widerwillig der Einladung ins Jugendamt.

3. Kinder Merten
Arbeitsfeld: Scheidungsberatung

Herr und Frau Merten sind nach 10jähriger Ehe soweit gekommen, dass sie sich scheiden lassen wollen.

Für die beiden Kinder Pierre (4) und Monika (7) war die lange Zeit des ständigen Streites zwischen ihren Eltern sehr belastend und beängstigend. Nun ist die Entscheidung gefallen. Beide Partner werfen dem jeweils anderen vor, durch sein Verhalten und seine Rücksichtslosigkeit, die Familie zerstört zu haben. Die Mutter will auf alle Fälle die beiden Kinder nach der Trennung behalten, Herr Merten beantragt ebenfalls das Sorgerecht. Es besteht die Gefahr, dass beide Eltern ihren Streit fortsetzen und die Kinder einem nicht enden wollenden Loyalitätskonflikt aussetzen, der sie nachhaltig beeinträchtigen kann. Das Familiengericht verweist die Eltern auf die Inanspruchnahme einer Scheidungsberatung. Mertens nehmen diese in Anspruch, auch wenn sie sehr skeptisch sind und Angst haben, dabei irgendwie den Kürzeren zu ziehen.

4. Mohammed
Arbeitsfeld: Arbeit mit MigrantInnen

Mohammed ist in Deutschland geboren und lebt in Berlin-Kreuzberg. Seine Eltern betreiben ein Gemüsegeschäft und sind einigermaßen in Berlin integriert. Ihr Sohn hat eine Berliner Hauptschule ohne Abschluss verlassen und entwickelt sich zusehends zum schwarzen Schaf der Familie. Erziehungshilfe durch eine deutsche SozialarbeiterIn haben die Eltern schon vor Jahren für sich abgelehnt. Auch Mohammed selber will nichts von Sozialer Arbeit wissen. Mohamed ist sehr engagiert im Rahmen seiner Straßengang. Im letzten Monat gab es wiederholt Ärger mit der Polizei. Eine Mitarbeiterin der Straßensozialarbeit, die in Kreuzberg tätig ist und Mohammed und seine Gang kennt und der er vertraut, stellt einen Kontakt für Mohammed zur Migrationsberatungsstelle her. Diese lädt ihn ein. Aber Mohammed nimmt die Einladung nicht wahr.

5. Jörg P.
Arbeitsfeld: Betreuung und Beratung von Behinderten
Jörg P. (21 Jahre alt) ist geistig und seelisch behindert. Er arbeitet in einer beschützenden Werkstatt und lebt in einer Heimeinrichtung. Er fühlt sich dort wohl. Zu seinen Betreuern hat er Vertrauen. Vor zwei Wochen hat er ein Mädchen kennen gelernt und möchte nun mit ihr zusammenziehen. Die BetreuerInnen des Heimes stehen vor einer schwierigen Aufgabe.

6. Katharina
Arbeitsfeld: Jugendberufshilfe[7]
Katharina hat die Schule ohne Hauptschulabschluss beendet. Sie war nach der Schule in einer Berufsvorbereitungsmaßnahme (BVJ). Nun ist sie Arbeit suchend. Ihr Fallmanager kann nicht viel mit ihr anfangen. Katharina ist verträumt und scheint die raue Wirklichkeit um sie herum gar nicht zur Kenntnis zu nehmen. Wenn sie sich bewirbt, wird sie schon allein deshalb abgelehnt, weil sie einen völlig lebensuntüchtigen und naiven Eindruck macht. Fortbildungsmaßnahmen oder Kurse zur beruflichen Weiterbildung bricht sie ab oder kommt mit den Anforderungen nicht klar. Auch Sanktionen oder Druck konnten bei ihr nichts verändern. Ihre Berufsvorstellung ist, in einem Büro zu arbeiten und später den Juniorchef zu heiraten. Sie möchte viele Kinder kriegen und in einem schönen Haus leben.
Die Sozialpädagogin, die im Kontext der BVJ tätig ist, soll nun aus Katharina eine lebenstüchtige und realistische Person machen.

7. Martina Z.
Arbeitsfeld: Obdachlosenhilfe
Die 48jährige Martina Z. ist seit einigen Jahren arbeitslos. Sie ist geschieden, hat keine Kinder und steht ganz alleine da. Sie erhält keinerlei Unterstützung von ihrem Exmann oder von Verwandten. Seit ihrer Arbeitslosigkeit hat sie sich selber zunehmend vernachlässigt und es gibt bei ihr inzwischen ein massives Alkoholproblem. Auf Grund ihrer Mietrückstände und einiger Vorfälle im Treppenhaus hat man ihr die Wohnung gekündigt. Sie lebt seit einigen Wochen mehr oder weniger auf der Straße.

---

[7] Die *Jugendberufshilfe* ist ein Handlungsfeld der Jugendsozialarbeit. Sie unterstützt und begleitet beeinträchtigte und sozial benachteiligte Jugendliche nach Beendigung der Schulzeit bei der Berufsorientierung durch umfangreiche und differenzierte Angebote zur beruflichen Qualifizierung dieser jungen Menschen wie Beratung, Förderung schulischer Abschlüsse, Berufsorientierung, Berufsvorbereitung, Berufsausbildung, berufliche Weiterbildung und Qualifizierung, Arbeitsvermittlung und Beschäftigung.

In all diesen Fällen wäre Soziale Arbeit gefragt und in all diesen Fällen könnte sie zur Lösung der Problematik der betroffenen Menschen Entscheidendes beitragen. Weiter unten im Text soll gezeigt werden, wie professionelle Soziale Arbeit mit diesen Fällen konkret umgehen würde.

1.2 Ein kritischer und selbstkritischer Blick auf die Außenwahrnehmung der Sozialen Arbeit

Bevor versucht werden soll, die Profession Soziale Arbeit vorzustellen und ihr Vorgehen und ihr Selbstverständnis – u. a. an diesen konkreten Beispielen – zu erklären, wird zunächst noch ein Blick auf das Bild geworfen, das die Öffentlichkeit von der Sozialen Arbeit hat.

1.2.1 Die Profession Soziale Arbeit – belächelt und infrage gestellt

Das Bild der Öffentlichkeit entspricht durchaus nicht den wirklichen Möglichkeiten und professionellen Absichten der Sozialen Arbeit. Dafür zeichnet Soziale Arbeit zum Teil selber verantwortlich. Im Folgenden werden die gängigen Vorurteile und Missverständnisse zur Sozialen Arbeit sowie ihre Hintergründe beleuchtet.

Vorurteil 1:
„Soziale Arbeit, das kann doch jeder!"

> „Was ist der Unterschied zwischen Gott und einem Sozialarbeiter? Gott behauptet nicht, Sozialarbeiter zu sein."

Viele meinen, Sozialarbeitende hielten sich für allwissend und allmächtig. Und das sei – angesichts ihrer wirklichen Möglichkeiten und des ihnen zugeschriebenen Status – einfach nur ein Witz. Denn eigentlich, so sehen es viele, wissen und können Sozialarbeitende auch nicht mehr als jeder andere. Warum die studieren müssen, ist vielen ein Rätsel.

Klarstellung: Das öffentliche Vertrauen in die Soziale Arbeit und in die Notwendigkeit ihrer Professionalität ist nicht groß. Jeder glaubt, diese Arbeit selber genauso gut, vielleicht sogar besser zu können. Was ein Arzt ist, was eine Lehrerin tut, was ein Biologe in der Forschung macht oder ein Volkswirt in der Verwaltung, das alles kann sich jeder einigermaßen vorstellen und jeder hat vor diesen Professionen einen gewissen Respekt, einfach deshalb, weil er sicher ist, dass er selber die jeweiligen Aufgaben nicht so einfach aus seinem Alltagswissen und Alltagsverständnis heraus meistern könnte. Bei der Sozialen Arbeit ist das anders. Mit einer Mutter Kaffee zu trinken, mit einem

Jugendlichen Tischtennis zu spielen, das halten viele für ein simples Geschäft, für das man ihrer Meinung nach wohl kaum eine richtige, geschweige denn eine akademische Ausbildung braucht. Was Soziale Arbeit kann, wofür sie da ist, welche Chancen sie eröffnen kann, all das scheint weder in der Bevölkerung noch in der Politik wirklich bekannt zu sein:

Als 2002 der Amokläufer von Erfurt 16 Menschen in einer Schule getötet hatte, wurden danach allenfalls Rufe nach mehr Schulpsychologen laut. Von Sozialarbeitern sprach monatelang niemand. Die Kindstötungen und Vernachlässigungen mit tödlicher Folge, die uns in den letzten Jahren immer wieder medienwirksam vorgestellt wurden, lösten in der Politik keine Forderungen nach einer besseren personellen Ausstattung der Sozialdienste der Jugendämter aus, sondern ausschließlich Forderungen nach mehr Kontrolle durch die Jugendämter und durch die Kinderärzte und nach einer Zwangsverpflichtung zur Vorsorgeuntersuchung. Als in Hessen im Wahlkampf das Thema „jugendliche Straftäter" entdeckt wurde, tat kaum einer einen Blick auf die Angebote und Konzepte, die von der Sozialpädagogik bereits umgesetzt werden, die aber derzeit wegen Kürzungen und befristeter Finanzierung um ihre Existenz kämpfen müssen. Stattdessen schielte man wieder einmal nach „geschlossenen Heimen"[8].

Vorurteil 2:
„Das sind doch gar keine wirklichen Fachleute. Für was denn auch?"

> „Wer war der erste Sozialpädagoge? Christoph Kolumbus. Als er losfuhr, wusste er nicht wohin. Als er ankam, wusste er nicht, wie er dahin gekommen war. Als er wieder zu Hause war, konnte er nicht sagen, wo er gewesen war. Und das alles mit dem Geld anderer Leute."

Sozialarbeiter mischen sich in alles ein, können aber nichts wirklich richtig, so scheint es vielen. Wenn es um Rechtsfragen geht, dann schicken sie einen am Ende doch schließlich zum Anwalt. Hat man psychische Probleme, dann verweisen sie auf einen Psychotherapeuten. Drücken einen die Schulden, schicken sie ihn zur Schuldnerberatungsstelle usw. Immer gibt es Fachleute, die viel mehr Ahnung haben als die Sozialarbeitenden und die viel genauer Bescheid wissen. Wozu dann also überhaupt dieser Beruf?

---

[8] Beim „geschlossenen Heim" handelt es sich um eine Form der Heimunterbringung bzw. Heimerziehung, die mit Freiheitsentziehung verbunden ist und richterlich angeordnet werden kann (§ 1631b BGB). In solchen Einrichtungen sind Fenster, Türen, etc. gegen Flucht gesichert. Hintergrund für die geschlossene Unterbringung sind oft strafrechtliche Schwierigkeiten der Jugendlichen, aber auch Selbst- und Fremdgefährdungssituationen, die jedoch keine psychiatrische Unterbringung implizieren.

Auch die der Sozialen Arbeit verwandten sozialen und medizinischen Professionen sehen in ihr oft eine untergeordnete, in der Hierarchie wissenschaftlich begründeter Berufe weit unten stehende Profession, die im Vergleich zu ihrer eigenen Aufgabe eher dienenden und unterstützenden Charakter hat: z. B. als Außendienst des Psychiaters, als Aushilfspädagoge in der Schule, als kleiner ‚Hilfs-Psychologe' etc.

Klarstellung: Soziale Arbeit ist eine allzuständige und auf den Alltag der Menschen ausgerichtete Profession (vgl. Abschnitt 1.4.1). Ihre Besonderheit besteht in der Breite (nicht in der Spezialisierung) ihrer Ausbildung, in der Fähigkeit, die komplexen Zusammenhänge von Problemen ganz unterschiedlicher Art zu durchschauen und im Blick zu behalten und in der Kompetenz, im Alltag selber Probleme zu erkennen, zu bearbeiten und mit den Betroffenen zu lösen. Diese Kompetenz wird oft nicht als solche erkannt. Das führt zur Ignoranz der Möglichkeiten und zu einer Abwertung der Profession Soziale Arbeit.

Vorurteil 3:
„Die können doch nur labern!"

„Treffen sich zwei Sozialarbeiter. Der eine: „Ich muss zum Bus, kannst du mir sagen, wie spät es ist?" Der andere: „Nein, aber wir können gern darüber reden."

Soziale Arbeit wird oft belächelt als bloße Luftnummer: ‚Es wird vor allem geredet, nicht durchgegriffen, und es werden Probleme gesehen, wo gar keine sind.'

Statt tatkräftig Hilfe zu leisten, beschränken sich Sozialarbeitende, so die Meinung, bloß aufs Reden.

Klarstellung: Soziale Arbeit löst ihre Aufgabe, Unterstützung bei der Lebensbewältigung zu leisten, auf eine doppelte Weise: Sie kümmert sich zum einen ganz konkret und materiell um fehlende Ressourcen und notwendige, existentielle Bedingungen für das Gelingen des Alltags ihrer Klienten. Um im Bild zu bleiben: Die Frage des Passanten im Witz bedarf natürlich einer schlichten und schnellen Information. Alles andere ist erst einmal unwichtig und überflüssig.

Aber Soziale Arbeit beschränkt sich nicht darauf, Probleme einfach für die Menschen und an ihrer Stelle zu lösen. Im Sinne der angestrebten Hilfe zur Selbsthilfe ist sie immer bemüht, den Betroffenen in die Lage zu versetzen, seine Probleme selber in die Hand zu nehmen, sich z. B. beim nächsten Mal die notwendigen Ressourcen selber beschaffen zu können. Und sie berücksichtigt immer, dass Lebensbewältigung etwas ist, was auch und oft ganz zentral den betroffenen Menschen selber bewegt und von seiner Bereitschaft, sich für sich selber zu engagieren, sich zu verändern, dazu zu lernen, seine Kompetenzen zu erweitern, seine Einstellung zu sich und seiner Umwelt möglicherweise zu ändern u. a. abhängt. Dieser Teil der Unterstützung ist aber im Wesentlichen nur über das Medium der Kommunikation umzusetzen. Soziale Arbeit ist deshalb weite Strecken erst einmal Interaktion und Kommunikation mit den Klienten, um sie zu befähigen, (wieder) Herr oder Herrin ihres eigenen Lebens zu werden. Das Beispiel im Witz ist bedarf keiner langen Auseinandersetzung, sondern schlicht einer kurzen Information. Aber schon die Frage einer Klientin: „Wie kann ich schnell all meine Schulden loswerden?", würde nicht angemessen und umfassend beantwortet werden (z. B. Entschuldung), wenn man ausschließlich auf der Ebene der konkreten, direkten Hilfe bleibt. Vielmehr wäre ein Gespräch zur Frage, „Wie könnten Sie es vermeiden, erneut auf die lockenden Ratenkaufangebote in den Katalogen hereinzufallen?", notwendig.

Vorurteil 4:
„Sozialarbeiter sind nur für Randgruppen zuständig. Normale Leute haben besser damit nichts zu tun."

> „Drei Mütter unterhalten sich über ihre Söhne. Die erste ganz stolz: „Mein Sohn ist Pfarrer, den grüßen alle mit ‚Herrn Pastor'!" Drauf die zweite: „Das ist doch gar nichts, mein Sohn ist Bischof, den grüßen alle mit ‚Euer Hochwohlgeboren'!" Die dritte Mutter etwas zerstreut: „Ich weiß nicht, immer wenn ich erzähle, dass mein Sohn Sozialarbeiter ist, sagen alle: ‚Ach du lieber Gott!'"

Soziale Arbeit wird als etwas angesehen, mit dem man als normaler Mitbürger nichts zu tun hat und auch nichts zu tun haben will. Soziale Arbeit, das ist etwas für missratene Kinder, für gewalttätige Eltern, für Obdachlose, für Gescheiterte, für Menschen am Rande der Gesellschaft.

Klarstellung: Wie jede Profession wird auch Soziale Arbeit mit ihrer Zielgruppe identifiziert. Ihre Zielgruppe aber hat ein schlechtes Image und eine ganz schlechte Lobby. KlientInnen der Sozialen Arbeit sind tatsächlich auch die sozial Benachteiligten, Ausgegrenzten, Auffälligen, Gescheiterten, die nicht Erfolgreichen, nicht Angepassten, all die, die in dieser Gesellschaft keine Anerkennung genießen. Da man zu dieser Klientel nicht dazu gehören möchte, distanziert man sich besser auch von der Profession, von der man glaubt, sie habe mit ihr zu tun. Und man geht davon aus, dass diese Profession nichts zu bieten habe, was man selber vielleicht brauchen könnte. So ist es z. B. erstaunlich, wie wenig Eltern über das Hilfeangebot der Sozialen Arbeit für Eltern wissen.

Eine schlechte Lobby hat aber nicht nur die praktische Soziale Arbeit. Schließlich sind in unserem Land auch im Kontext der Hochschullandschaft die Bedingungen für die Handlungswissenschaft Soziale Arbeit und ihre Forschung als eher ungünstig zu bewerten. Bei uns in Deutschland hat sich die Soziale Arbeit die so genannten akademischen Weihen nie ganz verdient. Sozialarbeit ist ein Studienziel, das bisher fast ausschließlich an Fachhochschulen erreicht werden kann.

Vorurteil 5:
„Sozialarbeiter sind naive Leute, die noch an das Gute glauben, wenn es ihnen schon selber an den Kragen geht."

> „Ein Sozialpädagoge auf einer Safari in Afrika wird von mehreren Löwen umstellt. Aus tiefer Angst geht er meditativ in sich, um eine positive Aura aufzubauen, damit ihn wie er aus seiner Selbstreflexion aufschaut, sitzen die Löwen im Kreis und halten sich die Hand. Der Sozialpädagoge ist hoch erfreut, dass sein Glaube an das Gute gesiegt hat. Die Löwen aber rufen im Chor: „Einen guten Appetit zusammen!"

Soziale Arbeit hat bei vielen Menschen den Ruf, zu weich, zu zimperlich zu sein, Skrupel zu haben, Menschen hart und konsequent anzupacken. Sozialarbeiter gelten als naiv und gut gläubig. Es wird ihnen „Kuschelpädagogik" vorgeworfen, d.h. sie sind bereit, alles zu verstehen und damit alles zu entschuldigen.

Klarstellung: Soziale Arbeit ist eine pädagogische, keine ordnungspolitische Disziplin. Sie versucht, Menschen soweit zu begleiten und zu beraten, dass sie bereit sind, sich aus eigener Überzeugung heraus zu verändern und ihr Leben selber wieder in die Hand zu nehmen. Das Verstehen ist dabei eine wichtige Voraussetzung. Verstehen heißt aber nicht, alles gut zu heißen und alles zu entschuldigen.

Vorurteil 6:
„Sozialarbeiter drängen sich vor, wenn es darum geht, dass Menschen miteinander sozial agieren. Sie machen die Menschen passiv, weil so echte Solidarität nicht mehr notwendig scheint."

> „Ein Priester, ein Rabbi und ein Sozialarbeiter sind mit einem Flugzeug unterwegs. Aufgrund technischer Probleme fallen nach und nach sämtliche Triebwerke aus, und das Flugzeug beginnt abzustürzen. Der Priester beginnt zu beten, der Rabbi liest in seiner Thora. Und der Sozialarbeiter beginnt, eine Selbsthilfegruppe für Opfer von Flugzeugkatastrophen zu organisieren."

Viele Menschen haben auch deshalb Vorbehalte gegen Soziale Arbeit, weil sie das sozialpädagogische Arrangement als künstlich empfinden, als etwas, was die natürlichen, zwischenmenschlichen Kontakte und Verantwortlichkeiten aushebelt und überflüssig macht. Andere Menschen unterstützen, beraten, ihnen helfen, das sollte eigentlich jeder machen, das sollte nicht etwas sein, was an eine Berufsgruppe delegiert wird, die uns dann entlastet und uns ein gutes Gewissen gibt. Manchen Menschen erscheint die Soziale Arbeit als ein Phänomen, das dazu beizutragen scheint, dass in unserer Gesellschaft so etwas wie Solidarität oder auch Nachbarschaftlichkeit immer mehr verschwindet, letztlich also als etwas, was zur Entmenschlichung und zu einer Egozentrierung des Einzelnen in der Gesellschaft führt. Eine zu starke Professionalisierung Sozialer Arbeit, so wird argumentiert, bringe die Menschen noch weiter weg von zwischenmenschlicher Verantwortung und Nähe.

Klarstellung: Solidarität zwischen Menschen ist – entgegen der üblichen Vorstellung – nicht die Alternative zur professionellen Sozialen Arbeit, sondern deren Ziel. Die Wiederherstellung von Netzwerken und solidarischen Beziehung ist eine ihrer wichtigsten Aufgaben.

Man könnte weitere Facetten des Bildes der Öffentlichkeit von der Sozialen Arbeit zusammentragen. Witze gibt es noch genug. Im Folgenden soll versucht werden, Gründe zu finden, die dieses unzutreffende Bild von Sozialer Arbeit in der Öffentlichkeit aufrechterhalten.

1.2.2 Der eigene Beitrag zum Bild in der Öffentlichkeit

Sicher sind nicht nur die anderen schuld an der geringen gesellschaftlichen Anerkennung der Sozialen Arbeit und an diesem aus fachlicher Sicht ziemlich schiefen Bild in der Öffentlichkeit. Die Soziale Arbeit selber trug und trägt immer noch viel dazu bei, dass sie wenig wahrgenommen wird und man ihr nicht viel zutraut.

Zum einen muss festgestellt werden, dass praktische Soziale Arbeit heute durchaus noch nicht immer und überall ihre eigenen fachlichen Qualitätsanforderungen erfüllt: Sie macht z. B. noch immer Anleihen in der alten fürsorglichen Sozialarbeit, die eigentlich mit den 70er Jahren erledigt war. Die in den 80er Jahren zur leitenden theoretischen Konzeption Sozialer Arbeit entfaltete Lebensweltorientierung (auf dieses Konzept Sozialer Arbeit wird weiter unten ausführlich eingegangen) steht seit langem in allen Präambeln und Konzeptpapieren, aber in der Praxis wird sie keineswegs immer in sozialpädagogisches Handeln umgesetzt. Soziale Arbeit muss also weiter qualifiziert werden, die sozialarbeiterische Fachlichkeit und ihre wissenschaftliche Qualität müssten in der Praxis deutlicher greifen und Praxis noch klarer orientieren.

Die Sozialarbeit hat sich noch in den 70er Jahren dagegen gewehrt, die Wirksamkeit ihres sozialpädagogischen Tuns zu belegen. Zu lange ging sie davon aus, dass ihr Engagement und ihr guter Wille als Qualitätsmerkmale für die Außenstehenden ausreichen müssten. Zu lange hat sie sich zu wenig um die Frage ihrer Wirkung und ihrer Erfolge gekümmert. Und selbst wenn diese erforscht waren, hat sie es nicht für nötig gehalten, sie in die Öffentlichkeit zu tragen. Sie hat es in der Vergangenheit versäumt, ihre Professionalität, ihr Können, ihre Kompetenz selbstbewusst gegenüber der Öffentlichkeit, der sozialen Fachwelt und der Politik zu vertreten. Es fehlt auch heute an offensivem, gelassenem Selbstbewusstsein gegenüber den anderen, angeblich höher angesiedelten Professionen sowie gegenüber der Öffentlichkeit, den Medien und der Politik. Viele Autoren gehen davon aus, dass das berufliche Selbstbewusstsein in der Sozialen Arbeit zu gering ausgebildet und die professionelle Identität nicht ausreichend entwickelt seien (vgl. Heite 2008, S. 83f).

Nadai et al. schildern ausführlich, welche Strategien und Taktiken Sozialarbeitende in der Praxis entwickeln, wenn es z. B. darum geht, sich gegenüber ehrenamtlichen MitarbeiterInnen zu verhalten: Statt ihre Professionalität zu verdeutlichen und gegen die Möglichkeiten von Laientätigkeit klar abzugrenzen, neigen sie dazu, die Unterschiede zu verwischen, zu verschleiern und unsichtbar zu machen (Nadai et al. 2005, S. 169, 177, 192). Sie bescheiden sich mit Hilfsfunktionen für andere soziale Professionen, neigen zur Subordination und zu einer Taktik, die Nadai et al. als „pragmatischen Individualismus" kennzeichnen (ebenda, S. 189), einer eher Konflikt scheuen, anpassungsbereiten Haltung gegenüber anderen MitarbeiterInnen im Feld und gegenüber den vorgefundenen Verhältnissen. Dass diese „misslungene Inszenierung" der Sozialen Arbeit (ebenda, S. 181) der Außenwahrnehmung der Profession schadet, ist unübersehbar. So tragen die VertreterInnen der Profession selber zu der Sichtweise bei, dass jeder und jede Soziale Arbeit leisten könne. „Weil die Soziale Arbeit ihre Grenzen nicht schließen kann, muss sie die Beschneidung ihrer professionellen Autonomie in Kauf nehmen. Andere bestimmen mit über die Definition ihrer Problemstellungen, über Lösungsansätze und -wege sowie über die Allokation von Ressourcen", stellen Nadai et al. fest. Sozialarbeitende reproduzieren mit ihrem Handeln die strukturelle Unterordnung der Sozialen Arbeit unter andere Professionen und dies wiederum führt dazu, dass sich die individuellen Sozialarbeitenden pragmatisch mit den gegebenen Strukturen arrangieren (Nadai et al. 2005, S. 193). Die Autoren führen das oben beschriebene Verhalten von Sozialarbeitenden zurück auf die geschlechtsspezifisch weibliche Tradition Sozialer Arbeit sowie auf die spezifische soziale Stellung der meisten Sozialarbeitenden, die oft aus eher bildungsfernen Schichten stammen und für die das Studium der Sozialen Arbeit einen individuellen sozialen Aufstieg bedeutet (ebenda, S. 181). Zu ähnlichen Schlussfolgerungen kommt auch Heite: „Der relativ untergeordnete Status Sozialer Arbeit resultiert aus Macht- und Herrschaftsverhältnissen, die sich u. a. entlang der Kategorien Geschlecht und Klasse formieren" (Heite 2008. S. 8f). In diesem Sinne erfolge die Positionierung Sozialer Arbeit in der gesellschaftlichen Statushierarchie der Anerkennung äquivalent zum Klassenstatus und zur geringen Anerkennung der von Armut und Marginalisierung betroffenen KlientInnen.

Die Außenwahrnehmung Sozialer Arbeit hat sich trotz ihrer Qualifizierung und Professionalisierung der 80er und 90er Jahre bis heute nicht nachhaltig und grundlegend verändert. Die Fähigkeit zu einer offensiven, selbstbewussten Darstellung der eigenen Aufgaben, Möglichkeiten und notwendigen Arbeitsbedingungen ist noch immer nicht sehr weit entwickelt. Das erweist sich gerade in der gegenwärtigen Auseinandersetzung als sehr problematisch: Angesichts der Kosten, die Soziale Arbeit verursacht und angesichts des geringen Vertrauens in die und der eher niedrigen Erwartungen an die Profession, ist die Soziale Arbeit inzwischen in die Situation geraten, sich ständig und für fast jeden ihrer Schritte rechtfertigen zu müssen, für Arbeitsaufträge, finanzielle Mittel und angemessene Arbeitsbedingungen immer wieder neu bewerben und kämpfen zu müssen – und das sehr oft ohne Erfolg.

Soziale Arbeit ist im Rahmen ihrer Abhängigkeit vom gesellschaftlichen Auftraggeber ihrer Arbeit auf dessen Anerkennung angewiesen und von seinen Bedingungen für Anerkennung abhängig. Heite, die den Professionalisierungsprozess der Sozialen Arbeit als „Kampf um Anerkennung" (Heite 2008) beschreibt, erklärt die Tendenz und Bereitschaft der Sozialen Arbeit, sich den ökonomischen Anforderungen und Logiken der neosozialen Politik zu unterwerfen, anerkennungstheoretisch: Um in der gegenwärtigen sozialpolitischen Situation gesellschaftliche Anerkennung zu erlangen ist eine Unter- und Einordnung in die Logik der Ökonomie und der Marktwirtschaft unerlässlich. Deshalb würden viele VertreterInnen der Profession ganz bewusst zu einer Strategie greifen, die von der expliziten und impliziten Vorstellung ausgehe, „dass Soziale Arbeit nur dann hegemoniale Anerkennung erlagen kann, wenn sie sich ökonomisch-managerialistischen Anforderungen im doppelten Wortsinn ‚erfolgreich' stellt" (ebenda, S. 175). Gesellschaftliche Anerkennung hat ihren Preis.

Die Tatsache, dass die Soziale Arbeit – trotz ihrer enormen Ausweitung und Professionalisierung in der 2. Hälfte des letzten Jahrhunderts – in der Öffentlichkeit wie in der Politik und schließlich auch unter den verwandten sozialen Professionen eher die Rolle eines Aschenputtels spielt und es sich gefallen lassen muss, dass sie ihre Fachlichkeit an fremde Logiken anzupassen hat, liegt also zum Teil an ihren eigenen Versäumnissen, sich als Profession zu verstehen und sich auch nach außen so darzustellen und zu profilieren.

Die im Weiteren zu beschreibenden Prozesse der Ökonomisierung und der Indienstnahme der Sozialen Arbeit durch den aktivierenden Staat müssen auf dem Hintergrund einer Profession gesehen werden, die es trotz eines enormen quantitativen Zuwachses und einer grundlegenden qualitativen Neuorientierung noch nicht geschafft hat, innerhalb der Gesellschaft den Stellenwert und die Anerkennung zu erlangen, die ihr – wie sie selber meint – zukommen müssten. Dies scheint einer der Gründe dafür, dass die Welle der Ökonomisierung und die neuen Weichenstellungen des aktivierenden Sozialstaates die praktische Soziale Arbeit und auch Teile ihrer Wissenschaft in so kurzer Zeit in ihren Griff bekommen konnten.

Der Versuch, sich im eigenen aber auch im Interesse der Klientel gegen die aktuellen neosozialen Zumutungen zu wehren, die vor allem von Seiten der Politik und der Verwaltung auf die Soziale Arbeit zukommen, wird nur dann Erfolg haben, wenn die Berufsgruppe lernt, ihren „pragmatischen Individualismus" aufzugeben und sich als Profession nach außen deutlich zu profilieren und gemeinsam zu artikulieren. Es wäre dabei mit Heite der Sozialen Arbeit zu raten, die Identifikation mit ihrer Klientel nicht aufzugeben – auch und gerade weil diese als Status mindernd angesehen wird – und angesichts der zunehmenden Armut und Ungerechtigkeit politischen Einspruch zu erheben (Heite 2008).

1.3 Zur Geschichte der Sozialen Arbeit

Vielleicht hängt die oben beschriebene Nicht-Wahrnehmung Sozialer Arbeit als eine ernst zu nehmende Profession auch damit zusammen, dass sie historisch gesehen noch nicht allzu lange existiert. Im Unterschied zum Arzt-, zum Richter- oder zum Lehrerberuf ist die Soziale Arbeit ein „Kind der Moderne". Die Soziale Arbeit ist erst mit der zunehmenden Industrialisierung im 19. Jahrhundert entstanden und ist, genauer betrachtet, eine notwendige Begleiterscheinung des Kapitalismus (vgl. hierzu z. B. Hering/Münchmeier 2007; C.W. Müller 2005). Böhnisch et al. bemerken, dass es die Aufgabe der Sozialen Arbeit seit ihren ersten Anfängen gewesen sei, auf die vom Kapitalismus verursachte soziale Beschädigung der Individuen einzuwirken (Böhnisch et al. 2005, S. 103) und dadurch dessen soziale Unzulänglichkeiten aufzufangen. Indem die Soziale Arbeit dazu beitrage, die Soziale Frage[9], die sich seit dem

---

9 Der Begriff *Soziale Frage* bezeichnete ursprünglich die Auseinandersetzung mit den sozialen Missständen, die mit der Industriellen Revolution einhergingen. Im weiteren geschichtlichen Verlauf des Kapitalismus wurde damit das Anwachsen von Lebensproblemen der Menschen im Kapitalismus bezeichnet. In Deutschland u. a. westlichen Industrienationen führten die drängenden Probleme zu einer vielfältigen gesellschaftlichen Mobilisierung und Politisierung, die je nach sozialer Interessenlage und Sicht in den verschiedenen Epochen des Kapitalismus unterschiedliche Lösungsansätze hervorbrachten. Mit dem Sozialstaat, der seinerseits eine Antwort auf die Soziale Frage seiner Zeit war, hat sich diese Frage nicht erledigt, vielmehr ist festzuhalten, dass sich auch hier neue Formen der strukturellen Armut und Ausgrenzung

Frühkapitalismus stellt, zu entschärfen, sei sie für diese Gesellschaft notwendig. Soziale Arbeit impliziere damit immer ein System stützendes wie auch ein systemkritisches Moment.

1.3.1 Gesellschaftliche Herkunft und sozialpolitische Funktion

In den vorigen gesellschaftlichen Epochen war alles das, was heute die Soziale Arbeit ausmacht, entweder als Aufgabe den natürlichen sozialen Gruppen zu geordnet oder kirchlicher wie gesellschaftlicher Wohltätigkeit zugewiesen. Die Unterstützung der Armen im Mittelalter war Sache des christlichen Almosenwesens, also vor allem der kirchlichen Liebestätigkeit in Klöstern oder Spitälern. Armut galt als gottgewolltes Schicksal und begründete einen Stand in der Gesellschaft. Der christlichen Nächstenliebe verpflichtet fühlten sich außer der Kirche auch wohlhabende Privatleute und Landesherren, für welche Armut Anlass zum Geben von Almosen bot. Diese Art der freiwilligen Wohltätigkeit prägt bis heute das Spendenwesen und das Ehrenamt im Bereich der Sozialen Arbeit.

Mit der Auflösung der mittelalterlichen Stände- und Gesellschaftsordnung und der Entstehung der Städte stieg und konzentrierte sich auch die Armut. Das Armutsproblem und die Bettlerplage besonders in den Städten zwangen aufgrund des zunehmenden Elends aus wirtschaftlichen und ordnungspolitischen Motiven heraus zur bürokratischen Regulierung des Armenwesens und zur Abhilfe der Bedürftigkeit. Der Umgang mit den Armen wurde zu einem politischen Gegenstand. Es entstanden Bettelordnungen, Armenregister und zentrale städtische Unterstützungskassen. Der Humanismus, z. B. Erasmus von Rotterdam (1465-1536), brachte in dieser Zeit zugleich den Gedanken der Erziehbarkeit und Eigenverantwortlichkeit des Menschen mit sich. Vielerorts wurden Unterstützungsgelder mit pädagogischer Förderung und Erziehung zur Arbeit verbunden. Armut galt nun nicht mehr als Schicksal, sondern als durch Fleiß, Leistung und Arbeit überwindbar. Bedürftigkeit wurde nun an der Fähigkeit bzw. Nichtfähigkeit zur Arbeit bemessen. Arbeitsfähige Arme galten als unwürdige Arme.

Mit der Reformation entwickelte sich die protestantische Arbeitsethik. Askese und Arbeit erschienen als einzige Daseinsberechtigung und Voraussetzung für den Einzug ins Himmelreich. Waren Almosen bislang ein Teil christlicher Nächstenliebe, wurde nun von den Armen selbst ein Beitrag verlangt.

---

ergeben haben. Und heute, unter den in der Zweiten Moderne eingetretenen Bedingungen von Massenarbeitslosigkeit, Armut und Verslumung auch unter Erwerbstätigen (Working Poor) und angesichts einer Wirtschaftskrise, die auf die Bevölkerung eine Schuldenlast in vielfacher Milliardenhöhe abwälzt, hat die Soziale Frage eine neue Aktualität erreicht.

Im absolutistischen Deutschland verschärfte sich die Notwendigkeit zur politischen Regulierung der Armenfürsorge, um wirtschaftliche und machtpolitische Schäden des Systems zu vermeiden. Um 1600 entstanden verschiedene Variationen von Zucht-, Siechen-, Armen-, Arbeits-, und Tollhäusern als Besserungs- und Verwahrungsanstalten. Das Betteln wurde verboten und mit Freiheitsentzug und Zwangsarbeit bestraft. Der Staat verfolgte mit der Übernahme von solchen Einrichtungen und Maßnahmen das Ziel der gesellschaftlichen Disziplinierung im Sinne des Erhaltes und der Förderung der bestehenden Ordnung. Die zunehmende Wertschätzung von Arbeit und Leistung verlangte zudem nach der Förderung der Leistungsfähigkeit des Menschen. Der Anspruch der Erziehung zu Disziplin und Pflichtgefühl fokussierte auch das staatliche Interesse auf die Kinder. Im 16. und 17. Jh. begann der Staat mit dem Auf- und Ausbau des Schulwesens. Die in den kommenden hundert Jahren in den meisten deutschen Teilstaaten eingeführte Schulpflicht diente allerdings vor allem dazu, die Bevölkerung im Sinne der absolutistischen Herrscher zu indoktrinieren.

Die Pietisten in Deutschland gründeten im 17. Jahrhundert Armenschulen, Waisenhäuser und Lehrausbildungsstätten. Die spezifizierte Erziehungsarbeit der Pietisten zum frommen arbeitsamen Christen unterteilte erstmals in verschiedene Bedarfslagen und differenzierte die Betreuung in Armenhilfe, Kindererziehung, Kranken- und Behindertenfürsorge. Von Bedeutung für die spätere Entwicklung der Sozialen Arbeit gestaltete sich die Organisation der christlichen Wohltätigkeit in freien Bruderschaften und Volksmissionen.

Mit Beginn des 18. Jh. erreichten die Ideen der Aufklärung jeden Winkel der Gesellschaft. Die freie Entfaltung des Individuums stand im Mittelpunkt der geistigen Diskussion und damit im Widerspruch zur absolutistischen Herrschaft. Die geforderten Prinzipien der Französischen Revolution und die Erklärung der Menschenrechte in Frankreich erweiterten und praktizierten den Anspruch der Aufklärer. Die industrielle Revolution förderte parallel dazu den technischen Fortschritt und die Industrialisierung der Arbeit.

Mit der Durchsetzung des Industriekapitalismus veränderten sich die traditionellen Lebensverhältnisse der Bevölkerung. Die Landbevölkerung flüchtete in die Städte, kleine Handwerksbetriebe verloren ihre Existenzgrundlage, die Bevölkerungszahlen stiegen um das Dreifache. Arbeitslosigkeit, Armut, Krankheit, Invalidität, Seuchen und Elend wurden in ihrer Massivität zu einer gesellschaftlichen Gefahr und konnten nicht mehr als gesellschaftliche Randerscheinungen behandelt werden. In dieser geschichtlichen Phase sind die Anfänge der Sozialen Arbeit zu suchen.

1 Soziale Arbeit – was ist das eigentlich?

Mit Beginn des Industriekapitalismus, im Vorfeld der 1848er Revolution (Weberaufstand 1844) stellte sich die Soziale Frage auch in Deutschland. Die Arbeiter formierten ihre Kräfte gegen die kapitalistische Ausbeutung.

1853 entwickelte die Stadt Elberfeld ein neues System der Armenversorgung, das schnell von anderen Städten übernommen wurde. Als staatlicher Reformansatz fungierte es als rationell organisierte kosteneffiziente Armenpflege. Durch den Einsatz kommunaler ehrenamtlicher Armenpfleger wurde die Bedürftigkeit und der Bedarf der zu betreuenden Familien ermittelt, die materielle Unterstützung wurde auf ein Minimum begrenzt und zeitlich befristet. Ziel des Systems war die schnelle Vermittlung der Bedürftigen in Arbeit. Bei diagnostizierter Arbeitsfähigkeit konnte der Betroffene für einen Niedriglohn zur Zwangsarbeit verpflichtet werden. Eine Generation später wurde das Elberfelder System vom Straßburger System abgelöst, bei dem man bereits Berufsbeamte anstelle der ehrenamtlichen Armenpfleger einsetzte.

Die Risiken der Lohnarbeit mussten abgefedert werden, um die Soziale Frage zu entschärfen. Die Bismarcksche Sozialgesetzgebung zwischen 1878-1889 umfasste folgende Sozialversicherungen: 1883 die Krankenversicherung, 1884 die Unfallversicherung und 1889 die Invaliden- und Altersversicherung. Die Sozialversicherungsgesetze waren Bahn brechend in Europa, doch sie schlossen die Arbeitslosen aus und trennten sie so auf Dauer von den gesellschaftlichen und politischen Interessensvertretungen ab. Sie wurden zu Adressaten der Fürsorge.

Große Teile der Arbeiterbewegung versuchten, eine sozialistische Überwindung des kapitalistischen Systems zu erkämpfen. Daneben gab es als Antwort auf die sozialen Probleme des Kapitalismus den sozialdemokratischen Versuch, die Soziale Frage durch soziale Reformen innerhalb des bestehenden Systems zu lösen. In dieser Zeit entstanden Gewerkschaften, Arbeiterparteien, Konsumvereine, Arbeiterbildungsvereine und Genossenschaften. 1868 gründete sich der Allgemeine Deutsche Gewerkschaftsbund.

Private Wohltätigkeitsvereine und politische Parteien (Rote Hilfe, AWO) organisierten Hilfe im größeren Rahmen. Auch die Kirchen schufen eigene Wohlfahrtsverbände: 1848 wurde die Innere Mission (ev. Kirche) gegründet und 1897 der Caritasverband (kath. Kirche). Im Ruhrgebiet war die Familie Krupp aktiv in der Versorgung ihrer Arbeiter. Sie stellte Werkswohnungen zur Verfügung und errichtete für die Arbeiter des Betriebes ein eigenes Krankenhaus, eine Krankenkasse und eine Konsumanstalt – nicht zuletzt, um einen Stamm qualifizierter Arbeiter und Facharbeiter an das Unternehmen zu binden.

Von Bedeutung war der Beginn der Ausdifferenzierung und Dualität des Hilfesystems in sozialpolitische, materielle Maßnahmen bürokratisch organisierter Versicherungsansprüche einerseits und privat organisierte Hilfen der Wohlfahrtsverbände andererseits.

Im Rahmen der christlichen Sozialbewegung (1833 hatte J.H. Wichern das Rauhe Haus gegründet) um die Jahrhundertwende etablierten sich die allerersten vollberuflichen Sozialarbeiter. Spätestens seit dem 1. Weltkrieg entwickelte sich die soziale Hilfstätigkeit zu einer Frauendomäne. Es stellten sich vor allem Frauen als Armen-, Kranken-, und Kinderpflegerinnen zur Verfügung. Die bürgerliche Frauenbewegung kämpfte politisch um die Durchsetzung ihrer Rechte und um ihre Zulassung zu standesgemäßen Berufen. Sie nutzte ihre Chance, in den bis dahin ausschließlich von Männern ausgeübten Beruf des Wohlfahrtspflegers einzusteigen und ihn mit einer anspruchsvollen akademischen Ausbildung zu verknüpfen. Alice Salomon[10] gründete 1908 die erste akademische Ausbildungsstätte für Soziale Arbeit, die Soziale Frauenschule in Berlin. 1916 gab es in Deutschland bereits 13 Fachschulen für Soziale Arbeit, die Vorläufer der heutigen Fachhochschulen für Sozialwesen (vgl. Wendt 1995).

Die Weimarer Republik brachte widersprüchliche Entwicklungen für die Soziale Arbeit mit sich. Die Folgen des 1. Weltkrieges, die Massenarbeitslosigkeit, die Inflation 1923, die Weltwirtschaftskrise 1929 erzeugten neue und vielschichtige gesellschaftlich Problemlagen und stellten die Soziale Arbeit vor massive Herausforderungen. Andererseits brachte der Versuch der Etablierung einer demokratischen Gesellschaftsordnung die Verwirklichung sozialdemokratischer Ideen (Gewerkschaften), die verfassungsmäßige Verankerung sozialer Grundrechte, intellektuellen Fortschritt und kulturellen Aufschwung für eine moderne, emanzipierte Gesellschaft (z.B. das Frauenwahlrecht, die Berufsfreiheit für Frauen, sexuelle Freiheit und ansatzweise die gesellschaftliche Akzeptanz eheloser Lebensformen). Im Bereich Erziehung und Bildung setzten sich die Volksbildungsbewegungen durch und es fanden reformpädagogische Ansätze Anwendung. Der Fokus der Sozialpolitik lag auf der Förderung der Kinder und Jugendlichen als Hoffnungsträger der Nation und führte zur Einrichtung von Jugendämtern und Fürsorgeeinrichtungen. Mit der Verabschiedung des Reichsjugendwohlfahrtgesetzes (RJWG) durch den Deutschen Reichstag am 9. Juli 1922 wurde erstmals ein einheitliches Recht für das deutsche Reich geschaffen, dass die öffentliche und freie Jugendhilfe[11] zu organisieren versuchte. Als Reaktion auf die weit reichenden Veränderungen in der Gesellschaft und in der Lebenswelt der Jugendlichen, wurde mit dem Gesetz

---

10 Alice Salomon (1872 – 1948) war eine liberale Sozialreformerin in der bürgerlichen deutschen Frauenbewegung und eine Wegbereiterin der Sozialen Arbeit als Wissenschaft.
11 Soziale Arbeit und damit auch die Jugendhilfe gibt es grundsätzlich in öffentlicher (z.B. Jugendamt, Sozialamt) und freier Trägerschaft (z.B. Vereine, Wohlfahrtsverbände).

versucht, zum „Wohle der Kinder" staatliche Hilfen bereitzustellen und dabei private Hilfen mit einzubeziehen. Das Reichsjugendwohlfahrtsgesetz enthielt im Kern schon viele Ansätze der heutigen Jugendhilfe.

Der Ausbau der Wohlfahrtspflege und der damit verbundene Aufgabenzuwachs verlangten nach einer großen Zahl gut und speziell ausgebildeter Arbeitskräfte (Wohlfahrtspflegerinnen). Zur Durchsetzung dieser Ansprüche gründete sich 1916 der Berufsverband für Sozialbeamtinnen, die zunächst ausschließlich Frauen in sozialen Berufen akzeptierten. 1924 wurde die „Gilde der sozialen Arbeit" aus Wohlfahrtspflegerinnen und Sozialpädagoginnen gegründet, die aus der Jugendbewegung stammten und sich der Jugendfürsorge verschrieben hatten. In der Geburtsstunde der Jugendhilfe liegt der Ursprung der heutigen Sozialen Arbeit.

Die deutsche Wohlfahrtspflege differenzierte sich weiter aus. Außer der Jugendfürsorge entstanden die Bereiche Kriegsfürsorge, Betriebsfürsorge und die Familienfürsorge (Hering/ Münchmeier 2007).

Mit der Machtübertragung an Hitler war der Versuch einer demokratischen Gesellschaftsordnung in Deutschland gescheitert. Das faschistische System formte die gesamte Gesellschaft zu einer einzigen Institution. Mit der Gründung der Nationalsozialistischen Volkswohlfahrt wurden fast alle bisherigen Wohlfahrtorganisationen ausgeschaltet. Soziale Leistungen des NS-Staates waren nur für den „rassisch einwandfreien" Teil der Bevölkerung zu haben. Für Menschen am Rande der Gesellschaft wurde die Unterstützung auf ein Minimum herunter gefahren. Menschen so genannter ‚minderer Rassen' wurden verfolgt, inhaftiert und vernichtet. Die Zeit des Faschismus brachte eine totale Instrumentalisierung der Fürsorge mit sich, die den rassistischen Doktrinen unterworfen wurde und an deren Umsetzung auch aktiv beteiligt war (vgl. C.W. Müller 2008; Hering/Münchmeier 2007; Landwehr/Baron 1991).

Nach dem 2. Weltkrieg beriefen sich beide deutschen Staaten auf das alte Reichsjugendwohlfahrtsgesetz. In beiden Ländern aber verlief die Geschichte der Sozialen Arbeit unterschiedlich:

In der DDR blieben nur wenige, eng begrenzte Funktionen der Fürsorge bestehen. Andere soziale Aufgaben gingen in die Zuständigkeit der Bildungspolitik über bzw. wurden in anderen Bereichen der Gesellschaft bearbeitet. Eine eigenständige Profession Soziale Arbeit wurde als Kind des Kapitalismus angesehen und in einer sozialistischen Gesellschaft, in der Solidarität und gesellschaftliche Verantwortung der Einzelnen für die Gemeinschaft konstitutiv waren und viele sozialpädagogische Hilfestellungen im ehrenamtlichen Bereich auf der Ebene der Betriebskollektive und der Nachbarschaft aufgefangen wurden, nicht für notwendig gehalten (vgl. Landwehr/Baron 1991).

Im Westen kehrte ein Teil der unter dem Faschismus in die USA emigrierten Fachkräfte der Sozialen Arbeit aus der Weimarer Republik nach Deutschland zurück (z.B. Herta Kraus und Friedrich Siegmund-Schultze). Das nach dem Nazi-Regime auf einem Tiefstand angekommene Fürsorgesystem machte einen verheerenden Eindruck auf sie. Sie hatten in den USA Methoden der Sozialen Arbeit kennen gelernt, die verstärkt partizipativ mit den Menschen umzugehen versuchten. Angesichts der Entwicklungen und Tendenzen der Sozialen Arbeit im Faschismus erschien eine Übertragung dieser Methoden und Konzepte in einem demokratischen, nicht mehr faschistischen Deutschland als dringend angeraten. In den 50er Jahren fand der zunächst eher mühsame Versuch einer Rezeption dieser neuen Konzepte statt (vgl. C.W. Müller 1992, S. 68ff). Im Verlaufe der nächsten Jahre entstanden z.B. die Nachbarschaftshäuser in den großen Städten. Die Gruppenarbeit wurde für die Jugend entdeckt. Gemeinwesenarbeit und Casework als Methode der Einzelfallarbeit ergänzten die klassische Fürsorge in Jugendämtern und bei den Wohlfahrtsverbänden.

Das kapitalistische Gesellschaftssystem in Westdeutschland reagierte auf die massiven sozialen Probleme der Nachkriegszeit und das Entstehen eines sozialistischen Konkurrenzstaates in den folgenden Jahrzehnten mit dem Ausbau des Sozialstaates und damit auch der Sozialen Arbeit. Das Aufgabenfeld Soziale Arbeit hatte sich inzwischen stark erweitert und bezog nun alle denkbaren Schwierigkeiten und Konflikte, Probleme und biografischen Katastrophen in ihren Zuständigkeitsbereich ein, die im Spannungsverhältnis von individueller oder z.B. familiärer Lebensführung der Menschen einerseits und den gesellschaftlichen Lebensbedingungen im Kapitalismus andererseits (wie z.B. den ökonomische Zwängen oder den rechtlich fixierten Normen) entstehen können.

1.3.2 Profilierung und Stabilisierung der Sozialen Arbeit ab 1970

Mit dem Ausbau und der Konsolidierung des Sozialstaates in den 1950er und -60er Jahren entstanden für die Soziale Arbeit günstige Entwicklungsbedingungen, die viele Spielräume zur Verfügung stellten und es ihr möglich machten, ihr Aufgabenprofil auch explizit auf die Interessenseite der Menschen und ihre Lebenswelten auszurichten und sich somit auch als eine pädagogische Instanz zu profilieren (vgl. z.B. Böhnisch et al. 2005). „Es begann eine Phase der massiven Expansion der Sozialen Arbeit, erklärbar durch die sich ausdifferenzierenden Bedürfnisse in einer sozialstaatlich gesicherten, mit Individualisierungs- und Pluralisierungsprozessen im Lebensstil verbundenen und wohlfahrtsstaatlich zunächst noch weiter expandierenden Gesellschaft in der Bundesrepublik der 60er Jahre" stellt z.B. Sorg (2007, S. 209f) fest.

1 Soziale Arbeit – was ist das eigentlich?

Es war die Zeit, in der Begriffe wie Chancengleichheit oder soziale Absicherung in der Politik wie in der Öffentlichkeit selbstverständliche und anerkannte Normen darstellten. Unter diesen ideologisch auf Gerechtigkeit und Teilhabe ausgerichteten und auf das Wohlergehen der Bürger drängenden Bedingungen des Sozialstaates fand die Soziale Arbeit einen enormen Aufschwung und profilierte sich in vielfacher Hinsicht.

Seit dieser Zeit näherten sich auch die beiden historischen Begriffe und Praxisfelder „Sozialpädagogik" (soziale Erziehungsarbeit) und „Sozialarbeit" (Armenfürsorge, Ressourcenverteilung) aneinander an (vgl. z. B. Kraimer 1994) und wurden schließlich als eine Einheit, als die „Soziale Arbeit"[12] begriffen und ab da an den ausbildenden Fachhochschulen als ein Fachbereich zusammengefasst.

Parallel zum formalen Ausbau des Sozialstaates ab den 60er Jahren fanden in der Sozialen Arbeit grundlegende inhaltliche Reformen statt. Im Kontext der 68er Bewegung formierte sich von Seiten der PraktikerInnen, der Betroffenen (Heimzöglinge) und der Ausbildungsstätten eine umfassende und grundlegende Kritik an der damaligen Sozialen Arbeit. Nicht nur die damals noch als „geschlossene Institutionen" mit wenig pädagogischen Ambitionen geführten Kinder- und Jugendheime standen in der Kritik, auch die konkrete Fürsorge im alten, autoritären und bevormundenden Stil wurde heftig attackiert. Dem „Casework" wiederum, der aus den USA importierten Methode der Einzelfallhilfe, hielt man Unwissenschaftlichkeit vor und machte ihr den Vorwurf, die Klientel zu pathologisieren und ihr allein die Schuld für ihre Problemlagen zuzuschreiben, statt die gesellschaftlichen Problemursachen aufzuzeigen und zu bekämpfen. Hochkonjunktur hatten damals Ansätze der Gemeinwesenarbeit, die versuchte, nicht vorrangig den Einzelnen zu helfen, sondern die Problemlagen und Mangelsituationen z. B. der Gemeinden und Stadtteilquartiere auf die Tagesordnung zu setzen und damit die Lebensbedingungen von Menschen ins Zentrum der Sozialen Arbeit und der öffentlichen Aufmerksamkeit zu rücken.

In dieser Zeit entstanden viele Praxisfelder und Ansätze in der Sozialen Arbeit, die damals von der Basis her neu und zum Teil gegen Widerstand entwickelt und durchgesetzt wurden, und die heute seit langem zum selbstverständlichen Angebot sozialer Ansätze und Einrichtungen geworden sind: z. B. das Frauenhaus, die sozialpädagogische Familienhilfe, die Obdachlosenarbeit, die mobile Jugendarbeit und viele mehr.

---

12 Der klassische Unterschied zwischen Sozialpädagogik und Sozialarbeit lag grundsätzlich darin, dass die Sozialpädagogik im erzieherischen Sinne agierte und initiierte. Die Sozialarbeit, eine weiterentwickelte institutionalisierte Form der Armenfürsorge, reagierte und intervenierte in versorgendem unterstützendem Sinne, und wurde administrativ tätig, wenn ein Missstand gemeldet wurde. Heute wird der Oberbegriff Soziale Arbeit benutzt.

Es erfolgte zudem eine Ausrichtung Sozialer Arbeit an Kriterien und Handlungsmaximen, die im Laufe der nächsten Jahre im Konzept der Lebensweltorientierung (vgl. z.B. Thiersch 2009; 8. Jugendbericht 1990) gefasst wurden: z.B. die Prinzipien Partizipation, Integration, Prävention, Erhaltung der Lebenswelt und Sozialraumorientierung. Diese Neuorientierung beeinflusste z.B. nachhaltig auch die Hilfen zur Erziehung. So wurde ab dieser Zeit verstärkte Aufmerksamkeit auf die Möglichkeit ambulanter Hilfe an Stelle von stationärer Hilfe gerichtet. Auch die Methoden der Sozialen Arbeit erhielten in diesem Kontext wesentliche Anstöße. Ausgebaut und entwickelt wurden vermehrt sozialräumliche Ansätze, biografische Methoden und Hilfen, die unmittelbar in der Lebenswelt der Betroffenen geleistet werden können.

Die Kritik der 68erBewegung an der zu geringen Wissenschaftlichkeit der Sozialen Arbeit wurde aufgegriffen. Man forderte eine verstärkte Professionalisierung Sozialer Arbeit, eine bessere wissenschaftliche Fundierung und eine größere Ausbildungsqualität, die an den in dieser Zeit neu gegründeten Fachhochschulen umgesetzt werden sollte.

Rein quantitativ hat sich die Soziale Arbeit in diesen Jahren enorm ausgedehnt. In den 90er Jahren war allein in den alten Bundesländern ein jährlicher Zuwachs von 35 000 bei den in der Sozialen Arbeit Beschäftigten zu verzeichnen. Allein in der Kinder- und Jugendhilfe waren 1994 mehr als 400 000 Personen beruflich tätig. Die Beschäftigungszahlen in Bereichen Sozialer Arbeit stiegen auf zuletzt mehr als 1 Million an (vgl. Galuske 2008; Rauschenbach 1999). Die Arbeitsfelder differenzierten sich und die Soziale Arbeit fand jetzt auch in gesellschaftlichen Feldern Betätigung, in denen sie vorher nicht präsent gewesen war. Diese Entwicklung war so rasant und offensichtlich, dass man in Fachkreisen vom 20. als dem „Sozialpädagogischen Jahrhundert" sprach (vgl. Rauschenbach 1999).

1.4 Die Profession Soziale Arbeit

Ist Soziale Arbeit eine Profession oder handelt es sich nur um einen anspruchsvolleren Beruf? Das Selbstverständnis der Sozialen Arbeit geht davon aus, dass ein fortschreitender Prozess der Professionalisierung mit den 70er Jahren in Gang gekommen ist. In dieser Zeit entwickelte sich Soziale Arbeit als professionelle Praxis auf dem Hintergrund der Handlungswissenschaft Soziale Arbeit. Mit Gründung der Fachhochschulen in Deutschland wurde die Ausbildung für die Soziale Arbeit auf Hochschulniveau angehoben. StudentInnen der Sozialen Arbeit befassen sich u.a. mit Zusammenhängen aus den Bezugswissenschaften Psychologie, Soziologie, Recht, Medizin und Sozialpolitik. Sie werden intensiv mit theoretischen Fragen ihrer Profession konfrontiert und lernen verschiedenste Methoden der Sozialen Arbeit und verwandter Professionen kennen. Die während des Studiums gemachten umfangreichen Praxiserfahrungen (im bisherigen Diplom-Studiengang waren 40 Wochen Praktikum enthalten, im heutigen Bachelorstudium sind es noch 20 Wochen) werden an der Hochschule parallel zum Praktikum reflektiert und mit den wissenschaftlichen Inhalten des Studiums konfrontiert.

Die Frage, was eigentlich Professionalität bedeutet und ob dieser Begriff für die Soziale Arbeit zutrifft, wird in einem der nächsten Abschnitte weiter verfolgt. Zunächst sollen die oben dargestellten Vorurteile gegenüber der Sozialen Arbeit noch einmal positiv aufgegriffen werden, um klarzustellen, was die Soziale Arbeit von anderen psychosozialen Berufsfeldern und Professionen unterscheidet: Was sind die Alleinstellungsmerkmale der Sozialen Arbeit?

1.4.1 Spezifik der Profession Soziale Arbeit

Es gibt strukturelle Merkmale und Kennzeichen der Soziale Arbeit, die ganz spezifisch sind für diese Profession. Sie tragen mit bei zu dem oben diskutierten Bild in der Öffentlichkeit und machen es für die Sozialarbeitenden besonders schwer, ihre Profession nach außen offensiv und für die anderen Menschen einsehbar darzustellen. Gleichwohl sind sie konstituierend für die Profession (vgl. Thiersch 1993). Dies soll im Folgenden erläutert werden.

1.4.1.1 Alleinstellungsmerkmal Allzuständigkeit

Es gibt da eine alte Geschichte ... Als in den 1970er Jahren Anne Frommann, eine der MitgründerInnen moderner Sozialpädagogik in der Bundesrepublik, im Rahmen eines Praxisprojektes der Schulsozialarbeit an einem Vormittag im Lehrerzimmer einer Schule in D. auftauchte, kannte sie noch keiner von den LehrerkollegInnen und niemand wusste, warum sie plötzlich da war. Der Schulleiter hatte dicht gehalten. Nun entspannen sich die ersten Kontaktgespräche und Anne Frommann fand sich in einer Gruppe von LehrerInnen. Die eine stellte sich als Mathematiklehrerin vor, der Kollege als Lehrer für Biologie und Sport usw. Und schließlich fragten sie auch Anne Frommann, die bisher geschwiegen und nur freundlich um sich geblickt hatte, was denn nun ihr Fachgebiet sei. Und zum großen Staunen antwortete die nette, neue Kollegin: „Mein Fachgebiet ist die Lebensbewältigung". Man darf annehmen, dass Anne Frommann das Lehrerkollegium damals und in den darauf folgenden Monaten das Staunen gelehrt hat.

Aber nicht jede SozialarbeiterIn geht so selbstbewusst mit ihrer für die Soziale Arbeit typischen Allzuständigkeit um. Fragt man eine AbsolventIn der Sozialen Arbeit, was denn nun eigentlich das Professionelle am Sozialarbeitenden sei, so wird man des Öfteren nur verlegenes Stottern hören. Andere flüchten sich dann zu ihren Rechtskenntnissen oder zu bestimmten Methoden der Beratung, die sie gelernt haben. Aber ihr eigentliches Fach, die Soziale Arbeit, kann kaum eine so richtig vertreten und erklären. Das aber ist nicht so sehr persönliche Unfähigkeit. Die Schwierigkeit liegt auch in der Materie selber begründet:

Sozialarbeitende haben keine spezielle und exklusive Zuständigkeit wie etwa ein Ingenieur, ein Mediziner, eine Juristin, eine Fachlehrerin, ein Elektromeister oder eine Betriebswirtin. Und auch im Vergleich zu VertreterInnen anderer pädagogischer Disziplinen sind sie weitaus weniger in der Lage, ihren Arbeitsbereich einzugrenzen und konkret zu benennen. Für sie besteht keine Möglichkeit, sich für irgendein Problem als nicht zuständig zu erklären.

Thiersch betont immer wieder, dass diese schwierige Struktur Sozialer Arbeit – „das Grundmuster von Ganzheitlichkeit, Offenheit und Allzuständigkeit" (Thiersch 1993, S. 11) – nicht ein beklagenswerter oder dringend zu überwindender Zustand der Sozialpädagogischen Profession sei, sondern vielmehr für Soziale Arbeit konstitutiv. Man könnte sagen, alles, was das alltägliche Leben von Menschen hergibt, kann zum Gegenstand sozialpädagogischer Intervention werden (vgl. auch Galuske 2007). Und da jedes Problem mit jedem Problem ursächlich verknüpft sein kann, gerät der Problemfokus sozialpädagogischer Interventionen tatsächlich tendenziell ins Grenzenlose. Selbstverständlich kann eine einzelne SozialarbeiterIn niemals Fachfrau/mann für alles sein. Es geht auch nicht darum, dass Soziale Arbeit quasi alles zu einem sozialpädagogischen Problem erklären will. Der Begriff Allzuständigkeit impliziert vor allem, „dass es eine enorme und diffuse Bandbreite von Problemen gibt, die prinzipiell zum Gegenstand Sozialer Arbeit werden können" (Galuske 2007, S. 37).

Soziale Arbeit hat deshalb im Unterschied zu allen anderen sozialen Berufen kein Monopol für ein eigenes Arbeitsgebiet, in dem sie und nur sie zuständig ist, ein Arbeitsgebiet, das sie sozusagen ihr Eigen nennen könnte. In allen Bereichen, in denen sie tätig wird, findet sie bereits andere Professionen vor, die die Zuständigkeit für diesen Problemaspekt für sich beanspruchen und die sich als Spezialisten in dem jeweiligen Ausschnitt menschlichen Lebens in der Regel besser und vertiefter auskennen, als jeder Sozialpädagoge, dessen Kenntnisse wegen seiner Allzuständigkeit eben nicht spezialisiert und tief, sondern breit angelegt sein müssen und sind. Sozialarbeitende sind SpezialistInnen für den menschlichen Alltag in seiner Ganzheit, mit seinen Zusammenhängen und Vielschichtigkeiten, sie sind Professionelle, deren Professionalität sich eben genau darin zeigt, dass sie sich nicht auf Zuständigkeiten zurückziehen und auf ihr Spezialgebiet beschränken können. Dies ist das Alleinstellungsmerkmal der sozialpädagogischen Profession.

Für das methodische Vorgehen hat dieses Merkmal der Allzuständigkeit zur Folge, dass Soziale Arbeit sich nicht auf eine bestimme oder begrenzte Thematik festlegen lassen kann. Jede thematische Engführung widerspricht dem Prinzip der Allzuständigkeit und Ganzheitlichkeit. Alles, was Menschen bewegt und was ihnen bei der Bewältigung ihres Lebens Probleme bereiten oder was ihnen dabei helfen kann, ist mögliches Thema für eine Bearbeitung durch die Soziale Arbeit.

Das ganzheitliche Herangehen an die Problemlagen der Klientel und die professionelle Allzuständigkeit der Hilfe kommen denjenigen KlientInnen entgegen, die ihren Hilfebedarf nicht als die Summe einzelner Probleme, sondern als komplexe, ganzheitliche Problemlage erleben und auch artikulieren. Sie können sich von dieser Komplexität nicht lösen und erleben Hilfe auch nur dann als wirklich hilfreich, wenn sie nicht (wegen Nichtzuständigkeit) „von Pontius zu Pilatus" geschickt werden. Für sie ist die Bereitschaft der Sozialen Arbeit, sich genau auf diese komplexe Problemstruktur einzulassen, wichtig und die Voraussetzung dafür, dass sie die Hilfe in ihr Leben integrieren können.

1.4.1.2 Professionelles Handeln im Alltag
Soziale Arbeit findet weitgehend im Alltag selber statt. Da sie es mit dem Alltag von Menschen zu tun hat, geht sie auch mit diesem Alltag um. Sie arbeitet nicht nur in Beratungsstellen oder gesonderten Einrichtungen, sondern oft dort, wo Menschen sich alltäglich aufhalten, wo sie leben, wo sie arbeiten und lernen, zu Hause, in der Schule, im Stadtteil. Dadurch ist sie eher unauffällig und wird vom Alltagsgeschehen scheinbar „geschluckt". Weil Soziale Arbeit im Alltag der Menschen agiert, weil sie Alltagstätigkeiten als Medium für ihre Intervention benutzt, erscheint sie vielen als wenig spektakulär, oft sogar als banal. Sie findet schließlich auch nicht in besonderen, geschützten Räumen statt, bedarf keines technischen „Fuhrparks", sie zeigt nach außen im Vergleich zu anderen, vielleicht auch zu verwandten Professionen, weniger Wiedererkennungs- und Profilierungsmerkmale.

Dieses Stattfinden im Alltag der KlientInnen ist der Grund für ein gravierendes Missverständnis über die Profession Soziale Arbeit. Sozialpädagogisches Tun verbindet sich oft mit konkreten Alltagstätigkeiten und Alltagsvorgängen. Z.B. trinkt ein Sozialpädagoge mit einer Mutter Kaffee oder er spielt mit einem Jugendlichen Tischtennis. Diese Tätigkeiten sind aber nur die Aufhänger für seine pädagogische Intervention. Nach außen hin sieht der sozialpädagogische Laie nur, dass hier Kaffee getrunken oder dass Tischtennis gespielt wird. Warum der Sozialpädagoge diesen konkreten Aufhänger gewählt hat und wie er z. B. mit der Mutter beim Kaffee trinken spricht, sie berät, sie unterstützt, ihr Rückmeldung gibt bzw. wie der Sozialpädagoge mit dem Jugendlichen spielt, ob er versucht, das Selbstwertgefühl zu stärken, ob es ihm darum geht, die Frustrationstoleranz des jungen Menschen zu erhöhen, ob er versucht beim Spiel ein Gespräch über ein bestimmtes Thema anzuschneiden etc., das alles macht erst seine sozialpädagogische Arbeit aus. Der Gedanke, Sozialpädagogik könne doch eigentlich jeder und dafür müsse man doch nicht studiert haben, hängt sehr eng mit der falschen Annahme zusammen, dass die Medien, an die die SozialpädagogInnen ihr Tun knüpfen, bereits identisch seien mit der sozialpädagogischen Intervention. So etwas könnte in der Medizin z. B. nicht passieren. Niemand schneidet einem anderen im Alltag mal eben so den Bauch auf. Hier ist die Tätigkeit selber schon das professionelle Tun. In der Sozialen Arbeit ist es aber eben oft „nur" die Art und Weise, wie etwas vielleicht ganz Alltägliches getan wird. Weil die professionelle Soziale Arbeit sich im Alltag entfaltet, scheint es für manche Mitbürger nicht nachvollziehbar, dass man hierfür ein wissenschaftliches Studium braucht. Es wird oft nicht gesehen, dass auch in der Sozialen Arbeit wissenschaftliche Kenntnisse, begründete Methoden, professionell angeeignete Fähigkeiten und Kompetenzen erforderlich sind.

Das für die Soziale Arbeit konstitutive Prinzip der Alltagsorientierung bedeutet, sich auf den Alltag der KlientInnen einzulassen, die Probleme, die dort auftreten, ernst zu nehmen und sich an den konkreten Bedingungen und Ressourcen zu orientieren, die der Alltag der jeweiligen Lebenswelt bietet. Methodisch bedeutet das: Soziale Arbeit muss sich bei ihrer Methodenwahl an den KlientInnen und ihren Ressourcen sowie an den Zielen und Rahmenbedingungen der konkreten Situation orientieren. Sie kann ihre Methode nicht vorher festlegen und hat kein festgelegtes, immer wieder und bei allen Problemlagen unverändert anwendbares Methodeninventar. Vielmehr ist sie zu einer Methodenoffenheit (vgl. Thiersch 1993) angehalten, bei der die Methoden sich nach den KlientInnen richten müssen und nicht umgekehrt.

1.4.1.3 Inszenierung und Stiftung von Solidarität
Die professionelle Soziale Arbeit ist dem Verdacht ausgesetzt, die Gesellschaft daran zu hindern, wieder sozial und menschlich zu werden. Auf den ersten Blick reiht sich die Profession Soziale Arbeit tatsächlich ein in durchaus alltägliche zwischenmenschliche Handlungsvollzüge, die mit Unterstützung, Hilfestellung und Solidarität einhergehen.

Die Unterstützung und Solidarität, die durch die professionelle Hilfe der Sozialen Arbeit ausgeübt werden, ist dabei aber „nur" inszenierte Solidarität (vgl. Rauschenbach 1999, S. 157ff) und wird nicht durch Mitleid, Sympathie,

Nächstenliebe und auch nicht – nur – durch soziales Engagement motiviert. Sie steht zum Teil an Stelle einer Solidarität, die möglicherweise in den gewachsenen zwischenmenschlichen Bezügen hätte bereit stehen können, wenn diese Bezüge entsprechend ausgebildet wären. Sie ist also in gewissem Sinn Ersatz für Weggebrochenes. Gleichzeitig ist sie notwendig angesichts der Veränderungen der Gesellschaft und der zunehmenden Komplexität und Individualisierung der Problemlagen, die eine persönliche und private Hilfe alleine nicht bewältigen könnte. Bei alle dem aber ist ihr Ziel nie die Ablösung zwischenmenschlicher Solidarität durch professionelle Hilfe, sondern ganz im Gegenteil der Aufbau und Wiederaufbau von menschlichem Miteinander. Tatsächlich ist es nämlich Aufgabe Sozialer Arbeit, die persönlichen, primären sozialen Netzwerke der Menschen zu stärken, zu verbessern und sie dazu zu befähigen, die notwendige Unterstützung, die sie für sich brauchen, in ihrer eigenen Lebenswelt zu finden. Hilfe zur Selbsthilfe ist eine der ältesten Arbeitsorientierungen Sozialer Arbeit, die auch heute, gerade im Rahmen der lebensweltorientierten Sozialen Arbeit, wie sie weiter unten dargestellt werden wird, gilt. Zudem arbeitet moderne Soziale Arbeit grundsätzlich ressourcenorientiert[13], nicht defizitorientiert. Sie macht Menschen nicht klein und abhängig, sondern knüpft immer an vorhandenen Stärken und Fähigkeiten an und fördert sie weiter. Tatsache ist außerdem, dass Soziale Arbeit keineswegs nur am einzelnen konkreten Fall ansetzt und somit Probleme wie Hilfe „individualisiert". Die seit Beginn der Sozialen Arbeit praktizierte und immer weiter entwickelte Gemeinwesenarbeit, einer der großen Zweige dieser Profession, setzt vielmehr am Gesamt einer Gruppe an, sei dies die Bevölkerung eines Stadtteils, sei es eine Schulgemeinde oder seien es die BewohnerInnen eines Seniorenheimes. Hier geht es zum einen darum, die Eigenkräfte, die gegenseitige Verantwortung und Sensibilität für einander zu stärken. Gemeinwesenarbeit zielt damit auf eine Entindividualisierung von Lebenslagen und Problemlagen. Sie sieht es als ihre Aufgabe an, Gemeinschaft nach innen und außen zu stärken und zu qualifizieren, in dem sie Menschen befähigt, gemeinsam zu handeln, zu kommunizieren und sich gegenseitig zu unterstützen. Auch in der Gemeinwesenarbeit gilt die „Hilfe zur Selbsthilfe" als oberstes Prinzip.

1.4.2 Professionalitätsmerkmale Sozialer Arbeit

Aber handelt es sich bei der Sozialen Arbeit tatsächlich um eine Profession oder nur um einen Beruf?

---

13 *Ressourcenorientierung* ist ein methodisches Konzept in der Sozialen Arbeit, das die Fähigkeiten, Kompetenzen und Kräfte, also die Ressourcen der KlientIn oder der sozialen Systeme in den Blick nimmt, um diese für den pädagogischen Hilfeprozess zu fördern und zu nutzen.

Es hängt vom Professionalitätsbegriff ab, wie diese Frage zu beantworten ist. Heiner stellt die berufsstrukturellen den kompetenzbezogenen Modellen von Professionalität gegenüber (vgl. Heiner 2004). So gibt es nach Heiner „zwei Zugänge, um den Entwicklungsstand eines Berufes einzuschätzen: 1. eine berufsstrukturelle Perspektive, die stärker den sozialen Status und die Selbstregulierungskapazität eines Berufes (im Vordergrund sieht), und 2. eine handlungs- und wirkungsorientierte Perspektive, die Berufsvollzüge darauf hin analysiert, ob die Fachkräfte die angestrebten Resultate bei der Erledigung bestimmter Aufgaben erzielen und dabei nach ihrem beruflichen Standards handeln dürfen und können.

Geht man von der Definition des berufstrukturellen Modells aus, so erscheint die Soziale Arbeit schon deshalb eher als Nicht-Profession, weil sie über zwei entscheidende Merkmale nach dieser Definition nicht oder kaum verfügt: Ihr kommt keine hohe gesellschaftliche Anerkennung zu und schon gar nicht eine gute Honorierung. Auch verfügt sie als allzuständige Praxis nicht über eine abgegrenzte Kompetenzdomäne.

Über andere Aspekte dieses Modells ließe sich im Hinblick auf die Soziale Arbeit streiten: Soziale Arbeit verfügt sowohl über eine akademische Ausbildung als auch über einen kodifizierten Ethos. Sie bearbeitet Aufgaben von grundlegender Bedeutung und verfügt sehr wohl über eine spezielle Expertise, d. h. die Fähigkeit, bestimmte Aufgaben auf der Grundlage von wissenschaftlich fundiertem Wissen zu erledigen. Über eine Unabhängigkeit von fachfremden Weisungen wiederum verfügt sie wegen ihrer direkten Eingebundenheit in die Sozialpolitik eher nicht. Und ob ihr große Entscheidungsspielräume – im Rahmen der gegebenen professionellen Standards – zur Verfügung stehen, hängt davon ab, wie weit der Auftraggeber der Sozialen Arbeit deren fachliche Autonomie anerkennt.

Legt man also die strukturelle Definition von Professionalität zugrunde, so wird deutlich, dass die Soziale Arbeit eine Anerkennung als Profession deshalb nicht wirklich erreicht, weil sie in hohem Maße von der sozialen, gesellschaftlichen und politischen Anerkennung abhängt. Die ist aber nur begrenzt gegeben.

Nach Nadai et al. (2005, S. 19) besteht in Anlehnung an Oevermann (Oevermann 2000; vgl. auch z. B. Klatetzki 2005, S. 279) dann „Professionalisierungsbedürftigkeit" eines beruflichen Handelns, wenn es systematisch auf die Bewältigung von Krisen gerichtet ist. Die relevanten Strukturmerkmale der Professionalität sind danach folgende:

- *keine Standardisierbarkeit*
  Die Handlungssituation kann nicht mittels routinisierter Verfahren bewältigt werden. Entscheidungen müssen vielmehr fallbezogen getroffen werden. Es kann keine pauschalen Lösungen geben. Jede interaktionssensible Arbeit ist schwer steuerbar, so auch in der Sozialen Arbeit. Ihre Fallabhängigkeit, die Notwendigkeit, im konkreten, einzelnen Fall handeln zu müssen und dann auch spezifisch handlungsfähig zu sein, erfordert individuelle, fallspezifische Lösungen, die im Rahmen von Standardisierungsversuchen verloren gehen würden. Eine Standardisierung sozialpädagogischer Handlungsansätze würde bedeuten, dass Soziale Arbeit nach „Schema F" vorgehen könnte. Tatsächlich ermöglicht aber der ihr zur Verfügung stehende wissenschaftliche Hintergrund und das hermeneutische Herangehen an den Einzelfall im Sinne des „Fallverstehens", ein sehr viel präziseres Einschätzen, so dass auch in ungewöhnlichen Fällen und Situationen eine angemessene Lösung entwickelt werden kann.

- *Einsatz von theoretischem, empirischem und von Erfahrungswissen*
  Theoretisches und empirischen Wissen sowie Erfahrungswissen sind im Fallbezug so einzusetzen, dass die entsprechende Krise bewältigt werden kann. Der Sozialen Arbeit steht zur Bewältigung der ihr gestellten Probleme eine Fülle von Kenntnissen aus den Bezugswissenschaften (z. B. Soziologie, Psychologie, Recht, soziale Medizin u. a.) zur Verfügung, im Sinne von Theorien, empirischen Ergebnissen, Erfahrungswissen. Die Sozialarbeitenden haben gelernt, die Wissensbestände der einzelnen Bezugswissenschaften nicht isoliert, sondern im Zusammenhang zu sehen und anzuwenden. Die Theorien, Methoden und empirischen Inhalte der Handlungswissenschaft Soziale Arbeit im engeren Sinn, orientiert das praktische Handeln in vielfältiger Weise und ermöglicht eine fachliche Reflexion der Problemlagen sowie des eigenen Handelns (vgl. z. B. Heiner 2004; Staub-Bernasconie 2007a).

- *Handlungszwang*
  Ein Handlungszwang erfordert die Kunst, unter Zeitdruck und in der Diffusität der Handlungssituation die richtigen Entscheidungen zu treffen. Soziale Arbeit findet nicht am Schreibtisch statt, sondern im Wesentlichen in der Interaktion und Kommunikation mit Klienten und Dritten. Sie ist immerzu gezwungen, in diesen Prozessen und Situationen unmittelbar zu handeln. Um dies nicht „aus dem Bauch" heraus zu tun, ist sie gehalten, Lebenslagen, soziale Situationen und Handlungsmöglichkeiten im Vorfeld zu reflektieren und zu differenzieren. Ihr Handeln ist und darf nicht zufällig entstehen und keiner Beliebigkeit unterliegen. Um sicher zu gehen, dass das Handeln sinnvoll war und den wissenschaftlichen und fachlichen Kri-

terien genügt hat, ist eine nachträgliche Reflexion erforderlich und gehört zum Handlungsrepertoire Sozialer Arbeit.
- *Widersprüchliche Einheit von Handlungszwang und Begründungsverpflichtung*
Da das Risiko falscher Entscheidungen nicht ausgeschlossen werden kann, besteht die unbedingte Verpflichtung zur – zumindest nachträglichen – Begründung einer Entscheidung. Sozialarbeitende müssen in jedem Fall in der Lage sein, ihr Verhalten, ihre Lösungsstrategien, ihre Zielperspektiven und ihr konkretes methodisches Vorgehen inhaltlich, fachlich, wissenschaftlich zu begründen. Ein Sozialarbeitender unterscheidet sich vom Laien oder von psychosozialen Berufsgruppen, die keine wissenschaftliche Ausbildung haben, darin, dass sie jeder Zeit in der Lage sein müssen bzw. sich in die Lage versetzen müssen, begründen zu können, warum sie etwas tun und warum sie es genau so tun.
- *Autonomie professionellen Handelns*
Da eine Bearbeitung durch Routinen nicht möglich ist, bedarf es der Autonomie der professionellen Entscheidungen. Um als Profession im oben beschriebenen Sinn wirken zu können, verfügt Soziale Arbeit über eine eigene fachliche und auch ethische Autonomie. Sie kann ihre Handlungsschritte und fachlichen Entscheidungen selbständig entwickeln und kann sie auch selber verantworten. Die Hintergründe und Kriterien ihrer Entscheidungen ergeben sich aus ihrer Fachlichkeit und können aus fachfremder Sicht nur eingeschränkt und oberflächlich beurteilt werden. Ansprüche einer Organisation (z.B. eine staatliche Administration) müssen nicht notwendig zur Einschränkung der fachlichen Autonomie führen (vgl. Heiner 2004, S. 20).
- *Arbeitsbündnis zwischen Professionellem und Klient*
Das Arbeitsbündnis bildet die grundlegende Struktur für die „stellvertretenden" Operationen des Professionellen, z.B. das Mandat und den Vertrag. Es bedeutet, dass die Herstellung eines Ergebnisses auf der Koproduktion von HelferIn und KlientIn beruht. Soziale Arbeit versteht sich grundsätzlich als Koproduktion mit dem betroffenen Klienten. Sie ist nicht in der Lage, ihr Ziel ohne die Mitwirkung des Betroffen zu erreichen und ist damit auf seine Mitarbeit unmittelbar angewiesen. Dieses Arbeitsbündnis ist deshalb für ihre Arbeit konstituierend.

Diese Professionalitätsmerkmale, sind also in der Sozialen Arbeit sehr wohl und auch vollständig vorhanden. Nach diesem Verständnis handelt es sich bei der Sozialen Arbeit um eine Profession. Die Frage allerdings ist, ob ihr von den politischen Organisationen, in deren Auftrag sie arbeitet, die notwendige Autonomie auch zugestanden wird.

Die handlungsorientierte und kompetenzbezogene Professionsdefinition stellt statt äußerer Faktoren und Strukturen der sozialen Anerkennung die Fachlichkeit und ihre Qualität ins Zentrum.

Sie „konzentriert sich stärker auf die Analyse von Interaktionsprozessen so wie auf die Absichten und Strategien der Beteiligten und deren Umsetzung. Entscheidend ist das berufliche Handeln und die Problemlösungskompetenz der Professionsmitglieder und nicht der gesellschaftliche Status des Berufes" (Heiner 2004, S. 20).

Es gibt in der Literatur verschiedene Aussagen zur Frage, was qualifiziertes, professionelles sozialarbeiterisches Handeln ausmacht.

So stellt z. B. B. Müller (2008) heraus, dass Sozialarbeitende ihre Aufgaben lösen, indem sie gleichzeitig aus verschiedenen Perspektiven auf den konkreten Fall schauen (vgl. multiperspektivische Fallarbeit nach B. Müller 2008). Sie müssen für ihre Arbeit deshalb in mehrfacher Hinsicht Experten sein:

1. Sie sind zum einen *fachliche Experten* (vgl. z. B. B. Müller 2008; Staub-Bernasconi 2007b; Nadai et al. 2005), die mit ihrem fachlichen Wissen, ihrer Erfahrung und ihren Kenntnissen wissenschaftlicher Theorien mit dem vorliegenden Problem etwas anfangen können. Sie müssen in der Lage sein, auf diese Weise z. B. Hypothesen zu entwickeln darüber, woher das Problem rührt, wie es mit anderen Aspekten zusammenhängt etc. (Diagnose). Gleichermaßen müssen sie fähig sein, Hypothesen darüber zu bilden, auf welche Weise das Problem beseitigt werden kann (Interventionen). Als Interventionsschritte kommen sehr verschiedene Strategien und Handlungsansätze zum tragen: z. B. die Vermittlung einer passenden Arbeitsstelle, das Einklagen rechtlicher Ansprüche, die Durchsetzung von Teilhabechancen der KlientIn, Hilfe bei der Organisation der Geldangelegenheiten, Unterstützung bei einer schwierigen Entscheidung, Erlernen wichtiger Kompetenzen, Vermittlung von Selbstvertrauen und Zuversicht. In der Regel bedarf es verschiedener Interventionen, die koordiniert und vernetzt werden müssen.

2. Sozialarbeitende sind zum Zweiten *Experten des Dialogs* (vgl. z. B. B. Müller 2008; Kreuzer 2001b; Merchel 1996). Sie müssen in der Lage sein, Menschen zu motivieren, sie zu ermutigen und zu bestärken aber auch, sie offen und ehrlich zu konfrontieren, ohne die Vertrauensbasis zu gefährden. Sie müssen bereit und fähig sein, sich auf den anderen einzulassen, mit ihm zu kooperieren, Ergebnisse auszuhandeln und den Lernweg des anderen zu begleiten. Als Experten des Dialogs praktizieren sie das „Fallverstehen", das im Sinne einer Deutung der Problemsituation aus der Sicht des Betroffenen den Fall aus seiner Biografie und aus seiner Wahrnehmung und Erfahrung heraus „rekonstruiert" (vgl. v. Wensierski 1997). In dieser Ex-

pertenrolle stellen Sozialpädagogen ihr fachliches Expertentum zunächst in den Hintergrund. Es steht nicht wie ein Gesetz über der zu führenden Diskussion, sondern ist eine fachliche Meinung und ein Angebot, das sozusagen durch die KlientIn erst noch verifiziert werden muss. Nur wenn ein Ziel und wenn Wege entwickelt werden, die die KlientIn mittragen kann und will, kann erwartet werden, dass der Koproduktionsprozess zwischen HelferIn und KlientIn Ergebnisse und Erfolge bringen wird. Soziale Arbeit kann aus diesem Kontext heraus nur Ergebnis offen arbeiten. Liegt das Ziel, das erreicht werden soll, von vornherein fest, besteht keine Möglichkeit mehr für ein solches Arbeitsbündnis.
3. Sozialarbeitende müssen außerdem *Experten im Vermitteln, Durchsetzen* und *Organisieren* von Hilfen, Dienstleistungen und Unterstützungssystemen sein (vgl. z. B. B. Müller 2008; Herriger 2002; Wendt 2008), da trotz ihrer Allzuständigkeit ihren fachlichen Möglichkeiten natürlich auch Grenzen gesteckt sind. Ihre Professionalität besteht deshalb ebenso darin, die erforderlichen Hilfen erkennen, sie vermitteln zu können und eine qualifizierte Unterstützung des Betreffenden zu sichern, sowie ggf. auch, sich für diese Unterstützung gezielt und hartnäckig einzusetzen.

Heiner (2004) entwickelt, aufbauend auf eine qualitative Analyse konkreter Fallbeispiele Sozialer Arbeit, vier Professionalitätstypen, die sich in wesentlichen Aspekten der Qualität der Interaktion mit den KlientInnen von einander unterscheiden: das Dominanzmodell, das Aufopferungsmodell, das Servicemodell und schließlich das Passungsmodell.

Beim *Aufopferungsmodell* arbeiten die Fachkräfte ressourcenorientiert und versuchen, in jedem Fall die Klienten zu stützen und von der Notwendigkeit einer Veränderung ihres Verhaltens oder ihrer Einstellungen zu überzeugen. Sie arbeiten nicht selten mit hohem persönlichem Einsatz, was bei dem gleichzeitig geringen Erfolg zur Burnoutgefahr wird. Sie gehen von der guten Qualität ihres Handelns aus, sehen aber, dass es wirkungslos bleibt, ohne sich diesen Widerspruch erklären zu können. Auch beim *Dominanzmodell* gehen die Fachkräfte trotz erfahrener eigener Wirkungslosigkeit ihrer Arbeit von der eigenen Qualifiziertheit ihres Tuns aus. Die Wirkungslosigkeit wird hier aber ausschließlich auf die defizitären Persönlichkeitsstrukturen der Klienten zurückgeführt. Sie halten ihre Klienten für nicht veränderungsbereit und für nicht entwicklungsfähig. Eine Motivierung erscheint deshalb sinnlos und unmöglich. Das Dominanzmodell nutzt Ansätze, die mit Druck, Autorität und Sanktionen arbeiten. Beim *Servicemodell* handelt es sich um Formen des (Krisen-)Managements. Statt Beratung findet im Extremfall nur Verwaltung und Verteilung von Dienstleistungen statt. Die Motivation der Klienten für die Nutzung der

Dienstleistungen wird vorausgesetzt. Ansätze für eine Motivierung werden nicht für notwendig gehalten. Eine wirkliche Beziehung zum Klienten wird nicht aufgenommen. Die Arbeit erscheint als rein sachliche Arbeit. Ob die Angebote zu den Klienten passen und ob sie dort gut ankommen, wird nicht hinterfragt. Das Servicemodell ist nach Heiner ein semiprofessionelles Modell des reinen Managements, ein Engagement für Sachen (Dienstleistungen) nicht für Menschen und ihre individuelle Entwicklung. Beim *Passungsmodell* schließlich bemühen sich die Fachkräfte um eine Passung (ein Zusammenpassen) von konkreter Hilfe einerseits und den realen Bedürfnissen und Möglichkeiten der Klienten andererseits. Sie überprüfen den individuenspezifischen Zuschnitt ihrer Hilfe immer wieder aufs Neue. Sie arbeiten betont ressourcenorientiert. Motivation wird bei der Klientel nicht notwendig vorausgesetzt. Stattdessen bemühen sich die Fachkräfte explizit um eine Motivierung ihrer Klientel, denn deren Herausbildung ist für den Erfolg einer Hilfe aus Sicht der Fachkräfte unabdingbar notwendig. Die Beziehung spielt in Rahmen des Passungsmodells eine zentrale Rolle: Es zeichnet sich durch eine starke Aushandlungs- und Beteiligungsorientierung aus und durch dezidierte Förderung (nicht Forderung) von Eigenverantwortung. Wenn man als SozialarbeiterIn wirklich etwas für die einem anvertrauten Menschen erreichen will, wenn man Veränderungen anstrebt, die von den Betroffenen mitgetragen werden als ihr eigenes Anliegen, dann sollte man laut Heiner (2004) den Professionstyp der Passung wählen. Der Professionalitätstyp der „Passung" entspricht ziemlich genau dem, was im Sinne der multiperspektivischen Sozialen Arbeit (B. Müller 2008) und was im Sinne der Lebensweltorientierung durch Soziale Arbeit fachlich geleistet werden soll.

1.4.3 Lebensweltorientierte Soziale Arbeit

Soziale Arbeit reagierte Anfang der 80er Jahre, am Beginn der so genannten Zweiten Moderne[14], auf die fortschreitende Individualisierung und Pluralisierung[15] der Lebenslagen der Menschen (vgl. Beck 1986). Die tradierten Le-

---

14 Der Begriff *Zweite Moderne* wird gegenwärtig vom deutschen Soziologen Ulrich Beck für seine Thesen einer im Zuge der Globalisierung sich sowohl wirtschaftlich als auch gesellschaftlich-politisch verändernden Welt verwendet. Die Zweite Moderne, die mit Ende des 20. Jahrhunderts begann, umfasst den Prozess der nunmehr fast allgegenwärtigen Globalisierung mit prekären Arbeitsverhältnissen sowie die Herausbildung einer Weltgesellschaft.
15 Der Begriff der *Individualisierung* bezeichnet einen mit der Industrialisierung und Modernisierung der westlichen Gesellschaften einhergehenden Prozess eines Übergangs des Individuums von der Fremd- zur Selbstbestimmung. Pluralisierung, als gesellschaftlicher Prozess bedeutet Vervielfältigung, Heterogenität oder qualitative Varianz sowie die freie Wahl der Lebensform. Sie hat vor allem die Auflösung traditioneller Strukturen (Stände, Klassen, Ehe,

bensbiografien hatten ihre Verbindlichkeit eingebüßt. Die sozialen Sicherheiten gingen verloren oder wurden abgeschafft. Die Menschen bewegten sich in einer Risikogesellschaft, die ihnen zwar bisher ungeahnte neue Möglichkeiten erschloss, die aber das Risiko des Scheiterns immer bereithielt. Gleichzeitig verstärkten sich in dieser gesellschaftlichen Phase die Ungleichheit und die Diskrepanz z. B. zwischen Arm und Reich immer weiter. Es gab immer mehr Menschen mit wenig und zu wenig Ressourcen, die kaum in den Genuss der neuen Chancen kamen, aber in vollem Umfang die Risiken dieser Entwicklung zu tragen hatten (vgl. Beck 1986; Rauschenbach 1999).

In der Sozialen Arbeit entwickelte sich das Konzept der Lebensweltorientierung, eine Konzeption, die sich an dem philosophisch/soziologischen Begriff der Lebenswelt anlehnt (vgl. Diltey 1900; Husserl 1954; Schütz und Luckmann 1975; Habermas 1981) und die Menschen, bewusst auch die KlientInnen der Sozialen Arbeit, als selbständige Persönlichkeiten sieht, die die Regisseure ihrer eigenen Lebenswelt sind bzw. es wieder werden können (vgl. Thiersch 1986, 1992, 1995 (2009). Lebensweltorientierte Soziale Arbeit geht im Rahmen ihrer wissenschaftlichen Fundierung von folgenden theoretischen Voraussetzungen aus (Füssenhäuser 2006, S. 131f):

- Sie reagiert auf die verstärkte Individualisierung der Menschen in der Zweite Moderne und die zunehmende Pluralisierung der Gesellschaft.
- Sie bedient sich einer Gesellschaftstheorie (vgl. Habermas 1981), die Lebenswelten und (gesellschaftliches) System als zwei gleichzeitig existierende, sich gegenseitig bedingende aber jeweils unterschiedlichen inneren Logiken folgende Bereiche der Gesellschaft definiert.
- Sie stellt damit der Sozialen Arbeit eine Theorie bereit, die die Frage beantworten kann, in welcher Beziehung die gesellschaftlichen Strukturen und Verhältnisse zum individuellen Verhalten und Lernen von Menschen stehen, z. B. ob es sich um determinierende oder aber unabhängige Größen handelt bzw. welcher Grad von relativer Unabhängigkeit besteht (vgl. Rauschenbach 1999).
- Sie weist der Sozialen Arbeit die Funktion zu, „zwischen den Anforderungen und Imperativen der Systeme und den Überlebens- und Lernbedürfnissen der Betroffenen in der Lebenswelt zu vermitteln" (Rauschenbach 1999). Sie ermöglicht ein professionelles, methodisch offenes und am Subjekt Klient ausgerichtetes fachliches Herangehen an ihre Aufgaben.
- Sie ist in der Lage, trotz ihrer Systemabhängigkeit die Lebenslage der Menschen positiv zu beeinflussen und ihre Lebensbewältigung auch in Zeiten zunehmender gesellschaftlicher Risikofaktoren zu unterstützen.

Familie, Rolle der Geschlechter) zur Folge. Sie begleitet den Übergang von traditioneller zur modernen Gesellschaft.

Lebensweltorientierte, an der KlientIn als Subjekt interessierte und ausgerichtete Soziale Arbeit sieht ihre Aufgabe darin, die Menschen, gerade auch die Menschen, die unter den zunehmenden Folgen der Zweite Moderne leiden (z. B. Arbeitslosigkeit, Risiko der Verarmung, Verlust der biografischen Sicherheiten und der sozialen Sicherheiten) dabei zu unterstützen, ihr Leben dennoch zu bewältigen. Diese Unterstützung impliziert konkrete Hilfen, die dazu beitragen, die konkrete Lebenslage des Betroffenen objektiv zu verbessern (z. B. Durchsetzung finanzieller Ansprüche, Verbesserung der sozialen Kontakte, Unterstützung bei der Bewältigung der spezifischen Lebens- und Rollenaufgaben). Gleichzeitig impliziert sie solche Hilfen, die den betroffenen Menschen Hilfe dabei leisten, sich ihren Problemen aktiv zu stellen und selber das Heft wieder in die Hand zu nehmen, sich ihren Alltag aktiv anzueignen und auch, sich gegen Unrecht und gesellschaftliche Benachteiligung zu wehren und z. B. Rechte einzuklagen. Der letztgenannte Aspekt führt also über eine reine Unterstützung bei der Lebensbewältigung im Sinne einer Anpassung an die vorgegebenen Bedingungen, auch sozialpolitischer Bedingungen hinaus. Alltag ist nach Thiersch die Oberfläche von Vergesellschaftungsprozessen und deren subjektiver Verarbeitung. Somit deckt der Alltag auch Potenziale und Bedürfnisse zu. Lebenswelt orientierte Soziale Arbeit hat somit immer auch eine emanzipatorische, politische Funktion, indem sie z. B. gesellschaftliche Ausgrenzungsmuster oder normative Begrenzungen aufdeckt (vgl. Thiersch 1995).

Hilfe zur Selbsthilfe, Fordern und Fördern, Aktivieren, Empowerment[16], all das sind Begriffe, die die lebensweltorientierte Soziale Arbeit prägen und die ihr professionelles wie ethisches Selbstverständnis zum Ausdruck bringen. Entsprechende Handlungsmaximen finden sich heute in allen Dokumenten und konzeptionellen Ansätzen Sozialer Arbeit. Die Handlungsmaximen sind im 8. Jugendbericht (1990) ausformuliert worden und als Handlungsleitlinien in das 1990 verabschiedete neue Kinder- und Jugendhilfegesetz (KJHG) eingegangen. Dass die Lebensweltorientierung dennoch in der Praxis nicht immer und nicht überall auch die in ihr wohnende politische Kraft entfalten konnte, stellen z. B. Böhnisch u. a. kritisch fest: „So werden z. B. die Handlungsmaximen der Lebensweltorientierung ihrer kritischen Intentionen entblößt und zur

---

16 *Empowerment* bezeichnet Strategien und Maßnahmen, die geeignet sind, den Grad an Autonomie und Selbstbestimmung im Leben von Menschen oder Gemeinschaften zu erhöhen und es ihnen ermöglichen, ihre Interessen (wieder) eigenmächtig, selbstverantwortlich und selbst bestimmt zu vertreten und zu gestalten. Empowerment bezeichnet dabei sowohl den Prozess der Selbstbemächtigung als auch die professionelle Unterstützung der Menschen, ihre Gestaltungsspielräume und Ressourcen wahrzunehmen und zu nutzen. Im Vordergrund dieses Ansatzes steht die Stärkung (noch) vorhandener Potenziale und die Ermutigung zum Ausbau dieser Möglichkeiten

Überschrift dessen, was sowieso geschieht, verflacht (Böhnisch et al. 2005, S. 115; vgl. z. B. auch Bizan 2000).

Im weiteren Verlauf des Buches wird die Frage noch ausführlicher diskutiert, in wie weit die lebensweltorientierte Soziale Arbeit ihren emanzipatorischen und auch ihren politischen Anspruch tatsächlich umgesetzt hat und umsetzen konnte.

1.4.4 Menschen- und Gesellschaftsbild der Lebensweltkonzeption

Für die lebensweltorientierte Soziale Arbeit sind ein bestimmtes Menschen- und auch ein bestimmtes Gesellschaftsbild konstitutiv. Der Mensch wird als Subjekt gesehen, als zumindest potentiell aktives Wesen, das für sein Leben Verantwortung übernehmen will und kann. Gleichwohl bestimmen die gesellschaftlichen Verhältnisse die Möglichkeiten und Grenzen seiner individuellen Aktivität.

1.4.4.1 Der Klient als Subjekt in der Sozialen Arbeit

Soziale Arbeit versucht, Menschen in das gesellschaftliche System zu (re) integrieren, indem sie sie bei der Bewältigung ihres Alltags und Lebens unterstützt. Das ist ihre gesellschaftlich intendierte Aufgabe. Die entscheidende Frage ist aber nun, wie sie dies tut und welche Rolle sie dabei einerseits sich und andererseits der Klientel zuweist.

Soziale Arbeit sieht sich im Rahmen dieses Ansatzes nicht als mächtige, starke Helferin, die schon weiß, was ihre KlientInnen brauchen und tun sollen. Soziale Arbeit geht davon aus, dass sie auf die Kooperation der PartnerIn, der KlientIn, angewiesen ist, wenn etwas dabei heraus kommen soll (vgl. zum Professionalitätsmerkmal „Arbeitsbündnis" im Kapitel 1.4.2). Es geht ihr darum, die Menschen mit ihrer Individualität und Subjektivität, mit ihren eigenen Vorstellungen, Wünschen und Lebensstilen, mit ihrem „biografischem Eigensinn"[17] und ihren besonderen Ressourcen ernst zu nehmen. Und es geht darum, Menschen nicht auszuschließen, sondern sie zu integrieren, ihnen den Anschluss oder Wiederanschluss an die Gesellschaft zu ermöglichen und ihnen Teilhabechancen am gesellschaftlichen Reichtum zu sichern (Integration). Soziale Arbeit versucht deshalb, Menschen von ihrer Biografie und Lebenswelt her zu verstehen, ihre sozialen Netze und Sozialräume in die gemeinsame

---

17 Als *biografischen Eigensinn* bezeichnet man das jeweilige individuelle Konzept des persönlichen Lebensentwurfes eines Menschen. Es enthält seine individuellen Lebensvorstellungen und Praktiken, seine Erklärungsmodelle für den Verlauf der eigenen Biografie, die Art seiner Alltags- und Lebensbewältigung, Aspekte seiner spezifischen Persönlichkeitsentfaltung einschließlich der jeweiligen Abweichungen von einer Normalbiografie.

Arbeit einzubeziehen (Sozialraumorientierung), ihre Ressourcen zu entdecken und anzuerkennen sowie darum, diese Ressourcen für die betroffenen Menschen nutzbringend einzusetzen. Schließlich geht es auch darum, ihnen zu helfen, dass sie ihr Leben unter den oft prekären und belastenden Bedingungen bewältigen können. Dabei kommt man auch nicht umhin, strukturelle Ungleichheiten aufzudecken und die Betroffenen bei ihrem Kampf um Chancengleichheit zu unterstützen (vgl. Füssenhäuser 2006).

Das Verstehen eines „Falles" kann auch nicht allein „von außen" erfolgen. Die im Sinne wissenschaftlicher Theorien und empirischer Erkenntnisse bereit gestellten fachlichen Wissensbestände sind nur die eine Voraussetzung, die es dem professionellen Sozialarbeitenden ermöglicht, zu erkennen, was jeweils „der Fall" ist. Hinzu treten muss die Deutung der Problematik aus Sicht des Betroffenen selber. Dieses Fallverstehen (vgl. z. B. Oevermann 2000), also das Bemühen darum, im konkreten einzelnen „Fall" die Sicht, die Gedanken, Wünsche, Hypothesen, Erfahrungsmuster, Hoffnungen und auch Ängste der KlientIn aus deren eigener Perspektive zusammen mit ihr oder ihm „zu rekonstruieren", macht erst eine für den konkreten, individuellen Fall wirklich hilfreiche und zutreffende Analyse und Diagnose möglich. Die Definition dessen, was das Problem ist, woran die Bewältigung des Alltags zu scheitern droht, ist nicht allein Sache eines fachlichen Experten, sondern das Ergebnis eines gemeinsamen Erkenntnisprozesses, in den die fachlichen wie die subjektiven Erfahrungen und Erkenntnisse eingehen (vgl. auch B. Müller 2008; „Fall mit"). Damit ist die Klientin selber Akteurin der Diagnose. Das Gleiche gilt für die Intervention, also das Suchen, Erarbeiten und Erproben von Lösungen zur Problembewältigung. Diese aktive Rolle der Klientel ist eins der wichtigsten emanzipatorischen Elemente der modernen Sozialen Arbeit. Nicht länger soll für die KlientInnen gesorgt werden (Fürsorge), noch sollten sie durch Druck oder Überredung zu ihrem Glück gezwungen werden. Die Klientel der lebensweltorientierten Sozialen Arbeit wird vielmehr als Koproduzentin eines gemeinsamen Prozesses gesehen, der das Ziel hat, die Betroffenen in ihren Kompetenzen, Ressourcen und Lebensbewältigungsstrategien zu stärken (Empowerment).

Tatsächlich hat sich Soziale Arbeit in ihrer Geschichte durchaus auch der eher autoritären, manchmal geradezu ordnungspolitischen Methoden und Mittel bedient, um ihre Aufgaben zu erfüllen. Sie tut es auch heute noch und, wie wir weiter unten sehen werden, sogar wieder verstärkt. Die lebensweltorientierte Sozialarbeit hatte mit solchen Methoden und Konzepten allerdings längst abgeschlossen: Drohen, Locken, Bedrängen, Überreden, Manipulieren, das sind aus ihrer Sicht Wege der „Erziehung" und Beeinflussung, die Anleihen bei der „Schwarzen Pädagogik" machen[18].

Ein solches Verständnis von Sozialer Arbeit ist im Sinne einer lebensweltorientierten Sozialen Arbeit aber nicht nur aus ethischer Sicht fragwürdig. Es missachtet z. B. auch die Besonderheit des menschlichen Lernprozesses. Das Lernen ist ein aktiver Aneignungsprozess. Lehren heißt noch lange nicht, dass der Belehrte wirklich lernt. Hinzu kommt das, was Fachleute als „Technologiedefizit" bezeichnen. Menschliche Systeme lassen sich nicht einfach von außen durch entsprechende Manipulation verändern. Der betroffene Mensch selber trägt wesentlich zu der Frage bei, was und ob am Ende das bei den pädagogischen Bemühungen heraus kommt, was von der HelferIn bzw. dem Lehrenden intendiert war. In der Sozialen Arbeit kann nicht erwartet werden, dass die angewandte Methode ohne weiteres und mit hoher Wahrscheinlichkeit zu vorhersehbaren Ergebnissen führen wird. Mit Klaus Wolf gesprochen: „Pädagogische Handlungen wirken anders als z. B. die von Auto-Mechanikern. Menschen sind keine trivialen (und auch keine komplizierten) Maschinen, sondern sie verarbeiten das, was ihnen als pädagogische Maßnahme entgegenkommt, auf ihre eigene und eigenartige Weise" (Wolf 2006b, S. 294). Das Ergebnis einer Intervention der Sozialen Arbeit wird von vielen Aspekten mit beeinflusst, es besteht fast immer eine Differenz zwischen den pädagogischen Absichten und den tatsächlichen Effekten. Zu berücksichtigen ist auch die nur relative Bedeutung pädagogischer Aktivitäten im Vergleich zu anderen Einflüssen. Zu bedenken ist ferner, dass Menschen verschieden sind und gleiche Methoden oder Herangehensweisen bei unterschiedlichen Menschen jeweils ganz anders wirken können. Hinzu kommt, dass unsere Handlungen auch unerwünschte Nebenwirkungen hervorbringen können.

Von zentraler Bedeutung aber ist hier die jeweils eigene Motivationslage der KlientInnen, die Frage also, was sie eigentlich wollen, wie sie das Problem bewerten und welche Lösungen sie sich vorstellen können. Das bedeutet, dass Soziale Arbeit nicht erfolgreich sein kann, wenn sie selber für die KlientIn oder über ihren Kopf hinweg handelt. Sie muss sie als PartnerIn, als KooperationspartnerIn gewinnen, damit eine Lösung gefunden werden kann, die diese wirklich auch mit trägt und mittragen will. Soziale Arbeit kann nur im Rahmen von und über Kommunikation nachhaltig wirksam sein. Sie wird weder verordnen noch befehlen, ihre Überzeugung muss eine wirkliche Überzeugung sein und kein Überreden. Als Profession, die ihre Klientel als Subjekte ihres Lebens respektiert, kann lebensweltorientierte Soziale Arbeit sich deshalb auch nicht dazu hergeben, gesellschaftliche Forderungen bei ihrer Klientel mit

---

18 *Schwarze Pädagogik* ist ein negativ wertender Sammelbegriff für Erziehungsmethoden, die Gewalt und Einschüchterung als Mittel enthalten.

Druck und Sanktionen durchzusetzen. Und sie wird sich nicht mit einem unter Druck zustande gekommenen Einverständnis der Klientel für irgendwelche Vereinbarungen oder für ihre Bereitschaft, Hilfe zu zulassen, zufrieden geben. Soziale Arbeit wird vielmehr versuchen, die Menschen intrinsisch zu motivieren, sie zu aktivieren, zu vitalisieren, sie für das eigene Leben und seine Gestaltung zu interessieren und zu engagieren und Wege und Ziele mit ihnen abzustimmen. Erst, wenn der Betroffene die Verantwortung für sein Leben, seine Entwicklung und letztlich eben auch für seine (Re-)Integration in die Gesellschaft wieder aktiv übernommen hat und selber daran mitarbeitet, wird eine nachhaltige Integration und werden nachhaltige Veränderungen in der Lebenswelt eintreten können.

Die lebensweltorientierte Soziale Arbeit spricht hier von Subjektorientierung: Die KlientIn wird nicht als Objekt behandelt, mit dem etwas gemacht oder für das etwas geregelt wird, sondern als handelndes, für sich verantwortliches Subjekt (vgl. z. B. Böhnisch et al. 2005).

Um aber die so erforderliche methodische Offenheit praktizieren zu können, braucht Soziale Arbeit die entsprechenden Rahmenbedingungen, sie braucht die Möglichkeit, alltagsorientiert arbeiten und ihre Klientel als PartnerIn wirklich ernst nehmen zu dürfen. Sie braucht Zeit für Kommunikation, für Vertrauensbildung und Aushandlungsprozesse und auch die Erlaubnis, Geduld für den u. U. langwierigen Prozess haben zu dürfen, in dem eine KlientIn erst Schritt für Schritt lernt, ihr Leben wieder in die Hand zu nehmen und zu bewältigen.

1.4.4.2 Ganzheitliche Sichtweise von Individuum und Gesellschaft
Der Hilfeansatz der Lebensbewältigung, der sich auf den Alltag der Menschen und die komplexe Problemstruktur ihrer Lebenswelten einlässt, hat ganzheitlichen Charakter: So formuliert 1990 der 8. Jugendbericht: „Gegenüber der Vereinzelung, der Segmentierung und Parzellierung von Problemen, wie sie aus der Spezialisierung in Verwaltungszusammenhängen ebenso wie aus pädagogisch-methodisch oder therapeutisch orientierten Arbeitssettings hervorgeht, akzeptiert eine lebensweltorientierte Jugendhilfe das schwer überschaubare In- und Nebeneinander unterschiedlicher Erfahrungen und sucht dem mit ganzheitlicher Orientierung gerecht zu werden" (2007, S. 88). Lebensweltorientierte Soziale Arbeit sieht den Menschen im Gesamtkontext seiner Lebenswelt. Die Ganzheitlichkeit der lebensweltorientierten Sozialen Arbeit geht aus von einer komplexen Theorie „sowohl des Individuums als auch der Gesellschaft, ihrer Struktur und Dynamik sowie der integrativen, marginalisierenden wie konfliktiven, sich verändernden Beziehungen zwischen Individuen und Gesellschaft" (Staub-Bernasconi 2007a, S. 180).

- Sie geht zum einen in ihrer Arbeit immer davon aus, dass der Mensch selber als komplexes System zu betrachten ist, bei dem die Ebenen von Psyche, Körper und Verstand ebenso in Zusammenhang stehen wie auch seine Probleme, Interessen, Motive, Erfahrungen und z. B. Fähigkeiten in unmittelbarer Verbindung miteinander stehen und auf einander wirken. Lebensweltorientierte Soziale Arbeit wird also bei Problemlagen nicht bestimmte Symptome bekämpfen, sondern sie auf dem Hintergrund der Gesamtproblematik des Menschen sehen. Sie wird sich z. B. bei einem Schulverweigerer nicht ausschließlich darum kümmern, dass er wieder zur Schule geht, sondern auf allen möglichen Ebenen seines Lebens nach Hintergrundproblemen aber auch nach Ressourcen suchen, die Unterstützung geben können.
- Ganzheitliche Sozialarbeit sieht Menschen zudem im Kontext von sozialen Systemen (z. B. das System Familie, das System Stadtteil, das System der nationalen Kultur). Lebensweltorientierte Soziale Arbeit wird z. B. einer Mutter, die ihrer Erziehungspflicht nicht nachkommt, nicht nur beibringen, welche Bedürfnisse Kinder haben, sondern ebenso auch die Bedürfnisse der Mutter thematisieren. Sie wird Problemlagen der Kinder als Hinweise auf spezifische Bewältigungsmuster des Systems Familie identifizieren und Problemlagen der Eltern in ihrer Bedeutung für das Wohlergehen der Kinder erkennen.
- Lebensweltorientierte Soziale Arbeit sieht den Menschen und seine soziale und materielle Umwelt als zwei sich bedingende und in Wechselbeziehung stehende Aspekte einer ganzheitlichen Lebenswelt. Das zeigt sich darin, dass sich der Blick nicht einseitig entweder nur auf die Person der KlientIn bzw. auf ihr familiäres System oder aber auf die gesellschaftlichen Verhältnisse und Bedingungen richtet, sondern dass beides als miteinander verbunden erkannt wird. Auf der einen Seite steht das Individuum, seine Persönlichkeit, sein Verhalten, seine Kompetenzen, Fähigkeiten, Einstellungen und seine Motivationslage sowie das spezielle familiäre System, dem dieser Mensch zugehört. Soziale Arbeit muss sehr wohl diesen individuellen Menschen und das konkrete Familiensystem im Blick haben und ihn und seine Familie oder andere relevante, persönliche, soziale Systeme dieses Menschen auch in die Bearbeitung der Problematik einbeziehen. Hier ist Soziale Arbeit in erster Linie pädagogisch tätig.
Gleichzeitig aber richtet lebensweltorientierte Sozialarbeit ihren Blick auf die sozialen, ökonomischen, politischen und z. B. sozialräumlichen Bedingungen, unter denen der betreffende Mensch lebt und sein Leben bewältigen soll. Hier ist die Soziale Arbeit nicht sozialpädagogisch tätig, sondern

vielmehr sozialarbeiterisch, das heißt, sie ist befasst mit dem Ausgleich gesellschaftlicher Ressourcen (vgl. z. B. Herriger 2002). Mangelnde Ressourcen (z. B. geringe Bildung, keine finanzielle Möglichkeiten) weisen hin auf eine soziale Benachteiligung[19]. Milieugeprägte problematische soziale Muster und dysfunktionale Ansätze der Lebensbewältigung erschweren die gesellschaftliche Integration und die Bewältigung der Probleme. Soziale Arbeit hat deshalb die Lebensbedingungen, die gesellschaftlichen Verhältnisse, die Ausstattung von Lebensräumen und Milieus genauso im Blick und versucht, so weit es für sie möglich ist, Einfluss zu nehmen auf diese nicht in der Person des Betroffenen liegenden und nicht durch ihn zu verantwortenden Faktoren. Sie versucht, gesellschaftliche Unterstützungsangebote bereitzustellen aber auch, die prekären Lebensbedingungen offen herauszustellen und – parteilich für die Klientel – deren Verbesserung einzufordern.

Lebensweltorientierte Soziale Arbeit geht damit von einem Menschen- und Gesellschaftsbild der Gerechtigkeit, der Menschenrechte und der gesellschaftlichen Chancengleichheit und Teilhabe aus und sieht ihre Aufgabe darin, diese Gerechtigkeit zumindest tendenziell wieder herzustellen (vgl. z. B. Füssenhäuser 2006).

Es gab wiederholt Zeiten, in denen in der Sozialen Arbeit der individualisierende Blickwinkel stärker im Vordergrund stand oder gar verabsolutiert wurde. Z. B. ist der Psychoboom, der durch das Heranziehen vor allem psychotherapeutischer Methoden in der Sozialen Arbeit gekennzeichnet war und der auch heute noch eine Rolle spielt, eine Verabsolutierung der pädagogischen, psychologischen Sichtweise. Der Aspekt der gesellschaftlichen Verhältnisse und der sozialen Umweltbedingen geht dabei so gut wie gänzlich verloren. Eine solche Verabsolutierung hat vor allem entscheidende Konsequenzen für die Beantwortung der Frage nach der Verursachung menschlicher Problemlagen sowie für die Möglichkeiten, die Problemlage zu verbessern oder zu beseitigen. Werden Ursachen und Hilfemöglichkeiten nur im Individuum selber gesucht, beschränkt man sich auf eine Sicht, die jedes Problem, auch jedes

---

19 *Soziale Benachteiligung* ist Teil sozialer Ungleichheit innerhalb einer Gesellschaft. Soziale Benachteiligung bedeutet mangelnde Teilhabe an gesellschaftlichen Möglichkeiten und Vollzügen. Sie bezeichnet die Diskrepanz zwischen den in einer Gesellschaft notwendigen Voraussetzungen der Verwirklichung der in ihr bestehenden Lebenschancen auf der einen Seite und den einer Person zur Verfügung stehenden kulturellen und sozialen Ressourcen auf der anderen Seite. Benachteiligung erschwert oder verhindert den Zugang zu gesellschaftlichen Systemen, die Lebenschancen vermitteln, und sie verhindert oder minimiert den Erfolg im Rahmen solcher gesellschaftlicher Systeme.

soziale Problem als persönliches, psychisches und über Pädagogik zu überwindendes Phänomen ansieht. Letztere Tendenz ist derzeit wieder hochaktuell. Wieweit die Lebensweltorientierung, insbesondere in ihrer „verflachten" Rezeption (vgl. z. B. Bizan 2000), die sich mit dem Gelingen der gegebenen Alltagspraxis bescheidet und die politischen Implikationen des Konzeptes übersieht, selber dazu beiträgt und getragen hat, dass heute eine erneute Verabsolutierung des Individuums in der Sozialen Arbeit stattfindet, wird weiter unten diskutiert (vgl. 4.2.5).

1.4.5 Der ethische und fachliche Codex der Profession Soziale Arbeit

Das spezifische Menschen- und Gesellschaftsbild der Lebensweltorientierten Sozialen Arbeit bestimmt in zentraler Weise die ethischen und die fachlichen Grundpositionen unserer Profession.

Ethisch gesehen steht für die Sozialarbeitenden die „KlientIn" als Subjekt, d. h. als eigenständiges, lernfähiges und aktives Wesen und als InhaberIn von Menschenwürde und Rechten im Zentrum der Aufmerksamkeit. Die lebensweltorientierte Soziale Arbeit geht davon aus, dass jeder Mensch prinzipiell in der Lage ist, sein Leben zu bewältigen – im Zweifel mit professioneller Unterstützung (vgl. z. B. Böhnisch et al. 2005, S. 103; Hamburger, 2003, S. 85; Galuske, 2002, S. 297ff; Herriger 2002, S. 57 ff; Schefold 1998, S. 176ff). Das bedeutet, dass Soziale Arbeit sich in ihrem Handeln nicht auf ein Handeln für den Klienten beschränken kann. Damit sind im Rahmen sozialpädagogischen Handelns immer zwei Subjekte involviert und tätig und zwar zwei „prinzipiell gleichberechtigte Subjekte" (Seithe 2008, S. 19; Merchel 1993, S. 58; Müller, B. 2006, S. 81). Diese Tatsache wird auch als „Koproduktionsprozess Sozialer Arbeit" bezeichnet. Merchel bezeichnet die Herstellung von Betroffenenbeteiligung im Prozess einer Hilfeplanung als entscheidende Komponente einer gelingenden sozialpädagogischen Hilfe und erklärt sie damit zu einer zentralen sozialpädagogischen Aufgabe im Hilfeprozess selber (vgl. Merchel ebenda).

Die Integration ihrer KlientInnen in die Gesellschaft ist ein wichtiges Ziel der Sozialen Arbeit, sie kann aber nicht gegen den Willen und die Interessen der KlientInnen durchgesetzt und schon gar nicht mit der Aufgabe ihrer Würde erkauft werden. Ihre Rechte sind zu achten, ihre Bemühungen, sie einzufordern, sind zu unterstützen. Es ist also neben der Förderung individueller Lernprozesse gleichzeitig das Anliegen der Sozialen Arbeit, die Verhältnisse und Lebensbedingungen der Menschen zu verbessern und sich ggf. für entsprechende Veränderungen einzusetzen.

Neben der ethischen Orientierung der professionellen Sozialen Arbeit ist ihre wissenschaftliche Orientierung und Begründung von größter Bedeutung. Als Handlungswissenschaft bezieht sie sich auf Human- und Gesellschaftswissenschaften, insbesondere auf die Soziologie und die Psychologie. Gleichzeitig verfügt sie über eigene theoretische Ansätze und empirische Wissensbestände und ist damit mehr als die Summe ihrer Bezugswissenschaften. Das professionelle Handeln in der Sozialen Arbeit ist grundsätzlich wissenschaftlich begründbar, bezieht die hermeneutische Sicht auf den Einzelfall im Sinne des Fallverstehens ein und ist einer ständigen Reflexion auf der Basis wissenschaftlicher Erkenntnisse zu unterziehen. Ihr Handeln ist geplant, begründbar und im Kontext des Alltags und seiner spezifischen Struktur verortet und verfügt im Rahmen ihrer Methoden- und Ergebnisoffenheit über die dafür erforderliche Flexibilität und Reflexivität. Die Profession Soziale Arbeit leitet ihre fachlichen Entscheidungen und ihre Handlungsziele sowie die Wahl der jeweils heranzuziehenden Methoden aus wissenschaftlichen Zusammenhängen ab und verfügt damit über eine autonome Steuerung ihres fachlichen Handelns. Soziale Arbeit versteht sich als Unterstützung der Menschen auf der individuellen wie auf der sachlichen und der gesellschaftlichen Ebene. Probleme von Menschen werden nicht einseitig als Probleme des Individuums gesehen, sondern ebenso in ihrer Abhängigkeit von sozialen, materiellen Gegebenheiten und im Rahmen von politischen Vorgaben. Nur in der Zusammenschau psychologischer, pädagogischer und gesellschaftswissenschaftlicher Aspekte ihres Gegenstandes wird die Soziale Arbeit der komplexen Lebenswelt ihrer Klientel gerecht.

1.5 Soziale Arbeit zwischen Menschen und System

Oben wurde bereits auf die Entstehung und die Funktion Sozialer Arbeit im Kontext des Sozialstaates und des gesellschaftlichen und ökonomischen Systems des Kapitalismus hingewiesen. Diese Herkunft und Eingebundenheit hat zur Folge, dass die Soziale Arbeit unter dem so genannten doppelten Mandat steht, d. h., sie ist auf der einen Seite immer dem gesellschaftlichen System und seiner Interessenlage verpflichtet. Andererseits besteht ihre Aufgabe darin, die Individuen einer Gesellschaft, unter der Maßgabe dieser gesellschaftlichen Interessen, Bedingungen und Anforderungen, bei der Bewältigung ihres persönlichen Lebens zu unterstützen.

1.5.1 Praxis im Kontext des doppelten Mandates

Das doppelte Mandat der Sozialen Arbeit hat seinen Ursprung im spezifischen Spannungsverhältnis sozialarbeiterischer Aufgabenstellungen.

- Soziale Arbeit hat zum einen die Funktion, die Gesetze, die zentralen Werte, Anforderungen und Normen, die Rollenbilder und den vom System erwünschten Habitus[20] (vgl. Bourdieu 2000) bei den Menschen durchzusetzen, d. h. die Menschen für die jeweilige Gesellschaft fit zu machen und sie ihr anzupassen. Dabei soll sie den Menschen die von der Gesellschaft zur Verfügung gestellten Unterstützungsmaßnahmen anbieten (Vermittlung konkreter Unterstützungsleistungen) und auf diesem Wege dafür sorgen, dass die Menschen ihre Werte, ihr Verhalten, ihre Ziele nach den gesellschaftlichen Vorgaben ausrichten.
- Gleichzeitig aber ist Soziale Arbeit immer auch der Versuch, für die Menschen, die im Rahmen des gesellschaftlichen Systems Schaden genommen haben oder drohen, Schaden zu nehmen, Unterstützung zu leisten und für sie Partei zu ergreifen. Zum einen geht es darum, für diese Menschen Hilfe zu leisten und Ressourcen (materieller, sozialer Art) bereitzustellen, also ihre Lebensverhältnisse nach Möglichkeit zu verbessern. Zum Zweiten geht es darum, es ihnen zu ermöglichen, die Kompetenzen, Haltungen und Verhaltensweisen zu erlernen und zu internalisieren, die sie brauchen, um ihr Leben in dieser Gesellschaft zu bewältigen. Hierzu gehört aus Sicht der lebensweltorientierten Sozialen Arbeit durchaus auch die Kompetenz, für die eigenen Rechte ein zu stehen, für bessere Lebensbedingungen zu kämpfen und sich gegen gesellschaftliche Benachteiligung und Ungerechtigkeit zur Wehr zu setzen (vgl. z. B. Füssenhäuser 2006).

Keine Frage: Soziale Arbeit ist keine Kraft, die eine Gesellschaftsveränderung selber herbeiführen kann, denn sie ist immer durch ihr doppeltes Mandat an die Auftrag gebenden herrschenden politischen Kräfte gebunden. Aber sie sieht sich dennoch auch als eine Profession, die im Rahmen der gegebenen gesellschaftlichen Rahmenbedingungen, Menschen dabei helfen kann, ein Leben in Würde, im Schutz ihrer Rechte und mit den notwendigen Teilhabechancen zu führen. Und sie ist auch bereit, sich dafür z. B. gegenüber der herrschenden Politik einzusetzen.

---

20 Nach P. Bourdieu bezeichnet „*Habitus*" „charakteristische Strukturen einer bestimmten Klasse von Daseinsbedingungen"(Bourdieu 2000, S. 101). Es handelt sich um ein System historisch erzeugter, in die Wirklichkeit der Individuen eingegangener kultureller Selbstverständlichkeiten. Der Habitus eines Menschen umfasst das gesamte Auftreten einer Person, im Einzelnen also z. B. den Lebensstil, die Sprache, die Kleidung und den Geschmack. Am Habitus einer Person lässt sich ihr Rang oder Status in der Gesellschaft ablesen.

Soziale Arbeit ist seit ihrem Bestehen beides: potenziell eine politische, gesellschaftliche Bewegung und gleichzeitig immer auch ein Anpassungsinstrument (vgl. Maurer 2006).

1.5.2 Die Brückenfunktion der Sozialen Arbeit

Die Erwartungen, die eine Gesellschaft mit Blick auf die in ihr lebenden Menschen hat, können nicht einfach angeordnet und per Gesetz oder mittels Sanktionen durchgesetzt werden. Das System braucht lebendige Menschen, braucht motivierte Mitglieder, braucht Menschen, die mit ihrer eigenen Person im System ankommen (vgl. Habermas 1981; Rauschenbach 1999). Nötig ist deshalb für das System eine Instanz, die gleichermaßen eine Brücke schlagen kann zwischen dem System auf der einen Seite und den Menschen in ihrer persönlichen, individuellen Lebenswelt auf der anderen Seite. Diese Brücke stellt eine Vermittlung, eine Verbindung zwischen beiden Seiten dar. In dieser Brückenfunktion führt die Soziale Arbeit zum einen die Erwartungen der Gesellschaft an die Menschen heran, versucht, sie diesen verständlich zu machen und sorgt dafür, dass sie sie erfüllen können. Die konkrete Unterstützung von und Hilfe für Menschen ist in diesem Kontext zunächst nur Funktion dieser Aufgabe. Soziale Arbeit braucht aber auch das Mandat der betroffenen Menschen, wenn es ihr gelingen soll, diese zu erreichen. Dabei lässt sie sich auf die Menschen und ihre konkrete Lebenswelt ein, spricht deren Sprache und engagiert sich für die, die Unterstützung brauchen. Nur unter diesen Bedingungen ist dann eine Vermittlung möglich.

Die Soziale Arbeit ist demnach unmittelbar und mit jedem ihrer Schritte an der Erfüllung der gesellschaftlich gesetzten Aufgaben beteiligt. Gleichzeitig führt die Soziale Arbeit die Bedürfnisse, Problemlagen und Forderungen der betroffenen Menschen an das System heran, versucht, diese den Vertretern des Systems zu erklären und sie für die Interessen der Menschen aufzuschließen. Sie ist damit auch Sprachrohr der Menschen gegenüber dem gesellschaftlichen System. Diese Funktionsbeschreibung Sozialer Arbeit (vgl. Rauschenbach 1999) als Brücke zwischen dem gesellschaftlichen System und den Lebenswelten der Menschen wurde in Anlehnung an das Habermas'sche System-Lebenswelt-Paradigma (Habermas 1981) entwickelt. Galuske bringt diese besondere Rolle und Funktion der Sozialen Arbeit folgender Maßen auf den Punkt: „Einerseits ist die Soziale Arbeit durch ihre Einbindung in den sozialstaatlichen Funktionskontext eindeutig systemisch induziert (staatlich finanziert, rechtlich reglementiert, bürokratisch institutionalisiert), andererseits gewinnt sie ihre Originalität und damit ihre funktionale Existenzberechtigung erst dadurch, dass sie sich – idealtypisch gesprochen – der Probleme der Lebenswelt annimmt, sie in der Lebenswelt angeht und in der Sprache der Lebenswelt bearbeitet" (Galuske 2002, S. 136).

Die Vermittlung zwischen System und Lebenswelten ist die spezifische Funktion Sozialer Arbeit und ihre spezifische Leistung. Sozialarbeitende müssen deshalb in der Lage sein, beide Sprachen zu sprechen, beide Kommunikations- und Interaktionsbeziehungen zu beherrschen: die Kommunikation mit den Menschen in ihrer konkreten Alltagswelt und ebenso die mit den Vertretern des gesellschaftlichen Systems, z.b. Vertretern von Politik und Verwaltung, Kollegen anderer Professionen etc.

1.5.3 Erwartungen und Aufträge des gesellschaftlichen Systems an die Soziale Arbeit

Die Interessenlage des gesellschaftlichen Systems im Sinne der rechtlichen und politischen Gewalt, dem die Soziale Arbeit als abgeleitete, öffentlich betraute Hilfeinstanz zur Lebensbewältigung unterworfen ist, beinhaltet unterschiedliche Anforderungen. Soweit sie auf Gesetze zurückgehen, sind diese Anforderungen im Wesentlichen eindeutig, wenn auch interpretierbar. Soweit es politische und ideologische Erwartungen sind, gehen von der herrschenden Politik durchaus unterschiedliche und auch widersprüchliche Erwartungen aus. Es stellen sich an die Soziale Arbeit z.B. folgende Anforderungen:

- *Produktion eines Menschentyps, der den Anforderungen des Systems gerecht wird (Habitus)*
  Es geht um die Schaffung bzw. Erziehung von Menschen, die das System angemessen bedienen, in ihm funktionieren, in ihm nützlich werden können. Wie bereits erwähnt, spricht man mit dem Soziologen Pierre Bourdieu (2000) in der Sozialen Arbeit von der Reproduktion des jeweiligen gesellschaftlichen „Habitus", das heißt, der für die aktuelle Gesellschaft passenden und notwendigen Grundhaltungen, Eigenschaften und Fähigkeiten. In den 70er Jahren ging es z.B. um die Schaffung von arbeitsorientierten und arbeitsbereiten, gut ausgebildeten und anpassungsfähigen Menschen, die aber von einem „Lebensentwurf der Erreichbarkeit" ausgehen konnten, also von der begründeten Erwartung, dass die sozialstaatlichen Versorgungsleistungen dem Einzelnen eine (Re-) Integration in die Arbeitsgesellschaft immer wieder ermöglichten (vgl. z.B. Galuske 2002, S. 111). Heute, in Zeiten der Globalisierung und Individualisierung und der flexiblen Arbeitsgesellschaft, wie Galuske sie nennt (Galuske 2002), geht es um die Förderung von flexiblen Menschen, die bereit und in der Lage sind, ihre Arbeitskraft wie Unternehmer zu allen Bedingungen selber zu vermarkten

und ihr Leben im Sinne von Effizienz einzusetzen (vgl. z. B. Galuske 2002, S. 223ff).

- *Menschen bereit machen zur Integration in die Arbeitswelt*
Ziel ist die Befähigung von Menschen, sich in die Arbeitsgesellschaft und ihre jeweiligen Merkmale und Bedingungen einzufügen und z. b. im Rahmen ihrer Sozialisation die Schulabschlüsse zu bewältigen, die sie später brauchen werden. Im Rahmen des flexiblen Kapitalismus wird heute erwartet, dass Menschen sich um jeden Preis darum bemühen, gemäß den vom Staat vorgegebenen Bedingungen in irgendeinem Rahmen auf dem Arbeitsmarkt zu überleben, damit sie in der Lage sind, sich selber finanziell zu reproduzieren.

- *Verhinderung von und pädagogisches Einschreiten bei Abweichungen vom gesellschaftlich „Normalen"* [21]
Es geht um das Abstellen von menschlichem Verhalten, das durch Auffälligkeiten und Abweichungen von der gesellschaftlichen Norm geprägt ist und droht, andere zu gefährden, zu belästigen oder zu beunruhigen. Es geht darum, die Gefährlichkeit solcher Menschen für die Gesellschaft zu entschärfen und sie möglicherweise einer positiveren Entwicklung und Perspektive zuzuführen. In diesem Zusammenhang stellt sich natürlich die Frage, was eine Gesellschaft als auffällig, nicht normal und abweichend definiert. Das ist abhängig von den aktuellen Menschenbildern, die eine Gesellschaft entwickelt und zur Norm erhebt.

- *Sicherung des Kindeswohls*[22]
Die Gesellschaft delegiert die Aufgabe, das Wohl der Minderjährigen zu sichern (Wächteramt), Minderjährige bei ihrer Entwicklung zu unterstützen und die für sie erforderlichen Sozialisationsbedingungen abzusichern, an die Soziale Arbeit (Jugendhilfe). In erster Linie nimmt die Jugendhilfe ihr Wächteramt wahr, indem sie Eltern unterstützt, die für ihre Kinder i. d. R. das Sorgerecht aber auch die Sorgepflicht haben. Die Beantwortung der

---

21 *Soziale Normen* definieren mögliche Handlungsformen in einer sozialen Situation. Sie sind gesellschaftlich und kulturell bedingt und daher von Gesellschaft zu Gesellschaft verschieden. Normen sind (äußerliche) Erwartungen der Gesellschaft an das Verhalten von Individuen in unterschiedlicher Verbindlichkeit. Soziale Normen sind von den meisten Gesellschaftsmitgliedern akzeptierte und vertretene Vorstellungen, Handlungsmaximen und Verhaltensmaßregeln.

22 Mit *Kindeswohl* wird ein Rechtsgut aus dem Familienrecht bezeichnet, welches das gesamte Wohlergehen eines Kindes oder Jugendlichen als auch seine gesunde Entwicklung umfasst. Eine Gewährleistung des Kindeswohls bedeutet die Schaffung der Bedingungen, die ein Minderjähriger für eine gesunde emotionale, soziale, körperliche und geistige Entwicklung braucht. Weitere wichtige rechtliche Bestimmungen zum Kindeswohl finden sich in § 1626 BGB (Grundsätze Elterliche Sorge), § 1666 f. BGB (Kindeswohlgefährdung) und § 1697 a BGB (Entscheidungsmaxime des Gerichtes).

Frage, was ein Kind für seine gesunde Entwicklung braucht und wo die Grenzen liegen für eine Gefährdung seines Wohls, ist neben gesetzlichen Bestimmungen und z. B. der Menschenrechtskonvention sowie dem sozialwissenschaftlichen Erkenntnisstand auch von der herrschenden Ideologie einer Gesellschaft und von den in ihr herrschenden kulturellen Normen abhängig, die in der Regel Formen der strukturellen Gewalt[23] in der Gesellschaft tolerieren.

▪ *Unterstützung der Menschen, die ohne Hilfe in der Gesellschaft scheitern würden*
Es geht um die Schaffung eines Unterstützungsausgleiches für Menschen, die auf Grund ihrer Biografie oder z. B. ihrer Behinderung über nicht ausreichende Ressourcen verfügen, um ihr Leben selbständig, menschenwürdig und so zu bewältigen, dass sie sich, anderen oder der Gesellschaft keinen Schaden zufügen. Von dem jeweiligen gesellschaftlichen Menschenbild ist es abhängig, wie weit diese Unterstützung geht. Die neoliberale Ideologie macht in dieser Frage deutlich größere Einschränkungen als es z. B. der Sozialstaat der 60er, 70er Jahre machte. Auch die Frage danach, welche Lebensumstände noch zumutbar sind, hat sich im Rahmen der Hartz-Gesetze gewandelt. Z. B. ist nicht mehr vom Recht auf ein menschenwürdiges Leben, sondern nur mehr von einer Existenzsicherung die Rede. Die Frage, welche Menschengruppen in die Unterstützung einbezogen werden, ist abhängig von dem gesellschaftlich tragenden Menschenbild. So hat z. B. der Faschismus im Rahmen seiner Rassengesetze ganze Bevölkerungsgruppen von diesem Schutz und dieser Unterstützung ausgenommen.

▪ *Erziehung zur Grundordnung und den Werten einer Gesellschaft*
Erwartet wird, dass die Menschen, die in einer Gesellschaft leben, sich ihren Regeln, Werten und ihren Strukturen unterwerfen, sie mit Leben erfüllen und sie nach innen und außen verteidigen. Die Werte, die dabei für eine Gesellschaft im Vordergrund stehen, sind innerhalb einer Demokratie nicht eindeutig, sie sind möglicherweise sogar widersprüchlich oder stehen in Konkurrenz zu einander. Gesellschaftliche Anforderungen dieser Art wurden z. B. im Faschismus explizit an die Soziale Arbeit herangetragen. Folge war, dass sie in die Prozesse von Euthanasie und Rassenwahn als Profession unmittelbar einbezogen worden ist. Für die gegenwärtige Gesellschaft

---

23 *Strukturelle Gewalt* bezeichnet ein Konzept, das den klassischen Gewaltbegriff umfassend erweitert und 1969 vom norwegischen Friedensforscher Johan Galtung formuliert wurde. Diesem erweiterten Gewaltbegriff zufolge ist alles, was Individuen daran hindert, ihre Anlagen und Möglichkeiten voll zu entfalten, eine Form von Gewalt. Hierunter fallen nicht nur alle Formen der Diskriminierung, sondern auch die ungleiche Verteilung von Einkommen, Bildungschancen und Lebenserwartungen, sowie das Wohlstandsgefälle zwischen der ersten und der Dritten Welt.

beziehen sich solche Anforderungen z. B. auf den flexiblen Habitus, die Orientierung auf die freiheitlich demokratische Grundordnung, auf das Grundgesetz, die Menschenrechte, auf die demokratischen Spielregeln wie Toleranz etc. Im Rahmen des aktivierenden Staates geht es vor allem um die Verpflichtung der Menschen zur Eigenverantwortung und zur individuellen Übernahme aller Risiken, aber auch um das Hinnehmen von Armut, sozialer Ungleichheit, prekären Arbeitsplätzen und Arbeitslosigkeit als mögliche und hinzunehmende Biografieperspektiven. So gibt es in unserer gegenwärtigen Gesellschaft z. B. ein erkennbares Interesse daran, Momente der zunehmenden sozialen Ungleichheit aus dem Bewusstsein der Menschen zu drängen. Gleichzeitig wird die Identität mit dem herrschenden Wirtschaftssystem trotz Krise oder auch gerade wegen ihr verstärkt gefördert. Die Gewinne der Unternehmen und die Rolle Deutschlands am globalen Markt der Weltwirtschaft werden den Menschen als Faktoren vorgestellt, von denen das eigene Schicksal und Glück abhängt. Außerdem wird zunehmend Abschied genommen von der nach dem 2. Weltkrieg lange vorherrschenden Zurückhaltung der BRD gegenüber militaristischen Ambitionen. Im Rahmen von Sozialer Arbeit spielt Werteerziehung, z. B. die Frage der Haltung gegenüber Minderheiten und Fremden, Erziehung zur Toleranz, eine wichtige Rolle. Aber auch die Herausbildung des flexiblen und unternehmerischen Habitus ist gesellschaftliche Aufgabe der Sozialen Arbeit. Außerdem ist Soziale Arbeit heute unvermeidbar (?) auch an der Gewöhnung der Menschen an die zunehmende soziale Ungleichheit beteiligt sowie an der Vertuschung ihrer ökonomischen Ursachen.

- Schließlich hat eine Gesellschaft immer auch ein Interesse daran, dass sich die Kosten für die Bewältigung der von ihr angestoßenen Aufgaben in den von ihr gesetzten Grenzen halten und „sich auch rechnen", also effektiv eingesetzt werden. Wie diese Grenzen aussehen, hängt nicht nur vom Reichtum einer Gesellschaft ab, sondern vor allem auch davon, was ihr die Menschen, um die es geht, wert sind. Ob sie zu dem Ergebnis kommt, dass sich Kosten für ihre Bevölkerung rechnen, ist eine Funktion der Frage, welche Zielsetzungen für sie relevant und maßgeblich sind. Reicht es ihr z. B., dass Jugendliche dadurch von einer kriminellen Entwicklung abgehalten werden, dass man sie einfach wegsperrt und so die Gesellschaft vor ihnen schützt, so wird sie langwierige pädagogische Prozesse, die in vielen Fällen, aber sicher nicht immer eine weitere kriminelle Entwicklung verhindern würden, eher als zu teuer und als nicht effektiv genug erachten.

1 Soziale Arbeit – was ist das eigentlich?

Im Folgenden sollen die Erwartungen, die das gesellschaftliche System an die Soziale Arbeit richtet, im Rahmen der sieben oben erläuterten Beispielfälle (vgl. Seite 28ff) benannt werden:

1. Im Fall Swen ist das Wächteramt der Jugendhilfe angefragt. Es geht letztlich auch um die Verhinderung abweichenden Verhaltens bei der Mutter. Ferner besteht die Selbstverpflichtung der Gesellschaft, dafür zu sorgen, dass das Kind Swen ausreichende Sozialisationsbedingungen für seine Entwicklung vorfindet.

2. Im Fall Tom geht es darum, für die Einhaltung der Schulpflicht zu sorgen. Das abweichende und auffällige Verhalten des Jungen soll abgestellt werden, einer weiteren Fehlentwicklung in Richtung Kriminalität oder auch Unangepasstheit soll entgegengewirkt werden. Die erzieherische Kompetenz der Eltern soll wieder hergestellt werden, damit die weitere Sozialisation des Jungen in seiner Familie erfolgreich verlaufen kann.

3. Im Fall Kinder Merten geht es darum, für die Kinder das Kindeswohl zu sichern und zukünftig eine Sozialisation zu gewährleisten, die für die Kinder nicht schädlich ist. Sicher geht es auch darum, einen Weg zu favorisieren, der erwiesener Maßen die Gefahr weiterer und auch kostspieliger Gerichtsverfahren in dieser Sache verhindern kann.

4. Im Fall Mohammed stehen die Verhinderung von Straftaten und der Versuch im Fokus des gesellschaftlichen Interesses, eine kriminelle Entwicklung des jungen Mannes zu unterdrücken. Ferner geht es darum, Gefahren für andere und für die Öffentlichkeit abzuwenden. Es geht ebenfalls um den Anspruch, Menschen mit einem Migrantenhintergrund in die bestehende deutsche Gesellschaft zu integrieren, indem von ihnen verlangt wird, die bestehenden Normen und Werte zu übernehmen und die Bedingungen, die unsere Gesellschaft für sie als Migranten bereit hält, an- und hinzunehmen.

5. Im Fall Jörg P. wird es zum einen darum gehen, behinderte Menschen bei ihrer Lebensführung zu unterstützen. Ziel dabei ist vor allem aber, dass verhindert wird, dass ihr Verhalten zu Auffälligkeiten, zu Abweichungen und zu Gefährdungen Dritter (z. B von Kindern) führt.

6. Im Fall Katharina geht es um die Aufgabe, dieses Mädchen für die gegenwärtige Gesellschaft und den flexiblen Arbeitsmarkt fit zu machen und zu verhindern, dass sie langfristig den öffentlichen Kassen zur Last fällt.

7. Im Fall Martina Z. besteht der gesellschaftliche Auftrag, eine Gefährdung für die Frau selber, aber auch für Dritte einzudämmen und eine Belästigung *und Beunruhigung der Öffentlichkeit zu verhindern. Es geht darum, diese Frau wieder so weit wie möglich in die Normalität unserer Gesellschaft zu integrieren, z. B. also auch, sie in Arbeit zu bringen, damit sie der Öffentlichkeit nicht weiter zur Last fällt.*

In fast allen Fällen wäre der Einsatz Sozialer Arbeit hier also auch aus der Sicht des gesellschaftlichen Systems unmittelbar notwendig und erwünscht:

Gleichzeitig entstehen in den meisten Fällen durch die entsprechende Hilfe direkte, kurzfristige anfallende Kosten (z. B. für eine Beratung) oder auch langfristige finanzielle Belastungen (z. B. beim Fall Jörg P.), die den drohenden Folgekosten im Falle der Untätigkeit gegenüber stehen und möglicherweise mehr ins Gewicht fallen werden.

1.5.4 Problemlagen und Unterstützungsbedürfnisse der Menschen

Den Erwartungen der Gesellschaft an die Soziale Arbeit steht der persönlich erlebte, subjektive und auch der objektive Hilfebedarf der Menschen gegenüber, die mit diesen Systemanforderungen konfrontiert sind und die mit der Bewältigung ihres Lebens in dieser Gesellschaft Schwierigkeiten haben. „Von Sozialer Arbeit sprechen heißt, von Problemen zu sprechen, von der ganzen Bandbreite menschlichen Leids von A wie Armut bis Z wie Zukunftsangst oder Zusammenbruch", umschreibt Mühlum die Themenfülle, die durch das Mandat der Menschen auf die Soziale Arbeit zukommen kann (Mühlum 2009, S. 11).

Wie bereits dargelegt, sind sozialpädagogische Hilfen zwar einerseits gesellschaftlich induziert, sie orientieren sich jedoch im Rahmen ihres pädagogisch-fachlichen Selbstanspruches auf die psychosozialen Bewältigungsprobleme der Menschen in der Folge des gesellschaftlichen Wandels und der darin enthaltenen Desintegrationstendenzen (vgl. Böhnisch et al. 2005, S. 103).

Der eigene pädagogische, sich in soziale Lebensbedingungen einbringende Anspruch ist ein wesentlicher Aspekt einer professionellen Sozialen Arbeit. Menschen brauchen Hilfe in der Auseinandersetzung mit diesem System. Sie müssen auf eine für sie „sozialverträgliche" Weise an die gesellschaftlichen Erwartungen herangeführt werden, d. h. auf eine Weise, die sie als Persönlichkeiten nicht zerbricht, sondern erhält und stärkt. Sie brauchen Unterstützung bei dem Versuch, persönlich mit den Bedingungen und Anforderungen, die die Gesellschaft an sie stellt, zurecht zu kommen und für sich eine Lebenslage zu erreichen, in der sie sich zurechtfinden und im Rahmen ihrer Bedürfnisse und Erwartungen erfolgreich leben können und so, dass sie von den Teilhabechancen am gesellschaftlichen Reichtum (z. B. Bildung) nicht ausgeschlossen sind. Würde die Soziale Arbeit diese persönliche Hilfe nicht leisten, wäre sie ausschließlich als Erfüllungsgehilfe staatlicher Organe tätig.

Die Soziale Arbeit ist in ihrem pädagogischen Selbstverständnis auf die Unterstützung der Menschen bei ihrer eigenen Lebensbewältigung ausgerichtet. Dies ist das Mandat der Klientel an die Soziale Arbeit. Dabei ist aber noch zu beachten, dass die KlientInnen der Sozialen Arbeit keineswegs immer für sich klar formulieren (können), was sie brauchen und dass sie überhaupt Hilfe brauchen. In vielen Fällen besteht die Hilfe also überhaupt erst einmal darin, Menschen für mögliche Hilfe und Unterstützung aufzuschließen.

Wie könnten in den sieben Beispielfällen (vgl. Seite 28ff, Seite 75ff) die Erwartungen aussehen, die die betroffenen Menschen selber an die Soziale Arbeit richten?

*1. Für **Swen** (vgl. Seite 28ff, Seite 75ff) geht es um die Lebens- und Entwicklungschancen als Kleinkind. Es braucht nachhaltig geeignete Sozialisationsbedingungen, die ihm eine normale Entwicklung ermöglichen. Die Mutter hat große Probleme damit, ihr Schicksal als Mutter anzunehmen und braucht jemanden, der ihr dabei hilft, ohne sie aber durch moralische Wertungen zu erpressen. Darüber hinaus braucht sie konkrete Unterstützung in vielen Bereichen, z. B. auch bei der Gestaltung ihres sozialen Netzes. Wie weit die Mutter bereit ist, diese Hilfe anzunehmen, hängt davon ab, ob sie das Vertrauen entwickeln kann, dass es bei der angebotenen Hilfe auch wirklich um ihre Interessen geht.*

*2. Bei **Tom** (vgl. Seite 28, Seite 75) benötigen die Eltern Unterstützung, um ihrer Erziehungsaufgabe weiterhin gerecht werden zu können. Vor allem aber braucht Tom selber Unterstützung bei seiner Entwicklung und Lebensorientierung. Dies wird von ihm jedoch vermutlich zunächst verneint. Deshalb besteht die Notwendigkeit, sich mit viel Geduld erst einmal ganz auf Toms Sicht der Problematik einzulassen, um so neue Wege für eine Entwicklung gemeinsam mit ihm zu entdecken.*

*3. **Die Kinder der Familie Merten** (vgl. Seite 29, Seite 75) haben einen großen Bedarf an Unterstützung, an Sorge, an Liebe und Sicherheit. Sie brauchen Eltern, die in der Lage sind, ihre persönlichen Verletzungen hinten anzustellen und verantwortlich und konsequent für ihre Kinder da zu sein. Das wird nur gelingen, wenn den Eltern jemand hilft, wieder miteinander kommunizieren zu können und mit ihnen zusammen den Lösungsprozess entwickelt.*

*4. Bei **Mohammed** (vgl. Seite 29, Seite 75) geht es um die Frage: Welche Wege zu einem eher integrierten und in dieser Gesellschaft erfolgreichen Leben* *kann und will er gehen? Wie kann man mit ihm im Rahmen seiner Ressourcen Lebensperspektiven entwickeln, die tragen und ihm ein integriertes Leben überhaupt ermöglichen? Eine Zusammenarbeit mit dem jungen Mann wird erst möglich, wenn er sich davon überzeugt hat, dass es hier wirklich um seine Lebenschancen geht und er nicht einfach weg geschoben bzw. bestraft werden soll.*

5. **Jörg P.** *und seine Freundin (vgl. Seite 30, Seite 75) brauchen vor allem Hilfe bei der Verwirklichung ihres Wunsches, ein selbst bestimmtes Leben führen zu dürfen, in dem auch Liebe, Sexualität und Familie einen Platz haben. Es ginge also darum, die beiden zu unterstützen, ihren Mut und ihre Zuversicht zu stärken und eine Entmutigung zu verhindern, die möglicherweise von der Reaktion ihrer Umwelt ausgehen wird. Zum Weiteren geht es natürlich auch um ganz konkrete und stützende Hilfestellungen und Angebote, damit die beiden diese neue Herausforderung auch wirklich so bewältigen, dass keine Probleme für sie und evtl. Kinder entstehen.*

6. **Katharina** *(vgl. Seite 30, Seite 75) braucht dringend Hilfe, damit sie mit den Anforderungen der Gesellschaft besser zu Recht kommen kann. Sie muss lernen, ihre Lebensträume mit den realen Möglichkeiten zu verbinden und ihre Wirklichkeit zu akzeptieren. Dieser Lernprozess sollte einer direkten Forderung nach konkreten Schritten erst einmal vorausgehen, weil diese das Mädchen nicht erreichen und sie höchstens weiter in ihre isolierte Traumwelt hineintreiben würde. Erst im zweiten Schritt könnte allmählich mit konkreten Aufgaben und Konstellationen begonnen werden, den praktischen Prozess der Integration ins Berufsleben zu verfolgen.*

7. **Martina Z.** *(vgl. Seite 30, Seite 75) wird sich wünschen, wenn sie dies überhaupt noch sagen kann, endlich wieder ein normales, anerkanntes Leben zu führen. Die gegenwärtige Situation ihrer Ausgegrenztheit, die Verachtung, die sie von den „Normalbürgern" täglich erfährt, die Hoffnungslosigkeit und Sinnlosigkeit, mit der sie lebt, haben ihr Selbstbewusstsein und ihr Selbstwertgefühl vermutlich schwer beschädigt. Trotzdem wird sie sich vielleicht hinter einer Maske der Abgebrühtheit und Unempfindlichkeit verschanzen. Es wird also neben der Sicherstellung ganz praktischer Hilfen zur Lebensbewältigung und zum Aufbau einer neuen Existenz vor allem auch darum gehen, die Frau als Persönlichkeit zu stärken und ihr ein Gefühl für ihre Würde zurückzugeben.*

1.5.5 Widersprüche zwischen beiden Mandaten

Zum Teil decken sich gesellschaftliche Erwartungen und die Erwartungen der betroffenen Menschen oder sie lassen sich zumindest miteinander verbinden.

Aber nicht in allen Fällen sind die gesellschaftlichen, systemimmanenten Anforderungen mit den Bedürfnissen und Bedarfen der Menschen selber ohne Widersprüche und Konflikte vereinbar. Dass zwischen den individuellen Lebenslagen und den gesellschaftlichen Erwartungen Gegensätze, Widersprüche, Reibungen und Unvereinbarkeiten bestehen können, ist plausibel. Es ist dies ganz besonders oft der Fall, wenn die betreffenden Menschen zu den Gruppen der Bevölkerung gehören, die über deutlich weniger Ressourcen verfügen und für sich von der Gesellschaft deshalb mehr Unterstützung, Chancen und Hilfe erwarten müssen als andere. Vor allem ist der Weg, den die Soziale Arbeit gehen muss, wenn sie ihre Klientel wirklich erreichen will, oft mühsam, lang und keineswegs gradlinig. Die meisten Ziele des Systems können nicht unmittelbar angesteuert werden und mitunter sind sie auch nur in Annäherung zu erreichen.

Es kann passieren, dass die Kosten, die diese „Umwege" machen, der Gesellschaft zu hoch oder die betreffenden Menschen der Gesellschaft das viele Geld nicht wert sind. Kosten für sozialpädagogische Interventionen sind aus systemimmanenter Sicht nur akzeptabel, wenn sie mit hoher Wahrscheinlichkeit zur Verhinderung langfristige noch höherer Kosten betragen können.

Im Rahmen des Sozialstaates, in dem die Soziale Arbeit quantitativ wie qualitativ stark gewachsen ist, gelang es ihr, für die Menschen und ihre Lebenswelten deutlich Partei zu ergreifen. In dieser Phase wurden die oben erwähnten Umwege der Sozialen Arbeit, die sie machen muss, um Menschen zu integrieren und im System lebensfähig zu machen (Böhnisch spricht von „sekundärer Integration"; Böhnisch 1991; vgl. auch Böhnisch et al. 2005, S. 228) durchaus von der Gesellschaft akzeptiert und auch finanziert. So konnte die Soziale Arbeit in den 70er Jahren im Kontext eines Sozialstaates, der Chancengleichheit und Angleichung der Lebensbedingungen zu seinen Zielsetzungen erklärt hatte, ihre infrastrukturelle, professionelle und disziplinäre Gestalt einigermaßen ungehindert entfalten und sich bewusst und offensiv im Interesse ihrer Klientel engagieren. Das doppelte Mandat allerdings war auch in dieser Zeit für die Soziale Arbeit gültig und setzte ihr Grenzen.

Bestimmte gesellschaftliche Situationen ermöglichen es also, dass Soziale Arbeit Menschen in ihren eigenen Interessen und Problemlagen stützen, stark machen, befähigen (Empowerment) und auch gegen Übergriffe, Ungleichbehandlung und Benachteiligung durch die Gesellschaft schützen kann.

Unter Umständen kann Soziale Arbeit so aber in die Lage kommen, für die von ihr betreuten Menschen punktuell gegen das System Partei ergreifen zu müssen und zu wollen. Dies sind dann schwierige Grenzgänge Sozialer Arbeit, bei denen sie das doppelte Mandat im Rahmen ihrer Parteilichkeit für die Menschen infrage stellt. In solchen Situationen kann es passieren, dass sie für die Gesellschaft die Legitimation und sicher damit auch die finanzielle Basis verliert. Indem Soziale Arbeit Hilfe zur Lebensbewältigung leistet, stärkt und unterstützt sie ihre Klientel, gleichzeitig aber passt sie sie an und befriedet sozusagen die sozialen Fragen, die sich auftun. Mit diesem Widerspruch bezüglich ihrer Aufgabenstellung muss die Soziale Arbeit leben und hat sie immer gelebt. Unterschiede in verschiedenen historischen Phasen gab es allerdings in der Frage, wie weit sie das doppelte Mandat offen und offensiv auch für die Interessen der Menschen nutzen konnte bzw. wie weit sich die gesellschaftlichen Forderungen in die dominierende Rolle drängten.

Es gibt gesellschaftliche Situationen, in denen das doppelte Mandat auf der Seite des Systems stark an Gewicht gewinnt und es schwer wird, für die anvertrauten Menschen etwas zu tun und zu erreichen, wenn es nicht unmittelbar den Zielen des Systems entspricht. Mit einer solchen Situation muss sich die Soziale Arbeit derzeit auseinandersetzen.

1.6 Was professionelle Soziale Arbeit leisten kann

Wie arbeitet Soziale Arbeit nun? Wie kann sie Erfolge erzielen, welches sind ihre methodischen Konzepte und worin zeigt sich in der Sozialen Arbeit Qualität?

1.6.1 Lebensweltorientierte Lösungen der beschriebenen Fälle

Im Folgenden soll versucht werden, einen möglichen sozialpädagogischen Interventionsweg in den oben vorgestellten Fällen zu skizzieren, um deutlich zu machen, wie qualifizierte, lebensweltlich orientierte Soziale Arbeit konkret aussehen könnte.

Zur Verdeutlichung des Unterschieds zu eher autoritären, bevormundenden oder auch zu fürsorglichen Methoden und Lösungsansätzen Sozialer Arbeit, wie sie für die Soziale Arbeit vor ihrer Modernisierung typisch waren und wie sie auch heute mitunter noch und neuerdings auch wieder in der sozialpädagogischen Praxis anzutreffen sind, werden jeweils solche Varianten der Darstellung der lebensweltorientierten Variante vorangestellt.

1. Swen (vgl. Seite 28, Seite 75, Seite 77)
autoritäre Variante:
Eine denkbare Variante wäre es, Katja das Kind wegzunehmen. Möglich wäre es auch, sie mit dieser Perspektive unter Druck zu setzen, um der Forderung Nachdruck zu verleihen, dass sie ihr Kind in Zukunft angemessen versorgt.

Es ist davon auszugehen, dass Katja sich vielleicht oberflächlich diesem Druck beugen würde, dass sie aber auf diese Weise und ohne persönliche Unterstützung kaum eine wirkliche Veränderung schaffen könnte.

fürsorgliche Variante:
Die fürsorglich-autoritäre Beraterin, die ihr sagt, was sie zu tun habe und wie sie ihr Leben wieder in den Griff bekommen könne, wird genauso wenig erreichen. Denn solange Katja nicht wirklich selber will und bereit ist, sich im eigenen Interesse einzusetzen, bleiben alle Veränderungen oberflächlich und werden kaum nachhaltig sein. Die Lebensbedingungen für Swen werden sich kurz- oder langfristig weiter verschlechtern. Schließlich ist irgendwann die Fremdplatzierung doch die einzige Chance für ihn.

lebensweltorientierter Ansatz:
Hier würde im Rahmen von lebensweltorientierter Sozialer Arbeit zum einen ein – wahrscheinlich langwieriger – Kommunikationsprozess initiiert, der folgende Stationen durchlaufen müsste:
- *verstehendes Eingehen auf die psychische Ausgangslage der Mutter,*
- *Bearbeitung der sozialen und materiellen Hintergründe für die bestehende Problemlage,*
- *Aufbau von Vertrauen,*
- *gleichzeitig Aufzeigen der Grenzen und Gefahren ihres Verhaltens, d. h. ganz offen umgehen mit der Frage, ob Swen das bekommt, was er braucht oder nicht.*
- *Motivierung für eine Änderung der Situation und für die aktive Beteiligung der Mutter an dieser Veränderung,*
- *gemeinsame Suche nach Lösungen und Wegen,*
- *Phase, die geprägt ist durch Anleitung, Unterstützung und Lernprozesse,*
- *Vorbereitung auf und Entlassung in die Selbständigkeit,*
- *nachsorgende Begleitung. Die gesamte Arbeit sollte stattfinden im Kontext einer für die Mutter transparenten und sicheren Kontrolle über das Wohl des kleinen Swen, in die die Mutter selber miteinbezogen werden müsste. Neben der pädagogischen Arbeit mit der Mutter wäre es gleichzeitig Aufgabe der Sozialen Arbeit, Ressourcen zu entdecken oder auch erst zu entwickeln, die die Mutter bei diesem Lernprozess unterstützen können und die ihre Lebenssituation verbessern. Zum einen müsste die finanzielle Situation geprüft, eventuelle Ansprüche geklärt und beantragt werden. Zum zweiten wäre es wichtig, im sozialen Umfeld informelle oder auch formelle, d. h. professionelle Unterstützungsressourcen zu finden, die es der jungen Mutter ermöglichen, den Freiraum für sich*

selber zu erhalten, den sie braucht, um ihre Mutterrolle durchhalten zu können und zu bejahen.

2. **Tom** *(vgl. Seite 28, Seite 75, Seite 77)*
   autoritäre Variante:
   Auch hier wäre es natürlich möglich, Tom zu bestrafen, zum Beispiel mit Schulverweis oder gerichtlichen Auflagen, ihm mit Heimerziehung zu drohen oder möglichst bald für ihn Jugendstrafen wirksam werden zu lassen. Auch hier könnte also versucht werden, die gesellschaftlichen Forderungen, um die es geht, zu erzwingen. Aber auch hier ist eine echte und nachhaltige Verhaltensänderung allein durch Druck oder Appell, durch Anordnungen oder auch durch Verpflichtungen eher unwahrscheinlich. Das Problem wird bestenfalls nach hinten geschoben.

   lebensweltorientierter Ansatz:
   Stattdessen könnte hier im Rahmen von Sozialer Arbeit eine komplexe Fallarbeit umgesetzt werden, die die Eltern, die Schule, möglicher Weise auch seine Clique mit einbezieht. Bei den Eltern wäre ihr Vertrauen und ihre Liebe zu ihrem Sohn zu wecken. Bei Tom müsste man erst einmal herausfinden, was aus seiner Sicht in seinem Leben nicht in Ordnung ist und was die Clique ihm gibt. Gesellschaftliche Grenzen und Behinderungen sind dabei nicht weg zu schieben, sondern müssten offen benannt und mit Tom und seinen Eltern bearbeitet werden. Bei der Erarbeitung von Alternativen für sein jetziges Leben und bei der Entwicklung von Perspektiven für sein zukünftiges Leben sollte er maßgeblich mitarbeiten und sich auch auf die unterstützenden Instanzen wie SozialarbeiterIn und Eltern sowie Lehrer verlassen können. Soweit die pädagogische Seite der Sozialen Arbeit mit Tom. Darüber hinaus wäre es Aufgabe der Sozialen Arbeit, Unterstützungsressourcen für Tom aufzufinden, die ihm helfen können, die bisherigen Schulversäumnisse aufzuholen, z. B. Projekte, die ihn wieder für Schule und für das Lernen motivieren können. Ein Blick auf die Prozesse, die in der Schule stattgefunden haben und die das Schuleschwänzen vielleicht mit ausgelöst haben, wäre unbedingt erforderlich. Eine Thematisierung dieser Problematik mit der Schule etwa im Kontext von Schulsozialarbeit wäre wichtig.

3. **Kinder Merten** *(vgl. Seite 28, Seite 75, Seite 77)*
   autoritäre Variante:
   Im Fall der Eheleute Merten könnte eine richterliche Entscheidung über die Köpfe der Eltern hinweg eine „vernünftige" Lösung des Problems erzwingen. Es könnten Gutachten und Stellungnahmen verfasst werden zu

der Frage, wer am besten das Sorgerecht bekommen soll. Die Eltern könnten ermahnt werden, im Interesse ihrer Kinder ihren Streit zu vergessen. Es ist absehbar, dass die Eltern das kaum schaffen werden, selbst wenn sie sich bemühen. Der „Verlierer" des Paares wird seine Verletzungen nicht herunter schlucken können. Der „Sieger" wird kaum dazu beitragen wollen und können, die Situation des anderen zu verbessern. Die Belastungen für die Kinder durch den schwelenden Konflikt werden bleiben und weitergeführt. Ein psychischer Schaden kann nicht ausgeschlossen werden.

lebensweltorientierter Ansatz:
Eine Scheidungsberatung (§ 17 SGB VIII) geht davon aus, dass Eltern die besten Erzieher ihrer Kinder sind und wissen, was die Kinder brauchen. Sie versucht, einen Prozess einzuleiten und durchzuführen, bei dem die betroffenen Eltern nach und nach lernen, wieder offen mit einander zu kommunizieren und gemeinsam im Interesse ihrer Kinder eine Regelung für die Zukunft zu entwickeln. Sie lernen, ihre Elternrolle von ihrer Partnerrolle zu trennen und ihre persönliche Verletztheit oder Wut auf den anderen von ihrer Aufgabe der Sorge für die Kinder abzuspalten. Ist die Lösung wirklich gut erarbeitet und gründlich von beiden Elternteilen geprüft und mit den gesetzlichen, finanziellen und räumlichen Rahmenbedingen abgestimmt, so kann es durchaus gelingen, dass keiner der Partner sich als Sieger und keiner sich als Verlierer erlebt und somit den Kindern eine Fortsetzung der Loyalitätskonflikte erspart bleibt.
Neben diesem eher pädagogischen Ansatz der Problemlösung, wäre zu überlegen, welche Ressourcen gebraucht werden, damit im weiteren Verlauf die getroffene Entscheidung der Eltern weiter unterstützt und gefördert wird. Gedacht ist hier z. B. an Elternberatungsangebote, die so niedrig schwellig sein müssten, dass sie von der Familie bzw. den beiden Partnern auch wirklich in Anspruch genommen werden können. Gedacht werden muss außerdem an die notwendigen finanziellen und räumlichen Ressourcen, die es den beiden Elternteilen ermöglichen würden, die Erziehung und Versorgung ihrer Kinder in angemessener Weise fortführen zu können.

4. **Mohammed** *(vgl. Seite 29, Seite 75, Seite 77)*
   autoritäre Variante:
   Auf Mohammed warten mit hoher Wahrscheinlichkeit alle möglichen Sanktionen, Strafandrohungen und rote Karten, an denen sich die Polizei, das Jugendgericht, wahrscheinlich auch die Eltern beteiligen werden. Da die Gesellschaft für M. aber keine attraktiven und in seinen Augen vermutlich nicht einmal erträglichen Zukunftsperspektiven bereithält, kann

man davon ausgehen, dass all diese Versuche seine Karriere als Schläger und Gewalt bereiter junger Ausländer weiter voran bringen werden.

lebensweltorientierter Ansatz:
Erst wenn es gelingt, diesem jungen Mann mit etwas anderem zu begegnen als mit Ablehnung, Forderungen und eigener versteckter Angst, hat er eine Chance. Hier wäre der Aufbau einer vertrauensvollen Beziehung wichtig, die ihm ehrlich Akzeptanz und Wertschätzung für seine Person entgegenbringt, auch wenn sie deutlich Kritik für sein Verhalten vermittelt. Hier könnte z. B. die Straßensozialarbeiterin weiter ansetzen. Für Mohammed wäre es wichtig, dass er sich einlässt auf einen Reflexionsprozess, der an die Gründe heran führt, warum er sich so verhält und meint verhalten zu müssen. Das setzt auf der Seite der Helfer voraus, dass sie diese Gründe zur Kenntnis nehmen und nicht abwehren. Erst dann besteht eine Chance und eine Basis dafür, dass mit Mohammed zusammen im Rahmen der gegebenen problematischen Bedingungen und Verhältnisse dennoch alternative Verhaltensweisen, eine für ihn akzeptable Lebensperspektive und die daraus folgernden notwendigen Anpassungsleistungen entwickelt werden können, die er mit trägt und die somit auch eine nachhaltige Wirkung haben könnten. Das Problem junger, gewaltbereiter ausländischer Männer ist allerdings nicht allein dadurch zu lösen, dass man pädagogisch auf sie einwirkt. Wenn es in diesem Fall nicht gelingt, für Mohammed reale Perspektiven aufzuzeigen, die Vorurteile seiner sozialen Umwelt zu begrenzen, seine rechtliche Situation zu stärken und eine längerfristige Begleitung seines zukünftigen Entwicklungsprozesses zur Verfügung zu stellen (und zu finanzieren), wird es bei Bemühungen und Hoffnungen bleiben.

5. **Jörg P.** *(vgl. Seite 30, Seite 75, Seite 78)*
   autoritäre Variante:
   Wollte man die hier abzusehenden Probleme von vorne herein vermeiden, wäre es nicht schwer, das Projekt zu verhindern: Man würde dem Paar Ermutigung und Unterstützung versagen, sie alleine stehen und scheitern lassen, bürokratische Hemmschwellen einbauen oder das Ganze einfach verbieten. Jörg wird sich nicht wehren können und sich schließlich in sein Schicksal fügen und diese neue Erfahrung den bisherigen Erfahrungen beifügen: dass er als Behinderter ein Mensch ist, der Bevormundung zu ertragen hat, der kein Recht auf Selbstbestimmung hat und dem so etwas wie Normalität nicht zusteht.

fürsorgliche Variante:
Eine besorgte, fürsorgende Helferin wiederum würde möglicherweise das Projekt unterstützen, aber es selber organisieren und den jungen Leuten die notwendigen Schritte abnehmen. Bei den ersten wirklichen Schwierigkeiten, bei denen sie dann alleine wären, würden sie vermutlich aufgeben bzw. sich reumütig unter die Fittiche ihrer Helfer flüchten.
lebensweltorientierter Ansatz:
Lebensweltorientierte Soziale Arbeit würde die Betroffenen ermutigen. An sie zu glauben, an ihre Fähigkeiten und ihre Rechte, das ist sicher die erste und wichtigste Hilfe, die hier möglich ist. Das heißt keineswegs, dass man sie einfach blind in diese Situation hinein laufen lässt. Wenn man diese Menschen wirklich unterstützen will, muss man ihnen auch offen die Schwierigkeiten und Gefahren ihres Vorhabens erklären und ihnen gleichzeitig Hilfe bei der Bewältigung dieser Schwierigkeiten anbieten. Sicherlich ist dieses Vorgehen zeitaufwendig und es ist langfristig mehr Unterstützungsarbeit notwendig, als wenn Jörg weiterhin in seiner Einrichtung betreut werden könnte. Damit eine solche Unterstützungsleistung überhaupt möglich wird, müssen im sozialen Umfeld entsprechende Angebote der Beratung und Betreuung existieren und bezahlt werden. Wichtig wäre auch die Arbeit mit dem sozialen Umfeld des Paares, damit von den sie umgebenden Menschen Verstärkung und Annahme statt Entmutigung ausgehen und Vorurteile, Ängste und Phantasien der Menschen im Umfeld abgebaut werden können. Erforderlich wäre z. B. der Aufbau eines sozialen Netzes für das junge Paar, auf das sie im Alltag zurückgreifen können und das ihnen die Integration in das „normale Leben" ermöglicht.

6. ***Katharina*** *(vgl. Seite 30, Seite 75, Seite 78)*
   autoritäre Variante:
   Bei Katharina könnte man weiterhin darauf pochen, dass sie mitzuarbeiten hat an ihrem Gebrauchswert für ein prekäres Arbeitsleben. Man kann sie weiterhin mit so genannten Berufsvorbereitenden Angeboten in eine endlose Warteschleife schicken. Man kann ihr Verhalten schließlich sanktionieren oder aber abwarten, bis sie von selber ein Fall für die Psychiatrie wird oder auf dem Strich untertaucht. Katharina wird weder die Kraft aufbringen noch hat sie zurzeit die Kompetenzen, durch eigenes Bemühen den Anforderungen, die an sie gestellt werden, nachzukommen. Sie wird vermutlich auf irgendeine Weise scheitern und in einer prekären Lebenslage ihr Leben fortsetzen müssen.

fürsorgliche Variante:
Eine fürsorgliche Helferin wiederum würde Katharina beschützend unter ihre Fittiche nehmen, das Mädchen in seinen Träumen belassen und dafür sorgen, dass sie dennoch gut versorgt ist und nicht untergehen kann. Katharina fände das vielleicht angenehm, es würde sie allerdings nicht weiterbringen und sie in ständiger Abhängigkeit halten.

lebensweltorientierter Ansatz:
Katharina hat nur eine wirkliche Chance: Man müsste mit ihr in kleinen, sensiblen Schritten erarbeiten, dass sie und wovor sie eigentlich die Augen schließen möchte. Ihre Förderung dürfte sich nicht an bürokratischen und systemdefinierten Forderungen orientieren, sondern bestände darin, sie in überschaubaren und für sie plausiblen, für sie sinnvollen Handlungen zu aktivieren und zu bestätigen. In kleinen aber für sie deutlichen Erfolgserlebnissen könnte ihr Selbstwertgefühl aufgebaut werden und ihr Vertrauen, auch in der wirklichen Welt bestehen zu können, könnte wachsen. Ab und an ein Gespräch mit ihr zu führen, z. B. wenn sie wieder mal in der ARGE eingeladen ist, würde hier sicher nicht ausreichen. Hier ist eine intensivere und regelmäßige Zusammenarbeit über einen längeren Zeitraum notwendig. Eine Psychotherapie könnte diese Schritte Sozialer Arbeit später ergänzen, wenn Katharina bereit und in der Lage ist, eine solche Hilfe für sich in Anspruch zu nehmen. Auf der anderen Seite werden all diese Bemühungen nur fruchten, wenn eine entsprechende sensible und vermutlich auch zeitaufwendige Beratung von Katharina möglich ist und bereitgestellt wird. Es wird des Weiteren auch darum gehen, weitere professionelle Unterstützungsangebote und informelle Hilfestellungen des sozialen Netzwerkes zu finden und für Katharina erreichbar zu machen.

7. **Martina Z.** *(vgl. Seite 30, Seite 75, Seite 78)*
autoritäre Variante:
Wenn Martina sich wieder in diese Gesellschaft integrieren möchte, könnte man an sie die Forderung stellen, sich wieder entsprechend angepasst zu verhalten. Dass sie das nicht so einfach kann, liegt auf der Hand. Die Aussichten, dass so etwas passiert, sind eher gering. Und wenn sie es nicht schafft, wartet auf Martina die weitere Ausgrenzung. Sie würde weiter alleine gelassen und der Staat hielte für sie nur bei Frost offene Bahnhöfe und ansonsten das Ordnungsrecht bereit. Wenn Martina Glück hätte, gelänge es ihr vielleicht, in einer Obdachloseneinrichtung unter zu kommen, wo alles versucht wird, den Obdachlosen ein möglichst würdevolles Leben zu bereiten, meist jedoch, ohne ihnen eine Perspektive und die Chance auf eine Reintegration zu bieten.

lebensweltorientierter Ansatz:
Will man Martina, die ja noch nicht aufgegeben hat, wirklich helfen, so wäre es notwendig, den Menschen Martina Z. – zusammen mit ihr natürlich – so zusagen ganz neu aufbauen. Man müsste behutsam ihre Ressourcen, ihre Wünsche und Möglichkeiten mit ihr zusammen auffinden. Es ginge darum, dass sie ihre Würde wieder entdeckt. Erst auf dieser Basis wird es möglich sein, in kleinen Schritten auch Verhaltensalternativen, neue Lebensbedingungen und eine Zukunftsperspektive mit ihr zu entwickeln. Und dieser Prozess bedarf ebenfalls einer kontinuierlichen, intensiven und geduldigen Begleitung. Das setzt natürlich voraus, dass man mehr Zeit und Kraft investieren muss als es z. B. bei 14-tägigen kurzen Kontakt- und Kontrollbesuchen möglich wäre. Die pädagogische Arbeit wird nur zu einer Veränderung der Lebenssituation von Martina Z. führen, wenn ein Hilfeangebot besteht, das über die erforderlichen Zeitressourcen verfügt und Geduld erlaubt, und wenn entsprechende finanzielle und soziale Unterstützungsleistungen bereitgestellt werden, auf die sie und ihre Beraterin bauen können.

Bei diesen Falldarstellungen sollte deutlich geworden sein:
- Soziale Arbeit, die wirklich den Menschen helfen und sie weder bevormunden noch fürsorglich entmündigen und bedienen will, braucht viel Zeit: Zeit für Gespräche, für Umwege, für das Auffangen von Rückfällen, für das Erlauben kleiner Entwicklungsschritte.
- Auch wenn eigentlich immer pädagogische Schritte erforderlich sind und die Lösung auch in der Veränderung der Betroffenen liegt, so ist eine Beschränkung auf diese pädagogische Perspektive dennoch unzureichend und verfälschend. Fast alle Probleme haben auch soziale und gesellschaftliche Hintergründe, die sie bedingen und aufrechterhalten. Wenn diese Zusammenhänge nicht bearbeitet und bewusst gemacht werden und wenn nicht versucht wird, Veränderungen im sozialen Umfeld und z. B. einen Ausgleich in Richtung Ressourcengerechtigkeit durchzusetzen, werden die pädagogischen Bemühungen nicht weit führen. Eine Nachhaltigkeit ist kaum zu erwarten.
- Mindestens bei Swen, Tom, Mohammed und Katharina ist zudem damit zu rechnen, dass die Betroffenen zunächst gar nicht wirklich bereit sind, sich helfen zu lassen oder gar mitzuarbeiten. Damit positiv umzugehen und diese Ausgangssituation produktiv zu wenden, ist unabdingbare Voraussetzung, setzt dafür aber ein hohes Maß an Kommunikationsqualifikation voraus.

Im Rahmen der lebensweltorientierten Sozialen Arbeit war und ist eine qualifizierte, nachhaltige Arbeit z. B. auf der Basis der drei oben aufgeführten Expertensichten (vgl. auch B. Müller 1998) möglich. Sie macht die Profession Soziale Arbeit aus und kann bei Einhaltung der für sie erforderlichen Rahmenbedingungen erfolgreich sein.

1.6.2 Begriffliche Fassung der Qualität lebensweltorientierter Sozialer Arbeit

Beschrieben wurde lebensweltorientierte Soziale Arbeit anhand der einzelnen Fallbeispiele in ihrer nach heutigen fachlichen Gesichtspunkten idealtypischen Ausprägung. Um so arbeiten zu können, brauchen SozialpädagogInnen die entsprechende Ausbildung, aber auch die erforderlichen Arbeitsbedingungen und Ressourcen. Der Hinweis, dass in der Praxis Sozialer Arbeit nicht immer und überall diese Qualität voll verwirklicht wird, weil die Ausbildungsqualität und/oder die erforderlichen Rahmenbedingungen nicht gegeben sind, ist sicher richtig. Was aber ist Qualität in der Sozialen Arbeit? Woran kann sie festgemacht werden?

- Die Qualität einer Handlung ermisst sich üblicher Weise an ihrer Wirkung, ihrer Effektivität und wäre hier also am Ergebnis Sozialer Arbeit festzumachen. Das Thema *Ergebnisqualität* Sozialer Arbeit wird im Verlaufe dieses Buches noch intensiv behandelt. Die Ergebnisqualität ist nur eine Variante der Qualitätsbestimmung. Da in der Sozialen Arbeit die Ergebnismessung eine Fülle von methodischen, messtheoretischen und grundsätzlichen Problemen mit sich bringt und deshalb sehr oft keine konkreten Daten zur Beschreibung der Ergebnisqualität bestimmter Prozesse zur Verfügung stehen, wird oft auf die beiden anderen Qualitätsebenen zugegriffen:
- Die *Strukturqualität* beschreibt die Qualität der Rahmenbedingungen (Personalschlüssel, Raumangebot, zur Verfügung stehende Zeitkontingente, Qualifikation u. ä.). Gute Rahmenbedingungen sind wichtig, um eine sozialpädagogische Hilfe bieten zu können. Manche dieser Rahmenbedingungen sind sogar unabdingbar erforderlich. Sie sind jedoch noch keine Garantie für qualitativ gute Leistungen.
- Die *Prozessqualität schließlich* beschreibt die Qualität des Prozesses der Unterstützungsleistung selber, also das, was dabei getan und wie sie vollzogen wird, welche kommunikativen Prozesse gestaltet werden, welche Schritte verfolgt, welche Entscheidungen anhand welcher Kriterien getroffen werden, in welchem Maße und wie der Koproduzent aktiviert, ermutigt, einbezogen wird, welche Methoden genutzt werden und so fort. Soweit man über wissenschaftliche Erkenntnisse und empirische Kenntnisse da-

rüber verfügt, welche Prozessmerkmale sich fördernd auf die Handlungsziele auswirken, kann man mit der Auflistung der wesentlichen und den Erfolg fördernden Prozessmerkmale die professionelle Handlungsstruktur beschreiben.

Das oben für die konkreten Fälle als lebensweltorientierter Handlungsansatz beschriebene fachliche Vorgehen ist somit aus fachlicher Sicht qualitativ optimal.

1.7 Soziale Arbeit und Ökonomisierung – ein Ausblick

Mit Beginn der 90er Jahre wurde das neue, über Jahrzehnte hinweg immer wieder diskutierte neue Kinder- und Jugendhilfegesetz verabschiedet, das voll und ganz vom Geist und Verständnis der Lebensweltorientierung geprägt ist. Das KJHG war ein sozialpädagogisches Gesetz, das versuchte, die sozialpädagogischen Prinzipien der LWO in Gesetzesform umzusetzen. Es verstand sich – im bewussten Unterschied zum JWG – als Leistungsgesetz und nicht als Eingriffsgesetz. Es war im Rahmen einer fast 30jährigen fachlichen Diskussion entwickelt worden, hatte die sich verändernde Praxis nach den 68er Jahren offensiv aufgegriffen und orientierte die Jugendhilfe konsequent im Sinne der Lebensorientierung.

Gleichzeitig zog in diesen Jahren gesellschaftspolitisch eine neue Zeit auf. Das sozialistische Experiment des 20. Jahrhunderts wurde eingestellt und die globalisierte Marktwirtschaft und mit ihr der „Turbokapitalismus" breiteten sich in atemberaubender Geschwindigkeit in der gesamten Welt aus und hinterließen ihre Spuren in allen Bereichen auch unserer Gesellschaft.

Als die Zweite Moderne bereits ihre volle Wirkung entfaltet hatte, konnte die Soziale Arbeit noch eine ganze Weile unter akzeptablen Arbeitsbedingungen Menschen bei der Bewältigung der „Beschädigungen" helfen, die die Gesellschaft der Zweite Moderne ihnen zugefügt hatte, sei es durch Arbeitslosigkeit, prekäre Arbeitsbedingungen, Perspektivlosigkeit oder durch Überforderung angesichts der hohen Erwartungen hinsichtlich Flexibilität und Leistungsbereitschaft. Aber schließlich machte die zunehmende Vermarktlichung der gesamten Gesellschaft auch vor der Sozialen Arbeit nicht Halt. Privatisierung, prekäre Arbeitsbedingungen, Verbetriebswirtschaftlichung und das Überleben in der Konkurrenz zu anderen Leistungserbringern auf dem „sozialen Markt", all das sind längst alltägliche Realitäten in unserer Profession. Und zugleich macht sich die neosoziale Ideologie des „aktivierenden Staates" in der Gesellschaft breit und zwingt auch die Soziale Arbeit, sich in diese Konzeption einzupassen. Heute gibt es keinen Bereich Sozialer Arbeit, der nicht auf die eine oder andere Weise durch die neuen Entwicklungen beeinflusst und auch beeinträchtigt worden wäre. Dieser Prozess schreitet fort und steht, so wird zu zeigen sein, sehr oft im Widerspruch zu den Grundannahmen und Vorgehensweisen fachlicher Sozialer Arbeit, wie sie oben vorgestellt wurden. Im Westen Deutschlands traf diese neue Entwicklung auf eine damals, Ende der 80er, Anfang der 90er Jahre, gut ausgestattete und vergleichsweise selbstbewusste und etablierte Soziale Arbeit (zumindest in den Städten), die über einen langen Zeitraum die Einschnitte auffangen und auch abwehren konnte (vgl. Bütow/Chassé/Maurer 2006).

Als die Soziale Arbeit mit der Wende und gleichzeitig mit der Verabschiedung des KJHG ab 1990 im Osten Deutschlands von Grund auf neu aufgebaut wurde, folgten die Sparstrategien nur wenige Jahre später, also fast unmittelbar nach den Erstinvestitionen. Im Osten traf die Marktentwicklung die Soziale Arbeit also grundsätzlich auf einem anderen, viel niedrigeren Niveau und zwar sowohl quantitativ wie qualitativ (vgl. Bütow/Chassé/Maurer 2006; vgl. 11. Jugendbericht 2002). So stellen z. B. Böhnisch et al. fest: „Ostdeutsche Praktiker erleben jeden Tag den Einbruch des Kapitalismus in den Sozialbereich. Sie können nicht auf sozialpolitische und institutionelle Traditionen und auf den Sozialkonsens verweisen, der in Westdeutschland immer noch trägt" (Böhnisch et al. 2005, S. 260).

Die Situation der Sozialen Arbeit in den Neuen Bundesländern scheint heute besonders problematisch und wird deshalb auch hier in diesem Buch ganz bewusst mit ins Auge gefasst. Bei einem Schwarzbuch geht es weniger darum, Beispiele aufzuzeigen und zu benennen, bei denen „die Welt noch in Ordnung" ist, als vielmehr darum, die Bereiche besonders hervor zu heben, in denen sich kritische Entwicklungen schon deutlich abzeichnen. Möglicherweise schärft die Kenntnis dieser in den Neuen Bundesländern stattfindenden Ereignisse und Entwicklungen auch generell den Blick und die Sensibilität für die neoliberalen Gefährdungen der professionellen Sozialen Arbeit insgesamt. Zu beobachten ist jedenfalls, dass sich die gleichen Prozesse und Tendenzen auch in der Sozialen Arbeit der Alten Bundesländer vollziehen.

2   Veränderte Gesellschaft: Der Markt ist alles

Bevor im Einzelnen die Veränderungen der Zweiten Moderne innerhalb der Sozialen Arbeit aufgespürt werden können, erscheint es notwendig, zunächst die gesellschaftlichen Veränderungen selber und vor allem auch die dadurch veränderten Lebenslagen der Menschen zu skizzieren.

Persönliche Erfahrungen
Als ich 1993 in die Neuen Bundesländer ging, hatte ich noch keine Ahnung, was ein Kapitalismus bedeutet, der – ungehindert auch vom sozialpolitischen Konkurrenzmodell des realen Sozialismus – alles unter seine Herrschaft stellt.

Als ich dann im Osten im Radio zum ersten Mal Werbespots hörte, glaubte ich noch, das sei nur hier so, nach dem Motto: „Werbung im öffentlich-rechtlichen Radiosender, unvorstellbar! Mit denen hier können sie es machen". Tatsächlich waren die „Ossis", die nun die DM bekommen hatten, bereit, alles zu schlucken, was dieses neue System mit sich brachte. Sie waren es gewohnt, sich flexibel anzupassen und der Markt schien ihnen das Symbol für den erstrebten Wohlstand, die ersehnte Freiheit und die herbei gewünschten Konsummöglichkeiten. Die Ellenbogenmentalität, das abverlangte Bekenntnis zur neuen, freien Marktwirtschaft, das die eigene Vergangenheit und die bisher aus eigener Kraft geschaffenen Werte leugnen musste, das war der Preis für all diese Errungenschaften und die Ossis bezahlten gerne und mit freudiger Demut. „Hier hat das siegreiche System leichtes Spiel", dachte ich bei mir. Erst Jahre später begriff ich auf Reisen in den Westen, dass auch hier etwas Bedenkliches, Neues entstanden war, dass auch hier Werte und Rechte, die seit meiner Kindheit selbstverständlich gewesen waren und mir Sicherheit gegeben hatten, ins Schwimmen geraten waren. Tariflöhne, Kündigungsschutz, Inflationsausgleich, das selbstverständliche Recht auf einen Job, der der Ausbildung entsprach, all das wurde plötzlich von Seiten der Politik und der Medien infrage gestellt, diskreditiert und lächerlich gemacht. Menschen, die arbeitslos geworden waren, wurde auf einmal eine Tätigkeit zugewiesen, die weit unter ihrem Ausbildungsniveau lag. Und von einer tariflichen Eingruppierung konnten z. B. auch die AbsolventInnen unserer Hochschule bald nur noch träumen, ebenso von einer vollen Stelle und einem unbefristeten Vertrag.

Die betriebswirtschaftliche Sprache fing an, unsere Lehrpläne und Seminare zu durchdringen und aufzuweichen. Verhandlungen freier Träger mit dem Jugendamt schienen sich mit einem Mal nicht mehr an der maximal möglichen Fachlichkeit und dem optimalen Nutzen für die KlientInnen zu orientieren, sondern daran, was unbedingt – nach Gesetzeslage – sein musste, was schnelle

Effekte zeigen konnte, was möglichst wenig kostete und vor allem auch, was keine Folgekosten nach sich ziehen würde. Innovative Projekte waren auf einmal unbeliebt. Bewährte, erkämpfte Strukturen und Konzepte verschwanden in der Schublade, weil sie zu teuer wurden oder verzichtbar schienen.

Und es passierte immer mehr, über das ich mich zunächst nur gewundert haben: Plötzlich gab es wieder Arme und die dazu passende Mildtätigkeit: „Tafeln", Weihnachtsgeschenke an Heime und Kleiderkammern. Fast am schlimmsten daran schien mir die Tatsache, dass die meisten Menschen dies alles ganz in Ordnung zu finden schienen. Sie hofften wohl, von Arbeitslosigkeit und Armut selber verschont zu bleiben. Aber heimlich wussten sie doch wohl genau, dass es sie auch treffen könnte. Und auch hier, in den Neuen Bundesländern, wo Armut lange Zeit ein Fremdwort gewesen war, erlebten die Menschen auf einmal Armut als eigenes Versagen, als Makel. Die Zeiten in den ersten Jahren nach der Wende, wo die Ossis zu meinem Entzücken laut im Laden protestierten, wenn sie die unglaublichen Brotpreise bezahlen sollten, waren lange vorbei. Man schämte sich neuerdings auch hier, zuzugeben, dass einem etwas zu teuer war.

Schließlich bewies die Pisastudie, dass in Deutschland für Kinder aus sozial benachteiligten Familien kaum eine Chance in unserer Gesellschaft besteht. Aber nicht diese Botschaft wurde heiß diskutiert, sondern die offenbar erschreckendere Tatsache, dass die besten deutschen Zehnt-Klässler nicht in der Weltleistungsspitze dabei waren, sondern bestenfalls im mittleren Leistungsbereich. Monate lang gab es im Internet auf dem von der Bundesregierung eingestellten Diskussionsportal heftige Diskussionen zu verschiedenen Fragen. Man zerbrach sich den Kopf, was da zu tun sein. Nur bei einer der fünf gestellten Fragen gab es lange Zeit nicht eine einzige Reaktion. Hier ging es um das Problem der so genannten „Risikogruppe" von knapp 25% aller SchülerInnen, die faktisch nicht das Niveau des Hauptschulabschlusses erreichten. Es gab offenbar kein gesellschaftliches und öffentliches Interesse an diesen Menschen mehr. Sie wurden und sie werden nicht gebraucht.

Über unsere Hochschule schwappte der Bachelor-Wahn. Man ließ uns keine Wahl. Auch die Hochschulbildung sollte nun vor allem effizient sein, billiger, aber natürlich auch besser. Die Ziele wurden vorgegeben und auch der Weg, wie sie zu erreichen sein würden. Wir sahen ohnmächtig zu, wie man einen Bildungsbegriff, der einmal etwas mit Begreifen, Reflektieren, kritisch Sein, mit Persönlichkeitsentwicklung zu tun gehabt hatte, einfach mit dem Besen rauskehrte.

Mit Hartz IV wurden die Konturen dann schließlich richtig deutlich. Das, was so fortschrittlich als Agenda 2010 verkauft wurde, das Versprechen von Reformen, die dann ganz und gar anders funktionierten als das, was man bisher unter Reformen verstanden hatte, die Beschimpfung der Sozialhilfeempfänger als Faulenzer und Parasiten durch den damaligen SPD-Bundeskanzler und so viele andere, die Behauptung schließlich, es läge nur am Einzelnen selber, was aus ihm würde – das alles schreckte mich endlich richtig auf und machte mir klar, was inzwischen passiert war und woher der Wind pfiff.

„Es gilt doch nun, fressen oder gefressen werden, alles andere ist doch Unsinn", sagte mir neulich eine fast 70-Jährige aus dem Osten, die auf die freie Marktwirtschaft schwört und noch immer die Reisefreiheit und den Konsum als die entscheidenden Werte erlebt, für die sie durchaus bereit ist, in einer sozialdarwinistischen Gesellschaft den anderen Ihrs abzujagen. „Was gehen mich die Gescheiterten an? Ihr Pech. Ich hab es mir schließlich selber erarbeitet!" Willkommen im aktivierenden Staat!

Ich sehe die Lebens- und Liebesbeziehungen, die von der täglichen Pendelei über 200 Kilometer zur Arbeitsstelle zerstört werden, die Dritt-Klässler, die schon jetzt mit Stress in den Augen beteuern, dass sie später einmal Abitur machen werden und viel Geld verdienen wollen. Ich sehe die Jugendlichen ohne Hauptschulabschluss, die seit Jahren in den Warteschleifen der Arbeitsagentur und ihrer Fortbildungsangebote ohne jede Perspektive herumhängen. Ich sehe die Arbeiter und Angestellten von Nokia, Siemens und all den anderen, die ganz plötzlich rausgeworfen werden und arbeitslos sind nach 20 Jahren im Betrieb. Ich sehe auch meine und anderer Leute Kinder, die in dieser Welt zu schwimmen und zu überleben versuchen und es ganz in Ordnung finden, wie es ist. Meine Worte wirken auf sie wie die Worte alter Leute, die ihre Vergangenheit verherrlichen. Wahrhaftig, ich wünschte, es wäre wirklich so! Ich hoffe, sie werden es trotzdem schaffen. Auch wenn jetzt die größte Krise über uns wegrollt, die es seit der Weltwirtschaftskrise 1929 gab. Irgendwie werden sie es schaffen müssen.

Die Studierenden der Sozialen Arbeit, mit denen ich zu tun habe, sind in dem gleichen Alter wie meine Kinder. Auch sie versuchen, optimistisch in die Welt zu blicken und das Beste aus dem zu machen, was sie vorfinden. Dennoch sind sie sensibler für die gesellschaftlichen Veränderungen und die damit einhergehenden Problemlagen vieler Menschen. Das hängt mit ihrem Fach zusammen. Sozialarbeiter sind dicht dran an den Schicksalen der Menschen, vor allem am Schicksal der Verlierer der Gesellschaft. Sie kennen die Zusammenhänge von Biografien und gesellschaftlichen Entwicklungen. Und sie wissen genau, dass sie selber mit ihrer Berufswahl mitten in den Strudel von Ökonomisierung und aktivierendem Staat geraten sind. Sie wissen jedoch nicht, wie es weitergehen soll: Werden sie noch die Sozialarbeit machen, die sie bei uns gelernt haben oder werden sie Erfüllungsgehilfen einer neoliberalen Gesellschaft und ihrer herrschenden Kräfte sein? Könnten sie etwas tun, um das zu verhindern? Werden sie sich anpassen müssen? Werden sie das können? Und wie weit können sie gehen mit der Anpassung? Gibt es ethische Grenzen, hinter denen Soziale Arbeit sich nicht mehr für Menschen einsetzt, sondern zu ihrem Feind wird? Sie wissen es nicht. Aber sie sollen wissen, was auf dem Spiel steht. Für sie habe ich dieses Buch geschrieben.

2.1 Der Markt übernimmt die Regie

Wir leben heute in einer gesellschaftlichen Situation, in der der Markt alle anderen Prozesse steuert und in der auch und gerade die Politik davon ausgeht, dass alleine der Markt und ganz alleine der Markt das Funktionieren der Gesellschaft und das Wohlergehen der Menschen sichert. Der Staat räumt dem Markt alle Hindernisse aus dem Weg, und wenn sein Versagen offenkundig geworden ist wie vor kurzem noch in der Finanzkrise, steht er an seinem Krankenbett und päppelt ihn auf, ja droht ihm sogar mit Kontrollen und Verstaatlichung, damit er möglichst bald wieder stark und kräftig ist und uns wieder all die Segnungen der freien Marktwirtschaft bescheren kann. Das Funktionieren der Wirtschaft, die Sicherung der Gewinne und die Notwendigkeit, auf dem globalen Weltmarkt konkurrenzfähig zu sein und immer größere Gewinne zu machen, das sind die Perspektiven, die derzeit als gesamtgesellschaftliche Zielsetzungen von herrschender Politik und Medien dargestellt und von vielen auch dafür gehalten werden.

Viele Entwicklungen und Veränderungen, die schon in der Ersten Moderne[1] angelegt waren, setzten sich in der Zweiten Moderne fort aber beschleunigten sich, z. B. die Individualisierung, das Wegfallen von Sicherheiten, Traditionen, Gruppenzugehörigkeiten und die Pluralisierung der Lebenswelten von Menschen. Gleichzeitig aber vollzog sich mit der Zweiten Moderne auch ein fundamentaler Bruch mit den bisherigen Bedingungen und Vorstellungen der Gesellschaft. Für den Übergang von der Ersten zur Zweiten Moderne sind zwei epochale, miteinander verwobene Entwicklungstrends maßgeblich: Individualisierung und Globalisierung. Auch hier gilt, sie sind beide keine Erfindungen der letzten 30 Jahre. Aber im Zuge technologischer, ökonomischer und politischer Prozesse hat sich ihre Ausbreitung und Geschwindigkeit vervielfacht (daher der von einigen Autoren benutzte Begriff „Turbokapitalismus"; vgl. z. B. Böhnisch et al. 2005).

Als wichtige Folge dieser Veränderungsprozesse vollzieht sich zum einen eine Ablösung der Vollbeschäftigungsgesellschaft durch die flexible Arbeitsgesellschaft. Das bisherige „Normalarbeitsverhältnis" wird immer seltener. Die Menschen können nicht mehr damit rechnen, eine Arbeitsstelle zu bekommen, die sie allein ernähren kann, die Vollzeitbeschäftigung bedeutet und die auch noch unbefristet ist. Das hat außerdem zu Folge, dass alles das, was davor

---

[1] Unter der *Ersten Moderne* ist die erste Phase des Industriekapitalismus zu verstehen, die um 1990 herum durch die Zweite Moderne abgelöst wurde. In der Ersten Moderne waren (noch) folgende Merkmale für die Gesellschaft konstitutiv: Nationalstaaten, Großgruppenstrukturen (z. B. Schichten), Betrachtung der Natur als unbegrenzte Ressource, das Normalarbeitsverhältnis (Vollbeschäftigung und Kontinuität) sowie die geschlechtsspezifische Arbeitsteilung (vgl. Galuske 2002).

an Werten, Sicherheiten, Selbstverständlichkeiten im Sozialstaat für die Menschen bereitstand und ihnen half, ihr Leben in der gegenwärtigen Gesellschaft zu meistern, zunehmend verschwindet. Mit einem Mal wurde und wird es einfach zur Disposition gestellt.

Die neoliberale Ideologie zielt dabei im Kern auf eine „Verschiebung des Kräfte- und Machtverhältnisses von Markt, Staat und privaten Haushalten zugunsten des Marktes" (Galuske 2002, S. 144). Es werden im Rahmen dieser Ideologie insbesondere die gesellschaftlichen bzw. wirtschaftlichen Prozesse Privatisierung und Deregulierung angestrebt.

Privatisierung bedeutet, der Staat zieht sich als Akteur aus dem wirtschaftlichen Geschehen zurück und unterwirft immer mehr Felder der bisherigen Staatsaktivitäten den Gesetzen des Marktes bzw. den Interessen von Privateigentümern. Das Verhalten der Regierungen im Rahmen der jüngsten Finanzkrise, sich selber als Retter der Banken einzubringen, dient der Absicht, den Markt und seine uneingeschränkte Macht zu erhalten und zu stärken. Versuche, als Staat ernsthaft in das unverantwortliche Bankgebaren einzugreifen und es zu begrenzen, sind eher marginal. Im Kontext der Dekommodifizierung der Gesellschaft (Rückzug des Staates zugunsten des Marktes) und der Deregulierung werden die Begriffe Effizienz und Modernität grundsätzlich mit dem Privatunternehmen identifiziert und der öffentliche Dienst als ineffizient bezeichnet. Folglich ist man bestrebt, öffentliche Dienstleistungen in den Privatsektor zu überführen.

Die zunehmende *Deregulierung* der ökonomischen Beziehungen bedeutet den Verzicht auf Gesetze und Verordnungen, mit denen staatliche Instanzen in die Marktvorgänge eingreifen könnten. Die Deregulierung drückt sich z.B. in folgenden Schritten und Entscheidungen aus. Entlastung der Unternehmen von einschränkenden Vorschriften und von Steuern und Abgaben, Abbau internationaler Handelsschranken und Wettbewerbsbeschränkungen. Deregulierende Eingriffe in das Arbeitsrecht z.B. werden mit Beginn der 90er Jahre immer häufiger (vgl. Matthies et al. 1994, S. 125, nach Galuske 2002, S. 158).

Was die Zweite Moderne für die Gesellschaft konkret bedeutet, macht der Soziologe Ulrich Beck deutlich: Er interpretiert den Übergang zur Zweiten Moderne als „Erfolg eines technologisch avancierten Kapitalismus, der unter der Flagge des Marktes … den Sturm auf die morschen Grundlagen der Ersten Moderne probt, als da wären Sozialstaat, Nationalstaat, gewerkschaftliche Macht, ökonomische Hemmnisse privater Investitionsbereitschaft" (Beck 1999, S. 9). Und Galuske stellt lakonisch dazu fest: „Im Turbokapitalismus geht es nicht mehr um den Wohlstand der Nationen, sondern um den Wohlstand der Unternehmen, Konzerne, Aktionäre und Leistungseliten" (Galuske 2002, S. 147).

Begleitend zu den beschriebenen politischen und ökonomischen Entwicklungen wird ein neues „Wohlfahrtsmodell" gepriesen und durchgesetzt, der allseits bekannte „aktivierende Sozialstaat". Dieser Begriff klingt griffig und freundlich, er verspricht Zukunft, Bewegung statt Agonie und Stillstand. Ob dieses Konzept diese assoziierten Versprechungen halten kann, ist zu prüfen.

Der aktivierende Staat versteht sich als Antwort auf die Mängel des etablierten, bisherigen Sozialstaates, der zu teuer, zu ineffektiv und letztlich schädlich gewesen sei, „weil er den Selbstbehauptungswillen und die Kreativität der Menschen schwächt" (Galuske 2006, S. 8). Die steigenden Kosten der sozialen Sicherung wurden als bedrohliche Entwicklung für die Gesellschaft angesehen. Der Sozialstaat erschien unbezahlbar. Er galt und gilt als überholt und als Fessel einer freien ökonomischen Entwicklung des Marktes – auch wenn sich Politiker im Schatten der Krise plötzlich wieder an sein Weichbild erinnern und vorgeben, stolz auf ihn zu sein. So argumentierte z. B. Nolte (2004), dass die Höhe und Selbstverständlichkeit der Sozialleistungen die Motivation der Menschen untergrabe, sich unter allen Umständen dem Arbeitsmarkt zur Verfügung zu stellen. Deshalb, so forderte er, müssten die Menschen stärker auf den (Arbeits-) Markt verwiesen werden.

Die Rede ist nun vom Sozialstaat als einer „sozialen Hängematte". Bestritten wird seit dem ein „Recht auf Faulheit". Wer etwas haben wolle, müsse dafür auch etwas tun. Und wer nichts tue, verscherze sich eben die Ansprüche auf gesellschaftliche Unterstützung. Es gibt keine Rechte mehr ohne Pflichten (Faulenzerdebatte). Es besteht eine verpflichtende Eigenverantwortung der Subjekte zur Reproduktion über den Arbeitsmarkt. Soziale Sicherung muss verwandelt werden vom bisherigen „abfedernden Ruhekissen" zum „Sprungbrett in die Eigenverantwortung" (Schröder/Blair, 1999). Auf einmal sind die Menschen ganz allein selber verantwortlich für ihr Schicksal, für ihr Wohlergehen, für die Frage, ob sie Arbeit haben oder nicht. Es gibt keine soziale Benachteiligung mehr, sondern nur noch Menschen, die sich eben nicht genug angestrengt haben. Und deshalb kann man jetzt auch davon sprechen, die Gesellschaft brauche „mehr Mut zur Ungleichheit!" Denn Ungleichheit ist neuerdings akzeptabel, ist hinzunehmen, ja sogar notwendig für den Fortschritt. Von Chancengleichheit, von Verteilungsgerechtigkeit gesellschaftlicher Güter und Teilhabe ist nicht mehr die Rede.

Gleichzeitig mit dieser Tendenz, den Menschen die Verantwortung für soziale Problemlagen selber in die Schuhe zu schieben, zeichnet sich eine verstärkte Betonung der öffentlichen Sicherheit ab. „Wirtschaftliche Deregulierung und strafrechtliche Reglementierung gehen Hand in Hand (Galuske 2002, S. 212). Hierzu gibt es nicht nur viele Beispiele aus den USA und England. Auch in Deutschland sind in den letzten Jahrzehnten die Ausgaben für den

2 Veränderte Gesellschaft: Der Markt ist alles

Bau neuer Gefängnisse deutlich gestiegen. Es gibt eine öffentliche Diskussion über eine Verschärfung der Strafen für jugendliche Straftäter. Und die jüngsten Bemühungen der Regierung, unser Leben in diesem Lande durch Maßnahmen der Vorratsdatenspeicherung, der Gesundheitsscheckkarte oder durch den digitalen Fingerabdruck auf dem Personalausweis sicherer zu machen und die Diskussion um einen möglichen Einsatz der Bundeswehr im zivilen Bereich, sprechen eine deutliche Sprache.

Für viele Menschen, die die Folgen dieser gesellschaftlichen Wirklichkeit schmerzhaft erfahren haben, ist der Eindruck entstanden (und dafür wird von Seiten der Politik und der Medien tatkräftig und unermüdlich gesorgt), dass hinter all diesen gesellschaftlichen Veränderungen eine unabweisbare, quasi naturgesetzliche Entwicklung stehe, der wir ausgeliefert seien wie einer Naturkatastrophe und die man nicht verhindern könne. Und es entsteht der Eindruck, dass es, um zu überleben, nur eine Chance gebe, nämlich die, mit den neuen Strömen zu schwimmen, sich anzupassen und so möglichst schlau damit irgendwie zu Recht zu kommen.

Auch auf die jüngste Krise regierten Medien und die Öffentlichkeit wie auf ein Naturereignis, versuchten für sich das Beste daraus zu machen, waren damit einverstanden, dass den kranken Banken wieder auf die Beine geholfen wurde, damit sie weiterhin den allgemeinen Wohlstand der Welt sichern könnten. So gut wie niemand ist bisher auf die Idee gekommen, dass da vielleicht die Falschen gesellschaftliche Verantwortung tragen. Die Herrschaft des Markts scheint zur globalen Religion geworden zu sein. Ihren Göttern ist man bereit zu opfern, da die Abhängigkeit von ihrer Gunst total zu sein scheint. Der Glaube an die freie Marktwirtschaft ist offenbar auf lange Sicht ungebrochen.

Tatsächlich handelt es sich aber nicht um eine natürliche und unvermeidbare Entwicklung, sondern um ein spezifisches, politisch gewolltes gesellschaftliches Modell, das die neuen Themen und Probleme im Rahmen einer bestimmten Sichtweise, nämlich der neoliberalen Ideologie, zu bewältigen versucht (vgl. hierzu z. B. Galuske 2002). Diese Feststellung ist für die hier im Zentrum der Überlegungen stehende Frage von großer Bedeutung, denn auch für die Soziale Arbeit hängt alles davon ab, ob die Veränderungen, die ihre Klientel und sie selber möglicherweise bedrohen, von Menschen gemacht sind, oder ob sie unabwendbares Schicksal bedeuten. Sind sie gemacht, lassen sie sich prinzipiell auch aufhalten und ändern.

Sicherlich ist das eine Frage des Kräfteverhältnisses innerhalb der Gesellschaft. Aber der erste Schritt müsste es sein, die Zusammenhänge und Hintergründe der Entwicklungen zu verstehen und als von Menschen gemacht zu begreifen. Erst dann besteht Handlungsbedarf und entwickeln sich Handlungsmöglichkeiten.

2.2 Folgen der gesellschaftlichen Veränderungen für die Menschen

Die Folgen der beschriebenen gesellschaftlichen Entwicklung für die Bevölkerung sind erheblich. Zum einen wirken diese Veränderungen direkt auf das Leben der Menschen. Zum anderen wirkt sich die neue gesellschaftliche Entwicklung auch auf die Kräfte aus, die zur Reproduktion und zur Förderung ihrer Lebenskraft geschaffen worden sind, wie z. B. das Gesundheitswesen, das Sozialwesen, das Bildungswesen und nicht zuletzt auch das System der sozialen Dienstleitungen, das wir Soziale Arbeit nennen.

2.2.1 Arbeitslosigkeit und prekäre Arbeitsverhältnisse werden normal

Folgende Veränderungen ergeben sich aus der Flexibilisierung der Arbeitsverhältnisse für die Menschen:
- *Ein hohes Niveau der Arbeitslosigkeit*
Die Zahl der arbeitslosen Erwerbspersonen stieg in den OECD Ländern zwischen 1970 und 1995 bereits von 10,3 auf 35 Millionen an. „Mit jeder konjunkturell bedingten Wellenbewegung wird das Ausgangsniveau des Arbeitslosensockels angehoben" (Galuske 2002, S. 151). Die gegenwärtige Entwicklung der Arbeitslosigkeit in Deutschland ist seitdem gravierend. An den offiziellen Statistiken der Agentur für Arbeit ist das freilich kaum zu erkennen, denn die Arbeitslosenstatistik wird schon länger ideenreich geschönt und seit 2007 dank einer entsprechenden Gesetzesänderung tauchen die eigentlichen Zahlen nur noch versteckt auf. Offiziell gab es im Sommer 2009 3,5 Millionen arbeitslos gemeldete Menschen in Deutschland. Darin sind nicht enthalten all diejenigen, die in Weiterbildungsmaßnahmen, Ein-Euro-Jobs, Arbeitsgelegenheiten oder in Ich-AGs geführt werden. Nicht enthalten sind ferner die über 58Jährigen (seit 2007) sowie all die Arbeitslosen, die durch Dritte betreut werden und nicht durch die ARGE selber. Die Zahl der so genannten Unterbeschäftigten, die dagegen diese Gruppen mitzählt, liegt bei 4,5 Millionen. Die Unterbeschäftigtenzahl hat seit letztem Jahr um 7% zugenommen. Im Jahre 2009 wurden 24,5% weniger Leiharbeiter eingestellt als im Vorjahr. Sozialversicherungspflichtige Arbeit hat seit 2003 kaum zugenommen. 1995 waren noch 75% aller Menschen in Arbeitsverhältnissen sozialversicherungspflichtig beschäftigt. 2009 sind das nur noch 68,3%.5. Von allen ALG II Beziehern sind nur noch 56% arbeitslos gemeldet (2007 waren das noch 71%). Gut 43% der ALG II Empfänger bekommen „Stütze", obwohl sie in irgendeinem Unterbeschäftigungsverhältnis sind oder

weil sie zu den 4,9 Millionen (Zunahme von 21,7%) geringfügig Beschäftigten gehören, die mit ihrem Einkommen unter der Armutsgrenze liegen. Hinzu kommen schon im Juni 2009 1,26 Millionen Kurzarbeiter (2008 waren es 1,1 Millionen (vgl. Jahnke 2009 a. a. O.).

- *Die Ablösung des Standardmodells der Normalarbeit*
Die bisherige Normalarbeit, gekennzeichnet durch die Attribute „Vollzeit, dauerhaft, ausreichend entlohnt, sozialrechtlich geschützt" wird zunehmend abgelöst durch marktförmige Beschäftigungen mit minderen Schutz- und Sicherheitsgarantien (z.B. Erhöhungen des Renteneintrittsalters, Verkürzung des Anspruchs auf Arbeitslosengeld, Sozialhilfe nur noch bei Arbeitsunfähigkeit, Aufweichung der Tarifautonomie und des Kündigungsschutzes).
- *Prekäre Arbeitsverhältnisse breiten sich aus und werden normal*
Es entstehen zunehmend flexible Beschäftigungsverhältnisse, die den Erfordernissen des sich verändernden Marktes nach hoher Anpassungsfähigkeit der Unternehmen entgegenkommen. Unterscheiden kann man dabei zwischen externer und interner Flexibilisierung.
Externe Flexibilisierung bedeutet die tendenzielle Auflösung der arbeitsvertraglichen Bindungen. In diesem Kontext entstehen atypische oder prekäre Beschäftigungsverhältnisse, das sind z.B.: befristete Beschäftigung, Leiharbeit, geringfügige Beschäftigung, Ein-Euro-Jobs, (Schein)-Selbständigkeit; Ich-AG etc. *Interne Flexibilisierung* bedeutet die flexible Gestaltung der Beschäftigungsverhältnisse selber, was eine schnelle und angemessene betriebsinterne Anpassung an veränderte Marktbedingungen ermöglicht und eine Behinderung durch verfestigte Arbeitsstrukturen ausschließt. In diesem Kontext geht es vor allem um eine Flexibilisierung der Arbeitszeitarrangements, z.B. Kapazitätsorientierte Arbeitszeit, Gleitzeit, Teilzeitarbeit.

Was z.B. das prekäre Arbeitsverhältnis „Leiharbeit" konkret bedeutet, wurde anschaulich und bedrückend von dem Autoren Breitscheidel geschildert (27.10.2008, ZDF), der 2007 ein ganzes Jahr lang als Leiharbeiter undercover gearbeitet und gelebt hat. Die von ihm verlangte Flexibilität ruinierte sein soziales Leben, seine psychischen Kräfte, sein menschliches Selbstbewusstsein. Die unzureichende Entlohnung für harte Arbeit zeigt, dass in der gegenwärtigen Zeit und in dieser Gesellschaft Arbeit möglicherweise nicht mehr dazu ausreicht, das blanke Überleben zu sichern. Statt eines Arbeitsverhältnisses erlebte Breitscheidel eine Art modernes Sklavenhaltertum. Die Stellungnahmen verantwortlicher Unternehmer und Politiker im Film zeigten eine verblüffend menschenverachtende Ignoranz und die neoliberale Grundhaltung: „Wer so lebt, hat das selber zu verantworten. Sollen sie doch froh sein, das wir ihnen wenigstens diese Arbeit geben."

2.2.2 Der Alltag der Menschen gerät unter das Regime des Marktes

Die Marktlogik der Flexibilisierung hat vielfältige Konsequenzen auch für die alltägliche Lebensführung der Menschen. Sie führt zu einer Ökonomisierung lebensweltlicher Beziehungen. Arbeitszeitordnungen z. B. sind zentrale Taktgeber moderner Gesellschaften. Der Alltag wird zum Ort und Objekt „systematischer Effizienzsteigerung und Rationalisierung" (Hildebrandt u. a. 2000, S. 34, zitiert nach Galuske 2002, S. 227).

Beispielhaft lassen sich hier die durch die Flexibilisierung der Gesellschaft und der Arbeitsverhältnisse veränderten Bedingungen für die Schaffung, Erhaltung und Bewältigung eines Familienlebens anführen: Nicht nur, dass es unter den heutigen Lebens- und Arbeitsbedingungen angesichts der geforderten Mobilität gar nicht so einfach ist, kontinuierliche und dauerhafte Beziehungen einzugehen und aufrecht zu erhalten, das Organisieren des Familienlebens erfordert heutzutage hohe Anforderungen an Logistik und passgenauer Zeitorganisation. Hier entstehen Belastungen und Herausforderungen, an denen Familien und Beziehungen scheitern können und deren Bewältigung viel Kraft, Ressourcen und Durchhaltevermögen fordert.

Mit den flexiblen Arbeits- und Normalitätsverhältnissen verändern sich nicht nur die faktischen Lebensbedingungen, die ihrerseits die Menschen dazu zwingen, ihr Leben rationell, effizient und zeitökonomisch einzurichten, es ändert sich mit der Zweiten Moderne auch der Habitus, also das Modell vom Menschen, wie er in dieser Gesellschaft gebraucht wird und wie er in ihr überlebensfähig und erfolgreich sein kann (s. u. a Bourdieu 2000). Es werden zwei miteinander verwobene Formen des Habitus unterschieden:

- das Modell des „flexiblen Menschen", der sich nie festlegt, und
- das Modell des „unternehmerischen Menschen", der sich ständig selber vermarktet.

Der *flexible Habitus* bedeutet: „Bleib beweglich, leg dich nicht fest, weil in jeder Festlegung angesichts des Strukturwandels und seiner Folgen der Keim des Scheiterns steckt. ... Identitätsarbeit unter den Bedingungen der Zweiten, flexiblen Moderne heißt ... immer unterwegs sein, von einem ‚Projekt' zum anderen driften – und letztlich nie ankommen" (Galuske 2002, S. 238). Die Herstellung und Erhaltung sozialer Beziehungen, die Entwicklung einer eigenen Identität werden im Rahmen der Verwirklichung dieses Habitus erheblich erschwert.

Es stellt sich die Frage, ob diese „Etablierung der Unbeständigkeit als Prinzip" auf die Dauer mit der menschlichen Natur kohärent sein wird. Der Mensch braucht trotz aller Flexibilität eine Kernidentität, um zwischen seinen vielen sozialen Identitäten zu verhandeln. So formuliert z. B. der Psychoanalytiker Skaderlud (2000) die Frage, wie viel Offenheit Subjekte integrieren können und wie viel Unsicherheit Menschen ohne psychopathologische Folgewirkungen auf Dauer ertragen können (vgl. Galuske 2002, S. 241).

Folgende Beispiele sollen verdeutlichen, was ein flexibler bzw. *unternehmerischer Habitus* für Menschen und ihre Biografie bedeuten kann.

Beispiel 1
Der flexible Habitus und Thomas K.
Thomas hat vor einem Jahr die Schule mit der mittleren Reife abgeschlossen. Seine Noten sind mittelmäßig. Nicht zuletzt deshalb, erweist sich seine Suche nach einem Ausbildungsplatz als schwierig. Thomas hat vor, Feinmechaniker zu werden. Hier liegen seine Interessen und Hobbys und die Vorstellungen seiner zukünftigen Berufstätigkeit scheinen sich mit diesem Beruf ziemlich gut zu decken.

Schon in der Schule haben die Abgangsklassen geübt, Bewerbungsschreiben aufzusetzen. Thomas geht zunächst zuversichtlich an die Arbeit. Er schreibt über 30 Bewerbungen, erhält aber nur Absagen, meist mit Verweis auf seine eher mittelprächtigen Schulnoten, oft auch ohne jeden Kommentar. Schließlich bekommt er auf die 34. Bewerbung eine Antwort eines Unternehmens, das ihm einen Ausbildungsplatz anbietet. Die Ausbildung entspricht nicht ganz seinen Vorstellungen, aber er würde diesen Kompromiss eingehen. Das Unternehmen liegt jedoch nicht in seiner Heimatstadt. Er müsste für die Ausbildung nach Halle ziehen bzw. nach jedem Wochenende in Sonneberg (im Thüringer Wald) nach Halle pendeln.

Obwohl ihn das „anstinkt", fährt er zu dem angebotenen Bewerbungsgespräch, weil er endlich etwas finden will. Dort erfährt er, dass er wohl einen Ausbildungsvertrag bekommen kann, dass aber jetzt schon klar ist, dass er danach von der Firma nicht übernommen werden wird. Trotzdem entschließt sich Thomas, den Vertrag zu unterschreiben. Die Ausbildungsjahre verlaufen einigermaßen glatt und erfolgreich. Thomas zieht im 2. Lehrjahr mit einigen Mit-Azubis in Halle in eine WG und fängt an, sich in der neuen Heimat wohl zu fühlen. Nach Abschluss seiner Ausbildung ist er ein Jahr lang arbeitslos. Er kann sich nicht dazu aufraffen, sich in den alten Bundesländern zu bewerben, wo es scheinbar mehr Möglichkeiten gibt. Er hat eine Freundin in Halle gefunden und möchte dort bleiben können. Er bezieht jetzt Hartz IV. Seine Fallmanagerin verschreibt ihm eine Weiterqualifizierung, die er in Leipzig ab-

solvieren muss. Als er nach dem halben Jahr wieder nach Halle zurückkommt, wiederholt sich das Ganze. Thomas verliert den Mut und die Lust. Er nimmt hinter dem Rücken der ARGE Gelegenheitsarbeiten an, um ein wenig mehr Geld zu haben.

Seine neue Freundin drängt ihn, es doch einmal mit Bewerbungen außerhalb von Halle oder sogar außerhalb von Sachsen-Anhalt zu versuchen. Thomas hat mit der 17. Bewerbung Glück. Ihm wird eine Stelle in Oberhachingen in Bayern angeboten, die er annimmt. Seine Freundin kann Thomas nur noch selten sehen, weil die Fahrt zu viel kostet. Die Beziehung geht kaputt.

In Oberhachingen fühlt sich Thomas nicht besonders wohl. Er hat Schwierigkeiten, sich einzuleben. Dennoch bleibt er für zwei und ein halbes Jahre dort. Danach bekommt er eine betriebsbedingte Kündigung und steht auf der Straße. Der Sozialplan gilt nicht für neue Mitarbeiter.

Durch einen Kumpel erfährt Thomas etwas von einer Firma, die ihre Mitarbeiter für drei Jahre nach Norddeutschland auf Montage schickt. Er greift zu. Nach drei Jahren muss er erneut eine Stelle suchen.

Inzwischen hat Thomas ein Kind. Seine Lebensgefährtin arbeitet in Bremen. Seine erneute Stellensuche gestaltet sich problematisch, weil er nun versucht, nicht nur in der Nähe seiner Familie zu bleiben, sondern weil er auch noch täglich das Kind in die Kinderkrippe bringen muss. Die Mutter ist Krankenschwester und wegen ihrer Nachtschicht morgens nicht abkömmlich.

Thomas ist jetzt 27 Jahre alt, kennt alle möglichen Gegenden in Deutschland, möchte aber gerne endlich irgendwo mit seiner Familie bleiben können. Danach sieht es nicht aus. Nach einem halben Jahr Suche findet er endlich Arbeit in Dänemark. Das Leben ist verdammt kompliziert.

Der von ihm verlangte flexible Habitus erhöht Thomas Lebensqualität nicht.

Der flexible und der unternehmerische Habitus gehören zusammen. Der „unternehmerische Mensch" soll sich als Unternehmer seiner eigenen Arbeitskraft und Daseinsvorsorge verstehen. Er muss sein Arbeitsvermögen vermarkten und mit ihm unternehmerisch umgehen, sich den ökonomischen Realitäten des Arbeitsmarktes stellen und mehr private Vorsorge für soziale Krisenfälle treffen. Böhnisch und Schröer erklären das folgendermaßen: „Der Mensch wird in eine ständige Bewerbungssituation gedrängt, er soll selber prüfen, ob er den Anforderungen gewachsen ist, ansonsten muss er lernen. Der Mensch muss ständig beweisen, dass er flexibel genug ist, um bestehen zu können. Der flexible Lerner ist die Vergesellschaftungsform individueller Lebensführung im digitalen Kapitalismus" (Böhnisch/Schröer 2002, S. 92).

Entlassen aus Traditionen, die seine Biografie begleiten und beeinflussen könnten, ist der Mensch einer „Freiheit" ausgeliefert, der er nur mit einem hohen Aufwand an Selbstkontrolle, Selbst-Rationalisierung und Selbstökonomisierung Erfolg versprechend begegnen kann. Misserfolge sind Ergebnisse seines mangelhaften unternehmerischen Bemühens. Menschen mit guten und vielfältigen Ressourcen materieller und sozialer Art werden eher mit dieser Aufgabe fertig werden und können so möglicherweise tatsächlich in dieser Gesellschaft „nach oben kommen". Für die meisten Menschen ist die Aufgabe, sich selber wie ein Unternehmer mit Blick auf den Markt flexibel und marktfähig zu halten, eher eine Überforderung, die für sie lebenslangen Stress bedeutet.

Beispiel 2
Der unternehmerische Habitus und Marianne R.
Marianne wurde vor zwei Jahren geschieden. Zunächst blieb die gelernte Fachverkäuferin zu Hause bei ihrer kleinen Tochter und dem Baby Jörg. Seitdem Jennifer im Kindergarten ist und sie für Jörg einen Krippenplatz bekommen hat, versucht Marianne wieder im Berufsleben Fuß zu fassen. Ihre Bewerbungen und zwei Vorstellungsgespräche, zu denen sie eingeladen wurde, verliefen ohne Erfolg. Man deutete ihr an, dass sie zu sehr in sich gekehrt wirke und kaum erwarten ließe, dass die Kunden sich von ihr positiv angesprochen fühlen könnten. Man empfahl ihr, an ihrem Auftreten und ihrer Außenwirkung zu arbeiten.

Das Arbeitsamt vermittelt ihr daraufhin einen Fortbildungskurs zum Umgang mit Kunden, von dem sie hofft, dass das ihre Arbeitschancen erhöhen wird. Nach Abschluss der Fortbildung beginnt sie erneut mit den Bewerbungen. Schließlich bekommt sie eine Zusage in einer Chemischen Reinigung. Dort wird sie aber nicht nur als Verkäuferin eingesetzt, sondern auch als Bedienung der Reinigungsmaschinen.

Marianne versucht, die unerwarteten Anforderungen auszufüllen, merkt aber bald, dass sie durch die Berührung mit den chemischen Stoffen gesundheitliche Schwierigkeiten bekommt. Ihre Arbeitgeberin ist netterweise sogar bereit, sie vom Dienst an den Maschinen freizustellen und sie nur im Verkaufsraum einzusetzen, reduziert aber dafür ihr Gehalt wegen ihrer beschränkten Einsatzfähigkeit um 150 Euro.

Da auch die Öffnungszeiten ihrer Arbeitsstelle für sie immer problematischer werden, weil der Kindergarten selber neue Öffnungszeiten bekommen hat, entschließt sie sich erneut, in ihrem Beruf als Verkäuferin eine andere Stelle zu suchen. Das Angebot des Arbeitsamtes, als Aushilfsverkäuferin in einem Feinkostladen in einer benachbarten Stadt zu arbeiten, muss sie wegen ihrer

Kinder ausschlagen. Bei einer Stelle als Verkäuferin in einem Haushaltswarengeschäft, die ihr sehr gefallen hätte, fragt man beim Bewerbungsgespräch nach ihren PC-Kenntnissen, da sie auch Bestellungen würde bearbeiten müssen. Marianne muss passen. Die Fallmanagerin vermittelt ihr einen abendlichen PC Lehrgang für Buchführungskräfte, den sie nur sporadisch besucht, weil sie an den betreffenden Abenden nicht immer ihre Freundin als Babysitterin bekommen kann.

Trotz ihrer Bemühungen findet Marianne auch nach dem Abschluss dieses Lehrgangs keine Stelle als Verkäuferin und arbeitet weiterhin für ihr reduziertes Gehalt in der Reinigung.

Wer ist Schuld an dieser Misere? Hat Marianne nicht genug und nicht das Richtige getan, um für den Markt brauchbar zu sein?

Und selbst wenn es Menschen gelingt, den unternehmerischen Habitus zu entwickeln und damit erfolgreich zu sein, dieser Habitus schließt bestimmte Lebensformen und Lebensplanungen mehr oder weniger aus und führt zu Beschädigungen der Persönlichkeit auch derer, die scheinbar erfolgreich in unserer Gesellschaft sind. So sieht z. B. Sennet (1998) in der Reduktion von Planungssicherheit, die den Habitus des flexiblen, unternehmerischen Menschen kennzeichnet, ein Gefahrenpotential sowohl für die Identitätsbildung der Subjekte wie auch für die Konstitution sozialer Beziehungen (vgl. Sennet 2000, S 437; Galuske 2002, S. 247f).

Beispiel 3
Prototyp des flexiblen und unternehmerischen Menschen: Julia P.
Julia hat nach einem hervorragenden Abitur das Studium der Wirtschaftskommunikation in Regensburg begonnen. Das Studium verläuft erfolgreich. Julia gelingt es, auch schon während des Studiums persönliche Kontakte zu Firmen und Konzerne aufzubauen. In ihrem Praktikum in der Geschäftsleitung eines mittleren Unternehmens verspricht man ihr, dass sie nach ihrem Studium gleich anfangen könne.

Aber Julia hat andere Pläne. An ihr Examen schließt sie ein Auslandsjahr an und knüpft Kontakte nach USA und Indien. Sie nimmt schließlich eine Stelle in Bombay an, wo sie ein sehr gutes Anfangsgehalt bezieht. Nach zwei Jahren übernimmt sie ein interessantes Projekt ihrer Firma in Südkorea und lebt dort weitere zwei Jahre. Anschließend arbeitet sie vorübergehend auf einer Chefetage in Deutschland, verlässt ihr Heimatland aber wieder, weil sie einen Karrieresprung nach USA machen kann.

Julia ist inzwischen 35 Jahre alt. Manchmal dachte sie in den letzten Monaten ein wenig sentimental an Kinder und Familiengründung. Ihr Lebensab-

schnittspartner Tom arbeitet aber die nächsten Jahre in China und man sieht sich nur selten. Eigentlich hatte sie sich das anders vorgestellt. Irgendwann wollte sie auch Familie haben, Kinder großziehen, mit ihrem Partner so was wie Alltag erleben. Aber das ist zurzeit unvorstellbar.

Als ihre Firma wegen der Bankenkrise Pleite macht und sie von heute auf morgen ohne Arbeit da steht, wäre eigentlich endlich die Gelegenheit da, aus diesem ganzen Stress auszusteigen. Aber ihr Partner Tom kann auf keinen Fall fort aus China. Also macht sie weiter, bewirbt sich und bewirbt sich noch einmal. Gegen Anfälle von Depressionen bekommt sie in dieser Zeit Psychopharmaka. Sie schreibt Tom einige traurige Briefe. Er antwortet nur noch selten. Irgendwann wird ihr klar, dass die Beziehung kaputt gegangen ist. Aber schließlich, nach einer viel zu langen Durststrecke findet sie eine Einstellung in der Geschäftsführung einer französischen Firma, die neue Systeme bei der Müllabfuhr entwickelt hat, allerdings zu einem Bruchteil ihres früheren Gehaltes. Aber sie wird am Ball bleiben. Noch sieht man Julia ihr Alter nicht an.

Der flexible, unternehmerische Habitus steht nach Sennet (1998) im Widerspruch zu der Tatsache, dass „die Entwicklung von personalem Vertrauen als fundamentale Voraussetzung tragfähiger sozialer Beziehungen, egal ob in Familie, sozialen Netzen oder im Betrieb, Zeit bedarf und diese nicht beliebig im Rahmen eines ökonomischen Kalküls effektiviert werden kann" (Galuske 2002, S. 247).

2.2.3 Ungleichheit und Armut werden zum akzeptierten Normalfall

Auch in Deutschland hat sich die Schere zwischen den Einkommen weiter geöffnet. Mit den 90er Jahren zeigte sich eine deutliche Zunahme der Ungleichheit. Zudem sind die Armutslagen flexibler geworden, d.h., viele Menschen leben heute zwischen den Kategorien arm bzw. reich. Das bedeutet, dass Armut und drohende Armut keineswegs auf die unteren Schichten der Gesellschaft beschränkt bleiben. Die Gegenwart ist gekennzeichnet durch eine Ausweitung der „Zone der Verwundbarkeit" (vgl. Castel 2000), d.h. Unsicherheit und Gefährdung durch das Prekariat weiten sich längst auf die Mittelschichten aus. „Nicht nur die Unterschichten, noch viel stärker die Mittelschichten sind also im Umbruch begriffen", konstatiert Chassé (2007a, S. 59). „Es geht hier um Lebenslagen, wo es noch nicht um Marginalisierung, um Ausschluss, um Armut und Arbeitslosigkeit geht, in denen aber der aktuelle Lebensstandard und die erreichten beruflichen und sozialen Positionen gefährdet sind, wo also Destabilisierung, Unsicherheit, sozialer Abstieg als Bedrohung, als Risiko im

Raum stehen" (ebenda). Wie die Arbeitslosigkeit wird auch Armut zum einzuplanenden Normalfall.

Der Tatbestand der Ungleichheit an materiellen und sonstigen Teilhabechancen ist also für unsere Gesellschaft und ihre Politik nicht mehr Aufforderung und Verpflichtung zur Beseitigung dieser Ungleichheit und Ungerechtigkeit. Die Ideale und Forderungen der Aufklärung – Gerechtigkeit und Gleichheit – scheinen überholt und vergessen. Die Ungleichheit innerhalb der kapitalistischen Gesellschaft wird einfach als normal und gegeben angesehen. Die alte aber immer noch und immer wieder bestehende Soziale Frage gilt als unberechtigt und scheint damit überwunden. Als gerecht gilt jetzt nicht mehr, dass die Gesellschaft ihren Mitgliedern gibt, was sie notwendig brauchen für ein menschenwürdiges Leben, sondern dass sie ihnen Mittel zur Verfügung stellt, die die Wahrscheinlichkeit erhöhen, dass sie sich selber besorgen können, was sie haben wollen. „Die gesellschaftliche Kompensation sozialer Ungleichheit wird durch das Chancenmanagement der Einzelnen ersetzt", erläutert Chassé diese Entwicklung (2007a, S. 62).

2.2.4 Zunahme psychosozialer Problemlagen

Auf dem Hintergrund dieser gesellschaftlichen Veränderungen nehmen die psychosozialen Probleme der Menschen und die Schwierigkeiten bei der Lebensbewältigung zu. Beispielhaft seien hier einige der aktuellen Problemlagen genannt:

- **wachsende Kinderarmut**
  Dem Kinderreport Deutschland (Deutsches Kinderhilfswerk 2007) zufolge sind in der Bundesrepublik Deutschland 14% der Kinder arm. Es wird geschätzt, dass knapp 6 Millionen Kinder in Haushalten wohnen, in denen die Eltern über ein für die Familie nicht Existenz sicherndes Jahreseinkommen verfügen. Dies sind ein Drittel der kindergeldberechtigten Eltern. Kinder, die in Armut aufwachsen, haben erhebliche Nachteile im späteren Leben. Sie brechen häufiger die Schule ab und haben dadurch schlechte Berufschancen. Zudem sind sie überdurchschnittlich häufig von Gesundheitsproblemen, Drogenkonsum und Kriminalität betroffen (vgl. z.B. Chassé 2007). Wegen der Wirtschaftskrise ist mit einem massiven Anstieg der Kinderarmut zu rechnen.
- **Schulverweigerung und Schulabbrecher**
  Man geht davon aus, dass es bei etwa 10% bis 20% der Schüler in Deutschland zu Schulverweigerung kommt. Die Mehrzahl der Verweigerer (fast drei Viertel) sind 14 bis 16 Jahre alt und 80% von ihnen besuchen die

Haupt- und Sonderschulen (Neurologen und Psychiater im Netz 2009 a. a. O.). Die Zahl der Schulabbrecher in Deutschland ist nach wie vor erschreckend hoch. 7,9% aller Schülerinnen und Schüler verlassen die Schule ohne einen Abschluss. In der Gruppe der Jugendlichen mit Migrationshintergrund brechen sogar rund 20 Prozent die Schule vorzeitig ab. Die Statistik belegt: Jugendliche ohne Schul- und Berufsabschluss machen mehr als 60 Prozent der arbeitslosen jungen Menschen aus (BMfSFJ 2007 a. a. O.).

- **Kindesvernachlässigung**

Von den Medien weniger beachtet spielt die Kindesvernachlässigung in unserer Gesellschaft eine weitaus größere Rolle als die Kindesmisshandlung. Bekannt ist die Tatsache, dass die Zahl der gemeldeten Fälle von Kindesmisshandlungen in Deutschland seit 1996 um runde 50% gestiegen ist. Laut Münder et al. (2000) nennen aber Fachkräfte der Jugendämter bei der Anrufung der Gerichte in fast zwei Drittel (65,1%) aller Fälle Kindesvernachlässigung als Hauptgefährdungsmerkmal. Der Schätzung nach sind etwa 5% bis 10% aller in Deutschland lebenden Kinder von Vernachlässigung betroffen. Das entspricht einer Größenordnung von 250.000 bis 500.000 der unter Siebenjährigen. Nach Schätzungen des UN-Kinderhilfswerks UNICEF leben in Deutschland ca. 200.000 Kinder in verwahrlostem Zustand oder müssen täglich Misshandlungen ertragen (Bundespsychotherapeutenkammer 2009 a. a. O.)

- **steigende Rate an psychosomatisch erkrankten Kindern**

Studien belegen, dass der Anteil der an psychosomatischen Erkrankungen leidenden Kinder und Jugendlichen inzwischen im Bereich von mindestens 5% bis zu 13% liegt (ebenda).

- **Selbstmordrate**

Jedes Jahr nehmen sich in Deutschland nach den offiziellen Statistiken ungefähr 10.000 Menschen das Leben. Im Jahr 2007 waren es 7.009 Männer und 2.393 Frauen. Diese Zahlen sind deutlich höher als die der Verkehrstoten (5.011 im Jahr 2007). Die Anzahl der Suizidversuche liegt noch um ein Zehnfaches höher. Die Suizidversuchshäufigkeit ist in jüngeren Altersgruppen am höchsten, am meisten gefährdet sind die 15–25jährigen jungen Frauen. Die Suizidversuchsraten der jüngeren Altersgruppen scheinen in den letzten Jahren wieder anzusteigen (vgl. Statistisches Bundesamt 2009 a. a. O.).

- **Folgen von Arbeitslosigkeit und Langzeitarbeitslosigkeit**

Mit zunehmender Dauer der Erwerbslosigkeit steigen die Belastungen und negativen Folgen des Arbeitsplatzverlustes. Eine häufige Folge ist die Entstehung von Depressionen, die zum Teil behandlungsbedürftige Formen

annehmen. Im Hinblick auf die sozialen Folgen der Arbeitslosigkeit ergab sich zudem eine erhöhte Ehescheidungsrate, eine deutliche Verschlechterung der Atmosphäre in der Familie und eine Einschränkung von außerfamiliären Kontakten (vgl. z. B. Kieselbach 1998, 1998b).
So berichtet auch der 13. Jugendbericht der Bundesregierung von gravierenden Folgen von Langzeitarbeitslosigkeit bei jungen Menschen: Sie „reagieren auf (länger andauernde) Arbeitslosigkeit mit einer Vielzahl von gesundheitlichen Beeinträchtigungen: Diese reichen von der Chronifizierung somatischer Erkrankungen über Einschränkungen des psychischen Wohlbefindens, Stresssymptome (z. B. Schlafstörungen, Angespanntheit), Erschöpfungs- und Burnoutsymptome, gesundheitliches Risikoverhalten (d. h. vermehrter Tabak- und Alkoholkonsum, Bewegungsmangel) bis hin zu schwerwiegenden psychischen Erkrankungen wie z. B. Depression" (13. Jugendbericht 2009, S. 151).

Dramatische Zunahme von legalen Drogen
Nicht so sehr die illegalen Drogen, sondern ganz legale und weit verbreitete Drogen gefährden das Leben und das Wohlergehen von Menschen unserer Gesellschaft in alarmierendem Maße: Nach aktuellen Schätzungen (Statistisches Bundesamt 2009) gibt es 2,5 Millionen alkoholabhängige Menschen in Deutschland, darunter 30 Prozent Frauen. Weitere etwa fünf Millionen konsumieren Alkohol in riskanter (suchtgefährdeter) Weise. Das Statistische Bundesamt zählte im Jahr 2000 16.000 Tote durch Alkoholkonsum (zum Vergleich: Drogentod durch illegale Drogen 1.477). Hinzu kommen jährlich etwa 2.200 Kinder, die wegen des Alkoholmissbrauchs ihrer Mütter geschädigt zur Welt kommen (Fetales Alkoholsyndrom). Weiterhin wird geschätzt, dass etwa 250.000 Kinder, Jugendliche und junge Erwachsene unter 25 Jahren stark alkoholgefährdet oder schon abhängig sind. Bundesweit gibt es zwischen 110.000 und 180.000 behandlungsbedürftige Spielsüchtige. Die Medikamentenabhängigkeit ist der Suchtbereich mit dem höchsten Frauenanteil (ca. 1 Million von 1,5 Millionen Abhängigen). Während Alkohol und illegale Drogen eher zur Regulierung von Gefühlen und zur Verringerung von Spannungen konsumiert werden, erhoffen Frauen sich von Medikamenten vor allem die (Wieder-) Herstellung der eigenen Funktionsfähigkeit. Als Hintergründe für den Konsum und die Suchtentwicklung bei jüngeren Frauen wird eine hohe Beanspruchung bei gleichzeitig geringer Gestaltungsmacht der Lebens- und Arbeitsbedingungen genannt, wie dies z. B. bei Alleinerziehenden, bei Frauen aus sozial benachteiligten Lagen und in anstrengenden Berufsfeldern mit wenig Einfluss (Krankenpflege, Schichtdienste usw.) häufig anzutreffen ist. (vgl. Franke et al. 2001).

■ **Verschuldung der Privathaushalte**
Die höchste bisher festgestellte Zahl privat überschuldeter Haushalte mit Kreditverbindlichkeiten wurde für das Jahr 2003 mit rund 2,9 Mio. festgestellt. Zu beachten ist, dass neben der Verschuldensform mit Kreditverbindlichkeiten diverse andere existieren (z. B. Mietschulden, Schulden bei der öffentlichen Hand, bei Energiekonzernen oder bei Versandhäusern), die dort noch nicht erfasst wurden. Die Schuldnerberatungsstellen verzeichnen bis heute keinen Rückgang der Nachfrage ihrer Leistungen. Anhand der Überschuldungsstatistik des Statistischen Bundesamtes konnte ermittelt werden, dass nahezu die Hälfte (45%) aller in den befragten Schuldnerberatungen beratenen Personen allein lebt, wobei deutlich mehr allein lebende Männer als Frauen überschuldet sind. In 36% der Fälle sind Kinder von der Überschuldung und ihren Konsequenzen betroffen. Bei beratenen Personen unter 25 Jahren besaß lediglich ein Viertel eine abgeschlossene Berufsausbildung. Der Verarmungsprozess hat Folgen nicht nur für den Lebensstandard der Betroffenen, sondern auch für ihren sozialen Status, ihre soziale Einbindung und ihre physische und psychische Befindlichkeit. Bei der Hälfte der befragten Personen haben sich Freunde und/oder Familie auf Grund der finanziellen Misslage zurückgezogen und viele Betroffene leiden unter psychischen Erkrankungen (vgl. 3. Armuts- und Reichtumsbericht der Bundesregierung 2008, S. 57)

Die Liste ließe sich problemlos verlängern.

2.3 Folgen der Veränderungen für sozial Benachteiligte

Von diesen Veränderungen sind alle Menschen betroffen. Besonders hart aber treffen sie diejenigen, für die in der „Risikogesellschaft" weniger die Chancen als eben die Risiken zählen. Die Klientel der Sozialen Arbeit ist in besonderem Masse Opfer dieser Veränderungen.

2.3.1 Lebensperspektive – Ausgrenzung in Armut

Hinsichtlich der Lebensbedingungen und Risiken der benachteiligten Menschen unserer Gesellschaft hat sich in der Zweiten Moderne folgende Situation ergeben:
    Die Sicherheit einer sozialstaatlich abgefederten Normalbiografie im Rahmen einer Vollbeschäftigung ist weiterhin und mehr denn je unwahrscheinlich. Die Aussicht, sich mit prekären Arbeitsplätzen arrangieren zu müssen, ist hier ganz besonders hoch. Ebenfalls hoch ist die Chance, von Arbeitslosigkeit und

damit auf Dauer von Armut betroffen zu werden. Der Gruppe der sozial Benachteiligten droht damit mit hoher Wahrscheinlichkeit eine Lebenssituation, die sie vom gesellschaftlichen Wohlstand und von den gesellschaftlichen Kulturerrungenschaften ausschließt.

Der Kapitalismus hat bisher die Menschen in doppelter Weise gebraucht, nämlich als Produzenten und als Konsumenten. Im Rahmen von Massenarbeitslosigkeit, deregulierten und prekären Beschäftigungsverhältnissen und instabilen Arbeitsbiografien hat sich jetzt gezeigt, dass Menschen austauschbar zu sein scheinen und eine wachsende Zahl an Menschen durch gesellschaftliche Nutzlosigkeit gekennzeichnet ist. In der Zweiten Moderne scheint keine Systemnotwendigkeit für eine wohlfahrtsstaatliche Überformung der Arbeitsgesellschaft mehr zu bestehen. Dabei geht es nicht etwa nur um Langzeitarbeitslose, die nachhaltig nicht mehr vermittelbar waren oder sich den Unterstützungsbemühungen der Fallmanager entziehen. Es geht z. B. auch um die im Rahmen der PISA-Studien immer wieder belegte Risikogruppe unter den SchülerInnen, die knapp 25 % aller Jugendlichen umfasst. Diese Gruppe, nur zur Hälfte bestehend aus Jugendlichen mit Migrationshintergrund, erreicht de facto nicht das Leistungsniveau des Hauptschulbildungsabschlusses und hat hinsichtlich ihrer Ausbildungs-, Arbeits-, und Lebensperspektive sehr schlechte Voraussetzungen. Und es geht z. B. auch um das Fünftel der deutschen bzw. in Deutschland aufwachsenden Kinder, die unter der Armutsgrenze leben müssen.

Menschen die hier angekommen sind und es nicht mehr schaffen, aus dieser Lage herauszukommen, werden und sind ausgeschlossen aus der Gemeinschaft, können nicht wie die anderen teilhaben. Kinder und Jugendliche müssen mit Lebensperspektiven aufwachsen und ihr Leben bewältigen, die nicht nur mit denen der anderen nicht gleichgestellt sind, sondern die sie zu Überflüssigen stempeln. Ihr Schicksal und die zunehmende Armut in der Gesellschaft werden dabei von niemandem ernsthaft bestritten. Im Gegenteil, in den Medien und in der Politik dient die Debatte um die so genannte „neue Unterschicht" zur Präsentation eines Gegenmodells, nämlich dem allgemein gepriesenen und gelobten Modell der „aktiven BürgerIn", der AktivistIn einer ‚selbstbestimmten' und (deshalb) ‚sozial verantwortlichen Lebensführung" (Ziegler 2007, S. 167). Die neue Unterschicht wird nicht als Gruppe thematisiert, deren prekäre Lebenslage die gesellschaftliche Verantwortung aufrüttelt oder einfordert. Der moralischen und kulturellen Verwahrlosung, wie sie bei der neuen Unterschicht angeprangert wird, kann (vgl. Nolte 2004) mit Geld nicht abgeholfen werden. Erforderlich sei vielmehr eine Art Erziehung, eine Aktivierung zu verantwortlichen und eigenverantwortlichen Menschen. Die Menschen der neuen Unterschicht werden als abschreckende Beispiele menschlicher Existenz hingestellt. Wer nicht dazu gehören will, der muss es selber beweisen und alles versuchen, doch heraus zu kommen, koste es was es wolle. Aber es kann auch die treffen, die heute noch meinen, zur Mittelschicht zu gehören, die heute noch ein festes Einkommen haben, die ein Haus gekauft haben und abbezahlen, deren Kinder einen „anständigen" Schulabschluss geschafft haben und nun studieren. Auch sie können in kürzester Zeit an den ökonomischen und damit Schritt für Schritt auch an den kulturellen Rand der Gesellschaft gespült werden: der Verlust des Arbeitsplatzes, weil plötzlich die Firma Konkurs macht und man nach 30 Jahren Werkszugehörigkeit ohne Arbeit dasteht, der Verlust des eigenen Hauses, weil der Kredit nicht mehr abbezahlt werden kann, die Arbeitslosigkeit der studierten Kinder, die trotz Examen von Hartz IV leben müssen. Sicher haben solche Menschen aufgrund ihrer Ressourcen eher die Möglichkeit, auch in der Armut ihren Lebensstandard zumindest ideell aufrecht zu erhalten. Dennoch droht der soziale Absturz und schlägt gewaltige Wunden. Die Gesellschaft bietet diesen Menschen weder geeignete Arbeitsplätze noch materielle Unterstützung zur Erhaltung des bisherigen Lebensniveaus. Sie bietet Weiterbildungen, Kurse, Tipps, Schulungen, damit man sich noch gewaltiger anstrengt, um sich am eigenen Schopfe aus der Suppe zu ziehen, die man wahrhaftig nicht selber gekocht hat. Wer das aber nicht schafft, der hat versagt.

Möglich ist so etwas geworden, weil die Schuldfrage im neoliberalen Verständnis den Betroffenen zugeschoben wird: Sie selber haben angeblich versagt, haben ihre Exklusion[2] selber herbeigeführt, „die aus ihrem Versäumnis folgt, ihrer moralischen Pflicht zur Investition in ihre eigenen Kapazitäten (ihres Humankapitals) nachzukommen" (Ziegler, 2007, S. 167). Und schuldig an ihrem Schicksal ist außer ihnen selber bestenfalls noch der bisherige Sozialstaat, der sie in eine Armutsfalle gelockt habe mit seiner „fürsorglichen Vernachlässigung" (Nolte 2004, S. 57).

2.3.2 Der erwünschte Habitus überfordert – und verhöhnt

Der aktivierende Sozialstaat ist dabei keiner, der Menschen von vornherein zum Ausschuss zählt. Zumindest gibt er vor, durch Fördern und Fordern Menschen dabei zu helfen, die entsprechenden Haltungen und Kompetenzen zu

---

2 *Exklusion* bedeutet Ausschluss (lat. *exclusio*), sinngemäß auch Ausgrenzung. In der Soziologie bedeutet Exklusion den nachhaltigen Ausschluss einzelner Menschen oder ganzer Gruppierungen aus denjenigen sozialen Kreisen, die sich (gegebenenfalls gemeinsam) als die ‚eigentliche' Gesellschaft verstehen. Soziale Exklusion ist der Verlust an sozialen und politischen Teilhabechancen.

erwerben, die sie brauchen, um zu bestehen. Der oben beschriebene Habitus des flexiblen, unternehmerischen Menschen wird an jeden in dieser Gesellschaft heran getragen. Schule, Medien, schon der Kindergarten und eben auch die Soziale Arbeit werden damit beauftragt, diese Lebensführungshaltungen zu vermitteln und weiterzugeben. Es liegt dann an jedem selber, so wird argumentiert, ob er sich bemüht, diesen Erwartungen gerecht zu werden und die entsprechenden Einstellungen zu internalisieren und umzusetzen.

Erwünscht ist also auch für Menschen im Aus oder im drohenden Aus trotz allem der flexible, unternehmerische Habitus. Auf diese Zielfolie verzichtet die neoliberale Gesellschaft auch nicht bei denen, die sie ansonsten für überflüssig hält. Die endlosen Warteschlangen langzeitarbeitsloser Jugendlicher, die von Maßnahme zu Fortbildung, von Praktikum zu Maßnahme weitergereicht werden, zeugen von der Hartnäckigkeit des Systems in dieser Frage. Die Pflicht zur Arbeit (nicht das Recht auf Arbeit), die im neoliberalen Staat allen Menschen abverlangt wird, zwingt sie auch in entwürdigende Arbeitssituationen und verdammt Menschen mit sozialer Benachteiligung zum flexiblen, sich selber immer wieder unternehmerisch vermarktenden Habitus, ohne dass für sie dabei irgend ein Vorteil heraus kommt. Um sich flexibel und mit unternehmerischer Kalkül für den Arbeitsmarkt fit zu halten und seine Arbeitskraft erfolgreich einzusetzen, braucht man Ressourcen, z. B. Bildung, Geld, soziale Beziehungen, all das, was Menschen im Abseits dieser Gesellschaft nicht haben, nie hatten oder es verloren haben. Der neue Habitus (flexibel, unternehmerisch) wird für den größten Teil der Klientel Sozialer Arbeit deshalb kaum erreichbar und dürfte mehr von Risiken als von Chancen begleitet sein. Diese Überforderung der benachteiligten Klientel wird im Rahmen neoliberaler Sichtweise nicht gesehen und nicht akzeptiert. Hier ist jeder Mensch für sich selber allein verantwortlich und gleichzeitig verpflichtet, sich – egal was es kostet – für den Markt bereit und fit zu halten. Den Menschen wird zynischerweise zugemutet, ihre Bewältigungsprobleme in eigener Zuständigkeit und Regie und im ausschließlichen Rahmen der privat verstandenen individuellen und lebensweltlichen Ressourcen anzugehen.

Den Gescheiterten wird ihre Exklusion, ihr Versagen also vorgeworfen als selbst gemacht und selbst verschuldet. Interessanter Weise hat das Versagen der Banken in der Immobilienkrise keineswegs dazu geführt, dass ihnen oder ihren Managern für dieses Versagen eine wirkliche Schuld zugewiesen wurde. Sie werden gestützt und aufgepäppelt, weil wir von ihrem Funktionieren alle abzuhängen scheinen. Der einfache Mensch aber, der nun ein unternehmerischer Mensch zu sein hat, ist „eigenverantwortlich im Erfolg wie im Scheitern" (Galuske 2008, S. 7). Böhnisch et al. bezeichnen die Klientel der Sozialen Arbeit als die „Verlierer der Globalisierung" (Böhnisch et al. 2005)

Die Soziale Arbeit ist mit den hier beschriebenen Veränderungen für die Menschen konfrontiert. Als Teil des bisherigen Sozialstaates wurde sie ihrerseits heftig kritisiert und als Mitverursacherin der vermeintlichen Konsummentalität der Bevölkerung angesehen und gegeißelt. Für eine Soziale Arbeit, die ihre KlientInnen als Subjekte ansieht und als Menschen, deren Eigensinn und Biografie geachtet und deren selbsttätige Kräfte unterstützt werden sollen, ist diese Situation in doppelter Hinsicht eine schwierige Herausforderung:

- Zum einen kann die Soziale Arbeit nicht unberührt bleiben angesichts der problematischen Lebensperspektive ihrer Klientel. Sie muss darauf reagieren und sich auf ihre Seite stellen.
- Zum zweiten wurde auch sie einer „Umkremplung und Anpassung an das Markt-Paradigma" (Otto/Schnurr 2000, S. 18) unterzogen. Auch hier hat zunehmend eine Vermarktlichung stattgefunden, die ihren Ausdruck in den Prozessen der Deregulierung, Privatisierung und Ökonomisierung findet.

3 Die Ökonomisierung der Sozialen Arbeit

Wie verändert sich die Soziale Arbeit unter den Anforderungen und Rahmenbedingungen der Ökonomisierung? Bei der zu leistenden Analyse muss der Blick kritisch, sozusagen durch eine verschärfte Brille auf diesen Prozess gerichtet werden. Es geht weniger um die Frage, wie die Anforderungen der Ökonomisierung im Sinne der Sozialen Arbeit genutzt und vielleicht auch in ihrem fachlichen Interesse gewendet werden könnten, als um die pointierte Aufdeckung der eher problematischen Auswirkungen auf die Profession. Es geht um die Frage, wie viel Ökonomisierung kann Soziale Arbeit gebrauchen, wie viel kann sie verkraften und wo sind die Grenzen, hinter denen Soziale Arbeit zu etwas mutiert, das dem fachlichen Anspruch nicht mehr gerecht werden kann.

Die VerfasserInnen des 11. Jugendberichtes, der sich speziell mit den Folgen der Modernisierung auf die Kinder- und Jugendhilfe befasst (2002), monierten weniger die Folgen der Ökonomisierung als die Tatsache, „dass die Debatten um den Stellenwert neuer Steuerungsprozesse in der Sozialen Arbeit und deren fachliche Implikationen und Herausforderungen die Diskussion um die eigentlich wichtigen sozial- bzw. jugendpolitischen Aspekte und die eigenen Arbeitsformen aus dem Vordergrund verdrängt hätten" (S. 78). Sie sprechen von einer „bemerkenswerten Schieflage" in der Fachdiskussion und erinnern daran, „dass die Reform der Verwaltung des Jugendamtes, die Einführung von Kontraktmanagement, die Etablierung von Qualitätsentwicklungsstrategien und neuen Konzepten des Personalmanagements nur einen Teil und nur einen Weg zur Weiterentwicklung und Modernisierung der Kinder- und Jugendhilfe darstellen. Daneben bedürfen auch die etablierten Instrumente, Arbeitsformen, Standards und institutionellen Settings der Kinder- und Jugendhilfe der Weiterentwicklung – und dies nicht nur angesichts veränderter Lebenslagen, sondern auch, weil hier in den letzten Jahren eine Reihe von Defiziten sichtbar geworden sind" (S. 79). Diese Einschätzung durch den 11. Jugendbericht sieht das Problem darin, dass die Ökonomisierung von den eigentlichen Themen der Profession ablenke.

Hier wird die Bedeutung der Ökonomisierung unterschätzt. Diese existiert nicht neben den eigentlichen, fachlichen Themen. Sie nimmt diese vielmehr durch ihre Logik tendenziell in Beschlag und zwingt sie zur Neukalibrierung ihrer fachlichen Standards und Konzepte. Dies soll im Folgenden erläutert werden.

Persönliche Erfahrungen
Es fing ganz allmählich an. Auf einmal tauchten bei uns im Jugendamt hier und da neue Begriffe auf: Budget, Qualitätssicherung, Steuerung, Effektivität, Effizienz ... Wir wurden auf der alljährlichen Fachtagung von unserem Amtsleiter dazu aufgefordert, heraus zu finden, was wohl das „Produkt" unserer Arbeit sein könnte: War unser Produkt der arbeitsfähige und arbeitswillige Jugendliche? Oder produzierten wir möglichst glückliche Jugendliche oder solche, die ihr Leben bewältigen konnten? Oder waren unsere Produkte vielleicht nur die Arrangements, die es einem Jugendlichen ermöglichten, sein Leben einmal bewältigen zu können?

„Input, Output, put put", witzelten wir und glaubten damals fest daran, dass diese Begriffe und Ideen sich binnen einiger Monate wieder erledigen würden, so wie es bis dahin mit mancher fixen Idee unseres rührigen Amtsleiters passiert war. Aber dem war nicht so. Diese Begriffe fingen an, unsere alltägliche Arbeit zu begleiten. Sie nisteten sich in unsere Konzeptüberlegungen ein. Sie drängten sich auf, wenn wir unsere Haushaltspläne für das nächste Jahr erarbeiteten. Dann folgten die ersten Stellensperren, es wurden Projekte nicht verlängert oder nicht genehmigt, der Begründungsaufwand für jeden müden Pfennig, den wir zusätzlich haben wollten für unsere Arbeit, wuchs zu einer Papierflut an und fachliche Argumente zogen immer weniger. Irgendwann war der Augenblick gekommen, wo es nur noch um Geld zu gehen schien. Das war Anfang der 90er Jahre.

Als ich noch 1987 meinen Antrag, vier neue feste Stellen für Sozialpädagogische FamilienhelferInnen einzurichten, bei der Amtsleitung eingereicht hatte, wurde ich von unserer eigenen Grundsatzabteilung dazu aufgefordert, erst einmal nachzuweisen, dass meine bisherigen siebenjährigen Bemühungen irgendeinen Effekt gehabt hatten. Ich hielt diese Aufforderung zunächst für eine besonders hinterlistige Methode der Kollegen der Grundsatzabteilung, mich ein wenig zu ärgern. Aber ich machte mich schon aus eigener Neugier an den Bericht und konnte drei Monate später die detaillierten Ergebnisse unserer Arbeit vorlegen: Bei etwa einem Drittel der Familienhelfermaßnahmen hatten unsere MitarbeiterInnen die von ihnen gesteckten Ziele voll erreichen können. Bei einem weiteren Drittel war am Ende zumindest ein wichtiger Teil der Ziele eingelöst. Das letzte Drittel hatte die Hilfe entweder vorzeitig abgebrochen oder aber der erwünschte Erfolg war ausgeblieben. Das war alles zusammen für so eine komplizierte Arbeitsaufgabe wie die Sozialpädagogische Familienhilfe keine schlechte Bilanz! Außerdem konnten wir belegen, dass sich in unseren Hilfen keineswegs lauter „leichte Fälle" oder Familien aus den mittleren Bevölkerungsschichten befanden, sondern dass wir es durchweg mit den wirklich schwerwiegenden „Familienfällen" des Jugendamtes zu tun hatten. Der Bericht überzeugte – erst die Kollegen im Amt und später auch den Magistrat.

3 Die Ökonomisierung der Sozialen Arbeit

Wie es damals wohl noch die meisten SozialarbeiterInnen getan hätten, reagierte auch ich zunächst ein wenig empört auf das Ansinnen, den Wert und die Qualität meiner Arbeit nachweisen zu müssen. War denn unser Engagement, unsere Qualifikation, war die detaillierte Kenntnis der Problemlagen nicht genug Beweis dafür, dass wir gute Arbeit leisteten? Aber schließlich hatte ich mich doch davon überzeugen lassen, dass wir es der Gesellschaft und unserer Klientel schuldig waren, zu prüfen und nachzuweisen, dass wir mit unserer Arbeit auch wirklich das erreichten, was erreicht werden sollte. Natürlich, so wurde mir jetzt klar, war es unser ureigenstes Interesse, heraus zu finden, ob unsere Bemühungen den erwarteten Effekt hatten, ob unsere Methoden das bewirkten, was wir anstrebten.

Aber diese Erkenntnis kam in gewisser Weise bei uns und auch bei mir zu spät. Statt uns selber auf das Ross der Qualitätsprüfer zu setzen und voran zu reiten, statt die Klärung der Frage nach unserer Effektivität selber in die Hand zu nehmen, statt aus unserer fachlichen Sicht heraus zu definieren, was Qualität in unserem Metier bedeutet, haben wir damals lange, viel zu lange zögerlich zugeschaut, wie fachfremde Controller diese Aufgaben für uns übernahmen und ihre Art zu denken sich über alles, was wir taten und planten, wie ein Maschendraht legte. Statt das Ross selber zu reiten, haben wir uns von diesen Effizienzpolizisten mitschleifen lassen und mussten nun sehen, wie wir hinter ihnen herstolperten. Plötzlich gab es keinen Haushalt mehr, um den man mit guten Argumenten kämpfen konnte. Es gab auf einmal Budgets. Wir dürften jetzt unser Geld selber verwalten, hieß es verlockend. Aber was wir nun selber entscheiden konnten, war nur die Frage, was wir und wo wir in unserem Haushalt die von oben vorgeschriebene Summe einsparen wollten. Denn das Sparen war nun scheinbar das Hauptziel unseres Daseins geworden. Stellen wurden ganz eingespart, Abteilungen zusammengelegt, Projekte gestrichen, Mittel gekürzt. Wir wurden aufgefordert, mehr Synergieeffekte zu nutzen und endlich dafür zu sorgen, dass kostspielige Hilfen und Projekte zugunsten günstigerer Alternativen aufgegeben wurden.

Dann begriff ich eines Tages durch unseren damaligen Jugendamtsleiter, was passiert war: Ich hatte im Verlauf von ungefähr sieben Jahren im Jugendamt eine eigene Erziehungsberatungsstelle aufgebaut, die sich nicht, wie übliche Erziehungsberatungsstellen im Wesentlichen mit Klienten aus den mittleren sozialen Schichten befasste, sondern die gezielt und bewusst für die Menschen da war, die im Jugendamt betreut wurden. Die kamen eben nicht von alleine, hatten keinen „Leidensdruck", wurden meist geschickt und ihre Motivation für Hilfe war äußerst begrenzt. Hier bedurfte es eines Vielfachen mehr an Fingerspitzengefühl, an Zeit, an vertrauensbildenden Maßnahmen, an Bereitschaft, sich auf fremde Lebenswelten einzulassen. Das ging natürlich nur mit einer veränderten Organisationsstruktur und mit anderen, hier besser geeigneten Methoden. In unserer Erziehungsberatungsstelle war es z. B. üblich, Hausbesuche zu machen und nicht zu warten, dass die Leute den Weg von selber zu uns finden würden. Wir nahmen uns die Zeit, die diese Familien brauchten, bis sie bereit und in der Lage waren, über ihre Erziehungsprobleme zu reden. Wir machten niedrig schwellige Angebot im Stadtteil, bei denen die Menschen unsere MitarbeiterInnen erst einmal in Ruhe kennen lernen und Vertrauen zu ihnen entwickeln konnten. Natürlich kostete uns diese Arbeit viel Kraft aber auch viel Zeit. Unser Erfolg aber, so hatten wir bis dahin geglaubt, gab uns Recht: In unserer Beratungsstelle machten die Familien, die der Allgemeine Sozialdienst uns geschickt hatte, in den meisten Fällen wirklich mit und brachen die Hilfe nicht nach ein, zwei Terminen ab. Darin unterschieden wir uns ganz deutlich von den anderen Beratungsstellen in der Stadt.

Aber nun kam der Amtsleiter aus einer seiner Besprechungen mit den Leuten aus dem Amt für Steuerung und verlangte von uns, zu errechnen, wie viele Minuten bei uns eine Beratung im Schnitt dauerte und wie viele Beratungen pro Fall bei uns durchgeführt wurden. Ziel war ein Vergleich zwischen den verschiedenen Beratungsstellen der Stadt, der es ermöglichen sollte, festzustellen, welche Beratungsstelle am kostengünstigsten arbeitete.

Und dann kam, was kommen musste: Dass wir logischerweise teurer waren und mehr Zeit veranschlagen mussten, eben weil unsere Klienten diese Zeit brauchten, wollte mit einem Mal keiner mehr wissen und keiner mehr hören. Was bis dahin unser Markenzeichen gewesen war, nämlich die Beratungsstelle zu sein, die es schaffte, solche Klienten zu erreichen und mit ihnen zu arbeiten, die üblicherweise durch alle Netze von Beratungsangeboten fallen, das war jetzt auf einmal unser Makel. Wir waren zu teuer, weil wir teurer waren, als die anderen. Warum wir das waren und welche besondere Qualität wir so erreichten, spielte auf einmal keine Rolle mehr. Der Markt hatte die Jugendhilfe erreicht. Mir wurde an diesem Tag klar, dass sich etwas in der Sozialen Arbeit entscheidend ändern würde. Mein Jugendamtsleiter ging kurz danach als Manager und Berater in die Wirtschaft.

All das geschah im Westen dieses Landes auf einem vergleichsweise hohen Niveau des Ausbaus der Jugendhilfe und der Sozialen Arbeit überhaupt. Verglichen mit der Situation heute und insbesondere der Situation im Osten des Landes war das damals nicht mehr als ein Wetterleuchten. Als ich 1987 meine vier Familienhelferstellen beim Magistrat durchsetzte, überzeugte ich sie mit einer Kostenmodellrechnung, die auswies, wie viele Millionen DM die Stadt sparen würde, wenn bei einer Familie mit 5 Kindern nicht für jedes Kind Heimerziehung bis zur Vollendung des 18. Lebensjahres gewährt werden müsste, sondern eine intensive Familienhilfe dort für zwei, vielleicht drei Jahre ambulant tätig wäre. Damals hatte ich noch die Hoffnung, die neue Sparmasche könnte so auch zugunsten der Jugendhilfe ausschlagen.

14 Jahre später traf ich auf ein Jugendamt in Thüringen, das sich mit einem finanziell und personell üppig ausgestatteten Modellprojekt „Stationäre Fami-

lienhilfe" schmücken wollte, seine etwa 30 regulären Maßnahmen der „Sozialpädagogischen Familienhilfe (SPFH) nachdem Kinder- und Jugendhilfegesetz (KJHG §31) aber mit so knappen Zeitressourcen ausstattete, dass angesichts der zum Teil dramatischen und hochschwierigen Familienkonstellationen diese Hilfe nur in Ansätzen greifen konnte und in den meisten Fällen nichts gebracht hat. Viele dieser Fälle endeten mit Heimerziehung, die man eigentlich hatte vermeiden wollen. Mein Versuch, statt des luxuriösen Modells erst einmal die normalen Hilfen der SPFH angemessen mit Zeitressourcen (z. B. statt wöchentlich 3 Stunden die erforderlichen 13 Stunden) zu versehen, scheiterte am Konzept des Amtes, das im Übrigen einen neuen Amtsleiter hatte, der ursprünglich aus der Finanzverwaltung einer Jugendbehörde stammte und kein Sozialarbeiter war. (Noch 1978 hatten wir zufrieden konstatiert, dass die letzen Jugendamtsleiter, die diese Aufgabe als Juristen übernommen hatten, der Profession Sozialarbeit gewichen waren, wie es das Kinder- und Jugendhilfegesetz schließlich fordert. Inzwischen finden sich auf den Jugendamtsleiterstellen fast ausschließlich Betriebswirte oder Verwaltungsfachkräfte.) Fachlichkeit und Effizienz scheinen immer mehr Rivalinnen auf dem Schauplatz der Sozialen Arbeit zu werden.

Geschockt war ich, als mir um das Jahr 2003 herum zum ersten Mal so richtig bewusst wurde, mit welch prekären Arbeitsbedingungen unsere AbsolventInnen inzwischen zu recht kommen sollten: Von tariflicher Bezahlung war nur noch selten die Rede. Befristete, auf 30 und weniger Stunden gekürzte Stellen waren inzwischen Normalität. Unbezahlte freiwillige Überstunden wurden von den Arbeitgebern eingeplant. Und dennoch mussten die frisch gebackenen SozialarbeiterInnen all diese Bedingungen akzeptieren und dankbar sein, wenn sie überhaupt eine Anstellung fanden.

Soziale Arbeit schien immer wieder neue Modernisierungsverluste einstecken zu müssen.

3.1 Chancen der Ökonomisierung aus Sicht der PraktikerInnen

Dass die Ökonomisierung der Sozialen Arbeit in den Chefetagen der Wohlfahrtsverbände und Jugendämter in den wohl meisten Fällen als unverzichtbare und angeblich Zukunft weisende Praxis realisiert und letztlich wohl auch begrüßt wird, steht außer Frage (vgl. z. B. Litges 2007, S. 188). Mir aber geht es in erster Linie um die Folgen für die Praxis der sozialpädagogischen MitarbeiterInnen vor Ort, also für deren konkrete Arbeit mit den KlientInnen.

Insgesamt werden von Seite der MitarbeiterInnen die unmittelbaren Folgen der Ökonomisierung eher kritisch gesehen. Bevor auf die verschiedenen Aspekte dieser problematischen Folgen eingegangen werden soll, muss allerdings festhalten werden, dass es auch Effekte gibt, die positiv erlebt werden.

3 Die Ökonomisierung der Sozialen Arbeit

- *Größere Klarheit, was die eigene Dienstleistung betrifft*
  In seiner Untersuchung von 2007 stellt Messmer z. B. fest, dass die Strukturen des New Public Managements in den Einrichtungen Sozialer Dienstleistungen, die er beobachtet hat, zu klareren, durchgehend reflektierteren und transparenteren Vorstellungen zum eigenen Angebot geführt haben. Auch sind die MitarbeiterInnen und Leitungen der Meinung, dass sich ihr Außenbild deutlich verbessert habe (Messmer 2007, S. 92).
- Die Verwendung der Begrifflichkeiten des Kontraktmanagements führen zu *größerer Akzeptanz Sozialer Arbeit bei Kooperationspartnern*.
  Die Übernahme der betriebswirtschaftlichen Begrifflichkeiten scheint in manchen Feldern den Respekt vor der Sozialen Arbeit zu erhöhen und die Ernsthaftigkeit von Kooperationsangeboten anderer Partner zu verbessern.
- *Das Qualitätsmanagement fördert die interne Qualitätsverbesserung*
  Ein Feld, in dem deutliche Fortschritte von den praktizierenden Sozialarbeitenden und auch auf der Seite der Wissenschaft wahrgenommen werden, ist die Qualitätsentwicklung. Hier scheint sich eine Möglichkeit zu eröffnen, wie Soziale Arbeit sich ihrer Identität versichern kann und wo sie versucht, ihre wirkliche fachliche Qualität zu definieren und zu entwickeln.
- Außerdem wird Qualitätsentwicklung in der Praxis als eine Art *Schutz vor den Tendenzen der Kosteneinsparung* gesehen und als Chance, die Folgen der Effizienzorientierung, die die Kostenträger den Erbringern aufwingen, abzuwehren und in Schach zu halten. Qualitätssicherung wird häufig als Korrektiv der Ökonomisierung diskutiert. Flösser bemerkt in diesem Zusammenhang, dass Qualitätsdiskurse und Qualitätsmanagementkonzepte, die in der Praxis eingeführt und dort mit Vehemenz aufgegriffen wurden, aus der Sicht der Kostenträger ihr Ziel Effizienz nicht mehr erreicht haben. Mitunter, so nennt Flösser es, trat sogar der „worst case" ein: Leistungen wurden durch die Qualitätsentwicklung für den Kostenträger teuer (Flösser 2006, S. 155).

Das immerhin hat die Ökonomisierung also der Profession gebracht, dass sie sich ihrer eigenen Strukturen bewusster geworden ist und besser gelernt hat – und noch weiter lernt – ihre Leistungen nach außen hin deutlich zu machen. Die VerfasserInnen des 11. Jugendberichtes (2002) teilen diese Einschätzung.

Ob die hier beschriebenen positiven Aspekte der Ökonomisierung allerdings deren noch darzustellende problematische Folgen für die Soziale Arbeit aufwiegen können, wird zu diskutieren sein. Mit Galuske ist grundsätzlich zu bedenken: Ob und wieweit diese „unzweifelhaft vorhandenen Potentiale … zum Tragen kommen können, ist abhängig von den Intentionen, mit denen entsprechende Reformvorhaben angegangen werden, mit anderen Worten: in welchem Verwendungskontext sie realisiert werden" (Galuske 2002, S. 224). Entscheidend ist, ob es bei diesen Reformansätzen um die „Optimierung der fachlichen Effektivität" oder aber um die „Effizienz der ökonomischen Rationalität von Kosten und Nutzen geht" (vgl. Rauschenbach 1999b, S. 235).

Bestimmte Instrumente, Verfahren und Vorgehensweisen des betriebswirtschaftlichen Denkens wären also nicht notwendig problematisch für die Soziale Arbeit, im Gegenteil, sie könnten unterstützend wirken. Es käme aber darauf an, wie weit sie sich in den Dienst der Fachlichkeit Sozialer Arbeit stellen ließen und damit zu dem führen könnten, was bereits 1992 Flösser und Otto von der neuen Managementbewegung erhofft haben: dass sie bei der „Optimierung der vorhandenen Organisationsstruktur" hilft, aber der Sozialen Arbeit die Verantwortung für ihre eigenen entscheidenden Fragen selber überlässt (vgl. Flösser/Otto 1992).

3.2 Die Vermarktlichung der Sozialen Arbeit

Über Deutschland hinaus vollzog sich in allen Ländern der OECD eine Vermarktlichung im Sozialbereich, „unterschiedlich im Umfang aber unstritig in der Richtung" (Galuske 2002, S. 316). Diese Entwicklung hat seit den 90er Jahren auch für die Soziale Arbeit Gültigkeit. Im Folgenden werden die entscheidenden Veränderungen und Neuregelungen vorgestellt und hinsichtlich ihrer Auswirkungen auf die Soziale Arbeit kritisch beleuchtet.

3.2.1 Die Neue Steuerung

Im ersten Schritt erreichte die Vermarktlichung die Soziale Arbeit in Deutschland in der Gestalt einer „Verwaltungsmodernisierung". Das „New Public Management", ins Deutsche übersetzt „Neue Steuerung", wurde 1990 für alle Kommunen verbindlich eingeführt und galt als Heilmittel für die allgemeine „Kostenkrankheit" öffentlicher sozialer Dienstleistungen angesichts der leeren Kassen der Kommunen und als Unterstützung eines Rationalisierungs- und Qualitätsverbesserungsprozesses in der Sozialen Arbeit. Es ging bei der Neuen Steuerung um den Einbau von Marktelementen, Effizienzkriterien und betriebswirtschaftlichen Steuerungselementen in den bislang eher durch bürokratische Steuerungsformen dominierten Sektoren der Erbringung Sozialer Dienstleistungen. Die Neue Steuerung war als Reformprozess also „von Anfang an von einer strikten Fokussierung auf den Leitbegriff Effizienz geprägt" (Dahme/Wohlfahrt 2006, S. 61; vgl. auch Finis Siegler 1997).

Als Ende der 80er Jahre zwischen dem Sozialmanagement („New Public Management") und der Sozialen Arbeit in Deutschland die ersten Berührungen stattgefunden hatten, reagierte die sozialpädagogische Fachwelt durchaus interessiert, aber auch reserviert. Z. B. verstehen Flösser und Otto im Jahre 1992 „Sozialmanagement" als ein sinnvolles Herangehen, das insbesondere mit Blick auf die Freien Träger einen Sinn mache. Man verweist auf den damals gerade vollzogenen Prozess der „Neuorganisation Sozialer Dienste", einen Reformansatz, der von der Sozialpädagogik selber ausging und der seinerseits gegen ein mögliches Festfahren Sozialer Arbeit im Kontext von Bürokratie und Verwaltung gerichtet war und sich z. b. für Ziele wie ‚Aufhebung der Trennung von Innen- und Außendienst', ‚Verantwortung an die Basis' und ‚Regionalisierung und Dezentralisierung Sozialer Dienste' stark gemacht hatte. Flösser und Otto weisen auf die unbefriedigende Umsetzung der Neuorganisation insbesondere bei den Freien Trägern hin. In diesem Zusammenhang wird das Sozialmanagement als eine mögliche Hilfe bei der Durchsetzung der damals favorisierten Strukturveränderungen im Sinne der Neuorganisation gewertet (vgl. Flösser/Otto 1992, S. 96).

Die verschiedenen Autoren des von Flösser und Otto 1992 herausgegebenen Buches gehen bei ihren Überlegungen ansonsten klar und einmütig davon aus, dass Soziale Arbeit als Nonprofit-Bereich grundsätzlich nicht marktförmig und auf Gewinn ausgerichtet geführt werden könne. Merchel z. B. betont, dass Sozialorganisationen sich elementar von Wirtschaftsunternehmen unterscheiden (Merchel 1992, S. 82). So gesehen könne das Sozialmanagement nur Anregungen geben für eine bessere organisatorische Struktur und müsse „sozial gewendet werden". Die Autoren Brülle und Altschiller stellen die Frage, was aus dem Wirtschaftssektor im Kontext Sozialer Arbeit einen Sinn mache und somit übernommen werden könne. Keinesfalls dürfe das Managementkonzept die fachlichen und inhaltlichen Themen der Sozialen Arbeit überlagern (Brülle/Altschiller 1992, S. 58ff). Klar ist für Flösser und Otto, dass das Managementkonzept selber die entscheidenden Fragen Sozialer Arbeit, wie etwa die nach ihren Konstitutionsbedingungen, nicht thematisiert und ausschließlich den „organisatorisch immanenten Perspektiven verhaftet bleibt (Flösser/Otto 1992, S. 8). Deshalb könne es auch nicht mehr und nichts anderes bewirken als eine „Optimierung der vorhandenen Organisationsstruktur".

Mit der Neuen Steuerung bekam das Konzept des Sozialmanagements jedoch zunehmend einen zentralen und dominierenden Anspruch und entwickelte gleichzeitig ein durch und durch ökonomisches Gesicht. Ausgangspunkt für die Neue Steuerung war vor allem die Diskussion um die steigenden Kosten im Sozialen Bereich bzw. der Wunsch, diese Kosten einzudämmen. Sie wurde Anfang der 90er Jahre von der KGSt („Kommunale Gesellschaft für Verwaltungsvereinfachung"; heute: „Kommunale Gemeinschaftsstelle für Verwaltungsmanagement") im öffentlichen Dienst – und damit auch für die öffentliche Soziale Arbeit[1] – eingeführt. Die KGSt empfahl u. a., die bisherige Steuerung der Kommunalverwaltung über Einzelanweisungen und hierarchische Eingriffe durch eine Steuerung über Zielvereinbarungen (Kontraktmanagement) abzulösen. Bei diesem Steuerungs- und Planungsinstrument werden zwischen der Leitung einer Organisationseinheit und der Leitung einer operativen Ebene Absprachen getroffen über die zu erbringenden Leistungen, die dafür zur Verfügung gestellten Ressourcen und über die Art der Berichterstattung über das Ergebnis. Das Kontraktmanagement spielte beim Aufbau der unternehmensähnlichen, dezentralen Führungs- und Organisationsstruktur in öffentlichen Verwaltungen die entscheidende Rolle. Die mit der Neuen Steuerung angestrebte Verwaltungsmodernisierung der Sozialen Arbeit hatte ihren Ursprung damit nicht im Sozialen Sektor selber (wie etwa der Reformansatz der „Neuorganisation", der oben erwähnt wurde), sondern trat auf als finanzpolitische und sozialpolitische Forderung des gesellschaftlichen Systems an den öffentlichen Dienst insgesamt. Der öffentliche Sektor galt als unbeweglich und bürokratisch und von daher auch als nicht effizient, d. h. als nicht kostengünstig. Aufgrund dieser Einschätzung bestand von Anfang an auch die Tendenz zur Abgabe von sozialen Aufgaben an freie Träger, weil man erwartete, dass bei freien Trägern die Leistungen kostengünstiger erbracht werden könnten.

Viele Wissenschaftler und Fachkräfte der Sozialen Arbeit begrüßten damals die Neue Steuerung wegen der Chancen, die sie sich von einer grundsätzlichen Neuorientierung der Sozialen Arbeit in Richtung einer rationaleren und weniger bürokratischen Profession versprachen. So stellte z. B. Schwarz (1992) die Forderung nach mehr Markt in der Sozialen Arbeit. Er versprach sich davon die Lösung all der Probleme der Sozialen Arbeit, die seines Erachtens aus den bisherigen Konstruktionsprinzipien von Sozialverwaltung und Sozialen Dienste erwachsen waren: von der Demotivation der MitarbeiterInnen aufgrund eines vernachlässigten Personalmanagements, über die langen Dienstwege und den dadurch entstehenden Entscheidungsstau aufgrund der Hierarchisierung bis hin zur Angst der MitarbeiterInnen um ihre Arbeitsplätze, die eine konsequente Outputsteuerung – also eine Planung, Durchführung und Kontrolle des Handelns – an den beabsichtigten Zielen verhindere (Schwarz 1992, S. 38). All das, so glaubte Schwarz, würde der Markt, würde eine Marktsteuerung der Sozialen Arbeit, verändern und im Interesse der Klientel verbessern können.

Auch andere Autoren gingen davon aus, dass den Bemühungen um die Neue Steuerung, neben den Wünschen nach Kosteneinsparung, durchaus auch

---

1   Als *öffentliche Soziale Arbeit* werden hier im Weiteren die Arbeitsfelder benannt, wo professionelle Soziale Arbeit in öffentlicher Trägerschaft tätig ist und neben Leistungen auch hoheitliche Aufgaben übernimmt. Ein typisches Beispiel ist der Allgemeine Sozialdienst der Jugendämter.

die Chance innewohne, Soziale Arbeit qualitativ zu verbessern (vgl. dazu z. B. Messmer 2007, S. 19 oder auch Galuske 2002, S. 323). Man versprach sich unter anderem eine Hebung des reflexiven Potentials in der Sozialen Arbeit, begrüßte die Aufforderung zur Überprüfung der eigenen Angebote und Strukturen und hoffte, dass mit Einführung dieser Reformen, die eigenen erbrachten Leistungen transparenter, kontrollierbarer, und im Interesse der Klientel perspektivisch verbessert werden könnten (vgl. z. B. Galuske 2002, S. 324).

Grundsätzlich erfolgten die Einführung der Neuen Steuerung sowie all die nachfolgenden Modernisierungen der Sozialen Arbeit „von oben" (vgl. Albert 2008, S. 37, 41). Die MitarbeiterInnen des öffentlichen Dienstes traten in den Prozess der Modernisierung ihrer Verwaltungseinheiten und Einrichtungen ein und bemühten sich, auf diesem Wege die sozialpädagogischen Inhalte ihrer Arbeit nicht nur hinüber zu retten, sondern möglicherweise sogar in besonderem Maße dadurch zur Geltung zu bringen (vgl. z. B Liebig 2001). Nach und nach wurden in den folgenden Jahren die Anliegen und Prozesse des „New Public Management" auf alle Bereiche der Sozialen Arbeit ausgeweitet, egal „ob öffentlich, freigemeinnützig oder privat, ob auf lokaler oder überregionaler Ebene" (Sorg 2007, S. 209).

Aus Sicht der Sozialpädagogik schätzt Messmer rückblickend die Neue Steuerung wie folgt ein: „Die Neue Steuerung hatte zum Ziel, für den Fall knapper Leistungsressourcen eine weitgehende Kosten- und Leistungstransparenz zu erreichen, in der Hoffnung, dass die verfügbaren Mittel damit effizienter eingesetzt würden" (Messmer 2007, S. 18). Sorg merkt an, dass die politischen Kräfte angesichts der leeren Kassen der öffentlichen Verwaltungen den neuen Ideen einer Einvernahme des Sozialen Sektors in den wirtschaftlichen Bereich sehr offen gegenüber standen und deren Prinzipien oftmals unhinterfragt auf die gesellschaftliche Praxis der Sozialen Arbeit übertrugen (Sorg, 2006, S. 26).

3.2.2 Soziale Arbeit als marktwirtschaftliche Unternehmen

Der Einführung der Neuen Steuerung folgte Schritt für Schritt eine konsequente Umstrukturierung des gesamten Sozialbereiches in Richtung Markt, also eine Verschiebung der Sozialen Arbeit vom öffentlichen in den ökonomischen Sektor. Der Paradigmenwechsel der Sozialen Arbeit, der anfangs nur für den öffentlichen Teilbereich gedacht war bzw. auf diesen beschränkt schien, hat sich inzwischen zum konstitutiven Merkmal des modernen sozialen Dienstleistungssektors insgesamt weiterentwickelt (Dahme /Wohlfahrt 2000, S. 319). Das Wohlfahrtsstaatsmodell, das über Jahrzehnte hinweg nach den drei Prinzipien

- Sicherstellungsauftrag Sozialer Leistungen durch den Staat,
- Vorzug freier Träger gegenüber dem öffentlichen Träger bei der Übertragung von sozialen Aufgaben (Subsidiarität),
- Selbstkostendeckungsprinzip

den Sozialen Sektor gesteuert und finanziert hatte, wurde als gescheitert und als nicht mehr zeitgemäß, vor allem aber als zu kostenintensiv erachtet. Alle Maßnahmen und Verpflichtungen, die mit den neuen gesetzlichen Regelungen zur Marktgestaltung des Sozialen einhergehen, hatten deshalb den offenkundigen Zweck, Mittel einzusparen, Kosten zu dämpfen und Kosteneinsparungen in der Praxis durchzusetzen (vgl. z. B. Messmer 2007, S. 9).

Das fortschreitende Eindringen von Wettbewerbs- und Managementkonzepten in den Sozialbereich bot zudem neue Möglichkeiten für grundsätzliche Strukturveränderungen im gesamten Feld Sozialer Arbeit (vgl. Otto/Schnurr 2000; Galuske 2002), die genutzt werden konnten. Mit den unten darzustellenden neuen gesetzlichen Regelungen wurde weiter und gezielter versucht, auf dem Wege einer effektiveren Ressourcenausschöpfung den Kostenanstieg zu bremsen.

Die radikalen Veränderungen, die sich im Weiteren in den Außenbeziehungen Sozialer Arbeit (etwa in dem Verhältnis der Erbringer der Leistungen zum Staat, dem Käufer der Leistungen oder in der Finanzierung, in der Marktproduktion von Waren, im Wettbewerb etc.) durchsetzten, werden im folgenden Abschnitt näher beleuchtet.

3.2.2.1 Privatisierung öffentlicher Aufgaben

Die Meinung, der öffentliche Sektor sei zu teuer und könne nicht wirklich effizient arbeiten, führte logischer Weise zu einer Entstaatlichung auch der Sozialen Arbeit. Der Privatisierung öffentlicher sozialer Dienstleitungen wird eine effizientere Lösung der Probleme zugetraut. Ein wesentlicher Schritt bestand deshalb darin, die Einrichtungen und Angebote der Sozialen Arbeit aus dem Kontext öffentlicher und freier Träger heraus zu führen und die Erbringungsverantwortung in die Hände des Marktes, spricht in die Verantwortung von in Konkurrenz befindlichen Unternehmen zu legen. Ein wichtiger Entwicklungsschritt in diesem Prozess war die Öffnung der Sozialen Arbeit für privatgewerbliche Anbieter. Die erforderlichen rechtlichen Voraussetzungen wurden mit der endgültigen Neuregelung des Bundessozialhilfegesetztes (BSHG) im Jahre 1996 und der Novellierung des KJHG (Kinder- und Jugendhilfegesetz; SGB VIII) mit den Paragraphen 78a bis 78 g im Jahre 1998 geschaffen. Im KJHG gibt es seitdem keine freien Träger mehr. Auch die Gemeinnützigkeit eines Trägers spielt nunmehr keine Rolle. Es gibt nur noch Anbieter von Leistungen (Dahme/Wohlfahrt 2000, S. 319). Der Paradigmenwechsel in der Sozialgesetzgebung bedeutet eine rechtliche und faktische Gleichstellung aller Anbieter. Damit gilt das Subsidiaritätsprinzip jetzt auch für gewerbliche Träger. Der Vorrang Freier Trägerschaft wurde – ganz im Sinne von Rationalität und Effizienz – zu Gunsten des Vorrangs der geringeren Kosten aufgegeben. Die Inszenierung von Wettbewerb und Konkurrenz mit einer klaren Effizienzorientierung und eine veränderte Finanzierung Sozialer Arbeit sind die unmittelbare Folge. Die Auswirkungen der Privatisierung waren neben dem Sozialen Bereich besonders stark im Gesundheitsbereich zu spüren (vgl. hier z. B. Stierl 2008). Der Abschied von einer Erbringung sozialer Dienstleistungen ausschließlich durch freie Träger und gemeinnützige Vereine und die Öffnung Sozialer Arbeit hin zum Markt, bedeuten u. a., dass hier Abhängigkeiten von gesellschaftlichen Kräften einkalkuliert und riskiert werden, die privater Natur sind und die z. B. ein Gewinninteresse und kein Gemeinwohlinteresse vertreten.

Der Staat gibt mit diesem Schritt seine sozialpolitische Verantwortung weitgehend in die Hände des Marktes ab. Seine Verantwortung sieht er nur mehr darin, die Steuerung des Sozialen Marktes zu sichern, insbesondere hinsichtlich seiner Effizienz und mit dem Ziel, die entstehenden Kosten nachhaltig zu senken. Er selber tritt nicht mehr bzw. kaum noch als Anbieter Sozialer Arbeit auf, sondern steht jetzt vornehmlich als Kostenträger den Erbringern Sozialer Arbeit gegenüber. Diese sehen sich in die Prinzipien der Marktwirtschaft eingebunden und von deren Risiken – und Chancen – zwangsläufig betroffen (vgl. Albert 2006, S. 20).

Für die Leistungserbringer selber und für ihre MitarbeiterInnen hat die neue unternehmerische Struktur große Folgen: Die Privatisierung verlagert die Verantwortung für die Existenz des Betriebes, der die sozialpädagogische Dienstleistung erstellt, in den Betrieb selber und damit auch auf die MitarbeiterInnen. Die Träger sind gezwungen, sich wie Unternehmen auch z. B. gegenüber ihren MitarbeiterInnen zu verhalten. Und diese werden angehalten, sich mit dem Unternehmen im eigenen Interesse zu identifizieren und im Sinne des Marktes Betrieb stützend zu verhalten (Corporate Identity; Handeln im Interesse des Betriebes; Werben für den eigenen Betrieb). Das gilt nicht nur für neue Sozialbetriebe, sondern ebenso für alle bisherigen Träger Sozialer Arbeit, die sich zwangsläufig allesamt in wirtschaftliche und wirtschaftlich arbeitende Betriebe haben umwandeln müssen.

Die Abhängigkeit des einzelnen Sozialarbeiters von seinem Betrieb wird durch die Verwandlung der Träger in Unternehmen deutlich höher, seine Loyalität dem Betrieb gegenüber muss unter Umständen auch über fachlichen Interessen stehen. So etwas gab es früher nur bei konfessionellen Trägern Sozialer Arbeit. Und selbst hier bezogen sich solche Erwartungen nur auf die persönlichen Entscheidungen der MitarbeiterInnen, die ihr eigenes Leben betrafen (z. B. Mitgliedschaft in einer Kirche, Taufe der eigenen Kinder). Fachliche Vorgaben wurden dagegen nicht gemacht. (Eine Ausnahme machte da schon immer die Schwangerenkonfliktberatung, bei der z. B. MitarbeiterInnen katholischer Träger das Ziel der Rettung des ungeborenen Lebens in einer das Gesetz sehr einseitig interpretierenden Weise vorgegeben wurde). Beim öffentlichen Dienst, z. B. in den Jugendämtern, stand zu Zeiten des ehemaligen Sozialstaates das fachliche Prinzip ganz oben. Es gab zwar die Schweigepflicht für Bedienstete hinsichtlich dienstinterner Angelegenheiten. Trotzdem war die Sache des Kindeswohls nicht Sache der spezifischen Auslegung des einzelnen Jugendamtes, sondern eine am Kinder- und Jugendhilfegesetz und vorher am Jugendwohlfahrtsgesetz[2] orientierte und professionell bestimmte und bestimmbare Fachlichkeit. Und die Jugendämter als sozialpädagogische Fachämter fühlten sich dieser Fachlichkeit allen voran verpflichtet.

Seitdem die Soziale Arbeit und die Jugendhilfe in die Hände von Wirtschaftsunternehmen abgegeben worden sind, verschieben sich die Verhältnisse:

- MitarbeiterInnen und LeiterInnen sozialer Einrichtungen und öffentlicher sozialpädagogischer Einheiten (z. B. Allgemeiner Sozialer Dienst des Jugendamtes) können sich nicht einfach und klar auf ihre Fachlichkeit und ihre Verpflichtung gegenüber ihrer Profession berufen. Jugendamtsleiter, die öffentlich erklärten, dass sie unter solch eingeschränkten Budgetbedingungen nicht bereit und in der Lage seien, die Jugendhilfe der Stadt zu leiten, wurden entlassen.
- MitarbeiterInnen, die sich weigern, Einschränkungen hinzunehmen oder fachlich problematische Vorgaben ihrer Vorgesetzen oder Arbeitshandbücher umzusetzen, wurden ohne Probleme von willigeren KollegInnen ersetzt.
- Einem Mitarbeiter, der im Jugendhilfeausschuss öffentlich Kritik an einer Entscheidung der Wirtschaftlichen Jugendhilfe geäußert hat, wurde nahe gelegt, sich eine Arbeitsstelle zu suchen, wo es ihm besser gefällt.
- MitarbeiterInnen, die in einem Leserbrief als private Personen auftraten und Praktiken des Jugendamtes ihrer Stadt kritisierten, wurden zu ihrem Chef gerufen und lieferten danach in der Zeitung eine Gegendarstellung, in der sie ihre Kritik widerriefen.

---

2 Das deutsche Jugendwohlfahrtsgesetz (JWG) regelte von 1953 bis 1991 die Kinder- und Jugendhilfe in Westdeutschland. Es gründete auf dem 1922/24 vom Gesetzgeber beschlossenen Reichsjugendwohlfahrtsgesetz (RJWG). Auf seiner Basis verabschiedete man 1953 das Jugendwohlfahrtsgesetz. Am 1. Januar 1991 wurde es durch das Kinder- und Jugendhilfegesetz (KJHG) im SGB VIII abgelöst.

- Mitarbeiterinnen eines freien Trägers, die eine Mutter dazu motiviert hatten, gegen eine Entscheidung des Amtes Widerspruch einzulegen, erhielten bei der nächsten Fallverteilung keine Arbeit, weil sie es an Loyalität gegenüber dem Jugendamt hatten fehlen lassen.

Es gibt durchaus widerständige PraktikerInnen. Ihr Widerstand aber verhallt bisher meist noch als ohnmächtige Einzelaktionen. Ansonsten gilt: Wer nicht mitspielt, kann gehen. Es bleibt denjenigen, die hier Soziale Arbeit machen wollen, nicht viel anderes übrig, als sich nach dem Motto: „Wess' Brot ich ess', des' Lied ich sing" zu verhalten. Die Unternehmensphilosophie verdrängt tendenziell die Berufethik.

Die Angst all derer, die mir für dieses Buch aus ihrer Praxis Beispiele erzählt haben, ist beunruhigend. Im modernisierten Staat gibt es anscheinend einen hochmodernen Maulkorb und der heißt Effizienz. Alles was dieses Prinzip bedroht, wird kalt gestellt, diskriminiert und ausgeschaltet.

3.2.2.2 Neue Beziehung von Kostenträger und Leistungserbringern

Mit der neuen marktförmigen Struktur der Anbieter Sozialer Dienstleistungen wurde auch ein zweiter, elementarer Schritt vollzogen: Das Verhältnis zwischen staatlichem Auftraggeber und nicht öffentlichen Anbietern Sozialer Arbeit wurde neu geregelt. Es ist dies jetzt keine Beziehung mehr zwischen öffentlichem Träger der Sozialen Arbeit und freien Trägern, sondern die zwischen Unternehmen. Die Vereinbarungen zwischen öffentlichem Träger und den erbringenden Trägern bekommen den Charakter „unternehmerischer Verträge" (vgl. Dahme/Wohlfahrt 2006, S. 61).

Es wird jetzt deutlicher als zuvor zwischen dem Leistungsträger Sozialer Arbeit, der die Hilfe bewilligen muss (z. B. Jugendamt) und den Leistungserbringern (freie oder gewerbliche Träger) unterschieden.

Dem Finanzträger der Sozialen Arbeit (z. B. der öffentlichen Jugendhilfe) kommt im Wesentlichen die „Funktion eines Kosten- und Gewährleistungsträgers zu, der die Gesamtverantwortung für die fachliche Ausgestaltung der zu vereinbarenden Leistung inne hat" (Messmer 2007, S. 23). Die Erbringer der Leistung auf der anderen Seite sehen sich durch den Kostenträger aufgefordert, ihre Angebote differenziert und in klar kalkulierbaren Preisen auszuweisen.

Die entscheidende und für die MitarbeiterInnen in der Praxis gravierende Folge der neuen Vereinbarungsstrukturen des Kontraktmanagement ist die veränderte Beziehung zwischen den Partnern, die für die Erbringung Sozialer Leistungen Vereinbarungen treffen müssen: Der Kostenträger, längst nicht mehr selber Anbieter Sozialer Dienstleistungen (die wenigen stadteigenen Betriebe z. B. sind als GmbHs ausgegründet), tritt den erbringenden Trägern nur noch in einer Kontrollfunktion und mit der Macht gegenüber, über Kostenzuweisungen entscheiden zu können. Ihm gegenüber stehen die leistungserbringenden Träger als neue Unternehmen auf dem Sozialen Markt, die aber in einer erheblich schlechteren Position sind als z. B. Betriebe in der Produktion. Der Abnehmer ihrer Leistungen ist nämlich der einzig mögliche Kunde und hat damit eine Monopolstellung. Sie sind von ihm abhängig und alle anderen Träger befinden sich in der gleichen Abhängigkeit. Als Konkurrenten auf dem Quasi-Markt (vgl. Messmer 2007, S. 10) sind alle bemüht, gegenüber ihrem Kunden, Kostenträger und Leistungsabnehmer gut dazustehen, nachgefragt zu werden und seine Erwartungen möglichst perfekt zu erfüllen. „Damit sind die ehemals eher korporalistischen Beziehungen zwischen öffentlichen und freien Trägern umgewandelt in eine Beziehungsstruktur, die einer betriebswirtschaftlich orientierten Vertragsfinanzierung entspricht" (Messmer 2007, S.10).

Beispiel 4
„Das ist jedes Mal wie Pokern unter ungleichen Partnern."
Andreas ist Leiter einer Kinderschutzeinrichtung, die Kinder und Jugendliche betreut, die nach §§ 41, 42 KJHG in Obhut genommen wurden. Meistens sind das Kinder, die vom ASD gebracht werden. Manchmal sind es Kinder, die selber um Inobhutnahme gebeten haben. Während der Zeit, in der über weitere Maßnahmen und Hilfeansätze beraten wird (mit Eltern und Betroffenen), leben die Kinder und Jugendlichen in der Kinderschutzeinrichtung, verbringen dort ihren Alltag, schlafen hier, nehmen Kontakt zu den anderen Kindern und Jugendlichen auf und gehen mit den Betreuerinnen eine mehr oder weniger intensive Beziehung ein. Die Unterbringung kann von kurzer Dauer sein, manchmal geht sie aber über viele Wochen. Bei den jährlichen Verhandlungen mit dem Jugendamt über die Leistungs- und Entgeltvereinbarungen nimmt sich Andreas diesmal vor, unbedingt durchzusetzen, dass die Stunden an den Vormittagen besser personell besetzt werden können. Seitdem in der Einrichtung so viele unbegleitete minderjährige Flüchtlinge[3] mit untergebracht sind, die in

---

3 In Deutschland leben zwischen 5.000 und 10.000 unbegleitete minderjährige Flüchtlinge. Sie sind auf sich allein gestellt. Ohne Eltern, ohne Familie, ohne vertrauenswürdige Person, die ihnen Schutz bietet, sind sie nach Deutschland gekommen. Nur die wenigsten von ihnen finden in Deutschland dauerhaften Schutz. Das Gesetz erklärt sie bereits mit 16 Jahren für verfahrensfähig, dann müssen sie ihre ausländerrechtlichen Angelegenheiten selbst in die Hand nehmen. Sie durchlaufen dasselbe Verfahren wie Erwachsene, ohne Recht auf Beistand. Den Anspruch, in einer gesonderten Unterbringung für Jugendliche Obdach zu finden, haben sie mit ihrem 16. Geburtstag verloren. In den meisten Fällen werden die Asylgesuche der unbegleiteten Flüchtlingskinder abgelehnt, da sie im Sinn des deutschen Asylrechts nicht »politisch verfolgt« werden. Den Kindern, die trotz des abgelehnten Asylantrags weiter in Deutschland »geduldet« werden, wird von staatlicher Seite derzeit wenig geholfen. In einigen Bundesländern gilt für sie keine Schulpflicht. Eine psychosoziale Betreuung, um die Traumata

der ersten Zeit ihres Aufenthaltes in Deutschland noch keine Schule besuchen, ist am Vormittag das Haus nicht mehr leer. Es kann nicht sein, dass außer der Küchenkraft dann niemand als Ansprechpartner für die Kinder zur Verfügung steht. Bei dem Gespräch im Jugendamt eröffnet man ihm zunächst, dass das Budget für Lebensmittel weiter eingeschränkt werden muss. Die anderen städtischen Heimeinrichtungen kämen alle drei mit einem geringeren Etat aus. Argumente, warum es in seiner Einrichtung vielleicht notwendig ist, mehr Geld auszugeben, werden nicht angehört. ein Anliegen wegen der personellen Besetzung in den Vormittagsstunden wird zurückgegeben mit dem Hinweis, dass er eben die Stunden aus der anderen Betreuungszeit herausnehmen solle. „Ein bisschen Flexibilisierung der Arbeitszeiten, und schon ist so was möglich", erläutert ihm die Vertreterin der Jugendbehörde. Andreas fühlt sich ohnmächtig und über den Tisch gezogen. Der „Partner" Jugendamt kann ihm quasi alle Bedingungen diktieren. Wenn er auf seinen Forderungen besteht, wird angedeutet, dass Träger X Pläne geäußert habe, sein Angebot auf Inobhutnahme auszudehnen. Das sei vom Jugendamt aber bisher gestoppt worden. Am Ende ist Andreas froh, soviel von seinem bisherigen Haushalt gerettet zu haben, dass die Arbeit mit Abstrichen, aber einigermaßen sinnvoll, weitergehen kann.

Solche Vereinbarungen erfolgen unter Konkurrenzdruck und unter den finanziellen Bedingungen und Einschränkungen, die der Kostenträger vorgibt. Die Monopolstellung z. B. der Jugendämter als Käufer sozialer Leistungen, also die asymmetrische Beziehung zwischen Leistungsträgern und Leistungserbringern, eröffnet den Kostenträgern die Möglichkeit zu verstärkter Kontrolle und Einflussnahme.

Das Kontraktmanagement dient dazu, die erwünschte Kostensenkung im Sozialbereich durchzusetzen. Es geht nach Galuske dabei „im Kern um die Etablierung eines Sozialmarktes, in dem überprüfbare Leistungen zu transparenten Preisen von untereinander um Kosten und Qualitäten konkurrierenden Dienstleistungsanbietern erbracht werden sollen" (Galuske 2008, S. 19). Messmer (2007) stellt zu Recht die Frage, wie der öffentliche Träger wohl entscheiden wird, wenn der Kostendruck der fachlich angemessenen Entscheidung oder dem rechtlichen Anspruch auf Hilfe entgegensteht. Ähnliche Bedenken werden auch im 11. Jugendbericht (2002, S. 93) geäußert „Die Einführung der Kosten-Leistungsrechnung kann für die Zusammenarbeit zwischen öffentlichen und freien Trägern zur Konsequenz haben, dass zunehmend allein Kostenaspekte dominieren", heißt es dort. Auch Schnurr weist darauf hin, dass die

---

der Vergangenheit zu bewältigen, wird von staatlicher Seite häufig nur in Extremfällen unterstützt (terres des hommes 2009 a. a. O.).

Haushaltslage den Auftraggeber der Hilfen zur Erziehung, also das Jugendamt, zu einer Ressourcensteuerung zwinge (Schnurr 2006, S. 132).

3.2.2.3 Leistungs-, Entgelt- und Qualitätsentwicklungsvereinbarung

Ein Kontrakt ist eine schriftliche Absprache zwischen zwei Partnern über in einem definierten Zeitraum zu erreichende Ergebnisse mit einem festgelegten Budget. Aus dieser Definition leiten sich unverzichtbare Kontraktinhalte ab:
- die Operationalisierung der zu erreichenden Ergebnisse in konkrete Maßnahmen,
- die Festlegung von finanziellen Ressourcen,
- die Angaben von Kennzahlen, Indikatoren zur Bewertung des erreichten Ergebnisses,
- die Art und Weise und Häufigkeit der Berichterstattung,
- Anreiz-, Sanktionierungs- und Eingriffsmöglichkeiten für Auftraggeber und Auftragnehmer.

Gesteuert wird im Rahmen eines Kontraktes nicht über Einzelanweisungen oder Einzeleingriffe, sondern auf Basis der Kontrakte „auf Abstand". Mit den schon oben erwähnten Paragraphen 78a-g KJHG (SGB VIII) im Jahre 1998 wurde auch im Bereich der Kinder- und Jugendhilfe die „Leistungs-, Entgelt- und Qualitätsentwicklungsvereinbarung" verbindlich eingeführt. Gegenstände der Leistungs-, Entgelt- und Qualitätsentwicklungsvereinbarungen sind nicht einfach nur die erforderlichen Kosten, sondern vielmehr Inhalte, Umfang und Qualität der Leistungsangebote und darüber hinaus auch die Entwicklung von Grundsätzen und Maßstäben ihrer Bewertung.

Leistungsvereinbarung

In der Leistungsvereinbarung nach § 78c Abs. 1 sollen z.B. folgende Fakten festgehalten werden:
- Art, Ziel und Qualität des Leistungsangebotes,
- der in der Einrichtung zu betreuende Personenkreis,
- die erforderliche sächliche und personelle Ausstattung,
- die Qualifikation des Personals,
- sowie die betriebsnotwendigen Anlagen der Einrichtung.

Die Leistungsvereinbarung ist die Basis für die Entgeltvereinbarung. Bezahlt wird, was vorher definiert und in dieser Definition akzeptiert wurde. Bezahlt wird damit das, was sich in Geld ausdrücken lässt. Das sind vornehmlich quantitative Kennzahlen. Auf dieses Thema wird weiter unten noch ausführlich eingegangen (s. Abschnitt 3.5).

Sparsamkeitsprinzip und Qualitätsentwicklung
Unter Berücksichtigung der Grundsätze von Wirtschaftlichkeit und Sparsamkeit müssen die Entgeltvereinbarungen den Einrichtungen eine bedarfsgerechte Leistungserbringung gestatten, heißt es im Gesetz. Die Vorschriften der §§ 77 und 78a-g KJHG zielen also einerseits auf Vereinheitlichung, Transparenz und Wirtschaftlichkeit von Angebotsstrukturen, aber auch auf eine verbesserte Qualität. Die Qualitätsentwicklung ist sogar Teil der Vereinbarungen im Kontraktmanagement („Qualitätsentwicklungsvereinbarung"). Zu beachten ist aber, dass das Finanzierungskonzept gleichzeitig und unverändert klar und offen unter dem Gebot der Kostenersparnis steht: Die generellen Grundsätze „Wirtschaftlichkeit und Sparsamkeit" als grundlegende Motive der marktwirtschaftlichen Steuerung führen deshalb von vorneherein zu einer Begrenzung der bereitgestellten Mittel. Auf die Effizienzthematik wird weiter unten noch ausführlich eingegangen (s. Abschnitt 3.6).

3.2.2.4 Neues Finanzierungskonzept
Unmittelbare Folge der neuen, marktspezifischen Beziehungsstruktur zwischen Leistungsträger und Leistungserbringer war die Ablösung der bisherigen Finanzierung sozialer Dienstleistungen durch ein neues Finnanzierungskonzept. Dies hat verschiedene Aspekte:

Prospektive Kostenvereinbarung
Das frühere Selbstkostenprinzip wurde durch die nunmehr gesetzlich verpflichtende „prospektive Kostenvereinbarung" abgelöst (vgl. Pracht 2008, S. 32). Es wird nicht mehr bezahlt, was der erbringende Träger faktisch und seinen Vorjahreserfahrungen entsprechend braucht, um die Dienstleistung zu finanzieren. Jetzt wird vor Beginn der Leistung für den zukünftigen Zeitraum einer bestimmten Wirtschaftsperiode im Rahmen des Kontraktmanagements eine „Zielvereinbarung" getroffen, die sich an den Prinzipien der Wirtschaftlichkeit und Qualität orientieren soll. Diese Regelungen ermöglichen den öffentlichen Trägern eine Prüfung der Wirtschaftlichkeit und der Qualität der Leistungen sowie eine direkte Einflussnahme auf die Kosten. Träger werden nicht mehr pauschal finanziert, sondern in Bezug auf die Anzahl der betreuten KlientInnen. Die Umstellung der Entgeltsysteme von Trägervollfinanzierung (Jahresbudgets) auf personenbezogene Finanzierungsmodelle bedeutet, dass eine diskontinuierliche Refinanzierung Sozialer Arbeit zur Normalität geworden ist (vgl. z. B. Buestrich/Wohlfahrt 2008).

Das neue Finanzierungsmodell der prospektiven Finanzierung hat in die Planung der Sozialen Arbeit generell verkürzte, d. h. auf je ein Jahr begrenzte Zeithorizonte eingebracht. Der immer wieder neu geforderte Nachweis von

Effektivität, Wirkung und Sicherung der festgelegten Qualitätsstandards und Effizienz stellt jedes Mal erneut in Frage, ob eine Einrichtung überhaupt weiterfinanziert wird und in welchem Umfang.

Belastend ist dieses Vorgehen zunächst für die betroffenen KlientInnen, die nicht wissen, ob sie die Unterstützung im nächsten Jahr weiterhin erhalten werden, ob z. B. die Schulsozialarbeiterin auch zukünftig in ihrem Büro als Ansprechpartnerin zur Verfügung stehen wird. Erworbenes Vertrauen, erreichte Ziele, vereinbarte Schritte, all das steht zur Debatte und geht möglicherweise verloren. Damit ist ein solches Vorgehen genau betrachtet in höchstem Maße ineffizient.

Für die MitarbeiterInnen entsteht das Problem, dass sie zum Jahresende um ihre Arbeitsplätze fürchten müssen, weil sie nicht wissen, ob ihr Projekt weiterfinanziert wird. Neben der emotionalen Belastung stellt sich auch eine Gefahr für die Professionalisierung des betroffenen Arbeitsfeldes ein: Qualifizierte MitarbeiterInnen meiden solche Arbeitsplätze und ziehen die Felder vor, in denen eine kontinuierliche Finanzierung noch selbstverständlich ist. Wer weniger Qualität zu bieten hat, wird sich die Arbeitsbedingungen nicht aussuchen können und bleiben.

„Da kein Träger mit Sicherheit sagen kann, ob er im Preiswettbewerb auch in der nächsten Runde noch mithalten kann, ... wird Festanstellung die Ausnahme, befristete Beschäftigung, Projektverträge, erzwungene Selbständigkeit und schlecht bis gar nicht bezahlte Praktika oder gar der Einsatz von 1-Euro-Kräften die Regel" (Galuske 2008, S. 23).

Beispiel 5
Zum Jahreswechsel die Kündigung für alle
„Gegen Weihnachten hin haben wir immer alle seit Jahren gezittert. Nie war klar, ob wir im nächsten Jahr unsere Arbeit würden fortsetzen können. Bisher hat unsere Chefin dann aber vom Jugendamt doch immer grünes Licht gekriegt. Trotzdem wurde natürlich wie jedes Jahr noch neu verhandelt und die Bedingungen für unsere Arbeit wurden immer schlechter. Vorletztes Jahr bekamen wir noch ein paar Euro für Nahrungsmittel, die unsere kleinen Straßenkinder so dringend brauchen, wenn sie gegen Mittag oder auch schon am Vormittag hereinstolpern. Das ist letztes Jahr weggefallen, weil wir ja keine stationäre Einrichtung sind, sondern eine ambulante und weil Mittagessen offiziell gar nicht zu unserem Aufgabenkatalog zählt. Trotzdem haben die Kinder Hunger. Sie haben offenbar die Richtlinien nicht gelesen. Und das Zuschussgeld für die Busfahrt der Kinder, die von zu Hause keinen Cent dafür kriegen, wenn wir mal ins Schwimmbad fahren wollen, das ist auch längst passé. Aber trotzdem machte mir die Arbeit bis heute viel Spaß, vor allem können wir jeden Tag se-

hen, wie notwendig und wichtig sie ist: *All die kleinen und älteren Kinder, die uns besuchen, kommen aus so genannten vernachlässigenden Familien. Das fängt mit dem fehlenden Schulbrot an (soweit sie überhaupt zur Schule gehen) und hört damit auf, dass die Eltern sich einfach nicht für sie interessieren. Manche kriegen gar nicht mit, dass ihre Kinder die Schule schwänzen. Diese Kinder verändern sich bei uns ganz allmählich: sie streiten weniger, sie fangen an, sich für die Welt zu interessieren, manche kriegen sogar den Dreh für die Schule wieder. Viele von denen wären sicher längst im Heim, wenn es uns nicht gäbe. Der Allgemeine Sozialdienst hat uns bisher immer sehr geschätzt. Letztes Jahr mussten wir alle auf 30 Stunden reduzieren. Nicht, dass es etwa weniger zu tun gegeben hätte. Es war halt kein Geld da und schon gar nicht für eine Einrichtung, die noch nicht einmal als richtige Hilfe zur Erziehung im KJHG steht, die aber einmal als Modell entwickelt wurde für Kinder, deren Eltern nicht einmal bereit sind, für ihre Kinder eine Hilfe zur Erziehung zu beantragen. Das war zwar sinnvoll, wurde uns vom Jugendamt bescheinigt. Aber für Experimente ist jetzt kein mehr Geld da. Man kommt sich vor, als würde man in einem Korsett stecken, das irgendjemand immer ein bisschen enger schnürt – bis wir keine Luft mehr kriegen. Und dieses Jahr ist jetzt offenbar alles aus. Wir sollen alle MitarbeiterInnen zum Jahresende kündigen. Unsere Einrichtung könne so nicht erhalten bleiben, heißt es von „oben". Wahrscheinlich werden wir nur als normales Kinderzentrum weiterarbeiten können, mit reduziertem Personal natürlich. Unsere Kinder waren wütend, als sie hörten, was los ist. Meine beste Kollegin hat mir heute früh gesteckt, dass sie sich wo anders beworben hat, weil sie dieses Hin und Her nicht mehr aushält. Das wird schlimm. Gerade an ihr hängen die Kids. Und gerade sie konnte so gut mit ihnen umgehen. Sollten wir wirklich weitermachen dürfen, so können wir zwar unsere Kinder weiter betreuen. Immerhin. Und denen ist egal, nach welchem Paragraphen wir bezahlt werden und wie viel Stunden wir da sein müssen. Aber wir werden dann nur noch einen Bruchteil der Zeit für sie haben, schon gar keine Zeit mehr für jeden Einzelnen von ihnen. Gerade das aber haben sie so genossen und da passierten dann auch die wichtigsten Dinge! Die neue Situation wird ihnen vermutlich gar nicht gut tun. Sie werden allmählich wegbleiben und wieder auf der Straße ihre Zeit verbringen. Meine Freundin hat zu mir gesagt, dass ich mich doch auch nach einem vernünftigen Job umsehen soll, so könnten wir niemals eine Familie planen. Sie hat Recht."*

Die kurzatmige und festlegende Planung und finanzielle Absicherung sozialer Einrichtungen und Angebote widerspricht den Erfordernissen Sozialer Arbeit. Diese braucht Kontinuität zum Aufbau von Beziehungen, von Vertrauen, sie braucht Kontinuität für die Erforschung und Förderung und den Aufbau von

Ressourcen, sie braucht Zeit und Kontinuität für die Lern- und Veränderungsprozesse, die sie bei ihrer Klientel anstößt. Das reale Vorgehen der Verwaltung konterkariert diese fachlichen Notwendigkeiten.

Budget-Haushalt
Die Finanzierung erfolgt nun über ein im Vorfeld festgelegtes Budget. Das Budget wird vom Leistungserbringer selbständig und eigenverantwortlich verwaltet. Eine Überschreitung der zur Verfügung gestellten Mittel ist nicht vorgesehen. Es stehen jeweils begrenzte und nicht selten auch geringere Mittel als vorher zur Verfügung. „Das Budget dient offensiv der „Deckelung" von Kosten; die Mittelbegrenzung soll auch zu mehr Wirtschaftlichkeit beitragen" (Dahme/Wohlfahrt 2006, S. 64).

Von Anfang an, also schon vor Beginn jeder Debatte über Inhalte, stehen die Mittel in der Regel fest – und zwar sind dies meist gegenüber dem Vorjahr verknappte Mittel. Die Aufgabe der Fachleute besteht nun nur noch darin, mit den gekürzten, knapperen Mitteln auf dem Wege einer effizienten und immer effizienteren Verwendung dieser Mittel trotzdem den größtmöglichen Erfolg zu erzielen. Der Leistungserbringer erhält jetzt grundsätzlich die Chance, über die Mittel selber zu verfügen. Diese neue Freiheit kann nun, im Unterschied zu früheren Zeiten, in denen festgelegte Haushaltstitel dies verhinderten, genutzt werden, um aus fachlicher Sicht Wichtigeres vor weniger Wichtigem zu finanzieren. Z. B. wäre es möglich, an den kalkulierten 2000 Euro für Bastelmaterial einer Jugendeinrichtung zu sparen und 1000 Euro davon für die Finanzierung einer Freizeit auszugeben. Oft sind jedoch die zustande kommenden Budgets so knapp geschnitten, dass die Erwirtschaftung von finanziellen Spielräumen nur schwer zu erreichen ist. Budgetierung bedeutet in der Praxis oft letztlich nichts anderes als ein Sparzwang, den man nun aber selber bedienen, verwalten, vertreten darf und muss. Ein Budget, das Ausgaben unumstößlich festschreibt, gleicht einer Planwirtschaft, die sich so starr verhält, dass sie nicht einmal in der Lage ist, sich realen Entwicklungen und Veränderungen anzupassen. Was unser Staat im Rahmen der Wirtschaftkrise wie selbstverständlich tut, nämlich Gelder für unerwartete Bedarfe locker machen, weil Banken und Unternehmen in Not geraten sind, das ist für den Sozialen Bereich nicht vorgesehen. Die Bedarfe der Klientel der Sozialen Arbeit dürfen sich nicht anders entwickeln als vorausgesehen und sollten sie es dennoch tun, ist nicht abzusehen, dass dem im Rahmen der derzeitigen Strukturen Rechnung getragen werden kann und soll.

Der Erbringungsträger Sozialer Dienstleistungen muss mit den knapperen Mitteln haushalten. Er wird, um effizient zu bleiben, um mit den Mitteln zu Recht zu kommen und um seinem eigenen Konkurs zu entgehen, zwangsläufig Einsparungen vornehmen müssen, z. B. Streichung von Sachmitteln oder Stellen in seiner Einrichtungen, vorzeitiges Beenden von Einzelmaßnahmen, Kürzung von Zeitkontingenten innerhalb der Arbeitszusammenhänge oder auch Senkung der Löhne etc.

Dezentrale Ressourcenverantwortung (vgl. Dahme/Wohlfahrt 2006, S. 64; Budde/Früchtel 2006, S. 9) bedeutet die Übertragung der Finanzverantwortung, die ehedem zentral oder vom Vorgesetzten ausgeübt wurde, an die Basis. Dabei wird – im Sinne der angestrebten „schlanken Hierarchie" – die finanzielle Zuständigkeit ganz nach unten delegiert, indem man die Budgets von den MitarbeiterInnen oder auch den Trägern an der Basis verwalten lässt. Das heißt z. B., dass eine MitarbeiterIn des Allgemeinen Sozialen Dienstes über ein Budget verfügt, aus dem sie die Hilfen zur Erziehung in ihrem Bezirk in einem bestimmten Haushaltsjahr finanzieren und verantworten muss.

Wenn für einen umgrenzten regionalen Raum ein bestimmtes definiertes Budget bereitgestellt wird, spricht man von Sozialraumbudget (vgl. 11. Jugendbericht 2002). Auf das Sozialraumbudget wird noch ausführlich eingegangen (s. Abschnitt 3.3.1).

Wirkungsorientierte Finanzierung
Mit dem neuen Finanzierungskonzept wird die Leistung der Sozialen Arbeit konsequent an ihrem „Output" orientiert finanziert. „Als wirkungsorientiert kann ein Finanzierungssystem immer dann bezeichnet werden, wenn das Volumen des Leistungsentgeltes zu einem bedeutenden Teil durch Parameter der Ergebnisqualität bestimmt wird" (Landes 2007, S. 33). Finanziert wird nur, was eine erkennbare Wirkung hat. Die Effektivität spielt also für die Leistungsfinanzierung die entscheidende Rolle. Die Definition der erstrebten Wirkung und die Frage, durch welche Qualität der Leistung die Wirkung erreicht werden, ist das Hauptthema bei den Leistungsvereinbarungen. Auf die Thematik der Wirkungsorientierung und auf ihre Folgen für die Soziale Arbeit wird weiter unten noch ausführlich eingegangen (s. Abschnitt 3.6). Generell hängt die Frage, ob ein Projekt, eine Einrichtung, eine Maßnahme Sozialer Dienstleistung vom Staat (mit) finanziert wird, letztlich nicht von der fachlichen Notwendigkeit ab, sondern von der Entscheidung der Sozialpolitik bzw. der Verwaltung, ob sie bereit ist, für das Projekt oder die Einrichtung zu zahlen. Diese macht eine mögliche Finanzierung vom Output, aber zunächst natürlich von den zur Verfügung stehenden Mitteln abhängig. Die Erbringung Sozialer Dienstleistungen steht immer unter dem Damoklesschwert, dass die Gesellschaft und für sie sprechend die Verwaltung ihre Nützlichkeit und Notwendigkeit bezweifeln könnte und möglicherweise auf sie verzichtet.

Sponsoring und Fundraising
Neu, aber heute selbstverständlich für die Leistungserbringer, ist die Notwendigkeit der Beschaffung zusätzlicher und ggf. grundlegender Geldmittel für die eigene Einrichtung über Sponsoring und Fundraising. Ausgehend vom Postulat der Knappheit öffentlicher Kassen und dem Diktum der Kostendämpfung als oberstem Prinzip (s. §78 KJHG), ist eine hinreichende Finanzierung sozialarbeiterischer Aufgaben und Einrichtungen durch Steuermittel in diesem Bereich nicht mehr gegeben und wird zudem als einer der vergangenen Fehler des Sozialstaates gegeißelt. Die öffentlichen Gelder, die im Rahmen des Finanzierungskonzeptes gewährt werden, sind auf Grund des beschriebenen Kostensenkungszwanges in der Regel knapp und ermöglichen einer Einrichtung nur – wenn überhaupt – die Absicherung der Grundaufgaben und Alltagsdienste. Viele wichtige Aufgaben, müssen von den Einrichtungen selber und gesondert finanziert werden. Nicht selten sind Träger aber auch schon darauf angewiesen, mit Hilfe von Spenden ihre Eigenanteile zu sichern, die sie als Gegenfinanzierung für öffentliche Mittel überhaupt erst einmal vorweisen müssen.

Mitarbeiterinnen von Einrichtungen sind aufgerufen, über Fundraising und Sponsoring das zusätzlich notwendige Geld für ihre Arbeit selber zusammen zu bringen. Das kostet eine Menge Zeit.

Viele Unternehmen sind grundsätzlich durchaus bereit, ihre soziale Verantwortung unter Beweis zu stellen, vorausgesetzt, sie haben etwas davon, nämlich Werbung für ihre Firma bzw. ihr Produkt (vgl. z. B. Litges 2007).

Litges (2007) macht darauf aufmerksam, dass durch Sponsoring die Versäulung der Jugendhilfen[4] noch weiter verstärkt werden könnte, „da Firmen nur für Imageträchtiges Geld ausgeben" (ebenda, S. 189). Auf diese Weise fließe Geld über Sponsoring nur in bestimmte Arbeitsfelder, während andere Bereiche kaum eine Chance hätten.

3.2.3 Wettbewerb und Konkurrenz

Der Wettbewerb zwischen den verschiedenen Anbietern Sozialer Dienstleistungen, gleichgültig ob es freie und gemeinnützige Träger oder gewerbliche Anbieter sind, gleichgültig, ob es kleine, finanzschwache Träger oder große Wohlfahrtsverbände sind, ist bei diesem neuen Finanzierungs- und Leistungserbringungsmodell strukturell eingeplant und gewollt (vgl. § 78b 93 KJHG),

---

4   Mit Versäulung der Jugendhilfe ist eine im Gesetz (KJHG) angelegte Struktur nebeneinander existierender Hilfen gemeint, die es mit sich bringt, dass die Haushaltsstellen für die einzelnen Hilfen und Bereiche von den Verwaltungen als nicht deckungsfähig angesehen werden. Dadurch wird eine flexible Handhabung, Hilfen z. B. miteinander zu verbinden und in einander übergehen zulassen, eher erschwert.

ganz im Sinne von Wettbewerb als „Rivalität zwischen Wirtschaftssubjekten auf dem jeweiligen Markt mit dem Ziel, möglichst viele Marktanteile auf dem Käufermarkt zu erhalten" (Flösser/Vollhase2006, S. 81).Vom Wettbewerb als Strukturmaxime der kapitalistischen Wirtschaft wird angenommen, dass er per se in der Lage sei, einen höheren Grad an Effektivität und Effizienz zu erzeugen und auch Innovationen zu fördern (ebenda). Entsprechend werden solche Auswirkungen auch von einem Wettbewerb innerhalb der Sozialen Arbeit erwartet. Und so wird die „schützende Hand" über den Wohlfahrtsverbänden und den Einrichtungen und Diensten Freier Träger weggezogen. Sie müssen sich fortan den Wettbewerbsbedingungen eines Marktes stellen.

Soziale Arbeit findet sich im Rahmen der Ökonomisierung als Leistungserbringerin Sozialer Dienstleistung wieder, als Unternehmerin, die ein unternehmerisches Risiko zu tragen hat, als Marktakteurin, die in Konkurrenz steht zu anderen Anbietern, die ihre Ware verkaufen und die von daher ein Interesse haben muss, diese Ware möglichst günstig anzubieten und möglichst noch günstiger zu produzieren. Unter dem Primat der Effizienz und unter den Bedingungen des sozialen Pseudomarktes sind gleichzeitig fachliche Belange von sekundärer Natur und werden von den Erfordernissen des Überlebens auf dem Markt mehr und mehr an den Rand gedrängt. Idealtypisch zugespitzt: Wo früher über Kinder und Jugendliche nachgedacht wurde, werden jetzt der Kunde hofiert, der Markt analysiert, Werbung betrieben, Konkurrenz beobachtet, Kosten gesenkt usw. (vgl. Galuske 2002, S. 328).

3.2.3.1 Kostenwettbewerb statt Qualitätswettbewerb

Der inszenierte Wettbewerb zwischen den Anbietern Sozialer Dienstleistungen dient offiziell der Qualitätsentwicklung, faktisch aber wohl eher der Kostensenkung. Es liegt in der Marktwirtschaft allein am Käufer der Ware, ob er eine Leistung zu einem bestimmten Preis akzeptiert oder nicht. So liegt es am Staat als dem Käufer der Ware Soziale Arbeit, den Preis der Anbieter zu akzeptieren oder nicht. Faktisch geht es deshalb bei der Vergabe von Projekten und auch bei der jährlichen Leistungsvereinbarung mit bestehenden Einrichtungen entweder darum, wer in der Lage ist oder sich in der Lage sieht, eine bestimmte Leistung am kostengünstigsten zu anzubieten. Oder aber der Finanzträger setzt ein Budget für eine bestimmte Leistung fest und die Träger, die die jeweilige Leistung erbringen möchten, müssen versuchen, sie zu den vorgegebenen Bedingungen auszurichten.

Auf diese Weise geraten die Anbieter Sozialer Dienstleistungen unter einen Konkurrenzdruck, dem sie nicht ausweichen und den sie, solange sie nicht eigene Rücklagen haben, nicht selber auffangen können. Dieser Konkurrenzdruck übt einen Einfluss auf die Preis- und Leistungsgestaltung aus, der für manchen Wohlfahrtsverband und vor allem für kleine Träger einen ständigen Existenzkampf bedeutet, den sie im Rahmen der Leistungsvereinbarungen mit dem staatlichen Geldgeber und in harter Konkurrenz mit den anderen Anbietern ähnlicher Leistungen ausfechten und bestehen müssen. Zudem besteht jetzt die Notwendigkeit für die bisherigen freien Träger Sozialer Arbeit, sich gegen gewinnorientierte Anbieter durchzusetzen.

Das Interesse verlagert sich im Rahmen der Wettbewerbsstrategie zwangsläufig von der Fachlichkeit und der Frage nach dem Nutzen für die Klientel auf Fragen der Kosten und der Effizienz. „Wer bietet die gefragte Leistung am günstigsten an?", das ist die entscheidende Frage. Schipmann spricht vom „Kostenwettbewerb" und von der Gefahr „dass sich durchsetzen kann, was billig ist und nicht das, was auch gut ist" (Schipmann 2006, S. 105). Die Hoffnung auf eine Qualitätssteigerung durch Konkurrenz erfüllt sich nicht. Durch den Zwang, möglichst kostengünstig und möglichst billiger als die anderen eine Leistung anzubieten, kann es leicht passieren, dass von Qualität nicht mehr viel übrig bleibt. Oder aber die Leistungsvereinbarungen werden zu Mogelpackungen, die nicht halten können, was sie versprechen. Schipmann (2006), der die bereits oben angesprochene kontrollierende und diktierende Rolle des Staates z. B. in der Jugendhilfe als sehr problematisch einschätzt, verspricht sich die beste Qualität Sozialer Arbeit von einem gänzlich befreiten Sozialen Markt privater Anbieter (Schipmann 2006, S. 105). Er hält den Wettbewerb in der Sozialen Arbeit dann für eine hoffnungsvolle Praxis (ebenda, S. 96f), die den seiner Meinung nach Qualität senkenden Effekten der Leistungsvereinbarungen entgegenwirken könne (vgl. auch Münder/Tammen 2003; Gottlieb et al. 2003).

Dahme und Wohlfahrt (2006, S. 72) machen darauf aufmerksam, dass die „betriebswirtschaftliche Effizienz- und Wettbewerbslogik" im sozialen Dienstleistungssektor noch weiter zunehmen wird. Sie wird eine neue Qualität erreichen, wenn, wie in den benachbarten Staaten bereits üblich, die Auftragserteilung und Vergabe öffentlicher Sozialer Dienste nur noch über Ausschreibungsverfahren nach Vergaberecht organisiert wird. „Nicht auszuschließen ist, dass ein rigides, effizienz- und wirtschaftlichkeitsorientiertes Vergaberecht dazu führen wird, dass zukünftig nur noch über Kosten verhandelt wird und letztlich dann einfach der kostengünstigste Anbieter den Zuschlag erhält" (ebenda, S. 72). Die Autoren weisen in diesem Zusammenhang auf die jüngsten Praktiken bei der Vergabe der privaten Betreibung von Gefängnissen hin.

3.2.3.2 Der Pseudo-Markt Sozialer Dienstleistungen

Der Sozialmarkt ist eigentlich kein echter Markt, man könnte ihn als Pseudomarkt bezeichnen, denn er funktioniert nicht wie ein Markt von Industrieprodukten. So sprechen auch Flösser und Vollhase davon, dass der Sozialmarkt „politisch inszeniert" sei (Flösser/Vollhase 2006, S. 84). Im Bezug auf die Soziale Arbeit besteht ein „Marktversagen" allein schon deshalb, weil der Verbraucher der sozialen Dienstleistung gar nicht in der Lage ist, diese selber zu finanzieren (ebenda, S. 82). Die Klientel der Sozialen Arbeit als Kunden zu betrachten ist von daher problematisch. Sie sind Nutzer, aber sie haben keinen eigentlichen Kundenstatus. Hinzu kommt, dass sie sich in vielen Fällen gar nicht wie nachfragende, souveräne Kunden verhalten und verhalten können. Auf diesen Zusammenhang wird an späterer Stelle noch genauer eingegangen (s. Abschnitt 3.7).

Zum Zweiten gibt es keine wirklich freie Konkurrenz der Anbieter untereinander, weil es in der Sozialen Arbeit im Wesentlichen nur einen Käufer der Ware Soziale Angebote gibt, nämlich den Staat. Er hat damit eine Monopolstellung in einem „Quasi-Markt". (vgl. Messmer 2007, S.10; vgl. auch Schipmann 2006, S. 102). Anbieter haben keine Wahl, wem sie ihre Leistung verkaufen. Sie sind auf den einen Käufer angewiesen und müssen versuchen, unbedingt den Zuschlag zu bekommen. Andernfalls ist ihr Überleben als Anbieter Sozialer Dienste in Gefahr.

Der öffentliche Träger ist damit theoretisch in der Lage, die Angebote auf Dumpingpreise herunter zu drücken (vgl. auch Messmer 2007, S. 23) oder einen Leistungserbringer auf seiner „Ware" sitzen zu lassen, wenn der Preis für ihn nicht stimmt. Das neue System könnte damit statt zu besseren Angeboten zu einem Verdrängungswettbewerb führen. So stellen die VerfasserInnen des 11. Jugendberichtes fest: „Die Kosten-Leistungsrechnung versetzt die Verwaltung des Jugendamtes in die Lage, Kosten in Bezug auf die erbrachten Leistungen sehr detailliert zu erfassen und die Orte der Entstehung von Kosten in den Blick zu nehmen. Hierdurch wird einerseits die Kostenfrage sehr viel transparenter, andererseits liegt hierin auch die Gefahr begründet, dass fachliches Handeln nur noch als Kostenursache wahrgenommen wird" (2002, S. 93).

Die Instanz, die über die Qualität der zu erbringenden Leistung wachen müsste, ist der Geldgeber selber. Ein Konflikt zwischen Kostensenkung und Qualitätsvorstellungen ist für ihn vorprogrammiert. Auf diese Weise könnte sich das Kostensenkungsanliegen der Politik im Rahmen des Wettbewerbes und der Leistungsvereinbarungen mit verschiedenen Anbietern praktisch ohne Gegenkraft durchsetzen. Dass im Rahmen der Gewährung von Hilfen und bei den entsprechenden Entscheidungsprozessen Kostengesichtspunkte eine zum Teil dominierende Rolle spielen wird im folgenden Kapitel deutlich. Hier zeigt sich wieder die Notwendigkeit einer Instanz, die die fachliche Qualität und die fachlichen und gesetzlichen Entscheidungen Sozialer Arbeit überwacht oder zumindest in Fällen von Zweifel an der Korrektheit der abgelaufenen Prozesse und Entscheidungen eingreifen und klären kann.

3.2.3.3 Vernetzung als Modernisierungsmetapher
Zusammenarbeit, Synergieeffekte, fachlicher Austausch und Vernetzung sind wichtige und tradierte Formen und Ziele der Zusammenarbeit innerhalb der Sozialen Arbeit. Sie ermöglichen gegenseitige Information, Kommunikation und Kooperation. Diese Praxis ist nunmehr unter den neuen ökonomischen Bedingungen auf dem Hintergrund des Wettbewerbsdrucks und eines die Existenz berührenden Konkurrenzverhältnisses zu realisieren.

Im KJHG wurde der Wunsch nach einer pluralen Trägerschaft noch fachpolitisch begründet, d. h. man versprach sich von einer pluralen Trägerlandschaft unterschiedlich akzentuierte Angebote und damit eine bessere Angebotspalette Sozialer Dienstleistungen. Mit der Einführung der Ökonomisierung erhält die Trägervielfalt eine neue Interpretation im Sinne von Trägerkonkurrenz und Effizienz.

Am Beispiel des Vernetzungsgedankens wird deutlich, wie unter den neuen Bedingungen eine für die Soziale Arbeit schon immer konstitutive Praxis der Kooperation verwandelt wird in eine „Modernisierungsmethapher" (Galuske 2002, S. 325), die auf den Aspekt der Effizienzsteigerung reduziert wird. Vernetzung ist damit zu einem Rationalisierungsinstrument geworden. „Vernetzte Systeme mit Effizienzfokus lassen nicht mehr jede Kommunikation zu. Der sozialarbeiterisch geprägte Teil des Vernetzungsdiskurses ... wird erschwert oder verunmöglicht, denn durch die Etablierung ‚wettbewerblicher Anreiz- und Sanktionierungsmechanismen' werden fachspezifische Inhalte und Motive aus effizienzlogischer Sicht schnell ‚irrational und zu Störfaktoren', die umgehend verlernt werden müssen" (Dahme/ Wohlfahrt 2000, S. 331). Hier wird es mehr um die zur Schau Stellung der eigenen Leistungen und Angebote gehen, bei denen man sich als VertreterIn eines Unternehmens besser keine Blöße geben sollte, und weniger um eine kooperative, konstruktiv kritische gemeinsame Problemlösung. Netzwerkbeziehungen erhalten eine standardisierte Struktur und verlieren ihre kommunikativen Chancen und Aspekte.

3.3 Effektivität, Effizienz und Kostensenkung als zentrale Ziele

Die Begriffe Effektivität und Effizienz sind seit der Einführung des Sozialmanagements in der Sozialen Arbeit die dominierenden Begriffe. Albert spricht davon, dass im Kontext der Ökonomisierung die Wirtschaftsprinzipien nicht nur Eingang in den sozialen Bereich finden, sondern in gewisser Hinsicht sogar die Deutungshoheit über die Zielsetzung von Sozialer Arbeit übernehmen (vgl. Albert 2006, S. 26). Man kann allgemein festhalten, dass den Akteuren der sozialen Dienstleistungsproduktion „ein deutlich höherer Effizienz- und Rationalisierungsdruck erwachsen" ist (Messmer 2007, S. 9f; vgl. z.B. auch Heite 2008, S. 95).

Effektivität bezeichnet das Verhältnis von erreichtem Ziel zu definiertem Ziel (Zielerreichungsgrad). Das Kriterium für das Vorhandensein von Effektivität ist das Ausmaß, in dem beabsichtigte Wirkungen erreicht werden. Im Zusammenhang mit der wirkungsorientierten Finanzierung der Sozialen Arbeit wurde die Bedeutung der Effektivität für den Ökonomisierungsprozess bereits angesprochen.

Effizienz bedeutet die Erreichung eines Zieles mit möglichst geringem Aufwand bzw. mit gegebenen, knappen Mitteln. Sie geht auf das Grundprinzip der Ökonomik zurück, das rationale, also am größtmöglichen Nutzen des jeweiligen Mitteleinsatzes orientierte Denken und Entscheiden (vgl. Finis Siegel 1997). Betriebswirtschaftliche Grundannahme ist außerdem die immer bestehende Knappheit aller Güter, eine Annahme, die als unveränderbar angesehen wird. Auf dieser Basis muss mit den vorhandenen Ressourcen rational und effizient umgegangen werden, damit trotzdem der größtmögliche Nutzen entsteht.

Effizienz als allgemeine Grundorientierung der Ökonomie bedeutet, dass Kostendämpfung und Mitteleinsparung immer unmittelbare Ziele dieses Prozesses sind. So ist auch der gesamte Modernisierungsprozess der Sozialen Arbeit von Anfang an vor dem Hintergrund der erwünschten Kostendämpfung zu sehen. Dahme und Wohlfahrt sprechen davon, dass der „Ausgangspunkt dieser Entwicklung ... der politische Wille (ist), die Haushaltskonsolidierungspolitik zum unbedingten Maßstab aller Neuordnungsbemühungen zu machen, d.h. nur noch eine Einnahme orientierte Ausgabenpolitik zu betreiben" (Dahme/Wohlfahrt 2008, S. 53). In den schon vorgestellten neuen gesetzlichen Regelungen (u.a. die Novellierung der §§ 77 und 78 des KJHG) kommt der Wille zur Kostendämpfung im Rahmen der neuen unternehmerisch gestalteten Vertragsbeziehung zwischen Kostenträgern und Erbringungsträgern in der Sozialen Arbeit deutlich zum Ausdruck.

3.3.1 Kostendämpfung als Effizienzstrategie

Am Anfang des Ökonomisierungsprozesses standen die so genannten knappen Kassen. Es gab mit einem Mal weniger Geld. Dies betraf insbesondere, wenn auch nicht etwa ausschließlich, die Soziale Arbeit. Sie war der Gesellschaft und der Politik zu teuer geworden.

3.3.1.1 Kosten der Sozialen Arbeit

Das Sozialbudget der Bundesrepublik Deutschland lag 2007 bei 709 Milliarden Euro, das entspricht einer Sozialquote, also einem Anteil der volkswirtschaftlich für die soziale Sicherung verausgabten Ressourcen von 30,3% (Statistisches Bundesamt 2009). 1991 lag die Sozialquote erstmals bei 30% und 1998 sogar bei 33,5%, nachdem sie sich davor über mehrere Jahrzehnte unter 30% gehalten hatte. Der Anstieg der Kosten für die Soziale Sicherung ab 1990 beunruhigte. Galuske macht allerdings darauf aufmerksam, dass sich parallel zu dieser Entwicklung in der Zeit von 1960 bis 1998 der prozentuale Anteil der Finanzierung des Sozialbudgets durch private Haushalte von 21,5% auf 31% verschoben hatte (Galuske 2002, S. 191). Dennoch und trotz der permanent wachsenden Reichtumsproduktion in Deutschland wurde die Behauptung einer Unbezahlbarkeit des „Sozialstaates in seiner fordistisch-wohlfahrtsstaatlichen Gestalt" immer lauter vorgetragen (ebenda).

Ein nicht unerheblicher und vor allem auch nicht oder nur marginal durch Einnahmen refinanzierbarer Teil dieses Sozialbudgets geht zu Lasten der Kinder- und Jugendhilfe. Dies ist sicherlich von allen Bereichen, in denen Soziale Arbeit tätig ist, das die meisten Kosten verursachende Feld und soll deshalb hier exemplarisch betrachtet werden:

Auch in diesem Bereich machten sich deutliche Kostensteigerungen bemerkbar, denen man mit Sparstrategien zu begegnen suchte. Die Kosten der Kinder- und Jugendhilfe einschließlich der Kosten für die Kinderbetreuung in Tageseinrichtungen belief sich im Jahre 1992 noch auf „nur" 14,3 Milliarden, 2001 auf 17 Milliarden, im Jahr 2002 auf 19,2 Milliarden, im Jahr 2005 auf 18,8 Milliarden und im Jahr 2007 schließlich auf 20,9 Milliarden Euro (Statistisches Bundesamt 2009 a. a. O.).

Wie sich an den oben angeführten Zahlen zeigt, haben alle Sparbemühungen die Kosten für die Kinder- und Jugendhilfe letztlich nicht stoppen, sie bestenfalls nur eindämmen können. Mit dem Gesetz zur Weiterentwicklung der Kinder- und Jugendhilfe (KICK) vom 13. September 2005 verstärkte der Gesetzgeber seine Kosten dämpfenden Maßnahmen noch einmal und erwartete von den dort eingeführten neuen Regelungen, die vor allem eine Eindämmung der Selbstbeschaffung von Hilfen zur Erziehung[5] und eine stärkere Beteiligung der Eltern an den Heimkosten beinhaltete, eine Einsparung von 214 Millionen Euro (vgl. Messmer 2007, S. 179). Die großen Bemühungen um eine Kos-

---

5 Auf *Hilfen zur Erziehung* besteht ein individueller Rechtsanspruch, wenn die Voraussetzungen erfüllt sind. Diese werden vom öffentlichen Träger der Jugendhilfe geprüft und er gewährt ggf. dann die Hilfe. Es besteht also keine Möglichkeit, als Klient die Hilfe ohne Gewährung durch das Jugendamt zu bekommen (Ausnahme: der freie Zugang zu Erziehungsberatungsstellen). D. h., eine Selbstbeschaffung ist nicht möglich.

tensenkung im Bereich der Kinder- und Jugendhilfe zeigten um 2005 herum schließlich dann auch erste nachweisbare Erfolge: Während die Fallzahlen im Vergleich zum Vorjahr um 1,9% stiegen, waren die Kosten leicht rückläufig (1,1%) (vgl. Messmer 2007, S. 180). Dennoch konnte aber bis heute der Trend der ständig anwachsenden Kosten im Kinder- und Jugendhilfebereich nicht aufgehalten werden.

Der Grund für die die weitere Steigerung der Kosten trotz aller Sparbemühungen ist vor allem in den real steigenden Fallzahlen und zunehmenden Problemlagen der Menschen zu sehen (vgl. Messmer 2007, S. 177). Die Tatsache, dass trotz gesunkener Ausgaben die Fallzahlen 2005 gestiegen sind, spricht dafür, dass die Probleme der Menschen weiter eskalieren. Die im vorigen Kapitel angeführten aktuellen gesellschaftlichen Probleme und z. B. allein die Zunahme psychosozialer Problemlagen, bei denen Soziale Arbeit als Profession dringend gefragt wäre, sprechen für diese Annahme.

Übersehen wurde auch, dass z. B. mit dem Kinder- und Jugendhilfegesetz gerade eben erst ein Dienstleistungsgesetz geschaffen worden war, das den Anspruch hatte, mehr zu leisten, als eine Kinder- und Jugendhilfe-Feuerwehr zu sein, das Lebensbedingungen von Minderjährigen positiv beeinflussen wollte und präventiv ausgerichtet war. Es sind im Rahmen dieser Gesetzgebung zudem umfangreiche, nicht beeinflussbare Ausgaben in Pflichtbereichen der Sozialen Arbeit entstanden.

Wenn in einer solchen Situation und trotz steigender Fallzahlen die Kosten für die Soziale Arbeit vorübergehend sinken konnten, muss angenommen werden, dass dies nur durch eine Verkürzung der Hilfen und durch weniger Intensität der Hilfen erreicht worden sein kann.

Hinzu kommen laut Messmer auch noch so genannte „Opportunitätskosten", die entstehen, wenn die Versuche, die Kosten zu dämpfen, zu suboptimalen Entscheidungsvorgängen geführt haben, die selber wieder Kosten verursachen, die hätten vermieden werden können (Messmer 2007). Das bedeutet, dass der Versuch, eine Kostendämpfung mit allen Mitteln durchzusetzen, möglicherweise selber unnötige Kosten erzeugt. So führt zum Beispiel jeder verspätete Einsatz von Maßnahmen und Hilfen zu einer Eskalation und Verhärtung der Problematik, was wiederum mehr Kosten bei ihrer späteren Behebung bedeuten wird. Auch das Ausbleiben primär präventiver Unterstützung der Lebenslagen von Menschen gehört hierher.

Die Folgekosten sind in solchen Fällen in der Regel höher. Leider entstehen sie erst in der nächsten oder übernächsten Legislaturperiode, sodass sich viele Politiker unbeeindruckt zeigen.

3.3.1.2 Lösungsmöglichkeiten des Kostenproblems

Es geht hier also durchaus um beachtliche Summen. Und es ist sicher völlig legitim über die Ursachen dieser hohen Kosten und über Möglichkeiten, sie zu reduzieren, nachzudenken.

Im Kontext der Ökonomisierung aber gibt es nur eine Erklärung für die Kostensteigerung und damit auch nur ein Mittel, sie in den Griff zu bekommen: Ohne die oben angeführten möglichen Hintergründe für die Kostensteigerung zur Kenntnis zu nehmen, hält man an der Vorstellung fest, die steigenden Kosten seien die Folge unsinniger, überflüssiger und völlig ineffizienter Angebote der Sozialen Arbeit. Deshalb, so schlussfolgert man, sei diese grundsätzlich infrage zu stellen und auf ein angemessenes Maß zu recht zu stutzen. Die Mittelkürzungen in der Sozialen Arbeit waren von Anbeginn mit der Argumentation gekoppelt, dass Soziale Arbeit dringend alte Zöpfe abschneiden, sich erneuern, verjüngen, verbessern müsse. An dieser Stelle meldete sich die seit langem und trotz der inzwischen vollzogenen lebensweltorientierten Neugestaltung immer noch aufrechterhaltene Kritik an der Sozialen Arbeit, diese könne gar nicht nachweisen, dass ihre Bemühungen überhaupt etwas brächten. Sie wurde als willkommene Legitimierung der Kürzungen genutzt. Besonders die Sozialleistungen in öffentlicher Trägerschaft standen in dem Verdacht, unproduktiv und zum Teil sogar unsinnig zu sein. Man rückte schon zu Beginn der 90er Jahre deshalb dem öffentlichen Dienst und im besonderen Maße seinen sozialen Einrichtungen und Angeboten zu Leibe, indem man einfach den Geldhahn kleiner drehte. Man wollte dadurch eine veränderte Situation schaffen, mit der die Praxis nun umgehen und für die sie selber die bestmögliche Lösung würde suchen müssen. Es wurde damals bereits hoffnungsvoll behauptet und erwartet, dass Sozialarbeitende aus einengenden Rahmenbedingungen gute, vielleicht sogar bessere Ergebnisse herausholen könnten, wenn sie denn nur dazu gezwungen würden – nach dem Motto „Not macht erfinderisch, also seht zu, ihr schafft das schon!" Es war wenig später im Rahmen von Neuer Steuerung und Sozialmanagement nur ein kleiner Schritt von der Argumentation notwendiger Einsparungen aus Geldknappheit zur Verbrämung der Kürzungen im sozialen Bereich als die geeigneten Mittel, Soziale Arbeit so zu mehr Rationalität, Effektivität und Modernität zu zwingen.

Aus sozialwissenschaftlicher Sicht liegt der Fall anders. Zum Ersten ist zur Kenntnis zu nehmen, dass die Problemlagen der Menschen in der gegenwärtigen Zeit nicht weniger werden, sondern ständig zunehmen, und das auch da, wo die demographische Entwicklung manchen voreilig zu der Erwartung kommen lässt, dass die Probleme der Jugendhilfe im gleichen Maße abnehmen, wenn die Anzahl der Kinder und Jugendlichen sinkt. So wird etwa argumentiert, die Jugendarbeit im Osten Deutschlands könne angesichts der Tatsache, dass immer weniger Jugendliche hier wohnen – wegen des Geburtenrückganges und wegen der Umsiedlung vieler junger Leute in den Westen – reduziert werden. Tatsächlich nimmt die Zahl der Jugendlichen und Kinder, die Schwierigkeiten bei der Bewältigung ihres Lebens haben und in problematischen Lebenssituationen aufwachsen müssen, gerade im Osten zu: Wer da bleibt, hat z. b. besonders wenig Ressourcen und braucht erst Recht Unterstützung.

Weiter oben wurde gezeigt, wie stark gegenwärtig psychosoziale Problemlagen bei Menschen aller Altersstufen zunehmen. Der Versuch, hier immer mehr zu sparen, wird diese Situation verschärfen. Eine Gesellschaft, die sich massenhaft Probleme leistet und diese, wie oben gezeigt wurde, auch selber zum großen Teil verursacht, muss auch bereit sein, für ihre Lösung oder Milderung entsprechend zu zahlen. Aber hierfür gibt es seit Anfang der 90er Jahre nur noch eine sehr eingeschränkte Bereitschaft. Eine der reichsten Nationen der Welt erklärt sich als arm. Sie verteilt ihre Reichtümer anders. Sie erlaubt sich durchaus weiterhin noch manchen Luxus – man sehe sich die Kosten für Bundeswehreinsätze an internationalen Kriegsschauplätzen, teure Kulturtempel, Steuergeschenke an Unternehmen, Rettungsmilliarden für Banken oder für manches Prestigeprojekt an – erklärt aber stattdessen die Unterstützung für die benachteiligten Teile ihrer Bevölkerung als schlicht zu teuer, als etwas, was sie sich eben nicht mehr leisten könne. Zum Zweiten würde es viel sinnvoller sein, über andere und wirklich wirksame Formen der Kostendämpfung in der Sozialen Arbeit nachzudenken:

- über den Ausbau präventiver Angebote, die Probleme rechtzeitig erkennen und bearbeiten und somit verhindern können,
- über das Bemühen, die wirklich passenden Hilfen zu finden, damit sie nicht am Problem und an den betreffenden Menschen vorbei gehen und vor allem
- über die Notwendigkeit, Sozialer Arbeit die Ressourcen und Arbeitsbedingungen einzuräumen, die sie braucht, um mit ihren kommunikativen Mitteln ihre Wirkung auch tatsächlich entfalten zu können und so bei den Menschen nachhaltige Veränderungen und Selbsthilfeprozesse in Gang zu setzen.

Aber zu allererst wäre es erforderlich, über die Faktoren in unserer Gesellschaft nachzudenken, die die oben aufgelisteten Problemlagen mit verursachen und dann gezielt und nachhaltig an diesen gesellschaftlichen Ursachen zu arbeiten. Hier ist gar nicht in erster Linie Soziale Arbeit gefragt. Die kann an gesellschaftlichen, strukturellen Problemen wie Armut, Ungleichheit, Soziale Benachteiligung oder Arbeitslosigkeit nämlich ursächlich nichts ändern. Sie kann nur lindern, Menschen helfen, mit ihrem Schicksal besser klar zu kommen. Bestenfalls könnte sie auch noch die gesellschaftlichen Missstände anprangern und ihre Klientel zum Widerstand befähigen.

Eine politische Lösung und Verbesserung der gesellschaftlichen Problemlagen aber würde Soziale Arbeit zunehmend entlasten und die Kosten für diesen Bereich könnten sich deutlich reduzieren. „Eine andere Strategie zu Verringerung von Sozialarbeit besteht in dem Versuch, durch einen großzügigen Ausbau beispielsweise des Erziehungssystems soziale Probleme erst gar nicht entstehen zu lassen, was vor allem in den nordischen Ländern praktiziert wird", stellt z. B. Erath (Erath 2006, S. 104) fest.

Aber statt Kreativität und Phantasie und vor allem Kraft in solche Lösungsansätze zu investieren, erschöpft sich der Ideenreichtum der Ökonomisierung auf das Finden immer neuer Möglichkeiten, wie, wo und bei wem gespart werden könnte.

3.3.2 Ebenen und Strategien der Kosteneinsparungen

Die Verknappung von Geld in der Sozialen Arbeit erfolgte und erfolgt auf unterschiedlichen Wegen:
- Umdeutung und Nichterfüllung gesetzlicher Leistungsaufträge,
- Schließung von Einrichtungen, Einstellen von Projekten,
- Streichung von Stellen, Kürzung der Personaldecke,
- Schaffung und Duldung prekärer Arbeitsplätze,
- Einsatz fachfremden Personals,
- Verändertes Finanzierungskonzept.

Im Folgenden werden diese Sparstrategien näher erläutert.

3.3.2.1 Umdeutung und Nicht-Erfüllung gesetzlicher Leistungsaufträge
Das Recht (z. B. SGB VIII, KJHG) unterscheidet zwischen Kann-, Soll- und Muss-Leistungen. Die Muss-Leistungen sind Leistungen, die individuellen Rechtsansprüchen von KlientInnen entsprechen oder als Leistungen per Landesgesetz festgeschrieben worden sind (z. B. für Kindertagesstättenbereich).

Soll-Leistungen sind laut KJHG z. B. Einrichtungen der Jugendarbeit, bestimmte Beratungsangebote oder auch Krippeneinrichtungen für Kleinkinder. Jenseits von Kinder- und Jugendhilfe sind die meisten Angebote der Sozialen Arbeit Soll-Leistungen.

Der Begriff Sollleistung wurde bisher so verstanden, wie es semantisch auch nahe liegt, nämlich als Leistung, die der Gesetzgeber als notwendig erachtet, worauf aber kein individueller Rechtsanspruch Betroffener besteht.

Nun mehr werden die im Kinder und Jugendhilfegesetz (1990) ausgewiesenen Soll-Leistungen anders interpretiert: Sie werden nicht mehr aufgefasst als gesellschaftliche Handlungsaufforderung, etwas Notwendiges zu tun, sondern nur noch als etwas Wünschenswertes, das man aber auch lassen kann, wenn man z. b. die erforderlichen Haushaltsmittel nicht zu haben meint. So werden – meist mit dem Verweis auf die fehlenden finanziellen Mittel – Jugendzentren, Beratungsstellen oder Altentagesstätten geschlossen, obwohl dringender Bedarf besteht.

Aber sogar die im Gesetz fixierten Muss-Leistungen der Jugendhilfe werden nur dann als solche behandelt, wenn die finanziellen Rahmenbedingungen gegeben sind. In den 80er Jahren war es ein beliebter Witz in meinem Jugendamt: „Ein Kind soll eine Heimeinweisung bekommen aber der Kämmerer sagt: ‚Das geht nicht, wir haben kein Geld.'" Heute ist das kein Witz mehr. Der Rechtsanspruch auf Hilfe zur Erziehung wird seit einigen Jahren zunehmend ausgehöhlt mit der Bemerkung, „einem nackten Mann könne man nicht in die Tasche greifen." Hier wird faktisch eine Rechtsnorm verletzt. Aber die Betroffenen klagen selten und MitarbeiterInnen sind in solchen Fällen die Hände gebunden.

Auch die Aufforderung des Gesetzes, z. B. Hilfen zur Erziehung individuell an den Bedarfen des konkreten Falles und ggf. neu zu entwickeln und bereitzustellen (vgl. § 27 KJHG), verhallt nicht selten ungehört angesichts einer Praxis, die Hilfen nach Praktikabilität (‚Haben wir noch einen Heimplatz frei?') und Finanzierbarkeit gewährt und entscheidet.

Erste hilfreiche Reaktionen auf solche nicht Gesetz konformen Vorgänge sind Projekte wie der Rechtshilfefond e.V. in Berlin, der mit anwaltlicher Unterstützung, KlientInnen durch außergerichtliche und gerichtliche Verfahren zu ihrem Recht auf Hilfe zur Erziehung verhilft (vgl. Urban/Schruth 2006, S. 127).

3.3.2.2 Schließung von Einrichtungen, Einstellen von Projekten
Einrichtungen, Angebote, Projekte werden nicht weiter verlängert, werden geschlossen, beschnitten oder ganz eingestellt. Viele waren ohnehin befristet, manche haben als Modelleinrichtung ihre Schuldigkeit getan, manche werden in die Hände Ehrenamtlicher gegeben und die professionelle Soziale Arbeit zieht sich zurück.

Modellprojekte sind in der Sozialen Arbeit immer schon üblich gewesen. Bis zum Beginn des großen Sparens fungierten sie in der Hilfelandschaft so, wie es der Begriff nahe legt: Es wurde ein neues Modell entwickelt, ausprobiert, evaluiert und dann – wenn es sich tatsächlich als geeignet und effektiv erwiesen hatte – als Regeleinrichtung in die Hilfelandschaft eingebaut. Die finanzielle Ausstattung eines Modells war auch damals sicher üppiger als die der späteren Regeleinrichtungen. Aber die Finanzierung wurde nur so weit heruntergefahren, dass es auch weiterhin möglich blieb, die wesentlichen Aspekte des Modells für die Alltagspraxis zu erhalten.

Heute haben Modellprojekte in der Sozialen Arbeit ihren wirklichen Nutzen und damit ihren Sinn verloren. Es folgt in den wenigsten Fällen auf gelungene, erfolgreiche Projekte eine neue Praxis, eine Veränderung der Praxis oder gar die Einrichtung neuer Regeleinrichtungen, die sich am Modell ausrichten. Projekte dieser Art ähneln heutzutage nicht selten den Brückenruinen, die als abgebrochene und nicht weiter verfolgte Investitionsdenkmäler im Lande herumstehen. Man zeigt mal, was man so bauen könnte. Auch wenn ein Modellprojekt nachweislich gute Arbeit geleistet hat, lässt man es einfach liegen und denkt sich ein anderes Projekt aus, für das es wieder eine neue Anschubfinanzierung gibt.

Aber nicht nur Modellprojekte sind von einer gnadenlosen Befristung und von Schließungen betroffen. Auch die Schließung langfristig angelegter und über Jahre hinweg existierender Einrichtungen ist in den letzten 20 Jahren an der Tagesordnung. Besonders betroffen davon ist z. B. der Bereich der Jugendarbeit. Einrichtungen, denen die öffentliche Förderung weg bricht, sind gezwungen, sich über Spendengelder zu finanzieren und leisten ihre Arbeit, wenn sie es überhaupt weiterhin können, unter erschwerten Bedingungen.

3.3.2.3 Streichung von Stellen und Sachkosten

Personalkosten lassen sich auch durch Schrumpfung des Personalschlüssels oder durch Erhöhung der Klientenzahl einsparen, für die eine, einzelne Sozialarbeitende jeweils verantwortlich ist (vgl. Messmer 2007). Diese Variante der Sparpraxis setzt nicht an der Einrichtung als solcher an, sondern am Personalgefüge von Einrichtungen, Projekten, Angeboten insgesamt.

- Ohne dass sich die Aufgabenpalette ändert oder der Arbeitsanfall kleiner geworden wäre, soll nach der Stellenkürzung durch Streichung oder infolge der „Wiederbesetzungssperre" nun die gleiche Arbeit von weniger Fachkräften und damit im Rahmen geringerer Zeitkontingente erledigt werden. Die verbleibenden MitarbeiterInnen müssen nun quasi „schneller" arbeiten.
- Der gleiche Effekt entsteht, wenn einer bestimmten Anzahl von MitarbeiterInnen nun *mehr KlientInnen, mehr Aufgaben oder auch schwierigere Fälle* als vorher zugewiesen werden, statt dass die eigentlich notwendig gewordene Stellenausweitung erfolgt. So wird z. B. von MitarbeiterInnen einer Suchtberatungsstelle erwartet, dass sie sich auch noch um die Schul-

denproblematik ihrer Klientel kümmern – ohne aber zusätzliche Kapazitäten zu schaffen. In vielen Feldern der Sozialen Arbeit hat in den letzten 10, 20 Jahren nicht nur die Quantität der Problemlagen, sondern auch ihre Komplexität und Intensität zugenommen. So sind z. B. die Kinder und Jugendlichen, die heute in Heimen aufwachsen müssen, sehr häufig massiver geschädigt als noch vor 20 Jahren und brauchen eine intensivere sozialpädagogische Unterstützung.

Die Verknappung von Zeit- und Personalressourcen in der Sozialen Arbeit entsteht also nicht nur dort, wo tatsächlich Mittel gekürzt und Haushaltstitel zusammengestrichen werden, sie entsteht auch da, wo Aufgaben zugenommen haben, Probleme komplexer geworden sind und die Anzahl der KlientInnen gewachsen ist ohne dass dieser Entwicklung personell Rechnung getragen wird.

- Die *Personalschlüssel* in Kindergärten, Heimen, in der ambulanten Hilfe schrumpfen (vgl. die Untersuchung von Messmer 2007, S. 97 ff). Einer konstanten Zahl von KlientInnen steht jetzt eine kleinere Zahl von FachmitarbeiterInnen gegenüber. Eine Untersuchung des Deutschen Jugendinstitutes von 2008 zeigt, dass die Personalschlüssel z. B. im Kindergartenbereich zwischen den einzelnen Bundesländern stark variieren. Im Osten müssen durchschnittlich drei Kinder mehr pro Erzieherin betreut werden. Zusätzlich werden aber die landesgesetzlich vorgeschriebenen Personalschlüssel von den Einrichtungen aus Kostengründen unterlaufen: 66% der Kindergärten in Ostdeutschland haben oft oder manchmal eine Besetzung unterhalb des vorgeschriebenen Schlüssels. Im Westen sind das immerhin auch 57% (Gragert et al. 2008). Stand z. B. in dem Kinderheim der Stadt O. nach §34 KJHG 1990 noch eine Fachkraft 1,8 Kindern gegenüber, gibt es 2007 nur noch je eine volle Fachkraft für 2,5 Kinder. D. h.: Für die gleiche Aufgabe im Bereich der Sozialen Arbeit stehen also geringere Zeitkontingente zur Verfügung.
- Gespart wird auch an *Sachkosten*, und so harmlos das klingen mag, auch das greift mitunter voll in die Fachlichkeit der Arbeit ein: Wenn z. B. die Fahrtkosten für sozialpädagogische FamilienhelferInnen nicht mehr im vollen Umfang refinanziert werden, führt das logischer Weise dazu, dass die MitarbeiterInnen versuchen, ihre Fahrten zu den Familien zu beschränken. Sozialpädagogische Familienhilfe lebt aber von ihrer Anwesenheit „vor Ort", im Alltag der Menschen, die sie betreut. Über die Einsparung bei diesen Sachkosten kann also ganz leicht die gesamte Konzeption einer Hilfe ad absurdum geführt werden.

3.3.2.4 Schaffung und Duldung prekärer Arbeitsplätze

Obwohl prekäre Arbeitsplätze in unserer Gesellschaft insgesamt drastisch zu genommen haben, finden sie sich gehäuft im Bereich der sozialen Dienstleistungen und treffen vorrangig Menschen mit sozialen Problemlagen und biografischen Brüchen.

Das Prekariat macht vor der Sozialen Arbeit nicht halt (vgl. z.B. Buestrich/Wohlfahrt 2008). Damit haben die professionellen Sozialarbeitenden etwas gemein mit ihrer Klientel.

Prekäre Arbeitsplätze im Bereich der Sozialen Arbeit haben vielfältige Erscheinungsformen:

- Verträge über reduzierte Stundenzahlen sind an der Tagesordnung. Traditionell ist der soziale Bereich für die Häufigkeit von Halbtagsbeschäftigungen bekannt. An diese Tendenz wird angeknüpft, obwohl es für die Stellenreduzierungen der neuen Art vom Anfall der Sozialen Arbeit her keine Begründung für eine reduzierte Stelle gibt. Es fehlt ganz offenbar nur das Geld für eine ganze Stelle oder aber der Wille, diese für die jeweilige Aufgabe zu bezahlen. Es gibt z.B. keinen Grund, warum in einer Schule ein Schulsozialarbeiter nur mit 30 Stunden angestellt wird. Arbeit und sinnvolle Arbeitsansätze für Schulsozialarbeit, die ein kleines Team von drei, vier Leuten voll auslasten würde, wären an jeder Schule genug vorhanden. Der Rückgang der Vollzeitstellen von 2002 bis zum Jahr 2006 betrug z.B. in der Jugendarbeit 28%, in den ambulanten Hilfen zur Erziehung 12,5% und im Behindertenbereich 17,7 %. Nur im Kindertagesstättenbereich hat es eine leichte Steigerung der Vollzeitstellen gegeben (Rauschenbach/Schilling 2005). Träger schließen Verträge über reduzierte Stunden von weniger als 40 Stunden ab, planen aber freiwillige und unbezahlte Mehrstunden von den angestellten Sozialarbeitenden bis zur 40 Stunden Woche und darüber hinaus ein und erwarten diese still schweigend oder verlangen sie sogar ganz offen. 30 Stunden-Kräfte kommen nicht selten auf faktische 45 Stunden pro Woche und mehr. Und wenn es der Arbeitgeber nicht fordert, sorgt schon die Verantwortung der SozialpädagogInnen den KlientInnen gegenüber dafür, dass in der nicht bezahlten Zeit weiter gearbeitet wird.
- Üblich ist es inzwischen außerdem in der Sozialen Arbeit, *Arbeitsverträge flexibel zu fassen* und das Einkommen je nach realem Arbeitsanfall auszudehnen oder auf ein Minimum zu beschränken (vgl. z.B. Buestrich/Wohlfahrt 2008). So kann z.B. manche FamilienhelferIn nur dann mit einem vollen Gehalt rechnen, wenn ihr der Träger Arbeit für eine volle Stelle überträgt. Das kann und wird er wiederum nur tun, wenn ihm vom Jugendamt so viele Fälle überwiesen werden, dass er seine MitarbeiterInnen auch

voll auslasten kann. Ist aber Flaute, so muss sich die Familienhelferin mit einem minimalen Einkommen abfinden.

- Auch die *Befristung von Arbeitsverträgen* ist inzwischen absolut üblich, wobei sich der prozentuale Anteil von befristeten Verträgen in den einzelnen Arbeitsfeldern deutlich unterscheidet. So gab es 2005 z. B. im Allgemeinen Sozialen Dienst nur ca. 6% befristete Verträge (7% im Osten Deutschlands), in der Jugendarbeit dagegen waren es im Osten Deutschland schon über 50% (im Westen immerhin auch beinahe 15%). Die Tendenz zu befristeten Arbeitsverhältnissen ist offenbar vor allem im Osten Deutschlands deutlich größer (vgl. Züchner 2008; vgl. 11. Jugendbericht 2001). Selbst in Kindertagesstätten werden im Osten 50% aller Neueinstellungen befristet vorgenommen, davon 33% aus Gründen des nicht kalkulierbaren Platzbedarfes (Gragert 2008). Ähnliche Zahlen berichten Bütow et al. aus dem Bereich der Jugendberufshilfe (Bütow et al. 2008). Viele SozialpädagogInnen hangeln sich in ihrem Berufsleben von Verlängerung zu Verlängerung, von Projektvertrag zu Projektvertrag. Da keine so genannten Kettenverträge entstehen dürfen, die arbeitsrechtlich das Einklagen eines festen Vertrages ermöglichen würden, muss zwischendurch aufgehört werden. Die Betroffene arbeitet dann etwas anderes oder ist arbeitslos und macht ehrenamtlich die alte Arbeit weiter, bis sie wieder für einen neuen befristeten Vertrag „reif" ist.
- Die *Bezahlung* von SozialpädagogInnen erfolgt *immer seltener nach Tarif* (vgl. z. B. Albert 2008, S 45). Zum einen kann man von Tarifeingruppierungen absehen und als freier Träger eigene Haustarife einrichten oder „in Anlehnung an BAT bzw. TVöD" bezahlen (vgl. 11. Jugendbericht 2002; Wohlfahrt 2007; Pokorny 2009), was aber so gut wie alles bedeuten kann. Seit 2005 gilt der neue Tarifvertrag für den öffentlichen Dienst (TVöD), den aber viele Träger gar nicht erst übernommen haben, weil er nicht flexibel genug und dazu auch vom Gehaltsniveau her zu hoch sei (Pokorny 2009, S. 59). Die tarifliche Bezahlung von Sozialarbeitenden lag schon immer unterhalb der Bezahlung anderer Abgänger von Fachhochschulen (z. B. der Ingenieure). Nicht selten arbeiten SozialpädagogInnen für das gleiche Einkommen, das auch eine Erzieherin oder eine einfache Sekretärin bekommt. Die Tendenz zur Trennung von Formalqualifikation und tariflicher Eingruppierung, wie sie z. B. bei der AWO praktiziert wird, gibt einen weiteren Weg an, wie man Tarife ignorieren und unterlaufen kann (vgl. Wohlfahrt 2007). Das Outsourcen (Ausgliedern) von Sekundärdienstleistungen sowie die Beschäftigung von MitarbeiterInnen von eigens gegründeten Leiharbeitsgesellschaften wie etwa beim Diakonischen Werk (vgl. Wohlfahrt 2007) tragen ebenso zur Reduktion von Personalkosten und

zum Unterlaufen einer tariflichen Bezahlung von MitarbeiterInnen bei. All das setzt den Posten Personalkosten bei freien Trägern herab und dürfte eins der Hauptargumente für Kommunen sein, Einrichtungen und Aufgaben der Sozialen Arbeit aus kommunalen Händen in die Hände der freien Träger abzugeben.
Befristete und stundenreduzierte Arbeitsverträge sind für die SozialpädagogInnen immer noch lukrativer als *Honorarverträge und Werkverträge*. Hier liegt das Entgelt deutlich tiefer und die Befristung ist ohnehin vorprogrammiert. Aber sie gehören schon lange zur Realität in der Sozialen Arbeit (vgl. z. B. Buestrich/Wohlfahrt 2008).
Es ist heute durchaus auch keine Seltenheit, dass SozialpädagogInnen, die immerhin vier Jahre an einer Hochschule studiert haben, anschließend in ihrem eigenen Fachgebiet einen Ein-Euro-Job bekommen (vgl. Nodes 2009, a.a.O.). Und viele sind dabei noch dankbar und froh, dass sie tatsächlich in ihrem eigenen Fachgebiet arbeiten dürfen und nicht städtische Hecken schneiden sollen oder öffentliche Spielplätze säubern. Dass ausgebildete SozialpädagogInnen auf dem Arbeitsmarkt in Konkurrenz zu gleich Ausgebildeten stehen, die aber bereit bzw. die gezwungen sind, für einen „Appel und ein Ei" die gleiche Arbeit anzubieten, bedeutet eine drastische Entwertung der qualifizierten Arbeit. Die betroffenen Fachkräfte werden laut Nodes (2009, a.a.O.) durch Ein-Euro-Jobs in ihrem eigenen Fachbereich besonders diskriminiert. „Menschen mit Ausbildung, Qualifikation, Erwerbsbiografie und dem Willen und der Fähigkeit zu arbeiten, mit solchen Jobs zu deklassieren, ist weder ethisch vertretbar noch ökonomisch sinnvoll" (ebenda). Von Ingenieuren, die ihren Beruf als Ein-Euro-Jobber ausüben, hat man noch nicht gehört. Die Einstellung von Menschen mit Ein-Euro-Jobs ist natürlich unter Kostengesichtspunkten für Träger besonders attraktiv (vgl. Nodes 2009, a.a.O.). Es handelt sich schließlich nicht um wirkliche „Jobs". Ein-Euro-Jobs begründen kein Arbeitsverhältnis. Wer so arbeiten muss, ist nur noch durch den Arbeitsschutz und das Bundesurlaubsgesetz abgesichert. Die übrigen Arbeitsgesetze gelten dann nicht. Das Entgeltfortzahlungsgesetz z. B. gehört nicht zum Arbeitsschutz. Wer krank wird, bekommt das Ein-Euro-„Gehalt" nicht mehr. Und wer sich bei der Arbeitsgelegenheit eine ernste Verletzung zuzieht, bekommt zwar medizinische Versorgung, weil er krankenversichert ist, aber keine Unfallrente.

- Das Ausbeuten der PraktikantInnen, die ohne jedes Entgelt 40 Wochen lang in sozialen Einrichtungen arbeiten müssen (bei der Bachelor-Ausbildung wurde dies auf 20 Wochen reduziert), gehört ebenso dazu. Träger rechnen mit dieser unbezahlten Arbeit und planen die PraktikantInnen fest ein. Nicht selten leisten PraktikantInnen dann ohne jede finanzielle Entschädigung die Arbeit, die eigentlich eine fest angestellte SozialarbeiterIn zu leisten hätte, weil Stellen vakant sind oder einfach gestrichen werden mussten.

Die hier geschilderten Beispiele unterscheiden sich nicht grundsätzlich von prekären Arbeitsplätzen in anderen Bereichen der neoliberalisierten Arbeitsgesellschaft. Sie schränken in jedem Fall die Entwicklung einer beruflichen Identität, die Möglichkeiten, sich eine familiäre und persönliche Existenz zu schaffen und die Chancen einer angemessenen Teilhabe am gesellschaftlichen Reichtum ein. Dass in der Sozialen Arbeit die prekären Arbeitsplätze so zahlreich sind, hat aber nicht nur für die Arbeitenden selber, sondern vor allem für die von ihnen betreuten KlientInnen durchschlagende Folgen, auf die weiter unten eingegangen wird (s. Abschnitt 3.4).

3.3.2.5 Einsatz fachfremder, nicht professioneller Kräfte
Parallel zur Verknappung des Gutes „Professionalität" gibt es die verbreitete und zunehmende Tendenz, statt ausgebildeter Sozialpädagoginnen, ungelernte, weniger gut ausgebildete, auch fachfremde Kräfte einzustellen und ihnen Aufgaben anzuvertrauen oder besser zuzumuten, die eine professionelle Ausbildung voraussetzen. Das „Soziale" wird zum Haupteinsatzort für Ein-Euro-Jobs. Die unmissverständliche Botschaft lautet: „Das Soziale ist ein Euro Wert, das Soziale braucht keine besondere Kompetenz, soziales Engagement ist erzwingbar" (Nodes 2009, a.a.O.).

Im Jahre 2008 gab es laut DGB (2009) insgesamt 764 000 Ein-Euro Jobs, die meisten davon im Osten Deutschlands. Dort kamen deutlich mehr Arbeitslose in den Genuss dieser Maßnahme als im Westen. Die Bundesregierung ist nach wie vor stolz auf ihr Projekt. Selbstverständlich sollen keine bestehenden Arbeitsplätze verdrängt werden. Geleistet werden soll nur „Zusätzliches", nämlich das, was wir uns dank der hohen Arbeitslosigkeit sozusagen als gesellschaftlichen Luxus leisten können. 68% der Menschen, die einen Ein-Euro-Job ausfüllten, hatten aber eine Berufsausbildung oder einen Hochschulabschluss, waren also sehr wohl qualifiziert für den ersten Arbeitsmarkt. Und so verwundert es auch nicht, wenn nach DGB Studie 45% der Ein-Euro-Jobberinnen aussagen, sie hätten an ihrer Arbeitsstelle die gleiche Arbeit verrichtet wie die fest angestellten KollegInnen. Von daher muss der Argumentation von Nodes (2009, a.a.O.) beigepflichtet werden, die Ein-Euro-Job Politik sei eine gelungene und raffinierte Strategie, die Arbeitsmarktmisere in ein Geschäft umzufunktionieren. Ergänzend muss festgestellt werden: Der Staat schafft sich auf diese Weise außerdem Schritt für Schritt die Notwendigkeit vom Hals, Soziale Arbeit der Ausbildung angemessen bezahlen zu müssen und fügt dieser Profession und ihrer Klientel einen großen Schaden zu.

Nicht nur Zivildienststellen sollen ersetzt werden, als Einsatzmöglichkeiten werden quasi alle Einrichtungsarten im Sozialbereich genannt. Beispielhaft für die Denkweise im Zusammenhang mit den Einsatzmöglichkeiten von Arbeitslosen in Ein-Euro-Jobs sind Überlegungen der Landesregierung Schleswig- Holsteins, die hier mit Nodes (2009, a.a.O.) wiedergegeben werden:

„SozialpädagogInnen und Erzieherberufe sollen in „zusätzliche Projekte, die ansonsten nicht oder nicht in diesem Umfang möglich wären (z. B. Prävention)" einsteigen. Für eine längere Öffnung der Werkstätten für Behinderte reiche dagegen „handwerkliches Geschick". „Die Vermittlung von Angeboten im Vor- und Umfeld der Pflege" sei mitnichten eine Aufgabe der Sozialdienste, hierfür reiche „soziale Kompetenz".

In der „Beratung (z. B. Bewegung, Mobilität, Ernährung) oder für die „Unterstützung von Betreuungsgruppen demenzkranker Menschen in Einrichtungen", für „Gymnastik" und „Gedächtnistraining" will man „ErnährungsberaterInnen, Krankenschwestern und HeilpädagogInnen" und andere einsetzen.

„ErzieherInnen, LehrerInnen und SozialpädagogInnen" dürfen zukünftig für einen Euro „zusätzlich" bei Kinder- und Jugendfreizeitaktivitäten helfen, Sitz- und Nachtwachen (!) durchführen oder „ergänzende Lernangebote für Kinder und Jugendliche" machen. Dagegen braucht der „Integrationshelfer" zur „zusätzlichen Betreuung einsamer und kranker Menschen, Obdachloser und Behinderter" nur „soziale Kompetenz", zum „Vorlesen" reicht ein „Schulabschluss".

Auch Schulen dürften sich zukünftig ihre 1-Euro-Zuarbeiter halten: Als Ausflugsbegleitung, Unterstützung der Lehrer bei Unterrichtsprojekten, zur Aufsicht in den Pausen, Helfer bei Ganztagsangeboten, usw. – immerhin, neben sozialer Kompetenz erwartet die Landesregierung auch „Verantwortungsbewusstsein" und – „Lesemuttis" sollen einen Schulabschluss vorweisen können. Zusätzlich seien auch „erweiterte Angebote" wie Computerpflege, Bibliotheksarbeiten, Stützkurse, Einzelförderung, vertiefende Angebote für besonders leistungsfähige Schüler, Ganztagsangebote, schulische Krankenhilfe, Schulbegleitung für behinderte Kinder und Jugendliche. Voraussetzung: Studium oder Abschluss als LehrerIn."

Dass solche Überlegungen in der realen Politik auch aktuell weiter bestehen und eher noch ausgeweitet werden, zeigt sich z.B. an dem Gesetz für einen „Bundesfreiwilligendienst", der den Zivildienst ablösen soll. Dort werden ganze Bereiche der professionellen Sozialen Arbeit einfach als „zusätzlich" umgedeutet: „Der Einsatz im Rahmen von Ganztagsschulen und vergleichbar an die Schulen angegliederter Angebote außerhalb des Regelunterrichtes ist möglich, da (Hervorhebung d. V.) es sich hierbei um Einrichtungen der Jugendarbeit handelt"(Gesetzentwurf der Bundesregierung 849/2010, B. bes. Teil, zu § 3). Die Jugendhilfe taucht im neuen Gesetz gleich mehrfach an erster Stelle auf, wenn es um die Frage geht, wo die Einsatzbereiche für den Bundesfreiwilligendienst liegen könnten. Offenbar sieht die Bundesregierung die Jugendhilfe als ein ausgewiesenes Arbeitsfeld an, in dem fast alles als zusätzlich, also eigentlich verzichtbar, angesehen werden darf. Wer solche Überlegungen weiterdenkt, wird schnell bemerken, dass hier das Soziale insgesamt als eigentlich „zusätzliches" Gut diskreditiert wird. Es ist zu befürchten, dass es da, wo Geld für Soziales zusehends gekürzt wird, nur noch eine Frage der Zeit ist, wann auf den Einsatz von entsprechend bezahlten Fachkräften ganz verzichtet wird. Hinzu kommt, dass z. B. auch der Bundesverband privater Anbieter sozialer Dienste „Chancengleichheit" fordert und seinerseits Zugriff auf Ein-Euro-Jobs verlangt (vgl. Nodes 2009, a.a.O.).

3.3.3 Grenzen der Rationalisierbarkeit

Die Aufforderung, wirtschaftlich und sparsam mit den ihr anvertrauten öffentlichen Mitteln umzugehen, sollte für Soziale Arbeit aus eigener Verantwortung heraus selbstverständlich sein. Die in früheren Jahrzehnten innerhalb der Sozialen Arbeit übliche fachinterne Logik eines reinen quantitativen Wachstums („Neue Probleme erfordern neue Quantitäten, insbesondere personelle") ist eine frühmoderne Lösungsvariante, die heute nicht einfach aufrechterhalten werden kann. Es muss sehr wohl auch Anliegen der Sozialarbeit sein, alternative Denkweisen und Überlegungen zur Problemlösung einzuführen, die zu einem kostengünstigeren Mitteleinsatz führen. So ist in jedem Fall auch die Frage gerechtfertigt, ob es andere, vielleicht kostengünstigere Ressourcen und Wege gibt, die für dieses oder jenes Problem besser eingesetzt werden können. Synergieeffekte sind zu nutzen und zu entwickeln. Die Nutzen/Kostenfrage ist innerhalb der Sozialen Arbeit also sehr wohl ernst zunehmen und wird auch ernst genommen (vgl. Sorg 2007, S. 209; Albert 2006, S. 26; Meinhold/Matul 2003).

Aber wo ist die Grenze für Rationalisierungsstrategien in der Sozialen Arbeit? Gibt es solche Grenzen oder kann sie grundsätzlich dem Effizienzprinzip unterworfen werden?

3.3.3.1 Das Verhältnis von Effizienz und Effektivität
Effizienz und Effektivität sind keine von einander unabhängigen Größen. Sie stehen in engem Zusammenhang miteinander. Wichtig ist die Frage, wie dieser Zusammenhang definiert und in der Praxis angewandt wird: Muss sich die Effizienz nach der Effektivität richten bzw. stellt die Effektivität für die mögliche Effizienz den Gestaltungsrahmen dar? Oder muss sich die Effektivität im Zweifel dem Gedanken der Effizienz unterordnen?

Nach Finis Siegler (1997) gilt aus betriebswirtschaftlicher Sicht: „Der Versuch, wirksame Maßnahmen ökonomisch zu bewerten, darf nicht dazu führen, dass unter der Hand Äpfel mit Birnen verglichen werden. Die Anwendung des ökonomischen Prinzips setzt eine verbindliche Definition und Operationalisierung der Ziele sowie der relevanten Messgrößen bzw. Indikatoren voraus. Eine Effizienzsteigerung ist nur dann gegeben, wenn mit reduziertem Mitteleinsatz noch dasselbe Ziel, ein qualitativ gleich hoher Output, bzw. umgekehrt, mit demselben Input ein größerer Output identischer Qualität erreicht wird. Effizienz ist eine relative Größe. Effizienzvergleiche setzen voraus, dass die Referenzgröße gleich bleibt" (Finis Siegler 1997, S. 128).

Auch der Gesetzgeber spricht davon, dass das im Sinne der gewünschten größeren Effizienz der Sozialen Arbeit sparsame Wirtschaften nicht zu einem Qualitätseinbruch führen dürfe (vgl. Abschnitt 3.2.2.3). Es wurde die Verpflichtung zur Qualitätsentwicklung mit in die Bedingungen für die mögliche Finanzierung von Leistungen aufgenommen. Hier wird die Beziehung zwischen Effizienz und Effektivität definiert: Die Qualität darf nicht unter den Bemühungen um Effizienz und sparsames Wirtschaften leiden. Die Verfechter der Ökonomisierung und Modernisierung der Sozialen Arbeit betonen sogar immer wieder, dass die Verbesserung der Qualität sozialer Dienstleistung eines der zentralen Anliegen dieses Management-Prozesses sei. Auch alle Mittelkürzungen sind immer mit dem Anspruch aufgetreten, zu einer höheren Qualität Sozialer Arbeit beizutragen.

Effizienz muss die Effektivität also in ihre Definition einbinden. Nur wenn Hilfe effektiv ist, also ein bestimmtes, definiertes Ziel tatsächlich erreicht, macht es auch einen Sinn, danach zu fragen, ob dieses Ziel auch kostengünstig erreicht wurde. Der erforderliche Aufwand, eben auch der Kostenaufwand, ergibt sich vor allem aus der notwendigen Qualität, die gebraucht wird, um bestimmte Ziele auf fachlichem Wege zu erreichen. Die Frage, welche Qualität notwendig ist, um die benannten Ziele erreichen zu können, steht damit im Zentrum der Frage nach der Effektivität und ist *vor* den Überlegungen zur Effizienz zu beantworten. Verhandelt werden kann erst danach über unterschiedliche Wege und Verfahren, die aber genau zu dem gleichen Ergebnis kommen müssten.

Wenn man dagegen von Effizienz redet, ohne die erforderliche Effektivität vorher zu definieren oder wenn man an der Effektivität Abstriche macht, weil sonst das Effizienzziel nicht eingehalten werden kann, wird Effizienz zum Selbstzweck und gefährdet die Qualität. Etwas Unzureichendes billig zu machen, ist keine große Leistung. Effizienz ohne Effektivität ist letztlich absurd und auf jeden Fall viel zu teuer. Dieser Zusammenhang wird, wie oben vermerkt, laut Finis Siegler innerhalb der Betriebswirtschaft genau so gesehen (Finis Siegler 1997, S. 128).

Rationalisierungsbemühungen haben also tatsächlich ihre Grenze dort, wo sie die angestrebten Ziele gefährden oder verunmöglichen.

3.3.3.2 Rationalisierungsmöglichkeiten in der Sozialen Arbeit
Folgende Rationalisierungsstrategien sind zu unterscheiden:
- Die *produzentenbezogene Rationalisierungsstrategie*, bei der Einsparungen z. B. durch geringere Kosten für die Erbringung der Leistung erzielt werden (z. B. geringere Gehaltszahlungen, Einsatz von MitarbeiterInnen, die einen Teil ihres Gehaltes oder alles über die ARGE beziehen, Einsatz von MitarbeiterInnen, die keine Ausbildung als Sozialpädagogin haben, Beschäftigung von SozialpädagogInnen zum Erziehertarif usf.),
- die *ko-Produzentenbezogene Rationalisierungsstrategie*, bei der Kosten dadurch eingespart werden sollen, dass man die Nutzer der Leistung selber zur Kasse bittet oder Eigenanteile oder Eigenleistungen von ihnen erwartet,
- die *organisationsbezogene Rationalisierungsstrategie*, bei der es darum geht, auf dem Wege veränderter Organisation und Struktur der zu erbringenden Leistung Geld einzusparen (z. B. flexiblere Teams, Einsatz von EDV, bessere Informationssysteme und Vernetzung innerhalb eines Trägers, neue Formen der interinstitutionellen Kooperation, Management im Sinne der Schaffung intelligenter Abläufe, Flexibilisierung von Hilfeformen und Organisationsstrukturen, Einsatz einer Schreibkraft, die die Verwaltungsarbeiten für die Fachkräfte erledigt usf.),
- die *dienstleistungsbezogene Rationalisierungsstrategie*, bei der das Produkt selber anders, kostengünstiger gestaltet oder produziert wird (z. B. Einsatz von Kurzzeit-Beratungsmethoden, Stundenreduktion für eine bestimmte Hilfen, Anwendung von Methoden, die wenig Zeit beanspruchen und durch ihre klare Struktur den Hilfeverlauf besser unterstützen, Standardisierung bestimmter Schritte oder ganzer Hilfen usf.).

Rationalisierungsmöglichkeiten sind auch im Kontext der Sozialen Arbeit auf verschiedenen Ebenen denkbar. Aber es ist in jedem Fall zu prüfen, ob die Grenzen eingehalten werden, die sich aus der erforderlichen Fachlichkeit Sozialer Arbeit ergeben. Hier sind bei den meisten der oben genannten Strategien aber Zweifel angebracht. Z. B. kann es kein vertretbarer Weg sein, durch Lohndumping in der Sozialen Arbeit Geld zu sparen, weil dadurch in vielfältiger Weise die Fachlichkeit der Leistungen bedroht ist. Einig ist sich die Fachwissenschaft also darin, dass durch das Bemühen um mehr Effizienz, also durch den Einsatz von Rationalisierungsmaßnahmen, die Qualität der Sozialen Arbeit nicht leiden darf. Das ist eine wichtige Bedingung, die es einzuhalten gilt (vgl. z. B. Galuske 2002; Wolf 2006b, S. 294; Kreuzer 2001).

3 Die Ökonomisierung der Sozialen Arbeit

Im Folgenden soll exemplarisch an drei Rationalisierungsbeispielen gezeigt werden, wieso sie und dass sie die fachliche Grenze überschreiten:

Gebühren und Teilnahmebeiträge in der Sozialen Arbeit
Ko-Produzentenbezogene Rationalisierungsstrategien sind z.b. Modelle der Kostenbeteiligung (etwa Beiträge, Gebühren). Sie sollten und können auch in der Sozialen Arbeit erwogen werden, finden aber immer da ihre Grenze, wo sie dazu führen würden, genau die Klientel von den Dienstleistungen und Angeboten auszuschließen, für die diese gerade geschaffen wurden.

Wer bereit ist, etwas für eine soziale Dienstleistung zu investieren, z.B. weil das Produkt aus seiner Sicht einen großen Wert hat, weil es ihn von einem persönlich empfundenen Leidensdruck befreien kann, wird weder Mühen noch Kosten scheuen. Der Leiter einer Erziehungsberatungsstelle, die für einen großen Landkreis in Hessen zuständig war, wurde gefragt, ob die weiten Wege zu seiner Beratungsstelle nicht ein Problem für seine Klientel darstellten. Er antwortete, die KlientInnen, die von ganz weit weg zu ihnen kämen, seien die besten, weil am meisten motiviert. Eine solche Aussage kann vielleicht für eine Beratungsstelle gelten, die gezielt von Personen aufgesucht wird, die genau wissen, warum sie diese Leistung anstreben. Wer aber die Notwendigkeit für eine Unterstützung nicht sieht, wer sich scheut, sie in Anspruch zu nehmen, wer das Problem unterschätzt, wird nicht bereit sein, zu zahlen oder Zeit und Wege zu investieren. Gerade aber solche KlientInnen und solche Ausgangsmotivationslagen für Hilfestellungen sind für die Soziale Arbeit konstituierend. Neben Angeboten, die frei gewählt werden können (z.B. Kindergartenplätze, Ferienfreizeiten), sind für die Soziale Arbeit gerade solche Hilfen und Leistungen typisch, die von den Betroffenen in ihrem Wert erst im Verlaufe des Hilfe-Koproduktionsprozesses erkannt werden (z.B. viele Hilfen zur Erziehung, Jugendgerichtshilfe, Betreuung psychisch Kranker). Menschen brauchen Unterstützung, sind aber deswegen noch lange nicht bereit, Kraft, Zeit oder auch Geld dafür zu investieren. Folglich schließt sich diese Rationalisierungsstrategie immer dann aus, wenn es gerade darum geht, Menschen zu erreichen, die eben nicht von vornherein bereit und in der Lage sind, für Hilfen Geld zu investieren. Und wer nicht über die notwendigen Mittel und die erforderliche Mobilität verfügt, wird ohne hin Schwierigkeiten haben, die Hilfe unter solchen Bedingungen in Anspruch zu nehmen. Auch das ist für die Klientel der Sozialen Arbeit in der Regel der Fall.

Ambulante und stationäre Hilfen
Eine organisationsbezogene Rationalisierungsstrategie hat eine Erhöhung der Effizienz durch veränderte Organisationsstrukturen zum Ziel. Auch hier gibt es für den Bereich der Sozialen Arbeit Grenzen, die nicht überschritten werden dürfen, weil sonst das angestrebte Ziel verfehlt würde.

Das zeigt sich z. B. bei der Anwendung ambulanter statt stationärer Leistungen etwa in der Hilfe zur Erziehung. Die ökonomischen Vorteile ambulanter Hilfen sind nicht von der Hand zu weisen. Ob im konkreten Fall aber eine stationäre oder eine ambulante Hilfe angezeigt ist, darf nicht einfach als Organisationsfrage und schon gar nicht als Kostenfrage behandelt werden. Wird stationäre Hilfe aus fachlichen Gründen gebraucht, so wird nur sie mit hoher Wahrscheinlichkeit den erwünschten Effekt haben und nur sie darf dann auch gewählt werden. Und ohne diese erstrebte Wirkung wäre eine zwar kostengünstigere ambulante Hilfe eine letztlich sinnlose Geldausgabe.

Hilfeplanung als technischer Vorgang
Ein Beispiel für eine problematische dienstleistungsbezogene Rationalisierungsstrategie ist der Missbrauch der Hilfeplanung als bloßes Rationalisierungsinstrument: Wenn Hilfeplanung, die, wie Bremer sagt (2008, S. 19) „im Sozialrecht emanzipatorisch und kooperativ gut gedacht" wurde, dennoch ausschließlich als Möglichkeit der Planbarkeit, Strukturiertheit und Steuerung und damit letztlich als Instrument zur Kostensenkung genutzt und somit als ein technischer Vorgang definiert wird, ohne Spielräume für „kreative Beziehungsgestaltung, gemeinsames Handeln und Aushandeln" (ebenda, S. 17) zu eröffnen, stellt sie eine unangemessene Rationalisierungsstrategie dar, die dem Charakter der helfenden Beziehung nicht gerecht wird und sie konterkariert statt sie zu fördern.

Bei Versuchen der Rationalisierung in der Sozialen Arbeit ist also immer zu beachten: Sie dürfen nicht zu Verlusten an Fachlichkeit und Qualität der Leistung führen. Es ist fraglich, ob in der Praxis auf die Grenzen der Rationalisierbarkeit der Sozialen Arbeit wirklich geachtet wird. Und es stellt sich die Frage, ob diejenigen, die der Sozialen Arbeit Rationalisierungsstrategien aufzwingen, die Grenzen unserer Profession beachten und beachten wollen.

3.3.4 Tatsächliche Rolle der Effizienz in der Ökonomisierung

Effizienz ist das herrschende Prinzip des gesamten Ökonomisierungsprozesses. Es stellt sich die Frage, ob eine solche Vorstellung von Effizienz mit einem fachlichen Verständnis Sozialer Arbeit kompatibel ist oder ob es Widersprüche zwischen Fachlichkeit und Effizienzprinzip geben kann.

3.3.4.1 Dominanz des Effizienzgebotes im Ökonomisierungsprozess
Alle Modernisierungsprozesse, die im Rahmen der Ökonomisierung innerhalb der Sozialen Arbeit vollzogen wurden, sollten und sollen in erster Linie dem Zweck der Kostendämpfung dienen. Eine Verknappung der Mittel wird ja als Normalfall angesehen. Es geht nicht einfach nur darum, möglichst wirtschaftlich mit Geld umzugehen, sondern darum, auf alle Fälle mit möglichst wenig Geld auszukommen. Die Möglichkeit, dass mehr Effektivität, mehr und bessere Qualität vielleicht auch mehr Kosten bedeuten könnten, ist nicht vorgesehen und wird von daher von vorneherein ausgeschaltet. Die Frage, welche Mittel Soziale Arbeit für den aus fachlicher Sicht angestrebten Output im konkreten Fall tatsächlich brauchen würde, darf und kann gar nicht gestellt werden.

Somit ist hier Effizienz nicht der Effektivität nachgeordnet und steht nicht – wie weiter oben als notwendig abgeleitet – mit ihr in einem direkten Zusammenhang. In der Wirklichkeit der marktförmig umgebauten Sozialen Arbeit wird Effizienz von vorneherein, an erster Stelle und grundsätzlich eingefordert. Außerdem wird erwartet, dass die gleichen (qualitativ gleichen) Ergebnisse unter den knapperen finanziellen Bedingungen trotzdem erreicht werden. Diese Erwartung dient sozusagen als Rechtfertigung für diese unangemessene Voranstellung der Effizienzforderung.

Diese Praxis widerspricht der von Finis Siegler (1997, S. 128) festgestellten betriebswirtschaftlichen Sicht vom Verhältnis von Effektivität und Effizienz und sie widerspricht letztlich den Vorgaben des § 78 KJHG, wo immerhin ja die Rede davon ist, dass trotz aller Sparsamkeit die Leistungserbringer in die Lage versetzt werden sollen, ihr Angebot bedarfsgerecht zu gestalten. In Abweichung zu den Vorstellungen von Finis Siegler, die erklärt, dass die Definition dessen, was fachlich Ziel und was Mittel zum Ziel zu sein hat, nicht die Ökonomie leisten kann und will (ebenda), muss festgestellt werden, dass heute bei der Frage, was Soziale Arbeit für Zielvorgaben hat, die Ökonomie und damit die Politik zunehmend mitredet und zwar über das von ihr dominierend eingesetzte Gebot der Effizienz.

Das alles macht die Modernisierungs- und Reformprozesse für die sozialpädagogischen Fachkräfte so zwiespältig und problematisch und das macht auch die konstruktive Auseinandersetzung mit ihnen schwierig (vgl. z.B. Liebig 2003, S. 64). Gekoppelt mit der Absicht, die Kosten zu senken, wird der Effizienzgedanke als Instrument missbraucht, Einsparungspolitik nachhaltig um- und durchzusetzen.

3.3.4.2 Effizienz als Pseudokriterium für Fachlichkeit

Der Umgang mit der Sozialen Arbeit im Rahmen des Ökonomisierungsprozesses wird wie schon angedeutet von der Grundannahme gesteuert, Soziale Arbeit sei ohnehin zu teuer, bemühe sich selber nicht um Effektivität und schon gar nicht um Effizienz. Deshalb genüge es, sie unter Kostendruck zu setzen um sie auf diese Weise zu mehr Qualität und automatisch auch zu mehr Effizienz zu zwingen. Ein schönes Beispiel für ein solches Verständnis von Qualität Sozialer Arbeit ist die Entstehung des Sozialraumbudgets (vgl. Schnurr 2006, S. 128).

Ausgehend von den hohen und tendenziell trotz aller Sparbemühungen immer noch steigenden Kosten für die Hilfen zur Erziehung, wurde ein Steuerungsinstrument gesucht, das in der Lage ist, die vorhandenen Ressourcen so umzusteuern, dass zukünftig die teuerste Erziehungshilfe, die stationären Unterbringung, weniger häufig die öffentlichen Kassen belastet (Schnurr 2006, S. 127f).

Andockend an die sozialpädagogische Sozialraumorientierung, einem wichtigen Aspekt der Lebensweltorientierung, wurde in diesem Kontext das Sozialraumbudget entwickelt. Aufhänger war eine empirische Studie, die festgestellt hatte (Ames/Bürger 1998), dass Jugendämter mit der besonders kostenintensiven Heimunterbringung offensichtlich unterschiedlich umgingen. Bestimmte Bezirke gaben für Heimunterbringung deutlich mehr aus als andere, bei denen die Kosten im Verhältnis zur Einwohnerzahl wesentlich niedriger waren. Damit wurde klar, dass die Notwendigkeit einer Fremdplatzierung nicht etwas ist, was sich allein aus den Notlagen der Familien und Minderjährigen ergibt, sondern was ganz offensichtlich auch von der Entscheidungs- und Zuweisungspraxis der Jugendämter abhängt.

Nun wären aber ganz verschiedene Interpretationen dieser Ergebnisse denkbar: Die politischen Kräfte, denen es um eine Einsparung der Mittel ging, schlossen bei den Landkreisen, die die höheren Heimkosten aufwiesen, auf eine zu frühe und zu schnelle Abschiebung in Heimeinweisung und auf eine verstärkte Rückhaltepraxis der Heime, die sich ihre Klientel erhalten wollten. Genau so gut aber könnte man folgern, dass in den Jugendamtsbezirken mit den geringeren Kosten zu lange mit der notwendigen Heimeinweisung gewartet und mit zu wenig effektiven und intensiven Hilfen gearbeitet und damit das Problem eher verschleppt würde. Oder man könnte auch vermuten, dass hier Eltern, aufgrund einer schlechten Elternarbeit der Heime oder der Jugendämter, ihre Kinder zu früh und nur aus Gründen, die nicht dem Wohle der Kinder dienten, zurück nach Hause holten.

Alle diese Erklärungen hätten eine gewisse Plausibilität. Die Entscheidung für die stationäre Unterbringung ist schließlich eine äußerst schwierige, anspruchsvolle und verantwortliche fachliche Herausforderung, bei der vieles bedacht werden muss, und wo durchaus fachliche Fehler auftreten können. Nicht bestritten wird, dass es hierzulande noch immer Entscheidungen für eine Fremdplatzierung gibt, die aus fachlichen Erwägungen nicht angemessen sind. Würden die ambulanten Hilfen weniger als Billiglösungen behandelt und ausgestattet, als es derzeit der Fall ist, und würden ihnen die notwendigen Zeitkontingente und die erforderliche fachliche Kompetenz zugesprochen, so wäre es aus sozialpädagogischer Sicht sehr wohl möglich, viele Minderjährige erfolgreich ambulant zu betreuen, die derzeit stationär untergebracht sind. Es muss allerdings ebenfalls davon ausgegangen werden, dass in unserem Land viele Minderjährige ambulant – oder einfach auch gar nicht – betreut werden, für die aus fachlichen Erwägungen heraus eine stationäre Unterbringung unbedingt notwendig wäre. Diese beiden Fakten zusammen genommen machen deutlich, dass die Entscheidung zwischen ambulanter oder stationärer Erziehungshilfe ein Höchstmaß an fachlicher Kompetenz erfordert.

Zurück zum Beispiel: Bei der bestehenden Absicht, die Kosten für Heimunterbringungen zu senken, konnte und sollte offenbar nur die eine der möglichen Interpretationen gedacht werden: Wenn es Jugendämter gab, die die gleiche Aufgabe kostengünstiger lösten, dann stellte sich nur noch die Frage, wie man die anderen dazu bringen könnte, gleiches zu tun. Und so ist das Sozialraumbudget auch ganz offiziell gemeint: Es geht darum, bei der Heimunterbringung Kosten zu sparen und es werden ökonomische Anreize bzw. Zwänge gesetzt, die die FachmitarbeiterInnen dazu bewegen sollen, mit Heimunterbringung in einer Weise zu verfahren, wie es dort offenbar schon geschah, wo weniger Kosten aufgewandt wurden (Schnurr 2006, S. 129; vgl. auch Budde/Früchtel 2006, S. 9ff). Die Perpetuierung fachlich problematischer Praxis wird dabei ohne Bedenken riskiert. Offenbar wurde hier kein Gedanke an die Qualität der jeweiligen fachlichen Entscheidungen verschwendet. Bei der Neuregelung ging es nicht darum, die Entscheidungen für Heimerziehung zu professionalisieren und fachlich qualifizierter zu gestalten. Effizienz, also die kostengünstige Lösung sprach sozusagen für sich selber. Und wenn Effektivität hier überhaupt eine Rolle gespielt hat, dann die, dass Effektivität von Heimerziehung einfach damit gleichgesetzt wurde, dass ein Kind oder Jugendlicher wieder in seinem Elternhaus lebt und eine erneute Heimunterbringung von den Sozialbehörden offenbar nicht angestrebt wird. Ob der Wiederaufenthalt des Minderjährigen in seiner Familie tatsächlich sein Wohl gewährleistet und ob Heimerziehung wirklich neue Lebenschancen eröffnet hat, ob der junge Mensch bereits Kompetenzen erworben hat, die ihm helfen, auch außerhalb der Einrichtung sein Leben besser zu bewältigen und ob diese Prozesse nachhaltig wirken, ob sie hinreichend gefestigt, ob sie abgeschlossen sind, das alles wird nicht thematisiert. Und so ist das Sozialraumbudget eine Modernisierungsstrategie, bei der es – anders als viele PraktikerInnen es erwarten und hoffen – im Zweifel eben nicht um Qualität und um sozialräumliche, fachliche Argumente für eine bessere Soziale Arbeit geht. Es geht bei diesem Konzept und ging bei seiner Einführung in erster Linie ums Kostensparen (vgl. Schnurr 2006, S. 128; vgl. auch Eger 2008).

Auf dem Hintergrund einer sozialpolitischen Praxis, die den Effizienzgedanken vor die Fachlichkeit stellt, drängt sich einmal mehr die Frage auf, wer in unserer Gesellschaft die Fachlichkeit Sozialer Arbeit sichern und kontrollieren kann.

3.4 Folgen von Effizienzdominanz und Kostendämpfung für die Praxis

Welche Bedeutung haben die Effizienzerwartungen an die Soziale Arbeit für die Praxis? Wie weit werden dadurch ihre Qualität und ihre Fachlichkeit beeinträchtigt?

3.4.1 Gefährdung der fachlichen Standards Sozialer Arbeit

Unter dem Primat der Effizienz, das von vorne herein mit einer Kosten dämpfenden Absicht, mit eingeschränkten Budgets und der betriebswirtschaftlichen Denklogik auf den Plan getreten ist, sind fachliche Standards in der Praxis zunehmend bedeutungsloser geworden (vgl. z. B. Galuske 2002, S. 238; Messmer 2006, S. 113).

3.4.1.1 Qualifizierte Soziale Arbeit wird als Luxus abgetan

„Den Luxus können wir uns heute nicht mehr leisten." Diese Aussage kann man immer wieder hören, wenn Träger Sozialer Einrichtungen mit den fachlichen Vorstellungen konfrontiert werden, die Studierende aus ihrem Studium mit ins Praktikum bringen. Auf einmal scheint Soziale Arbeit, wie sie in Zeiten des früheren (noch nicht aktivierenden) Sozialstaates existierte, etwas zu sein, was wir uns heute – angesichts der viel beschworenen knappen Kassen und erst recht seit der Finanzkrise – nicht mehr leisten können. Auch diejenigen, die gute Soziale Arbeit für notwendig halten, teilen oft die Vorstellung von der unerreichbaren Luxusausgabe Sozialer Arbeit der 80er Jahre. Die „alten Zeiten" mit ihren ausgebauten Strukturen und ihren Personalzahlen waren, so wird achselzuckend festgestellt, eben goldene Zeiten der Jugendhilfe und der Sozialen Arbeit, Zeiten, an die wir heute nur noch wie an Märchen denken können und die eben auch märchenhaft waren, also fantastische und unrealistische Luftschlösser.

Die oben zitierte Forderung z. B. des Kinder- und Jugendhilfegesetzes (§ 1 Abs. 4 SGB VIII) an die Soziale Arbeit, sich „einmischend" gegenüber der Politik, z. B. der Familienpolitik, der Verkehrspolitik, der Sozialpolitik, der kommunalen Bebauungspolitik etc. zu verhalten, um sich für bessere Lebensbedingungen von Kindern und Jugendlichen einzusetzen, bleibt angesichts einer Wirklichkeit, in der Soziale Arbeit nur mit Mühe und Not ihre unmittelbaren Aufgaben am Fall erledigen kann, offen. Für so etwas hat keiner mehr Zeit.

Aber selbst bei konkreten Hilfen, etwa in der Einzelfallhilfe, besteht heute sehr oft die Meinung, die früher üblichen Arbeitsbedingungen seien Luxus gewesen, heute unerreichbar, aber auch letztlich nicht notwendig. Dies soll am Beispiel der Sozialpädagogischen Familienhilfe erläutert werden:

Beispiel 6
Sozialpädagogische Familienhilfe: „Luxus- versus Gebrauchsvariante"
Die sozialpädagogische Familienhilfe ist eine sehr intensive, ambulante Hilfe, die in Familien mit vielfältigen Problemlagen bei der Bewältigung ihres Alltags und Lebens grundlegende Veränderungen bewirken kann, vorausgesetzt, die Familien können zu einer Zusammenarbeit bewegt werden. Allerdings braucht die Sozialpädagogische Familienhilfe für die Entfaltung ihrer Qualität und ihrer Wirkungsmöglichkeiten entsprechende Bedingungen: Das sind vor allem qualifizierte Fachkräfte, die sowohl pädagogisch als auch systemisch ausgebildet[6] sind und in ihrer fachlichen Arbeit durch ein beratendes Team und durch Supervision unterstützt werden. Zum Zweiten braucht sie hinreichende Zeitkontingente,

- *um Lernprozesse und neue Erfahrungen in Ruhe und mit Geduld aufbauen und mit den Leuten gemeinsam entwickeln zu können und*
- *um den Alltag der Familie nicht nur vom Erzählen her zu kennen, sondern ihn auch zu erleben und von daher gezielter und direkter helfen zu können.*

In den ersten Jahrzehnten, in denen Sozialpädagogische Familienhilfe praktiziert und entwickelt wurde, noch vor der Verabschiedung des KJHG, stellte man den FamilienhelferInnen für diese Arbeit durchschnittlich 15 – 20 Wo-

---

6. Der sozialpädagogische Umgang mit Systemen wie z. B. dem System Familie erfordert von den Sozialarbeitenden die Kompetenz, in ihrer Arbeit die systemischen Zusammenhänge zu berücksichtigen und sich nicht einfach nur auf die Individuen im Einzelnen zu beziehen. Es geht in der Arbeit mit Familiensystemen z. B. genau so um Aspekte wie Kommunikation, Rollen, Regeln, Grenzen, Beziehungen. Systemische Beratung ist Gegenstand der Ausbildung an den Fachhochschulen.

chenstunden zur Verfügung. Mit diesem Kontingent waren im Rahmen der Hilfe nicht nur direkte Beratungskontakte möglich. Es waren ebenso Elterngespräche, Spielabende mit der ganzen Familie, Begleitungen zu Ämtern und zum Elternabend, Auswertungsgespräche und gemeinsame Freizeitunternehmungen realisierbar. Heute wird eine solche Stundenzahl für eine Sozialpädagogische Familienhilfe in den Bereich der Sagen und Märchen verwiesen. Oft stehen in durchaus vergleichbar schweren Fällen gerade mal 8 Stunden, manchmal nur 3 Stunden zur Verfügung. Was kann da von der ganzen Hilfe noch übrig bleiben? Ein, zwei Gespräche in der Woche, keine begleiteten Lernprozesse, kein Miterleben des Familienalltags. Unter solchen Bedingungen ist diese Hilfe jedoch nicht mehr das, was sie eigentlich ausmacht. Sie kann bestenfalls als Hausbesuch mit Beratungsgespräch gewertet werden. Ihre eigentliche sozialpädagogische Potenz als alltagsbezogene und handlungsorientierte pädagogische Hilfe ist gekappt.

Studierende, frisch aus dem Praktikum zurück und mit einjähriger Praxiserfahrung ausgestattet, die bei einem Seminar „Zukunftswerkstatt" zunächst einmal träumen sollten, wie sie sich gute Soziale Arbeit vorstellen, nannten als – ihrer Meinung nach – unerreichbare Utopie:

- Entscheidungen werden nicht nach Geld, sondern nach fachlichen Gesichtspunkten getroffen.
- Soziale Arbeit verfügt über feste, volle und entsprechend ihrer Ausbildung angemessen und tariflich abgesicherte Arbeitsplätze.
- Sozialarbeitende werden für die ganze Zeit, in der sie fachlich tätig sind, auch wirklich bezahlt und müssen nicht privat nachhelfen, damit schließlich doch noch verantwortliche Fachlichkeit herauskommt.
- Die zur Verfügung stehende Zeit und damit die Personaldecken sind so konzipiert, dass man mehr machen kann als Notdienste und Feuerwehreinsätze, nämlich wirkliche sozialpädagogische Begleitung und nachhaltige Betreuung der KlientInnen.

In der Sozialen Arbeit erscheint heute das als Utopie, was bisher Mindestausstattung war. Heute ist damit unerfüllbarer Traum, was gestern noch selbstverständlich war.

3.4.1.2 Kostendämpfung macht Soziale Arbeit zum Billigprodukt

Professionelle Soziale Arbeit, wie sie seit etwa den 70er Jahren des letzten Jahrhunderts im Rahmen ihrer Professionalisierung und im Kontext der lebensweltorientierten Sozialen Arbeit möglich war, erscheint mit einem Mal als

Luxus, den sich keiner mehr leisten kann. Soziale Arbeit wird damit als etwas angesehen, das man getrost auch „verdünnen" kann, ohne seine Wirkung zu verringern.

Beispiel 7
Schulsozialarbeit: „Aus eins mach viele!"
Der Modellversuch Jugendarbeit an Thüringer Schulen, bei dem im Modellzeitraum an 40 Schulen je zwei 30 Stunden-Kräfte beschäftigt waren, führte nach Abschluss des Förderzeitraumes im Jahr 1997 zu einer Reihe von Nachfolgeprojekten, bei denen aber grundsätzlich nur noch eine Kraft à 30 Stunden in Schulen arbeiten sollte. In etlichen Gemeinden wollte man außerdem auch andere Schulen in den „Genuss" bringen und hat den Zuständigkeitsbereich der einzelnen Fachkräfte auf zwei, manchmal drei verschiedene Schulen ausgeweitet.

Das, was diese SchulsozialarbeiterIn unter solchen Bedingungen real noch anbieten kann, beschränkt sich auf Sprechstunden, ein paar Gruppen im Freizeitbereich, die Betreuung der Schülerzeitung und die Vermittlung von störenden Jugendlichen an das Jugendamt. Die Möglichkeit, mit SchülerInnen und LehrerInnen Vertrauensbeziehungen aufzubauen, kontinuierlich SchülerInnen im Schulalltag zu begleiten, mit LehrerInnen gemeinsame Projekte durchzuführen, an Dienst- und Fallkonferenzen teilzunehmen und mit KlassenlehrerInnen regelmäßig (nicht nur in Krisensituationen) über ihre Schüler zu sprechen, all das und vieles mehr wird so nicht geleistet und die Chancen, die im Ansatz „Schulsozialarbeit" stecken, werden nicht eingelöst und gar nicht erst herausgefordert.

Im Gegensatz zur sozialpädagogischen Fachliteratur gibt es im Bereich Soziale Arbeit keine auch von der Politik anerkannten Kriterien für eine notwendige Zeitausstattung, noch weniger als in anderen Bereichen gesellschaftlicher Arbeit, wie etwa dem Bildungs- oder Gesundheitswesen. Auch im Gesundheitsbereich und in der Bildung wird gekürzt, werden Ressourcen und wird Geld verknappt. Aber niemand käme etwa auf die Idee, dass ein Lehrer in der gleichen Zeitstunde zwei Klassen parallel unterrichten sollte oder niemand würde die für ein EKG notwendige Zeit um die Hälfte kürzen, einfach deshalb, weil dieses dann logischer Weise nicht ordnungsgemäß abgeleitet werden könnte. In der Sozialen Arbeit aber gibt es anscheinend keine verbindlichen, anerkannten oder als logisch angesehene Grenzwerte: Man kann an einer Schule mit 1000 Schülern gute Schulsozialarbeit machen mit einem Team von drei Leuten, man kann aber genau so gut nur einem einzigen Sozialarbeiter die Betreuung von drei verschiedenen Schulen übertragen. Und immer noch spricht man von Schulsozialarbeit. Es scheint somit offenbar ganz beliebig, wie man ein Projekt der Sozialen Arbeit ausstattet und wie weit man die erforderlichen Zutaten verdünnen und strecken kann.

3.4.1.3 Ein bisschen Soziale Arbeit ist nicht genug

„Luxusausgaben" Sozialer Arbeit stehen also nicht mehr zur Verfügung. Aber Soziale Arbeit gibt es auch weiterhin. „Ein Bisschen ist schließlich besser als gar nichts, oder?", so die verbreitete Meinung. Ein bisschen Soziale Arbeit hilft aber in der Wirklichkeit eben nicht ein bisschen, sie hilft oft gar nicht, weil die Hilfe oberflächlich bleibt und nicht nachhaltig ist und im Kopf und Herzen der Betroffenen nicht Platz greifen kann. Manchmal schadet sie sogar, weil sie Hoffnungen weckt, die sie nicht erfüllen kann oder weil sie Probleme anreißt, aber die KlientInnen damit alleine lassen muss.

Ein Beispiel für das Herunterfahren auf eine Sparvariante, die nicht mehr das leisten kann, was zu leisten vorgegeben wird bzw. was notwendig wäre, zeigt die Verknappung und damit die inhaltliche, fachliche Verarmung des sozialpädagogischen Einsatzes im Allgemeinen Sozialen Dienst.

Beispiel 8
Der Allgemeine Sozialer Dienst ist nur noch im Feuerwehreinsatz
Der Mitarbeiter Jansen vom Allgemeinen Sozialen Dienst des Jugendamtes muss heute wieder einmal alle Termine absagen. Wenn Kriseneinsatz angesagt ist, muss alles andere halt hinten anstehen. Er hofft, dass heute und morgen nicht bei der nächsten Familie alle Sicherungen durchbrennen werden. Denn er wird jetzt den ganzen Tag versuchen müssen, bei der Familie Kubert die Lage wieder zu stabilisieren. Der Vater Kubert hatte gestern in seiner Wohnung alles zusammengeschlagen, weil die 12jährigen Zwillinge nachts um 2.00 Uhr von der Polizei nach Hause gebracht worden waren. Die Mutter rief heute früh bei Herrn Jansen an und teilte mit, dass sie Angst habe, ihr Mann würde die Jungen erneut schlagen, wenn sie aus der Schule kämen. Außerdem sei bei ihnen das ganze Mobiliar kaputt, sie wissen überhaupt nicht, was sie machen solle. Als der Anruf kam, hatte Herr Jansen sich gerade an den Hilfeplan für den Fall Reimund gemacht. Solche Schreibtischarbeiten kosteten immer viele Stunden seiner knappen Zeit. Er hatte dennoch gehofft, damit fertig zu sein, wenn Familie Sandberg um 12.00 Uhr zum Gespräch auf der Matte stehen würde. Aber nach dem Anruf von Frau Kubert muss er alles stehen und liegen lassen, auch seine Schreibtischarbeit. Die wird aber nicht warten können. Übermorgen ist das Hilfeplangespräch, da muss der Text fertig sein. Das bedeutet also Überstunden. Aber alles andere, was eigentlich in seinem Terminkalender steht, muss schlicht ins Wasser fallen:

3 Die Ökonomisierung der Sozialen Arbeit

- *Das Mittwochsgespräch mit Familie Sandberg fällt also wieder einmal aus. Dabei wäre es so wichtig, dass diese Gespräche regelmäßig stattfinden. Wie leicht kann es in dieser Familie wieder zu Rückfällen kommen! Wenn er nicht aufpasst, gibt es da die nächste Krise.*
- *Das Gespräch mit der Lehrerin eines 11-jährigen Mädchens, die in der Schule auffälliges Verhalten zeigt, muss dann eben morgen per Telefon erledigt werden. Ein persönliches Gespräch mit der Lehrerin wäre sehr viel besser gewesen. So wird es nicht viel mehr werden als ein reiner Faktenaustausch.*
- *Das Gespräch mit den Kindern der Familie Reimund ohne Beisein der Eltern muss er auf einen späteren Zeitpunkt verschieben. Eigentlich kann er der Einweisung der Kinder ins Heim nicht zustimmen und auch nicht den Hilfeplan schreiben, ohne sich auch ein Bild von der Sicht der Kinder selber gemacht zu haben. Nun wird er dieses Gespräch wahrscheinlich erst führen können, wenn die beiden längst im Heim sind. Das ist mit Sicherheit keine gute Voraussetzung für einen gelingenden Heimaufenthalt.*
- *Seine Teilnahme an dem Fußballnachmittag, zu dem ihn einige seiner ehemaligen Jugendlichen eingeladen hatten und zu denen er noch immer losen, aber für diese Jugendlichen wichtigen Kontakt hält, muss er ebenfalls absagen. Das ist besonders dumm. Denn es geht nicht um ein lockeres Wiedersehen: In diese Gruppe hat er vor zwei Monaten Kevin vermittelt. Es wäre so wichtig, sich ein eigenes Bild machen zu können davon, ob der Jugendliche in dieser Gruppe wirklich integriert ist und ob er inzwischen gelernt hat, sich in die Gruppe einzubringen, ohne bei jeder Gelegenheit seine Fäuste zu gebrauchen.*

Früher hat es natürlich auch schon Krisenfamilien und solche erforderlichen Ganztagseinsätze im Allgemeinen Sozialdienst gegeben, aber da waren sie noch zu dritt im Bezirk. Manchmal kommt es ihm so vor, als bestehe seine Arbeit nur noch aus Feuerwehreinsätzen und aus Schreibtischarbeit natürlich. Für mehr ist einfach keine Zeit da.

Offenbar wird Soziale Arbeit von den politisch Verantwortlichen nicht als ein ernstzunehmender „Produktionsfaktor" angesehen. Ein bisschen Sozialarbeit scheint deshalb besser als keine und immer vertretbar, egal wie wenig bei diesem Bisschen von dem übrig bleibt, was eine angemessene qualitativ gute Arbeit ermöglichen würde. Ein solches „bisschen Soziale Arbeit" ist aber volkswirtschaftlich nicht nur ineffizient, sondern die reine Verschwendung.

3.4.1.4 FachmitarbeiterInnen haben die Effizienzschere im Kopf

Messmer berichtet von einer „zunehmenden Durchmischung sozialpädagogischen Handelns durch wirtschaftliche Rentabilitätsgesichtspunkte" und davon, dass der Effizienzgedanke auch bei den SozialpädagogInnen inzwischen leitend und orientierend zu sein scheint (Messmer 2007, S. 92ff). Die an die Soziale Arbeit durch den Ökonomisierungsprozess herangetragene Vermarktlichung ihrer Profession und ihrer Arbeitsergebnisse ist inzwischen längst in das Denken von Einrichtungen und MitarbeiterInnen eingedrungen und beginnt als ‚Schere im Kopf' fachliche Überlegungen zu dominieren. Und nicht nur die Leitungen und Geschäftsführer haben diese Schere im Kopf, was dazu führt, dass sie alles, was zusätzliche Kosten verursachen würde, als außerhalb des Realisierbaren wahrnehmen. Auch die MitarbeiterInnen, die die direkte Arbeit mit der Klientel machen, sind von den Effizienzgedanken oft geradezu besessen. „Vor dem Hintergrund einer gesamtbetriebswirtschaftlichen Kostenverantwortung in Verbindung mit gestiegenen Anforderungen an die Qualität der Leistungserbringung wird der Effizienzdruck in der Hierarchie einer Einrichtung von ‚oben' nach ‚unten' durchdekliniert (Messmer 2007, S. 158). Die „leeren Kassen" der Kommunen sind für die Träger wie für die MitarbeiterInnen der Sozialen Arbeit der alltägliche Inhalt einer Art von Glaubensbekenntnis. Bevor eine neue Idee geboren wird, wird sie schon abgeschnitten. Soziale Arbeit verliert dadurch nicht nur ihre Fachlichkeit, sondern auch ihre Kreativität und Unternehmenslust.

Das KJHG fordert mit seinem § 27 dazu auf, Hilfen bei Bedarf individuell angemessen zu entwickeln und auch selber neu zu gestalten. Der Gesetzgeber wollte, dass Hilfen zur Erziehung wirklich auf die konkrete Situation der betroffenen Menschen passen. Denkbar und sogar wünschenswert wäre es folglich, Hilfen zu kombinieren, Hilfen zu verändern, Hilfen ganz neu zu erfinden. Hierfür aber braucht Soziale Arbeit Kreativität, Phantasie, Ideen aber vor allem auch den Mut, etwas Neues, bisher noch nicht in dieser Form Praktiziertes zu denken und vorzuschlagen. Mit der Erfüllung dieser Aufforderung zu mehr Kreativität im Interesse der Klientel ist es in der Praxis nicht weit her. „Das wird doch nie bezahlt!", „Das gibt es doch nicht!", „Das geht doch nicht, so was haben wir doch gar nicht!", sind die Argumente, die auf den niederprasseln, der es dennoch wagt.

Beispiel 9
„Neue Ideen lassen Sie lieber gleich stecken! Sie sind eh zu teuer."
Die Sozialarbeiterin Yvonne ist erst seit drei Monaten Mitarbeiterin des Allgemeinen Sozialen Dienstes. Heute ist Fallkonferenz ihres Teams und sie wird ihren ersten Fall vorstellen und Vorschläge für die Hilfeplanung unterbreiten.

3 Die Ökonomisierung der Sozialen Arbeit

Die von ihr betreute Familie März hat sie inzwischen gut kennen gelernt und glaubt, nicht nur zu wissen, was der Mutter mit den drei kleinen Kindern wirklich helfen könnte, sie sieht auch wirklich Chancen für diese Hilfe, da die Mutter sehr engagiert ist und es erreichen möchte, langfristig ihre drei Kinder bei sich zu behalten und ihnen eine gute Mutter zu sein. Zurzeit gelingt ihr das zumindest für den Ältesten, René, nicht so recht. Sie ist mit dem Baby und dem kleinen, 3jährigen Mädchen total ausgelastet. Für René bleibt kaum Zeit. Er ist 12 Jahre alt und versucht, seinen Willen durchzusetzen und sich mit der Mutter anzulegen. Er ist eifersüchtig auf die kleinen Geschwister und wird für die Mutter zunehmend zum Problemkind. Für René sieht Yvonne zurzeit in der Familie keinen wirklichen Platz. Er braucht dringend Anregungen, jemanden, der tatsächlich Zeit für ihn hat, jemanden, der sich ihm zuwenden kann. Deshalb möchte Yvonne für René eine sozialpädagogische Tagesgruppe vorschlagen. Yvonne sieht aber andererseits auch die Chance einer Sozialpädagogischen Familienhilfe (SPFH) für Familie März. Sicher würde die Mutter unter den alltagsbezogenen, praktischen Lernbedingungen einer SPFH gute Fortschritte in ihrer Entwicklung und in ihrer Funktion als versorgende und fürsorgende Mutter machen. Und für René wäre es außerdem sehr wichtig, dass seine Bedürfnisse nach Nähe und Aufmerksamkeit auch irgendwann von der Mutter selber gestillt würden. Eine Tagesgruppe könnte von ihm als Abschieben und Ausgrenzung verstanden werden. Und dann würde diese Hilfeform nicht greifen. Allerdings bezweifelt Yvonne, dass die SPFH es alleine schaffen kann, die Problematik von René zu lösen. Die Beziehung zwischen Mutter und Sohn ist schon sehr angespannt, und es wäre zu befürchten, dass dadurch eine SPFH eher blockiert würde, als dass sie helfen könnte. Yvonne hat deshalb erkannt, dass hier nur sinnvolle Hilfe geleistet werden kann, wenn von beiden Seiten gearbeitet und dann natürlich intensiv kooperiert wird. Sie hat deshalb vor, für René die Einbindung in eine Tagesgruppe für den Zeitraum von maximal einem Jahr vorzuschlagen und gleichzeitig mit Frau März eine SPFH zu beginnen, die u. a. die Aufgabe hätte, die Beziehung zwischen Mutter und René so zu verbessern und zu verändern, dass eine Rückführung nach einem Jahr und mit weiterer Unterstützung der Familienhilfe funktionieren könnte.

Nach der Fallkonferenz mit ihren Team-KollegInnen ist sie schockiert. Ihr Vorschlag wurde einhellig von allen KollegInnen abgelehnt, nicht weil sie ihn nicht gut gefunden hätten, sondern weil er völlig unrealistisch sei, um nicht zu sagen utopisch. „Wir können froh sein, wenn wir den Jungen in eine Tagesgruppe unterkriegen. Das macht unsere Wirtschaftliche Jugendhilfe auch nicht mehr gerne, weil sie die Kosten zu hoch findet. Vielleicht geht es eher, eine SPFH mit 5 Stunden die Woche zu bekommen? Bei der Caritas ist, glaube ich, gerade bei einer Mitarbeiterin etwas Luft. Das können wir versuchen." Auf ihren entsetzten Einwand, dass SPFH als solche schon nicht reiche, aber eine mit so wenig Stunden mit Sicherheit nicht mit der Gesamtproblematik fertig werden würde, zuckten die KollegInnen nur mit den Schultern. „Dann können wir es auch lassen und gar nichts tun", hatte sie resigniert geseufzt. „Hör bloß auf mit so was, da bringst du die noch auf Gedanken", kam es von allen Seiten zurück.

Studierende, die ein Praktikum machen, geben oft binnen weniger Tage ihre Orientierung an den fachlichen Standards auf, die sie an ihrer Hochschule gelernt hatten. Die Praxis, die sie erleben und an die sie sich als PraktikantInnen zwangsläufig anpassen müssen und wollen, bietet sehr oft das Bild einer festgefahrenen und eingeschränkten Sozialen Arbeit, bei der nur das Allernötigste machbar ist und Fachlichkeit bestenfalls als wünschenswert angesehen wird. Dass für den Hausbesuch keine Zeit da ist, dass man aber drei Stunden über einer Akte sitzen muss, dass für die Mutter der kleinen Sabrina keine Sozialpädagogische Familienhilfe gewährt wurde, weil ihre Problemlage als nicht gravierend genug eingeschätzt wurde, dass man die Beratung gestaltet wie ein formelles Interview, weil für ein wirkliches Gespräch die Zeit und auch die Motivation fehlt, all das erlebt die PraktikantIn als normale Realität.

Es scheint im Interesse der Politik zu liegen, dass die MitarbeiterInnen der Sozialen Arbeit das Prinzip der Effizienz ganz persönlich internalisieren.

3.4.1.5 Verzicht auf das Gut „sozialpädagogische Fachlichkeit"

Die Tendenz einer zunehmenden Professionalisierung in der 2. Hälfte des vorigen Jahrhunderts in der Sozialen Arbeit hat sich offenbar wieder umgekehrt: Es gibt inzwischen wieder – gewollt und ganz bewusst so geregelt – sozialpädagogische Aufgaben in fachfremden Händen. Während die Zeitkontingente für fachliches Personal gekürzt werden und Arbeit damit schneller, weniger tief greifend, verkürzt und oberflächlicher erfolgen muss, wird mit nicht ausgebildeten Kräften „kompensiert". Sozialpädagogische Aufgaben, die eigentlich professionelle Sozialpädagogik erfordern, werden nicht selten von Menschen übernommen, die keineswegs dafür ausgebildet sind. Sie übernehmen diese Aufgaben für weitaus weniger Geld als die ausgebildeten SozialpädagogInnen.

Würde uns beim Einchecken in der Klinik zur geplanten Blinddarmoperation mitgeteilt, dass der operierende Chirurg zur Zeit in Urlaub sei, aber bis dahin ein arbeitsloser Apotheker (oder auch ein Buchhändler), seinen Platz einnehmen wird, würden wir schleunigst die Flucht ergreifen. In der Sozialen Arbeit aber wird von sozialpädagogischer Professionalität offenbar keine grundsätzlich andere Handlungsqualität erwartet als von Menschen, die keine sozialpädagogische Hochschulausbildung erfahren haben. ‚Eine Mutti, die drei Kinder groß gezogen hat, die wird doch auch einer anderen Frau noch sagen können, wie's geht, oder?' ist eine verbreitete Meinung nach dem Motto: ‚Soziale Arbeit, die machen wir doch sowieso alle!'

Die große Gefahr besteht darin, dass Laien Alltagstätigkeiten, die in der Sozialen Arbeit als Medium, als Anknüpfungspunkte für fachlich sozialpädagogische Arbeit dienen, übernehmen und in Unkenntnis sozialpädagogischer Zusammenhänge und Methoden dann glauben, auf diese Weise schon sozialpädagogisch zu wirken. Je nach dem aber, wie sie diese Tätigkeiten ausüben, passiert entweder gar nichts weiter. Sie trinken eben Kaffee oder spielen Tischtennis miteinander. Möglicherweise aber richten sie bei den KlientInnen auch Schaden an, weil ihre Hilfeversuche nicht greifen, falsch ankommen oder sogar die Probleme noch verstärken.

Beispiel 10
Familienhelferin – Qualifikation: Mutter von zwei großen Söhnen
In einer Familie mit drei kleinen Kindern und multiplen Problemlagen (Erziehungsprobleme, Schulden, chaotischer Haushalt, Bettnässen des mittleren Kindes, Schulschwierigkeiten des Ältesten in der 2. Klasse, häufige Streitigkeiten zwischen den Eltern) soll eine Sozialpädagogische Familienhelferin eingesetzt werden. Ziel ist es, dass die Eltern lernen, ihre Kinder liebevoller aber konsequenter zu erziehen, ihre organisatorischen Probleme in den Griff zu bekommen, die Kinder zu fördern und die eigene Beziehungsproblematik konstruktiv ggf. mit Hilfe einer Beratungsstelle anzugehen. Da bei den freien Trägern, die Sozialpädagogische Familienhilfe anbieten, zurzeit keine Kapazitäten frei sind und man sich davor scheut, für diese eine Familie eine neue Stelle zu schaffen, sucht und findet man eine unkomplizierte Lösung: In einer Kindertagesstätte ist der Ein-Euro-Job einer Frau, von Haus aus Apothekenhelferin, ausgelaufen, die als zusätzliche Kraft in der Kindertagesstätte mit den Kindern am Nachmittag gespielt hat. Die Kindergartenleiterin hat in ihrem Bericht das pädagogische Geschick dieser Frau hervorgehoben und bedauert, diese Kraft nunmehr für ihre Einrichtung verloren zu haben. Der Geschäftsführer des Trägers dieses Kindergartens, gleichzeitig Träger der Sozialpädagogischen Familienhilfe, die angefragt wurde, schlägt nun diese Frau für die Familienhilfe vor. Das Jugendamt ist über die kostengünstige Lösung beglückt. Außerdem überzeugt die Referenz, die der Frau ausgesprochen wurde. Die Frau bekommt eine neue Ein-Euro-Stelle, wird in ihre Aufgaben eingewiesen und versucht nun, in der Familie Boden unter die Füße zu bekommen. Da sie selber zwei große Söhne hat, meint sie von dieser Aufgabe einiges zu verstehen und packt die Arbeit mit Elan und voller Engagement an.

Nach drei Monaten staunt die zuständige Mitarbeiterin des Allgemeinen Sozialdienstes bei einem routinemäßigen Hausbesuch in der betreffenden Familie nicht schlecht: Sie muss feststellen, dass die Familienhelferin der Mutter inzwischen alle Arbeiten abgenommen hat und ihrerseits die Kinder versorgt. Die Mutter selber betrachtet die Frau als ihr Kindermädchen, das ihr der Staat bezahlt und der Vater möchte von der Sozialarbeiterin des Jugendamtes wissen, ob das Amt dieser Frau nicht einen Dienstwagen zur Verfügung stellen kann, damit es für sie leichter ist, die Kinder aus Kindergarten und Schule abzuholen. Das massive Alkoholproblem der Eltern aber hatte die Familienhelferin lieber für sich behalten, um ihre Familie nicht ans Amt zu verraten.

Hinter solchen Sparpraktiken steht nicht nur die gewünschte Kostenersparnis. Es steht dahinter auch das Vorurteil, Sozialarbeit sei eigentlich sowieso als Profession überflüssig und bedürfe keiner besonderen fachlichen Qualifikation. Wenn große Teile der Bevölkerung so denken, ist das eine Sache. Wenn aber politisch Verantwortliche im Sozialbereich solche Vorstellungen verbreiten und umsetzen, ist das ein direkter Angriff gegen die Soziale Arbeit und gegen die KlientInnen, für die Soziale Arbeit hilfreich sein könnte.

3.4.2 Verknappte Zeitkontingente gefährden die Qualität

Eine direkte Folge der per Budget verordneten Kürzungen besteht darin, dass die Träger und Einrichtungen Sozialer Dienstleistungen auf die finanziell einschränkenden neuen Bedingungen häufig mit Konsequenzen für die Personalstruktur ihrer Einrichtung reagieren (müssen). Sie stellen ErzieherInnen statt SozialpädagogInnen ein, streichen Stellen, flexibilisieren Arbeitseinsätze usw. (vgl. Messmer 2007, S. 97). Die Verknappung von Arbeitsressourcen (Zeit, Personal, Material, Kosten für Wege und Reflexion) macht die Soziale Arbeit billiger aber keineswegs besser. Einsparungen und Verschlechterungen der Arbeitsbedingungen im Personalbereich stellen die Handlungsfähigkeit und Wirksamkeit Sozialer Arbeit grundsätzlich in Frage. Weniger Personal soll nun die gleiche Arbeit leisten oder aber ein unverändertes Team wird mit mehr Arbeit als bisher oder auch mit schwierigerer Arbeit konfrontiert. Beides ist Alltag in der heutigen Praxis Sozialer Arbeit.

Man kann vielleicht Wege schneller zurücklegen, Informationen rationeller einholen oder Kopien funktionaler erstellen, aber man kann nicht schneller beraten, schneller helfen, schneller verstehen und ebenso können die KlientInnen nicht mit einem mal schneller begreifen, schneller lernen, schneller verkraften, nur weil wir ihnen nun weniger Zeit zur Verfügung stellen. Soziale Arbeit braucht hinreichende Zeitkontingente und zwar was die Kontinuität und was die Intensität betrifft, um fachliche Arbeit qualifiziert leisten zu können.

3.4.2.1 Mangel an Kontinuität in der Sozialen Arbeit

Soziale Arbeit wirkt nicht schnell und kurzfristig. Sie braucht die Gewissheit für MitarbeiterInnen wie KlientInnen, dass der Kontakt auch morgen und übermorgen noch besteht. Andersfalls ist es für Menschen ganz allgemein eher riskant, Vertrauen zu schenken und sich zu öffnen. Wie schon oben im Zusammenhang mit der immer wieder auf ein Jahr befristeten Finanzierung Sozialer Arbeit dargestellt, ergibt sich auch durch ständig neues Personal oder ständig wechselndes Personal mangelnde Kontinuität. Damit wird der Sozialen Arbeit eine ihrer wichtigsten Arbeitsbedingungen entzogen und sie wird um ihre eigentlichen Wirkungsmöglichkeiten gebracht. Befristete Arbeitsverträge machen unerwünschte Diskontinuität in der Sozialen Arbeit heute zum alltäglichen Problem.

Beispiel 11
Kinderzentrum Schönestadt – vertane Investition
Die Sozialpädagogin Maria Hornbach hatte im letzten Jahr ihr Studium abgeschlossen. Als sie nach einer ganzen Reihe vergeblicher Bewerbungsschreiben das Angebot bekam, im nahe gelegenen Kinderzentrum eines Neubaugebietes, in dem viele sozial benachteiligte Familien und viele „Problemfälle" leben, als Honorarkraft zu arbeiten, willigte sie ein, froh, endlich die Möglichkeit zu bekommen, ihre Qualifikation unter Beweis stellen zu können und in ihrem erlernten Beruf zu arbeiten. Sie reduzierte ihren Vertrag beim Discounter L. auf 20 Stunden, den sie in der Übergangszeit eingegangen war, um leben zu können.

Im Kinderzentrum gefiel ihr die Arbeit. Die Kindergruppen, die sie verantwortlich übernehmen durfte, liefen sehr gut. Maria engagierte sich über die eigentliche Gruppenarbeit hinaus für einige „ihrer" Kinder, deren Schulsituation sehr problematisch war. Sie versuchte, diese Kinder zu fördern und nahm Kontakt zu Lehrern und Eltern auf. Dass sie dabei oft weit mehr arbeitete als die 12 Stunden, für die sie über ihren Honorarvertrag bezahlt wurde, machte ihr nicht viel aus. Andernfalls hätte sie ihre Arbeit als unbefriedigend und oberflächlich erlebt. Am Jahresende musste der Trägerverein den Honorarvertrag kündigen, da die Haushaltsmittel für das nächste Jahr unsicher waren und es nicht klar war, ob für Honorarkräfte hinreichende Mittel zu Verfügung stehen würden. Die Gruppen wurden von einer hauptamtlichen Mitarbeiterin zusätzlich übernommen, aber nach drei Wochen kamen nur noch wenige Kinder, weil wegen des Zeitmangels der hauptamtlichen Kraft in den Gruppen kaum noch interessante Angebote gemacht werden konnten. Nach zwei Monaten war Maria H. froh, ihren Vertrag beim Discounter L. auf 30 Stunden erhöhen zu können, weil das Gehalt für den Halbtagsjob allein für ihren Lebensunterhalt nicht reichte und sie ihre Wohnung hätte aufgeben und wieder zu ihren Eltern ziehen müssen. Die Kontakte zu den Kindern aus ihren Gruppen waren nun nur noch sehr sporadisch möglich. Einmal traf sie eins der kleinen Mädchen weinend auf der Straße. Es erzählte, dass der Vater wieder einmal zugeschlagen habe und bettelte, dass Maria zu ihr mit nach Hause käme, um den Vater zu besänftigen, wie es ihr früher ja schon gelungen sei. Maria ging dieses eine Mal mit, mied aber von da an das Viertel, in dem sie „ihre Kinder" aus den Gruppen hätte treffen können.

Als eineinhalb Jahre später eine der beiden hauptamtlichen MitarbeiterInnen schwanger wurde und eine Schwangerschaftsvertretung gesucht wurde, erinnerte man sich an Maria H. Diese übernahm den befristeten Vertrag und versuchte, neben ihren anderen Aufgaben ihre alten Gruppen wieder zusammen zu bekommen. Einige der Kinder kannten sie noch. Die Gruppen wurden langsam wieder stabil. Zwei der Mädchen aber kamen nicht mehr. Sie waren inzwischen in Heimen untergebracht worden, weil die Situation zu Hause nicht mehr hatte verantwortet werden können.

Mangelnde Kontinuität in der Sozialen Arbeit bedeutet: Beziehungen werden zerstört, Projekte hören wieder auf, ohne zu einem Ende oder Ziel gekommen zu sein, Lernprozesse werden abgebrochen, Vertrauen, das mühsam aufgebaut wurde, wird verspielt, erarbeitete Ergebnisse werden verschenkt.

Das ist in mehrfacher Hinsicht schmerzlich und unverantwortlich:
- für die KlientInnen, die enttäuscht sind und sich hängen gelassen fühlen, und für die die Hilfe so nicht greifen kann,
- für die Sozialarbeit selber, die ihre Effektivität und ihre Wirksamkeit nicht unter Beweis stellen kann,
- für die Gesellschaft, die so das Geld ineffizient und uneffektiv zum Fenster hinaus wirft.

Eine qualifizierte, kontinuierliche Soziale Arbeit kann allerdings auch nur dann erwartet werden, wenn die Einrichtung der Sozialen Arbeit den MitarbeiterInnen Arbeitsbedingungen bietet, die für sie akzeptabel sind. Kontinuität in der Sozialen Arbeit ist nur möglich, wenn die Arbeitsbedingungen so gestaltet sind, dass die MitarbeiterInnen auch von ihrer Arbeit leben können und deshalb bleiben.

3.4.2.2 Keine Zeit für intensive und nachhaltige Soziale Arbeit

Eine beliebte Sparvariante der Verknappung notwendiger Zeit ist die Erhöhung der Fallzahlen pro BeraterIn oder HelferIn. Es bleibt scheinbar bei der bisherigen Personalausstattung, de facto aber müssen jetzt mehr KlientInnen in der selben Zeit pädagogisch betreut und beraten werden und ggf. müssen auch schwierigere Fallbearbeitungen als bisher ohne entsprechenden Zeitausgleich erledigt werden.

Zeitverknappung oder unzureichende Zeitkontingente im Bereich der Sozialen Arbeit führen in vielen Fällen zu einschneidenden Qualitätsverlusten: sie haben zur Folge, dass die anstehenden Aufgaben nicht, oder methodisch verkürzt und nur formal und funktionalistisch erledigt werden können. Kommunikationsprozesse sind schließlich keine mechanischen und technischen Vorgänge.

Beispiel 12
„Beraten sie doch einfach ein bisschen schneller!"
Die Migrationsberatungsstelle in der Stadt M. hat zwei feste Mitarbeiterstellen zu je 30 Stunden. Daneben gibt es noch PraktikantInnen und einige ehrenamtliche BeraterInnen. Bis vor eineinhalb Jahren hatten die hauptamtlichen Mitarbeiter für ihre Beratungen noch die Zeit, die sie brauchten. Manches ging zwar auch schnell. Aber bei vielen MigrantInnen war eine langwierige Beratung nötig, weil allein die konkreten Informationen und ersten Hilfestellungen nicht gleich dazu führen konnten, dass die Betroffenen nun besser „funktionierten". Im Vordergrund standen für die jungen MigrantInnen oft kulturelle Fremdheitsgefühle, unverarbeitete Erlebnisse in ihrer Heimat, Verständnisprobleme für die deutsche Bürokratie und Gesellschaft. Hinzu kamen oft auch ganz persönliche Belastungen, denen jeder Jugendliche ausgesetzt ist: Die Ablösung vom Elternhaus, die ersten Beziehungen usf. Die Arbeit in der Migrationsberatungsstelle erforderte sehr häufig, dass diese Probleme mit thematisiert und auch angepackt wurden. Andernfalls war das Ziel der Integration nicht zu erreichen. Dies aber bedeutete oft, eine ganze Reihe Beratungsgespräche führen zu müssen, bevor mit konkreten Integrationsmaßnahmen und -schritten begonnen werden konnte.

Seit Beginn des Jahres hat der Träger neue verbindliche Rahmenbedingungen gesetzt, innerhalb derer für jeden Klienten nur eine sehr begrenzte Zeit für freie Beratung zur Verfügung steht. Danach werden nachweisbare Ergebnisse mit der Methode Case Management erwartet, das auf praktische, konkret zu erfüllende Ziele ausgerichtet werden muss. Dass diese Begrenzung ihre Arbeit unsinnig einschränkt und die Qualität der Arbeit für viele Betroffene herabsetzen würde, war für die MitarbeiterInnen klar. Aber niemand hatte sie gefragt und auch niemand wollte sie hören. Was konnten die MitarbeiterInnen tun? Entweder, sie würden in Zukunft wie gewünscht in jedem Fall darauf bestehen, schnell in das so genannte Fall-Management einzusteigen und immer gleich hart und direkt an den konkreten Integrationsvorschlägen zu arbeiten. Dass sie dabei oft an ihren KlientInnen vorbei reden und sich ihre Bemühungen sinnlos im Kreis drehen würden, weil ganz andere Probleme und Themen die Mitwirkung der Betroffenen an den praktischen Lösungen blockierten, müssten sie dann in Kauf nehmen. Eine andere Lösung aber wäre es, bei nicht so belasteten „Kunden" Zeit herauszuarbeiten, also noch schneller als vorgesehen mit ihnen fertig zu werden, um so Zeitkontingente für die schwierigen Fälle intern zu sichern. Ein schlauer Plan, der aber Monate später zu einem bösen Erwachen führte. Ende des Jahres konstatierte der Träger, dass es offenbar viele Fälle gegeben habe, bei denen eigentlich weniger Zeit nötig gewesen wäre. Deshalb könne man getrost die Rahmenbedingungen noch ein wenig enger fassen. Die zeitlichen Vorgaben wurden noch weiter gekürzt. Das Korsett wird immer enger. Irgendwann geht den MitarbeiterInnen die Luft aus.

Die Problematik der Zeitverknappung besteht aber nicht allein bei ambulanten Hilfen. Für die Heimerziehung stellt z.B. Messmer (2007, S. 152) fest, dass durch die Verknappung der personellen Ressourcen bei gleichzeitig erhöhten Erwartungen an die Leistungsfähigkeit auf die MitarbeiterInnen ein enormer Arbeitsdruck ausgeübt wird, der für sie kaum zumutbar ist. Angesichts der Tatsache, dass zudem die Fälle aufgrund der aus Kostengründen verzögerten Heimeinweisung zunehmend schwieriger werden, sind diese Bedingungen kontraproduktiv. Insgesamt wirken sie sich auf die Qualität der Heimerziehung aus. Langfristige Perspektiven für die Betroffenen sind unter solchen Umständen kaum noch zu entwickeln. Es ist unter solchen Bedingungen für die Soziale Arbeit besonders schwierig, akzeptable Wirkungen und Erfolge zu erzielen.

3.4.2.3 Reduzierte Personalschlüssel beschneiden die Beziehungsarbeit
Kürzung an den Personalschlüsseln bedeutet in der Regel, dass für die einzelne KlientIn individuell nicht mehr so viel Zeit zur Verfügung steht. Das kann in der Altenarbeit eine Rolle spielen, im Kindergarten aber z.B. auch im Kinderheim. Wenn zu wenig SozialpädagogInnen und ErzieherInnen für die Betroffenen da sind, kann das einzelne Kind, der einzelne Jugendliche oder auch alte Menschen nicht mehr so intensiv und so persönlich betreut werden, wie das oft notwendig ist. Gespräche fallen aus, gemeinsam verbrachte Zeit, die Beziehung herstellen kann und Vertrauen entstehen lässt, in der Probleme besprochen und alte Verletzungen aufgearbeitet werden können, ist dann nicht

mehr oder nur noch selten möglich. Beziehungsarbeit ist aber eine der entscheidenden methodischen Ansätze Sozialer Arbeit.

Beispiel 13
Ein neues Kindergartenkonzept verschleiert den Personalmangel
Die Leiterin der Kindertagesstätte „Knirpseninsel" muss sich etwas einfallen lassen: Bisher konnte die Einrichtung ihre Kinder in 12 Gruppen betreuen und immerhin war bisher jede Gruppe über die gesamte Öffnungszeit hinweg mit 1,8 ErzieherInnen besetzt. Das war knapp, aber bisher so möglich gewesen. Seit Jahresbeginn steht nun mit der neuen Personalzumessung durch das Land für jede Gruppe faktisch über mehrere Stunden am Tag nur noch eine einzige ErzieherInnenstelle zur Verfügung. Weder die Aufsicht kann so weiter gewährleistet werden, noch ist es so möglich, mit einer Kindergruppe sinnvolle pädagogische Angebote zu machen. Eine Vergrößerung der Gruppen wiederum würde die pädagogische Arbeit verschlechtern, und die Eltern hatten sich gegen diesen Versuch schon im letzten Jahr vehement gewehrt. Wie kann man aus diesem Dilemma herauskommen? Gesucht wird eine Lösung für die Einrichtung, bei der trotz Personalmangels der Betrieb weiter aufrechterhalten werden kann, ohne dass aber erneut das Misstrauen der Eltern geweckt wird.

Die einzige Möglichkeit sieht die Leiterin darin, das Konzept des Kindergartens grundsätzlich zu verändern: Man wird die Gruppen auflösen und in Zukunft in einer offenen Struktur arbeiten. So bestehen dann keine festen Gruppen mehr und die ErzieherInnen können flexibel zur Begleitung von unterschiedlichen Projekten und Angeboten eingesetzt werden. Allerdings gibt es dabei ein Problem: Wenn die Kinder in Zukunft ohne feste Bezugsperson und ohne feste Gruppen ihren Tag im Kindergarten verbringen müssen, besteht die Gefahr, dass sie sich verloren und emotional gestresst fühlen. Das kann – darüber ist sich die Leiterin sehr wohl im Klaren – nur durch besonderen pädagogischen Einsatz aufgefangen werden. Damit die Kinder also im Rahmen der neuen Konzeption gute oder sogar noch bessere Bedingungen als bei der alten Gruppenstruktur erhalten, müssten also auch für diese neue, offene Konzeption mindestens so viele ErzieherInnen zur Verfügung stehen, wie früher mit der alten Gruppenstruktur. Am besten noch mehr. Aber das ist unter den gegebenen finanziellen Rahmenbedingungen nicht möglich.

Das neue Konzept wird von der Leiterin gegenüber den Eltern enthusiastisch als ein pädagogisch fortschrittliches, modernes Kindergartenkonzept vertreten. Ein offenes Konzept biete viele pädagogische Möglichkeiten und Vorteile gegenüber dem alten Gruppenkonzept: Die Kinder seien in ihren Kontakt- und Erfahrungsmöglichkeiten nicht mehr auf ihre Gruppe beschränkt. Die Förderungsmöglichkeiten würden sich vervielfältigen, die Angebote seien

3 Die Ökonomisierung der Sozialen Arbeit

abwechslungsreicher und besser an den jeweiligen Möglichkeiten und Interessen der einzelnen Kinder auszurichten. Dass die Auflösung der Gruppenstruktur vor allem aber wegen der zu knappen Personaldecke erforderlich war, bleibt den Eltern verborgen. Und dass sich die pädagogische Situation für die Kinder nun trotz des neuen Konzeptes verschlechtern dürfte, weil sie nur mit einer Mangelbesetzung betrieben wird und damit gar nicht wirksam werden kann, wird erst recht verschwiegen.

Finanzielle Engpässe und der Zwang zu Effizienz auch da, wo sie fachliche Grundsätze unterlaufen, führen zu pädagogischen Mogelpackungen. Was wirklich passiert und was nicht mehr geleistet werden kann, wird nach außen vertuscht. Leidtragende sind die KlientInnen, hier die Kinder der Einrichtung, die sich nicht wehren können.

3.4.2.4 Prozesse bleiben oberflächlich und eher wirkungslos

Faktisch bedeutet das Verknappen von Arbeitsressourcen: Soziale Arbeit muss versuchen, ihre Arbeit in kleineren Zeiteinheiten zu bewältigen, sprich, sie muss versuchen, aufs Tempo zu drücken, Zeit einzusparen.

Jemand, der einen Handlungsprozess in kürzerer Zeit erledigen soll, wird seine Handlungsschritte beschleunigen. Wenn das nicht geht oder ausreicht, wird er anfangen, einzelne Schritte, die Zeit kosten, die aber nicht so augenfällig sind, wegzulassen. Wenn Soziale Arbeit das tut, wird sie in vieler Hinsicht oberflächlicher. Sie kann sich dann nur noch um die offenkundigen, vordergründigen Probleme kümmern und wird immer kurzfristiger denken. Folge ist, dass die Planungshorizonte der Sozialen Arbeit sich verengen, dass längerfristige Entwicklungsperspektiven sich immer schwieriger realisieren lassen, dass eine ganzheitliche, alle Lebensaspekte eines Menschen in die Betrachtung einbeziehende Soziale Arbeit reduziert wird auf ein pragmatisches Problemlösen auf der konkreten Verhaltensebene. Der Sozialen Arbeit wird auf diese Weise, wie Messmer es ausrückt, der für sie spezifische und ihre besondere Qualität ausmachende „lange Atem" genommen (Messmer 2007, S. 158). Der Sozialen Arbeit werden so auf Effizienz ausgerichtete Denk- und Handlungsformen verordnet, die versuchen, Hilfeprozesse im Sinne von eindeutigen Ziel-Mittel-Relationen zu standardisieren. Eine Betonung des biografischen Eigensinns von Kindern, Jugendlichen und Erwachsenen, wie sie gerade für die lebensweltlich orientierte Soziale Arbeit charakteristisch ist, hat in diesem Verständnis keinen Platz mehr.

Beispiel 14
„Erst mal muss die Versetzung klappen. Dann sehen wir weiter."
Swen ist mal wieder von der Nichtversetzung bedroht. Er ist inzwischen 14 Jahre alt. Seit etwa drei Jahren liefert er immer wieder Grund für seine Eltern, sich Hilfe beim Jugendamt zu holen. Nach wenigen Gesprächen verliefen diese Initiativen bisher jedoch immer im Sand. Jetzt ist die Situation eskaliert. Swen hat Kontakte zu einer Gruppe Jugendlicher in seinem Wohngebiete aufgenommen, die ihn bei Ladendiebstählen und Einbrüchen mitnehmen und einsetzen. In der Schule war Swen nie besonders gut, jetzt aber, seit er diese Gruppe kennt, sind seine Leistungen völlig abgesunken. Die Eltern sind entsetzt über ihren Sohn. All ihre Bemühungen fruchten nicht, weder die Bitten und Androhungen der Mutter noch die harten Bestrafungen des Vaters. Der Hilfeplan des Jugendamtes sieht eine Erziehungsbeistandschaft für Swen vor. Ein junger Sozialpädagoge, Tino S., wird sich persönlich mehrfach in der Woche mit Swen treffen und mit ihm etwas unternehmen. Vor allem soll er mit ihm für die Schule lernen, damit wenigstens die Versetzung klappt und damit die schon durch den Vater organisierte Lehrstelle nicht verloren geht. Im Hilfeplan steht, dass das Ziel der Versetzung angestrebt werden soll und dass auch Swen dabei aktiv mitwirken müsse.

Schon in den ersten beiden Wochen stellt der Erziehungsbeistand fest, dass Swen selber ganz andere Probleme hat als seine Versetzung. Er leidet unter den autoritären Vorgaben des Vaters, was seine Zukunft betrifft, er fühlt sich zu Hause abgelehnt und nicht anerkannt. Seine „Gang" ist für ihn die Alternative zu seiner Familie, die nur auf ihm herumhackt. Als der Erziehungsbeistand Tino bei der nächsten Hilfeplansitzung zur Sprache bringt, dass seiner Meinung nach für Swen ganz andere Ziele anstehen und er – statt nur kurzatmig in Richtung Versetzung mit ihm zu pauken – die Problemlage von all ihren Aspekten her erfassen und mit ihm bearbeiten müsse, wird er mit dem Verweis auf die Erwartungen der Schule abgespeist. Die hat sich nämlich nur unter der Bedingung auf eine mögliche Versetzung eingelassen, dass die Erziehungshilfe intensiv an diesem speziellen Problem arbeiten wird. Zusätzliche Stunden, die Tino bei dem Hilfeplangespräch für seine Arbeit einfordert, um wenigstens zusätzlich auch mal etwas anderes mit Swen machen zu können und Vertrauen zu ihm aufzubauen, werden nicht gewährt. Seine Anregung wird vom Fachteam zurückgestellt: Als angestrebter Erfolg wird zunächst einzig die erreichte Versetzung angesehen. Sollte Swen die Versetzung schaffen, wird in Aussicht gestellt, dass Tino bleiben kann und vielleicht im nächsten Schuljahr dann doch noch einige Stunden für andere Aktivitäten bezahlt bekommen wird. Da Swen aber auch weiterhin die Bemühungen um seine Schulleistung im Wesentlichen blockiert und boykotiert, wird er nicht versetzt. Die Hilfe wird beendet und als nicht erfolgreich abgeschlossen.

„Der Effizienzkult in Gesellschaft und Sozialer Arbeit übersieht vor allem eines", bemerkt Galuske, „dass nämlich die Entwicklung von tragfähigen und vertrauensvollen Beziehungen, die den Kern nicht nur gelungener sozialpädagogischer Unterstützung ausmachen, sich grundsätzlich von der Form der Produktion von Dingen unterscheidet" (Galuske 2008, S. 22). Beziehungen benötigen Zeit. Die Entwicklung von Vertrauen benötigt Zeit. Lernen, Begreifen, Verarbeiten benötigt Zeit. Die Verarbeitung von Angst, von Misstrauen, von mangelndem Selbstvertrauen benötigt Zeit. Wenn diese Zeit nicht zur Verfügung gestellt wird, können solche Prozesse nicht wirklich stattfinden. Soziale Arbeit wird degradiert zu einer Art sozialer Konditionierung.

Auch andere Aspekte des „Produktionsprozesses" Sozialer Dienstleistungen benötigen Zeit. Die Schaffung von nachhaltiger Wirkung z. B. erfordert sowohl eine langfristige Begleitung und Beobachtung, als auch die Bereitschaft, den Unterstützungsprozess wieder aufzunehmen und ggf. Rückfälle an- und ernst zu nehmen. Ist diese Zeit nicht vorhanden, werden Ergebnisse und Veränderungen kaum nachhaltig sein. Ohne nachhaltige Wirkung aber ist jede Investition in Soziale Arbeit eigentlich ineffizient.

3.4.2.5 Für pädagogische Arbeit reicht die Zeit nicht

Sozialpädagogik ist Arbeit mit Menschen, ist eine kommunikative und interaktive Arbeit, ein Koproduktionsprozess mit KlientInnen. Die Verknappung von Zeit, egal wie sie zustande kommt und wie sie begründet wird, schränkt die eigentlichen Möglichkeiten sozialpädagogischer Arbeit ein. Sie nimmt ihr die Chance, sich als kommunikative Profession zu entfalten und reduziert sie immer mehr auf Verwaltungs-, Aufsichts- und Organisationsaufgaben.

Das folgende Beispiel stammt aus der Heimerziehung. Die Betreuung von Heimkindern ist heute eine schwierige, Zeit aufwendige Arbeit. Man hat es hier längst nicht mehr mit Waisenkindern zu tun, sondern mit Kindern aus Familien, die mit der Erziehung und/oder Versorgung ihrer Kinder überfordert waren und wo die Kinder oft bereits massive Schädigungen aufweisen. In manchen Fällen wäre hier sogar eine 1:1 Betreuung erforderlich.

Beispiel 15
Sozialpädagogischer „Notdienst" im Kinderheim
Ingas Probleme mit der neuen Stelle fingen schon damit an, dass sie für ihre neue Aufgabe kaum eingearbeitet wurde. Sie hätte sich gewünscht, eine Zeit lang die zukünftigen KollegInnen bei ihrer Arbeit begleiten und auf diese Weise

langsam zu den Kindern und Jugendlichen Vertrauen aufbauen zu können. Sie erfuhr zunächst nichts über die Schicksale der zu betreuenden Kinder, nichts über ihre Schwierigkeiten, ihre Stärken. Was der Leiterin am wichtigsten war: Die Kasse mit dem Bargeld wurde ihr aufs Genaueste erklärt. Von ihrem Arbeitsalltag im Heim war Inga enttäuscht: Die ganze Arbeitskraft der MitarbeiterInnen im Heim ging für organisatorische und bürokratische Aufgaben drauf. Für das ihr zugeteilte „Bezugskind" Marion, für das sie nun in besonderem Masse zuständig sein sollte, hatte sie immer nur ein paar Minuten am Tag übrig. Die Kids lebten hier, ihr Leben war organisiert, ihr Alltag war einigermaßen geregelt. Aber eine wirklich sozialpädagogische Arbeit mit ihnen fand kaum statt: Die Aufarbeitung der Tatsache, dass die Mutter sie nicht mehr wollte oder die Verkraftung der durch den Stiefvater zugefügten Gewalt oder auch die Träume und Hoffnungen für das eigene Leben blieben in der Regel Aktennotizen. Bestenfalls konnte eine Therapie für ein Kind zusätzlich finanziert werden. Inga hat nach vier Monaten ihren Arbeitsplatz im Kinderheim „Am Talgrund" wieder verlassen. Sie hielt es nicht mehr aus. Sozialpädagogik hatte sie studiert, aber das, was an ihrem neuen Arbeitsplatz von ihr erwartet wurde, schien ihr damit wenig zu tun zu haben. Für sozialpädagogische Arbeit mit den Kindern und Jugendlichen fehlte ihr und den anderen KollegInnen ständig die nötige Zeit. Mehr als eine Aufbewahrung und eine Art Notdienst waren kaum zu leisten. Wenn einzelne Kinder mit ihren Auffälligkeiten anfingen zu stören und den Betrieb aufzuhalten, führte das nicht etwa zu einem erhöhten sozialpädagogischen Einsatz im Heim, sondern zur Einleitung der Verabreichung von Ritalin durch den Kinderarzt. Oder die Minderjährigen wurden bei eigentlich harmlosen, durchaus auffangbaren „Vorfällen" in die Psychiatrie abgeschoben und später in einem anderen Heim untergebracht.

Inga, die inzwischen für das Gehalt einer Erzieherin in einem Kinderzentrum eingestellt ist, wo sie zwar weniger Geld bekommt, dafür aber doch immerhin in Ansätzen mit den Kindern sozialpädagogisch arbeiten kann, traf Monate später ihr ehemaliges Bezugskind Marion unter den Straßenkindern am Hauptbahnhof wieder. Sie war erschüttert und böse. Eigentlich, so dachte sie, hätte die Hilfe im Heim für Marion greifen können. Marion war damals durchaus erreichbar und man hätte mit ihr gut arbeiten können. Aber keiner hat es getan, keiner hatte die notwendige Zeit dafür, auch sie nicht.

In der Heimkampagne der 68er Jahre kämpfte man empört gegen die Praxis in Kinderheimen, pädagogisch unqualifizierte Fachkräfte auf die Kinder loszulassen. Heute sind die Fachkräfte noch da, aber sie haben kaum Zeit für ihre fachlichen Aufgaben. Unter den beschriebenen Bedingungen wird die erzieherische Hilfe (hier das Kinderheim nach § 34 KJHG) nicht greifen und die

Kinder mit ihrer Problematik nur aufbewahren, bis sie volljährig sind und dann der Gesellschaft anderweitig zur Last fallen.

3.4.2.6 Nicht-klientenbezogene Arbeiten beanspruchen kostbare Zeit

Zu einer Verknappung fachlicher, sozialpädagogischer Zeitkontingente kommt es außerdem dadurch, dass zunehmend ausgebildete SozialpädagogInnen mit Aufgaben betraut und belastet werden, die sie von ihren pädagogischen Aufgaben fernhalten. MitarbeiterInnen sagen aus (vgl. Messmer 2007), dass ein großer Anteil der ihnen zur Verfügung stehenden Zeit in Verwaltungsaufgaben gesteckt werden muss, in bürokratische Tätigkeiten, in Managementaufgaben und z. B. auch in die Aufgabe, Geld über Fundraising für ihre eigene Arbeit und Einrichtung zu beschaffen und aktiv Werbung für ihre Einrichtung und ihren Träger zu leisten. Leitungen gehen in solchen Aufgaben mitunter sozialpädagogisch-fachlich ganz unter. Selbst für die fachliche Anleitung ihrer MitarbeiterInnen, was nun wirklich eine Leitungsaufgabe ist, fehlt oft die Zeit, weil neue Anträge zu stellen sind, weil Geldforderungen zu begründen und Geldausgaben zu rechtfertigen sind.

Speziell auch das umfänglich betriebene Qualitätsmanagement erhöht die Verwaltungsanteile in den sozialpädagogischen Arbeitsfeldern deutlich und zwar nicht nur für die Leitungen, sondern auch für die MitarbeiterInnen selber. Das Qualitätsmanagement, vor allem die Teile des Qualitätsmanagements, die nicht der eigenen Vergewisserung sozialpädagogischer Qualitäten dienen, sondern der transparenten, überprüfbaren Dokumentation der sozialpädagogischen Leistungen nach außen gegenüber dem Kostenträger (Berichtswesen, Leistungsbeschreibungen, Anträge und Begründungen für Zusatzleistungen usf.), lösen eine nicht enden wollende Flut von Schreibtischarbeit aus, die zwar indirekt mit der zu leistenden Klientenarbeit zu tun hat, real aber die Zeit belegt, die dann am anderen Ende gerade für diese Arbeit fehlt (vgl. z. B. Buestrich/Wohlfahrt 2008; vgl. auch Prins 2008, S. 16).

Flösser beschreibt diese Situation sehr anschaulich: „Die noch so engagierte Mitarbeiterin, die mit ihrer fachlichen Kompetenz an der Entwicklung von Qualitätssicherungsmodellen für ihren Dienst oder ihre Einrichtung mitwirkt, … hat schon „Produktpläne geschrieben, Schlüssel- und Kernprozesse identifiziert, Kennziffern entwickelt und vieles mehr"…und „wird allmählich immer unwilliger, sich an den nicht enden wollenden Erfindungen moderner Verwaltungssteuerung zu beteiligen. Stellt man den bisher betriebenen Aufwand der praktischen Reformen in den sozialen Diensten in Relation zu den intendierten Veränderungen des fachlichen Handelns als Ergebnisse dieser Prozesse in Rechnung, dann wären Kosten-Nutzen-Analysen eher sarkastisch" zu sehen

(Flösser/Oechler 2006, S. 161). Wie andere bezweifelt auch z. B. Gerull die Sinnhaftigkeit des ganzen Qualitätsmanagementaufwandes: „Unbeantwortet bleibt auch die Frage, wer eigentlich den gigantischen Ressourceneinsatz gewollt hat, der darin besteht, dass an Tausenden von Stellen in Einrichtungen, Diensten und Verbänden der „Qualitätsteig" um- und umgeknetet wird, vielfach sehr formalistisch, sehr bürokratisch, sehr aufgesetzt, allen Bekenntnissen zur Orientierung am Kundennutzen" zum Hohne (Gerull 2006, S. 1997). Es zeichnet sich ab, dass Soziale Arbeit zunehmend mehr verwaltungsmäßige, organisatorische und betriebswirtschaftliche Aufgaben erhält und die entsprechenden Tätigkeitsanteile im Arbeitsalltag zunehmen.

Ein weiterer heute alltäglicher Arbeitsauftrag in sozialen Einrichtungen, nämlich die Beschaffung von Spendengeldern über Sponsoring und Fundraising, beansprucht viel von der zur Verfügung stehenden Zeit sozialpädagogischer MitarbeiterInnen. Schon länger reicht das offizielle Geld, das über Projektfinanzierung, durch Haushaltszuschüsse oder als Finanzierung über Fachleistungsstunden in die Einrichtungen der Jugendhilfe und der Sozialen Arbeit fließt, nicht mehr aus, um wirklich gute, qualifizierte Arbeit zu machen. Oft fehlen den Trägern sogar die Mittel für den Eigenanteil, den sie leisten müssen, um überhaupt öffentliche Gelder bekommen zu können. Es gilt also, alternative Kostenträger aufzutun. Und so zerbricht sich manche Einrichtungsleitung das ganze Jahr über den Kopf, woher Spendengelder zu bekommen sind, wen man als potentiellen Sponsor ansprechen, welche Möglichkeiten für Fundraising man auftreiben könnte. Für diese Aufgaben wird viel Zeit gebraucht, Zeit, die dann für die fachlichen Arbeiten fehlt. Und keineswegs nur die Einrichtungsleitungen und die Geschäftsführer sind mit dem Heranschaffen von Geldern befasst, auch die ganz normalen MitarbeiterInnen werden in diesen Prozess einbezogen (Galuske 2002; Messmer, 2007; vgl. auch Staub-Bernasconi, 2007b). Und sie tun dies im ureigensten Interesse, denn von den zusätzlichen Geldern hängt es oft ab, ob ihre Stelle weiter verlängert werden kann, ob die Einrichtung bestehende Verträge einhalten, ob sie überhaupt fortbestehen kann.

Beispiel 16
„Was ich so mache als Sozialpädagogin? Vor allem Fundraising."
Anette Groh ist Mitarbeiterin in einem Gemeinwesenprojekt. Es geht um Stadtteilarbeit in einem unsanierten Altstadtgebiet in einer ostdeutschen Stadt. Die Aufgaben im Projekt sind vielfältig: Neben Veranstaltungen, Kursen für Kinder, Sprechstunden und Freizeitangeboten für Jugendliche sind die drei MitarbeiterInnen (alle drei haben 30 Stunden-Stellen) vor allem mit Einzelfällen beschäftigt. Vor allem die vielen älteren Bürger brauchen offenbar Beratung

und Unterstützung in vielen Fragen. Der Verein, bei dem Anette arbeitet und der das Projekt unterhält, bekommt einen Zuschuss von der Stadt, der aber nur knapp die Hälfte aller Kosten deckt. Der Verein ist darauf angewiesen, Spenden einzutreiben und über Fundraising neue Quellen aufzutun. Diese Aufgabe wurde vom Team schwerpunktmäßig an Anette delegiert, die damit gut zurechtkommt und auch Erfolge aufweisen kann. Befragt über ihre Tätigkeit wird ihr klar, dass mindestens die Hälfte ihrer zur Verfügung stehenden Arbeitszeit inzwischen vom Fundraising und den damit verbundenen Terminen, Gesprächen und Organisationsaufgaben geschluckt wird. Da sie ansonsten vor allem für die Einzelfallarbeit im Gebiet zuständig war, entsteht bei den älteren Leuten inzwischen Ungeduld und Unzufriedenheit. Nie hat Anette Zeit, immer ist sie unterwegs! Mit den anderen MitarbeiterInnen möchten sie nicht sprechen, die kennen sie nicht so gut. Anette ist im Zwiespalt. Schließlich macht sie diese ganze Fundraisinggeschichte auch für genau diese alten Leutchen, damit für sie das Projekt weiterlaufen kann. Aber wenn sie gar nichts mehr davon haben? Irgendwas ist nicht so, wie es sein sollte, findet Anette.

Die Delegation der finanziellen Absicherung der Arbeit an die MitarbeiterInnen trägt zur Deprofessionalisierung der Tätigkeitsfelder bei und zu einer massiven Verschiebung der Identität sozialer Fachkräfte weg von der Lebenswelt der Klientel hin zum gesellschaftlichen System.

3.4.2.7 Burnout als Folge von Arbeitsverdichtung und Effizienzdruck
Eine andere problematische und letztlich kostenintensive Folge der zunehmenden Arbeitsbelastung, der Verdichtung des Arbeitsalltages und des ständigen Effizienzdrucks ist der Anstieg von Burnout bei den MitarbeiterInnen. Befragt nach den unmittelbaren Auswirkungen des Ökonomisierungsprozesses auf ihre Arbeit (vgl. Messmer 2007, S. 151) berichten MitarbeiterInnen vor allem von einem gestiegenen Arbeitsdruck. Das Burnout-Syndrom hat in den letzten Jahren innerhalb der Sozialen Arbeit deutlich zugenommen (vgl. z. B. Poulsen 2008). MitarbeiterInnen ‚brennen aus', weil sie ständig mehr und schneller arbeiten müssen und auch, weil sie Probleme haben mit einer vorrangig an der Effizienz ausgerichteten Arbeit, bei der nicht selten ihre Professionalität im Wege steht und nicht wirklich erwünscht ist.

Beispiel 17
„Dann merke ich, ich kann es einfach nicht mehr ertragen."
Ines Berger arbeitet schon seit fast 20 Jahren in ein und der selben Behinderteneinrichtung in V., hat alle möglichen Veränderungen im Heim miterlebt, die Wende überstanden, neue Methoden und neue Begrifflichkeiten in ihr Ar-

beitskonzept integriert und war immer aufopfernd und engagiert für „ihre Behinderten" da. Seit einigen Jahren aber spürt sie eine Veränderung, die ihr ernsthaft zu schaffen macht. Es fing damit an, dass von den 25 Stellen der großen Einrichtung 5 nicht mehr besetzt wurden, als die Kolleginnen in Rente gingen. Es wurde umorganisiert, damit der Personalabbau durch bessere Strukturen und „intelligentere Abläufe" ohne erkennbaren Qualitätsverlust verkraftet werden konnte. Ines stellte fest, dass diese neuen Strukturen zwar funktionierten, aber dass sie jetzt selber in weit mehr Abläufe eingebunden ist, für die gleichzeitig enge Zeitlimits vorgegeben sind. Wenn Kollegen krank werden oder in Urlaub sind, müssen deren Gruppen und Fälle mitbetreut werden. Das ist dann Stress pur. Vor zwei Jahren änderte sich zudem die Klientelzusammensetzung. Neben geistig behinderten Erwachsenen wie bisher wurden nun auch psychisch und körperlich sowie mehrfach behinderte Menschen mit zum Teil hochkomplexen Problemlagen aufgenommen. Ines Berger musste sich neben ihrer Arbeit in viele Themen und Indikationen neu einlesen. Zu den Behinderten hat Ines Berger eine enge und tragfähige Beziehung. Die Menschen fragen nach ihr, brauchen sie, teilen mit ihr ihre alltäglichen Sorgen und Freuden. Das macht sie froh und hat sie lange für die Anstrengungen entschädigt, die ihr Beruf mit sich brachte. Seit einiger Zeit jedoch merkt sie, dass ihr alles auf einmal zu viel wird. Wenn sie mal wieder zwei Gruppen gleichzeitig betreuen muss und kaum Zeit hat, die einen mit ihren körperlichen Gebrechen angemessen zu versorgen, während die anderen nach ihr rufen und ungeduldig auf sie warten, merkt sie plötzlich, dass sie am liebsten alles stehen und liegen lassen würde. Und wenn sie dann endlich für die anderen Zeit hat und feststellen muss, wie schlimm es für sie war, dass sie nicht gleich hatte kommen und helfen können, fühlt sie sich plötzlich kraftlos und hoffnungslos. Solche Zustände wiederholen sich, kommen immer öfter. Inzwischen muss Ines sich morgens gut zureden, wenn sie zur Arbeit gehen soll. Sie will und kann nicht mehr, hat das Gefühl von der Arbeit und den Behinderten aufgefressen zu werden und möchte eigentlich nur noch weit, weit wegfahren und den ganzen Tag still vor sich hinstarren. Eine Kollegin aus dem anderen Haus fällt ihr ein, bei der ist das schon seit Jahren so. „Burnout", sagen die Kollegen und sie solle endlich mal zum Arzt gehen. Vielleicht sollte sie das tatsächlich machen? Aber der würde sie vielleicht krankschreiben und dann wäre die Belastung für die anderen MitarbeiterInnen noch größer und die KlientInnen kämen noch mehr zu kurz. Ines Berger versucht, durchzuhalten.

Effizienzdruck, der durch erzwungene Beschleunigung und Verkürzung von Prozessen oder durch Erhöhungen des Arbeitsdrucks durchgesetzt wird, hat nur allzu leicht den Verlust der Fachlichkeit und der Wirksamkeit Sozialer Arbeit, aber auch den der Arbeitsunfähigkeit der Fachkräfte zu Folge. Unter MitarbeiterInnen, die unter Effizienzdruck stehen und zudem in Konkurrenz zueinander geraten, wenn es dem Träger darum geht, Stellen zu kürzen und MitarbeiterInnen zu entlassen, entstehen außerdem besonders leicht Mobbingstrukturen.

3.4.3 Öffentliche Soziale Arbeit als Erfüllungsgehilfin der Ökonomisierung

An verschiedenen Stellen dieses Buches deutete es sich bereits an, dass die sozialpädagogischen FachmitarbeiterInnen des öffentlichen Dienstes, z. B. der Jugendämter, im Rahmen der neuen ökonomischen Strukturen in eine Rolle gezwungen werden, die sie zunehmend mehr von ihrer eigentlichen Fachlichkeit trennt und sie möglicher Weise sogar in Widerspruch dazu bringen kann.

3.4.3.1 Vorzug kostengünstiger, begrenzter Hilfen
Die MitarbeiterInnen des Allgemeinen Sozialdienstes müssen neben den Klienteninteressen vor allem auch die fiskalischen Interessen der Kommune vertreten und vorgegebene Budgets durchsetzen. Das kann sehr leicht dazu führen, dass sich ihr Blick abwendet von der Fachlichkeit hin zu einem Entscheidungsprinzip, „das leichte vor schweren, kurzfristige vor langfristigen und billige vor teuren Maßnahmen gewährt" (Messmer 2007, S. 156). Beherrscht werden die Hilfeplangestaltungen der Jugendämter zunehmend von Strategien, die – wenigstens kurzfristig – Kosten sparen. Das so genannte „Treppenprinzip" ist eine solche Strategie: Bevor es zu gleichermaßen eingriffs- und kostenintensiven Maßnahmen oder zu langwierigen Hilfeprozessen kommt, werden auf Seite des Leistungsträgers zunächst kleinere, weniger kostenintensive Hilfen erwogen. Messmer kommentiert: „Handlungsleitend ist, was wenig Kosten verursacht, wenigstens im Augenblick" (Messmer 2007, S. 128).

Natürlich wird diese Strategie fachlich begründet. Es ist jedoch unübersehbar, dass es sich in vielen Fällen dabei um eine argumentative Hilfskonstruktion handelt, die fachlich gar nicht trägt. Das führt zum „viel zu lange Zuschauen", zu einem ständigen Herumdoktern an Fällen, denen eine klare Perspektive gut täte, zum Verzögern notwendiger Schritte, zum „Kleckern wo geklotzt werden müsste", um einen Effekt zu erzielen und damit zu verschleppten Jugendhilfekarrieren.

Im Rahmen solcher Entscheidungsstrukturen der Jugendämter werden z. B. ambulante Maßnahmen stationären Hilfen auch dann vorgezogen, wenn eigentlich für alle klar ist, das die ambulanten Hilfe nicht greifen kann oder wird und nicht ausreicht, um das Wohl eines Kindes kurz-, mittel- und langfristig zu sichern.

Beispiel 18
„Die ambulante Hilfe bringt schon noch was. Jedenfalls ist sie billiger."
Die Familie J. ist dem Jugendamt schon seit vielen Jahren bekannt. Die beiden ältesten Kinder sind vor fünf Jahren in einem Kinderheim untergebracht worden, weil die Eltern aufgrund ihrer Alkoholsucht nicht mehr für sie sorgen konnten. Zu diesen Kindern haben die Eltern den Kontakt abgebrochen. Es sind aber inzwischen zwei neue Kinder geboren worden, ein Mädchen, das schon vier Jahre alt ist und das derzeit fünf Monate alte Baby. Zur Geburt der heute Vierjährigen hatte man damals der Familie eine Familienhelferin zur Seite gestellt. Die Hilfe wurde nach einem Jahr abgebrochen, weil die Mutter meinte, sie brauche sie jetzt nicht mehr. Trotzdem war die Situation nach Abbruch der Familienhilfe eher kritisch. Immer wieder kamen Klagen aus dem Kindergarten und vom Kinderarzt. Nun hat wieder einmal der Kindergarten Alarm geläutet. Die Kleine sei schon mehrfach völlig verdreckt und mit einem unglaublichen Hunger in der Kindertagesstätte abgegeben worden. Außerdem befürchteten die ErzieherInnen, dass das Kind misshandelt worden sei. Bei dem umgehend und unangekündigt durchgeführten Hausbesuch erklärte die Mutter die Hämatome ihrer Tochter mit einem Sturz auf der Treppe im Hausflur. Das Baby lag während des Hausbesuches auf dem Sofa und schrie, als die Sozialarbeiterin die Wohnung betrat. Es war nass, wurde schließlich gewickelt und bekam dann in Anwesenheit der Sozialarbeiterin seine Flasche. Die Wohnung wirkte wie gewohnt verwahrlost. Die Mutter hatte eine Alkoholfahne. Der Vater, der nach einer halben Stunde aus dem Schlafzimmer kam, beschimpfte die Sozialarbeiterin, weil sie ihn geweckt habe und zog sich wieder zurück. Es musste etwas geschehen. Auch die Mutter gab zu, dass zurzeit alles ein wenig zu viel für sie sei.
Die Fachkonferenz (Team der Fachkräfte) schlug nach eingehender Beratung des Falles vor, die Kinder in ein Heim einzuweisen und ihre Rückführung von der Erfüllung der Auflage abhängig zu machen, dass beide Eltern sich einer Suchttherapie unterzögen. Obwohl zumindest die Mutter durchaus Interesse an ihren Kindern zeigte, hielt man sie und ihren Mann für nicht in der Lage, bei andauernder Alkoholabhängigkeit hinreichend für das Wohl der Kinder zu sorgen. Die frühere Familienhelfermaßnahme hätte zudem gezeigt, dass die

Familie nicht bereit und auch nicht wirklich in der Lage sei, eine solche Hilfe anzunehmen und sie zu nutzen. Der Entscheidungskonferenz des Jugendamtes vorgestellt, wurde dieser Vorschlag von der Amtsleitung verworfen. Es sollte hier doch noch einmal versucht werden, mit einer ambulanten Hilfe weiter zu kommen. Schließlich hätte die frühere Maßnahme immerhin ein ganzes Jahr laufen können. Über Kosten wurde nicht gesprochen. Im Protokoll stand: „Es sollen vorerst die ambulanten Möglichkeiten genutzt werden, um, wenn eben möglich, den Kindern langfristig die Familie zu erhalten und für die Vierjährige einen Sozialisationsbruch in einem sensiblen Alter zu vermeiden." Als nach einem viertel Jahr die Familienhelferin das Handtuch warf, weil sie, wie sie sagte, die Verantwortung nicht mehr übernehmen könne, übertrug das Jugendamt den Fall einem anderen freien Träger.

Ambulante Hilfen zur Erziehung (z. B. Sozialpädagogische Familienhilfe) können – angemessen mit Zeit- und Personalressourcen ausgestattet – in sehr vielen Fällen helfen und man sollte ihnen fachlich eigentlich viel mehr zutrauen. Dennoch ist ihr Einsatz dort unsinnig und falsch, wo es keinen fachlichen Sinn mehr macht, beispielsweise, weil Kinder ihre Eltern ernsthaft ablehnen oder weil die Lernfähigkeit der Eltern nachweisbar massiv begrenzt ist und schon gar dort, wo man davon ausgehen muss, dass eine bestehende Kindeswohlgefährdung durch den Einsatz ambulanter Mittel kurz- und mittelfristig eben nicht mit hoher Wahrscheinlichkeit beendet werden kann. Eine Entscheidung für ambulante Hilfen, allein deshalb, weil sie kostengünstiger sind, ist ein fachlicher Sündenfall.

Eine andere Variante derselben effizienzgesteuerten Strategie der Kostenträger, die von den MitarbeiterInnen des Allgemeinen Sozialen Dienstes mitgetragen und durchgesetzt werden muss, ist es z. B., die kürzere und dadurch Kosten sparende Verweildauer in stationärer Unterbringung oder auch die Abkürzung des Zeitrahmens einer ambulanten Hilfe zu forcieren. Die Politik tut das ihrige, um diesen Prozess zu verstärken: So hat das BMFSFJ im Jahre 2005 ein „Bundesprogramm zur wirkungsorientierten Ausgestaltung der Leistungs-, Entgelt- und Qualitätsentwicklungsvereinbarungen" (BMFSFJ 2005) ausgeschrieben. Es enthält entgeltbezogene Anreizsysteme, die eine beschleunigte Verselbständigung bzw. Rückführung aus Heimunterbringung monitär gratifizieren. D. h., der Gesetzgeber gibt dem Kostenträger die Macht, leistungserbringende Träger dazu zu bewegen, pädagogische Prozesse zu beschleunigen, indem er sie für deren Verkürzung belohnt, also bezahlt. Die Entscheidung darüber, ob eine Rückführung oder Verselbständigung pädagogisch bereits sinnvoll ist, wird dem Erbringungsträger überantwortet. D. h. es wird ihm über-

lassen, ob er sich im Zweifel für das Geld oder für eine fachlich angemessene Verlaufsstruktur einer Heimerziehung entscheidet.
Das Geld regiert die Welt – offenbar auch die Welt der sozialpädagogischen Fachentscheidungen über Menschenbiografien!

3.4.3.2 Effizienzauftrag dominiert die fachlichen Entscheidungen
Die Untersuchung von Messmer (2007) im Rahmen der Heimerziehung nach §34 KJHG bestätigt seine These immer wieder: „Maßgeblich für die Entscheidungen eines Leistungsträgers ist nach vorliegenden Hinweisen oftmals weniger der tatsächliche Hilfebedarf, sondern mehr die Orientierung an den anfallenden Kosten sowie am Alter der jeweiligen Adressaten" (2007, S. 161).

Der neue Geldgeberblickwinkel des Allgemeinen Sozialdienstes wird von den Erbringern der Leistung zwar einkalkuliert, aber offenbar resigniert hingenommen: Erwartet wird nicht mehr, dass es auch dem Kostenträger in erster Linie um fachlich gute Entscheidungen geht. Hilfeplangespräche werden zum Schauplatz von Interessenauseinandersetzungen, deren staunende Zeugen oft die betroffenen KlientInnen sind. So wird der Erfolgsdruck auch gleich an die KlientInnen weitergegeben nach dem Motto: „Haltet euch ran, ihr kostet zu viel Geld!" (vgl. Messmer 2007, S. 115).

Das Jugendamt, das zu Zeiten der sozialstaatlich abgesicherten und mit Gestaltungsspielräumen ausgestatteten lebensweltorientierten Sozialen Arbeit als Wächter und Förderer des Kindeswohls, als anwaltliche Interessenvertretung seiner Klientel agierte, reduziert sich inzwischen allzu oft auf einen Budgets vorgebenden und kontrollierenden Kostenträger, der dafür sorgt, dass die Erbringer Sozialer Leistungen nicht zu viel ausgeben, also nicht finanziell „über die Stränge schlagen". „Was die Kinder und Jugendlichen an individuellen Hilfen im Einzelfall brauchen, ist von vorne herein nicht mehr sichergestellt", zieht Messmer die erschreckende Bilanz seiner Untersuchung. (Messmer 2007, S. 162)

3.4.3.3 Fehlentscheidungen konterkarieren gesetzliche Ansprüche
Mit dem KJHG wurden 1990 diverse Rechtsansprüche ausgesprochen, z. B. der Anspruch auf eine individuelle Hilfe zur Erziehung, wenn die Gewährungsvoraussetzungen nach § 27 KJHG gegeben sind. Es wurden im Gesetztext lebensweltorientierte sozialpädagogische Maximen und Prozessstandards (Betroffenenbeteiligung, Partizipation, Ganzheitlichkeit, Prävention, Integration usf.) formuliert. Mit dem § 78 KJHG hat der Gesetzgeber festgelegt, dass trotz Effizienz und Kostendämpfung die zu gewährende Entgeltregelung es einem Erbringer gestatten muss, die jeweilige Hilfe bedarfsgerecht zu gestalten. Die

Praxis aber zeigt, dass das Effizienzgebot all diese Vorgaben und gesetzlichen Bestimmungen tendenziell unterläuft. Berichte von PraktikerInnen legen immer wieder den Eindruck nahe, dass im Rahmen des Effizienzprimates diese Rechtsansprüche und Handlungsmaximen Sozialer Arbeit nicht mehr als gesichert angesehen werden können, weil die Praxis sie vielfältig umgeht, aushebelt und als „nicht machbar, da nicht finanzierbar" fort schiebt und unberücksichtigt lässt. Es wird von Situationen berichtet, in denen z. b. bestimmte Hilfen zur Erziehung, obwohl sie aus sozialpädagogischen Gründen durchgeführt werden müssten und von den sozialpädagogischen Fachkräften auch als notwendig und hinreichend (s. §27 KJHJG) ausgewiesen wurden, dennoch nicht gewährt werden mit dem Hinweis auf die nicht vorhandenen Mittel und die hohen Kosten. Messmer konstatiert im Rahmen der Auswertung seiner Ergebnisse, dass die fiskalischen Zwänge „zunehmend die gesetzlichen Vorgaben konterkarieren" (2007, S. 36). Was das Kinder- und Jugendhilfegesetz formuliert und zum Standard Sozialer Arbeit macht, eine lebensweltorientierte, nachhaltige und ganzheitliche, das Subjekt Klient aktiv in den Unterstützungsprozess einbindende Soziale Arbeit, bleibt angesichts der durch das Effizienzpostulat vorgegebenen Einschränkungen immer mehr auf der Strecke. Gesetzliche Vorgaben sind heute offenbar keine Handlungsmesslatten mehr, sondern nur gut gemeinte Ideale, an denen man sich tunlichst orientieren sollte, ohne dass man sich der Illusion hingeben darf, man könnte sie wirklich immer umsetzen und erreichen. Hier wird z. B. das Kinder- und Jugendhilfegesetz schlicht dem Effizienzprinzip geopfert. Die Macht des Kostenträgers toppt den Gesetzgeber.

Beispiel 19
„Diese Hilfe ist uns zu teuer und es geht ja schließlich auch so."
Das Team der Sozialpädagogischen Tagesgruppe beim Diakonischen Werk des Landkreises L. ist sich einig, dass für Claudia, die mittlere Tochter der Familie Pentsch, die soziapädagogische Tagesgruppe nicht ausreicht. Wenn sie abends und am Wochenende heim kommt, geht immer alles wieder von vorne los, das Geschrei zwischen Mutter und Tochter, der ewige Streit zwischen den Geschwistern und die allabendliche Schimpftirade des Vaters, der meint, seine Tochter auf diese Weise positiv beeinflussen zu können. Alles, was sich vielleicht tagsüber für Claudia positiv entwickelt hat, alle guten Erfahrungen werden innerhalb ihres Familienverbandes binnen weniger Minuten wieder zunichte gemacht. ‚Das Mädchen wird von ihrer Familie regelrecht gemobbt', hat neulich ein Kollege gesagt und es damit wohl gut getroffen. Die Familie will Claudia nicht, alle sind gegen sie und alle verbünden sich gegen sie. Die Sozialarbeitenden hatten gehofft, dass die Unterbringung Claudias in einer

Tagesgruppe erst einmal etwas von dem Stress aus der Familie herausnehmen könnte. Was Claudia betrifft hatte man erwartet, dass sie durch die Sonderbehandlung und die intensive Betreuung an Selbstbewusstsein gewinnen würde und damit in ihrem Familienverband besser bestehen könnte. Diese Hoffnungen haben sich zerschlagen. Das Mädchen leidet unter der Situation genau so wie früher, wenn nicht noch mehr.

Das Team spricht sich dafür aus, dass die Tagesgruppe nicht reicht und eine Heimunterbringung für Claudia unabdingbar notwendig sei. Im Hilfeplangespräch wird dieser Vorschlag von der zuständigen Mitarbeiterin des Jugendamtes sofort zurückgewiesen. Eine Heimunterbringung würde um ein Vielfaches teurer werden. Das sei für diesen Fall nicht eingeplant, nicht zu finanzieren und auch nicht nötig. Die Tagesgruppe hätte wohl nicht alle Möglichkeiten genutzt, das Kind zu stärken und solle sich außerdem vorsehen, Fälle wegen mangelndem Erfolg an den Allgemeinen Sozialdienst zurück zu geben, weil das in der Statistik der Einrichtung nicht gut aussähe. Das Team bemüht sich also erneut, für Claudia das Leben erträglich zu machen und ertappt Claudia eines Tages dabei, sich den Arm aufzuritzen. „Jetzt muss das Jugendamt doch einsehen, dass es so nicht weiter geht", ist der erste Gedanke der MitarbeiterInnen.

Fehlentscheidungen aus Kostengründen, Riskieren einer Kindeswohlgefährdung wegen der möglichen Kosten der notwendigen Intervention, Unterschätzen von Problemlagen aus Furcht vor Folgekosten, all das sind Kritikpunkte, die dem öffentlichen Träger von Seiten der die Leistung erbringenden Einrichtungen immer wieder vorgeworfen werden, meist allerdings nur hinter vorgehaltener Hand. Denn demjenigen, von dem es abhängt, ob man weitere Fälle zu gewiesen bekommt und der entscheidet, ob man eine Aufgabe übernehmen darf und damit seine Existenz als Träger weiter sichern kann, dem wird man wohl keine direkten Vorwürfe machen. Die Entstehung des Berliner Rechtshilfefond Jugendhilfe e.V. (vgl. Urban/Schruth 2006, S. 127), der die Interessen von KlientInnen gegenüber dem Jugendamt vertritt, ist zumindest ein deutlicher Hinweis darauf, dass solche Unterstützungen notwendig geworden sind.

3.4.3.4 Aus SozialpädagogInnen werden öffentliche Finanzverwalter
Die MitarbeiterInnen des Allgemeinen Sozialdienstes sind selber SozialpädagogInnen, aber sie erhalten zunehmend eine kontrollierende und Mittel gewährende oder eben auch Mittel nicht gewährende Funktion. So verwalten sie z.B. im Rahmen der Budgetierung an der Basis die zur Verfügung stehenden Gelder. Damit sind sie diejenigen, die die Wahl treffen müssen, was und für wen sie „ihr" Geld ausgeben wollen. Sie müssen entscheiden, welche Maßnah-

me in ihrem Bezirk läuft und auch, welche eingestellt wird. Getroffen werden muss eine Entscheidung auf jeden Fall, denn für alles, was eigentlich notwendig wäre, reicht das Geld nicht. Fachliche Argumente bewirken nichts. Es gibt auch niemand mehr, dem sie vorgetragen werden könnten. Die Verantwortung liegt bei ihnen selber.

Beispiel 20
„Auf einmal bin ich der liebe Gott und der letzte Arsch."
Olaf Beseke ist Mitarbeiter im Allgemeinen Sozialdienst der Stadt P. Seit einem Jahr ist er auch der Budgetverwalter der Gelder für Hilfen zur Erziehung, die für seinen Bezirk zur Verfügung stehen. Am Anfang fand er diese neue Regelung gar nicht so schlecht. Endlich musste er sich nicht mehr mit dem Jugendamtsleiter oder der Wirtschaftlichen Jugendhilfe herumschlagen, wenn es um die Gewährung von bestimmten Hilfen für seine Klienten ging. Jetzt durfte er selber entscheiden, wofür er das Geld ausgab. Schließlich war ja auch er derjenige, der die Familien und ihren Bedarf am besten kannte. Heute allerdings ist ihm nicht wohl. Es ist September und seine Mittel sind ziemlich zusammengeschrumpft. Er hatte gehofft, in der Ferienzeit sei es ruhiger und er könnte sein Geld für den Herbst und die „heiße" Weihnachtszeit sparen. Im August gab es in seinem Bezirk jedoch einen Kriseneinsatz und er musste drei Kinder im Heim unterbringen, weil die aufgedeckten Verhältnisse nichts anderes mehr zuließen. Und nun hat er heute früh Frau Andernach beibringen müssen, dass die von ihr beantragte Hilfe für einen Erziehungsbeistand ihres 8jährigen, kontaktgestörten und mit ständigen Bauchschmerzen auf die Hänseleien seiner Klassenkameraden reagierenden Sohnes wohl nicht kommen wird. Die Mutter war entsetzt und hilflos und er wusste, dass sie nach Hause gehen und ihren Sohn wie immer mit der Aufforderung, sich doch endlich durchzusetzen und ein Mann zu werden, unter Druck setzen würde. Er hat ihr empfohlen, den Jungen in einem Hort unterzubringen oder in einem Sportverein. Aber er weiß, dass das nicht viel weiter helfen wird. Irgendwann, spätestens wenn ihr Sohn in die Pubertät gekommen ist, steht Frau Andernach dann wieder in seinem Büro. Und dann geht vielleicht nichts mehr als eine Heimunterbringung, er kann sich das schon gut vorstellen. Eigentlich wäre die Hilfe heute notwendig und schließlich hat das Fachteam dieser Hilfe letzte Woche auch ohne zu Zögern zugestimmt. Im Moment ist aber einfach die SPFH für den allein erziehenden Vater in der Familie Opatsch notwendiger. Aber vielleicht kann er, Olaf, ja auch die geplante Heimerziehung von Jürgen Querisch noch ein paar Monate hinziehen? Dann wäre doch noch was für den kleinen Andernach drin? Im Moment macht die Schule bei Jürgen Querisch ja nicht mehr so einen Druck. Aber Olaf Beseke bleibt bei seiner Entscheidung. Irgendeine Entscheidung muss er

ja treffen. Als er dem Mitarbeiter des Erziehungshilfevereins, der in seinem Bezirk tätig ist, mitteilt, dass aus der Erziehungsbeistandschaft für den Sohn von Frau Andernach doch nichts werden könne, murmelt der was vom Rechtsanspruch. Als ob er das nicht auch wüsste! Aber die Zeiten sind wohl vorüber, wo so was noch wirklich eine Rolle spielte.

Und Olaf Beseke unterzeichnet den Antrag der Frau Andernach mit der Bemerkung: „Wird wegen geringer Dringlichkeit zurückgestellt". Danach geht es ihm besser. Aber so richtig gut auch nicht. In was für eine idiotische Rolle ist er da eigentlich hinein geraten?

Durch die Übernahme der fiskalischen Verantwortung entsteht für die betroffenen MitarbeiterInnen eine enorme Belastung. Sie sind gezwungen, ihren KlientInnen und den MitarbeiterInnen der die Leistung erbringenden Einrichtungen gegenüber als Finanzträger aufzutreten und Hilfen und Unterstützung zu gewähren oder abzulehnen. Und obwohl die MitarbeiterInnen an der Basis oft nur mit schlechtem Gewissen und voller Unzufriedenheit die ihnen nun in die Schuhe geschobenen Budgetentscheidungen treffen, sieht es nach außen so aus, als würden solche Entscheidungen zwischen „Scylla und Charybdis" von ihnen nicht nur getroffen, sondern auch voll mitgetragen. So werden sie selber zum unmittelbaren, persönlichen Opfer der Sparpolitik und arbeiten als Geldverwalter statt als sozialpädagogische Fachkräfte und HelferInnen.

Das Schlimmste aber ist: Tatsächlich identifizieren sich nicht wenige dieser „BasisbudgetverwalterInnen" nach einiger Zeit mit dieser neuen Funktion. Das Budget wird zu ihrer eigenen, persönlichen Angelegenheit, es stattet sie mit Macht aus, auch wenn es nur die Macht ist, den Mangel zu verteilen bzw. letztlich auch Mittel zu verweigern.

3.5 Verbetriebswirtschaftlichung der Sozialen Arbeit

Soziale Arbeit wird zunehmend durchdrungen von einer effizienzorientierten Marktlogik und damit von der im ökonomischen Sektor der Gesellschaft üblichen betriebswirtschaftlichen Denkweise (vgl. Galuske 2002, S. 321). Die Einflüsse des dominierenden betriebswirtschaftlichen Denkens in der Sozialen Arbeit auf die Binnenstruktur der Sozialen Arbeit sind groß. Neben der alles bestimmenden Effizienz gewinnt so die Sprache und damit auch die Logik der Betriebswirtschaft ständig an Bedeutung und trägt dazu bei, Soziale Arbeit von einer sozialen gesellschaftlich verantwortlichen Instanz in ein Marktprodukt zu transformieren.

3.5.1 Logik der Betriebswirtschaft und Logik der Sozialen Arbeit

Seit der Neuen Steuerung beherrschen die Instrumente, Begriffe und Prozesse der Betriebswirtschaft wie z. B. Marketing, Prozesssteuerung und Führung die sozialen Einrichtungen und dominieren auch mehr oder weniger den Alltag und die Sprache der praktizierenden Sozialarbeitenden.

Sie dienen je einem der drei Teilbereiche des „New Social Management":
- dem Finanzmanagement (z. B. Budgets, Output-Steuerung, Fundraising),
- dem Qualitätsmanagement (z. B. Zielvereinbarungen, Kennzahlen, Controlling, Zertifizierung),
- dem Personalmanagement (z. B. Personalentwicklung, Weiterbildung, leistungsbezogene Entlohnung, höhere Flexibilität am Arbeitsplatz).

Die Einführung dieser Begriffe und Instrumente sind die Folge der neuen sozial- und finanzpolitischen Strategie, Soziale Arbeit wie ein wirtschaftliches Produktionsunternehmen sozialer Dienstleistungen zu verstehen und zu behandeln. Sie haben eine nicht zu übersehende Auswirkung auf das, was Soziale Arbeit heute ist und wie sie gemacht wird, und sie verändern sie damit Schritt um Schritt (vgl. Albert 2006, S. 26; Galuske 2002).

Tatsächlich aber folgen die Soziale Arbeit und die Betriebswirtschaft unterschiedlichen Logiken und sind somit nur begrenzt kompatibel (vgl. Galuske 2002, S. 328). Eine Soziale Arbeit, die zwischen System und Lebenswelt der Menschen als intermediäre Instanz im Sinne einer Brückenfunktion angesiedelt ist, ist zwar dem System verpflichtet, muss aber ebenso die Sprache der Lebenswelt sprechen und auch ihrer Logik folgen. Entsprechend, so Galuske, „führt die Verlagerung in Richtung systemischer Marktimperative zu einer Neukalibrierung der Handlung leitenden Koordinaten" (ebenda, S. 329). Während Ökonomie das Verhalten von Menschen durch Geld und Macht zu steuern versucht, ist Soziale Arbeit im Kern kommunikativ strukturiert. Ihre möglichen Wirkungen werden über kommunikativen Austausch und Verständigung erzielt und setzen eine Vertrauensbeziehung zwischen der KlientIn und der SozialpädagogIn voraus. Flösser/Oechler sprechen in diesem Kontext als von einem „zentralen Merkmal sozialer Dienstleistungen, welches sie von industriellen Produktionsweisen unterscheidet. „Muss der Kunde bzw. Adressat bei der Erbringung der Dienstleistung anwesend sein, ergibt sich für die Steuerung der Produktion sozialer Dienstleistungen eine Fokussierung auf die Interaktion und Kommunikation zwischen ProduzentInnen und KonsumentInnen als primärem Qualitätsparameter der Dienstleistung (Flösser/Oechler 2006, S. 157; vgl. auch Kasper 2006). Wenn diese zentralen Merkmale sozialpädagogischer Prozesse aber in den Hintergrund geraten, weil die Sprache der Betriebswirtschaft dafür keine Begriffe hat und keine Möglichkeiten bereit hält, sie angemessen zu erfassen, dann führt diese fremde Sprache zu einer Veränderung und Entfremdung der Sozialen Arbeit selber. Die VerfasserInnen des 11. Jugendberichtes (2002) berichten, dass von Kritikerinnen und Kritikern der Ökonomisierung vor allem darauf hingewiesen wird, dass unreflektiert betriebswirtschaftliche Konzepte und deren Terminologie auf sozialpädagogische Handlungsfelder übertragen wurden (S. 79).

An den Themen Messbarkeit und Kennzahlen soll im Folgenden exemplarisch aufgezeigt werden, wie betriebswirtschaftliches Denken die Soziale Arbeit prägt und im Kern verändert.

3.5.1.1 Messbarkeit der Qualität Sozialer Arbeit

Um vom Staat, z. B. dem Jugendamt oder dem Sozialamt, Geld zu bekommen, muss im Rahmen des neuen Kontraktmanagements ein Anbieter seine Dienstleistung, sein „Produkt" prospektiv vorstellen, es transparent, nachvollziehbar und kontrollierbar machen und in Zeit- und damit auch in Geldeinheiten transferierbar gestalten. Produktbeschreibungen, Leistungsbeschreibungen, Leistungsvereinbarungen, Zielvereinbarungen, Kennzahlen – all diese Begriffe und Prozesse beherrschen die Diskussionen. Es geht keineswegs nur um die Rahmenbedingungen zur Erstellung eines Produktes, sondern sehr wohl auch um Art, Ziel und Qualität des Leistungsangebotes. Mit diesem Schritt richtet sich das Sozialmanagement also unmittelbar „auf den Kern, des Sozialpädagogischen Handelns" (Merchel 2000, S. 11) selber. Hier begegnen sich betriebswirtschaftliches Denken und sozialpädagogisches Denken sozusagen hautnah und müssen zu einer gemeinsamen Aussage gelangen.

Bei der Definition von Qualität und Inhalt eines Produktes geht die betriebswirtschaftliche Steuerung grundsätzlich von der Notwendigkeit einer Quantifizierung seiner Merkmale aus. Die Quantifizierung von Leistungen bzw. Produkten ist in der betriebswirtschaftlichen Logik ein zentrales Moment, weil darin eine wesentliche Voraussetzung für Messbarkeit gesehen wird. Die Messbarkeit wiederum hält man für die Grundbedingung einer effizienten Steuerungsaktivität. Eine für die Entgeltvereinbarung erforderliche Leistungsvereinbarung ist damit immer mit dem Versuch gekoppelt, die wesentlichen Qualitätsmerkmale, also die Strukturqualität, die (sehr schwer zu quantifizierende) Prozessqualität sowie die Ergebnisqualität eines sozialpädagogischen Produktes zu quantifizieren (vgl. Merchel 2000, S.154). Nach Kasper (2006) ist die Reduktion von Komplexität bei einer Bestimmung von Qualität die Voraussetzung dafür, dass für diese Qualität Vergleichbarkeit hergestellt werden kann. Ein solches Verfahren der Komplexitätsreduktion im Kontext der Qualitätsbeschreibung hält er auch für die Soziale Arbeit für durchaus anschlussfähig.

Hier stellt sich für die Soziale Arbeit die immer wieder kontrovers diskutierte Frage nach der Messbarkeit sozialer Leistungen. Wie lassen sich „Leistungen wie Stärkung des Selbstbewusstseins, Entschärfung von Folgekrisen im lebensweltlichen Bereich u. ä. in marktrelevante (d. h. mess- und zählbare) Parameter überführen?", fragt z. B. auch Galuske (2002 S. 332). Qualitätsmerkmale wie Lebensweltorientierung, Partizipation, Koproduktion, Hilfe zur Selbsthilfe u. ä. sind elementare Aspekte und Orientierungen Sozialer Arbeit. Können solche Qualitäten wirklich in Zahlen (also quantitativen Größen) angemessen ausgedrückt werden? Oder führt der Versuch zwangsläufig zu einer nur oberflächlichen und viel zu kurz gegriffenen Definition dessen, was eine sozialpädagogische Leistung auszeichnet und bedeutet? „Sozialpädagogische Dienste", so Bauer, „sind der nicht-technischen Dimension (der Produktion; E. d. V.) zuzuordnen. Ihre Qualität liegt darin, dass sie im Rahmen der psychosozialen Interaktion zwischen Dienstleistendem und Dienstleistungsbedürftigem erbracht wird. Soziale Prozesse und menschliche Verhaltens- und Erlebensdimensionen sind zudem komplexe Prozesse und vielschichtig strukturierte Qualitäten. Die wesentlichen Aspekte und Merkmale der Qualität Sozialer Arbeit und Sozialer Dienstleistungsprodukte sind deshalb nicht bzw. nicht allein über quantitative, technisch isolierbare Kennziffern zu erfassen" (1998, zitiert nach Galuske 2002, S. 334).

Die Qualitätsmerkmale, die den sozialpädagogischen Kern der Leistung ausmachen, können andererseits nur dann in die Praxis umgesetzt werden, wenn sie ihren konkreten – auch finanziellen – Niederschlag innerhalb der Leistungsbeschreibung finden. Prävention, Elternarbeit, Partizipation, Selbsthilfemobilisierung, Ressourcenarbeit, all diese zentralen Handlungsmaximen erfordern nämlich ganz konkrete und das heißt auch kostenintensive Ressourcen an Personal, Zeit und Qualifikation, um Realität werden zu können. Wenn aber z. B. im Rahmen der Leistungsbeschreibung einer Tagesgruppe die erforderliche Elternarbeit nicht definiert und in Form von konkreten Tätigkeitseinheiten ausgewiesen wird, nutzt das schönste und fachlichste Tagesgruppenkonzept nichts, in dem vielleicht die Bedeutung der Elternarbeit besonders hervorgehoben wird.

Eine Einigung auf eine bestimmte Produktbeschreibung im Rahmen des Kontraktmanagements setzt Einigkeit und Klarheit voraus über das, was im konkreten Fall die Qualität eines „Produktes" auszeichnet und welche Kriterien und möglicherweise Kennzahlen benannt werden können, die die Qualität des Produktes ausweisen. Wird die Qualität nicht korrekt oder nicht vollständig erfasst, so wird das Produkt entwertet.

Soziale Arbeit gerät in ein Dilemma: Sie weiß, dass ihr Produkt nicht vollständig quantitativ erfasst werden kann, aber sie muss dennoch versuchen, ihre Qualität soweit wie möglich über Kennzahlen zu beschreiben damit die entscheidenden Aspekte ihrer Arbeit auch in der Finanzierung Berücksichtigung finden. Merchel empfiehlt als Konsequenz aus der Tatsache, dass sich zentrale Kriterien und Elemente von Qualität der Sozialen Arbeit nur „unvollkommen in messbaren Indikatoren abbilden", die „Perspektive einer empirischen, auf Quantifizierung aufbauenden Grundlegung der Qualitätsbewertung (...), bei der jedoch die Begrenzungen reflektiert und bewusst gehalten werden müssen" (Merchel 2000, S. 24). Kasper (2006) gibt zu bedenken, dass die seiner Meinung nach erforderliche Komplexitätsreduktion auch die Gefahr berge, dass die Dynamik „kippt", weil die Personen, die Leistungsbeschreibungen vornehmen, sich in ihrer Wahrnehmung möglicherweise weiter reduzieren als vertretbar. Sie können dazu verführt werden, selbst dann einfache Kausalketten zu konstruieren, wenn hochkomplexe Zusammenhänge eine erhöhte Genauigkeit und Ausdifferenzierung erfordern (vgl. Kaspar 2006).

Ob also eine Komplexitätsreduktion angemessen gelingt, die die wesentlichen Aspekte Sozialer Arbeit nicht außen vorlässt, dürfte damit zum einen von den Kompetenzen der beteiligten Fachkräfte, zum anderen aber auch ganz entscheidend vom Effizienzdruck durch den Kostenträger abhängen, der eine differenzierte, die Kosten hochtreibende Diskussion um zentrale, aber nicht so einfach zu quantifizierende Qualitäten möglicherweise nicht zu führen bereit ist.

Beispiel 21
„Was man nicht zählen kann, interessiert uns nicht."
Wir müssen mit guten, fachlichen Argumenten kommen!" sagte der Leiter des Trägervereins „Ein zu Hause für jeden e.V.". Sie müssen einfach kapieren, dass unsere Obdachlosenarbeit mit diesem begrenzten Zeitschlüssel nicht viel bringen kann!" Bei den Gesprächen mit dem Sozialamt war er selber nicht dabei. Er hatte die Aufgabe, die Verhandlungen zur jährlichen Leistungsvereinbarung zu führen, an seine Stellvertreterin delegiert. Aber Kerstin Schmidt war ganz seiner Meinung: Wenn man die Herren und Damen der Verwaltung nur dazu bringen könnte, die Sache einmal mit den Augen der Sozialpädagogik zu sehen, dann müssten sie doch die nötigen Gelder bereitstellen!

Als sie sich dann aber schließlich in der Runde umsah, kamen ihr schon die ersten Zweifel, ob ihr das gelingen würde. Der Sozialamtsleiter sah aus wie ein Finanzbeamter und sein Mitarbeiter ließ den Betriebswirt heraushängen. Kerstin Schmidt versuchte, sich nicht einschüchtern zu lassen, auch dann noch nicht, als der Sozialamtsleiter ihr eröffnete, dass im kommenden Jahr die Mit-

tel für die Gemeinschaftsräume des Zentrums, die in einem Nebenhaus angemietet worden waren, nicht mehr bereit gestellt werden könnten. „Sie werden die Gruppensitzungen sicher auch in einer der Obdachlosenwohnungen durchziehen können. Oder vielleicht auch in ihrem Büro? Haben wir Ihnen da nicht letztes Mal sogar Geld für eine Sitzgruppe gewährt?" „Es gibt einen wichtigen Punkt für uns, für den ich Sie um Ihre Aufmerksamkeit bitten möchte", *fing sie tapfer an.* „Wir haben immer wieder in den letzten Jahren festgestellt, dass gewisse Rückfälle unserer Bewohner hätten vermieden werden können, ich meine Rückfälle in Sachen Alkohol und öffentlicher Ruhestörung. Na Sie wissen es ja auch." *Ihre beiden Verhandlungspartner sahen sie durchaus interessiert an.* „Es würde uns freuen, wenn ihr Verein in Zukunft da eher und konsequenter durchgreifen könnte", *bemerkte der Sozialamtsleiter.* „Es geht mir um Folgendes", *nahm Kerstin den Faden wieder auf und hatte schon ein ungutes Gefühl im Magen:* „Bei unserer internen Evaluation kam heraus, dass immer dort die Sicherungen wieder durchbrannten, wo wir nach einer relativ intensiven Betreuung angefangen hatten, uns personell zurück zu ziehen. Wir fanden das zunächst nicht schlimm, weil wir die Leute ja schließlich verselbständigen und nicht von uns abhängig machen wollen. Wir sind aber jetzt, nachdem wir diesen Zusammenhang entdeckt haben, zu dem Ergebnis gekommen, dass es für unsere Klientel nötig wäre, Zeitkontingente in Reserve zu haben, wenn sie uns brauchen oder wir merken, dass wieder etwas im Busch ist." „Was soll das heißen?", *fragte der junge Kollege etwas gereizt.* „Wir brauchen einen höheren Stundensatz, damit wir in solchen Fällen reagieren können. Wir denken, dass wir damit zu Recht kämen, wenn Sie uns eine halbe Stelle zusätzlich bezahlen. Dann fallen auf die dann drei Mitarbeiter weniger Stunden im laufenden Einsatz und wir haben diese notwendige Zeitreserve für unsere Klientel und können sicher etliche Rückfälle und Krisen verhindern oder besser auffangen". *Für ein paar Sekunden blieb es ganz still im Raum.* „Nehmen wir mal an, wir würden Ihnen das wechseln, Frau Schmidt, was denken Sie, könnte man in die Leistungsbeschreibung schreiben für diese 20 Stunden: Zeit zum Abwarten, Zeit zum Däumchen drehen? Sie sagen ja selbst, sie möchten die intensive Betreuungsphase nicht verlängern, wollen nur für alle Fälle da sein. Was passiert denn dann mit den 20 Stunden? Was könnte ich denn aufführen? Warten, in die Luft gucken, aufpassen, beobachten? Da brauche ich konkrete Fakten, 2 Stunden das, 1,5 Stunden dieses. Ich kann Ihnen doch nicht Zeiten bezahlen, in denen sie nur bereit sind, etwas zu tun. Wie soll ich das denn vor dem Kämmerer vertreten? Sagen Sie lieber, sie wollen ein neues Beschäftigungsprojekt für ihre Obdachlosen machen, sagen wir: Heranführung an normale Arbeit, an Regelmäßigkeit, an Pünktlichkeit, so etwas. Und dafür brauchen sie eine Kraft* *mit 20 Wochenstunden, pro Arbeitstag 4 Stunden Betreuung. Das wäre was anderes. Aber tut mir Leid, auch dafür haben wir natürlich kein Geld." Kerstin Schmidt verfluchte die Idee ihres Chefs, sich durch sie vertreten zu lassen. Aber es wäre ihm auch nicht anders gegangen, dachte sie grimmig.*

Merchel (2000) und viele andere halten gute Überlegungen bereit, wie es z. B. gelingen kann, die fatalen Folgen einer rein quantitativen Leistungsbeschreibung Sozialer Dienstleistungen zu verhindern und wie man vorgehen muss, um die Komplexität der Sozialen Arbeit angemessen in den Prozess der Leistungsbeschreibung einzubinden und dort zu reflektieren. Dennoch scheitert in der Praxis mancher Versuch, die Qualität eines sozialpädagogischen Produktes zu definieren, weil der Spagat zwischen Quantifizierungsmöglichkeiten und Komplexität sozialer Prozesse allzu groß ist. Für die an diesem Prozess beteiligten SozialpädagogInnen ist es angesichts des Effizienzdruckes zudem ausgesprochen schwer, mit Argumenten gegenzuhalten, die nachweisen können, dass dieser oder jener Schritt der Komplexitätsreduktion nicht mehr geeignet ist, die tatsächliche Qualität Sozialer Arbeit abzubilden.

Die Unterstützung der Sozialmanager ist dabei eher gering. Tatsächlich, so bemerkt Kaspar (2006) in diesem Kontext, hat sich die Welt des Managements bisher noch wenig auf die besonderen Bedarfe des Sozialen Bereiches eingestellt. Nach wie vor werden MitarbeiterInnen der Sozialen Dienste mit Begrifflichkeiten und Vorstellungen von Qualitätsmanagement konfrontiert, wie sie innerhalb der produzierenden Betriebe üblich und angemessen sind (vgl. Kaspar 2006). Im Rahmen des ständigen Umgangs mit nicht auf sozialarbeiterische Kontexte übersetzten betriebswirtschaftlichen Begrifflichkeiten und im Kontext der für „normale" Qualitätsmanager und Qualitätsmanagementverfahren selbstverständlichen Erwartung, alle wichtigen Aspekte auch quantifizieren zu können, erfahren MitarbeiterInnen der Sozialen Arbeit nicht nur einen „Verfremdungsschock". Daraus erwächst viel mehr auch die Gefahr, dass sie auf Dauer die fremde Logik und Sprache assimilieren und als angemessen für ihre eigene soziale Tätigkeit akzeptieren, so dass die Widerstände gegen eine formalistische und rein technische Behandlung Sozialer Arbeit im Kontext des Qualitätsmanagement und der Leistungsbeschreibungen immer weiter schwinden.

3.5.1.2 Betriebswirtschaftliches Unverständnis von sozialen Strukturen
Mit der Sprache und Denkweise der Betriebswirtschaft hält auch deren vereinfachende Vorstellung vom Gegenstand Sozialer Arbeit Einzug in die Soziale Arbeit selber und scheint sich dort durchzusetzen. Die Verbindung der betriebswirtschaftlichen Tendenz zur Formalisierung und Quantifizierung so-

zialpädagogischer Inhalte auf der einen Seite mit dem allgegenwärtigen Effizienzpostulat auf der anderen Seite kann leicht dazu führen, dass Soziale Arbeit im Rahmen der Ökonomisierung ihren Kern verliert und zu einer platten, eindimensionalen und standardisierten Hilfeschablone verkommt. Systemische Zusammenhänge des Gegenstandes Sozialer Arbeit werden dabei missachtet oder einfach ausgeklammert. Es wird nicht nur versucht, um jeden Preis Qualitäten in Quantitäten zu erfassen und auszudrücken, es wird auch nur in linearen Zusammenhängen gedacht. Wesentliche Aspekte wie z. B. Partizipation, Schaffen von Vertrauen, biografischer Eigensinn aber z. B. auch prozessuale Strukturmerkmale wie die Herausbildung einer Gruppe oder interaktive Momente finden mit ihrer Komplexität keinen Eingang in die Leistungs- und Entgeltbeschreibungen und werden damit auch inhaltlich eliminiert.

Beispiel 22
„Genehmigt wurden genau zwei mal vier Stunden Tagesgruppe."
Die Sozialpädagogische Tagesgruppe ist eine teilstationäre Hilfe zur Erziehung. Das Gesetz sieht diese Hilfe (§ 32 KJHG) vor für Kinder und junge Jugendliche, die in einer Gruppe mit anderen Kindern und Jugendlichen eine intensive Betreuung und Erziehung erfahren sollen. Formal sieht die Sozialpädagogische Tagesgruppe aus wie ein Hort mit längeren Öffnungszeiten (die Kinder bleiben bis in die Abendstunden). Inhaltlich findet hier aber gezielte Erziehungsplanung und persönliche Unterstützung statt. Eingebaut in das Alltagsgeschehen (Mahlzeiten, Hausaufgaben, Freizeitaktivitäten) werden alle Kinder und Jugendlichen einzeln betreut und gefördert. Hinzu kommt eine intensive Kooperation mit Schule und Elternhaus. Wesentliches pädagogisches Medium ist die Gruppe, in der die Kinder soziale Kompetenzen erwerben und festigen sollen und Solidarität, Freundschaft aber auch den kritischen Umgang mit ihren Peers lernen können. Dass eine solche Hilfe nur dann ihre Wirkung entfalten kann, wenn die betroffenen Kinder Vertrauen und Vertrautheit zu ihren BetreuerInnen und auch zu den anderen Kindern entwickeln, liegt auf der Hand.

Das Jugendamt der Stadt M. aber hat sich neuerdings zur Kosteneinsparung Folgendes ausgedacht: Die Tagesgruppe wird ab sofort nur noch nach einzelnen Betreuungsstunden bezahlt. Wenn ein Kind nicht da ist, fällt auch keine Betreuungsarbeit an. Dann kann es auch nicht „abgerechnet" werden. Bezahlt wird nur die Stunde, die auch tatsächlich stattgefunden hat. Manches Kind braucht die Betreuungsstunde der Tagesgruppe nach Auffassung des Jugendamtes nur zweimal die Woche, manches nur dreimal, wenige sollten immer anwesend sein. Bei bestimmten Kindern kann das Mittagessen wegbleiben, andere, für die eine Kindertherapie bezahlt wird, gelten an diesen Nachmittagen nicht als Besucher in der Tagesgruppe und müssen auch nach der Therapiestunde nicht mehr für die übrig bleibende Stunde in die Tagesgruppe kommen. Damit kann die Auslastung gezielter gesteuert werden und die Einrichtung kann deutlich mehr Kinder aufnehmen.

Die MitarbeiterInnen der Tagesgruppe sind bestürzt angesichts des nun auf sie zukommenden Papierkrieges und vor allem wegen der Folgen für die pädagogische Arbeit: Weder die Gestaltung von Alltag noch das Zusammenwachsen der Gruppe wird unter so zerstückelnden Bedingungen möglich sein. Dass so die Hilfe für keines der Kinder mehr richtig greifen kann, ist ihnen bewusst aber gegenüber dem Jugendamt können sie diese Argumentation nicht durchsetzen.

Eine Gruppe kann sich unter diesen Bedingungen nicht herausbilden. Das Gefühl, zu Hause zu sein, angenommen zu werden, sich öffnen zu dürfen, wird nicht mehr entstehen. Ein Vertrauensverhältnis zu BetreuerInnen, die Kinder wegschicken müssen, weil sie an diesem Nachmittag nicht bezahlt werden, kann schwerlich unbelastet sein. Die entscheidenden Prozessmerkmale der Hilfe „Sozialpädagogische Tagesgruppe" werden hier durch Rationalisierung, Quantifizierung und Standardisierung aus der Hilfedefinition regelrecht „herausgezählt". Dadurch wird die Hilfe scheinbar rationierbar und portionierbar. Tatsächlich verliert sie ihre eigentliche innere Struktur und damit auch ihre mögliche Wirkung.

Hinzu kommt, dass alle bis dahin nicht vollständig mit der Betreuung der Kinder ausgefüllten Zeiten für die MitarbeiterInnen, die bisher genutzt werden konnten für Vorbereitungen und Kontaktgespräche, wegfallen, da die Auslastung mit Kindern drastisch erhöht wird und die Arbeit mit den Kindern aufgrund der fehlenden Kontinuität wesentlich schwieriger wird.

Der Versuch, die Betreuerstunde als inhaltsleere Einheit zu standardisieren, macht das Produkt zu einer Dienstleistung, die kaum mehr bieten kann, als ein reines Aufbewahrungssetting.

3.5.2 Qualitätsmanagement und Qualitätsentwicklung

Um zu verhindern, dass die Neustrukturierung des sozialen Dienstleistungssektors mit Qualitätseinbrüchen einhergeht, hat der Gesetzgeber selber bei den neueren Regelungen zusätzlich zum Preiswettbewerb den Qualitätswettbewerb eingeführt. Qualitätsmanagement ist somit Gegenstand der Leistungsvereinbarung.

3 Die Ökonomisierung der Sozialen Arbeit

Die Verpflichtung zur Qualitätsentwicklung hat bei allen erbringenden Trägern Sozialer Arbeit seit Jahren einen intensiven Qualitätsentwicklungsprozess ausgelöst und zu einer großen Ausbreitung des Qualitätsmanagements geführt. Qualitätsmanagement oder QM bezeichnet grundsätzlich alle organisierten Maßnahmen, die der Verbesserung von Produkten, Prozessen oder Leistungen jeglicher Art dienen. Ziel des Qualitätsmanagements ist es, die vorhandenen Ressourcen, Kompetenzen und Prozesse so zu organisieren, dass die Qualitäten der Leistungserbringung für die Adressatinnen und Adressaten optimiert werden. Nach der Philosophie des neuen Steuerungsmodells und den daraus abgeleiteten Anforderungen an ein Qualitätsmanagement muss die Soziale Arbeit ihre Prozesse der Leistungserbringung „kundenorientiert" umgestalten (vgl. 11. Jugendbericht 2002, S. 80f).

Dem Qualitätsmanagement wird innerhalb der Sozialen Arbeit eine große Bedeutung zugemessen: „Qualitätsmanagement ist ein Katalysator, um Soziale Arbeit in ihrem gesamten Umfang zu erschließen, sichtbar zu machen und zur Entfaltung zu bringen" (Assmann 2003 a. a. O.). Auf die unterschiedlichen Ebenen der Qualität der Leistung Soziale Arbeit – Struktur-, Prozess- und Ergebnisqualität – wurde bereits am Ende des ersten Kapitels eingegangen (s. Abschnitt 1.6.2).

3.5.2.1 Qualitätsentwicklung als fachliche Chance

Obwohl die Qualitätsentwicklung unmittelbar in den Kontext von Leistungsbeschreibung und Entgeltvereinbarung eingebunden ist, also auf eine betriebswirtschaftlich akzentuierte Modernisierung Sozialer Arbeit abzielt, „entfaltet die Vereinbarung zur Qualitätsentwicklung einen Modernisierungsimpuls, der vorwiegend die fachliche Ebene anspricht", d.h. der Sozialen Arbeit zur Weiterentwicklung und Verbesserung ihrer Qualität verhilft, stellt Merchel fest (2002, S. 14). Faktisch spielen heute die Qualitätsentwicklung und mit ihr all die Verfahren des Qualitätsmanagements wie z.B. ISO 9000, Benchmarking, EFQM (vgl. Merchel 2000) eine große und jeden Arbeitsplatz und Alltag in der Sozialen Arbeit bestimmende Rolle und werden auch von Leitungen und MitarbeiterInnen als ernsthafter Beitrag zu einer Qualitätsverbesserung und Qualitätssicherung der eigenen Arbeit angesehen.

Zwar begegnete der Anspruch der Qualitätsentwicklung in der Praxis vor allem in den ersten Jahren nach dem Beginn der Neuen Steuerung auch Widerständen bei den sozialpädagogischen MitarbeiterInnen, die sich in ihrer Fachlichkeit bedroht sahen und dem gesamten Thema skeptisch und kritisch gegenüber standen (vgl. etwa Kaspar 2006). Die als untrennbar erlebte Verquickung von Einsparungsaufforderung und Qualitätsdiskussionen löst bei MitarbeiterInnen der Ämter oder in Einrichtungen freier Träger nicht selten das Gefühl aus, um alles und jedes kämpfen zu müssen, damit überhaupt noch irgendetwas bleibt.

Weiter oben wurde hervorgehoben, dass es vor allem das Qualitätsmanagement ist, das die Ökonomisierung inzwischen für viele Fachkräfte der Sozialen Arbeit trotz aller Schwierigkeiten und Probleme akzeptabel macht. Es wird als Chance gesehen, die eigene fachliche Qualität zu verbessern und man geht auch davon aus, dass das Qualitätsmanagement die Folgen der Effizienzorientierung abwehren bzw. in Schach zu halten kann.

Merchel berichtet, dass sich „mit der Anforderung zur Qualitätsentwicklung zwar auch Befürchtungen im Hinblick auf eine unangemessene und möglicherweise fachlich zweifelhafte Kontrolle verbanden, andererseits aber auch die Chance erblickt wurde, die fachliche Qualität der eigenen Arbeit strukturiert weiterzuentwickeln und darüber hinaus das eigene Tun besser nach außen legitimieren zu können" (Merchel 2002, S. 13). Diese Einschätzung wird in der Fachwelt weitgehend geteilt (vgl. z. B. Flösser 2006, S. 155).

3.5.2.2 Qualitätsentwicklung unter Kostendruck
Das von der Neuen Steuerung und dem Sozialmanagement ausgelöste Qualitätsmanagement, das heute in der Sozialen Praxis eine große Rolle spielt und auf das viele ProfessionsvertreterInnen so große Hoffnungen richten, dient im Rahmen der Ökonomisierungsprozesse nur bedingt einer Verbesserung und Qualifizierung der Sozialen Arbeit:
- Bei Qualitätsmanagementverfahren wie dem „Benchmarking" z. B. geht es um die Erkundung der „best practice" , also um eine zielgerichtete Zusammenführung von Wirksamkeits- und Effektstudien zum Aufbau von Informationsnetzwerken und Datenverarbeitungssystemen für die Implementation entsprechender Praxisprogramme. Ein solches Vorgehen kann bestenfalls bestehende Praxis vervielfältigen. Eine Hinterfragung ihrer fachlichen Sinnhaftigkeit ist nicht vorgesehen.
- Vor den Gefahren einer Vereinnahmung der Sozialen Arbeit durch betriebswirtschaftliche Qualitätsbegrifflichkeiten und Instrumente warnen durchaus auch sozialpädagogische Befürworter der Qualitätsentwicklungsdebatte und betonen etwa, dass unbedingt gelten muss, diese Verfahren (z. B. ISO 9000, Benchmarking) nicht mechanisch und unkritisch für die Soziale Arbeit zu adaptieren. Flösser stellt aber fest: „Die Bereitschaft zur Adaption vermeintlich oder tatsächliche erprobter Modelle der Qualitätssicherung aus anderen Produktionssegmenten, vor allem der Industrie" steigt. (Flösser 2006, S. 159).
- Die „Qualitätsbewegung" wurde, das darf vor allem nicht übersehen werden, von der Betriebswirtschaft in der Sozialen Arbeit ausgelöst. Die aktuel-

le Qualitätsdebatte, die intern bei den Erbringern Sozialer Dienstleistungen geführt wird, ist durchaus nicht „vom sozialpädagogischen Theoriehimmel gefallen" (vgl. Wohlfahrt 2000). Der erwünschte Sparzusammenhang, der durch die Kopplung der Qualitätsfrage mit der Entgeltfrage im Vordergrund steht, lässt sich nicht wegdiskutieren. Äußerst fraglich ist der Wert einer Qualitätsentwicklung, die von vornehrein dadurch in Schranken gehalten wird, dass eine möglicherweise neue oder veränderte Praxis auf keinen Fall zusätzliche Kosten verursachen darf. Staub-Bernasconi stellt hierzu klar: Im Rahmen der Qualitätssicherung des Kontraktes mit dem Auftraggeber ist und bleibt Qualität „ein Aushandlungsprodukt zwischen Interessengruppen. Im Zweifel entscheidet der Mächtigere. Qualitätssicherung besteht im Nachweis korrekt eingehaltener Leistungsvereinbarung und von am Markt erfolgreichen Produkten. Rangiert Sparerfolg vor dem Erfolg, d.h. der Wirksamkeit der Hilfeleistung, wird auf eine frühzeitige Verselbständigung – umschrieben als Hilfe zur Selbsthilfe – gedrängt" (Staub-Bernasconi 2007b, S. 35).

- Letztlich ist die entscheidende Frage, ob der Finanzgeber wirklich an einer guten und fachlich durchdachten Qualität der von ihm gekauften sozialen Dienstleistungen Interesse hat. Dazu stellt z.B. Messmer am Ende seiner Untersuchung mit Blick auf die überörtlichen Rahmenvereinbarungen zu den Leistungsvereinbarungen fest: „Die fachliche Qualitätsdiskussion ist ausgeblieben: die Rahmenverträge sind eher budgetmäßige Verständigung als Verständigung über die Qualität der Leistung" (Messmer 2007, S. 48/49). Er konstatiert eine „Interesselosigkeit an der Qualität der sozialpädagogischen Arbeit" und stellt fest, dass die Frage der Qualitätsentwicklung in den Rahmenvereinbarungen „weiträumig umgangen" wird. Er kommt außerdem zu der beunruhigenden Einschätzung, „die Engführung auf den Kostenaspekt blendet den Qualitätsaspekt nahezu völlig aus" (ebenda, S. 181). Der Qualitätsaspekt, so stellt Messmer ebenfalls fest, hat für die Kostenträger ausschließlich dann einen (Verwertungs-) Wert, wenn dadurch z.B. die Verselbständigung eines Jugendlichen beschleunigt werden und somit Geld eingespart werden könnte (Messmer 2007).

Entgegen allem Optimismus der Profession und trotz aller Versuche, dem Qualitätsdiskurs der Ökonomisierung Sozialer Arbeit etwas Positives abzugewinnen und damit den neoliberalen Bemühungen so zusagen ein Schnippchen zu schlagen, ist mit Staub-Bernasconi (2006) nüchtern zu konstatieren: „Die allgemeinen Ziele der neuen Steuerungsmodelle auf der organisationellen Ebene sind – auch wenn dies zum Teil bestritten wird – die Rückbindung des Wohlfahrtsstaates dank der Minimierung der direkten und indirekten Staatsausgaben sowie die Steigerung der Effektivität und Effizienz von staatlichen und privaten Leistungen bei gleich bleibenden und steigenden Aufgaben, ohne das Finanz- bzw. das Steuervolumen zu erhöhen Die damit verknüpfte Qualitätssicherung hat dieser Zielsetzung zu dienen"(ebenda, S. 33).

Um wirklich Sinn zu machen, bräuchte eine Qualitätsentwicklung Bedingungen, die es zulassen, fachlich als erforderlich erkannte Aspekte auch wirklich umsetzen zu können, auch dann, wenn sie nicht zur Kostenersparnis führen. Und sie braucht eine Arbeits- und Kooperationsatmosphäre, in der Kreativität und Mut möglich sind und nicht der Effizienzschere im Kopf von vorne herein zum Opfer fallen.

3.5.2.3 Bessere Qualität darf nicht mehr kosten
Auf die engen finanziellen Vorgaben und den über allem stehenden Kostendruck haben die Ergebnisse des Qualitätsmanagements der Leistungserbringer keinen oder wenig Einfluss. Für das Kontraktmanagement ist nicht relevant, worin ein Träger die Qualität seiner Arbeit sieht, sondern ausschließlich das, was gemeinsam aber unter dem Druck vorgegebener Rahmenbedingungen und Deckelungen in der Leistungsvereinbarung festgelegt wurde.

Beispiel 23
„Aber daran werden wir wohl nichts ändern können."
Im Rahmen eines Qualitätsentwicklungsverfahrens stellen die MitarbeiterInnen eines Jugend- und Sozialwerkes bei einer BewohnerInnenbefragung in ihrer Heimeinrichtung fest, „dass viele Kinder und Jugendliche die geringe Zeit, die ihnen allein mit dem Betreuer zur Verfügung steht", bemängeln. Hier hat das interne Qualitätsmanagement tatsächlich den Finger auf eine offene Wunde gelegt: Es fehlt an Zeit in der Einrichtung, um wirklich intensiv und individuell mit den einzelnen Jugendlichen zu arbeiten. Das Ergebnis aber wird nun von den MitarbeiterInnen folgendermaßen kommentiert: Dies sei „ein Phänomen, das sich mit dem herrschenden Kostendruck nur schwer beheben lässt. Uns wird in allen Wohngruppen nur ein Schlüssel 1:2,5 zugestanden. Dennoch wollen wir gezielt solche Situationen fördern, erleben wir doch gerade diese Momente als förderlich und angenehm für beide Seiten" (Träder, 2000, in Merchel 2000, S. 93).

Hier wird die Begrenztheit der Qualitätsentwicklung deutlich. Stellt ein Träger fest, dass für die als notwendig erkannte Qualität (hier: Zeit für individuelle Kommunikation und Interaktion) die Personal- und Geldkontingente fehlen, kann das nach Einschätzung der Betroffenen offensichtlich nicht im Ansatz dazu führen, dass diese Bedingungen für eine entsprechende Qualität in den

Leistungsvereinbaren berücksichtigt werden. Wer über Qualitätsmanagement nachdenkt, denkt nicht darüber nach, welche Ressourcen er für mehr Qualität brauchen würde. Das Qualitätsmanagement verweist die Träger auf die bessere Nutzung ihrer vorhandenen Ressourcen. Die nicht vorhandenen sind tabu. Solange aber die Qualitätsentwicklung nicht deutlich zur Formulierung der für Qualität notwendigen Bedingungen führt und helfen kann, diese durchzusetzen, stellt sie nur den willigen Versuch der sozialpädagogischen Praxis dar, den ihr vorgegebenen Mangel besser und effizienter zu verwalten.

Der 11. Jugendbericht geht freilich davon aus, dass die Verwaltung auch zu Zeiten der Ökonomisierung gezwungen werden könne, für mehr Qualität höhere Preise zu akzeptieren. „Hochwertige Angebote rechtfertigen in dieser Perspektive dann auch einen höheren Preis, setzen aber voraus, dass dieser Zusammenhang für andere nachvollziehbar gemacht werden kann (2002, S. 94). In der Praxis zumindest ist das ein eher seltenes Ereignis.

3.5.3 Eigenschaften des Marktproduktes Soziale Arbeit

Soziale Arbeit als Marktprodukt und als eine unter betriebswirtschaftlich gesteuerten und kontrollierten Bedingungen hergestellte Leistung nimmt Eigenschaften von Waren an.

3.5.3.1 Soziale Arbeit, Ware mit Verfallsdatum
So durchlaufen sozialpädagogische Angebote wie alle Waren einen Lebenszyklus und haben ein Verfallsdatum wie alle Produkte des Marktes. Sie sind ebenfalls irgendwann veraltet und nicht mehr marktfähig. Dann gilt es, wieder neue Projekte und veränderte Angebote auf den Markt zu bringen. (vgl. z.B. Galuske 2002; Staub-Bernasconi 2007b, S. 34; Winkler 2008).

Laufend werden neue Projekte aufgebaut und finanziert. Typisch sind befristete Projekte und Modelle, die nur scheinbar als Richtungsweisende, verallgemeinerbare Praxisvorbilder gemeint, sondern vielmehr als vorübergehende Sonderangebote zu verstehen sind. Eine kontinuierliche Soziale Arbeit wird so immer schwieriger. Ideen die entwickelt wurden, Kompetenzen und Erfahrungen, die MitarbeiterInnen gesammelt haben, Beziehungen, die aufgebaut worden sind, Kontakte, die hergestellt wurden, all das geht mit dem einmaligen, weil nicht dauerhaft finanzierbaren Modell wieder zugrunde.

Beispiel 24
„Wir hatten ein ziemlich gutes Projekt. Jetzt ist es vorbei."
Der Vertrag des Sozialpädagogen Franz, Mitarbeiter eines Gewaltpräventionsprojektes in einer Gesamtschule, läuft nach 2 Jahren aus. Eine Weiterbe-

schäftigung in dieser Schule ist nicht möglich. Mittel sind nicht vorhanden, freie Stellen gibt es nicht. Das Projekt ist sehr gut gelaufen und ausgezeichnet bei den Schülerinnen und LehrerInnen angekommen. Einige der Jungen und Mädchen aus den Klassen 8 und 9 hängen besonders an Herrn Franz, der sich über das Projekt hinaus auch mit den Problemen und Schicksalen einzelner Schüler befasst hat und deren Familien und familiäre Probleme kennt. Eine Fortsetzung würden sich alle wünschen, zumal Herr Franz mit seiner bisherigen Arbeit erst die Klassenstufen 8 und 9 erreicht hat, es aber schon in den Klassen 5 und 6 dringenden Bedarf gibt. Solange er arbeitslos ist, was vielleicht einige Zeit dauern kann, verspricht er, die Präventionskurse ehrenamtlich fortzusetzen. Irgendwann hört er damit auf, weil er eine Halbtagsstelle in der Drogenberatung in einer anderen Stadt bekommen hat. Seine Erfahrungen nimmt er mit. Ob er die Gelegenheit haben wird, sie anderswo anzuwenden, bleibt offen. Die Erfolge und Veränderungen in der Schule, die er erzielt hatte, verflüchtigen sich allmählich, und andere SchülerInnen mit Gewaltpotential wachsen heran. SchülerInnen und LehrerInnen erinnern sich noch gut an die Zeit, als das Projekt lief und hoffen, wieder einmal die Chance zu bekommen, dass an ihrer Schule ein solches oder ähnliches Projekt finanziert wird.

Statt für ihre alltägliche Soziale Arbeit bezahlt und finanziert zu werden, hangeln sich viele Einrichtungen z. B. aus dem Bereich des Kinderschutzes von einer Projektfinanzierung zur nächsten, denn Geld gibt es vor allem für neue Ideen, Konzepte, Ansätze, die einem Projekttitel zugeordnet werden können. Die eigentlich ausgelastete und gestandene Einrichtung muss nun nachweisen, dass sie mit ihrer seit Jahren praktizierten Arbeit genau in dieses Projekt hineinpasst. Und sie muss neue Schwerpunkte erschließen und neue Aufgaben installieren, um in den Genuss dieser Förderung zu kommen. Wenn das gelingt, hilft das so erhaltene Geld vor allem bei der Weiterfinanzierung ihrer bisherigen und ihrer eigentlichen Aufgaben. Hier wird Diskontinuität zum Selbstzweck und Soziale Arbeit einer Rationalität unterworfen, die den Entwicklungen von Modeerscheinungen und Trends entspricht. So fordert Schneider (2008, S. 14): „Es geht nicht, dass sich Sozialarbeitende an allen möglichen Dingen beteiligen, nur weil es Geld dafür gibt".

Eine Ware mit Verfallsdatum unterläuft die erforderliche Kontinuität in der Sozialen Arbeit. Giesecke (2001, S. 19) spricht von der Geschichtslosigkeit betriebswirtschaftlicher Verstehensmuster. Für die Betriebswirtschaft zählt nicht, was war, wie etwas geworden ist, es zählen eigentlich auch nicht die Gründe, warum etwas so und nicht anders geworden ist. Das Aufgreifen von dem, was in der Vergangenheit als gut erkannt und erfahren wurde, widerspricht geradezu dem betriebswirtschaftlichen Denken, denn es würde die Chance, Neues auf den Markt zu bringen und Neues verkaufen zu können, bremsen. Was zählt ist nur, was als modern gelten kann und sich entsprechend auf dem Markt gut verkaufen lässt. Allein diese Erkenntnis macht deutlich, dass eine Reduktion auf Ökonomie dann in hohem Maße ineffektiv sein muss, wenn es sich bei den zu erstellenden Produkten um Prozesse handelt, die mit menschlicher Erfahrung, mit Lernprozessen und gewachsenen Strukturen zu tun haben.

3.5.3.2 Standardisierung der Ware Soziale Arbeit

Eine typische Eigenschaft von Marktprodukten ist die, dass ihre Produktionskosten durch zunehmende Rationalisierung gesenkt werden können und ihre Herstellung durch Evaluation, Controlling und die Wahl übersichtlicher, durchschaubarer Methoden „verlässlicher" und steuerbar gemacht (vgl. Heite 2008, S. 184), sowie durch Standardisierung der Leistung technisch unterstützt wird, so dass sie zunehmend kostengünstiger und mit immer weniger Aufwand hergestellt werden können. Soziale Arbeit wird von Politik, Verwaltung und Trägern zunehmend gesehen als ein technischer Prozess, der rationalisiert, beschleunigt und durch entsprechende technische Mittel (z. B. EDV) verkürzt oder effektiviert werden kann. Produkte der Sozialen Arbeit werden tendenziell zu industriell herstellbaren Konsumgütern weiterentwickelt (vgl. Galuske 2002, S. 327).

Das oben vorgestellt Beispiel (Beispiel 22) der Portionierung der Erziehungshilfe „Sozialpädagogische Tagesgruppe" ist ein gutes Beispiel für die Bemühungen der Kostenträger um Standardisierung sozialpädagogischer Leistungen. Was dabei inhaltlich und pädagogisch alles auf der Strecke bleibt, wurde bereits ausführlich dargestellt.

Galuske verweist auf ein praktisches Beispiel (vgl. Galuske 2002, S. 327), in dem die Dienstleistung Kindergarten durch eine amerikanische Betreuungs-Kette „Kinder-Care" dermaßen rationalisiert und standardisiert wird, dass man an Huxleys „Schöne neue Welt" erinnert wird. Alles geht glatt, ist perfekt von der Unternehmenszentrale geplant und vorbereitet, alle formalen Abläufe sind total transparent. Elternmitbestimmung allerdings ist nicht vorgesehen. Aber was die Kinder dort erleben, wie man mit ihnen umgeht, ob sie sich wohl fühlen, welche Erziehungs-, Erfahrungs- und Beziehungsprozesse während der vielen Stunden am Tag dort ablaufen, all das ist nicht bekannt. Bekannt ist allerdings, dass der Konzern mit seinen 17 000 Angestellten in den 90er Jahren einen Gewinn von 6,25 Millionen Dollar erwirtschaftet hat.

Natürlich kann man statt einer einstündigen professionellen Beratung den Betroffenen per Computer ein standardisiertes Interview vorlegen. Aber die Dienstleistung ist so ganz sicher nicht mehr die gleiche. Der Output, die möglichen Antworten der KlientIn könnten zumindest eine gewisse Ähnlichkeit haben mit dem, was sie im Rahmen des Gespräches gesagt hätte, aber die Prozesse, die in der Beratung abgelaufen wären und die zu noch ganz anderen Ergebnissen, etwa zu Einsichten, Erfahrungen, Begreifen, zum Vertrauen Fassen etc. geführt hätten, finden gar nicht erst statt. Durch Standardisierung und Rationalisierung verlieren die Produkte der Sozialen Arbeit die fachlichen Merkmale ihres sozialpädagogischen Erbringungsprozesses, ihre sozialpädagogische Qualität und ihren originären sozialpädagogischen Inhalt. Kommunikation, Vertrauen, Beziehungen, Lernprozesse, Verständigungsprozesse, Verarbeitungsprozesse lassen sich eben nur in Ansätzen technisch reproduzieren und standardisieren (vgl. z. B. Bremer 2008). Ihr Aufwand kann nicht beliebig reduziert werden, ohne dass sie ihren eigentlichen Inhalt verlieren. Die Standardisierung der Leistungen und der in ihrem Kontext eingesetzten Instrumente führt zur Entwicklung einer Art „Fast-Food-Sozialarbeit", die leicht anwendbar und die zu jeder Zeit reproduzierbar ist und mit wenig Aufwand an professioneller Zeit umgesetzt werden kann.

Heite (2008, S. 174ff) macht darauf aufmerksam, dass die „Lieblingsmethode" des neosozialen Konzeptes, das Case Management, für die ökonomisierte und neosozial gewendete Soziale Arbeit aufgrund seiner starken Strukturiertheit und Durchschaubarkeit so attraktiv ist. Das Case Management setzt klare Prozessstandards und macht sozialpädagogische Interventionen transparent und nachvollziehbar. Die Arbeitsschritte dieser Methode basieren auf der Behauptung, durch eine „systematische Problemanalyse" einen rationalen und zielorientierten Hilfeprozess „wissensbasiert" steuern zu können. Sie tritt offenbar mit dem Anspruch auf, das allen sozialen Prozessen innewohnende Technologiedefizit tendenziell aushebeln zu können (ebenda, S. 176). Das Case Management wird auch deshalb als besonders geeignet angesehen, weil es der Sozialen Arbeit nach außen Überzeugungskraft geben kann. Es gilt als geeignet, die ökonomischen und die fachlichen Ansprüche gleichermaßen zu sichern und eignet sich gut für Qualitätssicherungs- und Qualitätsentwicklungsprozesse. Und es sei schließlich in der Lage, so referiert Heite, die Wirkungsweisen der Sozialen Arbeit „effektiv und effizient hinsichtlich Kostenreduktion bei gleichzeitig möglichst hoher Qualität der Leistungen" hervorzubringen (ebenda, S. 180). Andere professionelle Standards, die weniger zielgerichtet und die ergebnisoffen arbeiten (so z. B. das sozialpädagogische Fallverstehen, die stellvertretende Deutung, die multiperspektivische Betrachtung, die Freiwilligkeit der Teilnahme, die Empathie) werden der Ziel- und Wirkungsorientierung untergeordnet. Genau diese durchschaubaren, strukturierten, zielorientierten und einsichtigen Strukturen aber fixieren das Handeln der Sozialen Arbeit in hohem Maße, so Heite. Sie spricht von einer „Disziplinierung der Profession" (ebenda, S. 184).

Beispiel 25
„Jetzt ist Hilfeplanung endlich ein klar strukturierter Vorgang!"
Das Jugendamt in M. setzt zur Unterstützung der MitarbeiterInnen des ASD neuerdings eine Software ein, die in großem Bemühen um die Verbesserung der Fachlichkeit Sozialer Arbeit und unter expliziter Berücksichtigung der sozialpädagogischen Prinzipien von Sozialökonomie und Partizipation die Hilfeplanung nach §36 KJHG durch den EDV-Einsatz „einer Beliebigkeit zur sozialpädagogischen Erkenntnisgewinnung und der daraus folgenden Hilfeentscheidung bei der Hilfegewährung" (vgl. Pogunte-Rauer et a. 2007, S. 84) entgegenwirken möchte. Das Programm verwendet große Mühe darauf, die sozialpädagogische Arbeit der Hilfeplanung systematisch, rational, standardisierbar und technisch erfassbar zu gestalten. Zu den erfassten Informationen gehören auch Inhalte über die Vorstellungen der Klientel selber, denn Partizipation, so steht es im Software-Begleitheft, gehört selbstverständlich zu den sozialpädagogischen Aspekten der Hilfeplanung.

Die ASD-Mitarbeiterin Marianne R. bemüht sich redlich, mit der neuen Arbeitshilfe zurechtzukommen und die vorgegebene Struktur angemessen zu berücksichtigen. Bei der Textvorgabe: „Hilfeziele aus Sicht der Klientin" muss sie zwar eine Weile überlegen, aber dann wird ihr doch noch klar, was vermutlich die Ziele der Mutter sind. Sicher ist sie sich nicht, denn darüber wurde eigentlich weniger gesprochen. Aber am Ende ist die Hilfeplanung perfekt dokumentiert. Es hat zwar auch Arbeit gemacht, aber vieles wurde durch die strukturierten Vorgaben erleichtert. Marianne R. muss schmunzeln, weil ihr ihre alte Professorin einfällt, die immer gesagt hat, eine gute Hilfeplanung könne auch auf einem Bierdeckel Platz finden. Dann jedenfalls sei sicher, so hatte sie immer argumentiert, dass hier ein Prozess stattgefunden hat, bei dem mit den Klienten gemeinsam Ziele und Wege besprochen und ausgehandelt und schließlich von den betroffenen Menschen in ihre eigene Motivationsstruktur eingebunden worden sind. Und darum vor allem gehe es bei der Hilfeplanung. Solche Vorstellungen, so findet Marianne R., sind ja so was von gestern! Wer hat denn dafür noch Zeit?

Es soll hier nicht das systematische Herangehen an den Hilfeplanungsprozess infrage gestellt werden. Aber es muss befürchtet werden, dass die Schwerpunktsetzung auf die technische Seite der Prozessgestaltung die MitarbeiterInnen des Allgemeinen Sozialdienstes nicht gerade dazu anregen wird, daneben noch viel Kraft und Zeit in ein motivierendes, partizipatives Umgehen mit der Klientel zu investieren. Die eigentlichen sozialpädagogischen Prozesse der Hilfeplanung bleiben so im Hintergrund oder werden sogar aus dem Blick gedrängt. Betroffenenbeteiligung ist eben nicht automatisch in einer rational durchstrukturierten Hilfeplanung enthalten.

3.5.3.3 Industrielle Produktion Sozialer Arbeit

Thole und Closs (2000) thematisieren die im betriebswirtschaftlich akzentuierten Fachdiskurs innewohnende Tendenz zum technologischen Reduktionismus und zur Ausblendung von Eigenzeiten und Eigensinn. Sie befürchten, dass die interaktiven und kommunikativen Kernbereiche der Sozialen Arbeit auf diese Weise an Bedeutung und Raum verlieren. Die Reduktion Sozialer Arbeit auf einen technologischen Vorgang entkleide sie ihrer eigentlichen Inhalte. „Praktisch gesprochen" ergänzt Galuske, „führt die Dominanz des technischen Blicks in den formulierten Qualitätsstandards zu einer tendenziellen Ausblendung nicht-technischer Aspekte der interaktiven und kommunikativen Qualität helfender Beziehungen" (Galuske 2002, S. 335). Zumindest tendenziell könnte man bildlich gesprochen sagen, treibt der Markt der Sozialen Arbeit ihre Seele aus.

In der Praxis bedeutet die Standardisierung und Technisierung Sozialer Arbeit, dass nicht mehr die professionelle Kompetenz der Sozialen Arbeit gefragt ist, die mit Ermessensspielräumen umgehen kann und für ihre fachlichen Entscheidungen und Schritte eine wissenschaftlich fundierte Reflexionsgrundlage nutzt, auf der sie im Sinne einer autonomen Professionslogik handelt. Vielmehr geht es nunmehr um die exakte Anwendung und Umsetzung von Qualitätshandbüchern, die eine „best pratice" Mentalität verwirklichen und die Bearbeitung Sozialer Problemlagen zu einer Aufgabe mit „technischer Natur" umfunktionieren (vgl. Ziegler 2006, S. 151). Es ist nun nicht mehr wichtig, dass SozialpädagogInnen wissen, warum sie welche Maßnahme verwenden, und genau genommen ist es nicht einmal mehr nötig, dass sie wissen, was sie tun. Es reicht aus, dass die PraktikerInnen über ein Bündel bürokratisch kontrollierbarer Anweisungen verfügen, die sie dazu anleiten, „eine definierte Maßnahme A in einer definierten Situation B durchzuführen" (ebenda, S. 152). So stellt auch Staub-Bernasconi fest: „Die zunehmende Standardisierung und die standardisierten, institutionalisierten Schlüsselqualifikationen rechtfertigen den vermehrten Einsatz von Software, gering qualifizierten, flexiblen Fachkräften, Quereinsteigern sowie die Ausweitung des Anteils von sozial ungeschützten Teilzeit- und Werkvertragskräften" (Staub-Bernasconi 2007, S. 36), womit sich ein Kreis schließt: Die Prekarisierung der Sozialen Arbeit geht Hand in Hand mit der Standardisierung ihrer Arbeitsinhalte.

3.6 Wirkung, Ergebnisqualität und Evidenzbasierung

Die schon im Zusammenhang mit der Finanzierung erwähnte Wirkungsorientierung in der ökonomisierten Sozialen Arbeit stellt ein weiteres zentrales Element betriebswirtschaftlicher Herangehensweise an die Sozialer Arbeit dar. Tatsächlich geht es bei der Ökonomisierung im Wesentlichen – neben der Reduktion der Kosten – darum, nur das zu finanzieren, was einen nachweisbaren und offensichtlichen Effekt hat, was lohnt, was einen Nutzen bringt. Soziale Arbeit wird also hinsichtlich ihrer Leistung, ihrer Nützlichkeit, ihrer erwünschten Wirkungen bewertet, eingeschätzt und „vermessen" und dann entsprechend finanziert.

Struzyna begründet die Notwendigkeit einer Wirkungsorientierung mit dem legitimen Bedürfnis des Auftraggebers sozialer Leistungen danach, zu wissen, ob eine Leistung nachweisbar wirksam ist. Die „Wirkungsanalyse Sozialer Arbeit", so wird argumentiert, „kann der Gesellschaft eine professions- und organisationsexterne Bemessungsgröße für die Leistung Sozialer Arbeit liefern (vgl. Ziegler 2006, S. 143). Auch Landes geht davon aus, dass mit der Messung von Wirkung – bei sinnvoller Operationalisierung – die Chance bestehe, die inhaltliche Arbeit der Jugendhilfe angemessen zu legitimieren und deutlich zu machen, wie wertvoll ihre Leistungen sind (vgl. Landes 2007, S. 33). Eine Bezahlung nicht nach Effekten, sondern nach dem erforderlichen Aufwand (wie etwa bei Ärzten, Lehrern oder Anwälten), so meint z. B. Landes, verleite dagegen die Soziale Arbeit zur Ausweitung dieses Aufwandes.

Nach Landes (2007, S. 34) ist die Jugendhilfe im Rahmen der neuen, „wirkungsorientierten" Finanzierung endlich bei einer konsequenten Orientierung an ihrem Nutzen angekommen. Eine Orientierung an Wirkung und Nutzen der Jugendhilfe hält er gegenüber der bisherigen Praxis der Leistungsbeschreibung, sich verstärkt nur an Strukturmerkmalen wie z. B. den Raumgrößen zu orientieren, für einen großen Fortschritt im Interesse der Profession. Eine ähnliche Position vertritt Struzyna (2006), der sich auf eine Untersuchung bei Münder/Tammen (2003) bezieht, nach der z. B. Tagessätze vorrangig aus Personalschlüsseln abgeleitet wurden. Mit der Hinwendung zu den Wirkungen Sozialer Arbeit würde das Verfahren, so Landes weiter (2007, S. 34), eher den Besonderheiten des Produktes Sozialer Arbeit gerecht und die Finanzierung würde sich nicht mehr an fiskalischen Vorgaben ausrichten, sondern an fachlichen. Somit empfiehlt er die „Messung von Wirkung" als Grundlage für die dann bereitgestellten Mittel.

3.6.1 Spezifik sozialpädagogischer Leistungen und Wirkungen

Die Schwierigkeiten, die schon bei der Produktbeschreibung und bei dem Versuch, Produkte und ihre Qualität quantitativ zu erfassen, geschildert wurden, wiederholen sich da, wo es um die Erfassung, Bestimmung, Definition und Überprüfung von Wirkungen, Erfolgen, Effekten und Ergebnissen Sozialer Arbeit geht.

> „Ein Produkt kann, je nach Betrachtungsweise, unterschiedlich beschrieben werden. Es kann als die Bereitstellung von Einrichtungen, Zeit und Personal (Leistungsbereitstellung), als Nutzung durch einen Adressaten bzw. eine Adressatin (Leistungsinanspruchnahme) oder als Sozialisationseffekt (Leistungswirkung) aufgefasst werden. ... Dort, wo Produktbeschreibungen sich überwiegend an der quantitativen Messbarkeit einer Maßnahme oder Dienstleistung orientieren, ist eine Beurteilung der (Ergebnis-)Qualität und der Wirkung (Outcome) nur bedingt möglich", stellt der 11. Jugendbericht (2002, S.81) fest.

Eine sozialpädagogische Wirkung ist keineswegs so leicht zu messen wie die Wirkung einer Leistung z. B. im medizinischen Bereich. Wenn ein Patient einen unterentwickelten Muskel durch eine bestimmte Gymnastik trainieren soll, ist der Erfolg oder Effekt klar auszumachen und zu überprüfen. Der Zuwachs an Muskelmasse und die Zunahme an Kraft dieses Muskels sind eindeutige Indikatoren für den Erfolg der Gymnastik und lassen sich einfach messen. Sozialpädagogische Leistungen stellen dagegen, was die Erfassung ihrer Effektivität betrifft, eine sehr viel größere Herausforderung dar und das nicht etwa nur wegen der damit verbundenen messtheoretischen Probleme.

So wird außerdem z. B. oft übersehen, dass die „Herstellung" von Produkten zwingend an die Koproduktion mit den Adressatinnen und Adressaten gebunden ist. Auch aus diesem Grund ist die Normierung und Messung der „Produkte" nicht einfach und stellt eine besondere Schwierigkeit dar. Mit Merchel ist die generelle Frage zu stellen, „ob es – angesichts des Prozesscharakters pädagogischer Abläufe, angesichts des für Pädagogik charakteristischen Mangels an eindeutigen Ursache-Wirkungsbeziehungen, angesichts der Individualität der Ziele und der damit nur einzelfallbezogenen Beurteilbarkeit von Ergebnissen, angesichts des interaktiven, auf das Zusammenwirken von Adressat und Professionellen ausgerichteten Charakters der Leistungserstellung – ob es bei dieser Komplexität überhaupt sinnvoll ist, sich auf die Ebene der Ergebnisqualität einzulassen" (Merchel 2000, S. 25; vgl. hierzu auch Wolf 2006, S. 294ff; Ziegler 2006, S. 149). Trotz dieser immensen Schwierigkeiten hält Merchel die Überprüfung der Ergebnisse Sozialer Arbeit aber doch für unverzichtbar und sieht in ihr eine zentrale Aufgabe. Er plädiert dafür, sich dieser schwierigen aber unabdingbar notwendigen Herausforderung unbedingt zu stellen (Merchel 2000, S. 25). Das bedeutet aber auch, dass Qualität und Effektivität Sozialer Arbeit bei ihrer Überprüfung oder Operationalisierung nicht durch fachfremde Kräfte, sondern immer und nur durch die VertreterInnen der Profession selber zu bestimmen sind.

Zu solchen methodischen Problemen der Erfassung von Wirkung und Ergebnisqualität kommt hinzu, dass die Soziale Arbeit über eine grundsätzlich andere Effektivitätslogik verfügt als die Ökonomie und die Betriebswirtschaft: Was aus Sicht der Sozialen Arbeit effektiv ist, muss es nicht im Sinne der Ökonomie sein und umgekehrt. Soziale Arbeit erzeugt keine ökonomischen Gewinne, es sei denn, man organisiert sie genau so um. Soziale Arbeit funktioniert nicht nach dem Prinzip, dass immer die größte Quantität auch der größte Erfolg ist. Wenn ein Jugendzentrum z. B. von durchschnittlich 500 Jugendlichen im Monat aufgesucht wird, so muss das nicht unbedingt ein größerer Erfolg sein, als wenn ein anderes Jugendzentrum nur 30 Leute eines Stadtteils erreicht, weil diese 30 nämlich genau die Gruppe der Jugendlichen darstellen, für die ein Unterstützung besonders notwendig ist. Soziale Arbeit kann also Ergebnisse und Erfolge haben, die Kosten erzeugen, die sich aber nicht im ökonomischen Sinne rechnen. So kann es ein großer sozialpädagogischer Erfolg sein, dass ein ehedem Obdachloser es jetzt schafft, eine neue Wohnung zu halten und nicht wieder rauszufliegen. Dennoch schafft er es vielleicht nicht, sich erneut ins Erwerbsleben einzugliedern. Erfolge für Soziale Arbeit bestehen auch darin, dass Menschen auf dem Weg zu einem Ziel kleine Schritte schaffen, auch wenn das Ziel noch unerreicht ist und vielleicht auch unerreichbar bleibt.

Und schließlich muss bei der Frage nach den Wirkungen der Sozialen Arbeit auch beachtet werden, dass letztendlich nur dann eine Wirkung denkbar und erreichbar ist, wenn Soziale Arbeit die Bedingungen vorfindet, unter denen sie ihre Wirksamkeit entwickeln kann. Prekäre Arbeitsplätze, Unterbezahlung, Bezahlung und Beschäftigung nach Arbeitsanfall sowie der Einsatz nicht fachlich ausgebildeter Kräfte und überall das Fehlen der notwendigen Zeiteinheiten für eine intensive, nachhaltige und tatsächlich wirksame Arbeit, all das unterläuft ständig die Professionalität Sozialer Arbeit. Und gleichzeitig führen all diese Sparstrategien fataler Weise den Beweis der scheinbaren Wirkungslosigkeit und Überflüssigkeit Sozialer Arbeit. Denn wenn diese nicht die Bedingungen erhält, unter denen sie ihre Möglichkeiten entfalten kann, wird sie mit ihren Ergebnissen kaum überzeugen können. Es erscheint zynisch, wenn von der Sozialen Arbeit gefordert wird, ihre Wirksamkeit unter Beweis zu stellen und man ihr im selben Atem die notwendigen Bedingungen für eine Entfaltung ihrer Wirksamkeit versagt.

3.6.2 Wirkungsforschung und Ergebnisqualität in der Sozialen Arbeit

Tatsächlich sind für die Soziale Arbeit selber die Fragen nach ihrer Wirkung, ihrer Effektivität, also nach ihren Ergebnissen (Ergebnisqualität) von größter Bedeutung und das nicht etwa nur aus Legitimationsgründen. Es ist für die Profession notwendig, qualifizierte Rückmeldungen über ihre Wirksamkeit zu erhalten, um die eigene Fachlichkeit weiter zu entwickeln und offensichtliche Fehlentwicklungen zu beenden bzw. ihnen vorzubeugen (vgl. Wolf 2006b, S. 295; Ziegler 2006; Albert 2006, S. 26).

Das Thema Wirkung Sozialer Arbeit wurde allerdings insbesondere bei PraktikerInnen lange Zeit, bis in die 80er Jahre hinein, nicht wirklich ernst genommen (vgl. Albert 2006, S. 26). Hier liegen professionelle Versäumnisse in der Vergangenheit der Sozialen Arbeit, die nicht zu leugnen sind. Gleichzeitig muss aber betont werden, dass Forderungen nach einer transparenteren Erbringung der Leistungen Sozialer Arbeit und Fragen nach ihren Ergebnissen durchaus nicht erst mit der Ökonomisierung gestellt wurden. Die Frage nach der Wirksamkeit Sozialer Arbeit wurde – wenn auch nicht gerade als Modethema – in der Wissenschaft seit den 80erJahren angegangen und auch Teile der Praxis bemühten sich schon lange vor der Ökonomisierung um die Evaluation ihrer Arbeit (vgl. Albert 2006, S. 26; Wolf 2006b, S. 295; Kreft et al. 2008, S. 687). Für die praktische Soziale Arbeit hat die Evaluation eine besonders große Bedeutung. Sie ist „ein sozialwissenschaftliches Instrument der Erfolgskontrolle (sozial)politischer Programme wie auch ein Instrument zur Weiterentwicklung der Fachlichkeit und Professionalität in der Sozialen Arbeit", stellt Ziegler (2006, S. 69) fest.

Aber auch Wirkungsforschung, also die Erforschung der Ergebnisse Sozialer Arbeit, ist notwendig. So betont Schneider (2008, S. 12): „Wenn die Soziale Arbeit nicht die Frage nach ihrer Wirksamkeit stellt, wird sie auch die Antworten von anderer Seite erhalten." Allerdings, so Schneider, müsse diese Forschung auch dem Forschungsgegenstand entsprechen. Die Fachwissenschaft ist sich weitgehend einig, dass Wirkung nur mit Blick auf den jeweiligen Kontext und die Verknüpftheit der einzelnen Komponenten beurteilt werden kann und dass sie Ergebnis von Prozessen ist, das nur mit großer Einschränkung verallgemeinert werden kann (vgl. Kreft et al. 2008). Dass Wirkungsforschung und Ergebnisqualität in der Sozialen Arbeit nicht in dem Maße entwickelt sind, wie es sinnvoll wäre, hängt nämlich auch mit der oben skizzierten Tatsache zusammen, dass die Wirkung Sozialer Arbeit ein sehr komplexes und schwierig zu operationalisierendes Thema ist und sich ihr Nachweis entsprechend aufwendig und anspruchsvoll gestaltet.

Es würde sich anbieten, im Rahmen der Evaluation Sozialer Arbeit neben der Ergebnisqualität die Bewertung ihres Prozesses (Prozessqualität) stärker in den Vordergrund zu rücken. Die Qualität der sozialpädagogischen Prozesse kann der Komplexität der Qualität Sozialer Arbeit gerecht werden, denn sie umfasst den Teil des Koproduktionsprozesses, den die professionelle Sozialarbeiterin zu vertreten und zu verantworten hat. Das Ergebnis Sozialer Arbeit spiegelt die Qualität der sozialpädagogischen Leistung selber dagegen sehr viel gebrochener wieder, hier hat schließlich z. b. der Koproduzent Klient einen entscheidenden Anteil am Resultat. Eine Fokussierung der Leistungsbeschreibung, Evaluation und Qualitätsforschung auf die Prozessqualität würde zudem eine deutliche Hinwendung zur Professionalität Sozialer Arbeit bedeuten. Denn nur die selber könnte die Prozessmerkmale beschreiben, die ihr wissenschaftlich orientiertes Handeln bestimmen und bestimmen sollten. Der 11. Jugendbericht weist kritisch darauf hin, dass durch die Ökonomisierung Kriterien wie Effizienz und Effektivität Einzug in die Fachdebatten z. B. der Kinder- und Jugendhilfe erhalten hätten, ohne dass deren inhaltliche, sozialpädagogische Füllung bereits geleistet worden sei (2002, S. 80).

Das aber bedeutet, dass sich für eine kritische Soziale Arbeit die Themen Wirkung und Ergebnisqualität nicht in einer Auseinandersetzung mit den Vorstellungen der Ökonomisierung zu dieser Thematik erschöpfen dürfen. Im Gegenteil: Soziale Arbeit sollte sich beeilen, diese Thematik verstärkt, aber konsequent und wissenschaftlich angemessen aus ihrer eigenen fachlichen und ethischen Perspektive heraus anzugehen. Von besonderer Bedeutung für die Soziale Arbeit und ihre Wissenschaft ist deshalb die qualitative Forschung, die weit eher der komplexen Struktur Sozialer Arbeit und ihrer Wirkungen gerecht werden kann.

Soziale Arbeit ist bedeutend mehr als nur eine pragmatische Interaktion zwischen Individuum, Organisation und Gesellschaft mit Wirkungsanspruch. „Wirkung Sozialer Arbeit bedeutet nicht nur die Wirkung auf den Einzelnen und die Gruppe, sondern Wirkung auf das Gemeinwesen, Wirkung auf die Vermeidung von Notlagen" (Schneider 2008, S. 14). So gehören Forschungsthemen wie die Lebenssituationen und -bedingungen ihrer AdressatInnen ebenso dazu wie die Erforschung ihrer eigenen Grundlagen und ihres fachlichen Handelns. Sozialarbeiterische Forschung muss hinausgehen in die soziale Wirklichkeit. Nicht alle gesellschaftlichen Probleme, mit denen sie zu tun hat, sind alleine durch Beratung und Unterstützung zu beseitigen (ebenda).

3.6.3 Wirkungsorientierung und Evidenzbasierung im Kontext der Ökonomisierung

Für Leistungsträger und für Leistungserbringer aber wird derzeit eine Wirkungsforschung immer wichtiger, die – sozusagen „schwarz auf weiß" – nachweisen kann, was durch professionelle Arbeit erreicht wird. Welche Effekte haben stationäre Hilfen zur Erziehung, welche Erfolge haben sie im Vergleich zu teilstationären und ambulanten Hilfen? Wie wirken bestimmte Verfahren im Vergleich zu anderen? Wie kann rationalisiert und zugleich Qualität gesichert bzw. entwickelt werden?

Durch die Ausführungen weiter oben müsste deutlich geworden sein, warum eine Wirkung in der Sozialen Arbeit nur im Rahmen hoch komplexer wissenschaftlicher Arrangements geprüft werden kann. Wie schon weiter oben beschrieben, wird die Quantifizierung von Leistung und Wirkung nicht selten dazu führen, dass die entscheiden Aspekte dabei „herausquantifiziert" werden. So stellt Schneider fest: „Es gibt einiges, was weniger messbar ist, aber deutlich wahrnehmbar" (Schneider 2008, S. 13).

Die VertreterInnen des Sozialmanagements gegen davon aus, dass ein Vorher-Nachher-Vergleich sehr wohl die Wirkung von pädagogischen Angeboten und Maßnahmen belegen könne, wenn nur die Diagnose- und Evaluationsinstrumente hinreichend differenziert entwickelt sind. Bei einem schlichten Vorher-Nachher-Vergleich werden aber viele der oben geschilderten Aspekte der Wirkung Sozialer Arbeit und vor allem auch ihre fachliche Effektivitätslogik außer Acht gelassen. Wirkung ist im Rahmen des Sozialmanagements vor allem der unmittelbare, sichtbare Output, das, was als Ergebnis kurzfristig festgemacht werden kann und auch, was sich einfügt in die Erwartungen und Ziele derer, die an die Klientel Forderungen stellen. Ergebnisse, die für die KlientIn vielleicht sehr wichtig, aber im Blick auf die Ziele der Auftraggeber wenig relevant sind, gelten nicht als Ergebnisse, ebenso wenig das Erreichen von Teilzielen und Zwischenstationen, selbst dann nicht, wenn sie bei fortgesetzter Arbeit mit der KlientIn im weiteren Verlauf doch irgendwann in die offiziell anvisierte Richtung hätten zeigen können.

Ziel der steuerungsorientierten Wirkungsforschung ist nicht das Erkennen von etwas „möglichst Richtigem", es ist nicht mehr die Verifizierung oder Falsifizierung von Hypothesen. Das Kriterium dieser Wirkungsforschung ist ausschließlich die Utilität und die Funktionalität von bestimmten Handlungsabläufen („what-works-Programme"; vgl. Dahme und Wohlfahrt 2006, S. 73; vgl. auch Heite 2008, S. 172). Es geht nur noch um unmittelbar praxiswirksames Wissen, das in Form von verpflichtenden Praxismanuals, standardisierten Diagnosebögen und „Assessment-Sheets" die allgemeine Praxis anleiten soll (vgl. Ziegler 2006, S. 145). Das Ergebnis dieser Art Wirkungsforschung kann kaum eine wissenschaftlich fundierte Reflexionsgrundlage für eine professionelle Praxis sein. Worum es eigentlich geht, nennt Albert beim Namen: „Die Effizienz der Sozialen Arbeit wurde eingefordert durch den eindeutigen Nachweis, dass die Form der Hilfestellung auch einen wie auch immer gelagerten nachweisbaren „wirtschaftlichen" Erfolg zu zeigen hat" (Albert 2006, S. 26).

Es muss befürchtet werden, dass im Rahmen der steuerungsorientierten Wirkungsforschung und Evaluation die Ergebnisse der Sozialen Arbeit zunehmend auf messbare und sich ökonomisch auszahlende „Leistungen" reduzieren und im Rahmen der standardisierenden und auf schnelle Effekte und Nützlichkeit ausgerichteten Auffassung von Wirkung entstellt und verkürzt werden.

Die in jüngster Zeit an Einfluss gewinnende Evidenzbasierung ist ebenfalls auf die Steuerungsorientierung von Praxis ausgerichtet. Sie wird in der Medizin praktiziert und zunehmend in die Felder der Sozialen Arbeit übertragen. Ziel ist es, Praktiken und empirische Ergebnisse zu eruieren, die sich empirisch als Erfolg versprechend erwiesen haben und damit zu klaren und kurzfristig erreichbaren Ergebnissen führen können. Ausgehend von einer konkreten praktischen Fragestellung unterzieht man diese einer Literaturrecherche in einer zentralen fachspezifischen Literaturdatenbank. Das dort vorgefundene empirische Wissen wird hinsichtlich seiner Qualität und Aussagekraft bewertet und dann in die Praxis implementiert. Daran schließt sich eine Evaluation an.

Die Datenbanken enthalten empirische Ergebnisse von Studien und Untersuchungen wissenschaftlicher Institute und Einrichtungen. Dabei geht es um empirisch belegte Wahrscheinlichkeiten für die Wirkung bestimmter Methoden und Ansätze in spezifischen Ausgangssituationen oder bei bestimmten Fragestellungen. Je höher die Wahrscheinlichkeit der so belegten Effektivität eines konkreten Handlungsschrittes ist, desto sinnvoller erscheint es nach evidenzbasierter Orientierung, sie zu übernehmen und desto eher wird sie von den Auftraggebern auch finanziert. Ausgangspunkt für die Erfassung der Evidenz Sozialer Arbeit und einzelner Maßnahmen, Methoden und Techniken sind also messbare, scheinbar objektive und unmittelbar praxisrelevante Wissensbestände über die nachgewiesen wirksamsten und effizientesten Handlungsprogramme, die praktiziert werden. Die Evidenzbasierung, so die Behauptung, „gibt zuverlässige Hinweise darüber, welche Versorgungsstrategie bei welcher Problematik bei welcher Population mit welcher Wahrscheinlichkeit welchen Nutzen zu produzieren in der Lage ist und eröffnet damit das Potential der Identifikation der gegenwärtig bestmöglichen Versorgung für Klienten" (Meng 2009; vgl. auch Sommerfeld/Hüttemann 2007).

Eine Wirkungsevidenz aber, die aus in Einzeluntersuchungen belegten, anscheinend „erfolgreichen" Praxiserfahrungen und damit aus einer additiven

Fülle von empirischen Einzeluntersuchungen heraus ermittelt wurde, kann der Komplexität der konkreten Fragestellungen kaum gerecht werden. Wirkungsforschung in diesem Verständnis verzichtet weitgehend auf eine erklärende Wissensreflexion und ebenso auf das hermeneutische Fallverstehen (vgl. z. B. Heite 2008, S. 139). Die „Kunst des Urteilens angesichts von Mehrdeutigkeit", nach Klatetzki die „eigentliche professionelle Kernkompetenz" (Klatetzki 2005, S. 279; vgl. z. B. auch Nadai 2005, S. 15), wird hier bewusst ausgeschaltet und überflüssig gemacht.

Ziegler (2006) macht in diesem Kontext darauf aufmerksam, dass die konsequente Hinwendung zur Frage der Wirkung von Sozialen Leistungen als Kriterium für ihren Wert tendenziell auf ein Misstrauen gegenüber der Autonomie der Professionalität Soziale Arbeit hindeutet (Ziegler 2006, S. 142): „Nicht mehr die unzuverlässigen Professionellen sollen in Zukunft nach ihrem Gutdünken die Allokation der beschränkten Wohlfahrtsbudgets kontrollieren", so merkt er ironisch an, „sondern „wissenschaftliche Verfahren", die objektiv messen können, was wirklich bei den Bemühungen der Sozialen Arbeit heraus kommt" (ebenda, S. 144f).

Allein das Wissen darum, dass ein Professioneller der Sozialen Arbeit eine bestimmte Leistung anbietet, sei kein Argument, das zur Finanzierung veranlasse und hinreiche. „Nur mit dem Nachweis von Effekten kann ein professionelles Verständnis Sozialer Arbeit seinem Anspruch gerecht werden" (Struzyna 2006, S. 293). Ziegler (2006) verweist darauf, dass der Qualitätsbegriff gegenwärtig den Professionalitätsbegriff ersetzt. „Nicht mehr Wissenschaft scheint heute das Handeln zu legitimieren, der neue Gott dem gehuldigt wird, heißt Qualität", so zitiert Ziegler Klatetzki (2005, S. 279). Ziegler selber sieht darin einen Bedeutungsverlust der Sozialwissenschaften. Sie haben einen Legitimationsverlust erlitten. An ihre Stelle treten nun „wissenschaftlich-bürokratische Modelle" (Ziegler 2006, S. 142f). Die Sozialarbeitenden sollen offenbar ihrem Computer und den Datenbanken mehr vertrauen als ihrer eigenen Professionalität.

Es muss angenommen werden, dass die Praxis von Sozialarbeitenden, die so ihr fachliches Handeln orientieren, eine ganze Reihe von Schwächen und Fehlleistungen aufweist:
- Sie werden die besonderen Bedingungen und Chancen eines konkreten Falles übersehen, da sie sich nur nach Wahrscheinlichkeiten und dem üblichsten Erfolg richten.
- Sie werden, wenn sie die falschen Fallmerkmale ins Blickfeld rücken, auch unpassende Ergebnisse bekommen.
- Sich widersprechende empirische Ergebnisse bleiben für sie unerklärbar und sind damit nicht nutzbar.

- Sie werden sich von ihrem Computer fachliche Selbstverständlichkeiten und Banalitäten berichten lassen müssen.
- Sie verzichten auf die Produktivität einer Theorie und Empirie geleiteten Herangehensweise an konkrete Fragestellungen und damit auch auf die Produktivität ihres eigenen professionellen Denkens.
- Sie verlernen fachliches Denken und ihre fachliche Kreativität wird bestraft.

Die Suche nach Erklärungen, Lösungswegen und Zielen in Aushandlung mit den KlientInnen dürfte im Rahmen dieses Vorgehens keinen Platz haben.

Beispiel 26
„Toll, was da für ein Wissen drin steckt!"
Der frischgebackene Sozialarbeiter Klaus-Dieter Jürgens wurde von seinem Chef dazu angehalten, seine Arbeit auf Evidenzbasierung zu stützen. Er muss in einem Fall entscheiden, ob ein 12Jähriger noch bei seinen Eltern bleiben kann, oder ob es erforderlich ist, ihn in einem Heim unterzubringen. Der Junge hat noch drei Geschwister, die alle jünger sind als er. Die Eltern sind beide arbeitslos. Es liegt Alkoholmissbrauch vor und der Vater verspielt zudem das Haushaltsgeld. Dennoch hängen die Eltern an ihrem Sohn. Jedenfalls sind sie nicht bereit, ihn „in ein Heim zu stecken". Das jüngste Geschwisterchen ist behindert und braucht viel Aufmerksamkeit von den Eltern. Kevin ist weitgehend auf sich selber gestellt. Um seine schulischen Angelegenheiten kümmert sich niemand, was man an den Noten sehen kann. Vor kurzem hat sich die Schule eingeschaltet, die außerdem von auffälligem Sozialverhalten in der Schule berichtete. Klaus-Dieter Jürgens generiert passende Schlüsselbegriffe, füttert sein Programm und erhält nach einiger Zeit tatsächlich eine Fülle von Untersuchungsergebnissen. Er prüft sie und kommt schließlich zum Ergebnis, dass in seinem Fall wie in vergleichbaren Beispielen eine Sozialpädagogische Familienhilfe mit einer Wahrscheinlichkeit von 70% zur Lösung der konkreten Probleme des Minderjährigen hat beitragen können. Er entschließt sich zu dieser Hilfe. Da aber – wie es dann schließlich im Abschlussbericht heißen wird – die Eltern nicht bereit waren, mit der Familienhelferin zusammen zu arbeiten, wurde die Hilfe nach einem halben Jahr abgebrochen.

Da hat Herr Jürgens wohl Pech gehabt, denn sein Fall gehörte offenbar zu den anderen 30 Prozent. Vielleicht hätte ihm sein „Sozialarbeiterhinterkopf" – so er ihn denn benutzt hätte – schon vorher darauf aufmerksam gemacht, dass die Eltern in seinem Fall nicht wirklich bereit waren zu einer Mitarbeit? Oder dass die Spielsucht des Vaters möglicherweise immer wieder alle Erfolge umwerfen könnte? Oder dass neben der Arbeit mit der kleinen behinderten

Schwester für die Mutter – auch wenn sie sich noch so sehr bemüht hätte – weder Zeit noch Kraft übrig geblieben wären, um sich auch noch ihrem Ältesten mit so viel Aufmerksamkeit und Liebe zuzuwenden, dass er seine Defizite nachholen und seine Auffälligkeiten hätte abbauen können.

Es geht der evidenzbasierten Praxis und der wirkungsorientierten Steuerung nicht um individuell im Aushandlungsprozess erarbeitete, auf die Ursachen und Zusammenhänge hin hinterfragte Entscheidungen und auch nicht um eine fachliche Praxis, die Ermessensspielräume professionell nutzt, sondern um immer wieder übertragbare Interventionen, bei denen soziale Rahmenbedingungen ausgeschlossen werden können, die ja ohnehin als irrelevant angesehen werden. Und es geht um den bewussten Verzicht auf die professionelle Kompetenz, also auf das, was im Beispiel salopp als „Sozialarbeiterhinterkopf" bezeichnet wird.

3.7 Effiziente und ineffiziente Kunden eines Marktproduktes

Was bedeuten die Ökonomisierung der Sozialen Arbeit und der betriebswirtschaftliche Blick auf das Produkt und die NutzerIn Sozialer Arbeit? Wo bleiben KlientInneninteressen, wenn vom Marktprodukt und von den Kunden dieser Waren die Rede ist?

3.7.1 Die Attraktivität der Begriffe ‚Dienstleistung' und ‚Kunde' für die Soziale Arbeit

In der Sozialen Arbeit wurden der ursprünglich aus der Ökonomie stammende Dienstleistungsbegriff und ebenso der Begriff des Kunden schon frühzeitig aufgegriffen (vgl. 9. Jugendbericht 1994). In diesen Begriffen sah man eine Ähnlichkeit zu Anliegen der lebensweltorientierten Konzeption. So betont der Kundenbegriff die Nutzerperspektive einer Dienstleistung und entspricht der Forderung Sozialer Arbeit nach einer „Privilegierung des Adressatenstatus" der KlientInnen (vgl. Flösser/Oechler 2006; Martin 2001, S. 170), welche in der Praxis durchaus auch heute noch nicht immer in dem ihr zukommenden Maße umgesetzt wird (vgl. dazu Merchel 2000, S. 17). Der Dienstleistungsbegriff schien geeignet, mehr Bürgernähe herzustellen und die Nutzer von Angeboten als maßgebliche Beurteiler der Qualität der Leistung anzuerkennen und damit das Leistungsangebot im Sinne der Lebensweltorientierung aus dem alten fürsorglichen Denken herauszulösen und die Subjektstellung der KlientInnen zu betonen.

Sah z. B. das Jugendwohlfahrtsgesetz (gültig bis 1989) Hilfen zur Erziehung im Wesentlichen als Reaktionen auf missglückte Sozialisation (freiwillige Erziehungshilfe und Fürsorgeerziehung) oder als gezielte Einmischung und förderndes Eingreifen in eine familiäre Sozialisation (§§ 5,6 JWG) an, so versteht das seit 1990 geltende Kinder- und Jugendhilfegesetz (KJHG) Hilfe zur Erziehung als unterstützende Angebote für Eltern. Der Staat und damit seine Jugendhilfe erscheinen hier ganz explizit als Dienstleistung für Eltern, die allen zur Verfügung steht, die sie brauchen. Hilfen zur Erziehung gibt es zwar nicht „einfach so", gleichgültig, ob Erziehungsprobleme bestehen oder nicht, aber sie greifen schon sehr weit im Vorfeld einer Kindeswohlgefährdung, können und sollen da helfen, wo „das Kind nicht schon im Brunnen liegt". Das Kinder- und Jugendhilfegesetz hat versucht, die Schwelle für diese Hilfen möglichst tief zu legen, es Eltern möglich zu machen, zu ihren Problemen zu stehen und selbstverständlich die Hilfe anfordern und annehmen zu können, die ihnen ja rechtlich zusteht. Der Gesetzgeber wünschte sich also die aufgeklärten, selbstkritischen und aktiven Eltern, die rechtzeitig um Hilfe bitten und die diese Hilfe auch als etwas Selbstverständliche ansehen. Er wollte seine Leistungen als Dienstleistungen verstanden wissen.

Beispiel 27
Das unbekannte Dienstleistungsangebot Hilfe zur Erziehung
In meinen Seminaren zur Hilfe zur Erziehung lasse ich die Studierenden Interviews führen. Sie sollen ihnen bekannte Eltern befragen, was sie sich unter den „Hilfen zur Erziehung" vorstellen: Wer sie bekommen kann, wie man sie bekommen kann, welche es überhaupt gibt usf. Und jedes Jahr wiederholt sich die gleiche Erfahrung. Die Studierenden sind schockiert: Niemand aus ihrem Bekanntenkreis kann mit den Hilfen zur Erziehung etwas anfangen, es sei denn, er studierte auch Sozialpädagogik. Bekannt ist nach wie vor fast nur die „Heimerziehung". Und alle gehen scheinbar davon aus, dass diese Hilfen generell nur etwas für solche Eltern seien, die überhaupt nicht mehr klar kommen oder die ihre Kinder grob vernachlässigen oder misshandeln. „Das kann doch nicht wahr sein", sagte eine Jugendamtsleiterin am Telefon vor einigen Wochen schockiert zu der Schulsozialarbeiterin der Stadt K., „diese Woche sind hier fünf Eltern im Jugendamt vorstellig geworden, die meinen, sie könnten Hilfe zur Erziehung gebrauchen. Und alle haben sich darauf berufen, dass Sie auf dem Elternabend der Klassenstufe 9 letzte Woche gesagt hätten, sie könnten einfach ins Jugendamt gehen, und eine solche Hilfe für sich beantragen, wenn sie Probleme mit ihren Kindern hätten. Sind Sie denn noch ganz bei Trost? Bitte, machen Sie doch keine Werbung für unsere Angebote! Wo kämen wir denn da hin?" Angesichts der oben geschilderten Befragungsergebnisse

meiner StudentInnen muss sich diese Jugendamtsleiterin eigentlich keine Sorgen machen.

3.7.2 Nutzer Sozialer Arbeit sind keine Kunden

Der Ökonomisierung ist an der „Stärkung der Macht des Kunden" gelegen, der die Anbieter durch seine größere Marktautonomie so unter Druck setzen kann, dass sie ihre Angebote den Kundeninteressen entsprechend umgestalten (vgl. Galuske 2002, S. 326). „Auf dem Markt tätige Dienstleistungsunternehmen richten ihre ganze Aufmerksamkeit darauf, mit ihren Leistungen bei akzeptablen Kosten die Kunden zufrieden zu stellen. Ändert sich die Nachfrage, passen sie ihre Leistungen unverzüglich an und schichten zu diesem Zweck Ressourcen ... um", formuliert im Jahr 1991 Banner, der damalige Vorsitzende der KGSt. Er war offenbar der Meinung, dass genau so auch Soziale Arbeit funktionieren könne.

Banner benutzt den Begriff des „nachfragenden Subjektes", also eines kundigen Verbrauchers, der auf dem Markt maximalen Nutzen zu erzielen sucht. Durch die marktförmige Umgestaltung öffentlich erbrachter Dienstleistungen ist dieser Kunde in der Lage, so wird unterstellt, sich frei zu entfalten (vgl. Schaarschuch 2006, S. 99). Ein Kunde ist jemand, der sich quasi frei, selbst bestimmt und damit auch selbstverantwortlich und in symmetrischer Beziehung zum Handelspartner für eine Ware oder eine Dienstleistung entscheidet (vgl. Kaspar 2006). Dabei wird davon ausgegangen, dass der Kunde immer in der Lage ist, bzw. durch ein funktionierendes Qualitätsmanagement in die Lage versetzt werden kann, seinen Interessen auch Gehör zu verschaffen (ebenda). Im Rahmen der Neuen Steuerung und des modernen Sozialmanagement werden die Begriffe „Produkt" der „Dienstleistung" Soziale Arbeit und „Kunden" Sozialer Arbeit zwar etwas anders verstanden, als sie im Kontext der lebensweltorientierten Sozialen Arbeit zunächst benutzt wurden. Die in der Sozialen Arbeit erfolgte freiwillige Adaptation der Begriffe „Dienstleistung" und „Kunde" aus der ökonomischen Sphäre (vgl. z. B. den 9. Jugendbericht 1994), die ja schon sehr früh, eigentlich noch in den Anfängen der Ökonomisierung vollzogen wurde, zeigt, das die Soziale Arbeit, auch in ihrem Selbstverständnis als lebensweltorientierte Soziale Arbeit, selber bereit war, sich dem ökonomischen Denken zu öffnen. Die Begriffe erschienen attraktiv im Rahmen ihres Interesses, als Leistung für alle angesehen zu werden. Aber sie sind für Soziale Arbeit in der Tat nur brauchbar und denkbar, wenn diese sich tatsächlich ihre Klienten insgesamt als aufgeklärte Kunden und nachfragende Verbraucher ihrer Dienstleistung vorstellen kann und damit theoretisch und konzeptionell die gesellschaftlichen Zusammenhänge für die Problemlagen von Menschen ausblendet und ihre sozialpolitische und parteiliche Funktion für die Menschen aufgibt, die an den gesellschaftlich geschaffenen Problemlagen scheitern. Auf diese konzeptionelle „Schwäche" der lebensweltorientierten Sozialen Arbeit wird im folgenden Kapitel 4 näher eingegangen.

Der Kundenbegriff und ebenso der dahinter stehende Dienstleistungsbegriff sind für die Soziale Arbeit nämlich aus verschiedenen Gründen nicht generell zutreffend und demnach auch kontraproduktiv:

- Zum einen kauft die KlientIn der Sozialen Arbeit ihre „Ware", sozialpädagogische Hilfe, in der Regel nicht selber. Es ist der Staat, der die zu erbringende Leistung für die KlientIn bei einem Leistungserbringer, also z. B. bei der Caritas e.V. kauft. Damit hat die „KundIn" der Sozialen Arbeit nicht wirklich die Kundenmacht, d. h. sie kann Qualität und Quantität der Ware nicht durch ihr Verhalten am Markt entsprechend bestimmen. Sobald die Soziale Arbeit zu einer Dienstleistung wird, die tatsächlich Kunden kaufen und bezahlen können, wird sie zu einem Konsumgut, das sich nicht jeder leisten kann. Damit verliert sie ihren sozialpolitischen Charakter der Unterstützung gerade sozial benachteiligter Menschen.
- Gleichzeitig unterstellt der Kundenbegriff die Vorstellung, dass die Kunden sich die Ware, hier also die Soziale Arbeit, nach ihren Bedürfnissen und Vorstellungen aneignen können. Die Rede ist vom Kunden als dem „nachfragenden Subjekt". Die KlientInnen der Sozialen Arbeit sind aber durchaus nicht immer bereit, willens und in der Lage, die für sie erforderliche und hilfreiche Leistung anzufordern und wahrzunehmen. Die Adressaten Sozialer Arbeit sind nämlich häufig „durch das Merkmal mangelnder Konsumsouveränität gekennzeichnet" (Flösser/Oechler 2006, S. 162; vgl. auch Martin 2001, S. 170). Die Klientel der Sozialen Arbeit verfügt zum großen Teil weder über die notwendigen Informationen und Kompetenzen noch über eine hinreichende Motivation, um die Leistungen der Sozialen Arbeit als für sich erstrebenswert und hilfreich erkennen und dann nachfragen zu können.
- Das aber hat zur Folge, dass Soziale Arbeit, will sie ihren Auftrag der Unterstützung Benachteiligter, erfüllen, nicht abwarten kann, bis der Kunde Klient gelaufen kommt, um sich die Hilfe oder Unterstützung zu holen. Vielmehr muss sie oft selber erst einmal dafür sorgen, dass der Klient in die Lage versetzt wird, diese Hilfe anzunehmen und für sich als hilfreich zu erkennen. Das dienstleistungstheoretische Merkmal der Ko-Produktion personenbezogener Sozialer Dienstleistungen setzt zwar sehr wohl auch für die Soziale Arbeit aktive Beteiligung der KlientInnen unmittelbar voraus. Wenn aber diese aktive Beteiligung nicht von vorne herein gegeben ist, verändert sich damit die Aufgabe Sozialer Arbeit: Machen die prinzipiell

aktiven BürgerInnen von den ihnen verbürgten Rechten auf Beteiligung keinen Gebrauch, weil sie das entweder nicht können oder nicht wollen, dann wird es zunächst darum gehen müssen, die Voraussetzungen für deren aktive Beteiligung zum Gegenstand pädagogischer Interventionen werden zu lassen (vgl. Wohlfahrt 2000). Soziale Arbeit wird in diesem Fall also zunächst versuchen, die Bedingungen zu schaffen, unter denen ein Klient in die Lage versetzt wird, die angebotenen Dienstleistungen für sich zu nutzen und ihren Gebrauchswert für sich und für die Bewältigung seines Lebens in Anspruch zu nehmen. Schließlich ist eines der wichtigsten Ziele Sozialer Arbeit die Befähigung der KlientInnen, sich wieder oder ggf. erstmals um ihre eigenen Bedürfnisse und um deren Erfüllung zu kümmern (Empowerment). Dieses Ziel Sozialer Arbeit macht ihr fachspezifisches und sozialpolitisches Aktivierungsverständnis aus. Gibt die Soziale Arbeit diesen Anspruch auf, so sagt sie sich von ihrer Aufgabe des Abbaus von Benachteiligungen und vom Chancenausgleich los.

- Schließlich wird in der Sozialen Arbeit die öffentlich erbrachte Dienstleistung nicht an Bedarfskriterien und subjektiven Bedürfnissen oder Wünschen der Konsumenten orientiert. Die Kundenzufriedenheit ist nur ein, wenn auch ein wichtiges Nebenprodukt, keinesfalls aber der zentrale Qualitätsindikator der Leistung (Flösser/Oechler 2006, S. 162). Viele Angebote und Dienstleistungsarten Sozialer Arbeit gehen von Bedarfen aus, die Menschen haben, auch wenn sie diese Bedarfe nicht erkennen oder wahrhaben wollen und vor allem auch dann, wenn sie sie nicht formulieren und einfordern können. So sind z. B. konkrete Hilfeleistungen für Straßenkinder, so sind Angebote für Obdachlose, Förderungshilfen für Schüler mit Migrantenhintergrund, auch Hilfen zur Erziehung u. a. nicht dadurch entstanden, weil die Betroffenen darauf eine „Kauflust" verspürten, sondern weil diese Unterstützungen für die Betroffenen notwendig waren, auch wenn die Betroffenen diese Notwendigkeit oft erst im Rahmen der Nutzung erfahren und erkannt haben. Dies erfordert allerdings eine gründliche Motivierungsarbeit.

3.7.3 Wegfall der zeitaufwendigen Motivierungsarbeit

Die in der Fachliteratur immer wieder betonte Notwendigkeit in der Sozialen Arbeit, die KlientIn, die nicht bereits als aktive und nachfragende KundIn auftritt, erst einmal zu motivieren, dazu zu bringen, dass sie Hilfe annehmen kann, dass sie ihre Probleme wahrnimmt und zu ihnen stehen kann, bedeutet eine zeitaufwendige und zeitraubende Arbeit für Sozialpädagogen (vgl. Thiersch 1995; Galuske 2008; Seithe 2008; Volkmann 2008). Ist diese Zeit nicht gegeben, so müssen KlientInnen, die nicht von sich aus eine Unterstützung aufsuchen und anfragen können, links liegen gelassen werden. Ohne diese Möglichkeit zur Motivierung aber geht Soziale Arbeit nicht nur eines Großteils ihrer Klientel verlustig, sie verliert auch ihren Charakter als parteiliche Unterstützungsinstanz sozial benachteiligter Menschen.

Beispiel 28
„Wir haben keine Zeit, solche Menschen erst lange zu motivieren."
Susanne V. ist SozialarbeiterIn bei einem freien Träger, der im Auftrag der ARGE Schulungen für Arbeitslose durchführt, die als schwer vermittelbar gelten. Sie übt mit diesen Leuten in Kursen Bewerbungsgespräche, organisiert für sie PC Kurse und andere Möglichkeiten, sich weiter zu qualifizieren. Besonders bei einigen türkischen Frauen, die zu ihrer Gruppe gehören, hat sie immer wieder das Gefühl, dass ihre Vorschläge überhaupt nicht ankommen. Sie bittet deshalb einige dieser Frauen zu einem Einzelgespräch. Diese Gespräche sind schwierig, die jungen Frauen sind zunächst sehr zugeknöpft und eher misstrauisch. Andere scheinen an ihrer beruflichen Perspektive völlig desinteressiert. Aber sie lassen sich schließlich doch auf Susannes Gesprächsangebot ein. Allmählich wird Susanne durch diese Kontakte klar, dass für die jungen Frauen ganz andere Dinge angeboten werden müssten, wenn man sie wirklich erreichen wollte. Und sie bekommt immer mehr den Eindruck, dass für die meisten aus dieser Gruppe erst einmal eine intensive Einzelfallarbeit nötig wäre, bei der man im Gespräch Schritt für Schritt die Motivation der Frauen für ihr eigenes Leben und für mögliche Perspektiven wecken könnte. Viele haben Probleme mit ihren Familien, die ganz andere Erwartungen an sie haben. Viele stecken im Zwiespalt der beiden Kulturen, in denen sie aufgewachsen sind.

Als Susannes Chef mitbekommt, dass sie einen ihrer Kursnachmittage aufgegeben hat, um Zeit für Gespräche mit diesen jungen Frauen zu schaffen, wird ihr das sofort untersagt. „Wer hier nicht mitmachen will, kann ja gehen. Wir haben keine Zeit, die Herrschaften erst lange zu bitten", ist sein Kommentar.

Die Gesellschaft bestraft die jungen Frauen dafür, dass sie noch nicht wissen, was sie wollen und dass sie nur zögernd auf die Angebote eingehen können. Was soll Susanne machen? Was wird aus diesen Frauen? Wer kümmert sich um sie?

Der Sozialen Arbeit in ihrem effizienteren zeitlichen Zuschnitt fehlen oft die notwendigen Zeitkontingente für geduldige Gespräche, für Wege der „sekundären Integration" (vgl. Böhnisch 1991), also eine nicht stur und im Zweifel auch gegen den Willen des Betroffenen geradewegs ausgerichteten Integration. Ihr fehlt die Zeit für die erforderlichen Wiederholungen von Schritten und für immer wieder neue Versuche beim Erlernen von Verhaltensalternativen. Auf diese Weise aber wird sie zu einer Dienstleistung, die nur noch denen zugute kommen kann, die bereits in der Lage und bereit sind, sich Hilfe zu holen bzw. sie anzunehmen. So referiert z. B. Erath Ansätze Sozialer Arbeit: „Wer sich nicht helfen lassen will, wer nicht aktiv mitwirkt im Hilfeprozess, verhindert dessen Erfolg und hat insofern auch kein Anrecht auf Unterstützung" (Erath 2006, S.106). Hier wird den ineffizienten KlientInnen ihre Ineffizienz und mangelnde Motivation vorgeworfen und selber in die Schuhe geschoben.

Gleichwohl hält auch die ökonomisierte Soziale Arbeit Vorstellungen bereit, wie unmotivierten KlientInnen auf die Sprünge geholfen werden kann. Wenn es für die Gesellschaft erforderlich ist, dass sie sich bewegen, wird nicht langwierig und vorsichtig motiviert und auch nicht mehr auf die Prinzipien Freiwilligkeit und Partizipation geachtet (vgl. z. B. Heite 2008, S. 116f). Hierauf soll im Kapitel 4 näher eingegangen werden.

3.7.4 Soziale Arbeit für KlientInnen muss sich rechnen

Kunden, die nicht bereit oder aufgrund mangelnder Informationen, Ressourcen und Kompetenzen nicht in der Lage sind, die entsprechende Dienstleistung aktiv für sich in Anspruch zu nehmen, fallen folglich aus dem System heraus. Ebenso werden perspektivisch Leistungen auf einem Markt Sozialer Arbeit nicht länger hergestellt, die zwar Bedarfen entsprechen, nicht aber irgendwelchen aktiven Kundenbedürfnissen. Konsequente Kundenorientierung bringt deshalb im Zweifelsfall die Infragestellung oder Streichung ganzer Felder kompensatorischer Sozialdienstleistungen mit sich, die bisher als (gesetzliche) Regel- bzw. „Zwangsangebote" ganz unabhängig von der ausdrücklichen Anmeldung von Hilfebedürfnissen der Betroffenen erbracht wurden", konstatieren Dahme und Wohlfahrt (2008).

Beispiel 29
Hausaufgabenbetreuung im sozialen Brennpunkt
Ein Hausaufgabenbetreuungsangebot, das für Kinder sozial benachteiligter Familien konzipiert wurde, wird intensiv von Kindern aller sozialen Schichten genutzt. Als der Stadtrat wegen dieser intensiven Nutzung eine Eltern-Kostenbeteiligung beschließt, wird das Angebot weiterhin von den Familien angenommen, die den Bedarf für sich erkennen und bereit sind, dafür etwas zu bezahlen. Die Kinder aus sozial benachteiligten Familien, insbesondere aus Familien mit Migrationshintergrund, bleiben weg. Die Eltern sind nicht bereit, für dieses Angebot zu zahlen. Das muss nicht notwendig heißen, dass diese Eltern nicht über das notwendige Geld verfügen. Es kann auch sein, dass die

Eltern nicht bereit sind, für ihre Kinder bzw. für diese Leistung ihr Geld zu verwenden und zur Verfügung zu stellen. (Soziale Benachteiligung hat schließlich nicht nur materielle Facetten!). Die Folge jedenfalls ist: Durch die Kostenbeteiligung gehen die Kinder, für die ein solches Programm eigentlich geschaffen worden ist, leer aus.

Sozialpädagogisches Ziel des Projektes war es, die Entwicklung sozial benachteiligter Kinder zu fördern, auch solcher Kinder, die möglicherweise durch ihre Elternhäuser vernachlässigt werden. Dieses Ziel wird nun verfehlt und die benachteiligten Kinder durch die Jugendhilfe selber – aber eigentlich durch den Stadtrat – noch einmal zusätzlich „bestraft".

Bereiche und Angebote Sozialer Arbeit, die als nicht effizient gelten, werden nicht mehr finanziert. Eine Hausaufgabenbetreuung, für die Eltern bezahlen, erscheint effizienter. Aber sie verfehlt das sozialpädagogische Ziel. Die Vorstellung einer Dienstleistung Soziale Arbeit, die sich ausschließlich am Kundenbegriff orientiert, klammert Angebote Sozialer Arbeit aus, die nicht zustande kommen aufgrund von expliziten Kundenwünschen.

3.7.5 Keine Unterstützung für ineffiziente KlientInnen

Sozialpädagogische KlientInnen sind in der Regel keine nachfragenden Subjekte und souveräne Kunden. Die Hilfen dauern im Verhältnis zum eher geringen „Output" zu lange oder sie funktionieren erst beim zweiten oder dritten Anlauf. Was passiert mit diesen KlientInnen, wenn Effizienz das oberste Gebot der Sozialen Arbeit ist? Bei einer nur mehr an Effizienz orientierten Sozialen Arbeit bleibt für sie kein Platz.

Angebote und Dienstleistungen einer Sozialen Arbeit, die von ihrer Klientel als von souveränen Kunden ausgeht, würden sich vorrangig an solche KlientInnen richten, die einen Erfolg erwarten lassen, bei denen sich also der Einsatz als effektiv und damit auch als effizient erweisen wird. Es gibt für die Soziale Arbeit damit auf der einen Seite also effiziente und auf der anderen Seite dagegen weniger oder gar nicht effiziente KlientInnen. In Kapitel 4 dieses Buches wird darauf eingegangen, dass Soziale Arbeit zunehmend zwischen den Gruppen ihrer Klientel unterscheiden muss, für die der Aufwand lohnt und solchen, für die er nicht lohnt.

Spielt also die Nachfrage die entscheidende Rolle auf dem Sozialen Markt, so werden Unterstützungsangebote für Menschen gestrichen, die nicht in der Lage sind, Hilfe nachzufragen, sich aktiv zu bemühen und die entsprechende Hoffnungen hinsichtlich der Effektivität der Hilfe wecken können. Sie sind nicht effizient und deshalb wäre ihre Unterstützung nicht bezahlbar (vgl. z. B.

Volker 2005, S. 77). So müssen sich Einrichtungen der Sozialen Arbeit heute die Frage stellen: „Nehme ich den unkooperativen Klienten als eine Bedrohung meines eigenen Arbeitsplatzes wahr, weil er die Erreichung der Ergebnisqualität verhindert?" Muss ein erfolgreiches Sozial-Unternehmen sich nicht vor unkooperativen, passiven, unmotivierten, komplizierten, rückfallsgefährdeten KlientInnen schützen, weil sie die Effizienz seiner Arbeit infrage stellen? Dörner stellt klar: „Wenn ich marktwirtschaftlichen Gesetzen unterworfen bin und mich dem nicht entziehen kann, bin ich, ob ich will oder nicht, systematisch gezwungen, mich vorwiegend auf solche Hilfsbedürftige zu konzentrieren, mit denen man in der kürzesten Zeit mit dem geringsten Einsatz den größten Profit machen kann. Was zwangsläufig dazu führt, dass die Bedürftigsten dabei unter den Tisch fallen" (Dörner 2008, S. 329).

Menschen, KlientInnen werden hier unter dem Gesichtspunkt ihrer ökonomischen Wertigkeit und Verwertbarkeit gesehen. Sie werden in Statistiken hin und her geschoben und dort „schön gerechnet". Sie werden aus Kostengründen auf dem Zuständigkeitsmarkt weg geschoben. Und nicht selten werden sie sogar in Hilfeleistung aufgenommen, auch wenn und obwohl sie dort gar nicht richtig sind oder man ihnen gar nicht angemessen helfen kann, einfach deshalb, weil sie der Einrichtung Geld bringen (z. B. wenn seelisch behinderte Kinder oder Jugendliche (§35a KJHG), für deren Betreuung deutlich mehr gezahlt wird als für „normale" Minderjährige, in Heimen aufgenommen und in die normalen Gruppen hineingesteckt werden, ohne dass wirklich eine Betreuung entsprechend ihrem Bedarf stattfinden kann).

Außerdem generalisiert sich – über den rein ökonomischen Blickwinkel hinaus – immer mehr die Haltung, dass auch hier in der Sozialen Arbeit der Einsatz für KlientInnen nur lohnt, wenn er schnell und möglichst unaufwendig zum Erfolg führt. Der schon erwähnte lange Atem der Sozialen Arbeit für solche Menschen, bei denen Lernprozesse länger dauern und die einfach mehr Chancen und mehr Anläufe benötigen, geht ihr langsam aus (vgl. Messmer 2007, S.158; Dörner 2008, S. 329).

Beispiel 30
„Die macht uns noch unsere Erfolgsquote kaputt!"
Die Praktikantin Petra ist schockiert. Als sie heute zur Arbeit kam, war Christin schon verschwunden. Man hatte sie einfach von der Schule abgeholt und direkt in die Psychiatrie gebracht. Dort würde sie jetzt erst mal eine Zeit bleiben und später müsste für sie dann eben ein anderes Heim gefunden werden, teilte ihr die Heimleiterin mit. Christin war das Mädchen, um das sie sich in ihrem Praktikum besonders hatte kümmern sollen. Und das hatte sie auch getan, so weit sie das schon konnte. Die eigentliche Bezugserzieherin von Christin war

Stefanie, Petras Anleiterin. Aber Stefanie hatte so viel am Hals, dass sie froh war, ihre Aufgabe weitgehend an Petra abgeben zu können. Und Christin ließ sich auf den Kontakt ein und begann, Petra von sich zu erzählen. Christin war von Anfang an im Heim schwierig gewesen, hatte opponiert gegen die Heimregeln und sich mit den ErzieherInnen angelegt. Wenn Petra aber mit Christin sprach, bekam sie ein ganz anderes Bild von diesem Mädchen. Jemand müsste sich mit ihr befassen, dachte sie, sie ernst nehmen, ihre Art nicht als Angriff sehen, sondern als Hilferuf. Aber ihre zaghaften Worte in der Fallbesprechung wurden gleich abgeschmettert: Christin sei für den Gesamtablauf im Heim und für die anderen Mädchen eine Gefahr, wurde gesagt. Die KollegInnen fühlten sich von ihr provoziert. Sie war und blieb der Störenfried.

Als das Mädchen gestern erst vier Stunden nach Schulschluss im Heim auftauchte, entgegen der ausdrücklichen Vereinbarung, gleich zurück zu kommen, wurde sie von allen erst eisig empfangen und dann schließlich mit Vorwürfen überschüttet. Christin fing daraufhin an, zu schreien und alle mit Flüchen zu bedrohen. Da berief die Leiterin der Einrichtung spontan eine Sonderteamsitzung ein und alle waren sich sehr schnell einig, dass Christin nicht mehr tragbar und für die Einrichtung eine Gefahr sei. „Sie macht uns die Erfolgsquote kaputt und unseren guten Ruf dazu", meinte die Leiterin abschließend.

Es besteht die erklärte Neigung einer marktorientierten Sozialen Arbeit, möglichst wenig Geld und auch möglichst wenig Anstrengungen in Menschen zu investieren, die ohnehin der Gesellschaft nichts einbringen werden. Ein marktförmiges Verhältnis zwischen den Dienstleistern und ihren Kunden-Klienten und ein an Effizienz orientiertes Selbstverständnis der eigenen Arbeit lassen ein sozialpädagogisches Engagement für „ineffektive" KlientInnen nicht mehr zu.

KlientInnen, die die Mühe und das eingesetzte Geld nicht wert scheinen, werden zunehmend verschoben, ausgeschlossen, weggeschickt und in andere („Hilfe")-Systeme überwiesen. Schwierige Familien werden lieber nicht in die Freizeit mitgenommen. Sie bringen nur Arbeit und Ärger und wahrscheinlich kommt bei ihnen auch nichts dabei heraus. Langzeitarbeitslose, die das vierte Stellenangebot durch ihren unmotivierten Eindruck ‚vermasselt' haben, werden von der ARGE sanktioniert und bekommen keine weiteren Vorschläge für mögliche Stellen. Die Mutter, die keine Bereitschaft zeigt, bei der Frage der Lernschwierigkeiten des Sohnes aktiv mitzuarbeiten, wird wohl das Lernziel nicht erreichen und bekommt deshalb besser keine weiteren Beratungsangebote. Der Jugendliche, der zum dritten Mal aus einem Heim fortläuft, wird lieber in ein anderes Heim abgegeben, weil man mit ihm nicht klar kommt und alle Mühen offenbar nicht lohnen. Der Klient einer Schuldnerberatungsstelle, der offenbar nicht kapiert, dass er die Versandhauskäufe zu lassen hat, wird als nicht einsichtig nach Hause geschickt usf. Mit solchen Haltungen und Praktiken verlässt die Soziale Arbeit ein Grundprinzip ihres bisherigen Selbstverständnisses: Sie kann sich nicht länger für sozial benachteiligte Menschen engagieren und nimmt aktiv an der Ausgrenzung dieser Menschen teil. Hier wird also zwischen Menschen 1. und 2. Klasse unterschieden. So etwas hat es durchaus schon früher in der Geschichte der Sozialen Arbeit gegeben.

3.8 Was bedeutet Ökonomisierung?

Der Ökonomisierungsprozess ist noch keineswegs abgeschlossen. Soziale Arbeit ist in Bewegung. Es gibt Bereiche, in denen „die Welt noch in Ordnung scheint", andere Bereich treten längst als Unternehmen auf und bedienen den Markt genau so, wie es die gegenwärtige Sozialpolitik erstrebt.

Am Ende unserer Betrachtungen zum Marktgeschehen „moderner" Sozialer Arbeit steht die Frage, die Galuske stellt: „Wie viel Markt und wie viel betriebswirtschaftliches Denken kann die Sozialpädagogik vertragen, ohne sich der Originalität und Produktivität, ohne sich ihrer kommunikativ strukturierten und lebensweltlich situierten Institutionalisierungs- und Handlungsformen zu berauben (Galuske 2002, S. 330)?

Alle Veränderungen, die durch die Ökonomisierung in der Sozialen Arbeit stattgefunden haben, zeigen tief greifende Folgen, was die zur Verfügung stehenden Mittel betrifft. Die Begrenzung der erforderlichen Ressourcen ist dabei jedoch nur einer der Aspekte dieses Prozesses, wenn auch der, der am augenscheinlichsten ist. Die Veränderungen wirken sich ebenfalls auf den Prozess der Erbringung sozialer Dienstleistungen selber aus und damit auch auf die Definition der Aufgaben und der Zielgruppen Sozialer Arbeit. Und nicht zuletzt verändern sie die Binnenstruktur, also z.B. die Organisation, die Sprache, die Bedeutung bestimmter Bezugswissenschaften, die intentionale Ausrichtung und die Methoden der Sozialen Arbeit.

Will man das Verhältnis von Sozialer Arbeit und Ökonomie grundsätzlich betrachten, müssen zunächst verschiedene Ebenen differenziert werden: Ökonomie und Ökonomisierung sind nicht das Gleiche. Die Frage: „Wieviel Ökonomie verträgt die Soziale Arbeit" bedeutet etwas anderes, als die Frage: „Wieviel Ökonomisierung verträgt die Soziale Arbeit?".

Wenn man Ökonomie zunächst als die Gesamtheit aller Einrichtungen und Handlungen einer Gesellschaft definiert, die der planvollen Deckung des menschlichen Bedarfs dienen, so kann der Feststellung zugestimmt werden, dass natürlich auch die Soziale Arbeit nicht außerhalb ökonomischer Gesetze steht (vgl. z. B. Mühlum 2009, S. 18; Albert 2008, S. 45). Auch sie kostet Geld, das so ausgegeben werden muss, dass der Mitteleinsatz inhaltlich und quantitativ im angemessenen Verhältnis zum Ziel und zum möglichen Ergebnis steht. Hier erscheinen Ökonomie und Soziale Arbeit zwar als unterschiedliche gesellschaftliche Dimensionen mit unterschiedlichen Strukturen und Zielen, die es aber gilt einander anzunähern (vgl. z. B. Olk 2009). Vor diesem Hintergrund könnte man also getrost die Frage stellen: Wie viel Ökonomie verträgt die Soziale Arbeit? Und die Antwort könnte dann nur lauten, Ökonomie muss innerhalb der Sozialen Arbeit eine unterstützende, „dienende" Rolle übernehmen. Dort aber, wo sie mit ihrer Logik und ihren Zielvorstellungen die Kernidentität sozialer Arbeit zu verändern droht, ist sie nicht mehr dienlich sondern kontraproduktiv.

Buestrich und Wohlfahrt (2008, S. 1) weisen darauf hin, dass Soziale Arbeit sich nie außerhalb der Ökonomie gestellt habe, dass für sie auch lange vor der Ökonomisierungswelle z. B. die Begriffe „Effizienz" und „Effektivität", „Qualität" und „Wirkung" innerhalb der Fachlichkeit Sozialer Arbeit sehr wohl eine Rolle gespielt hätten. Daher, so die Autoren, sei die „über zehn Jahre geführte Debatte um die Notwendigkeit und Angemessenheit einer „Ökonomisierung des Sozialen" sowie ihrer praktischen Auswirkungen von falschen Voraussetzungen ausgegangen, wenn sie meint den Vorwurf erheben zu müssen, dass im Sozialbereich – anders als in der Wirtschaft, wo „Geld verdient" wird –, öffentliche Finanzmittel „verschwendet" würden.

Ist es also prinzipiell möglich – ohne Verzicht auf die Aufgaben und Inhalte Sozialer Arbeit – Ökonomie und Soziale Arbeit miteinander zu versöhnen? Albert z. B. geht davon aus, dass im selben Maße, wie die Soziale Arbeit sich gezwungen sieht und dies aber auch akzeptiert, ihre Wirtschaftlichkeit unter Beweis zu stellen, auch die Wirtschaft eine soziale Wirtschaft werden müsse. Hier wird die Wirtschaft beschworen, ihrerseits die Moral in ihre Handlungen mit einzubeziehen. „Ökonomie und Sozialarbeit sind gezwungen", so fordert z. B. Albert, „sich sowohl moralisch als auch wirtschaftlich zu rechtfertigen". Und weiter stellt er hoffnungsvoll fest: „Wenn diese Verbindung gelingt, dann wäre es ein „Profit" für alle – sei es nun als ein finanzieller Gewinn oder als ein Zuwachs an Menschlichkeit" (Albert 2008, S. 46). Auch z. B. Staub-Bernasconi hält eine Übereinkunft und einen Ausgleich beider Systeme auf einem moralischen Hintergrund offenbar für möglich. Staub-Bernasconi stellt zu Recht fest, dass nicht die Wirtschaft einer Gesellschaft als solche mit den Zielen und Inhalten der Sozialen Arbeit unverträglich sei, dass es vielmehr auf die Frage ankomme: „Wie verträgt sich die Wahl der Wirtschaftform mit der Befriedigung menschlicher Bedürfnisse und gesellschaftlicher Entwicklung?" (Staub-Bernasconi 2007a, S. 476). Sicherlich ist diese Einschätzung zutreffend: Wirtschaft muss nicht grundsätzlich die menschlichen Bedürfnisse missachten oder hinten anstellen. Tatsache ist aber – und dieser Sachverhalt spielt eine entscheidende Rolle –, dass uns faktisch kaum eine Wahl der Wirtschaftsform bleibt. Konkret müssen wir von der in unserer Gesellschaft herrschenden Wirtschaftsform ausgehen. Da wir es also nie mit einer abstrakten Wirtschaft, sondern immer mit den herrschenden ökonomischen und politischen Interessen in unserer Gesellschaft zu tun haben, ist die oben zitierte Position eher problematisch, da sie die Interessengegensätze verharmlost und negiert. So hält Staub-Bernasconi es z.B. für möglich, dass sich „die Idee der Sozialverträglichkeit der Wirtschaft verbreitet und teilweise durchsetzt", wenn z.B. Wirtschaftsführer mit Informationen über die soziale Situation der Bevölkerung und der Adressat(innen) der Sozialen Arbeit konfrontiert werden (ebenda, S. 498). Hier schimmert die oben schon skizzierte Idee vom „guten Kapitalisten" durch, den es ja vielleicht geben mag, der aber deshalb nicht die ökonomischen Gesetze des Kapitalismus verändern wird und kann. Verkannt wird hier, dass hinter der herrschenden Ökonomie und ihrer offiziellen neoliberalen und neosozialen Politik und Ideologie Kräfte, Interessen und Machtverhältnisse stehen. Deren Marktlogik ist aber aus sich heraus alles andere als sozial und konnte und kann einzig durch die Menschen und ihren Druck zu sozialen Veränderungen und Zugeständnissen gezwungen werden. Die aktuellen Entwicklungen in der Atomkraftpolitik, die gezeigt haben, dass es durch die Proteste der Bevölkerung gelingen kann, den Ausstieg aus der Atomwirtschaft durchzusetzen, machen deutlich, dass es tatsächlich möglich ist, politische Veränderungen gegen die herrschenden Wirtschaftinteressen durchzusetzen. Staub-Bernasconi sieht das letztlich wohl auch, denn sie fügt an, dass die Politik und die neuen, weltweiten sozialen Protestbewegungen nachhelfen müssten, wenn sich so nichts bewegen ließe (Staub-Bernasconi 2007a).

Ökonomie ist immer und natürlich auch hier und heute mit unterschiedlichen und auch gegensätzlichen Interessen gesellschaftlicher Gruppen und deren unterschiedlichen Voraussetzungen hinsichtlich der Besitzverhältnisse verbunden. Sie ist also nicht wertneutral, sondern muss von ihrer Interessenlage her begriffen werden. Die herrschende Ökonomie unserer Gesellschaft ist die kapitalistische, profitorientierte Marktwirtschaft. Diese hat sich im Rahmen der Neoliberalisierung in den westlichen Ländern und inzwischen in der gesamten Welt als globaler, „entfesselter Kapitalismus" etabliert und stellt alles „alternativlos" unter die Maxime, dass das Wohlergehen der Menschen einzig davon abhängt, wie gut es „der Wirtschaft" geht. Sie ist ausschließlich an Gewinnmaximierung interessiert und nicht an der Befriedigung menschlicher Bedürfnisse und gesellschaftlicher Entwicklung – es sei denn, dies wiederum nutzt ihren eigenen Interessen.

Bei dem Prozess der Ökonomisierung im Kontext der gegenwärtigen gesellschaftlichen Verhältnisse geht es nicht um eine Aushandlung zweier gleichberechtigter Partner und schon gar nicht um die Frage, wieweit ökonomische Strukturen einer Sozialen Arbeit dienlich sein können, um ihre Qualität zu erhöhen. Ökonomisierung meint in unserer konkreten, historischen Situation die Überstülpung der neoliberalen, also ungebremsten, so genannten freien Marktlogik über alle gesellschaftlichen Bereiche, u. a. eben auch den der Sozialen Arbeit. Auf diesem Hintergrund sind die Prozesse zu verstehen, die die Soziale Arbeit verändern und sind auch die Ziele zu interpretieren, die hinter diesen Veränderungsansprüchen stehen.

Worin, so mag man sich am Ende der gesamten Analyse dieses Kapitels fragen, besteht denn nun das Hauptproblem der Ökonomisierung für die Soziale Arbeit? Der Ökonomisierungsprozess hat für die Soziale Arbeit verschiedene Facetten und seine Folgen haben unterschiedliche Erscheinungsformen. Sie hängen zusammen, sind aber unterscheidbar hinsichtlich ihrer Auswirkungen und hinsichtlich der jeweils identifizierbaren Konfliktebene mit der Sozialen Arbeit:

- Liegt das Problem hauptsächlich darin, dass mit dem Einzug des ökonomischen Effizienzbegriffes und dem Gebot der Kostendämpfung der Sozialen Arbeit quantitativ und damit auch qualitativ die Luft abgedreht wird? Wäre es also vor allem anderen angezeigt, die Unsinnigkeit des Billigproduktes Soziale Arbeit und die Folgen dieses Kurz- und Kleinsparens nachzuweisen?
- Haben wir es im Wesentlichen damit zu tun, dass im Rahmen der Verbetriebswirtschaftlichung Sozialer Arbeit eine Subordination unter eine fachfremde Logik erfolgt ist? Wäre es daher die zentrale, notwendige Folgerung, dass sich Soziale Arbeit als autonome gesellschafts- und sozialwissenschaftliche Profession ihrer eigenen Sprache und Logik besinnen muss und auf ihnen zu bestehen hat?
- Geht es darum, dass Soziale Arbeit kommerzialisiert wird, also käufliche Produkte herstellen soll und damit nur noch als Dienstleistung für souveräne Kunden tätig werden darf und kann? Ginge es also darum, den Dienstleistungs- und den Kundenbegriff als für die Soziale Arbeit ungeeignet zu belegen?
- Besteht das Hauptproblem darin, dass soziale Leistungen privatisiert werden und die Soziale Arbeit gezwungen wird, sich selber als Unternehmerin auf einem Sozialmarkt zu verhalten? Müsste es also das Hauptanliegen der Sozialen Arbeit sein, die Bedeutung und Notwendigkeit eines Nonprofit-Bereiches Soziale Arbeit nachzuweisen?

Bei der Ökonomisierung geht es um all das. Aber es geht auch noch um mehr: Dahinter steht die globale Strategie einer alle Bereiche der Gesellschaft, also explizit auch das Soziale, umfassenden Unterwerfung unter die Prinzipien des Marktes und der Gewinninteressen (vgl. z. B. Lemke et al. 2000). Soziale Arbeit als in diesem Sinne ökonomisierte Soziale Arbeit ist damit nicht mehr in der Lage ist, ihre Ziele, Wege und Zielgruppen selber zu bestimmen. Sie wird instrumentalisiert und benutzt, um eine Gesellschaft herzustellen und aufrechtzuerhalten, in der nicht die Bedürfnisse von Menschen zählen, sondern die „alternativlosen" Erfordernisse des kapitalistischen Marktes. Menschen haben hier nur noch die Funktion von Humankapital und sind verpflichtet, ihren Teil eigenverantwortlich zur Durchsetzung wirtschaftlicher Interessen beizutragen. Sie sind nicht mehr die Souveräne der Gesellschaft, sondern die DienerInnen der Wirtschaft und ihrer Gewinnmaximierung. Man ist geneigt, Dahme und Wohlfahrt Recht zu geben, die die Gesamtlage folgendermaßen kommentieren: „Die so genannte Ökonomisierung des Sozialsektors wie der Sozialpolitik ist ein staatlich inszenierter und gesteuerter Prozess, in dem Staat und Verwaltung mittels betriebswirtschaftlicher Instrumente und managementwissenschaftlicher Leitbilder die Zielvorgaben bestimmen und versuchen, ganz im Sinne eines Konzernleitbildes ... Leistungserbringer aber auch Bürger und Bürgerinnen, als MitarbeiterInnen der sich im globalen Wettbewerb befindenden Deutschland AG zu betrachten (Dahme/Wohlfahrt 2008, S. 43)."

So gesehen ist die Ökonomisierung nur die eine Seite der Neoliberalisierung der Gesellschaft. Ökonomisierung geht Hand in Hand mit der neuen neoliberalen Ideologie, die seit einigen Jahrzehnten unsere westlichen Gesellschaften beherrscht, sie bedient sich ihrer Logiken und setzt diese Ideologie durch. Was die Soziale Arbeit betrifft, wird durch die Ökonomisierung vor allem das Tor weit geöffnet für eine neue, so genannte „aktivierende Soziale Arbeit", die sich von ihren sozialpolitischen Aufgaben und von ihrer an fachlich und ethische Prinzipien gebundenen Professionalität verabschiedet.

4 Aktivierungspolitik und Soziale Arbeit

Die Einbindung in den Markt stellt die bisherige Praxis und das bisherige Selbstverständnis Sozialer Arbeit infrage und könnte schließlich zu einer anderen Sozialen Arbeit führen, deren Selbstverständnis und Professionalität nicht mehr wieder zu erkennen sind. Ziegler stellt die These auf, „dass sich das, was das Soziale konstituiert hat, grundlegend verändert. Dabei existieren unterstützende, beratende, normierende etc. personenbezogene Instanzen der Wohlfahrtsproduktion weiterhin und möglicherweise sogar zunehmend, aber sie sind etwas anderes, als die Soziale Arbeit im Sozialstaat war" (Ziegler 2008, S. 160).

An die Stelle des Emanzipationskurses der frühen lebensweltorientierten Sozialen Arbeit der 70er, 80er Jahre ist das Primat der Ökonomisierung getreten. Diese wird begleitet von einer inhaltlich-ideologischen Reformulierung als Folge des staatlichen Imperativs, Soziale Arbeit so zu gestalten, dass sie effektiv und effizient ist (vgl. Michel-Schwarze 2010, S 9). Diese „Auftragslage" erfolgt durch das Politiksystem und die hinter ihm stehenden Steuerungskräfte des Wirtschaftssystems.

Angesichts der Ergebnisse unserer Analyse, angesichts der Erkenntnis, was aus der Sozialen Arbeit geworden ist, gäbe es gute Gründe, das Marktexperiment abzubrechen. Aber es liegen schwergewichtige Interessen vor, die genau diese Art von Sozialer Arbeit wollen: Die am Markt orientierte Soziale Arbeit ist genau die, die im aktivierenden Staat gewünscht wird.

Persönliche Erfahrungen
„Warum eigentlich sollen wir für so jemanden so viel Geld ausgeben?" Die Frage stand im Raum und verwirrte mich. Es ging um einen 16Jährigen, der schon mehrere Heimaufenthalte hinter sich hatte, immer wieder abgehauen war, aufgegriffen, in Obhut genommen wurde, dem man Kleinkriminalität nachgewiesen hatte und dessen Drogenkonsum ständig stieg. Seine Eltern wollten schon lange nichts mehr von ihrem Sohn wissen, Leute, die mit so einem Kind nichts anfangen konnten und sich durch sein Verhalten und seine Existenz in ihren Lebensentwürfen bedroht sahen. Als wir in der Fachkonferenz die geplante intensive Einzelhilfe (§ 35 KJHG) vorstellten, die eine Alltagsbegleitung des Jungen in einer eigenen Wohnung vorsah, mit dem Ziel, ihn Schritt für Schritt an ein selbständiges und halbwegs normkonformes Leben zu gewöhnen, mit ihm zusammen aber gleichzeitig Perspektiven für sein Leben, einen für ihn einsehbaren Sinn für all diese Mühen zu erarbeiten, da standen dann diesem ziemlich

armseligen Leben mit noch armseligeren Zukunftschancen doch beachtliche Kosten gegenüber (die allerdings den Preis, den die sinnlosen Heimaufenthalte vorher gekostet hatten, nicht annähernd erreichten). Dennoch wurde die oben zitierte Frage gestellt. Und zum ersten Mal in meiner sozialarbeiterischen Praxis begegnete ich in Fachkreisen diesem mich befremdenden Gedanken. ‚Lohnt denn das überhaupt noch, und dann auch noch für so einen?' Ich konnte und wollte so nicht denken. Aber dieses Denken griff immer mehr um sich.

Viele Jahre später, gerade eben war Hartz IV ‚erfunden' worden, musste ich mir den Vortrag eines Betriebswirtes in unserer eigenen Fachhochschule anhören, der sich zur Entwicklung der Armut in Deutschland äußerte und vor seinen Zuhörern Ideen abwog, wie diese am besten zu händeln sei. Dass er der ausgebildeten Bibliothekarin, die nicht mehr flexibel und fit genug sei, um im Wettbewerb um Stellen zu bestehen, die ehrenamtliche Betreuung einer städtischen Bibliothek neben ihrem Hartz IV Bezug anbieten wollte, damit sie kein inhaltsleeres Leben führen müsse und schließlich so auch etwas dafür tun könne, dass der Staat sie alimentiere, war für mich der erste Schreck. Der zweite Schock war seine Antwort auf die rhetorische Frage, was man denn nun mit alle den Menschen machen solle, die voraussichtlich nie mehr Arbeit finden würden und auch gar nicht qualifiziert genug seien, einen Arbeitsplatz auszufüllen: „Verhungern lassen können wir sie nicht, das ist wohl klar", sagte er gönnerhaft. Ich verstand nicht, warum das klar sein sollte, wenn doch alles andere, jeder Anspruch auf ein Leben in Menschenwürde, so einfach über Bord geworfen werden konnte.

Die Schocks über das, was in der Wirklichkeit des Sozialen inzwischen passiert war, kamen für mich immer wieder und an ungeahnten Orten. Ich hielt in Mainz einen Vortrag über die Bedeutung der Elternarbeit im Zusammenhang mit Kindeswohlgefährdung. Meine ZuhörerInnen waren alle entweder beim Jugendamt oder aber in Kinderschutzeinrichtungen tätig. Meine zentrale These war, dass Eltern in sehr vielen Fällen, auch in Fällen von Vernachlässigung und Gewalt, nicht die eigentlichen, existentiellen Feinde, sondern die – zumindest potentiellen – Freunde ihrer Kinder seien. Ich behauptete, dass zwischen ihnen und uns als Professionellen insofern eine Interessengleichheit bestehe, als sie wie wir vor allem eines wollten, nämlich dass es den Kindern gut gehe. Was auch immer in der Realität dazu geführt habe, Kinder zu vernachlässigen, mit Gewalt zu bedrohen oder Gewalt anzuwenden, diese „Lösungen" seien nicht ihre Wunschlösungen für die Erziehung ihrer Kinder. Sie seien vielmehr aufgrund ihrer schwierigen Lebenssituation – materieller und/oder psychosozialer Art – dazu gekommen, diese gefährlichen „Erziehungsmittel" zu benutzen. Sie hätten aber in vielen Fällen durchaus selber ein Interesse daran, zu lernen, anders mit ihren Kindern umzugehen und eine positive Beziehung zu ihnen zu entwickeln. Deshalb sei es wichtig, neben und parallel zu den möglicherweise notwendigen Schritten zum Schutz der Kinder, die Eltern dazu zu bringen, bessere Eltern werden zu wollen und zu werden. Ich plädierte also für Kooperation mit diesen Eltern, dafür, sie als Partner zu gewinnen, ihnen nicht von vorne herein Böswilligkeit zu unterstellen und die – immer auch vorhandenen – positiven Seiten ihrer bisherigen Elternschaft anzuerkennen und wahrzunehmen.

Noch während ich sprach, spürte ich aus dem großen Zuhörerraum eine Eiseskälte auf mich zu kriechen. Ich begriff es erst in der Diskussion: Ich war unter lauter VerfechterInnen der neuen harten Linie gefallen, die Null-Toleranz und konsequente Sanktionierung im Umgang mit solchen Eltern forderten und im angeblichen Interesse der Kinder auch praktizieren wollten. Auf meinem Rednerpult lag das Kinder- und Jugendhilfegesetz (KJHG), das offenbar ganz alleine und ungehört das Lied von der Menschenwürde der Eltern und von der Notwendigkeit, eines kooperativen, herrschaftsfreien Arbeitsbündnisses zwischen KlientInnen und HelferInnen anstimmte, welches erforderlich sei, wenn man Kindern wirklich helfen wollte. Ich musste feststellen, dass ich in einer sozialarbeiterischen Wirklichkeit angekommen war, die ich glaubte, vor 30 Jahren mit den damaligen geschlossenen Heimen und den autoritären Fürsorgestrukturen der Nachkriegszeit hinter mir gelassen zu haben. Ich wurde vom Publikum in innigster Feindschaft entlassen.

Als auf einem Ehemaligen-Treffen unseres Fachbereichs, „Ehemalige", die inzwischen als Geschäftsführer von Wohlfahrtsverbänden Karriere gemacht hatten, als Botschaft für die Studentenschar verkündeten, die Fächer Recht und BWL seinen diejenigen gewesen, die sie am besten auf ihre heutige Praxis vorbereitet hätten, wagte einer meiner Kollegen die Nachfrage, ob er hier im falschen Film sei. Er habe bisher angenommen, dass Soziale Arbeit etwas mit Menschen zu tun habe.

4.1 Der aktivierende Sozialstaat

Nicht allein die Ökonomisierung hat die Soziale Arbeit in den letzten Jahrzehnten massiv beeinflusst. „Genau betrachtet kann man eine Umrüstung an zwei Fronten feststellen: im finanziellen bzw. ökonomischen Steuerungsbereich und in der inhaltlichen fachlichen Ausrichtung der Dienstleistung", bemerkt Spindler (2010, a.a.O.). Zeitgleich und auf dem gleichen politisch-ideologischen Hintergrund gewachsen wie die Ökonomisierung vollzog sich seit den 90er Jahren eine drastische konzeptionelle Veränderung in der Sozialpolitik, die auch die Soziale Arbeit in den Sog dieser Veränderungen und ideologischen Umstellungen mit hineingezogen hat. Die Erwartungen, Herausforderungen und auch Zwänge des aktivierenden Staates gegenüber der Sozialen Arbeit haben in der Praxis massive Veränderungen, Einschnitte und Verschiebungen bewirkt. Das, was die professionelle Soziale Arbeit im Rahmen ihres bisherigen Selbstverständnisses praktizierte, ist nicht mehr überall bzw. nur noch begrenzt möglich. Eine neue, neosoziale Variante der Sozialen Arbeit nimmt Gestalt an und stellt die bisherige professionelle Arbeit, ihre Grundlagen, ihre Grundprinzipien und ihre Praxis infrage.

4.1.1 Neoliberale Kritik am vor-neoliberalen sozialen Konzept

Seit den 80er Jahren entwickelte sich vor dem Hintergrund der ersten wirtschaftlichen Einbrüche (z. B. die so genannte Ölkrise in den Jahren 1979/80 und 1993) zunehmend Kritik am damaligen Sozialstaat. Diese Kritik erreichte an der Wende zum 21. Jahrhundert und zehn Jahre nach dem Ende der DDR in Deutschland ihren Höhepunkt.

Bis dahin hatte sich der Kapitalismus, wie Heimann es formulierte (1980), auf das systemfremde Übel des „Sozialstaates" eingelassen, weil die Erhöhung von Produktion, Umsatz und Gewinn arbeitsfähige und -willige Menschen und Käufer brauchte. Die Gesellschaft der Ersten Moderne war ein sozial- und wohlfahrtsstaatlicher Kapitalismus, der die Verallgemeinerung der Lohnarbeit mit einer grundständigen sozialstaatlichen Abfederung der Lebensrisiken der Lohnarbeiter verband und damit bei weiterhin bestehender bzw. wachsender sozialer Ungleichheit durch einen allgemeinen „Fahrstuhleffekt" eine Erhöhung des Wohlstandes für alle mit sich brachte (vgl. Galuske 2002, S. 67 f).

Der Sozialstaat, der „auf die Vorsorge typischer Lebenskrisen und Folgen der industriekapitalistischen Verfasstheit der Gesellschaft und auf einen tendenziellen Ausgleich der diesem Gesellschaftstypus immanenten Ungleichheitsdynamik" gerichtet war (Galuske 2002, S. 81), bestand aus einem zweifachen Sicherungssystem:

- der materiellen Sicherung (Sozialversicherung, Sozialhilfe, Arbeitslosenhilfe),
- der personenbezogenen sozialen Unterstützung (Fürsorge, Soziale Arbeit).

Die Soziale Arbeit stellte dabei mit ihren personenbezogenen Leistungen „individualisierende Leistungen bei komplexen Notlagen" (Kaufmann 1987, S. 98) bereit. Sozialpädagogische Angebote waren gegenüber sozialversicherungs- und versorgungsrechtlichen Leistungen eher nachrangig, sie hatten jedoch u. a. die wichtige Funktion, das wohlfahrtsstaatliche Arrangement zu stabilisieren.

4.1.1.1 Kritik am bisherigen Sozialstaat[1]

Der Sozialstaat geriet aufgrund der steigenden Sozialausgaben zunehmend in die Kritik: Die steigenden Kosten der sozialen Sicherung wurden als bedroh-

---

1 Der neue, aktivierende Staat nennt sich ebenfalls Sozialstaat. Im weiteren Text wird der Begriff „Sozialstaat" ohne einen Zusatz nur noch für den bisherigen Sozialstaat verwendet.

liche Entwicklung für die Gesellschaft angesehen. Der Sozialstaat galt als unbezahlbar.

Die damals so gekennzeichnete Finanzkrise war aber gleichzeitig auch eine Legitimierungskrise des Sozialstaates: Er galt als überholt und als Fessel einer freien ökonomischen Entwicklung des Marktes (vgl. Galuske 2002, S. 193ff). Der Sozialstaat schien als Medium der Modernisierung nicht mehr geeignet.

Die neoliberale Kritik am Sozialstaat machte und macht diesen zum Schuldigen an der sozialen und ökonomischen Situation Ende des alten und Anfang des neuen Jahrhunderts: So lautet z. B. einer der Vorwürfe, im Sozialstaat würde die Höhe der Leistungen im Falle von Arbeitslosigkeit die Motivation der Menschen untergraben, sich unter allen Umständen dem Arbeitsmarkt zur Verfügung zu stellen. Der Sozialstaat verhindere den unternehmerischen Menschen. Der Sozialstaat hätte dazu geführt, so die Vertreter der neoliberalen Kritik am Sozialstaat, dass sich Menschen in die „soziale Hängematte" legten, dass Faulheit belohnt würde und Menschen in großem Umfang den Staat und seine Sozialleistungen parasitär ausnutzten. Im Rahmen der so genannten „Faulenzerdebatte" wurde ein „Recht auf Faulheit" in Deutschland bestritten. Solche Thesen finden sich etwa seit der Jahrtausendwende in der Rhetorik bei allen Politikern der etablierten Parteien. Als Beispiel sei hier der damalige Bundespräsident Roman Herzog zitiert: „Angeblich hilft er (der Sozialstaat) den Menschen. Aber in Wirklichkeit macht er sie abhängig von der Versorgung und erstickt ihre Antriebskräfte." Es sei nicht zu akzeptieren, wenn auch „komfortabler, sich vom Staat aushalten zu lassen, als sich anzustrengen und etwas zu leisten" (Die Zeit, 43/2001: 43). Die Rede ist von „Sozialbetrug", von „Parasiten" und davon, dass dieser „Sozialbetrug" schließlich „nicht durch die Natur bestimmt (sei), sondern vom Willen des Einzelnen gesteuert (Clement, BMWA, 2005: 10). Die Agenda 2010 der damals rot-grünen Bundesregierung hat diese Debatte weiter angefacht und mit den Hartz-Gesetzen schließlich entsprechende Fakten geschaffen.

Die neue neoliberale Sozialpolitik versteht sich als selbstkritische Korrektur einer im Nachhinein als fehlerhaft und verschwenderisch beurteilte Sozialpolitik des Sozialstaates (vgl. Dahme 2008, S. 47). Dem neuen „Steuerungsstaat" aber, wie Oelkers ihn bezeichnet, wird dagegen die „Fähigkeit" zugesprochen, er könne auf die sich wandelnden Lebensentwürfe angemessen reagieren" (Oelkers 2009, S. 72). Von der behaupteten wohlfahrtsstaatlichen Entmündigung der KlientInnen wird jetzt Abschied genommen mit einem neuen Rechte- und Pflichtenkatalog. Entwickelt wurde der neue, durch neoliberale Vorstellungen geprägte „aktivierende Staat", der sich als Antwort versteht „auf die Mängel des etablierten Sozialstaates, der zu teuer, zu ineffektiv und letztlich schädlich ist, weil er den Selbstbehauptungswillen und die Kreativität der Menschen schwächt" (Galuske 2006, S. 8).

4.1.1.2 Kritik an der Sozialen Arbeit

Mit der Kritik des Sozialstaates kam es folgerichtig auch zur Kritik der geltenden und im Sozialstaat praktizierten Sozialen Arbeit. Der Sozialen Arbeit wurde jetzt „ineffektive wohltätige Gefühlsduselei" vorgeworfen, die eine Wohlfahrtsabhängigkeit nach sich ziehe (vgl. Böhnisch et al. 2005, S. 118f).

Die bisher im Sozialstaat zumindest in Grenzen anerkannte Profession Soziale Arbeit wurde nun zunehmend skeptisch betrachtet, ihre bis dahin akzeptierte fürsorglich altruistische Motivation sowie ihr Anspruch auf Allzuständigkeit und umfassende Kompetenz wurden als Hybris in Frage gestellt bzw. als anmaßende, potentiell entmündigende Machtausübung gegenüber ‚klientifizierten', AdressatInnen kritisiert (vgl. Ziegler 2008, S. 164). Im Einzelnen wurde und wird folgendermaßen argumentiert:

- Die bisher übliche, vom Ergebnis unabhängige Finanzierung der Sozialen Arbeit führe dazu, dass diese die von ihr geleisteten Hilfen über ihre Notwendigkeit hinaus aufrechterhält (vgl. z.B. Hirschmann 1991).
- Erfolgreiche Arbeit würde dadurch geradezu bestraft (vgl. Struzyna, 2007).
- Die Menschen, für die Soziale Arbeit Unterstützung leiste, mache sie von sich abhängig und schwäche ihre Fähigkeiten zur eigenen Lebensbewältigung.
- Die Probleme, an denen sie angeblich arbeite, schaffe sie in Wirklichkeit selber.

Soziale Arbeit würde eigentlich nicht den KlientInnen, sondern nur sich selber helfen, in dem sie sich Arbeitsplätze sichere und als unentbehrlich darstelle. Für die Entwicklung und Professionalisierung der Sozialen Arbeit waren der Ausbau und die Konsolidierung des Sozialstaates ausschlaggebend gewesen. „Je mehr die Wirtschaft unter dem Druck stand, im Zuge der notwendigen Modernisierung, Arbeiter und Angestellte zu qualifizieren und ihre Reproduktionsbedingungen zu verbessern, desto mehr erweiterten sich die soziokulturellen und sozialen Spielräume, die sozialen Entwicklungs- und biografischen Beteiligungsperspektiven der arbeitenden Menschen" (Böhnisch et al. 2005, S. 104). Diese Spielräume waren der Sozialen Arbeit, ihrer Weiterentwicklung sowie ihrer zunehmenden Professionalisierung zu Gute gekommen. Sie ermöglichten es der Sozialen Arbeit, ihre spezifische Eigenständigkeit zu entfalten (vgl. hierzu Kapitel 1).

Die neoliberale Kritik an der Sozialen Arbeit geht an der Realität der lebensweltorientierten Sozialen Arbeit vorbei.

4 Aktivierungspolitik und Soziale Arbeit

Trotzdem können und sollen hier nicht alle kritischen Anmerkungen zur Sozialen Arbeit der 2. Hälfte des letzten Jahrhunderts einfach weggewischt werden. Wie z. B. Winkler (2008, S. 192) feststellt, war die Praxis der Sozialen Arbeit mitunter durchaus weit entfernt von dem, was heute als fachlicher, professioneller Standard einer lebensweltlich orientierten Sozialen Arbeit gilt. Es hat außerdem in der Sozialen Arbeit immer auch Phänomene wie das „Helfersyndrom"[2], die „Kolonialisierung von Lebenswelten"[3], und auch patriarchialische Strukturen gegeben. So plädieren Kessl und Otto (2009) dafür, die Kritik am Wohlfahrtsstaat und an einer wohlfahrtsstaatlichen Sozialen Arbeit nicht etwa grundsätzlich zurück zu weisen. Sehr wohl sind die Freiheitsdefizite des wohlfahrtsstaatlichen Programms zu bemängeln, die im Rahmen der Sozialen Arbeit zu Normierung und z. B. zu den in jüngster Zeit bekannt gewordenen skandalösen Anstaltsunterbringungen vieler junger Menschen (vgl. z. B. Kappeler 2007) oder auch zu „respektlosen und nicht-partizipativen Eingriffen" (Kessl/Otto 2009, S. 17ff) geführt haben.

Aber diese Kritik wurde bereits vor geraumer Zeit von der Sozialen Arbeit produktiv aufgegriffen, nämlich mit Einsetzen der damaligen Heimkampagne und in den späteren tief greifenden Veränderungen in der Sozialen Arbeit im Rahmen des im ersten Kapitel ausführlich dargestellten lebensweltlichen Konzeptes. Die professionelle, lebensweltorientierte und die systemisch orientierte Soziale Arbeit ist längst nicht mehr Kind der Ersten Moderne und eines Sozialstaates fordistischer Prägung[4]. Sie ist selber Reaktion auf diese kritischen Aspekte des „alten" Sozialstaates. Sie hat bereits die neuen Bewegungen in sich aufgenommen und geht mit ihrer Handlungsorientierung klar und deutlich in Richtung Empowerment, Stärkung der Klientel, Befähigung von Menschen, ihr Leben (wieder) aktiv in die Hand nehmen zu können und wieder oder auch erstmals Regisseure ihres eigenen Lebens zu werden (vgl. Thiersch 1995). Sie bietet klare Alternativen, indem sie z. B. die Handlungsmaxime „Hilfe zur Selbsthilfe" betont und sich ihr unbedingt verpflichtet. Die lebensweltorien-

---

2   Als *Helfersyndrom* bezeichnet man ein Phänomen, das in sozialen Berufen anzutreffen ist. Ein vom Helfersyndrom Betroffener hat ein schwaches Selbstwertgefühl und ist auf seine Helferrolle fixiert. Das Helfen wird zur Sucht.

3   *Kolonialisierung von Lebenswelten* durch die Soziale Arbeit meint nach Rauschenbach (1999) die staatlich zugewiesene soziale Kontrolle durch Soziale Arbeit, die die eigensinnigen, d. h. einer eigenen Logik folgenden Lebens- und Überlebensinteressen von Einzelnen und gesellschaftlichen Gruppen nicht versteht und akzeptiert.

4   Unter *Fordismus* versteht man eine nach dem Ersten Weltkrieg etablierte Form der Warenproduktion. Der Fordismus beruht auf sozialen Sicherungssystemen, der weitgehenden Vollbeschäftigung und auf der Sozialpartnerschaft. Die Entwicklungen des Sozialstaats werden als Abkommen zwischen Arbeitern und Kapital verstanden.

tierte Soziale Arbeit war und ist also bereits eine Antwort auf die Kritik des einengenden Sozialstaates fordistischer Prägung. Somit könnte man vermuten, dass die oben skizzierte Kritik an der Sozialen Arbeit vielleicht gar nicht die heutige, lebensweltorientierte (in der zweiten Moderne und ihren Erfordernissen angemessen entwickelte) Soziale Arbeit treffen soll, sondern nur die Überreste der alten, fürsorglichen Sozialen Arbeit der fordistischen Zeit? Es soll im späteren Verlauf dieses Buches gezeigt werden, dass der Veränderungsdruck durch den aktivierenden Sozialstaat sehr wohl die lebensweltorientierte Soziale Arbeit meint.

4.1.1.3 Neues Leitbild der Gesellschaft: der „aktivierende Sozialstaat"

Seit „im Gefolge der Weltwirtschaftskrise 1974/75 ... der Neoliberalismus auch hierzulande die Hegemonie, d. h. die öffentliche Meinungsführerschaft errang" (Butterwegge 2010, S. 57), geht es den wechselnden Regierungsmehrheiten nur mehr darum, die Wettbewerbsfähigkeit des „eigenen" Standortes durch marktkonforme Strukturreformen zu steigern (ebenda). Im Jahr 2000 beschlossen die europäischen Staats- und Regierungschefs in Portugal, die EU bis zum Jahr 2010 zur „wettbewerbsfähigsten und dynamischsten wissensbasierten Region der Welt" zu machen. Das Aktivierungsparadigma wurde damit zum gesamteuropäischen Projekt erklärt (vgl. Dahme 2005, S. 12) und ist heute längst in allen westlich orientierten Wohlfahrtsstaaten akzeptiert. Unterschiede gibt es nur in der Frage der Dosis, nicht was das Prinzip betrifft.

Was als „dritter Weg" einer modernen sozialdemokratischen Politik mit Bill Clinton, Tony Blair, Wim Kock u. a. begann und von Vordenkern wie dem amerikanischen Politologen Lawrence Mead und dem britischen Soziologen Anthony Giddens theoretisch ausformuliert worden war, wurde – im Schröder-Blair-Papier von 1999 bereits vorbereitet – von der SPD in der Gestalt der Agenda 2010 zum Regierungsprogramm erhoben. Die Agenda 2010 wurde in der Regierungserklärung von Bundeskanzler Gerhard Schröder am 14. März 2003 verkündet. Als Ziele nannte Schröder unter anderem die Verbesserung der „Rahmenbedingungen für mehr Wachstum und für mehr Beschäftigung" sowie den „Umbau des Sozialstaates und seine Erneuerung". Nachdem die SPD auf ihrem Sonderparteitag am 1. Juni 2003 mit deutlich über 80 Prozent für den Leitantrag des SPD-Bundesvorstandes gestimmt hatte, wurde ein Leitantrag zur Agenda 2010 auf dem Sonderparteitag von Bündnis 90/Die Grünen am 14./15. Juni 2003 mit etwa 90prozentiger Mehrheit angenommen. Große Teile des Konzeptes wurden von den Oppositionsparteien unterstützt und von CDU/CSU aktiv mitgestaltet.

Beim „aktivierenden Staat" geht es zum einen um weniger staatliche Regulierung, mehr Markt und Konkurrenz und um den Abbau staatlicher Eingriffe in die Prozesse des Marktes. Dieser Aspekt wurde im dritten Kapitel ausführlich behandelt. Zum Zweiten geht es um die Forderung und Förderung von mehr Selbstverantwortung der Bürger. Entscheidend für diesen zweiten Aspekt ist die verstärkte Verpflichtung des Einzelnen zur Entäußerung seiner Kraft, Zeit und Qualifikation für ein eigenverantwortliches Leben und das heißt, ein finanziell abgesichertes Leben durch irgendeine Form der Erwerbstätigkeit. Dieses Prinzip schließt sich unmittelbar an die oben genannten Vorwürfe gegen den Sozialstaat an. Die Risiken, denen Menschen in der Gesellschaft ausgesetzt sind, werden nun im Rahmen der Konzeption des „aktivierenden Staate" den Individuen zugedacht. Staatlich planbare Sicherheit dagegen wird zum unerwünschten – als hinderlich und ineffizient deklarierten – Eingriff erklärt.

„Sozialpolitik hat einen Funktionswandel erfahren: Sie beschränkt sich nicht mehr auf die traditionelle Aufgabe des Schutzes vor den Auswirkungen des Wirtschaftslebens und auf die Milderung sozialer Ungleichheit, sondern Sozialpolitik hat zur Förderung wirtschaftlichen Wachstums beizutragen durch Aktivierung menschlicher Potenziale (vgl. Michel-Schwartze 2010, S. 15). Der Unterschied des aktivierenden Staates zum bisherigen Sozialstaat besteht darin, dass an die Stelle einer Teilhabegarantie durch soziale Rechte im Sozialstaat nun mehr eine Verpflichtung zu Eigenverantwortung und Arbeitsaufnahme tritt. Diese Verpflichtung wird außerdem zum Schlüsselindikator einer verschärften Prüfung der Frage, ob z. B. Arbeitslose der öffentlichen Unterstützung auch tatsächlich würdig sind (vgl. Ziegler 2008, S. 167; vgl. auch Dahme und Wohlfahrt 2005). Wo früher Rechtsansprüche auf Unterstützung und Hilfe durch die Gesellschaft bestanden, wird Hilfeleistung, insbesondere materielle, nunmehr abhängig gemacht von der erkennbaren Bereitschaft zur Eigeninitiative. Von dieser Selbstverantwortung des Bürgers hängt es dann ab, ob er eine Unterstützung verdient (vgl. z. B. Kessl 2005b, S. 32).

„Der Einzelne muss mit der Gemeinschaft solidarisch sein und rechtfertigen können, warum und inwiefern er dieser Gemeinschaft die Kosten seiner eigenen Risiken aufbürden kann", forderte in diesem Sinne Nolte in der Programmschrift „Generation Reform", veröffentlicht in der Schriftenreihe der Bundeszentrale für politische Bildung (Nolte 2004, S. 176).

Aktivierung bedeutet somit im neoliberalen Verständnis des „aktivierenden Staates", dass der Einzelne aufgefordert ist, im Sinne des flexiblen, unternehmerischen Habitus (vgl. Kap. 2) für sein Leben einschließlich der Risiken, die es in unserer Gesellschaft gibt, von sich aus und selbständig Vorsorge zu treffen, jede mögliche Eigeninitiative zu entwickeln und die Verantwortung für das Gelingen ganz auf sich zu nehmen. Er hat sein „Kapital der eigenen Kraft" zu pflegen und einzusetzen.

4.1.2 Hartz IV als Modell der aktivierenden Politik

Das Leitbild des „aktivierenden Staates" erhielt mit der Agenda 2010 und der Hartz-Gesetzgebung seine konkrete Konzeption. Mit ihnen wurde das Ende des Sozialstaates in seiner bisherigen Form und in seinem bisherigen Verständnis besiegelt. Hier findet sich die Grundlage des neuen aktivierenden Staates, seiner Ideologie, seines Menschen- und Gesellschaftsbildes wieder und hier finden sich auch die neue Orientierung und die konkrete Anleitung für das zukünftige Handeln in Sozialpolitik und Sozialer Arbeit.

4.1.2.1 Arbeitslosengeld und Sozialhilfe bis 2005 – ein Rückblick

Um die Veränderungen deutlich machen zu können, die mit der Hartz-Gesetzgebung eingetreten sind, soll zunächst kurz auf die Arbeitslosenpolitik eingegangen werden, die bis dahin in Deutschland praktiziert worden ist.

Bis zum 31.12.2004 gab es in Deutschland ein Sozialsystem, das zwischen der Sozialhilfe (Bundessozialhilfegesetz; BSHG) und der Arbeitslosenversicherung unterschied.

Die Arbeitslosenversicherung wurde 1959 unter Adenauer in der Bundesrepublik eingeführt. Sie war Nachfolgerin der gesetzlichen Regelungen der Weimarer Republik, wo 1929 die Arbeitslosenversicherung die 1911 installierte Erwerbslosenfürsorge abgelöst hatte. 1996 wurde sie in das Arbeitsförderungsgesetz überführt. Seit 1.1.1998 ist sie im SGB III enthalten. Das Arbeitslosengeld garantierte bis einschließlich 2004 einem Menschen, der arbeitslos geworden war, 60% bzw. 67% seines letzten Einkommens im Sinne einer Lohnersatzleistung für einen Zeitraum von max. 2 Jahren. Nach dem Ablauf dieser Zeit konnte er bei fortdauernder Arbeitslosigkeit Arbeitslosenhilfe beziehen, die auch nach mehrfacher Absenkung im Jahr 2004 immerhin noch 53% bzw. 57% des früheren Einkommens betrug. Sie wurde vom Staat finanziert, musste jährlich neu beantragt und geprüft werden, wurde aber grundsätzlich unbefristet gewährt. Voraussetzung hierfür waren: Bedürftigkeit, fortdauernde Arbeitslosigkeit, Meldung beim zuständigen Arbeitsamt, vorheriger Bezug von Arbeitslosengeld und erloschener Anspruch auf Arbeitslosengeld sowie die Versicherung, dass man der Arbeitslosenbehörde zur Vermittlung in Arbeit zur Verfügung stehe. Man hatte das Recht, nur solche Arbeiten annehmen zu müssen, die zumutbar waren. Diese Zumutbarkeit orientierte sich an dem Ausbildungsniveau und an dem bisherigen Beruf bzw. der Ausbildungsrichtung.

Diese gesetzlichen Regelungen bedeuteten, dass die Unterstützungen im Falle der Arbeitslosigkeit – auch die Arbeitslosenhilfe – in ihrer Höhe vom bisherigen Einkommen abhängig waren.

Die Unterstützung durch Sozialhilfe war von der Arbeitslosigkeit abgekoppelt. Das Bundesverwaltungsgericht hatte am 24. Juni 1954 entschieden (BVerwGE 1, 159), dass sich aus den Grundrechten auf Schutz der Menschenwürde (Art. 1 Grundgesetz [GG]), der freien Entfaltung der Persönlichkeit und körperlichen Unversehrtheit (Art.2 GG) sowie dem Sozialstaatsgebot (Art.20 GG) ein gerichtlich durchsetzbarer Rechtsanspruch des Bürgers auf soziale Fürsorge durch den Staat ergab. Entsprechend wurde ab 1961 Sozialhilfe (Bundessozialhilfegesetz, BSHG) als gesetzlicher Anspruch gewährt, u. a. in Form von „Hilfe zum Lebensunterhalt" und „Hilfe in besonderen Lebenslagen".

Faktisch konnte man von der Sozialhilfe einigermaßen leben. Der so genannte „Warenkorb" definierte, was ein Mensch zum Leben brauchte, um noch am gesellschaftlichen und kulturellen Leben teilhaben zu können.

Es gab in den Zeiten der alten BRD unter den Sozialhilfeempfänger durchaus Menschen, die versuchten, sich mit der Sozialhilfe in einem Leben ohne Arbeit einzurichten. Dies waren auf der einen Seite Menschen aus den unteren sozialen Schichten und zum Zweiten Menschen mit alternativen Lebensentwürfen und gesellschaftliche Aussteiger, die ein „freies" Leben auf niedrigem materiellen Niveau einem Leben vorzogen, das sie in entfremdete Arbeitsstrukturen einspannte.

3,5% der Bevölkerung der BRD bezogen 2004 Sozialhilfe, das waren 2,9 Millionen. Heute sind es „nur" noch ca. 300 000. Die Senkung ist damit zu erklären, dass alle erwerbsfähigen Sozialhilfeempfänger in dieser Statistik nicht mehr gezählt werden. Sie beziehen jetzt ALG II.

4.1.2.2 Agenda 2010 und die Hartz-Gesetzgebung

Für den Bereich der Arbeitslosenpolitik waren die Regelungen der Hartz-Gesetzgebung maßgeblich. Folgende Punkte sind hier entscheidend und setzen im Vergleich zur den bisherigen Regelungen und Rechten neue Akzente und Fakten:

- Kurzfristige Arbeitslosigkeit wird weiterhin aus der Arbeitslosenversicherung, abhängig vom letzten Einkommen, finanziert. Jedoch ist der Zeitraum für dieses Arbeitslosengeld I deutlich gekürzt worden (12 Monate, vorher je nach Dauer der Erwerbstätigkeit und Alter bis zu 26 Monate; für die Arbeitslosen über 55 Jahre 18 Monate, vorher 32 Monate; seit 2008 ab 58 Jahren 24 Monate), sodass für jeden Arbeitslosen – und ganz sicher in Zeiten der wirtschaftlichen Krise – das Abrutschen in Armut unmittelbar droht.
- Arbeitslosenhilfe und Sozialhilfe wurden in dem so genannten Arbeitslosengeld II (ALG II) zusammengeführt. Dieser Schritt führte zur Gleichsetzung von Arbeitslosen und Sozialhilfeempfängern und zur Abkopplung

des Lebensstandards Langzeitarbeitsloser von ihren individuell erreichten bildungsmäßigen und beruflichen Leistungen.
- Die Höhe der Arbeitslosenhilfe nach SGB II entspricht der Sozialhilfe (für eine dreiköpfige Familie ca. 1200 Euro im Monat). Verrechnet werden konsequent und rigoros Vermögen, Rücklagen und Altersvorsorge.
- Die Zumutbarkeitsgrenze für Arbeit ist radikal gesenkt worden. Letztlich gilt als zumutbare Arbeit jede Beschäftigung, wenn sie nicht direkt sittenwidrig zu sein scheint.
- Die Unterstützung wird nur gewährt, wenn bei dem Arbeitslosen ein Bemühen um eine neue Erwerbstätigkeit deutlich erkennbar ist. Verlangt wird z.B., dass er sich auf alle nur möglichen Stellen bewirbt und dies auch nachweist. Angebote muss er annehmen (auch Ein-Euro-Jobs). Fortbildungsmaßnahmen, die ihm von der Arbeitsagentur vorgeschlagen werden, muss er durchführen. Wenn diese Auflagen nicht erfüllt werden, wird die Unterstützung gekürzt oder einbehalten. Diese Praxis in an der Tagesordnung und wir auch bei kleinen Verstößen z. T. aus vorgeblich erzieherischen Gründen vollzogen. Auf die Folgen dieser gewollten Verelendung weist z.B. Spindler hin (2010 a.a.O.).
- Ziel dieser restriktiven Arbeitslosenpolitik ist es, Menschen, die arbeitslos sind, so schnell wie möglich wieder in Arbeit und damit aus der staatlichen Unterstützung heraus zu bekommen.

Menschen, die im Rahmen der Bemühungen der Arbeitsagenturen durch „Vermittlungshemmnisse" auffallen, werden einem so genannten „Fallmanager" zugewiesen, der sich individuell und gezielt um die Durchsetzung der oben beschriebenen Wiedereingliederung in Arbeit kümmert. Allein die Unmenge der im Kontext von Hartz IV inzwischen anhängigen Rechtsstreitigkeiten (allein in Thüringen wurde bis März 2009 rund 23.000 Mal geklagt) zeigen, dass mit der neuen Sozialhilfe- und Arbeitslosengesetzgebung ein durchaus beträchtliches Potential an Widerstand und Gegenwehr ausgelöst wurde. Als Beispiel sei hier die Kölner Arbeitsloseninitiative erwähnt, (Kölner Erwerbslose in Aktion e.V.), die den Protest und Widerstand gegen Hartz IV als ihr wesentlichstes Anliegen bezeichnet (keas 2009 a. a. O.)

Aber nicht allein in der Arbeitslosenpolitik zeigt sich die Tendenz zur Reduzierung von Sozialleistungen. Gleiches gilt z.B. auch für den gesamten Sozialversicherungsbereich (vgl. Butterwegge 2010, S. 59).

4.1.2.3 Das Fallmanagement der Agentur für Arbeit

Das bekannteste und sicher auch deutlichste Beispiel der neuen Aktivierungsstrategie ist das Fallmanagement, die gängige Methode der Arbeitsagenturen und Jobcenter, mit der die Aktivierungsstrategie durchgesetzt wird. Fallmanagement ist ein „auf den Kunden ausgerichteter Prozess mit dem Ziel der möglichst nachhaltigen Integration in den Arbeitsmarkt" definiert Glöckner in dem zum Lehrbuch der Agenturen für Arbeit avancierten Buch „Beschäftigungsorientiertes Fallmanagement" (Glöckner 2006, S. 27). Explizit wird hier von einem kooperativen Prozess und von individuellen Ressourcen der Arbeitssuchenden gesprochen, klar aber wird gestellt: „Der individuelle Versorgungsbedarf" sollte nicht „im Sinne eines umfassenden Wohlbefindens verstanden werden" (ebenda, S. 28). Ziel ist vielmehr die Arbeitsmarktintegration. Dabei richtet sich das Fallmanagement speziell auf Personen „die eher aus ihrer persönlichen Situation heraus arbeitsmarktliche Zugangshürden aufweisen" (ebenda, S. 17). Der Fallmanager hat die Aufgabe, seine Kunden zu aktivieren, damit sie dann „mit einer gestärkten Eigenverantwortung ... ihren Lebensunterhalt unabhängig von der Grundsicherung aus eigenen Mitteln und Kräften bestreiten" können (ebenda, S. 27). Bei Vernachlässigung der geforderten Eigeninitiative soll der Arbeitssuchende mittels Sanktionen aktiviert werden (§ 31 SGB II).

Die Abfolge des Hilfeprozesses lässt sich in sechs Handlungsschritte einteilen (vgl. Job 2008, S. 51ff):

- *Aufnahme durch Zugangssteuerung*
  Weist ein erwerbsfähiger Hilfebedürftiger „drei abgrenzbare schwerwiegende Vermittlungshemmnisse auf, die in seiner Person begründet sind", wird er dem Fallmanagement zugewiesen. Das Einstiegsgespräch erfolgt nicht freiwillig, das angestrebte „Arbeitsbündnis" besteht in der Ermunterung Unwilliger, das Beratungsangebot anzunehmen (Glöckner 2006, S. 46).
- *Assessment/Profiling*
  Hier handelt es sich um eine Daten- und Informationsgewinnung über die KlientIn und ihre die Arbeitsmarktintegration behindernden Problemlagen. Anknüpfend an das sozialpädagogische Vorgehen im Sinne einer Ressourcenorientierung werden hier die Ressourcen der KlientInnen, auch die, die in ihrer privaten Lebenswelt enthalten sind oder eben nicht enthalten sind, erfasst und an ihnen wird zum Teil angeknüpft. Dies geschieht aber fokussiert auf den engen Rahmen ihrer Eignung für eine Beschäftigungsfähigkeit. Im Profiling, dem „diagnostischen Prozess" geht es darum, heraus zu finden, wo der Betroffene noch Reserven hat, die er für die Entfaltung seiner Eigenverantwortung einsetzen kann und die er zu nutzen hat (vgl. z. B. Ames/Jäger 2006, S. 80).

- *Hilfeplanung/Eingliederungsvereinbarung*
  Die Vereinbarung erfolgt auf der Basis des Assessments. Der Arbeitssuchende ist zum Abschluss der Vereinbarung verpflichtet (vgl. Ames/Jäger 2006, S. 79). Bei Nichteinhaltung drohen entsprechende Rechtsfolgen, z.B. die Kürzung oder Streichung der Hartz-IV Bezüge.
- *Leistungssteuerung*
  Hier geht es um die Steuerung und Kontrolle der Vertragserfüllung des Hilfesuchenden durch den Fallmanager.
- *Monitoring/Evaluation*
  Damit wird die abschließende Bewertung und Beurteilung des Prozesses durch den Fallmanager bezeichnet. Das Controlling geht dabei vom Erfolgskriterium einer Vermittlung des Klienten in ein Erwerbsverhältnis aus, das ihn finanziell vom Staat unabhängig macht.

Diese Schritte entsprechen formal dem Case Management, einer Methode der Sozialen Arbeit, die im Unterschied z.B. zu beratenden Methoden weniger die psychosoziale Hilfe als mehr die Organisation und Verknüpfung von Unterstützungsleistungen für den Betroffenen im Auge hat. Interessant ist das Case Management für eine aktivierende Politik deshalb, weil es sich selber per Konzept einer Effektivierung und Effizienz Sozialer Arbeit verpflichtet fühlt.

4.1.2.4 Aspekte des neuen Aktivierungsprozesses
Spindler weist darauf hin, dass der „aktivierende Staat" von seinen Theoretikern ursprünglich keineswegs als „neoliberaler Minimalstaat", sondern als Entwicklungsagentur in einer konzeptionell weiterentwickelten „Bürgergesellschaft" gedacht war (Spindler 2010 a.a.O.). Im real existierenden deutschen Modell des „aktivierenden Staates" geht die Initiative zur gesellschaftlichen Aktivität aber keineswegs vom Bürger oder von gesellschaftlichen Vereinigungen aus, sondern vom Staat und wird von ihm gezielt gesteuert, wobei er die Leistungen aber nicht mehr selbst erbringen will (ebenda). Insofern ist es nicht richtig, davon zu sprechen, dass der Staat sich tatsächlich zurückziehe. Er gibt die Verantwortung ab und privatisiert seine Aufgaben. Aber er behält die Kontrolle. Kessl merkt an, dass es sich hier um eine spezifische „moderne" Form des Regierens und Machtausübens handelt. Foucault bezeichnet sie als Gouvernementalität (Foucault 2004). Diese Regierungsweise ist gekennzeichnet durch das Zusammenwirken von äußerer Fremdführung und Disziplinierung einerseits und innerer Selbstführung, Selbstdisziplin und Selbstmanagement der Individuen andererseits (vgl. Kessl 2005).

Mit der in diesem Kontext zu verstehenden Konzeption von Aktivierung sind einige unmittelbare Konsequenzen für die Rolle des Staates und die Situation des Hilfebedürftigen verbunden. „Die Neubewertung sozialer Risiken", so Galuske, „mündet ... in einer Neubewertung des Verhältnisses von Individuum und Gesellschaft und damit auch von Rechten und Pflichten" (Galuske 2002, S. 210). Diese neuen Aspekte des Verhältnisses zwischen Gesellschaft und Individuum sollen im Folgenden noch einmal in knapper Form benannt werden:

1. *keine Leistungen ohne Gegenleistung*
Die Unterstützung eines Hilfesuchenden wird mit seiner Bereitschaft zur Gegenleistung verknüpft. Auf die Hilfe hat er sich keinesfalls ein Anrecht erworben aufgrund von Rechten, Gesetzen und versicherungsrechtlichen Vereinbarungen. Gegeben wird nur, wenn der Hilfesuchende die vom Gebenden gesetzten Pflichten erfüllt. Leistungsgewährung für Arbeitssuchende ist mit der Schaffung der Hartz-Gesetze immer an die Erbringung einer Gegenleistung gebunden. Erwerbslose müssen sich aktiv an der Arbeitssuche beteiligen und jede nur denkbare Arbeit annehmen, andernfalls erfolgt eine bedrohliche Sanktion.

2. *Sozialinvestitionen vor Sozialleistungen*
Der Staat selber möchte nur noch einen residualen (auf Restbereiche und Restbestände zurückgefahrenen) Wohlfahrtsstaat für die „wirklich Bedürftigen" bereitstellen und sich selber so weit es geht aus der Verantwortung und den Sicherungsaufgaben herausnehmen. Sozialausgaben sollen im aktivierenden Staat deshalb nur mehr investiven Charakter haben und weniger konsumtiven Zwecken dienen. Der Staat investiert in die Produktivität seiner Bürger, in Bildung, Erziehung und Familie – als Orte der Hervorbringung von Humankapital. Als Investitionen lohnen fördernde Maßnahmen für die Menschen am ehesten, bei denen eine gute Chance auf Übernahme von Eigenverantwortung und Eigeninitiative besteht. Für die Menschen, die keine Aussicht auf erfolgreiche Aktivierung versprechen, auch wenn sie in hohem Maße bedürftig sind, sind Leistung und Investition deshalb infrage gestellt (vgl. Nadai 2009, S. 136).

3. *Beschäftigungsfähigkeit ist entscheidendes Ziel der Aktivierung*
Der Staat investiert vor allem in die Beschäftigungsfähigkeit seiner Bürger. Die Subjekte sollen stärker auf den (Arbeits-) Markt verwiesen werden. „Der Staat soll nicht mehr Untätigkeit absichern, sondern die Menschen fördern und fordern, sich besser auf die Erfordernisse des Arbeitsmarktes einzustellen, um perspektivisch ein selbständiges Leben zu führen. Diesem Ziel sind alle anderen unterzuordnen und alle methodischen Bemühungen sind auf diesen Zweck ausgerichtet", stellt Galuske fest (2008, S. 15; vgl. auch Ames/Jäger 2006, S. 76ff). Alle Maßnahmen für Erwerbslose folgen dieser Vorstellung: Es wird ihnen vermittelt, wie sie sich möglichst optimal profilieren können, um sich dann mit diesem neu erarbeiteten Profil

auf dem Arbeitsmarkt zu präsentieren. Die Präsentation selber geschieht in „unternehmerischer Eigenverantwortung".

4. *Misserfolge und gesellschaftliche Marginalisierung sind selbst verschuldet*
Der Erfolg des Aktivierungsprozesses liegt in der Verantwortung des Betroffenen. Menschen, die trotz dieser Bildungsangebote scheitern, sind nicht mehr im Blick des investierenden Staates. Schönig gesteht der Sozialen Arbeit für extreme Einzelfälle zwar „Schonräume" für diese Klientel zur „Konsolidierung der individuellen Lebenslage" zu (Schönig 2005, S. 29). Aber er stellt gleich klar: „Langfristig wird damit jedoch das sozialpolitische Steuerungsziel der Integration in den Arbeitsmarkt nicht in Frage gestellt und daher letztlich als zentrales Erfolgskriterium im Hintergrund bestehen bleiben" (ebenda).

5. *Sanktionen und Schuldzuweisungen sind Mittel der Aktivierung*
Die so genannten „aktiven" Leistungen (Geldzahlungen) werden vom Verhalten der Betroffenen abhängig gemacht. Zur Durchsetzung des erwünschten Verhaltens wird dabei auch auf disziplinierende und sanktionierende Instrumente zurückgegriffen (vgl. Ziegler 2008, S. 167). Der aktivierende Staat verknüpft die Bereitstellung von Rechten und Optionen mit Verpflichtungen und setzt diese mit positiven wie negativen Sanktionen durch.

6. *Aktivierung und Eigenverantwortung als allgemeingesellschaftliches Konzept*
Die Vorstellungen vom aktivierten, eigenverantwortlichen und für sein Leben und seine Vorsorge selber zuständigen Bürger durchdringen alle gesellschaftlichen Bereiche. Aktivierungspolitik dehnt sich über das ursprüngliche Feld der Sozialhilfe- und Arbeitslosenhilfe aus und wird zum bestimmenden Merkmal der Sozialpolitik überhaupt. Für die Benachteiligtenförderung z. B. weist dies anschaulich Enggruber (2010) nach. Oelkers zeigt auf, wie genau die politischen und rechtlichen Entscheidungen und Forderungen der letzten Jahre etwa in Sachen Elternrecht und Elternverantwortung in diese aktivierende Strategie passen: Viele Beispiele aus der Rechtssprechung, dienen der Übertragung der Verantwortung für die Kinder allein auf die Eltern. Der Staat wird dabei vor allem auch finanziell entlastet (Oelkers 2009).

4.1.3 Die Auswirkungen der Aktivierungspolitik auf die Soziale Arbeit

Mit der immer realer werdenden Durchsetzung einer aktivierenden Sozialpolitik wird laut Dahme (2005) die Aufgabenstellung Sozialer Arbeit in einen anderen Kontext gestellt: „Soziale Arbeit als Aktivierung ist nicht länger als generelle Unterstützung der Lebensbewältigung zu verstehen, sondern als Verlängerung des sozialstaatlichen Zieles der Investition in diejenigen, die einen produktiven Beitrag zum Gemeinwohl beizutragen haben" (ebenda, S. 20). Soziale Arbeit als Vermittlerin des jeweiligen gesellschaftlichen Habitus (vgl. Kap. 2) muss sich im aktivierenden Staat also nicht nur ökonomisch legitimieren, sie soll nunmehr Hilfeempfänger zu bestimmten Verhaltensweisen anhalten, weil das in deren eigenem Interesse, vor allem aber im Interesse des Gemeinwohls liege.

Der Einfluss der Aktivierungspolitik auf die Soziale Arbeit ist derzeit in unterschiedlichen Arbeitsfeldern, wahrscheinlich auch in unterschiedlichen Regionen, bei unterschiedlichen Trägern oder z. b. im ländlichen oder städtischen Raum nicht immer gleich stark zu spüren (vgl. z. B. Michel-Schwarzte 2010, S. 17). Die praktische Arbeit dürfte nicht überall in gleichem Maße durch die Aktivierungspolitik verändert bzw. beeinflusst worden sein. Grundsätzlich sind die Arbeitsfelder, die in der funktionalen Nähe der Hartz-Gesetze angesiedelt sind, stärker von dieser Beeinflussung betroffen. Es fällt schwer, für die neue, „modernisierte" Soziale Arbeit einen Begriff zu finden, um sie – auch im weiteren Text – von der lebensweltorientierten Sozialen Arbeit zu unterscheiden. Notwendig ist das jedoch schon deshalb, weil die heute in der Praxis anzutreffende Soziale Arbeit durchaus nicht mehr überall und insgesamt nicht mehr konsequent der lebensweltorientierten Konzeption folgt. Es gibt also diese neue Soziale Arbeit wirklich schon. Die Bezeichnung „aktivierende Soziale Arbeit" aber kann hier aus unten noch näher zu erläuternden Gründen keine Verwendung finden, weil sie in die Irre führt. Wenn dieser Begriff an einigen Textstellen dennoch benutzt werden muss, so wird er in Anführungsstriche gesetzt, um die Problematik dieser Bezeichnung in Erinnerung zu rufen.

4.1.3.1 Soziale Arbeit im unmittelbaren Kontext zu Hartz IV
Das Fallmanagement und sein konzeptionelles und methodisches Design beschränken sich längst nicht mehr auf das Feld der Arbeitsagenturen. In weiten Bereichen der Sozialen Arbeit hält diese Variante der Sozialen Arbeit einfach deshalb Einzug, weil viele Arbeitsfelder eng mit der Arbeitsmarktpolitik verknüpft sind. Zum Beispiel sind Schuldnerberatung und Drogenberatung unmittelbar als Betreuungsleistungen im Rahmen des SGB II[5] aufgeführt und die Jugendberufshilfe arbeitet als verlängerter Arm der Job-Center für jugendliche Arbeitslose unter 25 Jahren. Zu unterscheiden sind hier
- die Jobcenter, die in unmittelbarer Zusammenarbeit mit den Sozialämtern beratend tätig werden (Fallmanagement),

---

5 Zweites Sozialgesetzbuch: „Grundsicherung für Arbeitssuchende"

- die komplementären, scheinbar noch unabhängigen Beratungsstellen, die anstelle der Jobcenter die Beratung übernehmen,
- Qualifizierungs- und Beschäftigungsträger wie die Jugendberufshilfe, Beschäftigungsförderungsangebote, Träger, die SGB II Betroffene einstellen (Ein-Euro-Jobber usw.),
- flankierende (im Gesetz explizit benannte) soziale Dienste wie Schuldnerberatung, Drogen- und Suchtberatung, psychosoziale Beratung, Beratung für Wohnungssuchende, Familienberatung.

Die Job-Center werden tendenziell zu Jugendämtern für junge Erwachsene (vgl. Ames/Jäger 2006, S. 77). In den Jobcentern sind aber keineswegs durchgängig SozialarbeiterInnen oder SozialpädagogInnen tätig. Nicht selten wird diese Aufgabe von Leuten übernommen, die keine soziale Ausbildung und schon gar keine sozialpädagogische Ausbildung haben. Die MitarbeiterInnen der Jobcenter sind dabei quasi zu BeraterInnen in allen Lebenslagen geworden und haben gleichzeitig eine Verfügungsgewalt, die es ihnen ermöglicht, in private Lebenssituationen einzugreifen (vgl. auch Spindler 2010 a.a.O.). Ames und Jäger merken an, dass die Arbeitsverwaltung – so sie die gesetzlich eröffneten Möglichkeiten alle und tatsächlich beherzigen wolle – auf dem besten Wege sei, eine „totale Institution" zu werden (vgl. Ames/Jäger 2006, S. 76). In den Beratungsstellen dagegen sind vornehmlich SozialpädagogInnen beschäftigt. Ihr Handlungsspielraum jedoch ist abhängig von den Möglichkeiten, die ihr neuer Auftraggeber zulässt.

Die Qualifizierungseinrichtungen gab es vor der Hartz-Gesetzgebung auch schon. Jugendberufshilfe ist ein Beispiel dafür. Gerade in der Jugendberufshilfe zeigt sich inzwischen die unmittelbare Abhängigkeit vom Aktivierungsauftrag der Arbeitsagenturen. Der Anschluss Jugendlicher an eine Berufsausbildung und damit die Möglichkeit eines selbständigen Lebens war immer Ziel der Jugendberufshilfe (Teil der Jugendsozialarbeit nach KJHG § 13). Jetzt allerdings wird dieses Ziel wesentlich enger interpretiert, nämlich auf eine möglichst baldige Eingliederung in einen beliebigen Bereich des Arbeitslebens und zu beliebigen Bedingungen. Die Chancen für den Jugendlichen, sein Leben zu gestalten und seine Persönlichkeit dabei zu entwickeln, stehen im Hintergrund.

Non-Profitorganisationen, die Beschäftigungsverhältnisse nach SGB II einrichten und „betreuen" sind ebenfalls nicht erst mit der Hartz-Gesetzgebung entstanden. Heute aber sind sie nicht selten die Vorreiter der Workfare[6]-Strategie geworden: Sie beschäftigen Leistungsempfänger in zum Teil deutlich un-

---

6 Der Begriff *Workfare* ist in Anlehnung an *Welfare* (engl. Wohlfahrt) entstanden und bezeichnet ein arbeitsmarktpolitisches Konzept, welches staatliche Transferleistungen mit einer Verpflichtung zur Arbeitsaufnahme verknüpft. Workfare sind Aktivierungsmaßnahmen, die vor

ter dem Tarif- oder ortsüblichen Lohn liegenden Beschäftigungsverhältnissen, greifen im Umgang mit ihnen nicht selten auf punitive und repressive Elemente zurück und geben z. B. dem Arbeitsamt Hinweise auf Arbeitsunwilligkeit von MaßnahmeteilnehmerInnen. Träger werden entsprechend vereinnahmt, MitarbeiterInnen sind gezwungen, diesen Kurs mitzufahren (vgl. Eick 2006, S. 113).

Die sozialen Dienste, die als flankierende Dienste zum SGB II in Betracht kommen, waren, soweit sie vor der Hartz-Gesetzgebung existierten, eigenständige, pauschal finanzierte Dienste, die ihre Beratung vornehmlich für freiwillige Nutzer zur Verfügung gestellt haben. Ihre Einbindung in die Hartz-Gesetzgebung beschränkt diesen freiwilligen Zugang. Sobald sie im Auftrage der Jobcenter tätig werden – und das ist bei vielen die Hauptfinanzierungsquelle – sind sie auch vollständig in deren Strukturen eingebunden, bekommen z. B. eine begrenzte Zeitvorgabe pro Fall. Sie erhalten dazu aber auch klare Vorgaben, was das Ziel ihrer Arbeit zu sein hat (Beschäftigungsfähigkeit) und in der Regel auch, mit welchen Methoden sie dieses Ziel zu erreichen haben (vornehmlich Case Management). Ihre Arbeit steht ganz im Kontext der Aktivierung, wie sie vom aktivierenden Staat gefordert und verstanden wird.

„Früher hätte man das abschätzig als Handlangertum bezeichnet", kommentiert Spindler (2010 a.a.O.), „heute wird das im Interesse des Auftraggebers ganz offen angestrebt".

4.1.3.2 Die öffentliche Soziale Arbeit

Die Veränderungen der Sozialen Arbeit in öffentlicher Trägerschaft stehen zunächst im Zusammenhang mit der schon im vorigen Kapitel beschriebenen Neuen Steuerung und der im Kontext dieser neuen Regelungen übernommenen veränderten Rolle im Prozess der Gewährung und Gestaltung von Hilfen (z. B. der Allgemeine Sozialdienst des Jugendamtes im Bezug auf die Hilfen zur Erziehung). Die öffentliche Soziale Arbeit tritt nun mehr als Arbeitgeber auf, als einziger Kunde, der die Leistungen der Anbieter kaufen und finanzieren kann. Gleichzeitig haben die MitarbeiterInnen der öffentlichen Sozialen Arbeit nun die Rolle der Kontrolleure des wirtschaftlichen Umgangs mit den öffentlichen Geldern und sind diejenigen, die den finanziellen Rahmen definieren und bestimmen können. Ihre dadurch forcierte Orientierung auf Effizienz und auf eine Effektivität, die sich kostengünstig in möglichst schnellen, kurz schrittigen und deutlich sichtbaren Erfolgen zeigt, wurde bereits ausführlich dargestellt. Eine solche Effizienz- und Erfolgsorientierung steht möglicher Weise in Konkurrenz zu fachlichen Überlegungen und kann im Entscheidungsfall einen Konflikt bedeuten. Dass sich unter solchen Bedingungen das Gedankengut der

---

allem darauf abzielen, die Arbeitssuche und -aufnahme durch verbindliche Absprachen und durch Androhungen von Sanktionen zu erhöhen.

Aktivierungspolitik als geeignet anbietet, um die Prinzipien der Ökonomie besser bedienen zu können, liegt auf der Hand: Die Investition in KlientInnen, die am schnellsten und am wahrscheinlichsten einen sichtbaren Erfolg versprechen, wird nahe gelegt. Der Versuch, langwierige, widersprüchliche Wege mit KlientInnen zu gehen und ganzheitlich auf ihre komplexen Problemlagen zu reagieren, wird sich finanziell kostenintensiv niederschlagen. Mögliche Erfolge sind hier nicht sicher, oft vor allem auch nicht sichtbar und nach außen schwer darstellbar. Die Bereitschaft der öffentlichen Sozialen Arbeit für solche fachlichen Wege dürfte sich als zunehmend eingeschränkt erweisen.

4.1.3.3 Sonstige Bereiche der Sozialen Arbeit
Aber auch die Felder der Sozialen Arbeit, die nicht direkt oder indirekt in die SGB-Maßnahmen eingebunden sind und von freien und neuerdings auch von gewerblichen Trägern angeboten werden, können sich nicht einfach von der neuen Aktivierungsdoktrin distanzieren. Sowohl die Jugendhilfe mit ihren Bereichen Hilfen zur Erziehung, Jugendarbeit, Kindertagesstätten, Schulsozialarbeit, Jugendgerichtshilfe, die Resozialisierung, die Behindertenarbeit, die Psychiatrische Sozialarbeit, die Altenarbeit, die Krankenhaussozialarbeit, alle sind mehr oder weniger betroffen von den Anforderungen sowohl der Ökonomisierung als auch der Aktivierungspolitik. „Mit der Zielsetzung des SGB II werden soziale Angebote von Kindergärten bis zu Frauenhäusern und natürlich Schuldnerberatung, Suchtberatung und psychosoziale Beratung allein auf das Ziel der Arbeitsmarktintegration verengt und im schlimmsten Fall sogar für arbeitsmarktferne Gruppen nicht mehr finanziert" (Spindler 2010 a.a.O.).

Bereiche wie die Jugendarbeit z.B., die sich mehr noch als alle andern Felder der Sozialen Arbeit durch Offenheit, freiwilligen Zugang und durch die absolute Abwesenheit von Machtstrukturen auszeichnet, sieht sich den Erwartungen oder sogar Forderungen eines Staates gegenüber, der versucht, Jugendarbeit in ein Kontrollinstrument von Jugend zu verwandeln. Angeknüpft wird dabei am jugendarbeiterischen Konzeptbegriff der „mitverantwortlichen Selbstbestimmung". Anscheinend liegt dieser Begriff ganz nah am neoliberalen Aktivierungsbegriff von „Selbstsorge und Selbstverantwortung". Aber während die Jugendarbeit den Jugendlichen dieses Ziel durch das Angebot eines demokratischen Freiraumes eröffnen will, sucht die Aktivierungspolitik ihr Ziel durch Maßnahmen und Programme des Forderns und Förderns umzusetzen (vgl. Sturzenhecker 2005, S. 137). Jugendarbeit bekommt dann z.B. den Auftrag, „die Jugendlichen von der Straße zu holen, sie durch Beobachtung und Kontrolle einzuschüchtern, Präventionsprogramme anzubieten und aktuelle Konflikte abzubiegen und einzudämmen" (ebenda, S. 144). Die Jugendlichen werden in so einem Kontext als „Schuldige" der von den Erwachsenen bezeichneten Probleme „bearbeitet". Erwachsene und Politik dagegen werden nicht als mit verursachende Konfliktpartner in einen gemeinsamen Klärungs- und Lösungsprozess einbezogen (Sturzenhecker 2005, S. 145).

Ein solches Vorgehen entspricht nicht den bisherigen pädagogischen Intentionen der offenen Jugendarbeit. Sie würde solche Probleme anders lösen, z. B. mit den Jugendlichen gemeinsam die Verhältnisse problematisieren. Viele JugendarbeiterInnen aber lassen sich – um die öffentliche Legitimation und die Förderungszuschüsse zu erhalten – zunehmend in eine solche Rolle drängen. Das passiert umso leichter, als durch Bürger und BürgerInnen von ihnen das Einschreiten gegen Jugendliche verlangt wird und die Kommunalpolitik genau solche Aufgaben für Jugendarbeit vorsieht. Jugendarbeit ist dann auf dem Wege, statt anwaltschaftlich mit den Jugendlichen zusammen ihr Recht auf Nutzung öffentlicher Räume zu reklamieren und ihre Aneignungspotentiale auszuweiten, zu einer Kontroll- und Erziehungsinstanz zu werden, die sich möglicherweise auch gegen die Interessen von Jugendlichen richten kann.

In der Hilfe zur Erziehung spielen entsprechend dem lebensweltlich orientierten Kinder- und Jugendhilfegesetz das sozialintegrative Herangehen, das Arbeiten mit den Subjekten und ihrem „biografischen Eigensinn", die Herstellung eines Koproduktionsprozesses und die Einbindung der gesamten Persönlichkeit der Kinder, Jugendlichen und Eltern die entscheidende Rolle für eine professionelle Arbeit. Dennoch zeigen sich gerade auch hier inzwischen Tendenzen, Ansätze der Partizipation zurückzufahren (vgl. Pluto et al 2008) und eine eher strafende Erziehung als akzeptabel zu betrachten (vgl. z. B. Kappeler 2008; Spindler 2010 a.a.O.). Zu denken ist hier zum Beispiel auch an die Wiederentdeckung der geschlossenen Unterbringung, die für mehr als 20 Jahre auf der „sozialpädagogischen Hinterbühne verschwunden war", jetzt aber „wieder auf der Vorderbühne" als legitimes und angeblich pädagogisch sinnvolles Instrument gefeiert wird (vgl. Kappeler 2008, S. 21ff; Lindenberg 2006, S. 123f).

Die Sozialpädagogische Familienhilfe, eine hoch potente Hilfe zur Erziehung, die aber ein hohes Maß an Sensibilität und Respekt vor den KlientInnen erfordert, will sie nicht in eine Kolonialisierung fremder Lebenswelten ausarten (vgl. Rauschenbach 1999), bietet für solche paternalistische Ansätze von Aktivierung eine hervorragende Vorlage (vgl. z. B. Musfeld 2008). Sehr leicht kann dieses Konzept zu einer Aktivierung im Sinne der Aktivierungspolitik umkippen: Eltern werden dann nicht bemündigt, sondern bevormundet (vgl. Böhnisch et al. 2005, S. 264).

Insgesamt hat sich in der Hilfe zur Erziehung die Einstellung zur Frage der Legitimität und pädagogischen Verwertbarkeit punitiver (strafender) Methoden in den letzten Jahren verschoben. Es wird wieder nach Grenzen, nach Härte, nach Orientierungsvorgaben gerufen (vgl. Kessl 2005b). Auch hier zeichnet sich – nicht überall und nicht immer, aber doch immer mehr – eine Verschiebung von der „Sorge zur Härte" (vgl. Lindenberg 2006, S. 127) ab.

Hinzu kommt eine Tendenz, die z. B. Lindenberg (2005) feststellt: Immer häufiger unterscheidet auch die Hilfe zur Erziehung zwischen unterschiedlichen Klientengruppen, denen je nach „Würdigungsprüfung", also ganz ähnlich wie im Fallmanagement, eine unterschiedliche Behandlung zu teil wird bzw. gegenüber denen unterschiedliche Strategien gefahren werden. Die erste Gruppe sind die Kinder und Jugendlichen, bei denen sich die Investition förderlicher Maßnahmen mit aller Wahrscheinlichkeit auszahlen wird und die uneingeschränkt (soweit es ökonomisch machbar ist) gefördert werden. Die zweite Gruppe wird zunächst weiter geprüft, ob sie „würdig" ist und bis das geklärt ist, gefördert. Die Mitglieder der dritten Gruppe aber, die sich als „unwürdig" erwiesen haben, werden zwar einerseits noch als „pädagogisch zu fassende Subjekte" gesehen, andererseits aber auch schon als dem „Risikomanagement unterworfene Objekte behandelt, die nach Gefährlichkeitskriterien beurteilt werden" (Lindenberg 2005, S. 131). Letztere Gruppe ist z. B. Klientel der geschlossenen Unterbringung.

Spindler spricht in diesem Zusammenhang von einer „Unterordnung der restlichen pädagogischen Hilfen unter eine allgemeine Gefährdungsprävention" (Spindler 2010 a.a.O.).

In den Arbeitsfeldern zur Resozialisierung, etwa der Jugendgerichtshilfe nach KJHG oder der Bewährungshilfe und der Arbeit mit straffälligen und inhaftierten Jugendlichen, hatte sich in den letzten 30 Jahren ein Erziehungskonzept durchgesetzt, das Erziehung vor Strafe stellt. Es sorgte im Rahmen des Jugendstrafgesetzes dafür, dass die den Jugendlichen auferlegten Maßnahmen wie z. B. Arbeitseinsätze (Arbeitsweisungen), Teilnahme an Trainingskursen, Betreuung durch einen Erziehungsbeistand oder der Täter-Opfer-Ausgleich nicht als Strafen angewandt und verstanden wurden, sondern den Jugendlichen eine echte Chance für eine veränderte Lebensperspektive eröffnen konnten. Vorherrschend war hier das Konzept der Diversion[7].

Im Rahmen der seit etwa 10 Jahren aufflackernden und sich zunehmend verschärfenden Diskussionen über eine behauptete Zunahme von Jugendstraftaten[8] (vgl. Stehr 2005) und über die angeblich zu lasche Jugendstrafgesetzgebung ist es für die Soziale Arbeit schwierig geworden, solche Konzep-

---

7 Unter *Diversion* ist im strafrechtlichen Zusammenhang ein Mittel der Staatsanwaltschaft zu verstehen, bei Ersttätern bzw. leichten und mittelschweren Delikten eine Eröffnung des Strafprozesses zu unterlassen. Damit ist in der Regel die Verhängung erzieherischer Maßnahmen verbunden, wie beispielsweise die Heranziehung zu gemeinnützigen Arbeiten.

8 Die *Zahl tatverdächtiger Jugendlicher* (14 bis unter 18 Jahre) ist im Jahr 2008 um 4,2 Prozent auf 265.771 zurückgegangen. Auch bei der gefährlichen und schweren Körperverletzung wurde ein Rückgang von 5, 6 Prozent (2007: +6,3 Prozent) registriert.

te durchzuhalten und finanziert zu bekommen. Sozialintegrative Maßnahmen werden zunehmend im öffentlichen Diskurs diskreditiert. Der Sozialen Arbeit wird immer öfter der Expertenstatus für die Bearbeitung von Kriminalität abgesprochen (ebenda). Gleichzeitig führt ein rigider Sparkurs dazu, dass Haftvermeidungs- und Haftverkürzungsmaßnahmen verunmöglicht werden. „Was mit dem Ruf nach Wiedereinführung geschlossener Heime für Jugendliche begann, hat sich mittlerweile in weiteren Strafverschärfungen, Neukriminalisierungen und einem Anwachsen der Gefangenenzahl niedergeschlagen. Im Jugendstrafvollzug sinkt das Durchschnittsalter der Neuzugänge", so beschreibt Stehr die aktuelle Situation (ebenda, 2005, S. 280). Die herrschende Politik wie die breite Öffentlichkeit sind eher geneigt, mit Strafen und Abschreckung zu reagieren und nicht mehr gewillt, in jugendlichen Straftätern Menschen zu sehen, die sich noch entwickeln und die vor allem eine Veränderungschance brauchen. Auch hier wird Soziale Arbeit immer mehr in den Dienst eines eher strafenden Verständnisses von Resozialisierung genommen, angefangen bei den Diskussionen um Strafcamps bis zu so genannte „männliche Methoden der Erziehung"[9] (vgl. Tischer 2004) im Umgang mit den jugendlichen Straftätern. Und auch die Kampagnen gegen die „gewalttätige Jugend" und die Tendenz zur Kriminalisierung und Ausgrenzung unangepasster Jugendlicher, die sich im Gewand der Präventionsstrategie versteckt (vgl. Lindenberg 2006; Lindner 1999), sind Anzeichen für eine autoritäre und die Jugendlichen nicht als vollwertige Partner akzeptierende Jugendpolitik (vgl. Stehr 2005). Auch hier ist die veränderte politische Lage unübersehbar: Auch die Jugend ist von der Aktivierungsdoktrin betroffen und wird aufgefordert, sich für ein eigenverantwortliches Leben zu qualifizieren und zu mühen. Und wer dieser Aufforderung nicht nachkommt, bekommt die Härte des neuen Systems zu spüren.

Ähnliches ließe sich für fast alle anderen Bereiche der Sozialen Arbeit aufzeigen (vgl. z. B. Dahme/Wohlfahrt 2005, Anhorn/Bettinger 2005; Dollinger/Raithel 2006). „Der Alltag Sozialer Arbeit", so sagt Simon treffend, „gestaltet sich schleichend um" (Simon 2005, S.157).

4.2 Umdeutung sozialpädagogischer Grundbegriffe

Von Aktivierung ist sowohl im aktivierenden Staat als auch in der Sozialen Arbeit die Rede. Unter denselben Begriffen verbergen sich jedoch jeweils unterschiedliche Inhalte, die verschiedene, wenn nicht sogar gegensätzliche Ziele und Absichten verfolgen und unterschiedlichen Weltbildern verpflichtet sind.

---

9 Bei einem „*männlichen Erziehungsstil*" geht es um Erziehung nach männlichen normativen Leitbildern. Werte und Erziehungsziele sind Mut, Ehre, Rationalität, Härte, Disziplin und Leistung.

Nadai konstatiert: „Professionelle Kategorien und Deutungen" werden im aktivierenden Staat „gleichsam kolonialisiert, indem managerielle (aus dem Management stammende; A. d. V.) Begrifflichkeiten sich professionellen Zielsetzungen anschmiegen, diese aber gleichzeitig" verändern (Nadai 2009, S. 138).

Was Aktivierung im sozialpädagogischen Sinne meint, wurde im ersten Kapitel im Zusammenhang mit der Darstellung der Lebensweltorientierung ausführlich erläutert. Im Folgenden soll es um die Vorstellungen des „aktivierenden Staates" zu diesem Begriff gehen.

4.2.1 Die Aktivierung des „aktivierenden Staates"

„Aktivierung" ist das Ziel aller Bemühungen dieses Staates, sowohl im Kontext der Hartz-Gesetze als bei allen sozialpolitischen Investitionen, seien es Bildung, Gesundheit oder Soziale Arbeit. Immer geht es darum, die Menschen dieser Gesellschaft dazu zu bewegen, für sich selber zu sorgen, für Krisenfälle ihres Lebens selber vorzusorgen, sich anzustrengen, um im Sinne des flexiblen und unternehmerischen Habitus ihre Arbeitskraft immer und unter allen Umständen zur Verfügung zu stellen. Die Eigenverantwortung spielt in der so verstandenen Aktivierung die zentrale Rolle. Die weiter oben angeführten Aspekte der Aktivierungspolitik sollen im Folgenden kritisch betrachtet werden.

- *Keine Leistung ohne Gegenleistung*
Das Charakteristische der neoliberalen Aktivierungskonzeption ist nicht, so Weyers, dass Hilfeleistungen gekürzt werden. Entscheidend ist vielmehr, dass sie ihre Selbstverständlichkeit verlieren und an Gegenleistungen geknüpft werden (vgl. Weyers 2006, 217). Die „moderne Dialektik" des „Fordern und Fördern" knüpft soziale Unterstützung konsequent an einen vorab zu erbringenden Willigkeitsbeweis. Kessl spricht vom „autoritär reformulierten Prinzip der Hilfe zur Selbsthilfe" (Kessl 2006b, S. 34). Die unabdingbare Forderung des aktivierenden Staates, für Leistungen zunächst auf einer Gegenleistung zu bestehen, die im Falle von Hartz IV in dem unentwegten Bemühen um Arbeit gleich welcher Qualität gesehen wird, geht soweit, dass selbst im Falle der Unmöglichkeit eigener Aktivitäten, eine entsprechende Haltung vorgespielt werden muss, die man mit Dahme eigentlich nur noch als Demutsgebärde interpretieren kann: „Insofern (sie) diesen Anspruch ... nicht mehr wirklich umsetzen können oder noch nie konnten, weil ihnen die Mittel, die Kraft oder der Wille dazu systematisch abhanden gekommen sind, übersetzt sich der sozialstaatliche Aktivierungsappell für sie in den Willen zur Demonstration von Selbsthilfebereitschaft: sie müssen wenigstens so tun, als wollten sie sich selbst helfen, wo sie es doch gerade nicht können" (Dahme 2008, S.51; vgl. auch Ames/

Jäger 2006, S. 80). Scharfe Kritik übt z. B. auch Winkler an einer Praxis, die Menschen zu so etwas bringen kann: Er kommentiert die aktivierungspolitische Strategie gegenüber den Armen der Gesellschaft als „makaberen Sozialdarwinismus", wie er eigentlich im 19. Jahrhundert schon obsolet geworden sei (Winkler 2007, S. 111).

Sozialinvestitionen statt Sozialleistungen
Was der Staat vornehmlich an Sozialleistungen für seine Bürger bereithalten will, hat den Charakter der Investition. So findet sich z. B. auch in der Bildungspolitik heute vorrangig die Vorstellung, Bildung diene der Verhinderung von Bedürftigkeit und ökonomischer Abhängigkeit vom Staat (vgl. Galuske 2008, S. 18f). Bildung hat das Ziel des Fit-Machens der Menschen für die Erfordernisse des Überlebens in der globalen Marktwirtschaft. Investitionen werden „zielführend" (Dahme/Wohlfahrt 2005) und nicht nach dem Gießkannenprinzip (im Sinne einer gleichen, gerechten Verteilung) und schon gar nicht im Sinne einer gezielten Kompensation bestehender Ressourcendefizite (Investition in Menschen, die besondere Unterstützung brauchen) eingesetzt. Gefördert werden vielmehr „produktive und potenziell (zukünftig) produktive Gruppen" (ebenda, S. 17).
Immer wieder wird in der Literatur darauf verwiesen, dass aktivierende Politik auf einen „Creamingeffekt" hinausläuft: „die Besseren erhalten die geeigneteren Plätze, dergestalt wird eine bessere Qualität und ein höherer Erfolg der Kurse ermöglicht" (Matt 2005, S. 360). Cremer-Schäfer wendet sich in diesem Kontext gegen den Versuch, den Neoliberalismus als „arglose Modernisierung" darzustellen, weil er immerhin „sozialverträglich" die „Nützlichen" vermehre (Cremer-Schäfer 2004, S. 169). Aus ihrer Sicht wird durch die Anwendung der Hartz-Gesetzgebung unmittelbar zu einer Klassenbildung und der Kennzeichnung der KlientInnen als weniger nützliche Personen und Gruppen beigetragen. Cremer-Schäfer moniert: „Die fachlich nahe liegende differenzierende Typisierung von Verschiedenheit der erwerbsfähigen Hilfebedürftigen wird im Moment der Festschreibung und Benennung der Bewerbertypen ein ausdifferenzierendes Klassifikationsschema, das ihre Ungleichheit festschreibt (2004, S. 170). Entsprechend der Eingruppierung in dieses Schema werden dann kompensatorische Hilfen in mehr oder weniger großem Umfang geplant, je nach dem, wie Erfolg versprechend sie in den verschiedenen Gruppen bewertet werden. In den untersten Gruppen sind fast keine Eingliederungsleistungen mehr vorgesehen. Bezeichnend sind die von Voskamp und Schulze-Bentrop zitierten Formulierungen: „einen Arbeitslosen hartzen oder weghartzen" (Voskamp/Bentrop 2005, S. 176). Auch Cremer-Schäfer spricht vom „Creaming der Nützlichen" und vom allmählichen „Cooling out" der „Nicht-Integrierba-

ren" und identifiziert damit ein Muster, das auch sie als sozialdarwinistisch erkennt (Cremer-Schäfer 2004, S. 171).
Es wird also im Blick auf die sozialen Investitionen im aktivierenden Staat unterschieden zwischen Menschen, für die die Investition lohnt und solchen, bei denen sie nicht (mehr) lohnt. Wie Dahme und Wohlfahrt zu Recht feststellen, haben wir es hier mit einem „Einfallstor für eine selektive Sozialpolitik zu tun, der nicht mehr alle gesellschaftlichen Gruppen gleich wert sind" (ebenda).
Die Tendenz, nur für solche Menschen Geld auszugeben und in sie zu investieren, die Erfolg versprechen und bei denen sich dieser Einsatz lohnt und auszahlt, konnte bereits im Kontext der Ökonomisierung und ihres Effizienz- und Effektivitätsdenkens festgestellt werden.

▓ *Beschäftigungsfähigkeit ist entscheidendes Ziel der Aktivierung*
Die Frage, ob ein Mensch in Arbeit kommt oder nicht, wird ausschließlich als eine Folge seiner persönlichen Anstrengungen und seiner Anstrengungsbereitschaft gesehen. Nur die Aktivierung der Individuen löst deren Probleme, indem das Individuum dazu gebracht wird, sie selber zu lösen. Bei der Ausrichtung allein auf die Beschäftigungsfähigkeit bleiben strukturelle Faktoren, wie fehlende Arbeitsplätze, rassistische Ausgrenzungstendenzen gegenüber Bewerber/innen oder auch fehlende Teilhabemöglichkeiten für chronisch Kranke außen vor oder werden höchstens noch als sekundäre Größen akzeptiert (vgl. Kessl 2009, S. 17). Andererseits wird ein Leben, das sich nicht dieser Logik ergibt, als unmoralisch und asozial eingestuft. Die bisherigen Möglichkeiten eines akzeptierten, aber außerhalb und neben der sozialen und kulturellen Normalität bestehenden Lebensentwurfes, die u. a. mit dem Begriff „sekundäre Integration" (vgl. Böhnisch et. al. 2005, S. 228) umschrieben wurden, bestehen heute nicht mehr. Soziale Arbeit wird im aktivierenden Staat dazu verpflichtet, bei allen die Illusion aufrechtzuerhalten, dass Arbeit das einzig erstrebenswerte, von der Gesellschaft geachtete und akzeptierte Lebensziel sei, auch wenn diese Perspektive für viele ihrer KlientInnen nicht mehr ist als eine Illusion oder die Aussicht auf eine ausbeuterische Situation in einem mehr als schlecht bezahlten Aushilfsjob. Der Gruppe der ‚ökonomisch Überflüssigen' wird diese Chance nicht mehr offen gehalten (vgl. auch Ames/Jäger, 2006, S. 81). „Sie sollen nun von dem auf seine hoheitlichen Funktionen sozialer Kontrolle zurück gestutzten Sozialstaat lediglich verwaltet, kontrolliert und konsumfähig gehalten werden (Böhnisch et al. , 2005, S. 237).

- *Ausschluss, Misserfolg und Marginalisierung sind angeblich selbst verschuldet*
Eine wachsende Zahl von Menschen werden angesichts des „Platzmangels in der Sozialstruktur" (Castell 2000, S. 359) zu „Überzähligen", zu Überflüssigen, die sich durch gesellschaftliche Nutzlosigkeit auszeichnen. Mit der Forderung nach Eigenverantwortung und mit der Schuldzuweisung gerade für Menschen mit benachteiligten und gescheiterten Lebenslagen produziert der aktivierende Staat in verschärftem Maße die Ausgrenzung, Marginalisierung und das Versagen dieser Gruppe von Menschen selber. Aber aus Sicht des aktivierenden Staates ist nicht der aktivierende Staat der Verantwortliche für diesen Prozess, sondern der Betroffene. So schlussfolgert Ziegler ironisch, indem er die Position des aktivierenden Staates einnimmt: „Die „neue Unterschicht" ist nicht von Exklusion bedroht, weil ihr Teilhaberechte vorenthalten werden, sondern aufgrund einer selbst zu verantwortenden sozialen „Selbstexklusion" (Ziegler 2008, S. 167). Diese Menschen, so wird gefolgert, haben es versäumt, ihrer moralischen Pflicht zur Investition in ihre eigenen Kapazitäten (ihres Humankapitals) nachzukommen. Oelkers (2009, S. 74) spricht in diesem Kontext von einer „Selber-Schuld-Mentalität", die dem moralisch verantwortlichen Subjekt suggeriert wird und Chassé konstatiert: „Die neoliberale Selbstverantwortungssemantik stellt in diesem Sinne „eine Ordnungsvorstellung dar, mit der einige gesellschaftliche Gruppen von der Solidarität aller ausgeschlossen werden" (Chassé 2008, S.71). Alle Formen prekärer Lebenslagen wie Arbeitslosigkeit, Wohnungslosigkeit (vgl. hierzu Simon 2005, S. 158), Schulden, Armut, Kriminalität, ja sogar Krankheit (vgl. z.B. Dollinger 2006, S. 184) und weitere sind aus dieser Sicht selbstverschuldete Lagen, für die sich der Betroffene angeblich selber und freiwillig entschieden habe (vgl. auch Matt 2005, S. 361). Ein Scheitern im Aktivierungsprozess verweist somit nicht auf dessen mögliche „methodische Schwäche", also auf einen nicht gelungenen Aktivierungsprozess, sondern ausschließlich auf das Versagen der Betroffenen. Aktiviert ist nicht nur der, der im Anschluss an eine Aktivierung tatsächlich ‚aktiv' und erfolgreich zu agieren versteht, sondern auch derjenige, der dabei nicht zurecht kommt, resigniert und sich dies nun zurechnen lassen muss. Scheitert z.B. ein Hilfeprozess, kann der mangelnden Mitwirkung der KlientInnen dafür die Schuld zugeschoben und der Hilfeprozess darf völlig zu Recht abgebrochen werden (vgl. Staub-Bernasconi 2007b).
- *Sanktionen und Schuldzuweisungen gelten als „aktivierende" Maßnahmen*
Der Einzug der Aktivierungspolitik bedeutet insbesondere im Bereich der Arbeitsagenturen und speziell für diejenigen „Kunden", die keine Bereit-

schaft zu Eigenverantwortung, zu Arbeit unter allen Bedingungen etc. zeigen, eine deutliche Zunahme an Sanktionen und Strafen für dieses Verhalten (vgl. Dollinger 2006, S. 217). Für die, denen es nicht gelingt, das Aktivierungsdogma zu erfüllen, „sind Minimalversorgungsprogramme und aktivierende Zwangsmaßnahmen vorgesehen", so stellt auch Kessl fest (2005, S.38f). Das ist kein Zufall: Ein Sozialmodell, dass Hilfeleistungen an Gegenleistung knüpft, also von Pflichten der Menschen spricht, „braucht zwangsläufig ... eine „erhebliche Ausweitung von Kontroll- und Sozialmechanismen" (Weyers 2006, S. 217; vgl. z.B. auch Galuske 2008; Dahme/Wohlfahrt 2005; Winkler 2008). Der Staat bedient sich ordnungspolitischer Methoden, mit denen er die Einhaltung dieser Pflichten meint durchsetzen zu können. Anhorn erwartet von der Zukunft unserer Gesellschaft eine „vertiefte soziale Spaltung und Ungleichheit und damit einhergehend (eine) Potenzierung des autoritär-repressiven Potentials staatlicher Herrschaft" (Anhorn 2005, S. 20). Diese Entwicklung wird von den Autoren als eine Folge der bestehenden und sich immer weiter verschärfenden sozialen Ungleichheit gesehen und mit den immer größer werdenden Löchern im Sozialen Netz in Verbindung gebracht, die mit der Reduktion und Abschaffung des Sozialstaates entstehen. Die Sanktionen und ordnungspolitischen Methoden treffen insbesondere bestimmte Teile der Bevölkerung. „Als Drohpotenzial zwar von einer verallgemeinernden Präsenz, fokussiert der staatliche Zwangs- und Kontrollapparat selektiv auf diejenigen Segmente der Bevölkerung, die wie die klassischen Adressaten Sozialer Arbeit (Wohnungslose, Straffällige, Drogenabhängige, Sozialhilfeempfänger, Arbeitslose) nicht dem Anforderungsprofil eines rational Kosten und Nutzen kalkulierenden, selbst disziplinierten, risikobereiten, innovativen, mobilen, neoliberalen Subjekts entsprechen" (Dahme /Wohlfahrt 2008, S. 19; vgl. auch Winkler 2008, S. 201).

Auf den ersten Blick scheint diese neue Politik der Härte in einem Gegensatz zu stehen zum „schlanken Staat" und zur Delegation sozialer Verantwortung an die Einzelnen. Dahme und Wohlfahrt weisen darauf hin, dass die ‚Verschlankung' im Wesentlichen den Bereich der Sozialen Sicherungssysteme betrifft, nicht aber die Repressions- und Kontrollfunktionen staatlicher Herrschaft. Der Staat ist geradezu „magersüchtig", wenn es um die öffentliche Daseinsvorsorge geht. Er gibt sich dagegen stark, wenn es um die Sicherung der marktwirtschaftlichen Ordnung geht (vgl. Butterwegge 2010, S. 62).
Tatsächlich scheint mit Hartz IV „ein neuer Sozialstaatsartikel ins Grundgesetz eingefügt worden zu sein" (Urban/Schruth 2006, S. 134), der da lautet: „Auf soziale Sicherung hat nur Anspruch, wer ohne Widerspruch bereit ist,

die zumutbaren Ausgrenzungen des Arbeitsmarktes mittels unzumutbarer Arbeitsgelegenheit auszugleichen. Nicht übersehen werden darf nämlich, dass die verordnete Aktivierungspolitik sich nicht auf den Bereich der Arbeitslosenpolitik beschränkt. Die Vorstellungen vom aktivierten, eigenverantwortlichen und für sein Versagen ggf. auch ganz allein schuldigen Bürger durchdringen alle gesellschaftlichen Bereiche. Aktivierungspolitik dehnt sich über das ursprüngliche Feld der Sozialhilfe- und Arbeitslosenhilfe aus und wird zum bestimmenden Merkmal der Sozialpolitik überhaupt.

4.2.2 Fallmanagement als Perversion einer sozialpädagogischen Methode

Für die Soziale Arbeit ist die besondere Bedeutung des Fallmanagement im Kontext von Hartz IV darin zu sehen, dass hier die veränderten Konditionen und die Transformationsprozesse von einem unterstützenden zu einem fordernden Hilfesystem wie in einem Brennglas zu erkennen sind (vgl. Cremer-Schäfer 2004, S. 159). Genau so wie das Fallmanagement stellt sich der aktivierende Staat im Wesentlichen „seine" Soziale Arbeit vor: arbeitsmarktfixiert, effizient, transparent und vor allem fürsorglich/paternalistisch und wenn es nötig ist, auch autoritär. Verfechter der „aktivierenden Sozialen Arbeit" sehen im Fallmanagement das geeignete Modell für die zukünftige strukturierte, rationale und konsequente Soziale Praxis. So erklärt z. B. Lutz: „Insbesondere am Case Management, das in der Umsetzung von Arbeitslosengeld II (ALG II) als Fallmanagement neu entworfen wurde, zeigt sich, wie Aktivierung als Beratung und Steuerung in der Fallarbeit funktionieren kann" (Lutz 2008).

Das Fallmanagement versteht sich selber als fachlich qualifiziert entwickeltes Case Management (vgl. Göckler 2006). Nun kann Case Management freilich sehr wohl auch in einem sozialpädagogischen Sinne aktivierend eingesetzt werden (vgl. z. B. den Ansatz von Wendt 2008 oder z. B. auch Herriger 2002; vgl. Trube 2005, S. 89, S. 95; Raithel/Dollinger 2006, S. 79). Case Management kann sich aber auch von den Prinzipien z. B. der Subjektorientierung, der Koproduktion und der Ergebnisoffenheit verabschieden und hat dies im Rahmen des Fallmanagement auch gründlich getan. Trube spricht von den drei entscheidenden „Perversionen" des Case Management in der Gestalt des Fallmanagements bzw. des, wie er sagt, „aktivierenden Case Management":

Das „Beratungsangebot" an die KlientInnen ist im Fallmanagement ein Vorschlag, der von den Betroffenen nicht abgelehnt werden kann – von Freiwilligkeit kann also keine Rede sein. Ein ergebnisoffenes Assessment ist schon konzeptionell gar nicht möglich, denn das Ziel ‚Integration in Arbeit' ist schon vorher festgelegt „wobei es im weiteren Prozedere oft nur noch um die Einschätzung der Schwere der so genannten Vermittlungshemmnisse geht" (Trube 2005, S. 96). Das Angebot der Erarbeitung einer Eingliederungsvereinbarung „auf gleicher Augenhöhe" schließlich ist nur so lange ernst gemeint, als der Betroffene die vorab festgelegten Konditionen der Hilfeleistung akzeptiert. Die im Case Management grundsätzlich angelegte Machtakkumulation des Helfers oder Managers, in dessen Händen die Gesamtregulation des Verfahrens liegt, erfordert zudem nach Raithel und Wohlfahrt (2006, S. 85) eine hohe Sensitivität im Umgang mit der Klientel. Angesichts der mit dem Fallmanagement verbundenen Stigmatisierung (z. B. durch die Klassifikation in verschiedene „Kundengruppen", die je eine andere Behandlung erfahren) ist es von vorneherein fraglich, ob der Machtakkumulation hier mit einer entsprechenden Vorsichtigkeit entgegen gewirkt wird. Tatsächlich verschleiert z. B. die Eingliederungsvereinbarung im Fallmanagement die faktischen Machtverhältnisse, da es sich dabei nicht um das Ergebnis einer Aushandlung handelt, sondern um eine Vorgabe, der der Betroffene zustimmen muss, will er nicht die Kürzung seines Existenzminimums riskieren.

Ames und Jäger stellen dem Fallmanagement ein denkbar schlechtes Zeugnis aus: „Ein Fallmanagement, das auf Zwang durch Sanktionen setzt statt auf Freiwilligkeit von Rat- und Hilfesuchenden und auf ihre vorhandenen Kompetenzen zur Lebensbewältigung, das Angst und Bange macht anstatt zu ermutigen, das schwächt statt stärkt, ist keines. Mit Hartz IV werden ehemals fortschrittliche, einer autoritären und segmentierten Fürsorge gegenüber kritische Ideen und Konzepte von Sozialarbeit und Sozialpädagogik bis zur Unkenntlichkeit umgedeutet und korrumpiert" (Ames/Jäger, 2006, S. 80; vgl. auch Michel-Schwartze 2010, S. 323). Spindler spricht davon, dass hier „die Methode ... durch den Gesetzgeber ... „einseitig" okkupiert worden" ist (Spindler 2010 a.a.O.).

4.2.3 Vergleich der beiden Aktivierungsbegriffe und -prozesse

Aktivierung im Sinne des aktivierenden Staates und Aktivierung im Sinne der professionellen Sozialen Arbeit sind nicht das Gleiche.

Tatsächlich kann Aktivierung als eines der zentralen Prinzipien der lebensweltorientierten Sozialen Arbeit betrachtet werden (vgl. Kapitel 1). Wie schon an anderer Stelle erläutert, ist die moderne, professionelle Soziale Arbeit selber ein Kind der Zweite Moderne. Sie hat die einengenden Strukturen des fordistischen Sozialstaates und der eher fürsorglichen Sozialen Arbeit der Nachkriegszeit sehr wohl hinter sich gelassen und mit dem lebensweltorientierten Konzept die Verantwortung des Menschen für sich selber „auf ihre Agenda geschrieben". Ziel und Aufgabe der Sozialen Arbeit ist es ganz explizit, Menschen nicht einfach mit Hilfen zu überschütten, von denen sie denkt, dass sie nötig wären, sondern die Klientel dabei zu unterstützen, diese Hilfen für sich zu nutzen, als Unterstützung für ihre eigene „Selbsthilfe" aufzugreifen. Mit Schaarschuch ist festzuhalten, „dass dieser Prozess unterschieden werden muss von der heute proklamierten neoliberalen Vorstellung einer „Erziehung zur Aktivität" (vgl. Schaarschuch 2006, S. 106). Schruth (2008, S. 32) spricht davon, dass aus der „uns altbekannten biographisch ausgerichteten „Hilfe zur Selbsthilfe" im Rahmen der neoliberalen Umdeutung eine „Hilfe im Wettbewerb um entweder nicht vorhandene oder unzumutbare Arbeitsplatzbedingungen geworden" ist.

Man kann laut Walther (2005) Aktivierungsansätze dahingehend unterscheiden, worin sie den Ausgangspunkt und die Ursache von Passivität, also Nicht-Aktivität, sehen. Am konkreten Beispiel des Sozialhilfebezuges bzw. der Langzeitarbeitslosigkeit sei dies aufgezeigt:

Ausgehend von der Annahme, der Sozialhilfebezug sei Ursache und Symptom von Passivität (im Sinne der „Faulenzerdebatte") liegt es nahe, Aktivierung über negative Anreize wie Sanktionen und das Absenken der Sozialhilfe herzustellen, also sozusagen dem „Faulen" die Option Passivität zu verbauen. Ansätze, die Subjekte prinzipiell als an sinnvoller Tätigkeit interessierte, potentiell aktive Wesen sehen, auch dann, wenn ihr aktuelles Bewältigungshandeln mangels Ressourcen und Anerkennung nicht produktiv wird, legen dagegen Strategien der Befähigung nahe und zielen auf das Schaffen notwendiger Voraussetzungen (Ressourcen, Spielräume, Kompetenzen) bzw. auf den Abbau von Hemmnissen und/oder sie operieren mit positiven Anreizen (vgl. Walther 2005, S. 46). Dollinger hat versucht, den hier zu leistenden sozialpädagogischen Lern- und Entwicklungsprozess mit dem Lernprozess zu vergleichen, der durch eine vom aktivierenden Staat induzierte „Aktivierung" hervorgerufen wird. Dabei ist es ihm gelungen, den neosozialen Aktivierungsprozess und sein Wirkmodell zu enttarnen, denn hier unterscheiden sich die beiden Aktivierungsbegriffe diametral:

Versucht wird im Rahmen der Aktivierungspolitik, dem Klienten, der aufgrund angeblicher mangelnder Initiative und Anstrengung nicht zurecht kommt und damit für die Gesellschaft eine Belastung oder gar Gefahr darstellt, die bisherige „Hängematte", auf der er sich meinte ausruhen zu können, einfach wegzunehmen. Soziale Arbeit dagegen verbindet die Zielsetzung Aktivierung und Ermächtigung von Menschen mit einem grundsätzlich humanistischen Welt- und Menschenbild (vgl. Kapitel 5.1.4), d. h., Soziale Arbeit versucht die Menschen zu stärken und zu aktivieren, aber
- mit ihnen und nicht gegen sie,
- in ihrem Rhythmus,

- ohne ihnen den Rücken zu brechen,
- nicht ausschließlich mit der Perspektive, dass sie wieder in Arbeit kommen,
- nicht mit dem Ziel, dass die Menschen in die Lage kommen, ihre Arbeitskraft möglichst günstig verkaufen zu können,
- nicht zum Zweck der Verbesserung von Humankapital, sondern zur gelingenden Lebensbewältigung und zur Schaffung von Wohlergehen und einer menschenwürdigen Lebenssituation.

Im aktivierenden Staat glaubt man, auf die beschriebene Weise einen Anreiz zu schaffen für die eigenverantwortliche Aneignung von Kompetenzen, die ihn dann in die Lage versetzen, „seinen autonomen Platz in der Gesellschaft wieder einzunehmen." (Dollinger 2006, S. 121; vgl. auch Cremer-Schäfer 2004, S. 171f).). Dollinger weist darauf hin, dass die aktive Übernahme von Verantwortung eine sehr voraussetzungsvolle Kompetenz sei, die sich ganz sicher nicht durch Erhöhung des Leidensdrucks herstellen lässt. Das Problem wird sich also nicht lösen, wenn man die Lebensumstände verschärft. Wie eine Reihe von empirischen Untersuchungen belegen (vgl. z.B. Mellenthin 2006; vgl. Kieselbach 1998, 1998b) hat z.B. Langzeitarbeitslosigkeit bei vielen Betroffenen negative Einflüsse auf die Leistungsfähigkeit, sie setzt das Selbstwertgefühl herab und wird als demütigender und entwertender Prozess erlebt. Die Moralisierung des aktivierenden „Wirkmodells", die den Erfolglosen als Verlierer etikettiert und als unmoralisch, weil unwillig, verschärft die psychosoziale Situation der Betroffenen noch erheblich. Die Erwartung, dass bei solchen Lebenslagen Existenz bedrohender Druck motivierend und vitalisierend wirken könne, hält Dollinger für zynisch. Wenn ein Lernfeld durch Zwang strukturiert ist, kann die Aktivierung nicht mehr sein als eine totale Anpassungsleistung im Sinne von Unterordnung und Disziplinierung und ganz sicher keine „wie auch immer geartete Entwicklung der Persönlichkeit" (Dollinger 2006, S. 122).

Hinte und Karas wiesen darauf hin, dass es einen großen Unterschied macht, ob ein Hilfeprozess den Charakter des „Aktivierens" oder den des „Vitalisierens" hat. Unter „Aktivieren" verstehen die Autoren einen Anschub, der den Betreffenden in Bewegung setzt, ohne dass er selber an dieser Bewegung motivational beteiligt ist. Die „Vitalisierung" dagegen ist eine Veränderung der Motivationslage des Betreffenden, die dazu führt, dass die neue Bewegung sich nicht erschöpft, sobald der Anschub wegfällt, sondern die sich aus intrinsischer Motivation heraus fortsetzt und ggf. noch verstärkt (vgl. Hinte/Karas 1989). Der Begriff ‚Vitalisierung' entspricht der Aktivierungsvorstellung in der lebensweltorientierten Sozialen Arbeit.

Aber nicht einfach nur die Begriffe werden von der neosozialen Politik angeeignet und im neuen Sinne verwendet: Die gesamte Programmatik subjektiver Lebensgestaltungsverantwortung der Sozialen Arbeit (Eigenverantwortung, Hilfe zur Selbsthilfe, Empowerment) wird im Zuge des Umbaus und Abbaus des Sozialstaates aufgegriffen und umgewertet (vgl. Bizan 2000; Dollinger 2007, S. 148; Kessl 2005b, C. Müller 2009, S. 40). Das, was einmal, nämlich im Rahmen der an die Studentenbewegung der 68er Jahre, aus der Kritik an den Lebensverhältnissen im Kapitalismus heraus entwickelt wurde und seinen Niederschlag als leitende Orientierungen in der modernen Konzeption Sozialer Arbeit, in der Lebensweltorientierung gefunden hat, wird nun von der neosozialen Ideologie aufgegriffen und im eigenen Sinne verarbeitet und verwertet. Alle im Rahmen der aktivierenden Politik benutzten und in die eigene Semantik übertragenen ursprünglich sozialpädagogischen Begriffe bedeuten letztlich nicht mehr das, was z. B. die lebensweltorientierte Soziale Arbeit darunter versteht (vgl. Maurer 2009, S. 167). „Formeln wie Aktivierung, Stärkung der Eigenverantwortung, Hilfe zur Selbsthilfe, Empowerment sind für die Soziale Arbeit nicht Neues. Im Gegenteil: sie kennzeichnen den professionsspezifischen Diskurs und sind traditionell Gegenstand vielfältiger fachlicher Reflexionen" (Dahme 2005, S. 13). Aber durch die kolonialistische Aneignung der Fachbegriffe erhält Soziale Arbeit, so Michel-Schwartze (2010, S. 18) „nach politischer Rationalität veränderte Fachtermini, also Worthülsen ihrer Fachtermini mit deformiertem Inhalt", zurück.

4.2.4 Bedeutung der begrifflichen Vereinnahmung

Die ursprünglich sozialpädagogischen Begriffe und begrifflich „kristallisierten" Semantiken, die auch der aktivierende Staat benutzt, werden von vielen Sozialarbeitenden explizit begrüßt, „weil ihre positive Konnotation den Anschein erweckt, als sei der Begriffsverwender auf die bloße Förderung sozialer und personaler Integration ausgerichtet", bemerkt Dollinger (2006, S. 18). In Wirklichkeit aber komme es zu „politischen Umcodierungen mit spezifischen Machteffekten". Deshalb, so warnt Dollinger, „sind diese Begriffe aus sozialpädagogischer Sicht ambivalent, da sie sozialpädagogischem Denken korrespondieren, aber in ihrem Gehalt sukzessiv diskursiv verändert werden" (ebenda).

Nicht jeder erkennt, dass sich die Aktivierungslogik des aktivierenden Staates einer Begrifflichkeit bedient, die sie strukturell gar nicht einlöst und einlösen kann und will, wie z. B. Emanzipation und Partizipation. Es scheint für viele so, als lägen die Perspektiven der lebensweltorientierten Sozialen Arbeit und die des aktivierenden Staates ganz nah bei einander. Tatsächlich aber weisen sie in diametral entgegen gesetzte sozialpolitische Horizonte. Deshalb ist es so schwer, der neosozialen „Verführung" zu widerstehen. C. Müller spricht hier von einer „Hybrisfalle" und meint damit, dass sich Sozialarbeitende plötzlich aufgewertet fühlen könnten, wenn sich ihre kritischen Ansätze vermeintlich in den Zentren der Machtideologen wieder finden (C. Müller 2009, S. 40).

Die Übernahme des Aktivierungsbegriffes durch die neoliberale Sozialpolitik hat eine für die Soziale Arbeit sehr problematische Konsequenz: „Ein fachlich akzeptiertes und durchgesetztes methodisches Arbeitsprinzip der Sozialpädagogik wird scheinbar sozialpolitisch geadelt, aber auch in einen neuen, deutlich sozialpolitisch konturierten Kontext verschoben. Durch Aktivierung soll eine bestimmte Form der Inklusion herbeigeführt werden, die (oberflächlich betrachtet) dem alten Ziel der Profession – Integration in Lohnarbeit – sehr nahe kommt. Bei genauerer Betrachtung sind die Koordinaten allerdings anders gesetzt", kommentiert Dahme (Dahme 2006, S. 8; vgl. auch Kessl 2005a, S. 81; Kessl/Otto 2009, S. 18). Es handelt sich also um eine „semantische Übernahme" der soziapädagogischen Begriffe durch den aktivierenden Staat. Das neoliberale Konzept greift dabei außer den Begriffen auch die Erfahrungen und Bedürfnisse der Akteure der Sozialen Arbeit auf oder korrespondiert damit in problematischer Weise. Der Cocktail zwischen Emanzipation und neoliberalen Orientierungen aber führt unweigerlich in die Irre: „Ob es sich im Einzelfall um ein fachlich fundiertes, methodisches Modernisierungsprogramm handelt oder aber um ein sich fachlich maskierendes Sparprogramm, ist allein an Begriffen nicht abzulesen", stellen Galuske und Thole mit Blick auf die heutige Landschaft neuer sozialpädagogischer Methoden fest (Galuske/Thole 2006, S. 12). Böhnisch et al. sprechen davon, dass das Konzept der Lebensweltorientierung derzeit Gefahr laufe, in verschiedene Fallen zu laufen (2005, S. 121). Sie sprechen von der „Sozialraumfalle", der „Biographisierungsfalle" und z. B. von der „Modernisierungsfalle", bei der „lebensweltliche Arbeitsansätze jenseits ihrer kritischen Intentionen als Module einer modernen Sozialtechnik genutzt werden" (ebenda, S. 121).

Nicht nur der Begriff Aktivierung hat im Rahmen der neosozialen Vorstellungen neue Inhalte und neue ideologische Ausrichtungen erhalten: ‚Eigenverantwortung' z. B. ist ein in der lebensweltorientierten Sozialen Arbeit wichtiger Begriff. Der permanente Appell des aktivierenden Staates an Eigenverantwortung funktioniert in der heutigen Sozialen Arbeit nicht zuletzt deshalb so reibungslos, weil der Begriff dort positiv besetzt ist. „Gegen Selbstverantwortung und Eigeninitiative kann eigentlich niemand etwas haben", merkt Weyers zu Recht an (2006, S. 217). Das Gleiche gilt z. B. für das Paradigma ‚Hilfe zur Selbsthilfe'. Hier wird die sozialpädagogische Bedeutung des Begriffes in der neosozialen Praxis insofern konterkariert, als hier die Menschen auf sich alleine zurückgeworfen werden und ihnen die alleinige Verantwortung für ihre Probleme und Bewältigungsschwierigkeiten zugewiesen wird. Heite (2008) bemerkt, dass z.B. auch der Begriff der ‚Partizipation' sowohl von der Sozialen Arbeit wie auch vom aktivierenden Sozialstaat verwendet wird. Sie empfiehlt deshalb: „Im Kontext reflexiver Professionalisierung sind partizipative Praxen auf die ihnen impliziten Ungleichheitsverhältnisse zu befragen" (Heite 2008, S 39). Es sei zu bedenken, ob und wie gewährleistet werden könne, dass auch machtschwächere Akteure ihre Interessen und Sichtweisen zur Geltung bringen können. Heite verweist dabei zum einen auf die Notwendigkeit, dafür zu sorgen, dass Partizipation nicht nur rechtlich, sondern auch faktisch möglich wird, sowie zum anderen auch auf das Recht des Betroffenen, nicht zu partizipieren (Heite 2008, S. 39). Der aktivierende Staat dagegen will im Rahmen von Aktivierungsprogrammen Partizipation als Zwang realisieren (ebenda). Ähnlich verhält es sich mit dem Begriff ‚Empowerment': Im sozialpädagogischen Kontext geht es vor allem um eine „Enthierarchisierung des sozialarbeiterischen Erbringungsverhältnisses" (Heite 2008, S. 182f). Der Klient wird bemächtigt, kann die Abhängigkeit von fremder Hilfe abstreifen und wird Herr seiner eigenen Lage. Im aktivierenden Staat dagegen geht es beim dem Begriff Empowerment vor allem um die Aussage, dass der Betroffene zunächst einmal selber für sein Schicksal und sein Ergehen verantwortlich sei (ebenda).

4.2.5 Der eigene Beitrag der Disziplin zur semantischen Übernahme durch den aktivierenden Staat

Die Tatsache, dass die neosoziale Aktivierungsstrategie mit Schlagworten wie „Fordern und Fördern", Eigenverantwortung", „Eigeninitiative", „sozialpolitisch angestrebte Aktivierung der Bürger und Bürgerinnen" usw. einen zentralen sozialpädagogischen Theorie- und Praxisdiskurs aufgreift, sich aber dennoch fundamental von diesem unterscheidet, veranlasst Füssenhäuser (2009, S. 141) zu der Frage, ob die lebensweltorientierte Soziale Arbeit nicht selber mit ihren eigenen konzeptionellen Vorstellungen dazu beiträgt, die Dethematisierung sozialer Probleme und den Abbau sozialstaatlicher Leistungen und Notwendigkeiten zu legitimieren. Auch Winkler (2008, S. 193) bemerkt: „Die Logik des Forderns und Förderns steckt schon im Empowermentkonzept, sie bildet den Hintergrund der Dienstleistungstheorie und des uno-acto-Prinzips[10]." Die lebensweltorientierte Soziale Arbeit als Kind der Zweite Moderne könnte, so die These, möglicherweise selber in die Fallen hineinführen, in

---

10 Das *uno-acto-Prinzip* bedeutet, dass bei einer Dienstleistung Produktion und Konsumtion zusammenfallen. Dies ist insbesondere bei personenbezogenen Dienstleistungen der Fall, die eine aktive Beteiligung des Kunden am Prozess verlangen.

die sie die Aktivierungspolitik lockt. Umso wichtiger sei es, so argumentiert Füssenhäuser weiter, eine neosozial verkürzte Rezeption der Lebensweltorientierung zu unterbinden, um die Möglichkeit einer politischen Verkehrung und Instrumentalisierung „ihrer kritischen und am Menschen orientierten Intention zu verhindern" (Füssenhäuser 2009, S. 141; vgl. auch Böhnisch et al. 2005, S. 262). C. Müller stellt sich die Frage, ob es, angesichts der Umdeutung und Einvernahme der sozialpädagogischen, lebensweltlichen Begrifflichkeiten durch den aktivierenden Staat, als Gegenwehr der Sozialen Arbeit wirklich schon ausreiche, ihre lebensweltliche Strategie zu betonen und den Eigen- und Selbstwert des Subjektes hervorzuheben, den zu achten, zu aktivieren und zu stärken Soziale Arbeit im Rahmen der Lebensweltkonzeption aufgefordert wird (C. Müller 2009, S. 38). Notwendig wäre außerdem, so seine These, eine theoretische Weiterführung der Lebensweltorientierung, die die semantische Vereinnahmung durch den aktivierenden Staat offensiv aufgreift und die die zentralen Unterschiede zwischen beiden Vorstellungen von Aktivierung vertieft. Es geht um die Infragestellung und Entlarvung der Umcodierung der in der Sozialen Arbeit „bislang als gültig erachteter Denk-, Handlungs- und Problematisierungslogiken des sozialstaatlichen Arrangements" (Ziegler 2008, S. 168).

Auch Bizan (2000) setzt sich mit der Frage auseinander, welchen Eigenbeitrag die lebensweltorientierte Soziale Arbeit an ihrer Indienstnahme und Inbesitznahme durch den aktivierenden Staat zu verantworten hat. Zunächst stellt sie fest, dass schon seit der Entwicklung der lebensweltorientierten Sozialen Arbeit eine vereinfachte, verflachte Rezeption stattgefunden habe. Diese Verkürzung bezieht sich vor allem auf die Aspekte der Lebensweltorientierung, die Subjektorientierung nicht nur als Aufforderung zur Unterstützung bei der Lebensbewältigung, sondern ebenso als Hilfestellung bei der Benennung und Identifizierung gesellschaftlicher Widersprüche versteht.

Heute aber, so Bizan, habe eine „neue Qualität der Verflachung bzw. genauer: der Funktionalisierung" der Subjektorientierung eingesetzt. Ihre These lautet, dass „Leitorientierungen wie Lebensweltorientierung, Partizipation, Ganzheitlichkeit etc. inzwischen adaptiert sind als neue Passungsmodelle für eine Soziale Arbeit der Befriedung angesichts zunehmender gesellschaftlicher Spaltungen" (Bizan 2000, S.336). Das konnte passieren, so Bizan, „weil das Lebensweltkonzept genau an dieser Stelle unscharf geblieben ist und seine „politische Brisanz nie wirklich ausbuchstabiert" wurde (ebenda). Thiersch hat schon 1995 davor gewarnt, dass das Konzept der Lebensweltorientierung sich als Einfallstor für ... die ...Verdrängung der sozialpolitischen Fragen durch phänomenologisch-subjektive Diskussionen über Lebensführung und Lebensbewältigungsmuster" erweisen könnte (Thiersch 1995, s. 247). Bizan fordert deshalb die Entwicklung eines radikalisierten Lebensweltkonzeptes, dass bewusst gesellschaftliche Konflikte und Widersprüche nicht zudeckt oder individualisiert, sondern aufdeckt und zum Ausgangspunkt sozialpädagogischer Arbeit macht (Bizan 2000).

Roer geht in ihrer Analyse und Einschätzung noch weiter: Ausgangspunkt auch ihrer Fragestellung ist, wie es kommen kann, dass gerade die Soziale Arbeit so stark vom neoliberalistischen Umbau ergriffen werden konnte (Roer 2010). Sie stellt fest, dass mit der Adaptation der individualisierenden Gesellschaftstheorie z. B. von Ulrich Beck in den 80er Jahren eine tief greifende Veränderung des wissenschaftlichen Selbstverständnisses der Profession hinsichtlich ihrer gesellschaftlichen und damit auch sozialpolitischen Positionierung stattgefunden habe, die auch beim Konzept der Lebensweltorientierung durchaus feststellbar sei. Das weitgehende Ausgrenzen gesellschaftlicher Aspekte aus dem sozialpädagogischen Ansatz zu Gunsten einer massiven und umfassenden Individualisierung, die in diesem Sinne fehlende gesellschaftstheoretische Fundierung der Disziplin, die Propagierung vom Ende der Sozialen Frage und die Auffassung Sozialer Arbeit als Dienstleistung, so Roer, haben dann der einige Jahre später einsetzenden neoliberalen Wirtschafts- und Sozialpolitik objektiv in die Hände gearbeitet. Da sie sich durch die „Erledigung der Sozialen Frage" und damit durch die „Beerdigung der Spezifik sozialarbeiterischer Praxis" (ebenda, S. 41) selber „entpädagogisiert" habe, gäbe es nun für sie keine fachlichen Argumente mehr gegen eine Vereinnahmung z. B. im Sinne der Ökonomisierung. „Gemanagte" Soziale Arbeit hat sich zur Aufgabe gesetzt, ökonomisch, d. h. schonend, mit gegebenen, also vorgegebenen ... Mitteln umzugehen, die vorhandenen Ressourcen optimal zu nutzen und darüber jederzeit gegenüber den Geldgebern Rechenschaft abzulegen. Damit hat sie die Möglichkeiten aus der Hand gegeben, genuine Standards professionellen Handelns (pädagogische wie sozialpolitische) aus der eigenen Wissenschaftlichkeit heraus zu begründen" (Roer 2010, S. 41). Im Sinne der oben diskutierten Frage, ob es schon reiche, die Lebensweltorientierung gegen die Vereinnahmung durch den aktivierenden Staat zu verteidigen und zu profilieren, müsste man laut Roer heute mit der theoretischen Klärung der Frage beginnen, die in den 80er Jahren vernachlässigt oder sogar abgewiesen wurde: Welche Rolle spielt und soll die Soziale Frage für die Funktion und das politische Selbstverständnis der Sozialen Arbeit spielen?. Hieraus könnte sich eine professions- und Disziplin spezifische Fachlogik entwickeln, die sich dem Projekt des aktivierenden Staates konsequent entzieht und damit auch die begriffliche Vereinnahmung unmissverständlich aufdeckt.

4.3 Bruch mit dem Gesellschafts- und Menschenbild der Aufklärung

Der zunehmende „Modernisierungsprozess" in der Sozialen Arbeit wird zum einen durch die Ökonomisierung forciert. Zum anderen verändert sich mit der neoliberalen Fundamentalkritik an den bisher gültigen Vorstellungen von der Aufgabe des Sozialstaates und mit den dagegen gestellten neoliberalen Anforderungen der Aktivierung und Eigenverantwortung an die Individuen auch die gesamte ethische, konzeptionelle und ideologische Grundlage Sozialer Arbeit. Laut Ziegler handelt es sich beim Konzept des aktivierenden Staates um eine substanzielle „Infragestellung bislang als gültig erachteter Denk-, Handlungs- und Problematisierungslogiken des sozialstaatlichen Arrangements" (Ziegler 2008, S. 168; vgl. z. B. auch Kessl 2005a, S. 216).

Mit der Sozialstaatskritik, dem Leitbild des aktivierenden Staates und mit der Agenda 2010 wurde eine neue Ideologie Staatsdoktrin, die sich wesentlich von dem unterscheidet, was im Bereich der Gesellschaftswissenschaften, der Philosophie, der Sozialpolitik und der Sozialen Arbeit in den letzten hundertfünfzig Jahren erarbeitet und gedacht wurde und was letztlich auf die Errungenschaften der Aufklärung und des Humanismus zurückgeht.

Im weiteren Verlaufe dieses Kapitels soll den einzelnen Aspekten dieser Infragestellung und ihren Folgen für die praktische Soziale Arbeit nachgegangen werden. Zunächst geht es dabei um das Menschen- und Gesellschaftsbild.

4.3.1 Verzicht des Staates auf seine soziale Verantwortung

Aus neoliberaler Perspektive erschien der Sozialstaat als bloße Organisationsstruktur, die sich überlebt hatte und die als Verursacher heutiger sozialer Problemlagen angesehen und angeklagt wurde. Nicht gesehen wurde dabei, dass der Sozialstaat „ein institutionelles Ergebnis eines historischen Prozesses der Entwicklung des Sozialpolitischen ist" (ebenda, S. 181). Böhnisch und Schröer differenzieren: „Der Sozialstaat ist", so lautet ihre These „nicht deshalb zum Versorgungsstaat geworden, weil er Leistungen vergibt, sondern weil sich sein Leistungssystem bürokratisiert hat und keine sozialpolitische Spannung mehr erzeugen kann" (Böhnisch und Schröer (2002, S. 181). Eine Kritik der Bürokratisierung muss deshalb keineswegs auch eine Kritik der Funktion des Sozialstaates sein. Andernfalls wird mit dem Sozialstaat nicht nur eine Organisationsstruktur des Sozialen, sondern auch die historische Idee des Sozialen aufgegeben, also nicht etwa nur ein institutionalisiertes Leistungssystem, sondern der sozialpolitische Diskurs überhaupt. In diesem Sinne wurde mit dem

Verzicht auf den Sozialstaat durch die neoliberalen Prozesse um die Agenda 2010 gleichzeitig der Verzicht geleistet auf die aktive Gestaltung des Sozialen. Diesem neoliberalen Verzicht gingen in den davor liegenden Jahrzehnten unterschiedliche Diskussionsstränge um die anzustrebende Entwicklung des Sozialstaates voraus. Bereits in den 68ern entstand Kritik am Sozialstaat, dem vorgeworfen wurde, dass sein sozialstaatliches Sicherungsmodell zu den emanzipatorischen Ansprüchen des Individuums am Ende des 20. Jahrhunderts im Widerspruch stehe. Er würde, so erläutern Böhnisch und Schröer die damalige Sozialstaatskritik, „dem Eigensinn der Menschen und der Pluralisierung der Lebensformen nicht gerecht" (Böhnisch/Schröer 2002, S. 11), er verstaatliche kollektive Verantwortung und führe zur „fürsorglichen Belagerung" und zu einer eher passiven Konsumhaltung gegenüber wohlfahrtsstaatlichen Leistungen. Forderungen nach bürgernaher Öffnung des Sozialstaates wurden immer lauter. Man suchte nach einer neuen politischen Verfasstheit der Gesellschaft, in der der Bürger selbst das aktive, regulierende Element sein sollte (vgl. Böhnisch/Schröer 2002; vgl. auch Dollinger 2006). So berichten auch Kessl und Otto (2009, S. 16f) von verschiedenen wohlfahrtsstaatskritischen Stimmen aus dieser Zeit:

- die alternativ-gegenkulturelle Position (in erster Linie soziale Bewegungen und bürgerschaftliche Diskurse), die das Leben der Menschen stärker nach individuellen Präferenzen gestalten wollte,
- die konservativ-paternalistische Position, der es darauf ankam, die staatlichen Leistungen mehr auf die ‚wirklich Bedürftigen' zu beschränken und zu konzentrieren sowie
- die Kapitalismus kritische Position, die den Sozialstaat ohnehin als Agenten des Kapitalismus ansah,
- die neoliberale Sozialstaatskritik.

Letztere sah und sieht im Sozialstaat einen sozialpolitischen Generalfehler und will ihm das Konkurrenzmodell des freien Marktes entgegen stellen, der den evolutionären Fortschritt am besten ermöglichen könne. Übersehen wurde in der Sozialstaatskritik auch der bürgerschaftlichen Diskurse damals, dass das Menschenbild des Sozialstaates aus der Arbeiterbewegung herrührte und erhebliche sozial-reformerische Gestaltungsperspektiven in sich barg. Ignoriert wurde zudem, dass der Sozialstaat eine Gestaltungsaufgabe hatte, der er zwar selber nicht mehr ausreichend gerecht werden konnte, die aber als Aufgabe der Sozialpolitik bestehen bleibt.

Seit der Jahrtausendwende ist nun, wie Böhnisch und Schröer anmerken, die bürgerschaftliche Bewegung ganz „in den Sog des sog. Strukturwandels des Sozialstaates geraten und das bürgerschaftliche Engagement zu einem

Faktor in den Diskussionen im Konzept des sog. Aktivierenden Sozialstaates geworden" (Böhnisch/Schröer 2008, S. 93, 100; vgl. auch Schröer/Thiersch 2005, S. 249). In den aktuellen neoliberal gefärbten Diskursen um Bürgerschaftlichkeit kommt logischerweise die Gestaltungsaufgabe des Sozialstaates gar nicht mehr vor. Es geht nur noch um Leistungen für die Absicherung des Humankapitals. Die sozialpolitische Spannung, die im Sozialstaat implizit enthalten war (als Antwortversuch auf die „Soziale Frage"), wird von den neoliberalen bürgerschaftlichen Konzepten und Initiativen in Deutschland nicht aufgriffen (ebenda, S.185). Der flexible und mobile Mensch, der dort verhandelt wird, ist eher ökonomisch funktionalisiert und damit in gewissem Sinne sozial entbettet (ebenda, S. 165).

Die oben beschriebenen Konzepte und Hoffnungen, die mit den sozialstaatskritischen Ansätzen verknüpft waren, sowohl die Demokratisierungs- und Beteiligungshoffnungen als auch Erwartungen, auf diesem Wege dem Kapitalismus ein menschliches Gegenmodell vorhalten zu können, das nicht Ausgrenzung und Marginalisierung, sondern Integration und Mitgefühl fördere, scheinen sich nicht erfüllen zu können. Seit unter den Bedingungen der neoliberalen Ideologie die bürgerschaftlichen Konzepte konsequent eingebaut werden als Ausfallbürgen für den Sozialstaat, haben sich solche Konzepte in Luft aufgelöst. Faktisch sollen in der derzeitigen Realpolitik die so aufgeforderten Bürger nicht den demokratischen Konflikt beleben, sondern eine Regierungslücke schließen (vgl. Ziegler 2008, S. 170). Allerdings gab es schon vor dem aktivierenden Staat in Deutschland wenig bürgerschaftliche Initiativen, die auf eine politische Mitgestaltung ausgerichtet waren. Anders als z.B. in angelsächsischen Ländern war die Bürgerschaftsbewegung in Deutschland nur hin und wieder von einer Kapitalismus kritischen Konfliktperspektive begleitet (Böhnisch/Schröer 2002, S. 19). Die neoliberale Annexion der zivilgesellschaftlichen Diskussion in Deutschland konnte eben deshalb so gut gelingen, vermuten die Autoren, weil sich die bürgergesellschaftlichen Positionen in Deutschland im Wesentlichen in einer Sozialstaatskritik erschöpft haben (Böhnisch/Schröer 2002, S. 147). Das in der gegenwärtigen bürgerschaftlichen Diskussion verwendete Menschenbild ist also kein bürgerschaftlich originäres, sondern nur ein aus der Sozialstaatskritik abgeleitetes Menschenbild.

Der Sozialstaat, so resümieren Böhnisch et al. (2005, S. 239), wurde und wird von der neoliberalen Kritik nicht nur in seinen Organisationsproblemen kritisiert, sondern „in seinem sozialpolitischen Grundprinzip sozialer Gerechtigkeit diskreditiert" (vgl. z.B. auch Kessl 2005a, S. 216). Kessl schlägt deshalb zur Bezeichnung des neoliberalen Transformationsprozesses des Sozialen statt des Begriffes ‚neoliberal' den Begriff ‚neosozial' vor. Er weist damit auf den im Rahmen des aktivierenden Staates stattfindenden politischen „Re-Programmierungs- und Re-Strukturierungsprozess" des Sozialen hin: Die Rede vom Neoliberalen suggeriere, das alles bestimmende Prinzip sei der Markt, der die politische Regulierung zurückdränge. Der Begriff ‚neosozial' dagegen mache deutlich, dass hier das Soziale neu definiert wird und dass es sich nicht etwa im Rahmen der Marktgesetze erledige. Im Folgenden soll dieser Vorschlag von Kessl aufgriffen und von einer ‚neosozialen' Konzeption der neoliberalen Sozialpolitik gesprochen werden.

Mit der neoliberalen Vorstellung von Zivilgesellschaft ist der Diskurs um die Bürgergesellschaft nicht erschöpft und auch nicht erledigt. So stellt z.B. Keupp gegen die neoliberale Vorstellung von Zivilgesellschaft die Perspektive einer Zivilgesellschaft wohlfahrtsstaatlichen Handelns, die ein Menschenbild brauche, „das nicht von der ökonomischen Verwertbarkeit des Menschen ausgeht, sondern seiner bedingungslosen Würde und dem Respekt, den jedes menschliche Wesen daraus erwarten kann" (Keupp 2007, S. 31).

4.3.2 Aufgabe des Grundprinzips ‚Soziale Gerechtigkeit'

Lange und Thiersch (2006, S. 214 ff) befassen sich in einem historischen Rückblick mit den unterschiedlichen Reaktionen der menschlichen Gesellschaft auf soziale Ungleichheit.

Die mittelalterliche „Caritas" ging davon aus, dass diejenigen, die es können, denen helfen sollen, die in Not sind. Armut wurde als von Gott gegeben angesehen und vor Gott wurden alle Menschen als gleich betrachtet. Diese Form der sozialen Unterstützung, die wir heute als ‚Barmherzigkeit' bezeichnen würden, kann jedoch einhergehen mit einer „Arroganz des Helfens", wenn die HelferIn sich über den Hilfebedürftigen erhaben fühlt. Möglich ist im Rahmen dieser Hilfeform auch die Demütigung und Beschädigung des Hilfebedürftigen. Auf jeden Fall aber ist Barmherzigkeit immer subjektiv und situativ. Sie ist Helfen hier und im Augenblick. Sie hängt ab von der subjektiven Bereitschaft der Mildtätigen. Und sie stellt Armut als gesellschaftliches Problem mitnichten infrage. Möglichkeiten der Veränderungen der Machtstruktur oder der Ressourcenverteilung werden nicht thematisiert.

Mit der Aufklärung änderten sich der gesellschaftliche Blick auf soziale Ungleichheit und der Umgang mit ihr radikal. Die Aufklärung ging davon aus, dass alle Menschen gleich sind. Hier wird der Gedanke von Gerechtigkeit und Gleichheit als der Anspruch aller auf ein in eigener Verantwortung gestaltetes Leben postuliert, ein Anspruch, der sich in der Solidarität aller realisieren lässt und im Zweifel im gemeinsamen Kampf um veränderte Verhältnisse durchgesetzt wird. Statt der Angewiesenheit auf Unterstützung bestehen nun Ansprüche an die Gesellschaft, statt der Herablassung und Arroganz von Helfern erfolgt nun solidarische Unterstützung, statt der bloßen situativen Hilfe in der Not steht nun auch die Frage nach gesellschaftlichen und lebensgeschichtlichen Konstellationen auf der Tagesordnung, statt der Anpassung an die Verhältnisse und Machtstrukturen, wie sie sind, bestehen nun Perspektiven und Erwartungen in Richtung einer Veränderung im Zeichen der Gerechtigkeit. Die Solidarität als Hilfe aller für alle wird zur allgemeinen gesellschaftlichen Aufgabe.

Aus dieser der Aufklärung verpflichteten Grundhaltung sind letztlich zwei gesellschaftliche Konzepte im Umgang mit sozialer Ungleichheit (Antworten auf die „Soziale Frage") hervorgegangen, einmal die radikale sozialistische, auf eine Abschaffung des kapitalistischen Systems orientierte Variante der kommunistischen Arbeiterbewegung und zum zweiten die sozialdemokratische Variante, die „für den wohlfahrtsstaatlich gezähmten Industriekapitalismus und für unsere gegenwärtige Gesellschaft bestimmend" wurde (Lange/Thiersch 2006, S. 217). Letzteres Konzept im Umgang mit sozialer Ungleichheit orientierte auch den Sozialstaat und seine verschiedenen historischen Ausprägungen bis zur Agenda 2010.

Die durch das Gedankengut der Aufklärung geprägten Vorstellungen mögen sich etwas idealtypisch lesen. Tatsächlich erwies sich die Hilfe für sozial Ungleiche und Benachteiligte im Rahmen der systemimmanenten sozialdemokratischen Antwortvariante auf die „Soziale Frage" als durch das kapitalistische System begrenzt und deshalb auch im Sozialstaat nicht immer in diesem Sinne umsetzbar. Lange und Thiersch betonen jedoch mit Blick auf den Sozialstaat: Das Konzept bleibt aber trotz dieser Schwierigkeiten im „Horizont jener modernen Gerechtigkeits- und Solidaritätskultur, die dadurch bestimmt ist, dass die gesellschaftlich erzeugten Probleme der Belastung, Randständigkeit und Ausgrenzung als Herausforderung und Aufgabe der Gesellschaft im Ganzen verstanden und angegangen werden müssen" (Lange/Thiersch 2006, S. 217).

Von alle dem ist die neosoziale Konzeption weit entfernt. Mit der Zweiten Moderne und dem proklamierten aktivierenden Staat haben sich die Vorstellungen radikal gewandelt.

Mit der Zurücknahme von Sicherungen und sozialen Rechten u. a. im Zusammenhang mit Sozialhilfe und Arbeitslosenhilfe (Hartz-Gesetze) manifestiert sich ein neuer, allen bisherigen im Sozialstaat bestehenden Vorstellungen von sozialer Gerechtigkeit und sozialen Rechten zuwiderlaufender Umgang mit sozialer Ungleichheit. Die Teilhabegarantie durch soziale Rechte wird abgelöst von einer vorbehaltlichen Form der Inklusion, die an Leistungsnachweise, symbolische Bekundungen von Arbeitsbereitschaft und/oder an Arbeit im

Niedriglohnsektor gebunden wird (Chassé 2008, S. 69; vgl. auch Salustowicz 2006. S. 197). Die Herstellung sozialer Gerechtigkeit und die Schaffung von Chancengleichheit sind erklärlicherweise keine Ziele einer Gesellschaft, die vom persönlichen Verschulden für Ressourcenmangel und Lebenskrisen ausgeht, die die gesellschaftlichen Zusammenhänge sozialer Benachteiligung leugnet und die offenbar auch keine Veranlassung mehr sieht, zur eigenen Absicherung des Staates gegen die Sprengkraft der ‚Sozialen Frage', ihre Bevölkerung zufrieden zu stellen. Für die herrschende Politik ist soziale Ungleichheit damit kein Grund zur Beunruhigung. Allerdings wird die soziale Ungleichheit im neosozialen Konzept nicht etwa geleugnet. Spindler bemerkt, die neoliberale Gesellschaft nähme Armut als Kollateralschaden in Kauf, um Selbsthilfekräfte innerhalb der Gesellschaft allgemein zu stärken (Spindler 2007, S. 30). Chassé stellt fest: „Soziale Ungleichheit wird nicht nur konstatiert ..., sondern zur gegebenen, nicht hinterfragbaren sozialen Tatsache ontologisiert" (Chassé 2007b S. 22). Obwohl die soziale Ungleichheit in unserer Gesellschaft ständig zunimmt (vgl. z. B. Galuske 2002; Luttwak 1999; Beck 1999) und Armut und Arbeitslosigkeit zum einzuplanenden „Normalfall neuer flexibler Lebensmuster" geworden sind, und obwohl der aktivierende Staat als ein die Ungleichheit vorantreibender Staat eigentlich in Widerspruch gerät zum politischen System der Demokratie, das laut Grundgesetz auf Gleichheit und Gerechtigkeit baut, fühlt sich der aktivierende Staat davon nicht infrage gestellt oder herausgefordert. Vielmehr wird „Mut zu mehr Ungleichheit" gefordert (Kommission für Zukunftsfragen der Freistaaten Bayern und Sachsen 1997, S. 38). So interpretierte Otto 1999 das Schröder/Blair-Papier mit seinem neuen, aktivierenden Sozialstaatsverständnis als radikale „Abkehr von bisherigen Vorstellungen über Solidarität, sozialen Ausgleich und Wohlfahrt" (Otto 1999, S. 323). Tatsächlich ist im Sinne der neoliberalen Gesellschaftsvorstellung und im aktivierenden Staat „Nicht-Gerechtigkeit" zum Modernisierungsfaktor" (Böhnisch et al. 2005, S. 247) geworden. Ungleichheit ist normal und gewisser Maßen der Motor der aktivierten Gesellschaft (ebenda, S. 250; vgl. auch Bütow/Chassé, Hirt 2008, S. 235; Böhnisch/Schröer/Thiersch 2005, S. 229, 232, 250). Anhorn stellt fest, dass das neoliberale Konzept die zunehmende Ungleichheit und die sozialen Ausschließungen als hinnehmbare, wenn nicht sogar notwendige Bestandteile der gesellschaftlichen Entwicklung sieht und sie mithin als unerlässliche Triebkraft in der „Etablierung von Anreizstrukturen" begreift, die die individuelle Leistungs- und Risikobereitschaft, den Selbstbehauptungswillen und Verantwortungsübernahme hervorbringen sollen. Für den Betroffenen seien solche Entwicklungen hart, aber aus der Sicht des aktivierenden Staates für die Gesamtbevölkerung förderlich (Anhorn 2005, S. 20).

Der Sozialstaat dagegen orientierte sich in seinen Vorstellungen von Gerechtigkeit und Chancengleichheit an den Grundformen der Gerechtigkeit, wie sie die aufgeklärte Philosophie definiert. Der Begriff der sozialen Gerechtigkeit bzw. der ausgleichenden Gerechtigkeit hat immer ein relatives Gleichheitsmodell im Blick (vgl. Baum 2004). Ungleichheiten müssen berücksichtigt werden, z. b. brauchen benachteiligte Personen einen Ausgleich, damit auch sie ein menschenwürdiges Leben führen können (ebenda). Laut Böhnisch et al. wird die Verteilungsgerechtigkeit mit Rawls (1993) als eine der drei Grundformen der Gerechtigkeit ausgewiesen und ist damit ein für jede Gesellschaft unhintergehbarer Maßstab (Böhnisch/Schröer/Thiersch 2005, S. 249).

Wie für den Sozialstaat war für die Soziale Arbeit die Herstellung sozialer Gerechtigkeit immer ein zentraler, verpflichtender Gedanke (vgl. z. B. Füssenhäuser 2006, S. 133). Im Kontext dieses Sozialstaatspostulates ging Soziale Arbeit davon aus, dass sie ihrer Klientel, auch und gerade den sozial benachteiligten Menschen, subjektorientiert und parteilich entgegen – und an die Seite – zu treten habe. Für sie waren die kritische Analyse der gesellschaftlichen Strukturbedingungen sowie die Handlungspostulate ‚soziale Gerechtigkeit und Zugangsgerechtigkeit' selbstverständlich und bindend. Soziale Arbeit musste zwar die zunehmende Ungleichheit der Menschen im Kapitalismus immer schon als gegeben akzeptieren. Sie konnte und durfte die „Soziale Frage" nie als gesellschaftliche Machtfrage stellen. Allerdings war es auf der anderen Seite immer ihre Aufgabe, die größten, sich aus dieser zunehmenden Ungleichheit entwickelnden Probleme der Menschen auszugleichen und zu versuchen, durch entsprechende Maßnahmen auch des Ressourcenausgleichs, ihre Lage zu verbessern bzw. zu normalisieren. Im Rahmen der lebensweltorientierten Sozialarbeit wurden Handlungsmaximen definiert, die die Soziale Arbeit leiten sollen und an denen die Profession ihre Qualität bemessen und beurteilen kann. Es handelt sich um Orientierungen, die u. a. darauf gerichtet sind, Menschen nicht auszuschließen, sondern sie zu integrieren, ihnen den Anschluss oder Wiederanschluss an die Gesellschaft zu ermöglichen und ihnen Teilhabechancen am gesellschaftlichen Reichtum zu sichern (Integration). Ziel ist es dabei, den Menschen zu helfen, dass sie ihr Leben unter den oft prekären Bedingungen bewältigen. Bei einer solchen Aufgabe kommt man kaum darum herum, strukturelle Ungleichheiten aufzudecken und die Betroffenen bei ihrem Kampf um Chancengleichheit zu unterstützen. Die Handlungsmaximen sind im 8. Jugendbericht (1990) ausformuliert worden und sind als Handlungsleitlinien in das 1990 verabschiedete neue Kinder- und Jugendhilfegesetz (KJHG) eingegangen. Es gibt für die Profession Soziale Arbeit also eine verbindliche Definition einer eigenen berufsethischen und fachlichen Orientierung am Prinzip der sozialen Gerechtigkeit.

Seit Ende des 20. Jahrhunderts hat die Auseinandersetzung mit der Thematik der gerechtigkeitstheoretischen Vergewisserung Sozialer Arbeit und mit Menschenrechtsfragen in der Sozialen Arbeit deutlich zugenommen (vgl. Kessl 2009, S. 15; vgl. auch „widersprüche" 107, 2008; Maaser 2006; Kessl/Otto/Ziegler 2006; Schrödter 2006). Seit einigen Jahrzehnten bemühen sich verschiedene Gruppen, z. B. der Internationale Verband der SozialarbeiterInnen (IFSW), dem inzwischen 80 Nationen angehören, oder auch die Internationale Vereinigung der Ausbildungsstätten für Sozialarbeit (IASS), die Soziale Arbeit als „Menschenrechtsprofession" zu definieren und sie fordern, dass Soziale Arbeit sich stärker auf die Kinderrechtskonvention der UNO orientieren solle. Für Staub-Bernasconi stellen die Menschenrechte heute den zweiten weltumspannenden Diskurs mit Universalitätsanspruch dar – der allerdings mit weniger Macht ausgestattet ist als der andere, der neoliberale Diskurs. Die Rückversicherung der Sozialen Arbeit in Richtung auf die Menschenrechte als auf den für sie handlungsleitenden Code, bedeutet aus Sicht von Staub-Bernasconi, „dass Soziale Arbeit heutzutage ihre Arbeit nicht nur unter den nationalen sozialstaatlichen Rahmen- und Gesetzesbedingungen, sondern unter den transnationalen menschenrechtlichen Rahmenbedingungen der UNO-Charta ... zu erfüllen hat" (Staub-Bernasconi 2007b, S. 27). Die VertreterInnen der Menschenrechtsorientierung Sozialer Arbeit gehen z. B. davon aus, dass im Konfliktfall die Loyalität gegenüber der Klientel höher zu stehen habe als zu den jeweiligen Trägern Sozialer Arbeit mit ihren partikulären, vorwiegend fiskalischen (Spar-) Zielen, und sie verstehen Soziale Arbeit ganz bewusst als „Gegeninstanz zum gegenwärtigen neoliberalen Umbau unserer Gesellschaften" (ebenda).

Es sind nun aber gerade diese fachlichen und ethischen Orientierungen und Selbstverständlichkeiten, die im Rahmen der Ökonomisierung und Neoliberalisierung der Sozialen Arbeit verloren gehen und den Systeminteressen nicht mehr willkommen scheinen, weil sie angeblich unbezahlbar, vor allem wohl aber ideologisch unerwünscht geworden sind. Konzepte von „Verteilungsgerechtigkeit" und „sozialer Gerechtigkeit" werden heute zu Zeiten neosozialer Politik als utopische Maßstäbe kommuniziert, die eine Anspruchshaltung der Bürger zum Ausdruck bringen, und die angesichts des notwendigen Abbaus des Sozialstaates nicht mehr aufrechtzuerhalten seien. Ein Begriff wie ‚Soziale Gerechtigkeit' würde nach neoliberaler Sicht den wirtschaftlichen Prozess stören, der aber das Gemeinwohl sichern soll, stellt Baum fest (2004, S. 22). Er weist im Übrigen darauf hin, dass innerhalb der verschiedenen Theorien zur Gerechtigkeit immer das Ringen um die Vereinbarkeit von menschlicher Freiheit und Gleichheit im Zentrum stand (vgl. Baum 2004, S. 48).Von den Werten der Aufklärung wird im aktivierenden Staat allein die Freiheit hoch geschätzt.

Die Gleichheit erscheint aus neoliberaler Sicht eher als Bedrohung der Freiheit und wird der Freiheit geopfert. In der neoliberalen Ethik bedeutet Gerechtigkeit somit nur noch Verfahrensgerechtigkeit zur Vermeidung von Willkür (vgl. Staub-Bernasconi 2007b). Auf diesem Hintergrund muss die neoliberale Aussage, der Markt sei gerecht, verstanden werden. Eine soziale Gerechtigkeit gegenüber Teilen der Gesellschaft, die benachteiligt sind, ist nicht vorgesehen. Die neoliberale Ethik sichert das Überleben der Armen. Aber ob der Arme im konkreten Fall auf diese Weise wirklich überleben kann, wird von ihr nicht weiter verfolgt, ebenso wie die Bestimmung des Existenzminimums nicht mehr bedürfnistheoretisch begründet wird, sondern politischen Aushandlungsprozessen überlassen bleibt (vgl. Staub-Bernasconi 2007b, S. 37). „Als Personen in ihrer Menschenwürde und ihren unantastbaren Grundrechten ist man sich wechselseitig gleichgültig" (ebenda). Füssenhäuser fordert von der Sozialen Arbeit, ihre Werte und Handlungsziele „gegen die Tendenzen der Biografisierung, Privatisierung und der Ökonomisierung und der damit einhergehenden Entkopplung von Gerechtigkeit zu verteidigen" (Füssenhäuser 2006, S. 136).

4.3.3 Barmherzigkeit und Wohltätigkeit statt Ressourcenausgleich

Die Reduktion sozialer Leistungen bzw. die Zurückhaltung sozialer Leistungen im Falle mangelnder Eigenverantwortung und Eigeninitiative der Hilfebedürftigen verweist die Bedürftigen auf die private, freiwillige Erbringung von Hilfe durch informelle Akteure. Die Abhängigkeit, die vorher zum Sozialstaat bestand und dort als solche kritisiert wurde, verschiebt sich nun auf diese informelle Helferstruktur.

Hier aber ist Hilfe nicht mehr sicher, nicht mehr berechenbar und zuverlässig, sie wird nicht mehr systematisch gewährt, sondern willkürlich und zufällig und ist jetzt von Sympathie abhängig, nicht von einem Rechtsanspruch. Sie wird nicht mehr öffentlich kontrolliert und gesteuert und ist vor allem nicht mehr einklagbar. Das Ergebnis der Hilfe hängt also vom Glück des Betroffenen ab.

Vergegenwärtigt man sich die Ausführungen von Lange und Thiersch zu den verschiedenen historischen Reaktionen auf soziale Ungleichheiten in ihrer jeweiligen Gesellschaft, die weiter oben dargestellt wurden (Lange/Thiersch 2006, S. 221ff), so befinden wir uns heute also ‚hilfetheoretisch' in einer Zeit vor der Aufklärung (vgl. auch Böhnisch et al. 2005, S. 239). Denn erst die machte die Errungenschaften möglich, derer sich vor wenigen Jahrzehnten noch der Sozialstaat bediente. Im aktivierenden Staat aber haben wir es im Kontext der Hilfe, die im Rahmen der privaten Sphäre von Bürgerschaftlichkeit und privaten Sponsoren erbracht wird, mit einer Hilfeart zu tun, die dem sehr ähnlich sieht, was die Autoren als voraufklärerische, barmherzige Form sozialer Unterstützung beschrieben haben: So werden auch hier Fragen nach einer Veränderung der im Hintergrund der Armut stehenden Machtstrukturen nicht gestellt. Möglich ist auch heute durch die private und willkürliche Form der Hilfe die Beschädigung und Demütigung des auf Hilfe Angewiesenen. Denkbar ist auch hier, dass sich der Helfende über den Hilfebedürftigen erhaben fühlt oder fühlen möchte und dass der private Hilfeprozess von der „Arroganz des Helfens" gekennzeichnet wird (vgl. Lange/Thiersch 2006, S. 214).

Auf Armut und Elend wird im aktivierenden Staat also wieder mit Konzepten der Barmherzigkeit reagiert, mit Suppenküchen, Tafeln, Wohltätigkeitsbällen, mit Kleiderkammern und kommunalen Notunterkünften (vgl. Bütow/Chassé/Hirt 2008, S. 231; vgl. auch Notz 2009, S. 214; Spindler 2007, S. 31; Böhnisch et al. 2005, S. 238; Albert 2008, S. 42) oder z. B. mit einer „Arche", bei der unbezahlte Freiwillige dafür sorgen, dass etwa tausend Kinder täglich etwas zu essen bekommen (vgl. Schwendter 2006, S. 21). Die Betroffenen haben ihre Rechte an die Gesellschaft verloren, aber die Gesellschaft, das heißt jetzt die privaten Personen, die nicht selber betroffen sind, fühlen sich – ähnlich wie im Mittelalter – aufgefordert, diesen Elenden ihre persönliche Herzenswärme zukommen zu lassen oder wenigstes ihr schlechtes Gewissen zu beruhigen. Böhnisch et al. sprechen von einer Funktionalisierung ehrlicher, zwischenmenschlicher Hilfebereitschaft. Auf diese Weise entstehe in der Gesellschaft und ihrer Politik das „gute, entlastende Gewissen angesichts eines sozial rücksichtslosen Kapitalismus und seiner Dethematisierung des Sozialstaates" (Böhnisch et al. 2005, S. 238). Eine Soziale Arbeit aber, die sich angesichts der neuen Entwicklungen im Arbeitsfeld der Sozialen Arbeit ihrer Tradition als Armenhilfe erinnert und sich darin auflöst, ist selber in Gefahr, sich dieser Barmherzigkeitsmode anzuschließen, solange sie nicht in gleichem Maße für eine bessere, menschenwürdigere Grundsicherung der Armen eintritt, warnen Böhnisch et al. (ebenda). Auch das Sponsoring und das Fundraising sind nach Böhnisch in diesen Kontext einzuordnen. Die Autoren beziehen sich mit ihrer Einschätzung auf Margalith: „Eine Gesellschaft, in der die Bedürftigen ein Anrecht auf Unterstützung haben, ist grundsätzlich weniger entwürdigend als eine Gesellschaft, die auf Barmherzigkeit beruht" (Margalith 1998, S. 276). Die private Hilfe wird vom aktivierenden Staat eingefordert als soziale, kompetente und gesellschaftlich verantwortliche Haltung der aktiven, initiativen BürgerInnen. Und tatsächlich scheint eine Hilfe, die den oben beschriebenen privaten und persönlichen Charakter hat, trotz ihrer problematischen Nebenwirkungen, vielen Menschen als Rückkehr sozialer, zwischenmenschlich wieder engagierter sozialer Beziehungen.

Es ist insgesamt zu beobachten, dass im Rahmen des neosozialen Gesellschaftsprojektes zunehmend neben die ökonomisch-rationale Sicht des Menschen, die im aktivierenden, marktkompatiblen Staat vorherrscht und die den Menschen ausschließlich in seiner ökonomischen Verwertbarkeit betrachtet, bewertet und behandelt, eher nicht-rationale und auch irrationale Werte gestellt werden, die offenbar die kalte Wirklichkeit der Ökonomisierung aushaltbar und lebbar machen sollen. Die gerade in den letzen Jahren aufflammenden Forderungen nach Wertediskussionen, nach Rückbesinnung auf alte Werte und Traditionen sind keineswegs Zufall. Bezeichnender Weise aber haben nicht die eben entmachteten Werte wie Gleichheit, Gerechtigkeit, Menschenwürde und Chancengleichheit oder auch die eben erst verlorenen Rechtsansprüche Konjunktur, – sie bleiben versunken und werden offiziell weiter als gestrig belächelt – sondern es sind die alten christlichen, religiösen Werte wie Nächstenliebe, Barmherzigkeit, menschliche Wärme, paternalistische Verantwortung etc., die wieder gefragt zu sein scheinen. Staub-Bernasconi (2006, S. 73) kritisiert z. B. an der vor einiger Zeit hochaktuellen Debatte um die ‚deutsche Leitkultur', die als Gegenbewegung gegen den religiösen Fundamentalismus der marginalisierten Einwanderer zu verstehen war, dass hier „mit christlich-religiösen Konnotationen und nicht etwa mit der Akzeptanz demokratischer, rechtsstaatlicher Werte und universeller Menschenrechte" reagiert wurde. Viel näher liegend sei es doch, Soziale Gerechtigkeit als Verständigungsbrücke zwischen verschiedenen Religionen anzusehen, so Staub-Bernasconi (ebenda).

Dabei wird nicht nur jenseits der ökonomischen Wirklichkeit im Rahmen zivilgesellschaftlicher und privater Hilfebereitschaft die Bereitstellung und Sicherung der notwendigen Hilfen und Unterstützungsleistungen erwartet, sondern paradoxer Weise auch mitten aus der Sphäre der Wirtschaft selber heraus. Diskutiert wird zunehmend – und wie die jüngsten Beweise eines gesellschaftlich vollständig verantwortungslosen Umgangs der Wirtschaft und hier speziell der Banken mit gesellschaftlichen Gütern zeigen auch gerade angesichts der die Menschen bedrohenden Auswirkungen der wirtschaftlichen Sphäre des Marktes – dass aus der Wirtschaft, aus der Unternehmerschaft selber eine selbstlose, quasi ethisch reine, soziale Lösung, die entscheidende Entlastung und Unterstützung der Gesellschaft kommen könnte. Heute kämpfen viele Menschen trotz Wirtschaftskrise und Bankencrash um die Hoffnung, dass nicht alle Kapitalisten „böse" sind. Sie suchen in der Unternehmerschaft Gegenbeispiele und „gute, sozial gesonnene Kapitalisten". Böhnisch und Schröer weisen auf frühere Konzepte unternehmerischer Verantwortung hin: Im 19. Jahrhundert haben z. B. die Unternehmer Krupp oder auch Abbe versucht, die Verantwortungslosigkeit des Kapitalismus durch ihre individuelle, patrimonale Verantwortlichkeit zu kompensieren. Der fordistische und der sozialstaatliche

Kapitalismus selber aber haben in den folgenden Epochen diese private, feudalistisch anmutende Unternehmerfürsorge durch Rechte und Gesetze abgelöst. Der Prototyp des menschlichen, verantwortlich denkenden und sozial engagierten Kapitalisten und Unternehmers aber wird heute wieder gefeiert und beschworen (z. B. Koch 2008, mit seinem Buch „Soziale Kapitalisten – Vorbilder für eine gerechte Wirtschaft"). In den USA verstehen sich Unternehmen als „good local citizens" (vgl. Böhnisch/Schröer 2002, S. 16). Das Szenario mutet neofeudalistisch an und scheint eine Verzweiflungsaktion der von der Marktwirtschaft beherrschten Menschen, die in dem rationalen, unmenschlichen Wirtschaftssystem nach ein bisschen Wärme und Mitmenschlichkeit suchen[11]. Auch in diesem Kontext scheint heute das 19. Jahrhundert wieder eingeläutet zu werden. Vielleicht aber ist die Bewegung auch ganz und gar modern: Es geht dabei möglicherweise um den gezielten Versuch, das kapitalistische System als potentiell humanes Systems auszuweisen. Der entfesselte Kapitalismus versucht, dem Volk den Wolf im Schafspelz zu verkaufen.

Soziale Arbeit bleibt von der oben beschriebenen Tendenz in der Gesellschaft nicht unberührt. Angefangen von der oben ausführlich dargestellten Grundsituation, dass sie selber auf Spenden von Unternehmen angewiesen ist, die „großherzig" und für soziale Anliegen ansprechbar und sicher auch nicht völlig selbstlos bereit sind, Soziale Arbeit (mit) zu finanzieren, und außer der Tatsache, dass der Sozialen Arbeit gar nichts anderes übrig bleibt, als die Wohltätigkeitssegnungen in ihre Arbeit für die KlientInnen einzubeziehen, kommt noch hinzu, dass Soziale Arbeit zunehmend mit der gesellschaftlichen Erwartung konfrontiert ist, dass sie ihre Arbeit ‚als Liebesdienst' und das heißt eben quasi umsonst zu leisten habe. So wird im Lichte dieses ‚Barmherzigkeits-Revivals' die berufliche professionelle Ausrichtung gesellschaftlicher Solidarität eher misstrauisch betrachtet. Hilfe, die von Herzen kommt, scheint echter und damit besser. Die „Glorifizierung der Möglichkeiten von Selbsthilfe und Selbstorganisation" erfüllt nach Notz (2009) die Funktion, „Wärme in die Kälte einer zunehmend verbetriebswirtschaftlichten Welt (zu) bringen" (Notz 2009, 2007).

4.3.4 Ausgrenzung von Menschen im aktivierenden Staat

Ungleichheit bedeutet eine Differenzierung der Gesellschaft in Gruppen unterschiedlicher Teilhabe. Schon immer gab es in der kapitalistischen Gesell-

---

11 Die Situation erinnert mich an die Gans in einem Kinderbuch, das ich meinen Kindern oft vorlesen musste, die sich in die Radkappe eines Autos verliebt hatte und unverdrossen Tag und Nacht an das Autorad geschmiegt bei ihrem „Liebsten" saß, bis der Fahrer kam, den Wagen anließ und sie platt fuhr.

schaftsordnung ausgegrenzte Menschen und Menschen, die am Rande der Gesellschaft stehen mussten.

4.3.4.1 Ausschluss und Zurückweisung von „Überflüssigen"

Im Unterschied zum Sozialstaat, der durch „Reduzierung der Bildungs-, Qualifikations- und Einkommensdefizite kompensatorisch tätig wird" (vgl. Simon 2005, S. 158), versucht der aktivierende Staat nicht, diese Menschen durch materielle Leistungen zu integrieren. Er fordert sie stattdessen auf zu Entwicklung von Eigeninitiative und Engagement. D. h. er fordert von ihnen Eigenverantwortung und das unabdingbare Bemühen, irgendwie doch in Arbeit und Brot zu kommen, um sich eigenständig ernähren zu können. Wer dieses Angebot nicht annimmt oder nicht annehmen kann, fällt aus dem Rahmen und wird einer Gruppe von Menschen zugezählt, die nicht förderungsfähig sind und die somit die Erwartungen der Gesellschaft nicht erfüllen. So konstatiert Anhorn, es „findet sich in den kapitalistischen Metropolen eine stetig steigende, in dauerhafter Armut und Arbeitslosigkeit lebende Zahl von so genannten Überflüssigen und Entbehrlichen, die von gesellschaftlichen Teilhabemöglichkeiten weitgehend abgeschnitten sind und die nicht einmal als potentielle Arbeitskräfte oder Konsumenten zu mehr als nur einem marginalen Gegenstand ökonomischer Verwertungskalküle werden, sich dafür aber um so mehr entweder blanker staatlicher Repression und/oder der fürsorglichen Hilfe und Kontrolle Sozialer Arbeit überantwortet sehen" (Anhorn 2005, S. 21). So konstatiert z. B. auch Lutz: Soziale Arbeit „wird Dienstleister sein ... sowie Motivator zur Aktivierung individueller Kräfte. Andererseits wird sie aber auch neue Kontroll- und Überwachungsprogramme entwerfen müssen, die im Rahmen einer vermehrt wieder zur Aufgabe werdenden Elendsverwaltung notwendig werden" (Lutz 2008). Ein Teil der unteren und mittleren Milieus betreibt also wie erwünscht aktive Strategien der Flexibilisierung und es gelingt ihnen eine anscheinend „erfolgreiche" Anpassung. Andere Teile dieser Milieus können notgedrungen (weil chancenlos) diese Situation nur mit Resignation oder Anomie (Delinquenz, Schattenwirtschaft) bewältigen (vgl. Chassé 2007b, S. 26). Der aktivierende Staat interessiert sich nicht sonderlich für die Nöte und Biografien solcher Menschen. Die Hilfestrategien der Aktivierung lassen sie deshalb immer wieder im Regen stehen. Hier findet sich eine neue Grenzlinie zwischen verachteten und respektablen Gruppen der Gesellschaft.

Auch in der Sozialen Arbeit macht sich zunehmend eine Mentalität breit, die Menschen aus ihrem Zuständigkeitsbereich wegschieben möchte. Soziale Arbeit ist allzuständig, sie kann nicht auf andere Zuständigkeiten verweisen, sie ist sozusagen die letzte gesellschaftliche Instanz, wenn es darum geht, Menschen vor dem gesellschaftlichen und persönlichen Absturz zu bewahren.

Sie war im Sozialstaat tatsächlich ein Netz, in dem diejenigen aufgefangen wurden, bei denen sonst nichts mehr ging. Heute aber hat dieses Netz große Löcher bekommen. Auch die Soziale Arbeit gibt Menschen inzwischen auf, ist froh, wenn schwierige Jugendliche endlich volljährig werden und damit aus ihrem Zuständigkeitsbereich heraus fallen oder wenn andere „Hilfesysteme" sich ihrer annehmen müssen (Psychiatrie, Strafvollzug).

Beispiel 31
„Da können wir auch nichts mehr machen."
Mike hat mit seinen nun 18 Jahren schon eine lange „Jugendhilfekarriere" hinter sich gebracht. Die Schwierigkeiten mit ihm fingen an, als er 8 Jahre alt war. Er wurde eines Tages von seiner Mutter ins Jugendamt gebracht, die ihn nicht mehr haben wollte. Er würde stehlen und sei nur noch frech und er würde seine kleine Schwester bedrohen, wenn er mit ihr alleine wäre. Damals kam Mike ins Heim, wo er für 2 Jahre blieb. Im Heim war er nicht sonderlich beliebt, weil er auch dort andere bedrohte und ständig die Schule schwänzte. Mit 10 Jahren geriet Mike an Drogen, was ihm einen Rauswurf aus seinem Heim einbrachte. Er musste erneut bei seiner Familie leben, die ihm aber die Hölle heiß machte und alles daran setzte, ihn wieder los zu werden. Schließlich landete er in einem anderen Kinderheim, wo auch seine Drogensucht behandelt wurde. Dort blieb er für ganze vier Jahre. Das war eigentlich die ruhigste Zeit in seinem Leben. Mit 15 Jahren wurde Mike bei einem Ladendiebstahl mit einem Kumpel erwischt. Ab da geriet er unter Stress. Ihm wurde für den Fall einer Wiederholung erneut ein Rausschmiss angedroht. Ein erneuter Diebstahl führte deshalb zu einem Heimwechsel. Mit 16 beendete Mike die Schule ohne Abschluss. Sein neues Heim bemühte sich, ihn in eine Berufsvorbereitungsmaßnahme zu integrieren, bei der er auch in heimähnlichen Strukturen Aufnahme finden könnte. Mike brach diese Maßnahme selber ab. Er lebte für mehrere Monate auf der Straße. Als ihn die Polizei volltrunken aufgriff, wurde er in Obhut genommen und erneut in ein Heim eingewiesen. Hier konnte man mit ihm auch nicht viel anfangen. Als er wieder einmal einen Streit anfing und ein Mädchen leicht dabei verletzte, wurde er auf der Stelle in die Jugendpsychiatrie eingewiesen. Dort verbrachte Mike ein halbes Jahr. Er wurde entlassen mit der Auflage, dass er im Kontext seiner Heimerziehung einem Psychotherapeuten vorgestellt werden solle. Mike weigerte sich und drohte, das Heim anzuzünden, wenn sie ihn zwängen, wieder zu so einem Seelendompteur zu gehen. Das für ihn zuständige Jobcenter machte inzwischen Druck, weil Mike, wenn er demnächst 18 werden würde, nicht mehr über die Jugendhilfe finanziert würde und dann Hartz IV-Empfänger werden müsse. Das Heim gab eine schlechte Prognose ab über seine Chancen, sich in ein Arbeitsverhältnis einzubringen. Mit 18 Jahren endete

für Mike die Jugendhilfe. Eine weitere Förderung im Rahmen der Jugendhilfe wäre nur möglich gewesen, wenn er sich in einer laufenden Maßnahme befunden hätte. Das hat er weder gewollt, noch war die Jugendhilfe sonderlich interessiert an einer solchen Perspektive. Er lebt nun in einer privaten und unbetreuten Wohngemeinschaft mit anderen ehemaligen „Heimzöglingen". Er hat Probleme, mit dem Geld klar zu kommen und hat ständig Streit mit seinen Mitbewohnern. Um seinen Lebensunterhalt von der ARGE zu bekommen, muss Mike jetzt an Trainingskursen teilnehmen, die ihn langweilen. Nur die Arbeit mit dem Computer findet er einigermaßen brauchbar. Den Rest schenkt er sich, was ihm eine dreimonatige Sperre der Grundsicherung bringt. Mike fängt wieder an zu trinken. Sein Jobcenter schickt ihn zur Drogenberatung, was er aus Angst vor einer erneuten Sperre nicht verweigert. Und dort sitzt nun ein Mitarbeiter vor einem riesigen Problemberg und einem Unglückshaufen von Mensch, hat aber die Aufgabe, diesen Menschen trotz allem möglichst schnell auf irgendeine Weise wieder arbeitsfähig und vor allem arbeitswillig zu machen. Für Verständnis und Akzeptanz gibt es hier kaum Raum. Er macht also auch Druck und da dieser nicht greift, zuckt er die Schultern – und verspielte vielleicht die letzte Chance, für Mike, doch noch einen Weg aus seiner Lage herauszufinden. Mike hat genügend Kontakte, um diesem Spiel insofern ein Ende zu setzen, als er nun plant, in Zukunft zu versuchen, seinen Unterhalt wirklich selber zu sichern, durch Kleinkriminalität und perspektivisch wohl als Insasse eines deutschen Gefängnisses.

4.3.4.2 Zwei-Klassen-Soziale Arbeit im investiven Staat

Im Umgang mit Menschen, die nicht erfolgreich sind und weniger Ressourcen aufweisen, erweist sich auch die gezielte Investitionspolitik des aktivierenden Staates als Faktor, der die schon vorhandene Ungleichheit weiter verstärkt. Wie schon weiter oben festgestellt, zeigen Dahme und Wohlfahrt (2005) auf, dass ein Zusammenhang zwischen sozialpolitischer Aktivierungspolitik und investiver Sozialpolitik besteht: Soziale Investitionen unterscheiden sich, je nach dem, welche gesellschaftlichen Zielgruppen sie betreffen. So äußerte sich z. B. der spätere Wirtschaftsminister Clement im Jahre 2003 folgendermaßen: „Soziale Gerechtigkeit muss für uns heißen, eine Politik für jene zu machen, die etwas für die Zukunft unseres Landes tun. Um sie – und nur um sie – muss sich Politik kümmern („Die Zeit", 17.12.2003). Investiert wird in erster Linie in den, für den es sich lohnt und der entsprechende Effekte zeigen wird. Auf diese Weise werden die Menschen eingeteilt in produktive und unproduktive Gruppen der Gesellschaft. Investition erfolgt dann vorzugsweise in produktive oder zukünftig produktive Gruppen. Unproduktive Gruppen bekommen bestenfalls eine minimale Grundversorgung ab. Dieses Vorgehen erinnert an das Konzept in den USA, wo zwischen „würdigen und unwürdigen Armen" unterschieden wird. Es erinnert vor allem aber auch an historische Vorläufer aus dem 19. Jahrhundert (vgl. Hering 2000). Im Klartext heißt das, dass der Sozialpolitik nicht mehr alle gesellschaftlichen Gruppen gleich viel wert sind. Unsere Gesellschaft überschreitet hiermit eine gefährliche Grenze. Die Unterscheidung in Menschen, die etwas wert sind, also z. B. sozialpolitische Investitionen, und solche, die diese nicht wert sind, gemahnt zudem eindringlich an die dunkelste Epoche unserer deutschen Geschichte.

Es gibt in unserer Gesellschaft längst Praktiken, die gezielt und bewusst zur Ausgrenzung und Ghettoisierung bestimmter Bevölkerungsteile gedacht sind, z. B. alle Maßnahmen, um Obdachlose, Alkoholtrinkende oder aggressionsbereite Jugendliche aus den Innenstädten und von Plätzen zu vertreiben. So führte z. B. der Zwang der Hartz-Gesetzgebung zur Miete in Wohnungen mir günstigen Mieten dazu, dass bestimmte Stadtviertel mit vielen Billigunterkünften zu Sammelorten werden, in denen vor allem Hartz IV Empfänger wohnen (eine Entwicklung, der man vorher übrigens mit sozialpolitischen Mitteln versucht hatte entgegen zu wirken, um die Kumulation bestimmter Problemlagen in manchen Stadtteilen zu verhindern.)

Für die Gruppe der Verlierer im aktivierenden Staat wird oft der Begriff ‚Exklusion' verwendet. Der Begriff wurde 2002 von Kronauer erstmalig benutzt. Der verwand ihn im Kontext der Verfestigung der Massenarbeitslosigkeit seit Beginn der 80er Jahre, um diese sozialpädagogisch zu skandalisieren und entsprechende Maßnahmen insbesondere der Gemeinwesenarbeit zu fordern (vgl. Kronauer 2002). Heute scheint der Begriff unzureichend. Er unterstelle, so Kessl (2005b), ein Innen und ein Außen der Gesellschaft, ohne das Innen infrage zu stellen oder auch nur zu berühren. Und er beschreibe nur einen Zustand, ohne aber den Prozess, der zu diesem Zustand geführt hat, zu thematisieren. Der Begriff berge deshalb, so Kessl weiter, die Gefahr, dass dieses Entkopplungsergebnis nicht als Ergebnis politischer Entscheidungen erkannt, sondern als quasi-naturalistische Verkürzung angesehen wird.

Soziale Arbeit gerät durch diese investive Politik in die Lage, eine Zwei-Klassen-Soziale Arbeit zu werden. Die Tatsache wird allgemein gesehen, aber je nach Einstellung angeprangert, bedauert oder auch achselzuckend hingenommen. So kommentiert z. B. Lutz diesen Sachverhalt wie folgt: „Vor diesem Hintergrund wird die gesellschaftliche Funktion Sozialer Arbeit klarer, die sich im Kontext der Reformulierung des Sozialen herauszubilden scheint: Aktivierung und Training der Fähigen und Erfolgversprechenden auf der einen Seite; Versorgung, Verwaltung und Kontrolle derjenigen, die zur Aktivierung nicht mehr geeignet erscheinen, auf der anderen" (Lutz 2008). Und für diese zweite Gruppe, so fügt Lutz treffend hinzu, stehen zur Erfüllung „nur niedrige Budgets, Spenden und Almosen zur Verfügung" (ebenda).

Auf diese Weise kann Soziale Arbeit im Kontext des aktivierenden Konzeptes gar nicht anders, als selber zur Verfestigung, Ausweitung und zur weiteren Entstehung sozialer Ungleichheit beizutragen. In dem Maße, indem Soziale Arbeit hier einbezogen wird oder selber aktiv am Prozess beteiligt ist, übernimmt sie Aufgaben der Diskriminierung, der Selektion und der Ausschließung von Menschen (vgl. auch Simon 2006, S. 158 oder Eick 2005, S. 112).

4.3.4.3 Soziale Arbeit in den „Reservaten des Misslingens"
Es zeichnet sich also ab, dass Soziale Arbeit es immer mehr mit zweierlei Menschengruppen zu tun haben wird: Mit denen, die noch integrierbar scheinen und sich einer Aktivierung nicht verschließen und mit denjenigen Menschen, die sich nicht aktivieren lassen und von der Gesellschaft marginalisiert und ausgeschlossen werden (vgl. Bommes/Scherr 1996, S. 116). Es spricht einiges dafür, dass diese Gruppe der Menschen insbesondere angesichts der aktuellen Krisen und ihrer Folgen weiter anwachsen wird. Galuske spricht davon, dass „weite Teile der sozialpädagogischen Infrastruktur zu mehr oder minder komfortablen Wartehallen vor den Toren der Arbeitsgesellschaft" werden könnten (Galuske 2002, S. 344). Soziale Arbeit hätte dann die Aufgabe, „Reservate des Misslingens" (z. B. Fixerstuben) zu betreuen bzw. dafür zu sorgen „dass die unternehmerisch gescheiterten Subjekte die Grenzen der ihnen zugewiesenen Reservate nicht überschreiten" (Galuske 2008, S. 15). Soziale Arbeit wird in Bereichen eingesetzt, wo die Bemühungen um Integration ihrer KlientInnen in die Gesellschaft eigentlich völlig chancenlos sind. Jugendliche ohne Hauptschulabschluss und Langzeitarbeitslose werden in endlosen Warteschleifen weitergereicht. Ihnen werden Kompetenzen vermittelt, die sie vielleicht für ihr Leben irgendwie brauchen können, aber die Integration, die Lehrstelle, der Arbeitsplatz rücken dennoch nicht in den Bereich der Realität.

Beispiel 32
Pünktlichkeit ersetzt keinen Arbeitsplatz
Uwe S. arbeitet als Sozialpädagoge bei einem Verein, der sich für Jugendliche mit Migrationshintergrund einsetzt. Die meisten der Jugendlichen sind Türken, die in Deutschland geboren sind, die die Schule ohne oder mit einem sehr kritischen Abschluss verlassen haben und nun ohne Ausbildung mehr oder weniger den ganzen Tag „herumhängen". Die meisten der jungen Männer sind intensiv in ihrer Gang engagiert. Ansonsten haben die wenigsten konkrete Vorstellungen von ihrem zukünftigen Leben in einem Land, das ihnen bisher und wohl auch weiterhin wenig Chancen einräumt bzw. einräumen wird, sie aber

sehr schnell als Gefahr und als Schmarotzer erlebt und ablehnt. Uwe S. versucht, für diese jungen Leute dennoch eine sinnvolle Perspektive aufzubauen. Er bemüht sich dabei auch, ihre Kultur, ihre eigene Vorstellung von Leben und Arbeiten zu berücksichtigen. Aber angesichts der geringen Chancen, die sich für seine Klientengruppe am Ende wirklich bieten, sieht er kaum Möglichkeiten, sie aus ihrer gegenwärtigen Lebensnische herauszuholen. Er fühlt sich auf ziemlich verlorenem Posten, da die Gesellschaft diese jungen Männer offenbar für überflüssig hält und auf sie verzichten will.

Seit Beginn des Jahres hat nun sein Verein die Aufgabe übertragen bekommen, im Rahmen der Integrationsarbeit mit jungen MigrantInnen deren berufliche und arbeitsbezogene Eingliederung zu fördern. Zunächst ist Uwe begeistert, scheint doch endlich jemand die Notwendigkeit einzusehen, dass für seine Klienten etwas getan werden muss. Aber es braucht nicht lange, bis er erkennt, dass sich nicht viel geändert hat, außer dem nun geltenden öffentlichen Vorwurf, die jungen Leute seien selber an ihrer Situation Schuld. Ihr bisheriges „Nischenleben" wird nicht mehr geduldet und zunehmend argwöhnisch betrachtet. Es wird verlangt, „dass die jungen türkischstämmigen Männer sich verdammt noch mal und trotz der schwierigen Bedingungen endlich selber bemühen und nicht einfach warten, bis einer für sie das Problem löst." Uwe bekommt nun den Auftrag, seinen jungen Männern diese Botschaft zu vermitteln. Er soll ihnen z. B. durch bestimmte Trainings und durch die Vermittlung von Bewährungssituationen – etwa durch Praktika – beibringen, wie wichtig Pünktlichkeit und Disziplin in dem Land sind, in dem sie leben wollen. Ali, einer seiner Klienten hat ihm neulich die Meinung gesagt: „Wenn du uns trotzdem nicht sagen kannst, wie wir aus unserer Scheiße hier rauskommen, wenn du nicht mal ne Stelle oder eine Hoffnung auf so was zu bieten hast, was soll ich dann mit deiner blöden Pünktlichkeit?"

Leider muss man Ali im Grunde Recht geben. Wie kommt die Soziale Arbeit und wie kommt diese Gesellschaft dazu, ihnen Pünktlichkeit einzubläuen, wenn es vielleicht nie eine Situation in ihrem Leben geben wird, wo sie diese neue Kompetenz auch gebrauchen können? Denn keiner ändert wirklich etwas an den realen Chancen dieser Menschen. Niemand fragt nach den Hintergründen für ihr Versagen oder ihre Haltung. Und der Sozialpädagoge kann nur versuchen, ihnen ein bisschen von dem beizubringen, was man heute haben muss, um zu überleben. Mehr soll er nicht tun.

4.3.5 Die „Neue Unterschicht"

Seit der schon mehrfach erwähnten Schrift von Nolte (2004) und dem Artikel: „Das wahre Elend" im Stern (2004) wird in der Öffentlichkeit von der

„Neuen Unterschicht" gesprochen. Die Studie ‚Gesellschaft im Reformprozess' der Friedrich Ebert Stiftung (2006) und schließlich Kurt Becks ‚aktivierende' Äußerung gegenüber einem Arbeitslosen, er solle sich nur rasieren und waschen, dann bekäme er sicher Arbeit, haben dieses Thema in der Politik, in den Medien und auch in der Öffentlichkeit zum bevorzugten Thema des sozialpolitischen Diskurses gemacht. Mit dem Begriff „neue Unterschicht" werden subkulturelle Einheiten identifiziert, die sich im Wesentlichen auf der Lebensstil- und Verhaltensebene bewegen. Aspekte, die in der oben erwähnten Studie der Friedrich-Ebert-Stiftung durchaus gesehen wurden, wie z. B. die Verunsicherung als dominante Grundstimmung und die Erfahrung eines ständigen Kampfes um den Lebensstandard, werden dagegen in diesem Diskurs übersehen und tabuisiert.

Neu ist das Phänomen „neue Unterschicht" absolut nicht. Es korrespondiert in hohem Maße mit den schon früher benutzen Unterschichtbegriffen und Definitionen. Neu, so Kessl (2007, S. 8), sei lediglich ihre erstaunliche Konjunktur. Das mediale Interesse an dieser Gesellschaftsgruppe z. B. ist groß. Die Medien ziehen sie ins Rampenlicht und führen sie vor. Wenn Politiker ausrechnen, dass man doch ohne Weiteres mit 250 Euro „Stütze" im Monat auskommen könne, dann haben sie dabei einen Tonfall, wie wenn der weiße Farmer zu Kolonialzeiten über seine „Nigger" sprach, so als seinen dies ganz und gar andere Menschen, Menschen mit weniger Würde, weniger Bedürfnissen und mit weniger Rechten sowieso. Galuske beschreibt, wie die Darstellung der „neuen Unterschicht" z. B. im „Spiegel aussieht: „Der neue Prolet schaut den halben Tag fern (…), er isst viel und fettig, er raucht und trinkt. … Er ist kinderreich und in seinen familiären Bindungen eher instabil", und so weiter (Galuske 2007, S. 10).

Auffällig sei, so Galuske, dass diese öffentlichen Zurschaustellungen von sozialem Elend keine Debatte über soziale Ungerechtigkeit, Armut und Unterversorgung ausgelöst haben. „Ins Visier der öffentlichen Entrüstung gerieten nicht Firmen wie der Allianz-Konzern oder die Deutsche Bank, die im gleichen Atemzug Rekordgewinne und Massenentlassungen verkünden… oder der Daimler-Chrysler-Konzern, der zwischen 1993 und 2003 keinerlei Gewerbesteuer zahlte…, sondern vielmehr die Betroffenen selbst, ihre Lebensmuster und Verhaltensweisen" (Galuske 2008, S. 10).

Der neoliberale Staat drängt in keiner Weise auf die Beeinflussung objektiver Merkmale der Lebenslage dieser „neuen Unterschicht". Aber er möchte mit aller Macht „die problematischen und unselbständigen Daseins- und Lebensführungsweisen" solcher Gesellschaftsmitglieder beeinflussen (ebenda). Im neosozialen Unterschichtsdiskurs erscheint vor allem die kulturelle Dimension als das eigentliche Problem, das auf einen verantwortungslosen Lebensstil verweist. Und dieser Lebensstil gilt als selber erwählt und ist deshalb so besonders verwerflich (vgl. Heite 2007, S. 58f). Das Klassenparadigma (das soziale Ungleichheit aus sozialstrukturellen Zusammenhängen heraus erklärt) wird abgelöst von einem kulturell bestimmten Paradigma der Lebensführung und der Mentalität. Am Beispiel der Aussagen von Nolte (2004) kann dies deutlich gemacht werden. „In den Unterschichten fehlen nicht nur die materiellen, sondern die kulturellen Ressourcen ... um das Leben in individualisierten Konstellationen auch sozial und emotional aufzufangen" bemerkt er. (ebenda, S. 99). Nolte zieht die Schlussfolgerung: „Klassengrenzen lassen sich nicht mehr einfach durch materielle Besserstellung überwinden, sondern es muss „in soziale Infrastrukturen investiert werden und in Fördern und Fordern" (ebenda, S. 62). Hier wird also klar und unmissverständlich die im Sozialstaat selbstverständlich gesellschaftliche Kompensation sozialer Ungleichheit durch das Chancenmanagement der Einzelnen ersetzt (vgl. Chassé 2008, S. 62; vgl. auch Ziegler 2008, S. 167). Der Begriff der „neuen Unterschicht" meint ein gesellschaftliches Phänomen der Exklusion und Marginalisierung, aber er transportiert keinerlei politischen oder moralischen Sprengstoff. Es gibt keine Anprangerung gesellschaftlicher Ungleichheit und Ungerechtigkeit. Die Vertreter der „Unterschichtthese" nehmen vielmehr nach Heite „gegenüber den Einsichten der empirischen Armutsforschung und Sozialstrukturanalyse überwiegend eine Haltung indifferenter Gelassenheit ein" (Heite 2007, S. 57). Die Tatsache der Existenz zunehmender sozialer Ungleichheit und Armutsmilieus lässt sie offenbar unberührt. Bestenfalls wird diesen am Rande Stehenden und Ausgegrenzten „Sozialneid" unterstellt, der ihnen aber gar nicht zustehe, da sie schließlich selbst verschuldet in diese prekäre Situation geraten seien (vgl. z. B. Böhnisch et al. 2005. S. 250). Mit dem Konzept der Eigenverantwortlichkeit (im Sinne des neoliberalen Menschenbildes) findet eine Moralisierung der Ungleichheit statt. Tatsächlich geht es noch weiter als nur darum, die „Versager" aufzufordern, sich doch endlich anzustrengen. Und es bleibt auch nicht nur bei dem Versuch, diese Menschen eben zu ihrem Glück zu zwingen und quasi umzuerziehen. Die in dieser Gesellschaft nicht erfolgreichen Menschen, die Ausgegrenzten und Exkludierten werden außerdem als Versager abgewertet, verhöhnt und moralisch verurteilt. Nolte (2004) spricht z. B. von geistiger Verwahrlosung des „neuen Proleten".

Das Erziehungsprojekt für die „neue Unterschicht" gerät im Sinne der gesellschaftlich angestrebten Moralisierung und Verurteilung der Betroffenen zum medialen Happening für jedermann (Galuske 2008, S. 9.). Es wird quasi als Mitmach-Performance gestaltet. Alle können daran teilhaben, die zu verändernden Verhaltensweisen stehen öffentlich am Pranger. Im Fernseher können in Sendungen wie „Supernanny", „Erziehungsranch", „Jugendrichter", „Jugendcoach" und in etlichen Talk Shows sozialpädagogische Fälle und Problemlagen vornehmlich von Menschen aus der „neuen Unterschicht" verfolgt und miterlebt werden. Hier wird thematisiert und debattiert über das Verhalten dieser Menschen, ihre Unfähigkeit mit ihrer Lage fertig zu werden, über ihren Lebensstil und ihre Angewohnheiten. Die Frage, warum sie in diese Lage gekommen sind und wodurch diese verursacht wurde, wird so gut wie nicht gestellt.

Eine solche Diffamierung erfolgt dabei offenbar mit dem besten Gewissen der Welt. Hier zeigt sich eine Menschen- und Gesellschaftsvorstellung, die sich weit entfernt hat von Werten wie sie z. B. in der Aufklärung formuliert wurden. Nauerth (2007, S. 52) weist darauf hin, dass sich diese Haltung zukünftig auch auf den Handlungsauftrag der Sozialen Arbeit auswirken wird. Winkler weist darauf hin, dass die Menschen mit sozialer Benachteiligung, wie sie heute in unserer Gesellschaft leben, keineswegs verniedlicht oder idealisiert werden dürften. Wir haben es hier nicht mit einer Menschengruppe zu tun, die bürgerliche Tugenden pflegt und ihr Leben in Bescheidenheit und Fleiß zu meistern versucht, so wie vielleicht früher Arme und gesellschaftlich an den Rand gedrängte Menschen zu leben versuchten. Die praktischen Erfahrungen der Sozialen Arbeit mit ihrer Klientel entsprechen zum Einen durchaus, so Winkler (2007), jenen Beschreibungen aus der „Unterschichtdebatte". Diese Menschen zeigen zum Teil sehr wohl Züge der Verrohung und vor allem extremen Mangel an Wissen und Kenntnissen. Winkler spricht von der erschreckenden Erkenntnis, „dass diese Gesellschaft auseinander bricht, weil es Gruppen gibt, welche sich als randständig identifizieren lassen – und zwar objektiv, in ihrer ökonomischen Situation, wie in ihrem subjektiven Verhalten, ihren Einstellungen und Lebensmustern" (Winkler 2007, S. 111). Als Sozialpädagoge aber stellt Winkler neben diese Erkenntnis sein Wissen über die Hintergründe der Biografien und Lebensbedingungen. Winkler konstatiert, dass solche Lebensmuster mit erlebter Entwürdigung zu tun haben und in Krisendynamiken gründen. Am Beispiel der so oft in der Presse skandalisierten Kindesvernachlässigungen beschreibt er sehr eindringlich, wie die Situation dieser Menschen in der Realität aussieht und was sie brauchen würden, um mit den Anforderungen ihres Lebens wirklich fertig werden zu können. Er stellt die These auf, dass den Menschen dieser marginalisierten Gruppen im Rahmen der Aktivierung und Umprogrammierung auch noch die Deutungsmuster genommen werden, welche ihre Selbstachtung trugen (Winkler 2007, S. 112, 116; vgl. auch Kessl 2005a, S. 210). Er spricht von Lebenslagen, die durch materielle Not und kulturelle Deprivation aber ebenso durch Enteignung und Entfremdung gekennzeichnet sind. (Winkler 2007, S. 117).

In einem ähnlichen Ansatz befasst sich Schefold (2003) mit der Frage, wie eigentlich die Menschen aus den sozialen Gruppen der „Verlierer" unserer aktivierenden Gesellschaft selber ihre Situation und z.b. ihre Behandlung im Amt (hier dem Jugendamt) erleben. Er befasst sich weniger mit dem Lebensstil dieser Menschen, sondern zeigt die Hintergründe ihres Erlebens in der Welt des aktivierenden Staates auf. Die Ämtererfahrungen der von ihm untersuchten „Erziehungshilfefamilien" z.b. sind durchweg negativ. Die Handlungslogiken und Entscheidungen der Ämter erschienen allen völlig unverständlich. Alle haben, wie sie sagten, „Betrugserfahrungen" mit Ämtern gemacht. Freilich, so räumt Schefold ein, zeigen diese Menschen in der Absicht, „wenigstens noch etwas für ihre Kinder tun zu können" in den Ämtern oft ein Verhalten, das die Etikettierung in Richtung Forderungsmentalität, Aufdringlichkeit etc. verstärkt. Die Hintergründe dafür aber werden nicht gesehen und nicht akzeptiert (vgl. Schefold 2003, S. 179).

Menschen, die die Ungleichheit unserer Gesellschaft am härtesten trifft, erleben Entfremdung, Ausgrenzung und Unverständnis. Wenn nun Soziale Arbeit, als Folge des Verlustes ihrer Grundorientierung an der sozialen Gerechtigkeit in der Gesellschaft, nicht mehr antritt oder antreten darf, um die Situation dieser Menschen aufzubrechen und sie als Personen in die Gesellschaft zu integrieren, wird sich deren Situation weiter verschärfen.

4.4 Abkehr von Klientenorientierung und Parteilichkeit

Soziale Arbeit, insbesondere lebensweltorientierte Soziale Arbeit zeichnet sich aus durch einen respektvollen, wertschätzenden und ermöglichenden Umgang mit ihrer Klientel. Sie bemüht sich um Lern- und Veränderungsprozesse bei den Menschen, die diesen nicht aufgezwungen oder gegen ihren Willen durchgesetzt werden. Besonders die sozial Benachteiligten und Schwachen sind traditionell die Klientengruppe der Sozialen Arbeit, die von ihr eine faire Behandlung, eine Beachtung ihrer Menschenwürde und auch Parteinahme erwarten kann.

4.4.1 Paternalisierung statt Respekt vor den Experten ihres Lebens

Die Aktivierungspolitik ist schwer mit einer Grundhaltung zu verbinden, die die KlientIn wirklich als Subjekt, als ExpertIn ihres Lebens, als Mensch mit eigenen Erfahrungen, Gedanken, Empfindungen, Hoffnungen erkennt und anerkennt und die ihrem „biografischen Eigensinn" Respekt zollt. Staub-Bernasconi (2007b, S. 51) stellt fest, dass die neoliberale Variante der Sozialen Arbeit durchweg den Bezug zur Klientel vernachlässigt.

4.4.1.1 Kein Interesse an den Menschen und ihrer Problematik
Der Klient, um den es eigentlich bei alledem geht, spielt in den durchstrukturierten Arrangements von Case Management und Qualitätsmanagement letztlich oft eine eher marginale, untergeordnete Rolle. Kaum jemand hat die Zeit oder auch nur das Interesse daran, heraus zu finden, wie ein Klient wirklich seine Situation selber einschätzt und sieht, welche Gedanken er sich macht, was er hofft und fürchtet. So kann man z. B. an der Entwicklung der Schuldnerberatung in den letzten 10 Jahren erkennen, in welche Richtung sich die Arbeit entwickelt und wo sie Schaden nimmt: Durch die Einbindung in die Hartz-Gesetzgebung gerieten die zentralen Grundsätze der Schuldnerberatung (vgl. Arbeitsgemeinschaft Schuldnerberatung der Verbände 2004) ins Abseits. Weder Freiwilligkeit noch ein niedrig schwelliger Zugang sind dann weiterhin Kriterien für die Arbeit, wenn die Betroffenen zur Mitwirkung verpflichtet sind. Die Vertraulichkeit ist bedroht, wenn die Beratungsstellen eine Berichtspflicht gegenüber Job-Centern und Arbeitsagentur haben. Bei der Eingliederungsvereinbarung handelt es sich nicht mehr um eine Verhandlung und Vereinbarung auf gleicher Augenhöhe. Eigeninitiative der Betroffenen wird notfalls mit Hilfe von staatlichen Sanktionierungselementen durchgesetzt (vgl. Hoyer 2006, S. 13f). Der pädagogische Erfolg einer Arbeit unter solchen Bedingungen erscheint fragwürdig: „Der Klient wird sein Handeln primär danach ausrichten, die Sanktionen der Arbeitsagenturen zu vermeiden und eventuell nach Strategien suchen, dies mit möglichst wenig Aufwand zu bewerkstelligen. Hier wird die Schuldnerberatung nur schwer gemeinsam tragbare Lösungswege zur Schuldenbearbeitung mit dem Klienten erarbeiten können", schätzt Hoyer ein (ebenda, S. 15).

Aufgrund des Hauptinteresses der Aktivierungspolitik, nämlich der Eingliederung jedes Menschen in das Erwerbsleben, liegen alle anderen Aspekte seiner Problematik, die nicht unmittelbar als Hemmnisse für die Arbeitsaufnahme gesehen werden, außerhalb des Blickwinkels. Das Ziel ist klar und eng umrissen. Entsprechend zielstrebig wird die Fallarbeit angegangen. „Die Autonomie der Fallbearbeitung wird... schrittweise auf funktionale Gesichtspunkte zugeschnitten (z.B. Fallverhinderung, Herstellung von Beschäftigungsfähigkeit)" konstatiert Dahme (2005, S. 15). Rietzke (2006, S. 200) bescheinigt z.B. der heutigen „aktivierenden" Jugendberufshilfe eine Missachtung der individuellen Problemlagen der Jugendlichen. Jugendberufshilfe, so Rietzke, verstand sich bisher als umfassende Sozialisationshilfe für junge Menschen, die Hilfestellungen bei Entwicklungs- und Orientierungsproblemen geben und eine Anwaltsfunktion für die betreffenden Jugendlichen übernehmen sollte. Jetzt geht es nur noch darum, Jugendliche durch Training und Qualifizierung „beschäftigungsfähig" zu machen.

Auch die Soziale Arbeit kann im Kontext der Aktivierungspolitik nicht mehr länger für KlientInnen Wege der „sekundären Integration" (vgl. Böhnisch et al. 2005, S. 228) gehen und offen halten. Der direkte und unausweichliche Schritt, sich unter allen Umständen und trotz aller Schwierigkeiten auf dem wie auch immer gearteten Arbeitsmarkt anzubieten, dominiert zunehmend auch ihr pädagogisches Vorgehen. Völker berichtet z. B., dass in der Jugendsozialarbeit inzwischen zentrale fachliche Standards der Subjektorientierung aufgegeben werden. Die Jugendlichen sind plötzlich nicht mehr in der Rolle von Rechtssubjekten, sondern bloß noch zu steuernde Hilfeobjekte. Für eine Orientierung an den Stärken der Jugendlichen ist nicht wirklich Zeit. Zwar geht es ständig um Kompetenzen, aber welche das sind und auf welche der Jugendliche aufbauen könnte, das wird nicht mit ihm, sondern quasi über ihn verhandelt. Es gibt keine Erfahrung von „Selbstwirksamkeit" mehr für die Jugendlichen. Alles was sie erfahren, ist ihre Anpassung an die Regeln des Stärkeren. Gleichzeitig erleben sie ständig Missachtung und Abwertung ihrer eigenen Vorstellungen von Arbeit (vgl. Völker 2005, S. 84). Einrichtungen der Jugendberufshilfe sind gezwungen, ihre Arbeit entsprechend umzustellen. Aktivierung bedeutet in der neuen Sozialen Arbeit nicht mehr, die Klientel dazu zu bewegen, sich selber für ein gelingendes Leben einzusetzen und ihren Weg zu finden. Aktivierung bedeutet nur noch, sie dazu zu bewegen, unter allen Umständen und möglichst bald so zu funktionieren, dass der Staat nicht mehr für ihre Versorgung aufkommen muss, bzw. dass keine Problemlagen entstehen, die weitere Kosten und Versorgungsleistungen erfordern könnten.

Beispiel 33
Was Mirco eigentlich möchte, interessiert hier niemanden.
Mirco ist 23 Jahre alt und lebt in Gera. Er hat den Hauptschulabschluss mit mittelmäßigen Noten abgeschlossen und danach eine Lehre als Schlosser in einem kleinen Betrieb angefangen und auch beendet. In seinem Lehrbetrieb gab es danach für ihn jedoch keine Arbeit. Er suchte einige Zeit in Gera, konnte aber keinen neuen Job als Schlosser finden. Grund war zum einen der Mangel an Stellenangeboten, zum anderen aber auch sein eher mäßiges Zeugnis.

Die Arbeitsagentur konnte ihm ebenfalls keine geeignete Stelle als Schlosser vermitteln. Ein Angebot in Schleswig-Holstein lehnte Mirco ab, da er zu Hause in Thüringen bleiben wollte. Das Angebot bei einer Leihfirma bekam er nicht, weil man dort zu der Einschätzung gekommen war, dass Mirco nicht wirklich einsatzbereit und leistungswillig sei. Da Mirco die Arbeitsbedingungen bei der Firma unangemessen erschienen, hatte er wohl beim Vorstellungsgespräch keinen motivierten Eindruck gemacht. Die Fallmanagerin identifi-

zierte bei Marco in seiner Persönlichkeit liegende, hemmende Faktoren seiner Beschäftigungsfähigkeit. Das für ihn zuständige Job-Center vermittelte Mirco deshalb in eine Beratungseinrichtung der Jugendhilfe, die sich nun darum bemühen sollte, ihn arbeitswillig und leistungsbereit zu machen. Der Berater der Jugendberufshilfe wurde in den ersten Gesprächen sehr wohl mit Mircos Berufserwartungen und Lebensvorstellungen konfrontiert (in Thüringen bleiben, ein für seine Ausbildung angemessenes Einkommen erhalten) und konnte sich auch ein Bild von seiner Persönlichkeit und von seinen Ressourcen machen, war aber gezwungen, Mirco in dem für ihn bereitgestellten engen Zeitrahmen zu Zugeständnissen zu bewegen, einmal was sein Einkommen und auch, was die inhaltlichen Vorstellungen zu seiner zukünftigen Berufstätigkeit betraf. Nach einer Reihe von Beratungsgesprächen in der Jugendberufshilfe willigte Marco mit halbem Herzen ein, einen Praktikumsplatz in einem großen Heimwerkermarkt zu suchen. Der sollte ihm eine Umorientierung auf ein anderes, von ihm eigentlich abgelehntes Arbeitsfeld erleichtern. Mirco brach dieses Praktikum aber nach drei Wochen ab, weil er, wie er sagte, keine Lust habe, sich als ausgebildeter Schlosser wie ein kleiner Ladenjunge behandeln zu lassen. Überhaupt läge ihm diese Arbeit nicht. Er wolle mit seinen Händen arbeiten, das könne er eben am besten.

Der Mitarbeiter der Jugendberufshilfe, der Mirco durchaus verstehen konnte, sah sich durch seinen Auftraggeber, die Arbeitsagentur, nun gezwungen, Mirco die Konsequenzen seines Praktikumsabbruches vor Augen zu führen. Es drohte ihm die Kürzung seiner Hartz IV-Bezüge und vermutlich sogar eine dreimonatige Sperre. Das hätte für den 23Jährigen bedeutet, wieder zu seinen Eltern ziehen zu müssen. Mirco gab schließlich klein bei. Der Einsatzbereitschaft des Mitarbeiters der Jugendberufshilfe war es zu verdanken, dass Mirco sein Praktikum im Baumarkt doch noch fortsetzen konnte. Nach Beendigung des Praktikums begann für Mirco erneut die Stellensuche, diesmal in Baumärkten und zu bedeutend schlechteren Konditionen. Er fand nach mehreren Monaten schließlich doch eine Stelle bei einer Baumarktkette, die ihn als Hilfsfachberater in eine ihrer Filialen in einer südthüringischen Kleinstadt schickte. Von dort fährt Mirco nun täglich nach Gera. Von einem Job als Schlosser kann er jetzt nur noch träumen.

Bei den Jugendberufshelfern hat er neulich noch einmal reingeschaut. Aktiviert wirkte er nicht gerade. Und zufrieden auch nicht. Die Aktivierung aber, die beabsichtigt war, hat zweifellos geklappt: Mirco fällt dem Staat nicht mehr zu Last. Er hat seine Ansprüche eingeschränkt und sich der Arbeitswelt auf niedrigerem Niveau eingegliedert und somit Verantwortung und Initiative gezeigt.

4.4.1.2 Thematische Engführung: Eingliederung ins Erwerbsleben

„Die neue Lohnarbeitszentriertheit staatlicher Hilfen definiert Sozialpolitik um: Sie wird zunehmend zu einem Mittel zur Förderung der Wirtschaft und der Wettbewerbsfähigkeit. Sozialpolitische Ausgaben werden deshalb auf die Schaffung von Arbeit – insbesondere im Niedriglohnsektor – konzentriert. Aus der uns altbekannten „Hilfe zur Selbsthilfe" ist Hilfe im Wettbewerb um entweder nicht vorhandene oder unzumutbare Arbeitsplatzbedingungen geworden", stellt Schruth fest (2008, S. 32).

Im Rahmen dieser neuen Orientierung fehlt der Sozialen Arbeit der Auftrag, zu klären, in welchem Zusammenhang das vordergründige Problem steht, welche anderen Probleme vielleicht noch schwerer wiegen, welche Bedingungen der Umwelt z.b. auch zu dem aktuellen Problem beigetragen haben könnten. Und es fehlt ihr deshalb auch die Zeit dafür. Zielstrebig muss auf eine Erfolg versprechende, pragmatische, kurzfristige Lösung zugesteuert werden „Die Forderung nach Selbstdisziplin wird zum konstitutiven Bestandteil eines fallbezogenen Managements, das sich nicht länger durch die Offenheit gegenüber unterschiedlichen Strategien der individuellen Lebensbewältigung kennzeichnet", stellt Dahme fest (2006, S. 16).

Nach Spindler geht die neue Engführung und Zielorientierung einher mit dem Verschwinden eines Menschenbildes, das „das einzelne Individuum akzeptiert und ihm hilft sich zu entfalten (Spindler 2010 a.a.O.). Hier wird anders vorgegangen. Nicht umsonst ist das Case Management so beliebt und offenbar unvergleichlich gut geeignet für eine so verstandene aktivierende Arbeit, denn es gibt der HelferIn die Gewalt über das ganze Verfahren in die Hand (vgl. z.B. Spindler 2010 a.a.O.). So kann die SozialarbeiterIn im Rahmen des Case Management durch gezielte Fragen das Geschehen strukturieren, den Schwerpunkt auf das legen, was ihm oder ihr als das Wichtigste erscheint und muss keine Ausflüchte oder Widerstände aufkommen lassen oder dulden. Die KlientIn als Subjekt zu behandeln, als Persönlichkeit mit einer komplexen Lebenswelt, die über die enge Frage ihrer Arbeitsfähigkeit und Arbeitsbereitschaft hinausgeht, wäre freilich auch im Case Management durchaus möglich, bedarf im Rahmen dieser Methode aber einer bewussten Entscheidung und besonderer Bemühungen. Im Rahmen „aktivierender Sozialer Arbeit" wäre dieses Bemühen aber eher kontraproduktiv, weil es Zeit kostet und den zielsicheren Erfolg gefährden könnte. Ein subjektorientierter, wertschätzender und ganzheitlicher Umgang mit Menschen und ihren meist multiproblematischen Lebenszusammenhängen scheint nicht mehr erwünscht oder zumindest auf die Anwendung von Techniken und Floskeln reduziert.

4.4.1.3 Bevormundung verdrängt die Empathie

Die allgemein im Rahmen personenbezogener Beratung tragenden Grundhaltungen Akzeptanz, Wärme und Verstehen des anderen (vgl. z. B. Seithe 2008, Sickendiek 2002, Sander 2006; Straumann 2000) werden im „aktivierenden Ansatz" nur als Technik eingesetzt, als „vertrauensbildende Maßnahme", nach der man dann aber schnell zur Sache kommen muss. Sie sind nicht als Grundhaltungen gefragt, die durchgehend und unabhängig vom Verhalten oder der Mitarbeitsbereitschaft der KlientIn im gesamten Verlauf der Arbeit beibehalten werden müssten. Auch in diesem Kontext erklärt sich, warum das Case Management die Methode der Stunde ist. Eine eher bevormundende, „führende" Haltung ist mit dem Case Management ohne Probleme zu vereinbaren. „Umständliche" Beratungsansätze wie etwa die Personenzentrierte Beratung oder die Systemische Beratung werden eher als überflüssig, kontraproduktiv und abschweifend angesehen. Allenfalls Kurzberatungensmodelle wie die „Lösungsorientierte Beratung" (Bamberger 2001) halten den neosozialen Anforderungen an eine Zeit und Kosten sparende und alles Überflüssige fortlassende Methode stand. Veränderungsstrategien von Verhalten und Einstellungen werden nicht mit der KlientIn erarbeit, sondern ihr vorgesetzt.

Tatsächlich können aber Selbstverantwortung und Engagement nicht auf diese Weise entwickelt und hervorgerufen werden, sondern nur in einem persönlichen Lern- und Aneignungsprozess des Betroffenen, der dabei auch seine persönlich notwendigen Umwege gehen können muss. Entsprechend sind die Lernprozesse zu werten, die im Rahmen der „aktivierenden Sozialen Arbeit" erreicht werden und erreicht werden können: Sie haben selten einen anderen Charakter als den des Eintrichterns von Vorschlägen oder Anordnungen. Der Lernende ist nicht mehr aktives Subjekt des Lernprozesses, sondern er hat schlicht das zu Lernende aufzunehmen und entsprechend zu handeln. Das Mandat der KlientInnen wird umgedeutet in die Aufgabe, im objektiven und d. h. hier, im von außen bestimmten Interesse der Klientel zu handeln und über ihre eigenen Vorstellungen und Aufträge hinwegzugehen. Von Parteilichkeit für KlientInnen kann keine Rede mehr sein. Soziale Arbeit verwirklicht im Kontext der aktivierenden Sozialpolitik also zunehmend wieder ihre durchaus schon in früheren Zeiten eingenommene paternalistische Rolle, die für und über ihre KlientInnen entscheidet und entweder gutmütig fürsorglich oder aber drängend und fordernd für sie sorgt und das heißt heute, „ihnen den Weg zur Eigenverantwortung zeigt und öffnet".

Verfechter der neosozialen Politik vertreten die Ansicht, dass gegenüber bestimmten Bevölkerungs- und Problemgruppen die bisherige, vom Wohlfahrtsstaat praktizierte tolerierende, permissive Sozialpolitik unangebracht da wirkungslos gewesen sei, dass aber mittels einer besonderen „Führung der Sozialschwachen" die Möglichkeit bestehe, diese Menschen doch noch zu Veränderungen zu bewegen (vgl. Dahme und Wohlfahrt 2003, S. 17f). Die Autoren verweisen auf eine Entwicklung in den USA, die auch in unserem Land längst angekommen sei: „Strategien ..., die Hilfeempfänger bewusst wie „Kinder zu behandeln", ... um sie gesellschaftsfähig zu machen, sind in den USA über das enge Feld des Workfare hinaus mittlerweile auch in der Sozial-, Familien-, Drogen- und Wohnungslosenhilfe verbreitet" (ebenda). Eine so genannte „Psychologie der Armen" lehre, dass Langzeitarbeitslose und sonstige Hilfeempfänger mit längerer Armutskarriere mehr Lenkung, Führung, das Aufzeigen von Grenzen u. ä. benötigen. Hier erfahren vormoderne Handlungsprogramme einer „Erziehung zur Armut" ein Comeback (vgl. z. B. Kessl, 2005).

4.4.1.4 Infragestellung des sozialintegrativen Erziehungsstils
Soziale Arbeit im Sinne der Lebensweltorientierung bedient sich des ‚sozialintegrativen Erziehungsstils' (vgl. Schulz von Thun 2005; vgl. auch Tausch/Tausch 1998). Diesen Stil kennzeichnen einerseits Akzeptanz und Wärme gegenüber der Klientel, wenig Dirigismus und keine autoritären Vorgaben und Strafen, gleichzeitig aber auch ein hohes Maß an aktiver Unterstützung und Förderung. Der sozialintegrative Stil entspricht am ehesten einem emanzipatorischen sozialpädagogischen Ansatz. Er ist aber keineswegs schon immer für die Soziale Arbeit kennzeichnend gewesen. Empathie, so stellt C.W. Müller fest, sei erst seit 50 Jahren eine professionelle Eigenschaft der Sozialen Arbeit. „Es gab Zeiten, da wurden wir in der Tat mit Polizisten verwechselt" (C.W. Müller 2006, S. 15).

Die ‚akzeptierende Sozialarbeit'[12](vgl. Krafeld 1996; Scherr 2001), wie sie im Rahmen der lebensweltorientierten Sozialen Arbeit z.B. mit Straßenjugendlichen oder straffälligen Jugendlichen praktiziert wurde, und die keineswegs bedeutet, dass man alles, was diese Jugendlichen taten und meinten, einfach hinnahm (die Akzeptanz galt der Person, nicht ihrem konkreten Verhalten), wird heute vielfach belächelt. Die Verfechter der neuen Konfrontationspädagogik[13] (z. B. Tischner 2004) z.B. werfen der Sozialen Arbeit vor, dass sie gewaltbereiten Jugendlichen bisher mit Nachsicht und Nachlässigkeit begegnet sei. Sie machen sich dagegen für einen „männlichen" Erziehungsstil

---
12 Das methodische Konzept der *akzeptierenden Sozialarbeit* beinhaltet eine offene, akzeptierende Arbeitsweise, die Lebensweisen, Vorstellungen, Strategien und Konstruktionen der KlientInnen respektiert. Dieser Ansatz setzt eine illusionslose, nicht moralisierende Anerkennung gesellschaftlicher Realität voraus.
13 Die *Konfrontationspädagogik* ist ein Arbeitsansatzes, der jugendliche Gewalttäter mit den Ergebnisse ihrer Taten hart und deutlich konfrontiert, wobei ein Perspektivwechsel des Täters hin zum Opfer erfolgen soll, um so dem Täter die Möglichkeit zur Identifikation und somit zum Verstehen des Opfers zu eröffnen.

(vgl. z. B. Tischner 2004) stark. So wird z. b. im „Antiaggressionstraining" die erwünschte Einstellung zu Gewalt über die Androhung von Sanktionen in Form von sozialer Ablehnung durch die Gleichaltrigengruppe erzwungen.

Außer der Abwesenheit von Sanktionen hat der sozialintegrative Erziehungsstil mit dem laissez-faire-Stil[14] allerdings nichts gemein. Auf Konfrontationen kann die Soziale Arbeit z. b. genauso wenig verzichten wie z. b. die Psychotherapie, auch die akzeptierende Pädagogik tut das nicht. Die Frage allerdings ist, wie konfrontiert wird. Wird mit dem Konfrontieren Gewalt ausgeübt und werden Zwangssituationen hergestellt? Die Lebensweltorientierung z. b. konfrontiert nicht, um wie ein Eisbrecher alle bestehenden Strukturen zu zerstören und Anpassung zu erzwingen. Sie konfrontiert, um wirklich Lernprozesse und Entwicklungen zu initiieren (vgl. Seithe 2008, S.39). Aber es ist viel einfacher, Druck auszuüben und Strafen zu verteilen, als einen Menschen über Beratung, Überzeugung und Rückmeldung – bei gleichzeitiger Akzeptanz seiner Person – zur Änderung seines Verhaltens oder seiner Einstellung zu bewegen.

4.4.2 Die Koproduktion wird zur Farce

In der Hilfeplanung der Jugendhilfe und an vielen anderen Stellen, wo Soziale Arbeit praktiziert wird, werden mit KlientInnen Verträge abgeschlossen, Ziele in kleine Schritte zerlegt und definiert, Verpflichtungen festgeschrieben, Ergebnisse kontrolliert, Erfolge eingeschätzt. Dieses am Case Management orientierte Vorgehen ist in der Jugendhilfe seit der Verabschiedung des KJHG vorgesehen. Dabei ist aber laut Gesetz (§ 36 KJHG) die Betroffenenbeteiligung[15] die zentrale Funktion der Hilfeplanung. Es geht darum, dass zwischen Helfern und Betroffenen in einem Vertrag, dem „Hilfeplan", das Ergebnis des gemeinsamen Aushandlungsprozesses über die Ziele und Schritte der geplanten Hilfe festgehalten wird. Im optimalen Fall wird der Hilfeplan dann zum Entwicklungsplan, den der Klient sich selber setzt und den er aus eigenem Antrieb für sich abarbeitet und bearbeitet und an dem er mit seinen Erfolgen wachsen kann.

---

14 In der Pädagogik bzw. Erziehung wird vom *laissez-faire-Erziehungsstil* gesprochen, wenn man das Kind sich selbst überlässt, es „machen lässt". Der laissez-faire Stil zeichnet sich aus durch wenig Lenkung aber auch durch wenig Anregung und Unterstützung und ist nicht zu verwechseln mit der antiautoritären Erziehung.

15 Unter *Betroffenenbeteiligung* versteht man den Aushandlungsprozess zwischen den Interessen und Erwartungen unterschiedlicher Personen. Betroffenenbeteiligung in sozialen Institutionen steht für mehr Rechte, mehr Transparenz und mehr Mitsprache der Nutzer von sozialen Angeboten.

Lebensweltorientierte Soziale Arbeit ist nicht etwas, was ein Sozialarbeitender mit der KlientIn oder für sie macht, sondern immer etwas, was KlientIn und HelferIn gemeinsam bewerkstelligen. Und ebenso ist das Ergebnis der gemeinsamen Bemühungen ein gemeinsames „Produkt", für das beide verantwortlich sind. Koproduktion wird als Zusammenarbeit von zwei gleichwertigen Partnern angesehen, die zwar nicht die gleichen Bedingungen in diesen Prozess einbringen – einer ist sozialpädagogische/r Fachmann/frau und der andere ist „nur" Experte seines eigenen Lebens – aber keiner kann den anderen dominieren oder sich gegen die Sicht des anderen einfach durchsetzen. Vielmehr müssen beide versuchen, ein Ergebnis, eine passende Lösung auszuhandeln (die fachliche und rechtliche Grenze dieser Aushandlung ist in der Jugendhilfe die Kindeswohlgefährdung nach § 1666 BGB).

Auch wenn im Konzept des Fallmanagements der koproduktive Charakter des Beratungsprozesses betont und die Nähe zum Konzept der Hilfeplanung, wie sie in der Jugendhilfe im Rahmen des KJHG ausformuliert wurde, beteuert wird, handelt es sich bei diesem Vorgehen mitnichten um das, was die Soziale Arbeit unter „Koproduktion" versteht. Allein dadurch, dass die Freiwilligkeit nicht gegeben ist und vor allem durch die Möglichkeit des Einsatzes von Sanktionen ist von vorne herein eine gemeinsame „Produktion" zweier gleichwertiger und in gleichem Maße an dem Prozess aktiv beteiligter und für die Lösung verantwortlicher Subjekte nicht mehr erreichbar. Es ist vielmehr so, ... „dass Kooperationsbereitschaft und Motivation der Betreffenden extrinsisch durch Sanktionsdrohungen und -anwendungen und damit durch Zwang gesichert werden" (Dollinger 2006, S. 10). Das Vertragskonstrukt verschleiert hier die faktischen Machtverhältnisse und simuliert Wahlfreiheit, wo keine ist. Die unfreiwillige, erzwungene Einwilligung[16] in ein Prozedere, an das der Klient sich dann halten muss, ist nicht das, was der Gesetzgeber mit der Hilfeplanung forcieren wollte. Was im Fallmanagement scheinbar als Partizipation und als Koproduktion daherkommt, ist in Wirklichkeit ein verschleiertes Herrschaftsverhältnis. Bei einem solchen Verständnis von „Hilfeplanung" hat der Klient keinerlei echte Wahl. Der Plan ist nicht sein Plan. Faktisch wird der Klient oder Leistungsnehmer mit den vorgegebenen Bedingungen in eine Zwangslage gebracht. Galuske bezeichnet dieses Vorgehen als „böse Karikatur dialogischer, auf die Autonomie der KlientInnen abzielender Bildung, Beratung und Unterstützung, wie sie das Selbstverständnis einer lebensweltorientierten Sozialen Arbeit prägt" (Galuske 2008, S. 18). Von Ergebnisoffenheit, von Aushandlung, von Koproduktion und Freiwilligkeit kann hier also nicht die Rede sein.

---

16 Faktisch ist diese Einwilligung an Bedingungen gebunden, über die die Betroffenen aber in der Regel nicht aufgeklärt werden. So haben sie z. B. ein Recht auf 14tägige Bedenkzeit.

Beispiel 34
„Ich habe es ja schließlich selber unterschrieben."
Katrin (24) hat ihren Job bei einer Drogerie vor einem halben Jahr verloren, als Entlassungen anstanden. Sie war nur angelernte Kraft, aber mit ihrer Arbeit dort sehr zufrieden. Drogistin war schließlich immer ihr Traumberuf gewesen. Dafür hatte es natürlich nicht gereicht ohne Hauptschulabschluss. Den hat sie dann zwar in einer längeren Phase der Arbeitslosigkeit bei einer Berufsförderungsagentur nachgemacht. Dennoch ergab sich für sie daraus keine neue Ausbildungssituation. Aber dann bekam sie den Job in der Drogerie und war eigentlich sehr froh darüber. Aber nun ist Katrin wieder einmal arbeitslos. Ihre Fallmanagerin hat sie an das zuständige Jobcenter weitergereicht. Dort findet sie sich zum ersten Beratungsgespräch ein. Die Frau, die dort mit ihr spricht, ist der Meinung, dass Katrin versuchen sollte, als Hilfsverkäuferin in einem anderen Geschäft, gleich welcher Branche, anzukommen. Das passt Katrin überhaupt nicht. Die Arbeit in der Drogerie hat sie wirklich interessiert. Sie will nicht Söckchen verkaufen müssen oder Gemüse. Aber sie traut sich nicht, Einwände gegen die Vorstellungen der Beraterin zu erheben, denn sie weiß nicht so recht, wie sie ihren Wunsch, unbedingt in einer Drogerie arbeiten zu wollen, erklären soll. Und Katrin macht mit, denn sie hat gehört, dass man hier bestraft wird, wenn man sich weigert deren Vorschläge anzunehmen. Die Leistungsvereinbarung, die Katrin unterschreibt, weil sie glaubt und auch den Eindruck vermittelt bekommt, dass ihr gar nichts anderes übrig bleibt, verpflichtet sie zu einem 6wöchigen Buchhaltungskurs, den sie hinter sich bringt, ohne zu murren.

Nach diesem Kurs bemüht sie sich, Stellen in verschiedenen Geschäften ihrer Heimatstadt zu finden. Niemand möchte sie haben. Die Beraterin im Jobcenter empfiehlt ihr nach drei vergeblichen Vorstellungsgesprächen den Besuch einer Kosmetikerin, die versuchen soll, ihr ein anderes Outfit und ein anderes Auftreten beizubringen. Sie hat nämlich von den verschiedenen Geschäftsinhabern die Rückmeldung erhalten, Katrin sei mundfaul und würde durch ihre schlaffe Körperhaltung im Geschäft die Kunden kaum zum Kaufen animieren. Katrin ist über diese Rückmeldung erschrocken und fühlt sich gedemütigt. Sie weiß ja, dass sie so wirkt. Aber ist das ein Wunder? Es bedrückt sie, dass ihr Freund sie im letzten Monat verlassen hat. Seit dem ist sie nämlich so. Und weil es zu Hause mit ihrer Mutter und deren Trinkerei auch immer schlimmer wird. Aber das sollte sie besser nicht erzählen. Oder vielleicht doch? Eigentlich ist die Beraterin ganz freundlich. Aber sie fragt nicht nach Katrins sonstigen Sorgen. Sie hätte auch gar keine Zeit, sich darum zu kümmern. Was zählt ist, Katrin so schnell wie möglich wieder in ein Beschäftigungsverhältnis zu bekommen. Wie das gehen kann, das weiß sie genau: Katrin muss sich nur ein wenig mehr anstrengen. Katrin weigert sich, eine Kosmetikerin aufzusuchen, nachdem sie erfährt, was das für sie kosten würde. Sie weint beim nächsten Termin im Jobcenter, weil sie sich so schämt. Die Beraterin schickt sie auf der Stelle zum Arzt, sie solle sich wegen ihrer Depressionen behandeln lassen. Beim Arzt kann sie nicht erklären, warum sie hat kommen sollen. Der verschreibt ihr schließlich doch Antidepressiva. Katrin lässt nun alles über sich ergehen. Als ihr die Beraterin einen Ein-Euro-Job in Aussicht stellt, bei dem sie als Aushilfe in einem Bürgerbüro putzen kann, ist sie froh und willigt ein. Dort bekommt sie weit weniger Geld als in ihrem früheren Job, aber sie ist einfach froh, dass diese Hetze vorbei ist. Die Fallmanagerin wiederum kann sie als aktiviert und den Staat nicht mehr belastend aus der Arbeitslosenstatistik streichen.

Katrin wurde an der Lösungsfindung nicht wirklich beteiligt. Die Fallmanagerin des Jobcenters hat über sie hinweg geplant und Katrins eigene Vorstellungen überhaupt nicht einbezogen und wahrscheinlich auch nicht ernst genommen. Der Aktivierungsprozess von Katrin hat nicht zur Entwicklung ihrer Persönlichkeit beigetragen, eher hat er dazu geführt, ihr Selbstbewusstsein weiter zu schwächen. Katrin hat die Leistungsvereinbarung unterschrieben. Sie hat sich auch nicht dagegen gewehrt. Aber die Leistungsvereinbarung wurde nicht mit ihr ausgehandelt. Von Partizipation kann hier keine Rede sein. Und die Mitarbeiterin im Jobcenter ist vermutlich auch weit davon entfernt, diese anzustreben. Katrin erscheint ihr unreif, unmündig, unwissend und bar jeder Lebenserfahrung. Was für sie gut und richtig ist, kann sie selber nicht einschätzen. Sie muss also zu ihrem Glück gezwungen werden. Für den angestrebten Erfolg wäre deshalb eine solche Einbeziehung auch gar nicht nötig, sie wäre wohl eher kontraproduktiv gewesen. So jedenfalls ist das Ziel erreicht worden. Die enge, begrenzte Ausrichtung auf die Beschäftigungsfähigkeit von Katrin verhindert es, dass ihr Fall in seiner Komplexität wahrgenommen und angegangen wird. Es ist kaum zu erwarten, dass die Putzstelle, die sie schließlich bekommen hat, zur Lösung von Katrins Problemen beiträgt. Zur Lösung des Problems der Arbeitsagentur waren die Bemühungen erfolgreich und voll ausreichend: Katrin steht finanziell wieder auf eigenen Füßen.

Die Hoffnung, dass das partizipative Verständnis von Hilfeplanung, wie es im KJHG ausgewiesen ist, auf das Fallmanagement und die angegliederten Praxisfelder abfärben könnte, erweist sich als trügerisch. Es lässt sich eher die gegenläufige Tendenz feststellen. Tatsächlich gleicht heute manche Hilfeplanung im Jugendamt dem Vorgehen der Fallmanager in den Jobcentern. Hilfepläne geraten tendenziell zu Kontrollinstrumenten, mit denen überprüft werden kann, ob die KlientIn den vereinbarten Aufgaben und Handlungsschritten nachgekommen ist. Und auch die Jugendhilfe interessiert sich inzwischen oft mehr für die Vernetzungsmöglichkeiten und Synergieeffekte, die die Hilfeplanung ermöglicht, als für die Betroffenenbeteiligung ihrer Klientel. Zu einer Jugendhilfefachtagung zum Thema Hilfeplanung in München (2005) wurde auch ein Vertreter der Arbeitsagenturen eingeladen. Immer wieder im Verlaufe der Tagung stellten die anwesenden Jugendhilfefachleute mit einer nicht zu übersehenden Befriedigung – und zur großen Irritation einiger weniger TeilnehmerInnen – fest, dass die Hilfeplanung nach KJHG von der Hilfeplanung im Fallmanagement der Arbeitsagenturen gar nicht so weit entfernt sei. Auf der Tagung fiel kein Wort über die Mitwirkung der Betroffenen, über Partizipation der KlientInnen, über Beteiligung und Koproduktion. Es ging gar nicht um die KlientInnen und ihre Rolle im Hilfeplanungsprozess. Es ging ausschließlich um die endlich mögliche Vernetzung und Kooperation der Helfer und Dienstleister. Hier erblickte man gemeinsamen Handlungsbedarf und im Kontext des Instrumentes der Hilfeplanung große Entwicklungschancen und Synergieeffekte.

Merchel sah im Jahre 1994, vier Jahr nach Verabschiedung des KJHG, in der Hilfeplanung das zentrale Instrument einer lebensweltorientierten Jugendhilfe: „Das Herstellen von Betroffenenbeteiligung wird also zu einer pädagogischen Herausforderung innerhalb des Hilfeprozesses und zu einem bedeutsamen Qualitätskriterium bei der Beurteilung des Hilfeverlaufs" (Merchel, 1994, S. 58). Der Subjektorientierung wird hier vor allen anderen Funktionen der Hilfeplanung der zentrale Stellenwert eingeräumt. Eine Hilfeplanung, die es versäumt, die Betroffenen zu aktiven MitarbeiterInnen in ihrem eigenen Hilfeprozess zu machen und sie entsprechend zu unterstützen und zu befähigen, eine Hilfeplanung, die sich reduziert auf ein verwaltungsmäßiges oder technisches Instrument zur Anpassung und/oder Eingliederung von KlientInnen in die eigenen (fachlichen) Vorstellungen, entspricht nicht dem Geist des Gesetzes, in dem sie ausformuliert wurde.

4.4.3 Druck und Sanktionen als erlaubte „pädagogische" Mittel

Der Staat gibt sich im Rahmen der neosozialen Entwicklungen der letzten Jahrzehnte zunehmend als ordnungspolitische Autorität (vgl. z. B. Butterwegge 2010, S. 63). Und auch in der Gesellschaft insgesamt breitet sich eine Tendenz zu Tolerierung und Akzeptanz von Kontroll- und Strafmaßnahmen bei abweichendem Verhalten aus.

4.4.3.1 Zunehmende Akzeptanz von Sanktionen in der Gesellschaft

Als Herr Koch, der ehemalige Ministerpräsident von Hessen, vor einiger Zeit die angeblich zu sanften Bestrafungsmöglichkeiten für gewalttätige Jugendliche zum Wahlkampfthema machte, fragte kaum jemand, was die Soziale Arbeit für und mit dieser Klientel eigentlich leistet. Alle, voran die Presse, riefen nach Jugendcamps, in denen umerzogen werden sollte, debattierten über die Angemessenheit oder Unangemessenheit der Höchststrafe nach Jugendstrafrecht usf.

Jugendliche, die durch ihre Bekanntschaft mit dem Strafvollzug eine verschärfte Kriminalitätskarriere einschlagen, belasten den Staat sicherlich finanziell mehr, als wenn sie an der intensiven Jugendhilfemaßnahme „Hilfe statt Strafe" teilgenommen hätten. Trotzdem wird lieber in die Bestrafungskonzepte investiert. Gleiche Beobachtungen kann man machen, wenn man die jüngsten Diskussionen um die geschlossene Unterbringung in der Jugendhilfe verfolgt. Auch hier hat das Kostenargument nicht gezogen. Die weitaus teurere geschlossene Unterbringung wird einem sozialpädagogischen Ansatz, der nicht wegsperrt, vorgezogen (vgl. zur Diskussion dieser Thematik: v. Wolffersdorff 1996; Schruth 2008; Lindenberg 2006; Wiesner 2003; Peters 2000).

Wie sehr die neuen Vorstellungen von Erziehung und Sozialer Arbeit in Politik und öffentlicher Meinungsbildung um sich greifen, zeigt z. B. auch ein Bericht in der Berliner Morgenpost vom 15.1.2009 (S. 3). Unter der Überschrift „Mit Sanktionen zur Integration" wird der Vorschlag des Neuköllner Bürgermeisters zitiert, Migranteneltern das Kindergeld vorzuenthalten, solange sie ihre Kinder nicht zum Schulunterricht schicken. Hier wird versucht, normatives Verhalten zu erzwingen. Von einer Integrationsvorstellung, die einen wirklichen inneren Integrationsprozess vorsieht, ist hier nichts mehr zu erkennen.

Das Konzept des aktivierenden Staates wurde von Anfang an begleitet von der Aufwertung ordnungspolitischer Strategien. Dies zeigt sich z. B. im „neuen Umgang" mit Obdachlosen, Kriminellen und Unangepassten, denen gegenüber sich der Staat als notwendig „starker Staat" entdeckt hat. Diese Gruppen werden nicht als Menschen gesehen, die Probleme haben, sondern vorrangig als solche, die Probleme machen und die Gesellschaft gefährden. Folglich wird das Recht abgeleitet, gegen sie mit „Null-Toleranz" vorzugehen (vgl. Dahme und Wohlfahrt 2003, S. 18).

4.4.3.2 Das Fallmanagement als Einfallstor einer strafenden Pädagogik

Das Fallmanagement im Kontext von Hartz IV erhält über den möglichen Zugriff zu Sanktionen einen paternalistischen und auch autoritären Charakter: Es wird mit „Zuckerbrot und Peitsche" gearbeitet (vgl. Schruth 2008, S. 33).

Spindler weist auf die gravierenden Folgen einer „gewollten Verelendung" hin (Spindler 2010 a.a.O.). Schruth erläutert die familiendynamischen und Existenz gefährdenden Konsequenzen des im Rahmen des SGB II veranlassten „Auszugsverbotes" von „unter 25-jährigen Kindern" (Schruth 2008, S. 32). Durch diese Sanktions- und Disziplinierungsmaßnahmen verstärkt sich die asymmetrische Beziehung zwischen Fallmanager und Erwerbslosem. Auch die Diagnoseschritte, die eine Kategorisierung von Menschen nach ihrer Aktivierungsbereitschaft oder auch ihrer Besserungsfähigkeit (Kundentypen) erlauben, und die dann eine kontrollierte Selektivität der Zugangsgewährung zu Ressourcen ermöglichen, sind übliche Kontrolltechniken und werden nicht etwa von einer Zustimmung des Betroffenen abhängig gemacht. Der Einsatz von empfindlichen Sanktionen (u. a. Rückbehalt der existenziellen Grundsicherung) als Erziehungsmittel ist im Rahmen von Hartz IV keine bloße Drohgebärde, sondern alltägliche Praxis. Hier wird mit harter Hand durchgegriffen, falls der Klient sich verweigert.

Beispiel 35
Fallmanagement statt Jugenddrogenberatung
Der Jugendberatungsstelle „Oase" droht die Schließung. Die Mittel der Stadt haben sich in diesem Jahr erneut drastisch reduziert. Gelder über Sponsering und Fundraising sind viel zu wenige hereingekommen. Doch da kommt der Leiter von einer Besprechung im Jugendamt mit einer frohen Botschaft zurück: Man hat ihm angeboten, seine Beratungsstelle einwenig umzustrukturieren. Wenn sie bereit wären, im Auftrag des Jobcenters der Arbeitsagentur für Arbeit mit solchen Jugendlichen zu arbeiten, die Schwierigkeiten haben, eine Stelle oder einen Ausbildungsplatz zu finden, wäre ihr Fortbestehen gesichert. Sie würden dann mit Geldern der ARGE finanziert und auch von dort mit Fällen beschickt. Und schließlich hätten ja auch viele dieser Jugendlichen Drogenprobleme.

Das Team und der Leiter greifen nach diesem Strohhalm, auch dann noch, als klar wird, dass in Zukunft von den bisherigen 2,5 Stellen nur noch 2 Stellen mit je 30 Wochenstunden gebraucht werden. Die Jugendlichen, die jetzt zu ihnen kommen, sind geschickt und haben eigentlich keinen Bock auf eine Beratung. Trotzdem lassen sie sich auf die Gespräche ein, weil sie sonst fürchten, vom Arbeitsamt kein Geld mehr zu erhalten. Manche haben schon schlechte Erfahrungen in dieser Richtung gemacht. Die BeraterInnen versuchen ihr Bestes, den Jugendlichen den Weg zu Arbeit und/oder Ausbildung zu bahnen. Meist kommen sie in der vorgesehen Zeit kaum dazu, mit den Jugendlichen herauszufinden, warum das mit der Arbeit oder Ausbildung bisher nicht geklappt hat. Sie stehen unter Erfolgsdruck und versuchen immer sehr bald, konkrete

Schritte mit den Jugendlichen zu planen und sie dann dazu zu bewegen, diese Schritte zu gehen.

Eines Tages erscheint – vom Jobcenter geschickt – Max, ein Klient aus alten Zeiten. Dass er ständig auf Arbeitssuche ist, aber es nie schafft, irgendwo wirklich zu bleiben, war auch früher schon bekannt. In der Beratung war es bisher immer auch schon darum gegangen, aber noch mehr waren die Schwierigkeiten des Jungen Thema gewesen, sich unter anderen Menschen zu behaupten, ohne sich von allen an die Wand gedrückt zu fühlen. In solchen Situationen rastet Max nämlich leicht aus und wird aggressiv. Jetzt stand für seine Beratung etwas Neues ,auf der Agenda'. Max sollte endlich und dauerhaft anfangen zu arbeiten, egal was, egal wo und egal zu welchen Konditionen. Für seine bekannten aggressiven Ausfälle wurden ihm jetzt harte Sanktionen angedroht. Max wirkte eingeschüchtert. Man hatte ihm zuletzt drei Monate seine „Stütze" gesperrt, weil er mal wieder die Arbeit gesteckt hatte, die sie ihm vermittelt hatten. Jetzt will er alles machen, nur damit das nicht wieder passiert. Die beiden Mitarbeiterinnen sind erschrocken über die Resignation, die Max ausstrahlte und die Angst. Und sie wissen um den Grund, warum er wieder so große Angst hat. Er fürchtet, in eine Arbeitsstelle zu kommen, in der er für die anderen nur der letzte Dreck sein wird. Wie soll er das aushalten? Er wird wieder zuschlagen. Und dann wird alles noch schlimmer. Die Beraterin, die ihn und sein Problem von früher kennt, nimmt mit dem Jobcenter Kontakt auf und versucht, für Max andere Bedingungen auszuhandeln. Schließlich fühlt sie sich als Sozialpädagogin auch ihm und seinem Interesse verpflichtet. Er brauche mehr Zeit, er brauche vielleicht ganz und gar andere Arbeitsbedingungen, solche, wo man ihn erst einmal so akzeptiert, wie er ist und wo er sich als Person entwickeln kann. Aber die Fallmanagerin winkt ab. Keine Extrawurst für einen, der bisher dem Staat lieber auf der Tasche lag, als sich mal selber anzustrengen! Und keine Kuschelpädagogik bitte! Wenn es ihm zu eng wird, dann wird er sich schon nach der Decke strecken! Die angedrohten Sanktionen reichen aus, um Max willig zu machen. Max hat null Chancen. Aber Max weiß es und seine Beraterin weiß es auch.

Die Hintergründe der aggressiven Reaktionen von Max hätten einer Bearbeitung, wahrscheinlich auch einer therapeutischen Behandlung bedurft. So ist sein Scheitern vorprogrammiert. Aber für solche Sonderwege sind kein Verständnis und kein Geld da. Die Fallmanagerin hat diese Haltung schon internalisiert. Wie lange wohl wird es brauchen, bis die MitarbeiterInnen der Oase auch so denken?

4.4.3.3 Die neue Pädagogik der Härte in der Sozialen Arbeit

Eine Unterstützungsleistung wird im aktivierenden Staat und damit auch in seiner Sozialen Arbeit, soweit sie sich diesen Handlungsorientierungen nicht entziehen kann, von konformem Verhalten abhängig gemacht und das, so wird unterstellt, sei schließlich im eigenen Interesse des Betroffenen. Wie schon an anderer Stelle erwähnt, erlebt die alte und durch die lebensweltorientierte Soziale Arbeit überwunden geglaubte fürsorgliche und autoritäre Hilfevorstellung, die KlientIn zu ihrem Glück zwingen zu müssen – im Zweifel auch gegen ihren Willen – eine Wiedergeburt (vgl. auch Dahme /Wohlfahrt 2003, S. 20). Für Galuske (2008, S. 17) stammt dieses pädagogische Programm der Politik „aus der Mottenkiste der Geschichte". Er spricht von „schwarzer Pädagogik" und bezieht sich dabei auf die autoritäre Verknüpfung von Rechten und Pflichten, die exkludierenden Mechanismen wie Strafen, Ausschluss von Leistungen, Verkürzung der Bezugsdauer, Abbau protektiver Mechanismen und die „fürsorgliche Belagerung" als methodische Prinzipien (vgl. auch Raithel/Dollinger 2006, S. 79f; Job 2008, S. 77; Kullmann 2009, S. 56). Pädagogik wird wieder verstanden als – wenn nötig – strenge Lenkung und Führung unmündiger Menschen. Die bisherige vorsichtige und angeblich nachgiebige Art der Erziehung in der Sozialen Arbeit und z. T. auch in den Schulen und Elternhäusern hat die Menschen angeblich verweichlicht und unsicher gemacht. Deshalb, so wird gefolgert, brauchen sie Stärke, Grenzen und eine harte Hand. Und das gilt aus der Sicht der neosozialen Ansätze ganz besonders für diejenigen, die in ihrem Verhalten und ihren Einstellungen abweichen, sich gegen die Gesellschaft stellen, ihren Anforderungen ausweichen etc.

„Unter den Stichworten wie „new paternalism", „manageralism", „life politics", „verhaltensregulierende Intervention", „help and hassle" und „tough love" wird im angloamerikanischen Bereich seit geraumer Zeit eine Diskussion über die Methoden neuerer Aktivierungsstrategien und ihre Rückwirkungen auf die Soziale Arbeit geführt", erläutern Dahme und Wohlfahrt (2003, S. 19). Gefordert wird nun auch bei uns, dass sozialarbeiterische Betreuung wieder Sanktionsmöglichkeiten umfassen darf wie z. B. Ausgangssperren, schärfere Strafen, geschlossene Heime oder auch ein deutsches „Glen Mills" (ebenda, S. 18).

Auch in der Hilfe zur Erziehung spielt eine punitive „Aktivierungsstrategie" heute wieder eine Rolle (vg. Z. B. Spindler 2010 a.a.O.). Es sind in der Praxis der Sozialen Arbeit wieder pädagogische Vorstellungen und Konzepte im Spiel, die mit Strafe arbeiten und denen es nicht mehr darum geht, die Menschen zu befähigen, sich selber zu verändern, sondern die diese Veränderungsansprüche bereits vorgeben und die Betroffenen durch Sanktionen zu ihrem Glück zwingen möchten. So stellt z. B. Kessl fest, dass herrschende Normen wieder verstärkt zum Orientierungspunkt von Erziehung werden – beispielsweise „Arbeitsleistung", „Teilnahmepflicht" oder „Pünktlichkeit" –, von denen sich die Sozialpädagogik in den 60er und 70er Jahren kritisch abgesetzt hatte (Kessl 2005a, S. 209). Er analysierte im Jahre 2002 offizielle Jugendhilfekonzepte und Grundlagenpapiere der Jugendhilfe und kam zu dem Ergebnis: „Folgt man diesen Stellungnahmen sind sozialpädagogische Interventionen dann als gelungen zu bezeichnen, ... wenn gültige gesellschaftliche Normen Kindern und Jugendlichen verdeutlicht werden und deren Verhaltensweisen durch eine konsequente Grenzsetzung in Richtung Normeinhaltung verändert wurden" (ebenda, S. 207). Nicht mehr die Entfaltung der Persönlichkeit der Minderjährigen scheint derzeit im Vordergrund pädagogischer Absichten zu stehen, sondern deren Anpassung an die gesellschaftlich gültigen Normen.

Sanktionen und Drohungen sind in der lebensweltorientierten Sozialen Arbeit verpönt. In der Praxis wurden Drohungen (("Sonst kommt das Kind ins Heim") mitunter eingesetzt, allerdings mehr aus Hilflosigkeit als aus gezielter pädagogischer Absicht heraus. Heute werden harte Maßnahmen aber zusehends wieder salonfähig (vgl. z. B. Kappeler 2008, S. 22).

Beispiel 36
„Der braucht harte Bandagen."
Ralph arbeitet seit zwei Jahren in einem Projekt der Schulsozialarbeit. Er hat dort eine 30 Stunden Stelle und betreut 470 Schüler. Ihm zur Seite steht eine Ein-Euro-Jobberin, an die er immerhin die Ausgabe der Sportgeräte in den Hofpausen delegieren kann und die ihm den Schreibkram ein wenig vom Hals hält. Ralph weiß, dass er unter recht ungünstigen Bedingungen arbeiten muss. Dennoch hat er Spaß daran und ist stolz darauf, dass ihn so viele SchülerInnen nach den zwei Jahren kennen und schätzen und ihn grüßen, wenn sie ihn auf dem Flur treffen. Auch zu den LehrerInnen und der Schulleitung ist es ihm gelungen, eine gute Beziehung zu entwickeln. Zumindest wird ihm kein Stein in den Weg gelegt, wenn er für seine sozialpädagogischen Projekte und Unternehmungen Räume braucht oder auch mal ein wenig Material. Die Schule sieht ihn mit seiner Freizeitarbeit als Bereicherung des Schullebens an und als jemand, der die LehrerInnen unterstützt, wenn es um schwierige SchülerInnen geht, mit denen sie selber nicht klar kommen.

Das war jedenfalls bisher so. Seit der Sache mit Marcello ist er nicht mehr so sicher, ob er hier noch gute Arbeit machen kann. Marcello ist ein Junge aus der 10. Klasse, ein lauter, draufgängerischer Typ, der oft aneckt und der sich bei den Lehrern keiner Sympathie erfreut. In den letzten Wochen hatte es mehrfach Schlägereien auf dem Pausenhof gegeben, an denen er beteiligt war. Die Lehrer hatten angefangen, auf Marcello Druck auszuüben. Der Direktor bestellte ihn und drohte ihm mit Schulverweis, falls sich sein Verhalten nicht bessern würde. Der Schulsozialarbeiter Ralph hatte wiederholt mit Marcello alleine gesprochen und wusste, wie es bei ihm zu Hause aussah. Der Junge stand enorm unter dem Druck eines autoritären Vaters, der von ihm verlangte, mit guten Schulnoten nach Hause zu kommen. Davon aber war Marcello weit entfernt. Entsprechend sahen die Auseinandersetzungen bei Marcello zu Hause aus. Ralph hatte sogar einmal mit dem Vater sprechen, aber beim ersten Versuch noch nicht viel erreichen können. In der Lehrerkonferenz hatte er versucht, Verständnis für Marcello zu wecken und zusammen mit den Lehrern einen anderen Weg im Umgang mit Marcello einzuschlagen. Er hatte vorgeschlagen, dass die Schule zunächst Kontakt mit dem Vater von Marcello suchen und ihm den Schulsozialarbeiter als Vertrauensperson der Schule vorstellen könnte. Unter diesen Bedingungen, also sozusagen mit Rückendeckung der Schule selber, so glaubte Ralph, könnte es ihm besser gelingen, das Vertrauen des Vaters zu erhalten und ihn für Gespräche über die Situation seines Sohnes zu gewinnen. Parallel dazu wäre es dann wichtig, Marcello in eine Projektarbeit intensiv einzubinden, die sich speziell mit Fragen der gegenseitigen Unterstützung zwischen den SchülerInnen befasste. Ein solches Projekt bestand und es war nur notwendig, einen Weg zu finden, Marcello dort eine für ihn akzeptable und wichtige Rolle zu zuweisen. Aber die Begeisterung der Lehrerkonferenz war nicht besonders groß gewesen. Zu dem Gespräch mit Marcellos Vater kam es nicht.

Dann erschien Marcello eines Tages 14 Tage lang nicht mehr in der Schule. Keiner hatte ihn gesehen oder wusste, wo er war. Die Eltern wurden informiert und der Vater erschien und drohte im Zimmer des Direktors seinen Sohn zusammenzuschlagen, wenn er ihn erwischen wird. Als dann am Montagmorgen entdeckt wurde, dass in der Nacht in der Schule eingebrochen worden war und an der Tafel in der 10. Klasse die Worte standen: „Scheiß Schule. Man sollte das Haus anstecken! Mich seht ihr nicht wieder", erkannten alle seine Handschrift. Auf der Stelle schaltete der Direktor die Polizei ein, die ihn noch am selben Nachmittag in dem Kleingartengelände, wo seine Eltern eine Hütte haben, festnahm. Für den Direktor und die ganze Lehrerschaft war sofort klar, dass der Junge auf der Stelle von der Schule verwiesen werden müsse. Ralph versuchte noch, mit dem Direktor zu reden. Seiner Meinung nach wäre es erst einmal wichtig, mit Marcello zu sprechen und die Sache mit seinem Vater in den Griff zu bekommen. Für ihn waren der Einbruch und der Text eher Hilferufe. Aber der Schulleiter war nicht bereit, länger diese „Kuschelpädagogik" mitzumachen. Der Junge brauche endlich einmal harte Bandagen.

Entsetzt wandte sich Ralph Hilfe suchend an die zuständige Mitarbeiterin des Allgemeinen Sozialen Dienstes. Diese kannte den Fall gut und erklärte

Ralph aber, dass auch sie der Meinung sei, dass mal jemand bei Marcello hart durchgreifen müsse. Andernfalls geriete er noch ganz auf die schiefe Bahn. Alternativ wäre vielleicht eine Unterbringung in einer betreuten Wohngruppe denkbar, damit er aus dem Einfluss des Vaters heraus käme, aber den Platz, der im Augenblick da frei sei, den brauche sie für einen dringenderen Fall. Außerdem glaube sie auch, dass ein Schulverweis so einen Typen wie Marcello nicht gleich umbringen würde. Seit dem sieht sich Ralph an seinem Arbeitsplatz mit ganz neuen Erwartungen und mit neuen Vorstellungen über seine Aufgaben konfrontiert. Für Schüler, die bisher zu ihm geschickt worden waren, wenn sie im Unterricht massiv gestört hatten, sollte er jetzt statt eines Gespräches einen Strafkatalog bereithalten. Dem Jens aus der 9. Klasse wurde die Teilnahme an Ralphs Boxkurs verboten, was Ralph besonders sinnlos fand, da dieser Kurs für den gewaltbereiten Jungen ausgesprochen wichtig war und er gerade angefangen hatte, zu der Gruppe und zu Ralph Vertrauen zu entwickeln. Aber offenbar wurde Pädagogik jetzt hier nach anderen Regeln gestrickt. Marcello wurde übrigens an keiner anderen Schule mehr aufgenommen. Er lief kurze Zeit danach von zu Hause weg.

Die harten Bandagen, die hier gemeinsam von Elternhaus, Schule und Allgemeinem Sozialdienst beschworen werden, verändern infolge auch die Aufgaben und Möglichkeiten der Schulsozialarbeit. Ralph muss sich fragen, ob er unter solchen Bedingungen weiter Sozialpädagoge bleiben kann oder nicht doch schleichend zu einem Hilfssheriff umfunktioniert werden wird.

Für den gewaltbereiten Marcello aber sind die Chancen für eine Änderung seiner Lebenssituation und damit natürlich auch für eine Änderung seines Verhaltens verschenkt. Was ihn nun als devianten Jugendlichen an Lebenschancen erwartet, ist absehbar.

4.4.4 Elternarbeit im Kontext bekannter autoritärer Konzepte

Auch in der Elternarbeit macht sich eine neue, veränderte Stimmung breit. Eltern, zumindest solche, die sich etwas in Sachen Kindeswohlgefährdung haben zu schulden kommen lassen, sind nicht mehr Partner, sondern Menschen, die versagt haben und die in Zukunft mit intensiver Kontrolle und mit empfindlichen Eingriffen in ihr Privatleben zu rechnen haben. Im Rahmen des Wächteramtes hat das Jugendamt natürlich die Pflicht, Kinder vor gefährdenden Eltern zu schützen und ggf. vor ihnen zu retten. Das KJHG hatte allerdings erkannt, dass der beste Schutz für Kinder in einer Verbesserung der elterlichen Fürsorge und Erziehung liegt und es deshalb zunächst wichtig ist, mit Eltern zusammen zu arbeiten und sie zu befähigen. Die Bereitschaft, den schwierigen Balanceakt zu gehen, das Wohl der Kinder im Auge zu haben, aber gleichzeitig die Eltern in einer Weise zu respektieren und trotz ihres Versagens und ihrer Fehlhandlungen als Menschen zu behandeln, die grundsätzlich an ihren Kindern und am Wohl ihrer Kinder Interesse haben, ist heute wieder zurückgegangen. Eltern werden heftig aktiviert, in Sachen Erziehung und Versorgung Eigenverantwortung zu zeigen. Wenn sie versagen, ist ihre moralische Verurteilung unerbittlich. Eltern werden mit Schuldzuschreibungen bombardiert und geächtet. Auch innerhalb der Jugendhilfe ist diese Tendenz wieder zunehmend zu erkennen (vgl. z. B. Reuter-Spanier 2003). Die Bedingungen für eine funktionierende Erziehung aber, die Schaffung der notwendigen Ressourcen z. B., sind in dieser Art von Elternarbeit kaum Thema. Eltern müssen eben lernen. Und wenn sie nicht funktionieren und wenn sie ihre Mitwirkungspflicht nicht erfüllen, wenn sie sich nicht den ihnen nahe gebrachten Ratschlägen und Anweisungen des Jugendamtes, der Kinderärzte, der Erzieherinnen und der Familienhelferinnen gemäß verhalten und sich nicht entsprechend entwickeln und ihre Kompetenzen nicht erweitern, dann droht ihnen unerbittlich die Sanktion (vgl. auch Winkler 2007, S.111).

Der Umgang mit Eltern, die ihre Kinder vernachlässigen oder ihnen Gewalt antun, ist ein besonders geeignetes Feld für paternalistisches, kontrollierendes und strafendes Gebaren in der Sozialen Arbeit. So stellen etliche als Präventionsprogramme ausgewiesene Konzepte weniger Hilfen als subtile Kontrollmechanismen dar. Hier werden im Kontext von die elterliche Erziehung unterstützenden Maßnahmen und Frühwarnsystemen mit Blick auf das Risikoverhalten bestimmter Gruppen Kontrollen und Umerziehungsmaßnahmen bereitgestellt (Kutscher 2008, S. 38). Helmig hält frühe Hilfen zwar für sinnvoll, befürchtet jedoch, dass sie als Kontrolle erlebt werden (was sie ja unter anderem auch sind), wenn sie im Kontext von Kindeswohlgefährdung gedacht, mit Schuldzuschreibungen einhergehen und mit dem Blick der Verdächtigung ausgeführt werden (Helmig 2010, S. 177, 180). Helmig erläutert ausführlich, warum gerade Mütter aus sozial benachteiligtem Milieu angebotene Hilfen oft nicht annehmen können. Die hier erforderliche Sensibilität und der aufwendige Prozess einer Motivierung sind im Rahmen der Präventionsprogramme nicht vorgesehen. Des Weiteren kritisiert Helmig, dass die Screening-Konzepte daher kommen, als ginge es um die Erfassung technischer Defekte. Außerdem stellt sie eine große Diskrepanz zwischen dem Aufwand der Kontrolle und den tatsächlich bereitstehenden Hilfeleistungen fest. Es gehe nicht darum, versagende Eltern zu identifizieren und ihnen eine Schuld zu zuweisen, sondern dafür Sorge zu tragen, dass diese Eltern unter Lebensbedingungen leben können, die „gerechtes Aufwachsen" für ihre Kinder ermöglicht. Sie verweist so auf die Individualisierung und Schuldzuschreibung, die im Konzept der Frühwarnsysteme immanent enthalten sind (eben, S. 190).

Hier wird deutlich, dass die neosoziale Arbeit eine neue Auslegung des Verhältnisses von Hilfe und Kontrolle vornimmt: Kontrolle wird als Hilfe gesehen und als solche ausgegeben. Dies ist ebenfalls ein Einstieg in die Legitimierung von Sanktionen in der Sozialen Arbeit (vgl. Heite 2008, S. 116f).

Beispiel 37
„Die hat ihre Chance verspielt."
Frau M. hatte sich an den Allgemeinen Sozialdienst des Jugendamtes (ASD) gewandt, weil sie in ihren finanziellen Angelegenheiten nicht mehr durchblickte. Die Rechnungen blieben unbezahlt, Rechnungen kamen in die Schublade, das Geld von der Sozialhilfe reichte höchstens bis Monatsmitte. Außerdem brauchte sie für ihre ältere Tochter (Maria, 4 Jahre alt) einen Kindergartenplatz. Der ASD kannte Frau M. schon lange. Es bestand im Jugendamt sogar lange Zeit ein Verdacht auf Kindesmissbrauch durch den Kindesvater, der aber nicht in der Familie wohnte. Auch nahm man an, dass die Mutter in der Erziehung sehr unsicher war und manchmal zu harten Erziehungsmethoden neigte. Die ihr schon wiederholt vorgeschlagene Sozialpädagogische Familienhilfe aber wollte die Mutter nicht haben. Sie war der Meinung, die Erziehung ihrer Kinder schon alleine hinzukriegen. Sie fürchtete, dass sich fremde Menschen in ihr Privatleben mischen würden und fühlte sich in ihrer persönlichen Autonomie infrage gestellt. Und das kannte sie, seit sie sich Erinnern konnte: von der eigenen Mutter, den Erziehern im Heim, von der Chefin, als sie noch Arbeit hatte.... Nein, sie würde sich nicht darauf einlassen! Nur an der Unterstützung in finanzieller Hinsicht sei sie interessiert. Das Jugendamt musste auch dieses Mal die Ablehnung der Mutter akzeptieren. Ihm waren die Hände gebunden.

Als aber schon zwei Monate später vom Kindergarten Hilferufe kamen, weil die Mutter es immer wieder versäumte, ihre Tochter pünktlich abzuholen, setzte es sich gegen den Wunsch der Mutter durch und verlangte ihre Zustimmung zu einer Sozialpädagogischen Familienhilfe. Jetzt musste Frau M. diese Hilfe wohl oder übel hinnehmen, konnte man ihr doch Versäumnisse in der Erziehung nachweisen. Man hatte ihr unmissverständlich klar gemacht, dass man ihr nicht zutraue, ohne Hilfe ordentlich für ihre Kinder zu sorgen. Wenn sie die Hilfe immer noch nicht akzeptiere, müssten die Kinder ins Heim. Die MitarbeiterInnen des Jugendamtes versäumten es vor lauter Eifer und im Wunsch, diese Chance für die Kinder auf keinen Fall zu gefährden, die Bedenken von Frau M. ernst zu nehmen und sich mit ihren Befürchtungen und Ängsten ernsthaft auseinanderzusetzen. Wie schon bei den vorigen Versuchen konnte mit der Mutter die Notwendigkeit dieser Hilfe zur Erziehung nicht erarbeitet werden. Es wurde also auch dieses Mal keine Hilfe entwickelt, die die Mutter aus innerer Überzeugung hätte mittragen können. Stattdessen unter-

schrieb Frau M. zähneknirschend den Hilfeplan. Es blieb ihr nichts anderes übrig. Frau M. boykottierte im weiteren Verlauf die Familienhilfe so gut es ihr gelang, zeigte keine Mitarbeitsbereitschaft, öffnete oft die Tür zur Wohnung nicht oder ließ immer wieder vereinbarte Termine platzen. Sie ärgerte sich über die ungewollte Hilfe und kochte innerlich erst Recht, wenn ihre Familienhelferin immer wieder zu ihr sagte: „Aber so steht es doch im Hilfeplan, Frau M. Sie haben das doch selber unterschrieben!"

Als die Nachbarin wenige Wochen später im Jugendamt anrief und mitteilte, Frau M. sei mal wieder seit Stunden weg und die Kinder wären alleine zu Hause, wurde sofort gehandelt. Als die Mutter zurückkam, fand sie in ihrer Wohnung die Polizei vor, die zusammen mit der Mitarbeiterin vom Jugendamt und der Familienhelferin die Kinder mitnehmen wollte.

Frau M. ging am anderen Tag ins Jugendamt und forderte, ihre Kinder wieder zu bekommen. Aber man machte ihr klar, dass sie ihre Chance gehabt, aber nicht genutzt hätte. Eine Mutter, die Kinder alleine ließe und vor allem eine Mutter, die bei der ihr zur Verfügung gestellten Hilfe nicht mitmache, habe ihr Recht darauf, die Kinder selber zu erziehen, verwirkt. Wenn man mit ihr noch mal einen Versuch wagen würde, dann nur unter ganz engen Auflagen, die sie ohne mit der Wimper zu zucken, zu akzeptieren habe.

Die Aktivierungsbemühungen der Jugendhilfe sind an der Mutter ohne Wirkung vorbei gegangen, weil man sie nicht mitgenommen, nicht beteiligt hat. Wenn jetzt mit massivem Druck und mit Strafe gearbeitet wird, bleibt ihr nur noch die totale Unterwerfung oder die Resignation.

Es hätte sehr wohl Möglichkeiten gegeben, mit Frau M. zusammen einen Hilfeplan aufzustellen und ihr – auch bei klarer Verdeutlichung aller Risiken – trotzdem hilfreich und unterstützend zur Seite zu stehen. Nur so wäre sie als Mutter wirklich zu aktivieren gewesen. Aber die Soziale Arbeit hat hier offenbar keinen Grund gesehen, auf ihre Klientin sozialintegrativ einzugehen und aktive, selbst bestimmte Lernprozesse bei Frau M. auszulösen. Sie verzichtete z. B. darauf, die Meinung der Klientin zu ihrer eigenen Lage festzuhalten bzw. nahm diese nicht zur Kenntnis. Die Klientin wurde behandelt wie ein unmündiges, trotziges, unvernünftiges Kind und nun wird sie auch so bestraft.

4.5 Ausblenden gesellschaftlicher Ursachen von individuellen Problemlagen

Wenn die gesellschaftlichen Hintergründe der Probleme ihrer KlientInnen geleugnet bzw. ausgeklammert werden, bedeutet das für die Soziale Arbeit den

Verlust eines ihrer zentralen Zugänge zu den Problemlagen von Menschen. Wie oben dargestellt, bezieht die lebensweltorientierte Soziale Arbeit zur Erklärung von Problemlagen wie zur Entwicklung von möglichen Interventionen beide Ebenen ein: das Individuum selber und die gesellschaftlichen, sozialen, materiellen, politischen Verhältnisse. Eine Soziale Arbeit, die sich auf die individuelle Seite bestehender Problemlagen begrenzt, wird ihrem Gegenstand nicht gerecht. Eine Soziale Arbeit, die gesellschaftliche Bedingungen auf den sozialen Nahraum, das soziale Umfeld der Menschen beschränkt, leugnet ebenfalls die Rolle und Bedeutung der Gesellschaft für die Problemlagen der Menschen und verzichtet darauf, hier Ursachen und Lösungsmöglichkeiten zu identifizieren (vgl. Bizan 2000). Damit trägt sie zu einer Entpolitisierung der Gesellschaft und ihrer eigenen Profession bei.

4.5.1 Individualisierung gesellschaftlicher Probleme

Der aktivierende Staat spricht sich grundsätzlich von jeder Verantwortung für benachteiligte Lebenslagen und für die mangelhafte Ressourcenausstattung von Menschen frei. Damit ist eine generelle Vernachlässigung der sozialstrukturellen Lebenslagen im weiten Sinne (Klasse, Gender, Rasse, Alter, Behinderung) verbunden. Folgen dieses Herangehens sind die Ignorierung gesellschaftlicher Konflikte und die Vereinzelung der Menschen mit gleichen und auf gleiche Weise verursachten Problemlagen, sowie eine zunehmende und grundlegende Isolierung der Menschen, insbesondere auch derjenigen, die zu den gesellschaftlichen Verlierern gehören. Obwohl inzwischen viele Menschen zumindest sporadisch von Armut bedroht sind, bleibt die Diskussion, wenn es um die Ursachen von Armut geht, im öffentlichen Diskurs konsequent auf der Ebene von Eigenverantwortung und Lebensführung: Politische Alternativen der Umverteilung gesellschaftlichen Reichtums sind für die meisten der von Armut Betroffenen oder Bedrohten heute scheinbar nicht vorstellbar oder werden auch gar nicht nachgefragt. Das Wissen um gesellschaftliche Hintergründe und das Nachdenken über gesellschaftliche Ursachen scheint, so muss man befürchten, auf diese Weise systematisch ausgelöscht zu werden.

4.5.1.1 Neo-Soziale Arbeit individualisiert die Problemlagen ihrer Klientel
Soziale Arbeit sieht den Menschen in seiner komplexen Lebenswelt als eine Einheit von Individuum und sozialer sowie materieller Umwelt. Wenn es um die Bewältigung von Problemen in der Lebenswelt geht, gibt es deshalb grundsätzlich immer zwei Ansätze, die auch beide, und zwar parallel, verfolgt werden müssen:

Probleme können ihre Ursache in den ökosozialen, den politischen und materiellen Lebensbedingungen von Menschen haben. Ist dies der Fall, geht es darum, diese Bedingungen zu verändern oder wenigstens zu beeinflussen. Haben Probleme ihre Ursache (auch) in der Person des Betroffenen selber, in seinen Einstellungen, in fehlenden Kenntnissen oder Kompetenzen, in Emotionen oder Kognitionen, so muss auch hier ein Fokus der Arbeit liegen. Im aktivierenden Staat aber wird der Einzelne für sein Schicksal und sein Wohlergehen ganz allein selber verantwortlich gemacht. Gesellschaftliche Ursachen von Problemen und damit also „soziale Probleme", werden systematisch ausgeblendet. Arbeitslosigkeit und ihre Folgen werden nicht als Folge der Arbeitsmarktlage oder als Folge der Wirtschaftspolitik begriffen, sondern als persönliche Schwierigkeit des Betroffenen, auf dem Arbeitsmarkt erfolgreich zu sein. Ebenso wird Armut nicht als strukturelles Problem begriffen und als Folge sozialer Ungleichheit, prekärer Arbeitsplätze oder sozialer Benachteiligung, sondern Armut ist ein Zustand, der Menschen treffen kann, wenn es ihnen nicht gelingt, ihre Arbeitskraft entsprechend einzusetzen. So könnte man z.B. auch die Frage stellen: Hat der relativ hohe Konsum von Zigaretten bei Kindern zwischen 9 und 12 Jahren gesellschaftliche Hintergründe, die nicht in ihrer Person liegen, oder ist es ausschließlich eine Frage der Persönlichkeit und der Bewältigungsstrategien eines Kindes, ob es in diesem Alter raucht? Der aktivierende Staat würde sich allein für die 2. Möglichkeit entscheiden. Für die Soziale Arbeit hieße das: Es bleibt ihr nur noch die Aufgabe, mit Trainingsprogrammen gegen das frühe Rauchen anzugehen, die die Persönlichkeit der Kinder stärken. Die Frage, warum diese jungen Menschen zur Zigarette greifen und der Blick auf die gesellschaftlichen Ursachen dieses Problems bleiben dagegen ausgeklammert.

Die Gesellschaft stellt die Rahmenbedingungen bereit, unter denen Menschen aufwachsen und leben müssen. Sie verteilt zunehmend ungleich Ressourcen an ihre Mitglieder und konfrontiert die Menschen mit den von ihr erzeugten strukturellen Problemen wie Arbeitslosigkeit oder z.B. auch kulturelle Gewalt. Für die Folgen aber, die daraus für die Menschen erwachsen, möchte sie nicht verantwortlich zeichnen. In diesem Sinne soll Soziale Arbeit im aktivierenden Sozialstaat auch nicht die Aufgabe übernehmen, strukturelle Probleme zu hinterfragen oder an die Gesellschaft Forderungen zu stellen. Auch da, wo erst einmal strukturelle Veränderungen, verbesserte Ressourcen und materielle Unterstützung notwendig wären, bleibt der Sozialen Arbeit nichts anderes übrig, als auch dann immer nur die Eigenverantwortung der Klientel herauszufordern, damit Eigenverantwortung und Eigeninitiative überhaupt umgesetzt werden können. Jurczyk drückt das folgendermaßen aus: „Die Entwicklung der späten Moderne lassen sich zu dem Paradox zusammenfassen, dass die Eigenaktivitäten des Selbst, seine „agency", immer wichtiger für die Lebensgestaltung werden, ohne dass jedoch eine größere Selbstbestimmung über die Ressourcen und Rahmenbedingungen des Lebens gegeben wären"(Jurczyk 2009, S. 64). So wird z. B. bei MigrantInnen davon ausgegangen, dass ihre Bereitschaft, an aktivierenden Angeboten zur Förderung ihrer Eigenverantwortung teilzunehmen, im Wesentlichen durch persönliche und nicht durch institutionelle Barrieren verhindert wird. Wie jedoch entsprechende Untersuchungen zeigen, bestehen bei MigrantInnen im Vergleich zu Nicht-MigrantInnen große Unterschiede und Ungleichheiten in ihrer Behandlung etwa durch die Institution Schule und die LehrerInnen (vgl. Boos-Nünning 2009, S. 121). Ähnlich stellt Oelkers mit Blick auf das neue Elternrecht und die neue Elternpolitik fest, dass die Übernahme von Verantwortung eingefordert wird, ohne das zur Kenntnis genommen oder gar berücksichtigt würde, dass die Fähigkeit dazu an Voraussetzungen gebunden ist (Oelkers 2009, S. 81). Verantwortung wird zugeschrieben und eingefordert, egal ob der einzelne sich dazu bekennt. Nicht ‚verantwortlich sein', sondern ‚zur Verantwortung gezogen werden', ist die Realität, die zählt. Aber nicht alle Eltern verfügen über die persönlichen Fähigkeiten oder strukturellen Möglichkeiten, um diese Aufgabe Erfolg versprechend zu übernehmen. Herrmann und Stövesand kommentieren: „Während die Schere zwischen Arm und Reich zunehmend aufklappt, …, nimmt die Individualisierung sozialer Probleme sowie die In-Verantwortungsnahme von Einzelnen für die Entstehung und Beseitigung von Notlagen zu. Ohne abstreiten zu wollen, dass Menschen für ihr Handeln Verantwortung tragen, sei angemerkt, dass es beispielsweise nicht ausreicht, so genannten Hochrisikofamilien Verhaltenstrainings angedeihen zu lassen, damit sie trotz Geldmangel und schlechten Wohnbedingungen nicht „ausflippen" und sich oder ihren Kindern etwas antun" (Herrmann/Stövesand 2009, S. 196). Manche Autoren bezeichnen es als zynisch, wenn von Menschen Entwicklungen und Veränderungen erwartet werden, ohne dass ihnen die notwendigen Ressourcen, die sie für diese Veränderungen brauchen würden, zugesprochen werden.

Bestmann konstatiert für die heutige Jugendhilfe z. B. eine immer deutlichere „Tendenz der Individualisierung" (2008, S. 81). So wird Kinderarmut nur als individuelles Schicksal gesehen (ebenda, S. 81), so werden zu enger Wohnraum oder fehlende ökonomische Mittel mit systemischer Familientherapie „behandelt" (ebenda, S. 82). Bestmann fordert, dass sich der Blick der Sozialen Arbeit und auch ihr konkretes Handeln ebenso auf die außerhalb eines Familiensystems liegenden Wirkfaktoren zu richten habe. Werden dagegen solche Entwicklungen nur als Individualisierungsprozesse beschrieben, muss das als „gesellschaftliche Ent-Solidarisierung" verstanden werden (Bestmann 2008, S. 81). Fellner spricht davon, dass z. B. der Begriff psychische Störung

„als Instrument der Verschleierung gesellschaftlicher Probleme" genutzt wird (Fellner 2008, S. 49) und weist darauf hin, dass z. b. das in der Praxis heute so beliebte Konstrukt ADHS (Aufmerksamkeits/Hyperaktivitätsstörung) die Ursachen dieser Störung primär im Individuum verortet. „Die Hypothese von einem individuumsimmanenten pathologischen Substrat lenkt den Blick vom sozialen Kontext des Erlebens und Verhaltens ab" (Fellner 2008, S. 50). Hierhin gehört auch die zunehmende „Psychiatrisierung von „schwierigen" und „schwerstgestörten" und auch wieder als „verwahrloste" bezeichnete Kindern und Jugendlichen (Kappeler 2008, S. 17)

Bizan weist darauf hin, dass Lebenswelt im Rahmen der modernisierten Sozialen Arbeit reduziert wird auf das soziale Umfeld. So erlebt die Soziale Arbeit zwar eine starke Einbindung der systemischen Familienarbeit. Fragen nach innerfamiliären Hierarchien oder gar nach sozialpolitischen Vorgaben, durch die Familie reguliert wird, werden aber in der Regeln nicht gestellt (Bizan 2000). Das Aktivierungskonzept individualisiert gesellschaftliche Probleme und Problemlagen, indem es alle Schwierigkeiten, die Menschen haben können, ausschließlich auf ihre Person, ihre fehlende Anstrengungsbereitschaft, auf fehlende Kompetenzen oder nicht geleistete Vorsorge, auf Verhaltensdefizite und Persönlichkeitsmängel zurückführt. „Menschliche Notlagen werden nicht mehr mit den herrschenden Gestaltungsweisen des Sozialen in Verbindung gebracht, sondern mit subjektiven Verhaltensweisen und Lebensstilen der betroffenen Gesellschaftsmitglieder" (Kessl 2005b, S. 36). Unter solchen Voraussetzungen ergibt sich für die Gesellschaft nur noch die Möglichkeit, menschliches Verhalten zu modifizieren. Ob Ursachen eines Problems in den sozialen Rahmenbedingungen und Verhältnissen liegen, ist dabei uninteressant, denn an sie wird ohnehin nicht angeknüpft. Die Modifikation gesellschaftlicher Lebensbedingungen und -verhältnisse selber steht nicht mehr zur Debatte.

Kessl erzählt in diesem Zusammenhang eine erhellende Geschichte, die Geschichte von der billigeren Wohnung: Ein derzeit arbeitsloser Mann hat massive Kopfschmerzen und Schlafprobleme, seitdem er eine neue Wohnung bezogen hat, die an einer lauten Einfallstraße liegt. Diese Probleme und ihre Folgen sind so stark, dass er nicht in der Lage ist, eine Arbeitsstelle anzunehmen, die man ihm angeboten hat. Er musste vor einigen Monaten diese laute Wohnung nehmen, weil er wegen einer Trennung gezwungen war, sich schnell zu entscheiden und weil er eine teurere Wohnung in einer ruhigerer Wohngegend nicht bezahlen konnte. Er wendet sich an den Fallmanager mit der Bitte um einen Mietzuschuss, damit er so wieder in der Lage ist, eine teurere, ruhigere Wohnung zu mieten. Und obwohl die Zusammenhänge zwischen der lauten Straße, seinen Kopfschmerzen, seinem geringen Einkommen, dem angespannten Wohnungsmarkt, seinen Schlafstörungen und schließlich seinen Problemen am Arbeitsplatz offensichtlich sind, wird ihm als Hilfe statt eines höheren Mietzuschusses ein Schlaftraining angeboten, an dem er teilzunehmen habe, sonst verfalle jeder weitere Unterstützungsanspruch (vgl. Kessl 2005b, S. 36f).

4.5.1.2 Soziale Arbeit wird reduziert auf ein reines „Erziehungsprojekt"
Darauf läuft Aktivierung im neosozialen Sinne hinaus: Die strukturellen Ursachen von Problemen werden nicht gesehen und nicht berücksichtigt. Lösungen finden sich ausschließlich im Bemühen und im Verhalten des Betroffenen. Also werden Verhaltensweisen diagnostiziert und als Therapie wird eine Verhalten trainierende Erziehungsmaßnahme verordnet.

Die Aktivierungsprogrammatik und das damit verbundene Motiv, die Eigenverantwortung der Akteure zu stärken, legt grundsätzlich eine Änderung von Einstellungen, Verhaltensweisen und Lebensführungspraktiken nah, die von der Art der Intervention her ausschließlich in den Bereich pädagogischer Maßnahmen fallen. Die Herausbildung des unternehmerischen und flexiblen Habitus wird zu der großen Bildungsaufgabe des aktivierenden Staates. Diese Aufgabe trägt er der Sozialen Arbeit an. Sein Erziehungsprojekt ist ein ausschließlich pädagogisierendes Konzept, das auf das Individuum eingeht und seine persönliche Lage verändern will, indem es seine persönlichen Kompetenzen und auch seine Sichtweisen erweitert. Es ist ein rein individuelles Konzept. Wenn es aber um Probleme und Themen geht, die (auch) gesellschaftliche Ursachen haben, reicht das nicht aus.

Die Soziale Arbeit hat zwei historische Wurzeln: die Sozialpädagogik und die Sozialarbeit. Sozialpädagogik agierte im Erzieherischen. Die Sozialarbeit, eine weiterentwickelte institutionalisierte Form der Armenfürsorge, reagierte und intervenierte im versorgenden unterstützenden Sinne, und wurde administrativ tätig, wenn ein Missstand gemeldet wurde. Heute versteht sich Soziale Arbeit als eine untrennbare Einheit beider Bereiche, sie ist immer sowohl erzieherisch als auch unterstützend tätig. Die professionelle Soziale Arbeit steht für die Verbindung von Maßnahmen und Hilfen, die sowohl auf das Verhalten der Menschen wie auch auf ihre Lebensverhältnisse gerichtet sind. Beide Ansätze sind wichtig. Eine Verwirklichung nur einer der Möglichkeiten würde der Komplexität menschlichen Lebens nicht gerecht und könnte die Problemlagen der Lebenswelten, die alle an der Schnittstelle von Individuum und Gesellschaft gelagert sind, nicht wirklich bearbeiten. Eine einseitige Sicht nur auf die pädagogische und psychologische Seite eines Problems, also eine Verabsolutierung der Sozialpädagogik, führt dazu, den in den gesellschaftlichen, politischen, materiellen und sozialen Verhältnissen manifestierten Hintergrund der Problematik auszuschalten und unbeachtet zu lassen (vgl. z.B. auch Kappeler

2008, S. 15). Das Problem der Armut heißt dann nicht mehr „Wie kann deine Armut beseitigt werden?", sondern „Wie kannst du mit deiner Armut besser umgehen?" Die neosoziale Erwartung an die Soziale Arbeit, im Wesentlichen pädagogisch auf ihre Klientel einzuwirken und auf die Berücksichtigung der sozialen, gesellschaftlichen Problemhintergründe der Lebensbewältigungsschwierigkeiten ihrer Klientel zu verzichten, lässt in vielen Fällen kaum noch reale Möglichkeiten zur Verbesserung der Lage der Menschen zu. „Arbeitslosigkeit z. B. kann aber nicht bekämpft werden durch Betreuung, Beratung oder Individualisierung der Ursachen" (Schneider 2008, S. 14). Mitunter gerät das pädagogische Erziehungsprojekt deshalb zu einer Farce, die aber KlientInnen wie Sozialarbeitende nicht selten mitspielen, ohne mit der Wimper zu zucken.

Beispiel 39
„Da müssen Sie sich eben noch mehr anstrengen, Frau Heinrich!"
Frau Heinrich ist allein erziehende Mutter von drei Kindern. Sie lebt vom Kindergeld und von Hartz IV. Die drei Väter ihrer Kinder zahlen nicht. Frau Heinrich ist ohne Abschluss von der Schule abgegangen und hat danach als Lagerarbeiterin in einer Discounter-Kette gearbeitet. Als sie schwanger wurde, musste sie aufhören, weil die Kleine lange kränkelte und ständig von der Krippe wieder nach Hause geschickt wurde. Man fürchtete, sie könne die anderen Kinder anstecken. Bald kam das zweite Kind, ein Sohn, heute 7 Jahre alt. Als auch der Sohn in die Kinderkrippe gehen konnte und die ältere Tochter Marie eingeschult war, nahm sie wieder eine Stelle als Lagerarbeiterin an. Als sie das dritte Kind erwartete, hörte sie ganz auf zu arbeiten und blieb bei den Kindern zu Hause. Frau Heinrich hatte von Anfang an Schwierigkeiten, mit ihrem Geld klar zu kommen. Es reicht für die vierköpfige Familie hinten und vorne nicht. Hinzu kommt, dass sie wegen der Medikamente, die ihre Tochter dringend wegen einer massiven Neurodermitis braucht, monatlich regelmäßige Schulden machen muss, da ihr vom Sozialamt nichts dafür dazu gegeben wird. Die Angebote der Tafel, die sie gerne genutzt hat, um auch mal etwas Frisches für sich und die Kinder auf den Tisch zu bekommen, sind deutlich reduziert worden und in der letzten Zeit wurde sie mehrfach weggeschickt, weil sie den Berechtigungsschein des Sozialamtes noch nicht hatte. Im Laufe der Zeit lernte sie es jedoch, sparsamer einzukaufen und Geld für die Zeit zurückzulegen, wenn der Kühlschrank wieder leer sein würde. Hilfe und Unterstützung bekam sie dabei von ihrer Sozialarbeiterin vom Jugendamt, mit der sie wegen der Unterhaltszahlungen der Väter ihrer Kinder (die aber nie kamen) zu tun hatte und die auch für den Krippenplatz gesorgt hatte. Schließlich, so meinte die, lasse sich auch materielle Not mit der entsprechenden Fähigkeit, damit umzugehen,

viel leichter ertragen. So sagte auch die Frau vom Sozialamt. Und Frau Heinrich hat sich auch angestrengt.

Als aber heute ihr Sohn aus der Schule kommt und ihr mitteilt, dass er Anfang der nächsten Woche für eine Klassenfahrt 150 Euro mitzubringen habe, ist das für sie ein Schock. Gerade diesen Monat hat sie besonders wenig Geld, weil auch die Älteste schon Extrageld für ein Liederbuch hat haben wollen, das sie für den Musikunterricht braucht. Außerdem musste Frau Heinrich, die schon immer Probleme mit ihren Augen hatte, neulich beim Augenarzt eine Untersuchung selber bezahlen, die die Krankenkasse nicht mehr übernimmt. Sie wollte ja ganz darauf verzichten, aber der Arzt machte ihr Angst, was alles passieren könne. Und da hat sie dann doch gezahlt. In ihrer Not geht sie ins Jugendamt zu ihrer Betreuerin, mit der sie so viele Jahre gute Erfahrungen gemacht hat. Die aber muss feststellen, dass Frau Heinrich, wie jeden Monat, die ihr und ihren Kindern zustehende Summe von Hartz IV bekommen hat. Sie sieht keine Möglichkeit für irgendwelche zusätzlichen Gelder. Aber sie lässt ihre alte „Kundin" nicht im Stich. Sie setzt sich mit ihr zusammen und sie überlegen, wo Frau Heinrich noch mehr sparen könne. Dann muss es eben mal eine Woche nur Margarine aufs Brot geben. Und die Kleine kann eben eine Zeit lang keine Butterkekse mehr essen, jetzt müssen es auch die billigen Aldi-Zwiebäcke tun. Und vielleicht gibt es da auch noch Sparmöglichkeiten, die sich langfristig auszahlen würden: Wenn Frau Heinrich die Kinder etwas wärmer anzieht, kann sie vielleicht die Heizung um ein paar Grade runterstellen. Das würde die Nachzahlung im Juli bestimmt reduzieren. Und die Sozialarbeiterin hat auch noch einen weiteren guten Tipp für ihre Klientin: Im Gemeinschaftszentrum wird nächste Woche ein Kochkurs durchgeführt. Da geht es um kostengünstige aber nahrhafte Mahlzeiten. Das wäre sicher was für sie. Der Kurs koste zwar 5 Euro Beitrag, aber wenn sie mit der Kursleiterin spräche, würde Frau Heinrich sicher einen Sonderpreis bekommen. ... Frau Heinrich verlässt das Jugendamt und hat die Botschaft einmal mehr begriffen: Sie selber ist schuld, dass ihre Kinder nicht auf Klassenfahrt mit können und dass sie wohl auch zum Geburtstag nächste Woche nicht die ersehnte Play-Station für ihren Sohn kaufen kann. Sie muss einfach lernen, noch besser zu haushalten, noch geschickter mit dem Geld umzugehen. Andere in der gleichen Lage bekommen ja auch nicht mehr, hat ihre Sozialarbeiterin gesagt.

Am Abend hört sie im Radio, dass das Bundesverfassungsgericht die Hartz IV-Sätze für Kinder höher gesetzt hat. Sie freut sich nicht nur, sie wundert sich auch. Bisher hatten ihr alle gesagt, was sie bekäme, sei ausreichend. Jetzt stimmt es also doch nicht? Wer bestimmt das eigentlich, überlegte sie, was für uns ausreicht?

Nicht alle KlientInnen sind so gutwillig. Sie werden angesichts solcher Vorschläge sauer. Aber die Hartz IV Sanktionen dürften auch mit ihnen schnell fertig werden. Eine Soziale Arbeit, die auf solche kläglichen und zynischen Hilfeangebote reduziert wird, ist verständlicherweise auch dankbar, wenn sie die Klientel wenigstens auf gesellschaftliche Formen der Mildtätigkeit verweisen kann: auf Tafeln, auf Kleiderkammern, auf Wärmestuben. Denn wo Not herrscht, ist selbst Mildtätigkeit noch humaner als eine Hilfe, die nur in guten Ratschlägen besteht.

Nicht nur die Verabsolutierung der individuellen Seite menschlicher Problemlagen, sondern natürlich auch eine Verabsolutierung der gesellschaftlichen Seite wäre falsch, denn Veränderungen an und mit Menschen sind nur möglich, wenn sie die betroffen Menschen auch wirklich erreichen, wenn sie als Personen an der Lösung beteiligt sind und wenn sie die persönlichen Anteile, die sie an der Entstehung oder Aufrechterhaltung eines Problems haben, bewältigen lernen. Einen verschuldeten Mann kann man entschulden. Aber wenn er nicht lernt, auf spontane Einkäufe bei Versandhäusern zu verzichten, wird sich seine Verschuldungssituation nicht bessern. Beide Erkenntnisse waren und sind für die professionelle Soziale Arbeit gleich zentral und nicht von einander trennbar: 1. die Entdeckung der Persönlichkeit von KlientInnen: ihre Selbsthilfekräfte, ihre Bedürfnisse, ihren Willen, ihre Menschenwürde und damit die Entdeckung der Pädagogik in der Sozialen Arbeit, 2. die Entdeckung der (mit)verursachenden Rolle gesellschaftlicher Bedingungen und des sozialen Milieus für die (ggf. problematische) Lebenslage von Menschen. Wichtig ist, und dafür steht die Soziale Arbeit, dass beide Seiten gesehen, infrage gestellt, bearbeitet und verändert werden (vgl. z. B. Schrödter 2006, S. 93). So kommt Galuske zu dem Schluss: Die neue aktivierende Soziale Arbeit ist Verhaltens- nicht Verhältnisorientiert. Nicht Märkte werden reguliert, sondern es wird ein pädagogisches Programm aufgelegt, nämlich „die Formung der Menschen nach den Erfordernissen der Ökonomie durch Prävention, Bildung, Qualifizierung, Beratung, Betreuung, Druck und Sanktionen" (2008, S. 18). Alle Probleme werden nunmehr einfach zu pädagogischen Problemen erklärt und sind angeblich über Beratung und Beeinflussung zu lösen. Und auch wenn Menschen in Problemsituationen stecken, deren gesellschaftliche Ursachen auf der Hand liegen, kann und darf sie nichts anderes tun, als diese Menschen dazu zu bewegen, trotzdem irgendwie besser mit ihrer Situation klar zu kommen, noch aktiver und flexibler zu werden.

Im Rahmen der Aktivierungspolitik soll Soziale Arbeit ausschließlich im Rahmen ihrer pädagogischen Möglichkeiten auf Menschen einwirken, um sie mit ihren professionseigenen Methoden dazu zu befähigen und dazu zu bringen, sich angemessen und eigenverantwortlich zu verhalten: z. B. angemessen als arbeitsbereiter Arbeitssuchender, angemessen als Mutter, die ihre Kinder versorgt und zufrieden stellend erzieht, angemessen als Schüler, der den Unterricht besucht und sich um gute Noten bemüht. Sie wird damit, wie oben erläutert, im Wesentlichen auf ein pädagogisches Projekt reduziert und ist vor allem anderen mit der Vermittlung des flexiblen und unternehmerischen Habitus befasst. In diesem Sinne und mit Blick auf die einseitige Pädagogisierung der Sozialen Arbeit ist auch der Befähigungsansatz (capacibility), der ansonsten als nicht neosoziale Alternative zum Ansatz der Beschäftigungsfähigkeit (employability) gesehen wird, durchaus problematisch: Er scheint sich konzeptionell an die sozialpädagogische Ressourcenorientierung anzulehnen und somit eine echte Chance für Menschen zu sein. Aber, so sieht es z. b. Spindler, tatsächlich versucht er „in der tristen Wirklichkeit z. B. der Armutsverwaltung, die Menschen durch die Erweiterung ihrer persönlichen Möglichkeiten an bestehende Problemlagen anzupassen und zu gewöhnen, nach dem Motto, materielle Arbeit ließe sich durch eine entsprechende Befähigung auch besser ertragen (vgl. Spindler 2007, S. 32). Und sie gibt weiter zu bedenken: „Es ist die Soziale Arbeit, die dem das Mäntelchen sozialer Hilfeleistung umhängt (ebenda, S. 31).

Seitdem Diskussionen in der breiten Öffentlichkeit geführt werden über soziale Inklusionsstrategien und sogar über Wege und Methoden der Sozialen Arbeit, die bisher nur für diese selber von Bedeutung waren, steht die Soziale Arbeit in einem für sie neuen Rampenlicht öffentlichen und politischen Interesses. Dahme und Wohlfahrt stellen fest, „dass sich neuerdings die Sozialpolitik für sozialarbeiterische Fragen in auffallender Weise zu interessieren beginnt und sich ihrer bemächtigt" (Dahme/Wohlfahrt 2005, S.7; vgl. auch Kessl 2007, S. 12). Offenbar bedarf der aktivierende Staat zur Lösung seiner neuen Aufgabe Professionen wie die der Sozialpädagogik. Das Angebot steht: Die Sozialpädagogik könnte zu einer der „new authorities" werden, die eine aktivierende Politik hervorbringt. So sehr die neoliberale Kritik die professionelle, lebensweltorientierte Soziale Arbeit direkt oder indirekt abwertet oder als überholte „Kuschelpädagogik" darstellt, sie reicht einer neuen, „aktivierenden" Sozialen Arbeit die Hand. Schönig, ein Vertreter der vom aktivierenden Staat erwünschten neuen, „aktivierenden Sozialpädagogik", offeriert der Sozialen Arbeit diese neue Rolle. Soziale Dienste seien das Kernelement dieser Korrektur (gemeint ist die Veränderung zum aktivierenden Staat) und zählten als solche „zunächst einmal nicht zu den Hauptverlierern sozialpolitischen Strukturwandels" (vgl. (Schönig 2005, S. 28). Schönig spricht deshalb die Hoffnung aus, dass die Soziale Arbeit möglichst bald „ein abgeklärtes Verhältnis zur Aktivierungspolitik" formulieren und eingehen wird (ebenda, S. 36).

Die Hoffnung des Autors ist nicht unbegründet: In der Realität ist das neosoziale Denken längst in den programmatischen Texten enthalten und dirigiert die Praxis. „Soziale Arbeit soll den NutzerInnen die frohe Botschaft verkünden, dass der Einzelne sein Leben gestalten könne, wie er wolle – allerdings auf eigene Kosten" schätzt Kessl ein (2005, S. 216). Soziale Arbeit als pädagogisches Projekt, das klingt so menschenfreundlich, so nach Hilfestellung, Entwicklung und Unterstützung. Mancher glaubt, dass die Sozialpädagogik sich im Rahmen der Erwartungen des aktivierenden Staates jetzt endlich ganz und nur noch ihrer zwischenmenschlichen, kommunikativen Aufgabe widmen soll und darf. In der hier beschriebenen einseitigen und eng geführten Perspektive wird Soziale Arbeit aber vor allem zu Einem, zum Transformationsriemen des aktivierenden Staates (vgl. Kessl 2005b, S. 30). „Wer sich ganz dieser Dienstleistungsidee verschreibt", so Spindler (2010 a.a.O.), „hat zwar möglicherweise keine Finanzierungsprobleme und keine Schwierigkeiten, neue Aufträge zu bekommen – aber immer mehr Schwierigkeiten, sein Profil gegenüber den Bürgern zu wahren". So wird die Sozialarbeiterin, die meint, ihre KlientInnen nun endlich richtig beraten und unterstützen zu können, selber zur Verbreiterin einer entpolitisierten Sozialen Arbeit und zur Künderin der Mär, dass es keine gesellschaftlichen Hintergründe für Probleme gäbe, sondern alles nur die Verantwortung und das Risiko der Einzelnen selber sei.

4.5.1.3 Neosoziale Soziale Arbeit fördert den „sozialpolitischen Fatalismus"
Für die Soziale Arbeit bedeutet die Individualisierung gesellschaftlicher Probleme eine Entfernung der Profession von gesellschaftlichen Zusammenhängen. Sie lenkt zudem durch ihre Beschränkung auf Pädagogik und die von ihr ebenfalls praktizierte Leugnung gesellschaftlicher Problemhintergründe die betroffenen Menschen von der Thematisierung sozialer Fragen ab und trägt so zur politischen Abstinenz und einem „sozialpolitischen Fatalismus" ihrer Klientel bei. Natürlich steht und stand es nie wirklich in ihrer Macht, Ungleichheiten zu verhindern oder zu korrigieren. Aber sie konnte auf die Ungleichheiten hinweisen, sie anprangern, Forderungen stellen, KlientInnen dazu bewegen, ihre Rechte einzuklagen. Sie konnte in bescheidenem Maße auch Bedingungen für eine bessere Lebenssituation und Ressourcen sichern. Das alles aber ist jetzt offenbar nicht mehr ihre Aufgabe. Wo ehemals auf Ressourcenungleichheits- und Verteilungskonflikte reagiert wurde, findet man heute personen-, verhaltens- und dispositionsbezogene Problematisierungen (vgl. Ziegler 2008, S. 171). Soziale Arbeit hat im Rahmen des neosozialen „Aktivierungsprojektes" Ungleichheiten als gegeben hinzunehmen und als nicht relevant anzusehen. Ihre wesentliche Aufgabe scheint jetzt die zu sein, die KlientInnen dazu zu bewegen, in das ihnen eigene „Humankapital" zu investieren, dieses zu akti-

vieren und die Aktivierung als Pflicht einzufordern (vgl. Ziegler 2008). Somit nimmt die Soziale Arbeit im aktivierenden Staat eine „Wende zu einer tugendethischen Werteerziehung" (ebenda, S. 167).

Die „Einmischungsstrategie"[17], z. B. im Kinder- und Jugendgesetz mit § 1.4 gefordert, ist inzwischen verpönt und scheint vergessen (vgl. z. B. Kappeler 2008, S. 11). Und wo sie nicht vergessen wurde, gibt ihr die Politik keine Chance. Erforderlich ist es im aktivierenden Staat für die Soziale Arbeit nicht, gesellschaftliche Verhältnisse, Bedingungen, Ressourcenverteilungen, Lebensvoraussetzungen zu thematisieren, zu hinterfragen und ggf. zu verändern, sondern immer nur, den Betroffenen beizubringen, wie sie damit so umgehen können, dass sie trotzdem für den Markt fit bleiben und für den Markt zur Verfügung stehen. Das erfordert pädagogische Schritte, keine sozialpolitischen Projekte. Politikstrategisch wird also der Umverteilung der Ressourcen eine Änderung der Kultur (Einstellungen, Mentalitäten, Lebensstile, Lebensentwürfe) entgegengestellt (vgl. Chassé 2008, S. 62). Es geht nun in der sozialen Arbeit vor allem um „Politiken der Lebensführung".

Parteilichkeit der Sozialen Arbeit für die in dieser Gesellschaft zu kurz Gekommen kann es in der Logik der neosozialen Politik schon deshalb nicht geben, weil es da gar keine soziale Benachteiligung gibt: Die Menschen haben sich ihre Probleme ausschließlich selber zu zuschreiben. „Per definitionem wird der Einzelne für seine prekäre Lebenslage und (z. B.) für Arbeitslosigkeit (selber) verantwortlich gemacht" (Raithel/Dollinger 2006, S. 87). Auch auf diese Weise negiert Soziale Arbeit ihren parteilichen Auftrag. Die Beteiligung der Sozialen Arbeit an solchen Prozessen nimmt den Betroffenen die Chance, sich als politisch agierende Wesen zu erfahren und sich im Sinne des sozialpädagogischen Verständnisses von Empowerment selbstbewusst zu wehren. Dass paradoxer Weise einer auf diese Weise „entpolitisierenden Sozialen Arbeit" genau durch ein solches Verhalten eine höchst politische Funktion zugewiesen wird, ist offenbar: Indem sie die Konflikte entschärft und vertuscht, indem sie zur politischen Apathie der Gesellschaft beiträgt, erfüllt sie einen politischen Auftrag des Systems. Diesen politischen Auftrag allerdings kann eine lebensweltorientierte Soziale Arbeit nicht für sich akzeptieren.

---

17 *Einmischungsstrategie* bedeutet das allgemeine politische Mandat der Sozialen Arbeit. Es geht dabei u. a. um das Aufspüren von wirtschaftlichen, politischen und gesellschaftlichen Schwachstellen und um den Versuch, Einfluss auf die politischen Entscheidungsträger zur Schaffung erträglicherer bzw. fördernder Lebensbedingungen zu nehmen.

4.5.2 Abwälzung der Verantwortung auf den sozialen Nahraum

Das Aufgreifen sozialraumorientierter Ansätze durch den aktivierenden Staat ist mit Heite (2009, S. 113,114) als Umverteilung der „Sorgeverantwortung vom Sozialstaat auf informelle Kreise wie Nachbarschaft, Stadtteil, Familie und damit auf die Genusgruppe Frau sowie in die Selbstverantwortung der „autonomen" Einzelnen" zu verstehen. Zwar werden hier Ursachen und Ressourcen gesehen, die nicht im Individuum selber liegen, sondern im „Sozialen", dieses Soziale aber wird auf den Nahraum der betroffenen Menschen begrenzt, d. h. gesellschaftliche, strukturelle, politische Rahmenbedingungen für Problemlagen bleiben weiterhin und so erst Recht außer Sichtweite. Wohlfahrtsstaatliche Leistungen werden auf diese Weise von ökonomischer Umverteilung weggelenkt und zu aktivierenden, individualisierenden Maßnahmen umstrukturiert. Das Subjekt, die Familie, der soziale nachbarschaftliche Nahraum und private Beziehungen werden von der Gesellschaft mit der Forderung konfrontiert, vormals öffentlich garantierte Unterstützungsleistungen nunmehr eigenverantwortlich zu organisieren und zu erbringen.

4.5.2.1 Aktivierung der Zivilgesellschaft
In diesem Zusammenhang bezieht der aktivierende Staat den oben erwähnten bürgerschaftlichen Diskurs zur Zivilgesellschaft in seine Konzeption ein und benutzt ihn für seine Zwecke. Spindler (2010 a.a.O.) hat darauf verwiesen, dass der „aktivierende Staat" von seinen Theoretikern ursprünglich nicht als „neoliberaler Minimalstaat", sondern als Entwicklungsagentur in einer konzeptionell weiterentwickelten „Bürgergesellschaft" gedacht war. Heute rückt dagegen die angestrebte Aktivierung der Verantwortung der Zivilgesellschaft das bürgerschaftliche Engagement ins Zentrum und betont dabei die Eigenverantwortung von Bürger und Gesellschaft. Das geschieht mit der Absicht, dass im Rahmen der Bürgerschaft und von ihr die Aufgaben erfüllt werden, die der Staat nicht mehr selber erfüllen will (vgl. Oelkers 2009, S. 75). Wohlfahrt kommentiert diesen Prozess wie folgt: „Der Bürger wird als ‚Soziales Kapital' oder als ‚Co-Manager' entdeckt, was in der kommunalen Praxis vielfach dazu führt, ‚Bürgergesellschaft' und ‚Bürgerkommune' nur noch als Modernisierungsinstrument des „Wettbewerbsstaates" zu handhaben, also Engagement primär als Ressource zur Entlastung von staatlichen Aufgaben aufzufassen" (Wohlfahrt 2004, S. 126). In dem Maße aber, wie die öffentliche Unterstützung in Form Sozialer Arbeit reduziert wird und stattdessen ehrenamtliche wie private Erbringungsformen gefördert werden, wird Soziale Arbeit durch die Forcierung der Bürgerschaftsdiskussion selber als Profession systematisch abgewertet (vgl. Heite 2009, S 113). Programme wie z.B. die „Soziale Stadt"

erhalten für den Staat eine hohe fiskalische Attraktivität durch die dort angestrebte und forcierte „Rückverlagerung sozialer Risikoversicherungen aus dem Verantwortungsbereich bürokratischer Expertensysteme" (vgl. Ziegler 2008, S. 168; vgl. auch Kessl/Otto 2004, S. 7ff). Soziale Beziehung werden als ökonomisch relevante Größen wahrgenommen und entsprechend wird die Verfügungsgewalt über sie angestrebt (ebenda). Im Rahmen der Indienstnahme des bürgerschaftlichen Diskurses für die Aktivierungspolitik des neosozialen Staates wird versucht, das Engagement und die Eigenverantwortlichkeit in den sozialer Gruppen des Nahraumes zu aktivieren, also in den Familien, den Nachbarschaften, den Stadtteilen und Wohnquartieren (vgl. z. B. Kessl 2006 b, S. 42f). Es scheint, dass Zivilgesellschaft und Nahraumorientierung für den aktivierenden Staat vor allem die Funktion erfüllen, Kosten zu sparen, indem sie die Solidarität der Gemeinschaft herausfordern und damit für Leistungen und soziales Engagement der Bürger in eigener Sache sorgen, die ihm die Kosten sozialer Investitionen ersparen hilft. Indem die Integrationsfrage vom gesellschaftlichen Gesamtsystem auf die kleinräumige, affektive Lebenswelt sozialräumlich verschoben wird, geraten die gesellschaftlichen Hintergründe von Lebenslagen aus dem Blick und damit die eventuelle Verantwortung des Staates für diese Problemlagen.

Die Erwartungen des aktivierenden Staates an die Leistungserbringung bürgerschaftlicher Strukturen greifen dabei Argumente auf, die in der Sozialstaatskritik laut wurden und in der Bevölkerung durchaus verbreitet waren und es auch heute noch sind: Soziale Arbeit an Professionelle abgeben zu wollen, das sei, so wird argumentiert, nur ein Zeichen dafür, dass sich unsere Gesellschaft dieser Aufgaben entledigen will. Die Zivilgesellschaft sollte deshalb wieder selber anpacken und soziale Aufgaben als allgemeine, mitmenschliche Aufgaben verstehen lernen. In den Neuen Bundesländern begründet sich eine solche Haltung möglicherweise auch mit den Erfahrungen aus der DDR-Zeit, in der es Soziale Arbeit als eigene Profession tatsächlich nicht gab (bis auf fürsorgerische Randbereiche) und es selbstverständliche Aufgabe für jeden war, sich um Kollegen, um Nachbarn, um die Kinder des Kollektivs zu kümmern.

Dennoch wird hier einiges verkannt: Übersehen wird, dass die Schwere und Verstricktheit vieler Biografien und Lebensläufe, die Traumatisierung vieler Kinder, die Chaotisierung einer großen Anzahl von Familien nicht einfach durch den guten Rat eines Nachbarn oder das tröstende Wort eines Kollegen aufgefangen werden können. Hier ist professionelles sozialpädagogisches Handeln unerlässlich. Angesichts der aktuellen Wirtschafts- und damit Gesellschaftskrise ist zudem eine massive Verschärfung biografischer Problemlagen zu beobachten, bei der die betroffenen Menschen dringend professionelle Unterstützung brauchen. Die Soziale Arbeit sieht sich durch die Forcierung der Zivilgesellschaft und ihrer bürgergesellschaftlichen Initiativen und Aufgabenzuschreibungen deshalb in einer brisanten Lage: Zwar ist das Zusammenspiel von professioneller und bürgerschaftlicher Hilfe für die lebensweltorientierte Soziale Arbeit immer selbstverständlich gewesen. Schließlich ist der Aufbau sozialer Netzwerke – für die einzelnen KlientInnen wie für lokale und familiäre Gruppen – eines ihrer Arbeitsziele in der Gemeinwesenarbeit und bei der Fallbearbeitung. Füssenhäuser (2006, S. 128) spricht davon, dieses Zusammenspiel sei „ein wichtiges Instrument gegen das gesellschaftlich strukturelle Moment von Individualisierung und Isolierung". Allerdings begreift die Soziale Arbeit dieses Zusammenspiel nicht als Einstieg in den Ersatz der Sozialen Arbeit durch bürgerschaftliche Hilfe.

4.5.2.2 Bürgerschaftliche Initiativen und soziale Randgruppen
Es stellt sich unabhängig von der Alibifunktion bürgerschaftlicher Initiativen für gesellschaftliche Verantwortung und professionelle Sozialarbeit die Frage, ob zivilgesellschaftliche Ansätze nicht trotzdem dazu beitragen könnten, deprivierte und ausgegrenzte Menschen in dem Sinne zu aktivieren und zu engagieren, dass sie im eigenen Interesse anfangen, ihre Lebensverhältnisse besser in den Griff zu bekommen. Erreichen bürgerschaftliche Zusammenschlüsse überhaupt benachteiligte und ausgegrenzte Bevölkerungsgruppen? Wer engagiert sich in zivilgesellschaftlichen Initiativen? Sorgen sich diese Gruppen aufgrund ihres sozialen Engagements wenigstens für deren Integration und für eine Lageverbesserung dieser Menschen? Was können Elterninitiativen oder ein z. B. das Wohnprojekt „alt und jung leben zusammen", was können Selbsthilfegruppen oder Vereine für die Integration sozial Schwacher, sozial Benachteiligter und tendenziell Ausgestoßener leisten?

Staub-Bernasconi (2006, S. 73) berichtet von ihren Erfahrungen, dass Arme, Arbeiter, Arbeitslose etc. in Initiativen (z. B. auch Elternvertretungen) kaum vertreten sind. Das gilt genauso für die zugewanderte Unterschicht. Sie erklärt damit, dass die Fähigkeit zur Partizipation an Kompetenzen wie Sprachgewandtheit, Selbstbewusstsein, Information gebunden sei, an Kompetenzen und Ressourcen also, über die die hier gemeinten Bevölkerungskreise eben nur in eingeschränktem Maße verfügen. Hinzu kommt, dass Menschen, die nicht in einer privilegierten Lebenssituation (z. B. bürgerliche Frau, die mit vom Einkommen des Gatten lebt) stehen, sondern selber in Arbeit eingebundenen sind, für bürgerschaftliches Engagement grundsätzlich wenig Zeit haben und andererseits Menschen, die mit fragilen und prekären Arbeitsplätzen oder mit Arbeitslosigkeit belastet sind, ihre Zeit und Kraft brauchen, um die Arbeitsbiografie zu erhalten bzw. ihre Arbeitskraft zu profilieren (vgl. ebenda, S. 183). Die meisten Autoren gehen von einer Mittelschicht-Lastigkeit der bürgerschaftlichen Initiativen aus (vgl. z.B. Kessl 2006a, S.75). Boss-Nünning (2009, S. 128) weist zudem darauf hin, dass sich in zivilgesellschaftlichen Gruppen kaum MigrantInnen finden. Menschen mit Migrationshintergrund wird – gemessen an einheimischen Deutschen – ein geringeres bürgerschaftliches Engagement und eine geringere Bereitschaft zu ehrenamtlicher Tätigkeit zugesprochen. Eigene Vereine und Verbände ethnischer Gruppen existieren aber sehr wohl und werden vermutlich tendenziell mehr. Die Vorstellungen von Pluralität in der deutschen Bürgerschaftsbewegung erstrecken sich offenbar nicht auf MigrantInnenorganisationen. Dass sozial Benachteiligte durchaus in der Lage sind, sich zu engagieren und sich z.b. in Gemeinwesenprojekten einzubringen und aktiv mitzumachen, zeigt z.B. Munsch (2003).

Böhnisch und Schröer stellen illusionslos fest: Man erreicht mit einem solchen Verständnis von Bürgerschaftlichkeit nur „diejenigen, die über entsprechende Ressourcen verfügen" (2002). Staub-Bernasconi (2006, S. 73) unterstützt diese Einschätzung und betont, dass die Bürgergesellschaft bei der Reintegration der in großer Zahl Herausgefallenen, Überflüssigen, Marginalisierten kaum Hilfe bieten könne. Das gehöre einfach nicht zu ihrem bürgerschaftlichen Projekt, das sich in der klassisch liberalen Tradition vorwiegend an den Staats- und Wirtschaftsbürger richte. Ganz sicher aber, so kann man festhalten, ist bei der Aufwertung der Zivilgesellschaft nicht an mögliche Widerstandspotenziale sozial benachteiligter Bevölkerungsgruppen gedacht (vgl. auch Wohlfahrt 2004, S. 127).

4.5.2.3 Die neosozial gewendete Gemeinwesenarbeit
Andere Autoren sehen die Situation noch kritischer: Kessl (2006, S. 75) geht davon aus, dass zivilgesellschaftliche Gruppen ihren Mitgliedern Privilegien bieten, gleichzeitig aber den Ausschluss ihrer Nichtmitglieder zementieren. Die Bildung von sozialen Netzwerken und Organisationen schließe zwangsläufig immer auch bestimmte Menschen und soziale Kategorien aus (so auch Staub-Bernasconi 2006, S. 73). Wohlfahrt bestätigt diese Einschätzung: „Gelungene Beteiligung von durchsetzungsstärkeren Bevölkerungsgruppen richten sich dann unter dem Siegel von ‚Ordnung und Sicherheit' leicht gegen die schon ohnehin marginalisierten und unbeliebten Minderheiten (ethnische Minderheiten, auffällige Jugendliche, Suchtabhängige und Wohnungsnotfälle)" (Wohlfahrt 2004, S. 132). Er sieht die Gefahr, dass es im inszenierten Quartiersmanagement zu einer Verstärkung von Exklusionsprozessen gegen so genante Randgruppen kommen kann. Ausgrenzung und soziale Not werden leicht zu einem öffentlichen Problem, dessen sich die aktivierte Bürgergesellschaft anzunehmen hat. Stövesand bringt es auf den Punkt: „So verwandeln sich Migrantinnen und Migranten, Bettler oder Junkies von Betroffenen zu

Störern in den Quartieren, denen man mit Polizei und geifernden Bürgerversammlungen zuleibe rückt" (Stövesand 2002, S. 76).
Wer also glaubt, dass der sozialräumliche Ansatz z. B. im Quartiersmanagement genutzt würde, um benachteiligte Lebenslagen zu verbessern und den Schwachen der Gesellschaft Unterstützung und Hilfestellung anzubieten, ja evtl. sogar ihre Widerstandskraft gegen Ausbeutung und Ausgrenzung innerhalb des Gemeinwesens zu stärken, der wird von den neueren Ansätzen des Quartiersmanagements enttäuscht sein.

Beispiel 38
Auf dem Plette-Platz herrscht wieder Ruhe und Ordnung
Gerd hatte sich für das Gemeinwesenprojekt am Plette-Platz beworben. Nach etlichen Jahren in der Straßensozialarbeit wollte er sich verändern. Gemeinwesenarbeit war aus seiner Sicht ein Arbeitsbereich, wo man noch etwas bewegen und gestalten konnte, wo man nicht in der engen Sicht des einzelnen Falles unterging, sondern wo man die sozialen Bezüge und die lokalen sozialräumlichen Ressourcen eines ganzen Stadtteiles im Auge behalten musste. Das Projekt am Plette-Platz erschien ihm da genau richtig. Er wusste, dass dort traditionell ein Treff von Obdachlosen war, nicht sehr beliebt bei der Bevölkerung und der Stadtverwaltung. Außerdem hat er am Plette-Platz eine kleine Gang seiner ehemaligen Straßenjugendlichen wieder getroffen. Hier würde es sicher einiges zu tun geben, um diese Gruppen und die normale Wohnbevölkerung dazu zu bringen, im Einvernehmen mit einander zu leben. Wenn Menschen gezwungen sind, am Rande der Gesellschaft zu leben und niemanden haben, der sich an ihre Seite stellt, geraten sie nur zu leicht in Konflikt mit den anderen und werden in deren Sicht auffällig oder aggressiv. Da müsste man vermitteln. Hier könnte Soziale Arbeit sicher gute Arbeit leisten. Er hoffte, einen Bürgerkiosk, also eine kleine Bürgeranlaufstelle am Platz einrichten zu können, mit deren Hilfe es ihm gelingen sollte, Menschen aus allen drei Gruppen anzusprechen, die normalen BürgerInnen, die Obdachlosen und seine Straßengang. Er würde ihnen Unterstützung und Informationen geben und sie in Kontakt miteinander zu bringen. Er nahm sich vor, es zu schaffen, dass die Anwohner des Platzes ihre Vorurteile und Verurteilungen gegenüber den Obdachlosen überdenken würden. Gleichzeitig erhoffte er sich auch, dass sich die Gruppe der Obdachlosen wie auch seine Straßenjugendlichen im Verlaufe dieses Vermittlungsprozesses bereit finden könnten, auf die eine oder andere Befindlichkeit der Anwohner Rücksicht zu nehmen. Es kann nicht sein, so dachte er, dass sich Menschen mit sozialen und natürlich auch persönlichen Problemlagen, Menschen die anders leben als die Mehrheit, und die Anwohner eines normalen Stadtviertels notwendig feindlich gegenüber stehen müssen.

schaften der Sozialen Arbeit. Die Bezugswissenschaften geben der Handlungswissenschaft[18] Soziale Arbeit über ihre eigenen theoretischen und empirischen Essentials hinaus einen wissenschaftlichen Hintergrund für ihre Handlungskonzepte. Im Rahmen der neosozialen Konzeption von Sozialer Arbeit aber geht man beobachtbar auf Abstand zu den sozialwissenschaftlichen Hintergrundwissenschaften. Dies zeigt sich z. b. auch im Rückgang der Bedeutung des Studienfaches Soziologie an einigen Fachhochschulen. Völker weist darauf hin, dass die erzwungene Abstinenz vor allem sozialwissenschaftlicher Theorie, neben ihrer Auswirkungen auf den sozialpädagogischen, konkreten Handlungsprozess selber, auch eine direkte und sehr problematische Bedeutung für die Profession der Sozialen Arbeit als solche hat: „So wird für die Professionellen – und mit ihnen – ein Verlust an theoretischem Wissen über gesellschaftliche Verhältnisse und Zusammenhänge produziert" (Völker 2005, S. 77).

Zudem hat sich die wissenschaftliche Sicht auf Gesellschaft, die im Rahmen von Sozialer Arbeit rezipiert wird, selber in den letzten Jahrzehnten verändert. Bislang und seit ihrer Entstehung thematisieren Sozialwissenschaften bei der Analyse sozialer Konflikte deren strukturelle, gesellschaftliche Ursachen und z. B. die entsprechenden Hintergründe von benachteiligten Lebenslagen. Bis Ende der 70er Jahre war eine entsprechende Programmierung des Sozialen in allen OECD Ländern selbstverständlich: Notlagen wurden eben nicht als individuelle Schicksale gesehen.

Neosozial orientierte Wissenschaftler aber befassen sich gar nicht mehr mit solchen Themen. Sie konzentrieren sich stattdessen darauf, Dynamiken zu erfassen. „Sie verabschieden frühere Konzepte der Verteilungsgerechtigkeit und vertreten einen radikalen Konstruktivismus, der alles relativiert" (Mäder 2009, S. 49). Wie sich bei aktuellen Sozialstrukturanalysen und beim Wandel der Debatten über die Armut zeigt, wird sehr oft das Gesellschaftliche im Individuellen vernachlässigt (ebenda, S. 43). Mäder stellt fest, dass die heute übliche Sicht von „horizontal differenzierten Ungleichheiten" eher die Lebensauffassung, den Lebensstil und die Wertorientierung betont. Solche Lagen- und Milieuanalysen weisen zwar auf wichtige Unterschiede hin, vernachlässigen aber gesellschaftliche Gegensätze. Sie suggerieren eine Entwicklung weg von Klassen und Schichten hin zu Lagen und Milieus. Die Folge einer solchen Sichtweise ist es dann, „die Ursachen sozialer Ungleichheit ins Innenleben der Menschen zu verlegen" (ebenda). Und genau diese Auffassung ist typisch für die neosoziale Denkweise und heute weit verbreitet. So berichtet auch Kessl: Es werden z. B. Kinder und Jugendliche nach beobachtbaren Verhaltensmus-

---

18 Im Unterschied zur Grundlagenwissenschaft, die einen Gegenstand als solchen betrachtet, geht es in einer *Handlungswissenschaft* um Praxis. Der Gegenstand der Handlungswissenschaft Soziale Arbeit ist das professionelle soziale Handeln in der Gesellschaft.

tern kategorisiert. Ihre Lebenslagen aber bleiben systematisch unberücksichtigt. Die soziale Benachteiligung und Perspektivlosigkeit von Jugendlichen wird zwar gesehen, aber sofort ausgeblendet. Ihnen wird keine Anwaltschaft angeboten, die ihnen hilft bei der Durchsetzung ihrer Rechte und Lebensinteressen, sondern es werden ihnen Verhaltensänderungen angetragen (vgl. Kessl 2005a).

Interessant ist in diesem Kontext die aktuelle Bedeutung der Resilienzforschung[19]: Es interessiert die Wissenschaft heute in besonderem Maße, wie Menschen ihre soziale Integration trotz der schwierigen Bedingungen geschafft haben und schaffen können. Die Bedingungen für ihre schwierige Lebenslage aber werden dabei nicht hinterfragt. Wo aber z. B. Arbeitslosigkeit nicht als Folge von Wirtschaftentwicklungen und politischen Entscheidungen erkannt wird, sondern nur „als misslingendes Matching von Angebot und Nachfrage" (Völker 2005, S. 81), bleibt sie privates Schicksal, dem vom Betroffenen nur mit vermehrten Anstrengungen für eine noch bessere Eingliederung in den Arbeitsmarkt entgegengetreten werden kann.

Wie schon oben erwähnt, wird z. B. von Roer (2010) die These vertreten, dass die Soziale Arbeit schon in den 80er Jahren mit dem Aufgreifen damals neuer gesellschaftswissenschaftlicher Theorien – wie etwa der Theorie von Ulrich Beck – auf die gesellschaftstheoretische Positionierung ihrer Profession verzichtet habe. Ausgegangen worden sei seit dieser Zeit in der Sozialen Arbeit vielmehr davon, dass sich die alte Soziale Frage erübrigt habe, dass sich soziale Strukturen und gesellschaftliche Zusammenhänge nicht mehr in Konstrukten wie Klassen, Gruppen oder Schichten abbilden ließen und somit auch keine Aussage über den Hintergrund unterschiedlicher Lebenslagen und unterschiedlicher, gesellschaftlich bedingter Ressourcenausstattungen ermöglichen würden. Für Roer liegt in dieser „modernen" theoretischen Verortung der Sozialen Arbeit die Ursache, warum sie heute, in Zeiten des aktivierenden Staates, ohne nennenswerte Widerstände bereit war und weiter bereit ist, die radikale Individualisierung, die von ihr erwartet wird, zu schlucken und auch mit zu betreiben.

Es gibt auch heute noch vereinzelt wissenschaftliche Ansätze, die im Unterschied zum Mainstream auch heute nach wie vor Formen der Armut und Ressourcenungleichverteilung mit der alten Sozialen Frage verbinden und ent-

---

19 Unter *Resilienz* wird die Fähigkeit verstanden, auf die Anforderungen wechselnder Situationen flexibel zu reagieren und auch anspannende, erschöpfende, enttäuschende oder sonst schwierige Lebenssituationen zu meistern. So werden zum Beispiel Kinder als resilient bezeichnet, die in einem sozialen Umfeld aufwachsen, das durch hohe Risikofaktoren wie zum Beispiel Armut oder Gewalt gekennzeichnet ist, und sich dennoch zu erfolgreich sozialisierten Erwachsenen entwickeln.

sprechende Forschungsansätze verfolgen. Sie zeigen anhand ihrer Ergebnisse auf, dass sich soziale Gegensätze auch heute durchaus in traditioneller Manier (Verteilung von Arbeit und Einkommen) manifestieren (vgl. Kessl 2009, S. 16).

4.6.2 Reduktion der Wissenschaft Psychologie auf Psychotechnik

Die neosoziale Aktivierungsstrategie verzichtet also weitgehend auf sozialwissenschaftliche Bezüge und beschränkt sich auf individuelle Zugänge. Ihre Aufmerksamkeit gilt vor allem der Änderung und Beeinflussung des Verhaltens der Menschen. Verhaltensmodifikation und Sozialtechniken stehen im Vordergrund ihres Interesses. So konstatiert z. B. Lutz: „So sind immer mehr Maßnahmen erkennbar, die den Charakter von Trainings haben: etwa Elterntrainings, Familienaktivierungsprogramme, Trainings in der Jugendhilfe oder Armutsbewältigungsprogramme. Diese sollen vor allem zur rationalen Steuerung des eigenen Verhaltens hinsichtlich seiner Folgen beitragen" (Lutz 2008). Im Rahmen ihres Interesses an Verhaltensmodifikation greift die neosoziale Soziale Arbeit auf die Wissenschaft Psychologie zu. Interessant und relevant für das neosoziale Erziehungsprojekt ist aber nur direkt verwertbares, verhaltensrelevantes Wissen. In einem pädagogischen Prozess, der wie oben beschrieben, von der Zielperspektive sowie von der Berücksichtigung ganzheitlicher Strukturen her eng geführt ist, der zudem restriktiv zeitlich eingeschränkt wird, der das Lernergebnis kurzfristig an konkreten Verhaltensänderungen ablesen möchte und der sich um die motivationalen, kognitiven und emotionalen Hintergründe des inneren Lernprozesses seiner Klientel nicht weiter kümmert, spielen nur Teilaspekte der Psychologie eine Rolle. Faktisch wird also auch die Psychologie als Grundlagenwissenschaft nicht angemessen reflektiert und rezipiert, denn sie böte sehr wohl wissenschaftliche Hintergründe, die für einen partizipativen Umgang mit Menschen und für eine intrinsische Motivierung von Lernprozessen gebraucht werden. Neben der Ignoranz gegenüber den Sozialwissenschaften zeigt sich im Rahmen der neosozialen Orientierung also wissenschaftstheoretisch außerdem eine Reduktion der Psychologie auf Psychotechnik.

Die Frage nach den sozialen und politischen Hintergründen von Problemen ist im Rahmen eines ökonomischen Paradigmas Sozialer Arbeit, das nur nach dem unmittelbaren Nutzen fragt, viel zu „komplizierend, zeitraubend, darum tendenziell überflüssig", stellt Staub-Bernasconi ironisch fest und betont weiter: „Einsichten in die externen Bedingungen und inneren Beweggründe des bisherigen Versagens braucht es keine. Die Rückschau in die Biografie, die gemachten negativen wie positiven Erfahrungen in den verschiedenen Interaktionsfeldern und sozialen Systemen, so wird unterstellt, wirken lähmend. Die Schau in die Zukunft unter Einsatz positiver Anreize wirkt hingegen positiv, Verhalten motivierend. Auf diese Weise lässt sich mit kurzen Zeitvorgaben und methodischen Schnellverfahren arbeiten…. Von Professionalität kann hier keine Rede sein" (Staub-Bernasconi 2007b, S. 32f).

4.6.3 Verzicht auf eine Theorie basierte Praxis

Ohne Rückbezug auf theoretischen Hintergründe gerät Soziale Arbeit zu einer Praxis, die ihre Schritte nicht wissenschaftlich begründen und hinterfragen kann, sondern die bestenfalls ein vorgegebenes Handlungsschema abarbeitet und anscheinend erfolgreiche Praktiken kopiert.

Hier wird einmal mehr deutlich, dass die Zeitverknappung für den aktivierenden Staat keineswegs nur aus Effizienzgründen Sinn macht. Die knapp geschnittenen Zeitkontingente reichen aus bzw. haben auszureichen, weil die sozialen Hintergrundthemen, die Zeit erfordern würden, gar nicht mehr gewünscht sind (vgl. auch Klüsche et al. 1999; Rietzke 2006, S. 201). Auch im Rahmen der Evidenzbasierung (vgl. Kap. 3.6) versteht neosoziale Soziale Arbeit sich nicht mehr als theoretisch geleitete Handlungswissenschaft, sondern als ‚wissenschaftlich fundierte Versorgungspraxis'. Die Einschätzung der wissenschaftlichen Verankerung der „aktivierenden Sozialen Arbeit" fällt bei Staub-Bernasconi sehr kritisch aus: „Erkennen ist auf die Suche nach Zusammenhängen, Erklärungen, Lösung kognitiver Probleme ausgerichtet. Die Reduktion von Erkenntnistheorie auf die Lösung praktischer Probleme oder noch enger, d. h. ausschließlich auf das, was mir nützt, ist eine theoretisch und empirisch unzulässige Verkürzung menschlichen Erkennens, Fühlens, Bewertens und Wollens" (Staub-Bernasconi 2007b, S. 30).

Die im dritten Kapitel ausführlich erläuterte Wirkungsorientierung sowie die in jüngster Zeit angewandte Evidenz basierte Praxis Sozialer Arbeit haben deutlich gemacht, dass es in der Sozialen Arbeit des aktivierenden Staates nicht mehr um wissenschaftliche Zusammenhänge und sozialwissenschaftliche Hintergründe von Problemlagen geht. Ziel ist nur eine möglichst wirkungsvolle Praxis. Wissen, dass dazu dienen kann, die Nützlichkeit und Brauchbarkeit bestimmter Methoden oder Praktiken unter Beweis zu stellen, nur solches Wissen ist noch von Belang. Man geht auf Distanz zum Theorie basierten Umgang Sozialer Arbeit mit gesellschaftstheoretischen Theorien „höherer Reichweite" (vgl. z. B. Schmidt 2006, Meng 2009). Diese böten keine gesicherten Daten und stellten keine Handlungsmöglichkeiten zur Lösung drängender Praxisprobleme zur Verfügung. Folge davon seien dann autoritätsbasiertes Wissen und eine laienhafte, subjektive Synthese der Praktiker. Statt einer Basierung auf angeblich autoritätsbasiertem Wissen und der scheinbar zufälligen und subjektiven Beurteilung der Situation durch die jeweilige Fachkraft, wird es für notwendig gehalten, für fachliche Entscheidungen eine rationale Grundlage heranzuziehen. Diese wird in „wissenschaftlichen Erkenntnissen über die tatsächliche (und nicht vermutete) Wirksamkeit der einzelnen Versorgungsstrategien der Sozialen Arbeit gesehen" (Meng 2009; Sommerfeld 2007). Wissenschaft wird hier mit empirischen Ergebnissen über konkrete Wirkungen gleichgesetzt. Eine Fallbearbeitung wie sie z. B. im Rahmen der multiperspektivischen Fallarbeit (B. Müller 2008) mit der Perspektive „Fall von" gefordert wird, bei der man vom „anerkannten Allgemeinen" auf den konkreten Fall im Sinne einer „wenn-dann-Beziehung" schließt, wird somit in den Bereich der Spekulationen verwiesen. Die hier favorisierte Konzeption von Wissenschaft ist nicht nur pragmatisch und empiristisch, sondern auch von einer grundsätzlichen Theoriefeindlichkeit geprägt.

4.6.4 Standardisierung als Folge einer unwissenschaftlichen Auffassung von Sozialer Arbeit

Die Anwendung der Methoden in der Sozialen Arbeit, die dem Prinzip der Methodenoffenheit zu folgen hat und die eine Passung der Methoden mit der handlungsleitenden Konzeption auf der einen und mit den konkreten Ressourcen, Zielen und Möglichkeiten der Klienten auf der anderen Seite voraussetzt und die damit eine wissenschaftlich geleitete Fallanalyse sowie ein hermeneutisches Fallverstehen erforderlich machen (vgl. Oevermann 2000, B. Müller 1997), verbietet eine Standardisierung und Pauschalisierung von methodischem Vorgehen von vornherein.

Die Praxis aber sieht heute anders aus: Es liegt nahe, dass bei dem beschriebenen Verständnis von sozialpädagogischem Handeln die Handhabung der Methoden Sozialer Arbeit zunehmend standardisiert erfolgt und ein standardisiertes Vorgehen im gesamten „Hilfeprozess" praktiziert wird. Für die Jugendhilfe z. B. fordert das KJHG im § 27 zwar eine Herangehensweise, die je nach konkretem Fall individuelle Lösungsansätze ermöglicht und verlangt außerdem, dass Aspekte des sozialen Umfeldes bei der Hilfeplanung und der Hilfe einbezogen werden. Davon aber will die neosoziale Arbeit offensichtlich nicht mehr viel wissen. Man versucht, der notwendigen individuellen Passung auf dem Wege der Schematisierung und differenzierenden Eingruppierung in Klassifikationsschemata gerecht zu werden. „In der Fallarbeit werden Ursachensuche, hermeneutisches Fallverstehen und Lebensweltorientierung zunehmend unwichtig, da lediglich die von den jeweiligen Programmen vorgegebenen Verhaltensstandards durchgesetzt werden müssen. … Die Autonomie in der

Fallbearbeitung (wie Expertise, freie Wahl der Mittel, methodische Autonomie im Umgang mit KlientInnen u. ä.) wird schrittweise eingeschränkt und führt auf absehbare Zeit möglicherweise zu einer grundsätzlich veränderten Professionalität in der Sozialen Arbeit", schätzen Dahme und Wohlfahrt (2002, S.20) ein. Sie merken an, dass mit Hartz IV erstmals standardisierte Steuerungs- und Messinstrumente zum Einsatz kamen, die trotz anderer Bekundung nicht dazu ausgelegt sind, sich „mit den individuellen Befindlichkeiten und Besonderheiten des Einzelfalls aufzuhalten" (ebenda, S. 73). Es werden Diagnosebögen im Sinne eines „Risiko-Screenings" eingesetzt, die ihrer Meinung nach an Methoden aus „dem Bereich der Kfz Haftpflichtversicherung" erinnern (ebenda) und die nichts mehr gemein haben mit einer face-to-face-basierten Aushandlung mit den individuellen Adressaten.

Ziegler (2008, S. 165f) weist auf den wichtigen Sachverhalt hin, dass Standardisierung und „Manualisierung" pädagogischer Praxis dann und nur dann die gewünschten Effizienz- und Effektivitätsverbesserungen erzeugen kann, wenn sie von angelernten Fachkräften erbracht werden, nicht aber dann, wenn die Fachkräfte gut und professionell ausgebildet sind. Die angelernten Kräfte setzen das Programm detailgetreu um. Die Fachkräfte dagegen verfügen über einen fachlichen „Eigensinn" und reproduzieren das vorgegeben Programm nicht exakt genug, was aber dann die Wiederholung als erfolgreich identifizierter Programme verhindert. Ebenso kann eine Fachkraft im Sinne der Perspektive „Fall von" (B. Müller 2008) sehr wohl die Angemessenheit und auch eine zu erwartende Erfolgswahrscheinlichkeit für bestimmte Strategien ihrer Arbeit ableiten. Jemand, der dafür nicht die wissenschaftlichen Kenntnisse und Kompetenzen hat, wird sich zu Recht auf der Seite von Datenbänken sicherer fühlen, die aus fachlicher Sicht oft umständlich und auf virtuellen Umwegen zu Einsichten verhelfen, die für einen professionellen Sozialarbeiter selbstverständlich sind. Das Sozialmanagement braucht also solche, wie Ziegler sie nennt „sozialtechnologische ExekutivpraktikerInnen", um die von ihm erwünschten Effizienzverbesserungen durch Routine und vorgestanzte Soziale Arbeit erreichen zu können.

Soziale Arbeit könnte so schließlich zu einer Praxis verkommen, wie wir sie heute schon in vielen Feldern und Bereichen der Gesellschaft kennen, wo Menschen Informationen, Beratung und konkrete Hilfe benötigen und statt dessen stundenlang in den Warteschleifen von Telefonhotlines festgehalten werden, immer in der Hoffnung, am Ende doch noch mit einem kompetenten und kommunikationsfähigen, da leibhaftigen Sachbearbeiter verbunden zu werden.

Beispiel 40
„Wenn ihr Mann sie geschlagen hat, drücken sie die 2!"
– Am Ende einer langen Reihe realer Beispiele aus der heutigen Praxis noch eine durchaus ernst gemeinte Vision –
Gisela F. hält es nicht mehr aus. Schon lange hat sie überlegt, was sie tun, wer ihr in dieser Lage helfen könnte. Seit Monaten gibt es bei ihr zu Hause ständig Streit und Manfred ist seit einigen Wochen sogar dazu übergegangen, seine Wut über seine Kündigung bei Nokia an ihr auszulassen. Gestern hat er sie so geschlagen, dass sie sich heute nicht einmal getraut hat, einkaufen zu gehen, weil ihr linkes Auge blutunterlaufen ist. Irgendwie kann sie Manfred aber sogar verstehen. Die Schulden wachsen ihnen immer mehr über den Kopf. Wenn das so weiter geht, bekommen sie mal wieder eine Räumungsklage. Und nun hat auch noch Mike, ihr 11 jähriger Sohn, bei Aldi geklaut. Der Polizist, der ihn zu ihr nach Hause brachte, tat so, als hätte eigentlich sie als Mutter was verbrochen. Was hat sie falsch gemacht? Manchmal weiß sie doch selber nicht, wo ihr der Kopf steht! Jetzt jedenfalls muss etwas geschehen. Es muss einfach Leute geben, die ihr raten und helfen können. „Sozialarbeiter", hat ihre Freundin Maria gesagt, „Sozialarbeiter, die müssten eigentlich wissen, was du noch tun kannst."

O.K. Aber die Beratungsstelle bei der Diakonie, bei der sie vor Jahren mal war wegen Schulproblemen von Mike, hat inzwischen geschlossen, das weiß sie. Wegen der Kosten. Aber es gibt eine Telefonnummer, die steht doch immer im Bus oben an den Werbeflächen: „Brauchen Sie Hilfe? Wir sind immer für Sie da. Rufen Sie einfach an!". Die hat sie sich mal abgeschrieben. Gisela wählt und wird sofort durchgestellt. Aber noch während sie aufgeregt und hoffnungsvoll anfangen will, ihre Probleme zu schildern unterbricht sie eine freundliche Frauenstimme: „Wenn sie Probleme mit der Erziehung ihrer Kinder haben, drücken sie die 1. Wenn ihr Mann sie geschlagen hat, drücken sie die 2. Wenn sie Sorgen wegen Schulden oder Mietrückständen haben, drücken sie die 3. Wenn sie Schwierigkeiten mit ihrem Arbeitsplatz haben, drücken sie die 4 ...." Gisela ist entsetzt: Sie kann doch nicht alle Ziffern auf einmal drücken. Wofür soll sie sich denn jetzt entscheiden? Sie überlegt, während aus dem Telefonhörer gedämpft ein fröhliches Lied plätschert. Schließlich entscheidet sie sich für die 2. Es knackt in der Leitung. Dann sagt eine ebenfalls freundliche Männerstimme. „Guten Tag. Damit wir sie zu dem richtigen Berater durchstellen können, müssen Sie uns noch differenziertere Informationen geben: Wenn sie schon einmal in einem Frauenhaus waren, drücken sie die 1. Wenn sie als Kind von ihren Eltern geschlagen wurden, drücken sie die 2. Wenn ihr Mann bereits wegen Gewaltdelikten vorbestraft wurde, drücken sie die 3..." Ganz langsam und ganz vorsichtig stellt Gisela den Hörer wieder zurück.

Dies mag heute vielleicht noch eine Satire sein. Fakt ist, dass die Tendenz zur Standardisierung und Technisierung sozialarbeiterischer Praxis in eine solche Richtung weist.

Nicht mehr die fachlich kompetente Entscheidung über den Methodeneinsatz ist z. B. kennzeichnend für die reale Praxis der Sozialen Arbeit, sondern das Arbeits- und Qualitätshandbuch, in dem geschrieben steht, wie hier gearbeitet werden soll. Die meist vorgeschriebene Methode Case Management eignet sich scheinbar bestens zur Standardisierung und zu einer einseitigen Ausrichtung auf Verhalten (vgl. z. B. Heite 2008, S. 184; 10 a.a.O.). Die MitarbeiterInnen haben keine Chance, andere Methoden zu wählen, auch wenn sie gelernt haben, dass für die Soziale Arbeit die Methodenoffenheit von entscheidender Bedeutung ist (vgl. z. B. Thiersch 1993; Galuske 2008).

Im Kontext der Ökonomisierung wurde diese Entwicklung zur Standardisierung mit der erforderlichen Effizienz begründet. Hier, im Kontext des neosozialen Ansatzes des aktivierenden Staates, zeigt sich auch der konzeptionelle und ideologische Sinn einer reinen Verhaltensbeeinflussung von Menschen, der Zweck und Sinn der Standardisierung und auch der Sinn des Verzichtes auf eine gesellschaftliche Ursachenforschung: Das Funktionieren der Menschen im Kapitalismus der Zweite Moderne ist vor allem ihr eigenes Problem. Das System ist bereit, dieses Funktionieren technisch zu unterstützen. Eine gesellschaftliche Verantwortung für die Schwierigkeiten der Menschen mit der Lebensbewältigung in dieser Gesellschaft aber wird abgelehnt.

5 Was wird aus der Profession Soziale Arbeit?

Was ist aus unserer Profession geworden? Was bedeutet das alles für die Zukunft der Sozialen Arbeit? Wie verhalten sich die VertreterInnen der Profession angesichts dieser „Modernisierung"? Gibt es Wege zu einem neuen und autonomen Selbstverständnis? Diese Fragen sollen im folgenden Kapitel behandelt werden.

Persönliche Erfahrungen
Als ich vor 18 Jahren mein Jugendamt verließ, zeichneten sich auch dort bereits Tendenzen ab, die mich unzufrieden stimmten und die es schwierig machten, Soziale Arbeit so zu gestalten, wie sie im Interesse der Klientel und entsprechend der eigenen Fachlichkeit und Ethik sinnvoll gewesen wäre. Heute, weitere 18 Jahre später bin ich immer wieder neu erschrocken, wenn ich höre, was z. B. PraktikantInnen und PraktikerInnen aus der konkreten Arbeitswelt Sozialer Arbeit erzählen. Nichts scheint mehr so, wie ich es kenne aus den Zeiten „des sozialpädagogischen Jahrhunderts": Die Spielräume sind viel enger geworden, der Stress und die programmierte Erfolglosigkeit sind gewachsen, die Fremdbestimmung durch Verwaltung und Politik scheint einer engagierten fachlich selbständigen Sozialen Arbeit den Gar Aus zu machen und viele Klienten bleiben auf der Strecke, wenn sie nicht spuren.

Wenn ich heutigen Studierenden von meiner Studentenexkursion vor gut 15 Jahren nach Essen-Katernberg erzähle, sehe ich ihre ungläubigen Gesichter. Wir hatten dort ein Team des Allgemeinen Sozialdienstes besucht, das in einem der kleinen Bergarbeiterhäuser sein Büro und dazu ein richtiges Beratungszentrum samt Teestube und Anlaufstelle für das Wohngebiet eingerichtet hatte und dort – neben den typischen Pflichten eines ASD – im Rahmen von Gemeinwesenarbeit tätig war. „Erzählen Sie uns so was nicht, da werden wir bloß neidisch! Wie ging denn das? Davon kann man heute doch nur träumen!!" Eine parteiliche, sozialkritische und phantasievolle Soziale Arbeit scheint heute ebenso utopisch wie eine Soziale Arbeit, bei der man die Ziele und Wege nach den fachlichen Notwendigkeiten selber bestimmen kann.

Die Soziale Arbeit, die ich kenne, die Soziale Arbeit, mit der ich mich identifizieren konnte, auf die ich auch stolz war, diese Soziale Arbeit scheint mir heute zunehmend in Gefahr.

Aber dennoch läuft die Praxis weiter, man könnte auch sagen wie geschmiert. Wie kann das sein? Wie halten die PraktikerInnen das heute aus? Wie ergeht es ihnen damit? Warum wehren sie sich nicht? Oder tun sie es doch?

5 Was wird aus der Profession Soziale Arbeit?

Als Michael Galuske vor einiger Zeit im Rahmen einer Ringvorlesung in unserem Fachbereich vor einem randvoll besetzen Hörsaal sprach und schließlich zu dem Punkt seiner Ausführungen kam, dass die Folgen von Ökonomisierung und Aktivierungspolitik in der Sozialen Arbeit dermaßen problematisch sind, dass man sich in machen beruflichen Konstellationen allen Ernstes überlegen sollte, ob man dort weiter mitmachen kann, schlug die Stimmung innerhalb der Studierenden plötzlich um. Er als Professor hatte da gut reden! Wie sollten sie sich, als zukünftige, ‚einfache SozialarbeiterInnen' eine solche Haltung leisten können?

Bei der Erarbeitung des vorliegenden Bandes habe ich, wie schon im Vorwort beschrieben, die erschreckende Erfahrung gemacht, dass Studierende und erst recht PraktikerInnen kaum bereit waren, mir ihre kritischen Erfahrungen auch nur zu erzählen (Das ist ja auch der Grund, warum ich hier ausschließlich mit anonymisierten Beispielen arbeite.) Es geht eine beachtliche Angst um, seinen Arbeitsplatz zu gefährden, wenn man nicht mitmacht und nicht bereit ist, die neuen Strukturen aktiv aufzugreifen. Aber warum sollte eine Gesellschaft, die sich gegenüber der Klientel der Sozialen Arbeit solcher Erziehungsmittel wie Sanktionen und Strafen bedient, diese nicht auch gegen die anwenden, die sich für diese Gruppe stark machen? SozialarbeiterInnen, die heute offen oder auch nur angedeutet die neuen Entwicklungen infrage stellen, setzen sich zum einen der Kritik aus, Leute von gestern zu sein. Hinweise auf die inhumanen Konsequenzen bestimmter Praktiken der neosozialen Aktivierung sind zudem unerwünscht und werden mit dem Hinweis auf Sachzwänge abgetan. Wer dennoch Kritik übt, muss aufpassen, was er sagt.

Erst nach längerem Zögern und einer Zeit, in der sie erst einmal im Brustton der Überzeugung bestritten, Probleme an ihren Arbeitsplätzen zu haben, berichteten berufstätige Studierende in meinem Seminar von zunehmenden Einschränkungen, neuen Vorgaben, veränderten Arbeitsplatzstrukturen, von einengenden Qualitätshandbüchern und immer wieder davon, dass ihnen für eine wirklich gute Arbeit Zeit fehle, Zeit, die einfach nicht mehr bezahlt würde, Zeit, die auch nicht mehr für notwendig gehalten wird. Die Gruppe registrierte schließlich mit einer gewissen Überraschung, dass alle im Raum ähnliche Probleme hatten. Also lag der Stress der letzten Jahre nicht an ihnen selber, an Arbeitsmüdigkeit oder altersbedingter Abnahme der Belastbarkeit. Also waren all diese Erfahrungen keine individuellen, sondern Erfahrungen der gesamten Berufsgruppe?! Und zaghaft wurde am Ende dann gefragt: ‚Kann ich überhaupt noch etwas für meine Klienten erreichen oder bin ich längst eingekaufte Vollzugskraft einer neuen aktivierenden Politik, die die Bedürftigen fallen lässt und die Nützlichen unterstützt, solange sie tun, was man für sie vorgesehen hat?'

5.1 Soziale Arbeit verschwindet nicht, aber sie verändert sich

Diese Feststellung könnte beruhigen. Sie kann aber auch beunruhigen. Denn die Frage ist ja: ist das, was bei dieser Veränderung herauskommt, noch die Soziale Arbeit, hinter der wir stehen? Galuske prognostiziert, „dass die Soziale Arbeit des 21. Jahrhunderts eine andere sein wird, als sie in der reformoptimistischen Phase der 70er und 80er Jahre gedacht und auf den Weg gebracht wurde" (2006, S. 2). „Angesichts der (Definitions-)Macht des digitalen Kapitalismus stellt sich heute die Frage, wie es gelingen kann, die Kernprinzipien der Sozialpädagogik und Sozialarbeit als Stützpfeiler einer dem Menschen zugewandten Sozialpädagogik auch in Zukunft zu halten" (Böhnisch, 2005, S. 230).

5.1.1 Wie sieht eine neosozial veränderte Soziale Arbeit am Ende aus? – eine Zusammenfasung

Nicht überall und nicht überall in gleichem Maße ist der neue Trend der Ökonomisierung und der programmatischen Wende in der Sozialen Arbeit zu spüren. Aber die „Inseln der Seligen" werden immer rarer. Die neosozialen Umsteuerungen der Sozialen Arbeit finden auf zu vielen Ebenen statt und dringen über zu viele Kanäle in die Profession ein, als dass sich Bereiche, Arbeitsfelder oder auch einzelne Einrichtungen dagegen langfristig abschirmen könnten. Roer stellt fest, dass die heutige Soziale Arbeit „in einer kaum vorstellbaren Weise involviert ist in den neoliberalen Umbau der Gesellschaft (Roer 2010, S. 34).

Im Folgenden wird zusammenfassend – aufbauend auf den Analysen der vorigen Kapitel dieses Buches – diese neue Soziale Arbeit holzschnittartig charakterisiert (vgl. z. B. auch Roer 2010, S. 34). Aspekte, die sich durch die Ökonomisierung und solche, die eher durch die aktivierende Sozialpolitik entwickelt haben, werden hier gemeinsam und im Zusammenhang aufgeführt. Beide Ebenen der Modernisierung bedingen sich gegenseitig und verfolgen gemeinsam dasselbe Ziel.

▪ **Massiver und nicht enden wollender Sparkurs**

Die herrschende Politik ist nicht bereit, weiter und mehr in die materiellen sozialen Leistungen zu investieren. Investiert wird möglichst nur noch in Leistungen, die sich auszahlen, weil sie Menschen in die Lage versetzen, keine weiteren Sozialleistungen zu benötigen. Es besteht zudem offenbar die Vorstellung bei den politisch Verantwortlichen, die steigenden Kosten in der Sozialen Arbeit seien die Folge bisheriger unsinniger, überflüssiger und völlig ineffizienter Angebote, und dabei vor allem solcher, die das Ziel einer effektiven Verwirklichung von Eigenverantwortung verfehlt hätten.

Im Rahmen der Sparpolitik wird die Soziale Arbeit im Sinne einer neoliberalen Philosophie zu Recht gestutzt. Dabei werden ihr, immer wieder und auf unterschiedlichste Weise, die erforderlichen materiellen und fachlichen Arbeitsbedingungen geraubt. Die in der Sozialen Arbeit zunehmend üblichen prekären Arbeitsbedingungen verhindern deren Kontinuität und leisten auf vielfältige Weise einer Deprofessionalisierung Vorschub.

- **Verschlechterte Arbeitsbedingungen**

Es fehlt an Personal, an hinreichenden Zeitkontingenten für die eigentliche sozialpädagogische Arbeit, an Kontinuität, die erforderlich wäre, um langfristig und nachhaltig zu arbeiten. Stattdessen werden auf diese Weise „Waren mit Verfallscharakter" und mit unzureichender Qualität produziert.

Eine sozialpädagogische Fachlichkeit ist nicht mehr wirklich gefragt. Wir haben es zu tun mit zunehmender Standardisierung Sozialer Arbeit, mit der Überlassung sozialpädagogischer Aufgaben an nicht fachlich ausgebildete Kräfte und in diesem Zusammenhang mit einer offenbar gewollten, zumindest aber riskierten Deprofessionalisierung Sozialer Arbeit.

- **Rückzug des Staates aus seiner sozialen Verantwortung**

Im Rahmen von Privatisierungen und Dekommodifizierung zieht sich der Staat aus der Verantwortung: Man geht von der Annahme aus, dass Bedingungen des Marktes wie Konkurrenz und Effizienzausrichtung geeignet seien, auch in der Sozialen Arbeit bessere Qualität zu produzieren.

Es besteht die Notwendigkeit, Sponsorengelder einzutreiben. Die Profession Soziale Arbeit gerät von einer gesellschaftlich anerkannten und über Steuergelder finanzierten Aufgabe zur Almosenempfängerin und Bettlerin für ihre Klientel.

- **Soziale Einrichtungen werden wirtschaftliche Unternehmen**

Die Umgestaltung der Sozialen Arbeit über neue Finanzierungs- und Managementmodelle aus der Wirtschaft macht sie zum Teil eines Sozialmarktes und stellt sie damit unter den betriebswirtschaftlichen Appell bedingungsloser Effizienz und permanenter Kostenersparnis. Damit findet eine Auslieferung und Unterordnung der Sozialen Arbeit und ihrer Klientel an Gewinnmaximierungs- und Wettbewerbsinteressen statt.

Die Träger und Einrichtungen reiben sich an ihrem Status als Unternehmen auf. Soziale Einrichtungen sind chronisch in ihrer Existenz bedroht, denn allein die Wirtschaftlichkeit eines sozialen Unternehmens sichert sein Überleben.

5 Was wird aus der Profession Soziale Arbeit?

▪ **Wichtigster Auftrag für Sozialarbeitende: Kostensparen**
Die Soziale Arbeit des neosozialen Konzeptes wird als effektive, kalkulierbare, und rationale Dienstleistung angepriesen. Ihre Überschaubarkeit und Messbarkeit rückt die neosoziale Soziale Arbeit in die Nähe des Machbaren und in jeder Hinsicht Steuerbaren.
 Effizienz ist im Sozialbereich das Maß aller Dinge geworden. Entscheidungen werden nicht selten nach den geringeren Kosten, nicht aber nach Fachlichkeitskriterien getroffen.
 Die Schere im Kopf der Mitarbeiterinnen ist heute allgegenwärtig. Die Träger und Geldgeber können sich darauf längst verlassen.

▪ **Fachfremde Definition fachlicher Aspekte**
Soziale Arbeit wird ver- und gemessen und bewertet wie ein beliebiges Industrieprodukt. Das betriebswirtschaftliche Denken, das die Soziale Arbeit zunehmend steuert, verpasst dabei die Kernelemente sozialpädagogischen Handelns, wie etwa die Partizipation, die Koproduktion und die Kommunikation. Der aktivierende Staat diktiert schon heute in vielen Feldern, was er von Sozialer Arbeit will und was er für Soziale Arbeit hält. Heute entscheiden die nichtfachlichen Vertreter von Verwaltung- und Politik weitgehend über fachliche Fragen der praktizierenden Sozialen Arbeit. Die fachlichen und methodischen Vorgaben, die der Sozialen Arbeit gemacht werden, entsprechen in vielen Aspekten nicht ihren fachlichen und ethischen Vorstellungen.

▪ **Fachfremde Zielorientierung und Erfolgsdefinition**
Von der Sozialen Arbeit wird mehr denn je verlangt, dass sie sich rechnet, dass sie ihre Wirkung, ihre Erfolge belegen und ihre Effektivität nachweisen kann. Der Effektivitätsbegriff aber, der im Rahmen dieser forcierten Wirkungsorientierung benutzt wird, ist kein sozialpädagogischer Begriff. Hier wird die Logik der Betriebswirtschaft auf die Soziale Arbeit unzulässig übertragen. Was für uns als SozialpädagogInnen Erfolg bedeutet, wird von der Politik oft nicht positiv bewertet und deshalb als Kriterium für Effektivität abgewiesen.
 Mit der Einführung z. B. der evidenzbasierten Wirkungsnachweise wird im Grunde ein chronischer Misstrauensantrag an die Profession gestellt. Es besteht ganz offenbar kein Vertrauen in die Fachlichkeit der Profession und der Professionellen.

▪ **Neues leitendes Menschenbild**
Das Menschenbild der neosozialen Sozialen Arbeit hat sich gegenüber der lebensweltorientierten Sozialen Arbeit radikal verändert:

Ziel ist nicht mehr die gelungene Lebensbewältigung der Menschen, die ihnen ein erfülltes und teilhabendes Leben in Würde ermöglicht. Ziel ist es oft nur noch, die Menschen für diese Gesellschaft funktionstüchtig zu machen bzw. die Funktionsuntüchtigen auszusieben und zu verwalten, damit man an sie keine Investitionen verschwenden muss. Zunehmende Armut und Ungleichheit führen nicht zur Thematisierung dieser gesellschaftlichen Probleme, sondern allein dazu, von den Betroffenen noch mehr Anstrengungen und gleichzeitig die Reduktion ihrer Lebensansprüche zu fordern.

Das Fordern steht im aktivierenden Staat im Vordergrund. Die Menschen müssen in erster Linie für sich selber sorgen. Wenn sie versagen, ist es allein ihre Schuld. Gesellschaftliche Ursachen individueller Problemlagen werden geleugnet. Parteilichkeit ist daher nicht mehr vorgesehen. An die Stelle der Parteilichkeit ist die Dienstleistung getreten.

- **Zwei-Klassen-Soziale-Arbeit**

Soziale Gerechtigkeit ist nicht länger Zielsetzung Sozialer Arbeit. Dagegen gestellt wird die so genannte Chancengerechtigkeit des Aktivierens. Wer nicht bereit oder in der Lage ist, mit diesem Angebot etwas für sich anzufangen und es zu nutzen, fällt aus der Förderung heraus, muss mit Sanktionen und Druck rechnen und die Soziale Arbeit hat hier nur noch die Aufgabe, zu verwalten, zu vertrösten und ggf. auch ruhig zu stellen. Konstruktive, fördernde Aufgaben fallen ihr dort zu, wo sich der Einsatz lohnt. Dies ist ein diametral anderes Denken als das der Sozialpädagogik lebensweltorientierter Ausrichtung, die sich um Ressourcenausgleich, um soziale Gerechtigkeit und damit erst recht und besonders um diejenigen bemüht, die die wenigsten Ressourcen mitbekommen haben.

Durch die selektive Förderung erfolgt eine Ausgrenzung bestimmter Gruppen, an der die Soziale Arbeit zwangsläufig mitwirkt. .

- **Reduktion Sozialer Arbeit auf Verhaltenstraining**

Sozialarbeit wird reduziert auf ein reines Erziehungsprojekt. Gesellschaftliche Hintergründe individueller Problemlagen spielen keine Rolle mehr, sowohl was die Diagnose als auch, was die Intervention betrifft. Gefragt ist allein Verhaltensmodifikation im Sinne eines gezielten Veränderns von Menschen zu Eigenverantwortung im Sinne der Eigenversorgung unter allen Bedingungen. Folglich verlieren die Gesellschaftswissenschaften ihre Bedeutung für die Soziale Arbeit. Soziale Arbeit verliert dabei einen zentralen Teil ihrer professionellen Identität.

KritikerInnen konstatieren, dass innerhalb der Disziplin Soziale Arbeit im Rahmen dieses Anpassungsprozesses das eigene wissenschaftliches Fundament immer weiter erodiert, bis hin zur Gefahr einer letztendlichen Selbstabschaffung (vgl. Roer 2010, S. 34).

▪ **Soziale Arbeit als ordnungspolitische Instanz**
Druck und Sanktionen werden auch in der Jugendhilfe zunehmend legitimiert und als notwendig und akzeptabel gewertet. Die Subjektorientierung ist out, Kontrollaspekte in der Sozialen Arbeit nehmen zu. Das Misstrauen gegenüber dem Klienten, das Sortieren von Klienten in Risikogruppen oder Gruppen unterschiedlicher Erfolgswahrscheinlichkeit und die damit verbundene selektive Investition verbieten der Sozialen Arbeit zudem die Parteilichkeit mit den sozial Benachteiligten und unterlaufen die sozialarbeiterische ethisch motivierte Praxis, Angebote und Hilfestellungen auch denen oder vielmehr gerade denen an zu bieten, die die geforderte Eigenverantwortung nicht entwickelt haben oder bisher nicht entwickeln konnten.

Akzeptierende Soziale Arbeit, der Versuch, Menschen dazu zu bringen, ihre eigenen Wege und für sie selber mögliche Lösungen zu erarbeiten, werden als Kuschelpädagogik diskreditiert und abgelehnt. Soziale Arbeit bekommt zunehmend mehr Funktionen zugewiesen, die sie als ordnungspolitische und nicht mehr als sozialpädagogische Instanz ausweisen.

In vielen gesellschaftlichen Bereichen ist Soziale Arbeit heute gezwungen, sich als rechte Hand einer Ordnungspolitik zu bewähren wie z.B. gegenüber Armen oder gegenüber Flüchtlingen (vgl. Butterwegge 2010, S. 63).

▪ **Distanzierung von partizipativen Strukturen**
Zwar wird formal an Klientenbeteiligung, vertraglicher Vereinbarung, individueller Hilfeleistung etc. festgehalten. Faktisch aber degenerieren diese Handlungsmerkmale in der neosozialen Arbeit immer mehr zu reinen Formalismen oder wenden sich sogar als Forderungen gegen die Klientel. Von Subjektorientierung kann nicht mehr gesprochen werden. Die KlientIn wird zunehmend weniger als (potentielle) ExpertIn ihres Lebens gesehen und wird immer mehr zum Objekt von Fürsorge, Anweisung und Forderungen.

▪ **Barmherzigkeit statt Rechte der Klientel**
An die Stelle von Rechtsansprüchen der Klientel tritt heute die Barmherzigkeit mit ihnen. Wir haben eine regelrechte Konjunktur der Barmherzigkeit. Z.B. existieren lt. Bundesverband deutsche Tafeln e.V. (2010) 800 ehrenamtliche Tafeln, die inzwischen als fester Bestandteil des aktuellen Sozialsystems gel-

ten und offenbar sozialpolitisch eingeplant werden. Soziale Arbeit muss sie im Interesse ihrer Klientel nutzen und gutheißen. Denn für den nicht erfolgreichen und ausgegrenzten Teil unserer Klientel, stehen neben Verwaltung und Sanktionierung nur niedrige Budgets, Spenden und vor allem Almosen zur Verfügung. Mildtätigkeit und soziales Engagement gelten als notwendige Beiträge jeden Bürgers zum Gemeinwohl und als gepriesener Weg, in die harte und kalte Wirklichkeit wieder Menschlichkeit und Wärme zurückzubringen.

- **SozialarbeiterInnen erster und zweiter Klasse**

Es gibt zunehmend nicht nur zwei Klassen von KlientInnen, sondern auch zwei Klassen von Sozialarbeitenden. Das Management mit seinen Leitungs- und höheren Verwaltungsposten, organisiert die Soziale Arbeit, setzt die Regeln und Rahmenbedingungen, leitet das Unternehmen und weist diejenigen an, die die direkte Arbeit mit der Klientel machen. Die Sozialarbeitenden im Sozialmanagement agieren wie ein moderner Innendienst[1], der die Entscheidungen trifft, wesentlich besser bezahlt wird und die sozialen Probleme der Menschen vornehmlich mit seinem Verwaltungs- und Unternehmerverständnis betrachtet und behandelt und dann auch noch – wie schon ehedem – vorwiegend männlich ist. Die SozialarbeiterInnen dagegen, die im direkten Kontakt mit der Klientel stehen, sehen sich zunehmend einer standardisierten Praxis gegenüber und der Tendenz der Auftraggeber, nicht qualifizierte Menschen mit Aufgaben der Sozialen Arbeit zu betrauen.

Besonders deutlich wird der „neue Geist" einer „aktivierenden Sozialen Arbeit", wenn man sie gezielt an den Kriterien misst, die im Rahmen des lebensweltlichen Konzeptes, etwa an den Handlungsmaximen des KJHG formuliert wurden.

Partizipation wird zurzeit zu etwas, was man dem Klienten nicht anbietet, sondern ihm abverlangt. Zudem wird die moralische Verantwortung der Politik und des gesellschaftlichen Systems für die Interessen der KlientInnen geleugnet. Wir erleben ferner eine Renaissance der autoritären Varianten sozialer Arbeit. Die aktivierende Sozialarbeit aktiviert nicht im Sinne der Lebensweltorientierung, sondern sie gängelt und setzt unter Druck. Methodisch wird oft nicht mehr ergebnisoffen gearbeitet, sondern Ziele und Wege werden festgelegt.

---

1 Die Abschaffung des „Innendienstes" in der Sozialen Arbeit, der die direkte Arbeit mit den Betroffenen von der eigentlichen Entscheidungsebene trennte und damit die konkrete Soziale Arbeit auf einen Informationszulieferdienst für die politischen Entscheidungsträger reduzierte, war ein wichtiges Ziel der Neuorganisationsdebatte der 70er Jahre und wurde u. a. mit dem § 27 KJHG vollzogen.

Integration ist nicht mehr das einzig mögliche Ziel. Viele Menschen werden heute als überflüssig ausgegrenzt. Soziale Arbeit trägt dazu bei und muss dazu beitragen, Mensch auszuschließen. Für einen Teil ihrer Klientel kann die Soziale Arbeit nichts anderes mehr leisten als eine bloße Verwaltung der aus dem Netz Gefallenen in „Reservaten des Misslingens". Wir haben es zunehmend mit einer Zwei-Klassensozialarbeit zu tun.

Prävention im Sinne einer strukturellen Prävention wird schon deshalb nicht mehr angestrebt, weil die sozialen Bedingungen, die zu Problemen bei Menschen führen, nicht mehr zur Debatte stehen. Prävention wird heute immer mehr (miss)verstanden als Identifikation potentieller Versager. Statt Schaffung besserer Bedingungen geht es um das Erfassen von Menschengruppen, die verdächtigt werden, in der Zukunft ihr Leben nicht bewältigen zu können.

Sozialraumorientierung bedeutet heute vor allem Sozialraumbudget: Aus dem Prinzip einer stärkeren Orientierung an fehlenden sozialen und ökonomischen Ressourcen bestimmter Sozialräume ist weitgehend ein Steuerungsinstrument geworden zur Verteilung und zur Deckelung der Mittel pro Sozialraum.

Der heute sehr forciert vorgetragene Verweis auf die Ressourcen des sozialen Nahraumes klingt zwar sehr lebensweltorientiert. Tatsächlich jedoch wird hier das Sozialraumkonzept neoliberal gewendet: Der Sozialraum wird mit dem sozialen Nahraum gleichgesetzt. Gesellschaftliche Ursachen und Verantwortungen des gesellschaftlichen Raumes darüber hinaus gibt es nicht. Die gesellschaftliche Verantwortung wird an die Menschen selber und ihre sozialräumlichen Beziehungsstrukturen zurückgegeben.

Ganzheitlichkeit und Alltagsorientierung werden methodisch vernachlässigt. Methodenoffenheit ist oft nicht mehr gegeben. Das Case Management gilt als *die* Methode und wird von vielen heute mit Einzelfallarbeit gleichgesetzt. Denn im Unterschied z. B. zu Beratungsmethoden bedient es in ganz besonderem Maße die Bemühungen um Effizienz und Durchschaubarkeit. Methoden, die nicht steuerbar, kalkulierbar und die zeitintensiv sein können sind dagegen suspekt und werden oft nicht finanziert.

Zudem führt die Nähe zum Fallmanagement vielerorts dazu, dass mit Berufung auf diese Methode eine autoritäre, nicht partizipative Variante des Case Managements in der Sozialen Arbeit Einzug hält, die auf Subjektorientierung und Ergebnisoffenheit verzichtet und die ihr Interesse auf enge Bereiche der Lebenswelt beschränkt.

Einmischung ist eine Maxime, deren Inhalt als „Einmischung in Politik im Interesse der Klientel" heute nicht einmal mehr bekannt ist. Soziale Arbeit wird zunehmend nur noch gesehen als Erziehungsinstanz, die Menschen für mehr Eigenverantwortung trainieren soll. Soziale Arbeit soll nicht mehr die Verhältnisse oder Lebensbedingungen von Menschen verändern oder anprangern, sondern dafür sorgen, dass die Menschen sich genug anstrengen, um trotz dieser Bedingungen selber und alleine klar kommen.

Ein Blick auf die Verantwortung der Gesellschaft, der Wirtschaft, der Politik für die Probleme der Menschen ist nicht mehr vorgesehen.

Es stellt sich angesichts dieser Einschätzungen die Frage, wie sich die Soziale Arbeit tatsächlich weiterentwickeln wird. Einige denken, dass die neoliberale Politik und ihre Ideologie vorübergehen wird und man sie einfach aussitzen kann. Andere glauben, dass die Folgen und Auswüchse irgendwann überdeutlich werden müssten und man deshalb irgendwann die neue Entwicklung auf ein Mittelmaß zurückschrauben wird. Andere gehen davon aus, dass der einmal in Gang gekommene Prozess der Vermarktlichung Sozialer Arbeit weitergehen und ständig fortschreiten wird.

Für manchen ist deshalb schon die Botschaft beruhigend, dass all das das nicht bedeuten muss, dass die Soziale Arbeit ganz abgeschafft wird, dass sie überflüssig werden oder einfach aufhören könnte. Denn es ist keineswegs zu erwarten, dass die Soziale Arbeit verschwindet.

Tatsächlich wird Soziale Arbeit heute mehr denn je von der herrschenden Politik eingefordert. Der allgemein übliche Sparkurs, der den Sozialbereich und die Soziale Arbeit insbesondere trifft, bedeutet keineswegs, dass die Soziale Arbeit grundsätzlich nicht erwünscht wäre, nicht gebraucht würde und nicht von der herrschenden Politik eingeplant würde. In bestimmten Bereichen verzeichnen wir einen Boom sozialpädagogischer Herausforderungen und Angebote an die Profession: so im frühkindlichen Bereich, zunehmend auch als Helfer beim nicht gelingen wollenden Bildungsauftrag der Gesellschaft und z. B. als Verhaltenstrainer für Menschen, die lernen sollen, die von ihnen geforderte Eigenverantwortung und Selbstvermarktung zu meistern. Das Angebot steht: Die Sozialpädagogik könnte zu einer wichtigen, den spezifischen Habitus der neoliberalen Gesellschaft produzierenden Instanz werden. So sehr die neoliberale Kritik die professionelle, lebensweltorientierte Soziale Arbeit direkt oder indirekt abwertet oder als überholte „Kuschelpädagogik" darstellt, sie reicht einer neuen, „aktivierenden" Sozialen Arbeit die Hand (vgl. z. B. Schönig, 2008). Winkler hat sarkastisch und so, dass es einen das Gruseln lehren könnte, veranschaulicht, was eine neoliberal vollständig umgestaltete Soziale Arbeit bedeuten würde (Winkler 2008).

5.1.2 Was neosoziale Soziale Arbeit nicht (mehr) kann und nicht mehr will

Um noch deutlicher zu machen, welchen Einfluss die Ökonomisierung und die programmatische Umorientierung in Richtung Aktivierungspolitik auf die Praxis der Sozialen Arbeit haben, greife ich an dieser Stelle die am Beginn dieses Buches aufgezeichneten Fälle wieder auf.

Natürlich kann an einer so begrenzten Anzahl von Beispielen nicht das ganze Spektrum neosozialer Veränderungen gezeigt werden. Dennoch lohnt es sich, die neosoziale Herangehensweise mit dem lebensweltorientierten Vorgehen zu vergleichen. Es ist zu empfehlen, dafür jeweils die Fallgeschichte und die Varianten sozialpädagogischer Herangehensweisen im ersten Kapitel nachzulesen. Im direkten Vergleich kann man die Unterschiede besser erkennen.

1. Swen (vgl. Seite 28 und 80f)
Unter den Bedingungen einer neosozialen Sozialarbeit könnte dieser Fall folgender Maßen weitergehen:

Die Mitarbeiterin des Jugendamtes macht der Mutter klar, dass ihr Verhalten untragbar war und sie im Wiederholungsfall mit drastischen Maßnahmen zu rechnen habe. Da die Mutter daraufhin erschrocken „einknickt", bietet die Sozialarbeiterin ihr an, mit ihr gemeinsam eine Lösung für die Probleme zu finden. Sie bestellt die Mutter für den nächsten Tag ins Amt. Dort konfrontiert sie sie mit einem Maßnahmekatalog, den die Mutter einzuhalten habe, nur so und nur dann könne das Jugendamt die Situation tolerieren. Um die Situation zu verdeutlichen, legt die Sozialarbeiterin der Mutter einen Vertrag vor, in dem diese sich verpflichten soll, die ihr auferlegten Schritte einzuhalten. Obwohl die Mutter mit keiner Zeile an diesem Vertrag mitgewirkt hat und ihr die von ihr verlangten Aufgaben und Schritte zum Teil unverständlich und einige davon für sie auch gar nicht einsehbar sind, unterschreibt sie doch. Was bleibt ihr anderes übrig?

Da die Sozialarbeiterin Angst hat, im Falle einer akuten Kindeswohlgefährdung selber zur Rechenschaft gezogen zu werden, bleibt sie ganz nah am Fall. Die Mutter kann die ständige Kontrolle schlecht ertragen, gibt sich aber Mühe, weil sie das Kind nicht verlieren will. Die ihr auferlegten Pflichten erfüllt sie jedoch nur zum Teil. Einige sind für sie nach wie vor nicht nachvollziehbar, andere kann sie nicht leisten. Das Angebot einer sozialpädagogischen Familienhilfe aber lehnt sie ab, weil sie fürchtet, dass sie dann gar kein Privatleben mehr haben wird. Diese Ablehnung wird ihr als mangelnde Mitarbeitsbereitschaft ausgelegt. Ihr wird nun angekündigt, dass Swen im Falle einer Wiederholung des Vorfalls in einem Heim untergebracht werden muss. Nach drei Monaten erfolgt erneut ein Anruf derselben Nachbarin. Die Sozialarbeiterin erwirkt bei Gericht eine einmalige Verfügung. Das Kind wird untergebracht. Die Mutter ist erbost, verletzt und verzweifelt. Aber sie ist ohnmächtig und findet sich letztlich mit der Entwicklung ab.

Nach zwei Jahren kommt das Jugendamt auf die Frau zu und konfrontiert sie damit, dass sie das Kind nun wieder zu sich nehmen soll. Heimkosten für weitere 12 Jahre könnten auf keinen Fall gezahlt werden ...

Die Fragen, warum die Mutter von Swen sich eigentlich so verhält und welche Faktoren in ihrer Lebenssituation für sie ein verantwortliches Elternverhalten erschweren, werden noch immer nicht gestellt.

2. Tom (vgl. Seite 28 und 82)
Unter den Bedingungen einer neosozialen Sozialarbeit könnte dieser Fall folgender Maßen weitergehen:

Im Jugendamt wird Tom deutlich aufgezeigt, wohin ihn sein Verhalten führen wird.

Eine Kollegin versucht, mit ihm ein Beratungsgespräch zu führen, aber er schaltet ab und geht nicht darauf ein. Sie lädt ihn erneut ein und macht ihm einen Vorschlag für eine freiwillige Teilnahme an einem sozialen Trainingskurs. Tom tut so, als wäre er einverstanden, kommt aber nicht zum ersten Termin.

"Jetzt ist Schluss mit Kuschelpädagogik!", sagt der Sachgebietsleiter zur Sozialarbeiterin. Der Platz im Trainingskurs verfällt. Tom hat seine Chance gehabt.

Als sich Wochen später die Schule von Tom meldet und mitteilt, der Junge hätte einen anderen Jungen auf dem Schulhof zusammengeschlagen, unterstützt auch die Sozialarbeiterin anleitungsgemäß den Schulverweis. Tom taucht bei Freunden unter und macht sich als nächstes im Rahmen eines größeren Einbruchs seiner Clique bemerkbar. Er kommt in Untersuchungshaft und wird zu einer Jugendstrafe verknackt. Dort lernt er viel Neues. Aber wenn er wieder rauskommen wird, ist er über 18 und das Jugendamt wird nicht mehr zuständig sein.

Auch hier wird niemand Überlegungen anstellen, warum Tom so geworden ist und was ihn daran hindert, ein „normaler" Schüler zu sein. Die Ursache wird allein in ihm gesucht und sein Verhalten wird allein ihm zur Last gelegt.

3. Kinder Merten (vgl. Seite 29 und 82f)
Unter den Bedingungen einer neosozialen Sozialarbeit könnte dieser Fall folgender Maßen weitergehen:

Die noch Eheleute Merten besuchen eine Anwaltspraxis, in der Scheidungsberatung in Form von Mediation durchgeführt wird. Die kostenlose

Scheidungsberatung in der Erziehungsberatungsstelle wollten sie lieber nicht in Anspruch nehmen, weil dort eine lange Wartezeit bestand und Bekannte ihnen erzählt hatten, dass die Sozialarbeiterin dort gar keine „richtige" Mediationsausbildung hätte. Lieber geben sie Geld aus und erhalten dafür etwas, dem sie vertrauen. Sie können es sich leisten

Die Mediatorin versteht tatsächlich auch fachlich ihr Geschäft und erreicht, dass die Eheleute für ihre Trennung und vor allem auch für die Kinder eine ausdiskutierte und einvernehmliche Lösung entwickeln.

Sie empfiehlt dem Paar auch noch, die Kinder in einer psychologischen Praxis an einer Gruppentherapie teilnehmen zu lassen. Die Eltern stimmen zu und investieren auch hier noch Geld, weil es ihnen wichtig ist, dass die Scheidung bei den Kindern keine traumatischen Folgen zurücklässt. Die Eltern sind mit dem Ergebnis sehr zufrieden: das war eben Qualität, die man kaufen kann ....

4. Mohammed (vgl. Seite 29 und 83f)
Unter den Bedingungen einer neosozialen Sozialarbeit könnte dieser Fall folgender Maßen weitergehen:

Die MitarbeiterInnen der Migrationsberatungsstelle informieren die Straßensozialarbeiterin. Diese geht auf Mohamed zu und durch ihre Initiative lässt er sich auf ein Gespräch in der Beratungsstelle ein. Die MitarbeiterInnen dort bieten ihm an, ihn in eine Maßnahme des BVJ (Berufsvorbereitungsjahr) zu vermitteln, wo er seinen Hauptschulabschluss nachmachen könne. Mohammed ist davon wenig begeistert. Aber er geht noch ein weiteres Mal in die Beratungsstelle, weil er gerne mit einem Sozialarbeiter darüber reden will, wie er an der Arbeitsauflage vorbeikommen kann, die man ihm dafür aufgebrummt hat. Für diese Fragestellung allerdings findet er kein Verständnis. Mohammed ist enttäuscht. Er hat den Eindruck, dass sich auch hier niemand wirklich auf seine Situation einlassen will. Das BVJ bricht er nach zwei Wochen ab. Es bringe ihm nichts, da herum zu sitzen, sagt er der Straßensozialarbeiterin.

Als im Sommer in einer Parkanlage einer Frau die Handtasche geraubt wird, meint die Betroffene, Mohammed bei einer Gegenüberstellung wieder zu erkennen. Mohammed beteuert seine Unschuld. Keiner glaubt ihm.

Alle Instanzen beschränken sich allein auf die Versuche, Mohamed irgendwie zu verändern. Warum Mohamed sich in unserer Gesellschaft so entwickelt hat, welchen Anteil unsere Gesellschafts- und Migrationspolitik dazu zu beigetragen haben und welche Rolle die Perspektivlosigkeit spielt, mit der Mohamed aufgewachsen ist, interessiert niemanden. Zumindest steht all das hier nicht zur Debatte. Er hatte seine Chance und hat sie nicht genutzt.

5 Was wird aus der Profession Soziale Arbeit?

5. Jörg P. (vgl. Seite 30 und 84f)
Unter den Bedingungen einer neosozialen Sozialarbeit könnte dieser Fall folgender Maßen weitergehen:
Die BetreuerInnen von Jörg und seiner Freundin entschließen sich dazu, den beiden die Chance zu geben. Sie finden eine Wohnung und unterstützen sie dabei, diese einzurichten und sich auch gegen die Vorurteile der Nachbarn zur Wehr zu setzen.
Als die junge Frau schwanger wird, begleitet sie eine ambulante Betreuerin zum Frauenarzt und zu den Vorsorgeuntersuchungen. Die zur Verfügung stehende Anzahl an Fachleistungsstunden lässt es leider nicht zu, dass diese längere Gespräche führen oder auch nur einige Zeit im Alltag der beiden verbringen kann. Deshalb ist sie eines Tages sehr überrascht, als Jörg ihr mitteilt, dass das Paar sich wieder trennen will. Sie hätten sich das Zusammenleben anders vorgestellt.
Um das einmal eingeleitete Experiment nicht zu gefährden, finden einige Krisengespräche mit den beiden statt. Danach entschließen diese sich, wie gehofft, doch zusammen zu bleiben. Die Betreuung soll intensiviert werden: Für die Zeit nach der Geburt ist eine konkrete Unterstützung bei der Pflege des Babys geplant. Dreimal in der Woche soll eine Familienpflegerin die Familie besuchen und nach dem Kind sehen und der Mutter helfen. Eigentlich hatte man ja an eine sozialpädagogische Familienhilfe gedacht. Aber das zuständige Jugendamt will diese Hilfe nicht finanzieren und schlug stattdessen vor, ein Familienzentrum mit dieser Aufgabe zu betrauen, die ehrenamtliche Frauen für solche Einsätze haben. Als das Kind ein halbes Jahr alt ist, kapituliert die kleine Familie. Die Mutter fühlt sich überfordert und sehnt sich nach der beschützten Situation im Heim zurück. Jörg ist wütend und enttäuscht und machte seiner Freundin große Vorwürfe. Die junge Frau kommt in eine Einrichtung für behinderte Mütter, in der auch das Kind betreut werden kann.

6. Katharina (vgl. Seite 30 und 85f)
Unter den Bedingungen einer neosozialen Sozialarbeit könnte dieser Fall folgender Maßen weitergehen:
Katharina wird wiederholt zu Einzelgesprächen gebeten, die sie auch immer wahrnimmt. Dort macht man ihr klar, dass sie völlig unrealistische Vorstellungen vom Leben hat und legt ihr nahe, mit dem Träumen aufzuhören und stattdessen darüber nachzudenken, welche realistischen Schritte sie in Richtung auf eine berufliche Zukunft machen. Katharina ist überfordert und weint. Die SozialpädagogIn versucht nun, etwas zartfühlender auf sie einzugehen. Schließlich hat sie aber nicht unendlich viel Zeit. Beim dritten Gespräch stellt

sie Katharina zwei Praktikumsstellen vor, die sie für sie besorgt hat: Von denen soll sie sich eine aussuchen und sich dann dafür bewerben. Katharina entscheidet sich für das Praktikum in Lager bei Lidl.
   Ihr Bewerbungsschreiben ist aus Sicht der Betreuerin unbrauchbar. Sie bekommt konkrete Anweisungen, was sie schreiben soll. Auch aus dem Vorstellungsgespräch kommt Katharina aufgelöst zu ihrer Betreuerin zurück. Der Mann dort war zu ihr überhaupt nicht freundlich und sie soll nun auch noch jeden Tag schwere Kisten schleppen! Aber die Betreuerin redet ihr gut zu und bleibt hart. Katharina tritt ihr Praktikum an. Nach 4 Tagen kommt per Post eine Krankmeldung. Nach einem Jahr ist Katharina in 5 Praktikumsstellen gescheitert oder hat sie abgebrochen. Jetzt leidet sie an Depressionen und bekommt vom Arzt Tilidin verschrieben. An Arbeiten ist gar nicht mehr zu denken.

7. Martina Z. (vgl. Seite 30 und 86f)
Unter den Bedingungen einer neosozialen Sozialarbeit könnte dieser Fall folgender Maßen weitergehen:
   Martina Z. hat schlechte Karten. Die Mitarbeiterin der Obdachlosenberatungstelle, die sie aufgesucht hat, kann ihr nicht viel anbieten. Sie verspricht, ihr einen Schlafplatz bei der Heilsarmee zu vermitteln. Aber da möchte Martina nicht mehr hin. Das kennt sie schon.
   Martina würde gerne mit den Leuten in der Beratungsstelle reden, über ihre Situation, über ihr früheres Leben und warum alles so gekommen ist, aber da sie ganz offenbar getrunken hat, lässt sich keiner der MitarbeiterInnen auf sie ein. Wenn sie aufhören würde zu trinken, so lässt man sie wissen, bestände die Möglichkeit, für sie einen Ein-Euro-Job ausfindig zu machen. Aber so nicht.
   Sie bekommt ein paar Gutscheine für die Tafel. Ansonsten bietet man ihr an, in ein paar Tagen deswegen wieder vorbei zu schauen. Wegen eines Geschwürs am Hals wird schließlich für sie telefonisch noch ein Termin bei einem praktischen Arzt vermittelt. Sie geht aber nicht hin, weil sie Angst hat, dort wieder rauszufliegen.
   Martina Z. bleibt dort, wo sie zurzeit bei anderen Obdachlosen untergeschlüpft ist. Irgendwie kommt sie an ein paar Euro und kauft sich und den anderen eine Flasche Schnaps. Gott sei Dank ist gerade Sommer und die Situation ist leichter zu ertragen.
   Der Gedanke, dass es auch an den gesellschaftlichen Bedingungen liegen könnte, dass Menschen in eine solche Lage geraten und zu mehr oder weniger erfolgreichen Objekten der Barmherzigkeit absinken, liegt für alle Akteure außerhalb ihres Denkens und Handelns.

In fast allen hier geschilderten Beispielen hatte Soziale Arbeit unter den neosozialen Bedingungen überhaupt keine Chance, Menschen wirklich zu erreichen und ihnen dabei zu helfen, sich auf ihre Weise und nach ihren Möglichkeiten zu verändern und wieder oder erstmalig „Regisseure ihres Lebens" zu werden. Das Ergebnis der Arbeit hätte auch und wahrscheinlich genauso gut durch den Einsatz von Polizei, Verwaltungskräften und selbst ernannten, ehrenamtlichen Sheriffs erreicht werden können.

In einigen Fällen wird die Lage eher verschärft, oft werden Hoffnungen geweckt, die dann aber nicht eingelöst werden, mit unter werden gute Ansätze viel zu früh wieder aufgegeben und in vielen Fällen werden die Chancen, anders zu arbeiten, von den SozialarbeiterInnen vielleicht gar nicht mehr gesehen. In allen Fällen also, bis auf den, der im Rahmen bezahlter Sozialer Arbeit erfolgreich bearbeitet wurde, wird Geld zum Fenster heraus geworfen. Denn unqualifizierte Soziale Arbeit oder auch eben nur „ein bisschen Soziale Arbeit" reichen nicht aus und könnten genauso gut wegfallen.

Sicherlich könnte Soziale Arbeit in all diesen Fällen auch heute hier und da noch hilfreicher für die Klienten und die Sozialarbeitenden ausfallen. Mit viel Glück kommt man zurzeit noch an eine Arbeitsstelle, in der qualifizierte Arbeit erwünscht und möglich ist. Die Tendenz aber scheint fallend.

5.1.3 Die Profession Soziale Arbeit ist bedroht

Nach der traditionellen Professionalitätsvorstellung, die Professionalität mit hohem Ansehen, hohem Einkommen und hoher Autonomie in Zusammenhang bringt, hat sich Soziale Arbeit schon immer schwer getan. Ihre Professionalität lässt sich vielmehr an der Qualität ihrer beruflichen Handlungen festmachen (vgl. Kapitel 1.3). Aber genau hier liegt die Bedrohung durch das neosoziale Projekt. In ihrer neosozialen Variante und unter den Bedingungen der Ökonomisierung büßt Soziale Arbeit genau dieses Professionalitätsmerkmal zunehmend ein. Bereits der rein quantitative Abbau der professionellen Sozialen Arbeit führt dazu, qualifizierte, professionelle Soziale Arbeit zurückzudrängen und zu deprofessionalisieren. Im Rahmen der Herausforderungen durch den neosozialen Paradigmenwechsel stellen sich in der Praxis Sozialer Arbeit Veränderungen ein, die zu einer Nichterfüllung genau der Professionsmerkmale (Oeverman 2000) führen, die oben (Kap. 1.4.2) als zutreffende Merkmale bewertet wurden:

1. Es wird die *Standardisierung* sozialpädagogischer Abläufe vorangetrieben. Die Evidenzbasierte Soziale Arbeit setzt auf den Erfolg standardisierter Maßnahmen und Schritte.

2. Die Schwierigkeiten, die der bestehende *Handlungszwang* in der Sozialen Arbeit mit sich bringt, sollen nicht durch Fachlichkeit, sondern weitgehend dadurch „gelöst" werden, dass das Handeln stärker standardisiert wird, dass nicht mehr ergebnisoffen gearbeitet wird und auch die Methodenoffenheit weitgehend entfällt.
3. Damit entfällt auch weitgehend die *Notwendigkeit, Handlungen zu begründen*. Zum einen ist dies bei festgelegten Abläufen nicht mehr erforderlich, zum anderen gibt es ohnehin weitaus weniger Handlungsspielräume, so dass sich eine wissenschaftliche, fachliche Ableitung differenzierter Hilfeentscheidungen in den meisten Fällen erübrigt. Soziale Arbeit wird damit zu einem Beruf, den auch nicht-wissenschaftlich ausgebildete Kräfte und fachfremde Kräfte ausüben können, wenn ihnen genaue Anweisungen und Handlungsvorlagen gereicht werden.
4. Eine *Autonomie des professionellen Handelns* wird auf diese Weise obsolet.
5. Die *Arbeitsbündnisse* zwischen Professionellem und Klient bekommen immer mehr den Charakter von Pseudoverträgen. Es wird nicht wirklich ausgehandelt sondern letztlich verordnet. Die Klienten geraten wieder mehr in die Rolle von Objekten.

Die deprofessionalisierenden Auswirkungen der Ökonomisierung scheinen dabei den Vorstellungen des aktivierenden Staates durchaus entgegen zu kommen. Eine Professionalität der Sozialen Arbeit im Sinne einer eigenständigen, fachlich und wissenschaftlich fundierten Sozialen Arbeit, so muss man schlussfolgern, ist im aktivierenden Staat gar nicht wirklich gewollt

Was die *multiperspektivische Handlungsorientierung* des professionellen Sozialarbeiters betrifft, (vgl. B. Müller 2008) rückt die Perspektive der Verweisung („Fall für") im neuen Konzept Sozialer Arbeit in den Vordergrund. Im Vermitteln und Managen liegen die Schwerpunkte der neosozialen Arbeit. Wissenschaftlich orientierte FachexpertIn („Fall von") muss die SozialarbeiterIn nur noch begrenzt sein. Ihr gesellschaftswissenschaftliches Wissen ist gar nicht mehr erforderlich, vielleicht auch nicht mehr erwünscht. Ihre Wissens- und Erfahrungsbestände können außerdem unter den neosozialen Bedingungen nicht autonom genutzt werden, sondern sind an die vorgegebene Aufgaben- und Methodenstruktur gebunden. Und auch die ExpertIn des Dialogs im Sinne der Fallperspektive „Fall mit" ist nur noch begrenzt gefragt. Zwar geht es der neosozialen Sozialarbeit um konkrete individuelle Verhaltens- und Einstellungsveränderungen der Klientel, diese werden aber nicht durch eine subjektorientierte Beratungsarbeit, sondern im Wesentlichen durch Training und durch „Überzeugungsmaßnahmen" (Druck, Überreden, Sanktionen) forciert.

Von den von Heiner entwickelten Handlungsmodellen Sozialer Arbeit favorisiert das neosoziale Projekt eindeutig das „*Servicemodell*" (vgl. Heiner 2004). Hier stehen (Krisen-) Management und die Verwaltung und Verteilung von Dienstleistungen im Vordergrund. Standardisierung gilt als förderlich. Wie oben bereits festgestellt, bezeichnet Heiner dieses Modell als semiprofessionell, als Engagement für Sachen (Dienstleistungen), nicht für Menschen und ihre individuelle Entwicklung. Eine Motivierung der Klienten wird deshalb auch nicht zu den Aufgaben der Sozialen Arbeit gezählt. Die Verantwortung für das Gelingen sozialpädagogischer Intervention wird auf den Klienten geschoben. Damit entlastet sich die Soziale Arbeit von ihrer ethischen und fachlichen Verantwortung. Die fachliche Selbstverantwortung der Sozialen Arbeit wird unter dem neoliberalen Paradigmenwechsel grundsätzlich infrage gestellt und fachliche Autonomie kann und soll logischer weise nicht gewährleistet werden. Diese Zusammenhänge wurden oben ausführlich dargelegt.

Und auch und gerade die *ethischen Orientierungen unserer Profession* an sozialer Gerechtigkeit, den Menschenrechten und der Menschenwürde werden außer Acht gelassen, negiert und zum Teil verletzt. Wenn z. B. eine SozialarbeiterIn Menschen durch Druck oder Sanktionen zu verändern und anzupassen versucht und der Meinung ist, sie/er wisse besser, was für die Klientel gut sei als diese selber, so entspricht dieses Verhalten nicht dem ethischen Kodex der Profession Soziale Arbeit. Eine Soziale Arbeit, die Menschen daran hindert, die gesellschaftlichen Ursachen und Hintergründe ihrer Lebensprobleme zu erkennen und die ihnen vormacht, alle Probleme seien nur ihr ganz eigenes Versagen und Verschulden und nur auf dem Wege eigener, persönlicher Anstrengungen zu erreichen, verletzt ebenfalls ihre ethischen Grundsätze. Außerdem trägt sie zur moralischen und faktischen Entlastung der herrschenden Politik bei, indem sie diese von ihrer Verantwortung für die gesellschaftliche Problemlagen auf Kosten der Betroffenen freispricht.

Zusammenfassend muss festgestellt werden: Die sozialpolitischen und ideologischen Hintergründe des neosozialen Projektes sind als Hauptursachen eines fortschreitenden Deprofessionalisierungsprozesses anzusehen. Zumutungen für die und der Veränderungsdruck auf die Soziale Arbeit zwingen diese mehr und mehr, ihre eigene professionelle Identität aufzugeben und fachliche Kriterien ihrer Professionalität hinten an zu stellen.

5.2 Veränderungsdruck und Bewältigungsstrategien in der Sozialen Arbeit

Wie gehen die PraktikerInnen und WissenschaftlerInnen mit diesen Zumutungen und mit dem stetigen Veränderungsdruck um? Passt sich die große Mehrheit widerstandslos oder gar mit fliegenden Fahnen an diese Entwicklungen an? Lutz stellt ungerührt fest: „Auch in Studien, auf Tagungen und in Gesprächen zeigt sich, dass die Soziale Arbeit in der ... Sozialwirtschaft angekommen ist" (Lutz 2008). Viele der Veränderungen und Prozesse werden von den PraktikerInnen in ihren Folgen kaum wahrgenommen. Sie sind allmählich eingeführt worden und gelten längst als unumstößliche Gesetze (vgl. z. B. Eichinger 2009).

5.2.1 PraktikerInnen im neosozialen Projekt – Erleben und Perspektiven

Die Beantwortung der oben erwähnten Frage, wie die Praxis mit den Veränderungen umgeht, wie sie sie erlebt, wie sie sie erträgt, könnte uns einer Antwort auf die Frage näher bringen, welche Rolle Praktikerinnen für die Übernahme der neoliberalen Veränderungen tatsächlich spielen. Des Weiteren wären möglicher Weise Hinweise darauf ableitbar, welche Ansätze es geben könnte, die PraktikerInnen dabei zu unterstützen, sich nicht mit diesen Veränderungen anzufreunden oder zu arrangieren.

Zur Lage der PraktikerInnen und zu der Frage, wie die Praxis von ihnen erlebt wird, liegen aktuell verschiedene Untersuchungen vor. Zu nennen ist zum Beispiel die große Online-Befragung von Karges (2011, a.a.O.)

Die Rolle der PraktikerInnen im Prozess der Veränderung der Sozialen Arbeit ist zentral. Sie sind es, die in der täglichen Arbeit entweder die lebensweltorientierten Praxen fortzusetzen versuchen oder aber, sich neuen Formen Sozialer Arbeit unterwerfen und oft auch unterwerfen müssen. Außerdem wird in der kritischen Fachliteratur immer wieder hervorgehoben, dass viele PraktikerInnen diese Veränderungen nicht nur in großer Mehrheit erdulden, sondern in Teilen selber aktiv zu ihrer Ausbreitung und Verwurzelung beitragen.

Eichinger (2009, S. 71, S. 121) wirft dem bestehenden – auch dem kritischen – sozialpädagogischen Fachdiskurs vor, die Frage der konkreten Arbeits- und beruflichen Überlebensbedingungen der praktisch arbeitenden SozialarbeiterInnen in ihren Betrachtungen auszublenden und sich nicht um die „Lohnarbeitsbedingungen, unter denen Soziale Arbeit geleistet werden muss, zu kümmern". Sie stellt fest: „Der ökonomische wie programmatische Wandel bedeutet für die Beschäftigten in der Sozialen Arbeit einen tief greifenden, ebenso ambivalenten wie heterogenen Prozess, der ihre Arbeitsbedingungen sowie ihren organisatorischen Handlungsrahmen grundlegend verändert. Die Fachkräfte sind hierbei mit neoliberal inspirierten Anrufungen und Nahelegungen betriebswirtschaftlicher wie aktivierender Art konfrontiert und müssen dazu Stellung beziehen" (ebenda, S. 207). Eichinger stellt aus der „Beschäftigtenperspektive" heraus fest, dass für die MitarbeiterInnen im Sozialen Bereich die zentralen Herausforderungen zum einen in dem notwenigen Umgang mit den wahrgenommen fachlich-ethischen Widersprüchen bestehen. Darüber hinaus sehen PraktikerInnen sich allerdings noch zwei weiteren Herausforderungen und Aufgabenstellungen gegenüber: ihrer persönlichen und beruflichen Existenzsicherung und der Anforderung, die betreffende Einrichtung zu erhalten, um nicht den eigenen Arbeitsplatz zu verlieren (vgl. Eichinger, 2009, S. 121). Hierin unterscheidet sich die Situation der PraktikerInnen von der der WissenschaftlerInnen, die nur die Fachdebatte führen und führen können. Eichinger hat im Rahmen ihrer „subjektwissenschaftlichen Praxisforschung" (ebenda, S. 13, S. 203), den Versuch unternommen, die Perspektiven der PraktikerInnen als „historisch-strukturelle Aussagen über den Strukturwandel Sozialer Arbeit" darzustellen (ebenda, S. 207). In ihrer Untersuchung geht es ihr darum, „die Anforderungen der Berufspraxis zu begreifen" (ebenda, S. 13), indem sie den Zusammenhang zwischen Arbeitsbedingungen, Befindlichkeiten und Handlungsmöglichkeiten aufdeckt.

Das Erleben der problematischen Veränderungen findet bei den PraktikerInnen vor allem in folgenden Erfahrungsbereichen statt:

- **Fachlich-ethische Widersprüche**
Es ist zu vermuten und die Erfahrung spricht dafür, dass viele PraktikerInnen die Veränderungen und die neuen Entwicklungen in ihrer Profession durchaus wahrnehmen. Der Alltag im Beruf aber lässt Zweifel und bohrende Fragen leicht in den Hintergrund treten. Der tägliche Arbeitsstress und die permanenten Anforderungen in der praktischen Sozialen Arbeit haben unter dem neosozialen Konzept schließlich nicht abgenommen. Im Gegenteil: Es muss sehr oft von weniger MitarbeiterInnen mehr geleistet werden, die Problematiken sind zudem komplizierter und schwerwiegender geworden. Da bleibt wenig Zeit und Kraft für Reflexion. Da ist man froh, wenn man seinen Arbeitsalltag hinter sich bringt und dabei doch etwas Nützliches und Hilfreiches für die Klientel hat tun können. „Es ist wie es ist" nach diesem Motto lassen sich viele PraktikerInnen auf die neue Verortung ein (vgl. z. B. Bader 2006, S. 34).

Den Widersprüchen und Herausforderungen auf dieser Ebene stehen die Beschäftigten zudem oft mit dem Gefühl von Ohmacht gegenüber. Sie erleben sich ohnehin als Angehörige einer Berufsgruppe, der sehr geringe soziale Anerkennung zuteil wird (vgl. Nadai et al. 2005; Heite 2008). Den im neoliberalen Projekt ständig an sie herangetragene Auftrag, das eigene sozialpädagogische Verhalten zu legitimieren und den – von der Außensicht der Betriebswirtschaft her definierten – Erfolg ihrer Arbeit nachzuweisen, nehmen viele PraktikerInnen als einen Beleg für ihre eigene professionelle Unfähigkeit hilflos entgegen.

Auch kritisch eingestellte PraktikerInnen erleben an sich, wie sie der Anpassungsprozess langsam aber sicher einzuholen droht. Sie erlebensich als ohnmächtig und wissen nicht, wie sie diese problematische Entwicklung ihres eigenen ethischen und fachlichen Selbstverständnisses verhindern können.

▪ Zunehmende Belastungen

Unbestritten ist, dass die meisten Praktikerinnen die Veränderungen als Stress, als Belastung und als Erschwerung ihrer Arbeitsbedingungen erleben (vgl. Messmer 2007; Eichinger 2009; Job et al. 2009). Das Burnout ist im Bereich der Sozialen Arbeit zunehmend eine reale Bedrohung (vgl. Poulsen 2008). Auf die Dauer sind die Belastungen so einfach nicht auszuhalten. Es stellt sich die Notwendigkeit ein, Regulierungsstrategien zur Reduktion des eigenen psychischen Druckes zu entwickeln (s.u.).

▪ Angst vor dem Arbeitsplatzverlust

Ein wichtiges Grundgefühl der PraktikerInnen in der heutigen Sozialen Arbeit ist die ständige Unsicherheit und die begründete Angst vor dem Arbeitsplatzverlust. Als Fachkräfte erleben sie sich als durchaus ersetzbar und leben in einem ständigen, latenten Konkurrenzverhältnis zu ihren BerufskollegInnen (vgl. z.B. Eichinger 2009, S. 151 ff) und zu möglichen nichtfachlichen Kräften, die sie auf ihrem Arbeitsplatz verdrängen könnten. Die Arbeitgeber in der Sozialen Arbeit, die heutigen UnternehmerInnen sozialer Betriebe, haben also reichlich Druckmittel, die Hinnahme nichtakzeptabler Arbeitsbedingungen aber ebenso Wohlverhalten und Anpassung in fachlichen und ethischen Fragen zu erzwingen.

Auch Sozialarbeitende müssen sich und ihre Familien ernähren können. BerufsanfängerInnen brauchen unbedingt und zeitnah die Chance, Berufserfahrungen zu sammeln. Ihre Ausgangslagen zwingen sie dazu, prekäre Arbeitsverhältnisse zu akzeptieren. Sie haben keine wirkliche Alternative. Deshalb kann man nicht einfach erwarten, dass arbeitende Menschen ohne Weiteres bereit sind, durch widerständiges Verhalten ihre Arbeitsplätze zu riskieren (vgl. zu dieser Problematik auch das Gespräch zwischen Kappeler und W.C. Müller in den ‚widersprüchen' 2006).

▪ Identifikation mit dem Anstellungsträger

Zudem ist die Identifikation mit dem eigenen Anstellungsträger heute in der Regel sehr hoch. Tatsächlich müssen die Beschäftigten durch ihren Einsatz z. B. für Sponsorengelder, für Werbung für ihre Einrichtungen und durch Lohnverzicht und Überstunden zum Erhalt und Überleben ihrer Arbeitsstelle selber aktiv beitragen. Eichinger identifiziert außerdem bei den Beschäftigten in der Sozialen Arbeit so etwas wie einen „Trägerpatriotismus" (Eichinger 2009, S. 113), der darin besteht, dass man für die Identifikation und Unterstützung des eigenen Unternehmens auf dessen Bereitschaft hoffen kann, mehr Gestaltungsspielräume, finanzielle Aufwertung und Rücksichtnahme gewährt zu bekommen. Die Abhängigkeit der Beschäftigten von den eigenen Arbeitsgebern ist massiv und grenzt nicht selten an Selbstausbeutung.

Ob aber ein Praktiker oder eine Praktikerin eher zu Anpassung oder zum Widerstand neigen, hängt auch von anderen Faktoren ab:
- Z. B. unterscheiden sich PraktikerInnen in ihrer grundsätzlichen Einstellung zu den ethischen und fachlichen Professionalitätsmerkmalen der lebensweltorientierten Sozialen Arbeit. Werden diese Werte geteilt oder liegt eine andere ethische, sozialpolitische Vorstellung bei den Betroffenen vor?
- Wichtig ist auch, ob bei den Betreffenden überhaupt eine alternative Vorstellung von Sozialer Arbeit existiert, ob sie z. B. eine Soziale Arbeit noch denken können, bei der nicht die Ökonomisierung als leitende Disziplin angesehen wird.
- Ein nicht zu vernachlässigender Faktor ist auch die Frage, welche Grundhaltung eher als lohnend erlebt wird. Eichinger verweist auf ihre Beobachtung, dass z. B. „Fachkräfte selbst aktiv an der Implementierung neoliberal geprägter Praktiken beteiligt sind, wenn sie davon – z. B. in Form von Anerkennung – profitieren können (Eichinger 2009, S. 195). Andererseits sind widerständige und kritische Verhaltensweisen dann offenbar lohnend, wenn damit eine reale oder ideelle Bedrohung abgewendet werden kann.
- Eine wichtige Rolle spielt auch, ob die neuen Entwicklungen als etwas Unveränderbares angesehen werden oder nicht. Schließlich kommen für die meisten Sozial Arbeitenden all diese Veränderung ohnehin daher wie Naturgewalten: scheinbar unbeeinflussbar, unabwendbar und zwingend und – will man nicht untergehen – hat man allem Anschein nach keine andere Chance, als mit der Strömung zu schwimmen. Entscheidend ist deshalb die Frage, ob die PraktikerIn erkennen kann, dass auch das neosoziale Projekt von Menschen gemacht, von Menschen gewollt und somit eine Folge politischer Entscheidungen und Machtstrukturen ist. Eine Soziale Arbeit aber, deren sozialwissenschaftliche Kompetenzen und Orientierungen nicht er-

forderlich scheinen, hat es grundsätzlich schwer, sich selber und die politischen Verhältnisse, die sie bestimmen, zu verstehen.
- Sozialarbeitende, die von sich aus eine Vorstellung von der politischen Aufgabe der Sozialen Arbeit haben und sich selber als politisch denkende Menschen begreifen, werden die Verhältnisse in ihrem Berufsbereich eher durchschauen und vermutlich auch eher bereit sein, sich dagegen zur Wehr zu setzen.

Wie aber die Fachkräfte konkret und inhaltlich zu den „neoliberal inspirierten Anrufungen und Nahelegungen betriebswirtschaftlicher wie aktivierender Art" (Eichinger 2009) Stellung beziehen und wie sie die Situation für sich zu bewältigen suchen, wird im folgenden Kapitel beschrieben.

5.2.2 Emotionale, kognitive und handlungsrelevante Bewältigungsstrategien

Die Profession und ebenso auch die wissenschaftliche Disziplin Soziale Arbeit müssen mit den neuen Anforderungen und Veränderungen umgehen, sie müssen den Belastungen, den Widersprüchen, den Anforderungen begegnen, sie müssen sich dazu stellen und Strategien entwickeln, wie sie damit verfahren wollen. Bewältigungsstrategien, wie sie im Falle einer Krise erforderlich sind (vgl. z.B. Lazarus 1995) können bewusst gewählt oder auch unbewusst verfolgt werden.

Sowohl die VertreterInnen der Sozialen Arbeit in Wissenschaft, Forschung und Lehre als auch die praktizierenden SozialpädagogInnen bedienen sich der unterschiedlichsten Bewältigungsstrategien, um mit der „Krise" ihres bisherigen fachlichen, ethischen und beruflichen Selbstverständnisses umgehen zu können.

Es lohnt der Versuch, innerhalb dieser verschiedenen grundsätzlichen Zielperspektiven bestimmte idealtypische Bewältigungsstrategien zu identifizieren.

Sowohl in der Praxis als auch in der Fachliteratur gibt es zwischen diesen unterschiedlichen Bewältigungsstrategien und sogar zwischen den einzelnen Zielperspektiven auch Widersprüche und Übergänge innerhalb einer Person oder einer Richtung. Bestimmte Autoren z.B. können deshalb mit ihren Beiträgen gleichzeitig verschiedenen Strategietypen zugerechnet werden. Genauso werden auch konkrete Menschen, die in der Praxis arbeiten, je nach Situation unterschiedliche Bewältigungsstrategien anwenden (vgl. Muetzelfeldt 2000, S. 80 f)

5.2.2.1 "Ich muss das schaffen!" – Psychisch-individuelle Entlastungsstrategien

Entlastungsstrategien wurden im letzen Kapitel schon erwähnt. Sie dienen der Reduktion des psychisch empfundenen Drucks. Eine qualitative Untersuchung bei berufstätigen Sozialarbeitenden in verschiedenen Arbeitsfeldern (Allgemeiner Sozialer Dienst, sozialpädagogische Familienhilfe und Fallmanagement bzw. Beratung im Auftrage der ARGE) ergab, dass ein Teil der Beschäftigten ihre Unzufriedenheit mit der gegenwärtigen Situation durch emotionale, individuelle Entlastung reduzierten. (Job et al. 2009).

Das „Jammern" über die schlechten Arbeitsbedingungen, alle Bemühungen, die eigene Kraft durch mehr Zeitmanagement, durch Entspannungsübungen oder durch entlastende Teamgespräche zurück zu gewinnen aber z. B. auch der Versuch, eine Fortbildung mit dem Ziel zu verbinden, die eigene professionelle Kapazität zu stärken, all dies sind psychische Entlastungsstrategien. Sie enthalten keinen Versuch die Ursachen der erlebten Probleme außerhalb der eigenen Person zu verorten. Ursachen wie mögliche Abhilfe werden nur auf der Ebene der eigenen persönlichen Verantwortung und der individuellen Erleichterung gesucht.

Auch im wissenschaftlichen Fachdiskurs kann man eine entsprechende Bewältigungsstrategie identifizieren. Kritische WissenschaftlerInnen scheinen sich nicht selten damit zu begnügen, mit ihrer Analyse der gesellschaftlichen Verhältnisse im Bezug auf unsere Profession sozusagen auf sehr hohem Niveau „zu jammern". Hier werden die Verhältnisse zwar kritisch gesehen und es bestehen auch sehr wohl Vorstellungen darüber, wie die Veränderung der Profession Soziale Arbeit entstanden ist. Dabei aber bleibt es. Dieser „reflexiven Selbstgenügsamkeit" mancher kritischer Sozialwissenschaftler ist es zu verdanken, dass ihre Analysen, Schlussfolgerungen und Aufdeckungen eher selten die Öffentlichkeit und leider auch selten die betroffene Praxis erreichen.

Auch fachlich und ethisch destruktive Entlastungsstrategien sind zu beobachten: Der Entschluss z. B., sich einem Professionalitätstyp zu nähern, der die Verantwortung für einen sozialpädagogischen Misserfolg einfach auf die KlienIn abwälzt (vgl. Heiner 2004), kann auch eine große emotionale Erleichterung bringen. Wenn man den Druck nicht mehr ertragen kann, dass die eigene Arbeit ohne wirkliche sozialpädagogische Wirkung bleibt, geht man auf Distanz zum Klienten, man wendet sich von einer parteilichen Haltung grundlegend ab und stellt sich so zusagen auf die andere Seite. Die zynische Steigerung dieser Entlastungsstrategie von PraktikerInnen ist die auch nach außen demonstrierte Missachtung und Ablehnung der eigenen Klientel. In der Praxis begegnet man hierfür dem interessanten, wenn auch schiefen Begriff „Klientenrassismus".

Eine andere individuelle Entlastungsstrategie Sozialarbeitender, die aber einschneidende Folgen für den Betroffenen hat, ist zum einen das Burnout, zum zweiten die Tendenz, resigniert und sozusagen zur Selbstrettung aus dem Beruf ganz auszusteigen.

5.2.2.2 Fortgesetzte Selbstausbeutung – die geduldigen HelferInnen

Praktizierende Sozialarbeitende verstehen sich als Profis, die es sich zur Aufgabe gemacht haben, etwas professionell anzubieten, was eigentlich im Leben von Menschen selbstverständlich sein könnte und sollte: Unterstützung, Beratung, Begleitung, Betreuung, Information, Hilfestellungen. Sozialarbeitende, deren professionelles Selbstverständnis also diese Bereitschaft impliziert, haben oft große Schwierigkeiten, ihre Solidarität und ihre Hilfeaktivitäten zu kürzen und ihre Unterstützung zu portionieren, wenn die Rahmenbedingungen für die eigentlich notwendige Hilfe nicht mehr ausreichen. Und dies ist insbesondere dann der Fall, wenn nicht genügend Zeitkontingente bereit stehen. Nicht wenige Sozialarbeitende neigen deshalb dazu, offen gebliebene, nicht erfüllte Aufgaben in ihrer freien Zeit zu erledigen, sie mit in den Feierabend zu nehmen und ständig unbezahlte Überstunden zu leisten. In der Praxis Sozialer Arbeit wird mit dieser Bereitschaft klar gerechnet. Von jemandem, der für 30 Stunden bezahlt wird, wird oft wie selbstverständlich erwartet, dass er in Wirklichkeit 40 Stunden und mehr tätig ist. Die freiwillige Mehrarbeit, die die Verkürzungen der Arbeitsressourcen kompensiert, wird gerne entgegen genommen. Und sie muss gar nicht erst angeordnet werden. Sozialarbeitende erledigen diese Mehrarbeit freiwillig, weil sie sonst ein schlechtes Gewissen ihrer Klientel gegenüber hätten, da diese sonst nicht die Unterstützung bekäme, die erforderlich ist. In der sozialpädagogischen Fachliteratur wird vom „Helfersyndrom" der SozialpädagogInnen gesprochen (vgl. Schmidtbauer 1977). Es wird zu Recht als unprofessionell kritisiert, wenn Profis nicht in der Lage sind, sich überflüssig zu machen und wenn sie sich und ihre Rolle als Helfende zu wichtig nehmen. Das oben beschriebene Bestreben aber, die Qualität der Hilfe für den Betroffenen möglichst erhalten zu wollen, auch dann, wenn die Zeitbegrenzung und die sonstigen Bedingungen das vielleicht unmöglich machen, ist etwas ganz anderes als dieses Helfersyndrom. Es ist eine nachvollziehbare Folge der Tatsache, dass Soziale Arbeit es mit Menschen und nicht mit Gegenständen und Zahlen zu tun hat und Soziale Arbeit deshalb bemüht ist, Menschen wie Menschen zu behandeln.

Aber so verständlich diese Haltung ist, sie ist auch gefährlich, weil sie nach außen hin den Anschein erweckt und stützt, alles sei wunderbar in Ordnung. Der verzweifelte Versuch, im Interesse der Klientel auch unter unzureichenden oder inakzeptablen Bedingungen gute Sozialarbeit zu machen, fällt der Sozialen Arbeit wieder auf die Füße: „Es geht also auch so", heißt es dann und die Argumentation für eine weitere Mittelkürzung liegt auf dem Tisch. Der

Versuch, auf eigene Kosten aus dem Unmöglichen das Beste zu machen, ist ein Bärendienst für die Professionalität und befördert die neoliberale Veränderung.

5.2.2.3 Pragmatismus ist alles – die Realos

Auch diese Bewältigungsstrategie gibt es sowohl unter PraktikerInnen als auch unter WissenschaftlerInnen. VertreterInnen dieser Haltung sind zum großen Teil sehr wohl in der Lage die Veränderungen auch kritisch zu bewerten, aber sie entscheiden sich dennoch für die Unterstützung der neuen Entwicklungen.

Eichinger beschreibt diese PraktikerInnen als Menschen, die immer etwas Positives finden, auf das man aufspringen kann (Eichinger 2009, S. 186). Problematische Konsequenzen des Wandels werden dagegen ausgeblendet und als relativ unwichtig beurteilt. Für Eichinger handelt es sich im Wesentlichen um opportunistisches Verhalten, das vor allem das eigene Fort- und Klarkommen im Auge behält. Trotz einer zumindest partiell kritischen Haltung den neuen Entwicklungen gegenüber, werden diese als unausweichlich angesehen und als die unabwendbar zu erwartende Zukunftsperspektive der Sozialen Arbeit eingeschätzt. Hier sieht eine Gruppe von PraktikerInnen und WissenschaftlerInnen mit Beunruhigung zu, wie der Zug der modernen, zukunftsträchtigen Sozialen Arbeit gerade abzufahren scheint und da möchte man natürlich unbedingt mit – trotz aller Kritik und trotz aller Bedenken, die man der guten alten Sozialen Arbeit schuldig ist.

Es geht den „Realos" möglicherweise auch darum, einfach unter den veränderten Bedingungen zu retten, was zu retten geht bzw. sich nicht über das Unabänderliche zu ärgern, sondern auf die positiven Seiten der Angelegenheit zu schauen. In der Fachwissenschaft findet man diese Haltung besonders häufig. VertreterInnen dieser Gruppe begreifen sich als modern und zielorientiert und sie meinen, im Interesse der Profession Soziale Arbeit zu argumentieren. Es wird versucht, unter den neosozialen Bedingungen Soziale Arbeit entsprechend zu gestalten und dabei gezielt auch neue Chancen für eine professionelle Soziale Arbeit auszuloten und zu nutzen. Man lobt die vermeintlichen oder wirklichen positiven Aspekte und versucht alles, diese ins Zentrum der Aufmerksamkeit zu rücken. Unweigerlich treten bei diesem Bewältigungsversuch die Vorteile und Optionen der neuen Entwicklungen für die Profession in den Vordergrund, die Nachteile dagegen werden meist als nebensächlich abgetan.

Olk z. B. würdigt die neuen Entwicklungen sehr wohl kritisch. Er nimmt etwa die zunehmende Paternalisierung der Sozialen Arbeit durchaus wahr (Olk 2009, S. 24). Die Einwände der Gegner des neosozialen Projektes aber scheinen ihm die großen Chancen nicht annähernd aufzuwiegen, die mit diesem Projekt auf die Soziale Arbeit zukommen: Der neue aktivierende Staat erklärt die ‚Ressource Kinder' zu einer wichtigen sozialpolitischen Zielgruppe und

Bildung zu dem entscheidenden Faktor seiner Sozialpolitik. Und gleichzeitig weist er der Sozialen Arbeit „im Koordinatensystem zwischen Sozialpolitik, Bildungspolitik und Familienpolitik eine neue Rolle und Position" zu (Olk 2009, S. 27). Dies scheint für die Profession eine unglaubliche Chance. Olk geht es hier vor allem um die Bedeutung, die Jugendhilfe z. B. im Kontext Schule wirklich haben müsste, bisher aber nicht erreichen konnte. Dieser Zielsetzung und ihren Chancen möchte er Nachdruck verleihen.

Olk entschließt sich deshalb, mit seiner Kritik an den neuen Entwicklungen vorsichtig umzugehen und möchte lieber, wie er sagt: „zwischen Fehlern und Leerstellen neuer Praktiken und Konzepte und den dahinter liegenden Fragen und Suchprozessen unterscheiden" (ebenda, S. 32). Und so verharmlost er das Thema Paternalismus selbst im Kontext des Fallmanagement der ARGE, indem er sich fragt, ob denn sozialpolitische Programme und Strategien, die „in Form einer Lebensführung eingreifen und Verhaltensanforderungen stellen", deswegen gleich autoritär und bevormundend sein müssen (vgl. Olk 2009, S. 32). Er betont die Fortschrittlichkeit des „Förderns" und entschuldigt damit gleichzeitig das sanktionierende „Fordern", ohne die ausgrenzenden Konsequenzen der selektiven Förderungspolitik und die eine ganzheitliche Soziale Arbeit konterkarierende thematische Einengung auf ‚employability' zur Kenntnis zu nehmen. Eine neue, wichtige Rolle der Kinder- und Jugendhilfe in der Bildungspolitik ist eine ‚Verführung', der ein „Realo" eben nicht Stand halten kann. Hier endlich sieht man eine Chance für die Profession, die Anerkennung der Gesellschaft zu bekommen, die sie schon so lange entbehrt hat.

Die neuen Chancen, wie sie z. B. Olk beschreibt, sollen hier nicht weggeredet werden. Problematisch an der Strategie der „Realos" aber ist es, dass auf diese Weise höchst kritische Aspekte der neosozialen Entwicklung völlig in den Hintergrund geraten. Mit dem Blick auf neue vermeintliche Chancen für die Soziale Arbeit wird tendenziell deren professionelle Identität als sozialwissenschaftlich fundierte und an der sozialen Gerechtigkeit orientierte Profession aufgegeben oder zumindest verdrängt. Und es sind m. E. deshalb außerdem nur vermeintliche Chancen, weil sich auch hier die neosoziale Politik durchsetzen und Soziale Arbeit für ihre Zwecke einspannen wird. Olk weist selber auf diese Gefahr hin, wenn er die neuen Herausforderungen im Feld Jugendhilfe und Schule beschreibt: „Es ist keineswegs sicher, ob sich bestimmte, zum sozialpädagogischen Bildungsverständnis gehörende Prinzipien wie Freiwilligkeit, Subjektorientierung oder emanzipatorisches Bildungsverständnis gegenüber einem funktionalen, an der Konstruktion des „unternehmerischen Menschen" orientierten Bildungsverständnis werden behaupten können" (Olk 2009, S. 31f). Aber hier offenbart sich Olk dann auch als „unbeeindruckter Profi" (s. unten), der an eben diesen Ambivalenzen ansetzen will und davon ausgeht, dass es gelingen kann, „auf den entwickelten eigenständigen Zugängen und Konzepten zu Kompetenzerwerbs- und Bildungsprozessen zu beharren (ebenda).

5.2.2.4 Modern ist immer gut – die ModernisiererInnen

Eine ganze Reihe von WissenschaftlerInnen sowie PraktikerInnen begrüßen die neuen Entwicklungen ganz ohne Zögern und ohne kritische Untertöne und engagieren sich für ihre Umsetzung. Nun ist nicht anzunehmen, dass alle diese Sozialarbeitenden und WissenschaftlerInnen eine sozialdarwinistische oder auch neosoziale Welt herbeisehnen. Vielmehr gehen sie davon aus, dass sich hier für die Profession Soziale Arbeit neue Chancen eröffneten, dass hier neue Wege für eine fachlich gute Soziale Arbeit geöffnet würden. Eichinger charakterisiert PraktikerInnen, die zu den ModernisiererInnen gehören, folgender Maßen: Durch den Wandel und die Hinterfragung alter Strukturen werden „Möglichkeiten gesehen, zum Beispiel eigene Ideen einzubringen und umzusetzen, die sowohl einer fachlichen als auch einer persönlichen Weiterentwicklung dienen (vgl. Eichinger 2009, S. 186). Es knüpfen sich für die „ModernisiererInnen" Erwartungen an das neue Konzept, die mit der Überwindung von unprofessionellen und „aus der Hüfte geschossenen" Praktiken in der Sozialen Arbeit verbunden sind. Viele sehen in den neuen Entwicklungen also eine echte Chance für eine fachliche Verbesserung und Umsetzung der Sozialen Arbeit im Sinne ihrer eigenen professionellen Intentionen. Sie möchten sich z. B. explizit absetzen gegen eine fürsorgliche Soziale Arbeit. Die kommt sicher hier und da in der Praxis noch vor, wird aber in der theoretischen und ethischen Orientierung Sozialer Arbeit seit Jahrzehnten nicht mehr akzeptiert. Man hat bei manchen Autoren und auch PraktikerInnen den Eindruck, ihnen sei bisher die Lebensweltorientierung als leitende wissenschaftliche Konzeption der Sozialen Arbeit bisher weder in der Theorie noch in der Praxis begegnet.

Nicht wenige VerfechterInnen einer „aktivierenden Sozialen Arbeit" benutzen explizit die Begrifflichkeiten der lebensweltorientierten Sozialen Arbeit und scheinen die heftigsten VerteidigerInnen der Profession (vgl. z. B. Boeckh 2007; Langer 2006; Erath 2006). Für sie ist die Aktivierung des aktivierenden Staates quasi eine Neuformulierung sozialpädagogischer Prinzipien, als hätte der aktivierende Staat – und nicht schon lange vorher die Soziale Arbeit – die Bemächtigung ihrer Klientel auf ihre Fahnen geschrieben.

Hinte et al. z. B. sehen im Rahmen der neuen Politik eine echte Chance für eine Umstrukturierung der Sozialen Arbeit, die schon lange ansteht und die sich bislang aufgrund von Bürokratisierung und z. B. der „Versäulung der Jugendhilfe" nicht hat durchsetzen lassen. Es geht ihnen um eine Weiterentwicklung der Sozialen Arbeit weg von der Dominanz der Einzelfallhilfe hin zur

Gemeinwesenarbeit. Die Autoren betonen die fachlichen Vorteile eines Sozialraumbudgets, das geeignet sei, den Ausbau von solchen Jugendhilfestrukturen zu befördern, die Gemeinwesen bezogen sind und die im präventiven Sinne wie hinsichtlich der besseren Gestaltung von Lebensräumen der Kinder und Jugendlichen wesentlich mehr bringen könnten. Im Rahmen von Ökonomisierung und aktivierendem Staat sehen sie eine gute Chance für ihre fachlichen Ziele. An den bestehenden, verknappten finanziellen Rahmenbedingungen knüpfen die Autoren positiv an, sehen sogar die Chance, dass auf diese Weise die Jugendhilfe endlich gezwungen würde, nicht mehr die Frage zu diskutieren, wie man am besten sparen könne, sondern „wie man das vorhandene Geld am besten im Sinne der gesetzlichen Vorgaben und dem Wohlergehen der Kinder, Jugendlichen und Familien einsetzt" (Hinte et al. 2007, S. 164). Sie glauben offenbar, gerade bestimmte ökonomische Aspekte der „neuen Reform" im Interesse einer fachlich professionellen Jugendhilfe nutzen zu können und gehen davon aus, dass diese ihre fachlichen Ziele unterstützen und befördern wird (ebenda). Lutz beschreibt die „Neuprogrammierung des Sozialen" durch die Ökonomisierung und den aktivierenden Staat als Umsetzung eines Anspruches, den Soziale Arbeit eigentlich haben müsste: Subjekte in ihren je eigenen Biografien zu unterstützen, Menschen zu selbstverantwortlichem Handeln zu befähigen, ihnen zu helfen, in den jeweiligen Verhältnissen authentisch zu sein (Lutz 2008). Dem Vorwurf, Soziale Arbeit trage im neosozialen Kontext zur „Erziehung zur Armut bei (vgl. Kessl/Reutlinger/Ziegler 2007), hält Lutz das Argument entgegen, dass die Soziale Arbeit dafür aber jetzt ihrer Aufgabe gerecht werden könne, „die neue Autonomie der Subjekte zu fördern, dazu beizutragen, dass die Menschen ihr Leben selbst und in eigener Verantwortung gestalten können" (Lutz 2008). Wenn z. B. Lutz das hohe Lied der Modernisierung anstimmt und die Ablösung der Parteilichkeit durch die Dienstleistung feiert (Lutz 2008), ist von dem, was die Lebensweltorientierung wirklich ausmacht und was sie erreichen will, nichts mehr zu spüren. Bei genauerem Hinsehen erkennt man, dass die Begriffe hier umgedeutet und sozialpädagogisch „entkernt" werden und sich in einer neosozialen Vorstellung von Sozialer Arbeit verlieren, die sich der Umverteilung von Ressourcen und der Sicherung von Rechten entzieht und sich auf eine ‚politics of behavior', eine Etho-Politik der Veränderung und Produktion von Haltungen, Lebensentwürfen und Lebensführungspraktiken" (Ziegler, 2008, S. 173) beschränkt.

Der Modernisierungsprozess, wie er hier mit fliegenden Fahnen vorangetrieben wird, führt zu einer Sozialen Arbeit, bei der die Verfahrensweisen die eigentliche sozialpädagogische Arbeit und ihre lebensweltliche Grundorientierung dominieren und überlagern oder auslagern, und bei der die geänderte Bedeutung von Aktivierung die Oberhand gewinnen muss.

5.2.2.5 Endlich wird ein Geschäft daraus – die ModernisierungsgewinnlerInnen

Es gibt auch nicht wenige VertreterInnen der Profession und zwar sowohl in der Theorie wie in der Praxis Sozialer Arbeit, die sich schon längst – ohne allzu große Schmerzen – von der „alten" lebensweltorientierten, mühsam um Klientenpartizipation und soziale Gerechtigkeit ringenden Sozialen Arbeit verabschiedet haben, und die sich als offene Verfechter einer neuen, angeblich professionelleren, weil rationalen und ökonomisch herstellbaren Sozialen Arbeit sehen. Der direkte, nachvollziehbare und klare Nachweis der Wirksamkeit Sozialer Arbeit ist für sie die erste Voraussetzung einer Anerkennung dieser Profession und ihrer Praxis (vgl. für viele andere Schmidt 2006; Struzdyna 2006; Erath 2006; Landes 2007). Soziale Arbeit wird im Rahmen der Sozialmarktideologie hier ausschließlich als Produktion sozialer Produkte gesehen, deren Effekt für die Gesellschaft unmittelbar einsehbar sein soll und die auf möglichst effiziente Art und Weise produziert werden müssen. Der Verlust sozialpädagogischer Prinzipien und Standards, der mit der neosozialen Sozialen Arbeit verbunden ist, wird nicht weiter bedauert, im Gegenteil, er wird gesehen als notwendiger Schnitt und als Abschied von einer Sozialen Arbeit, die sich bisher weder gerechnet hat noch als Gewinn bringendes soziales Marktprodukt einsetzbar war und die dem Bereich der Vermutungen, ungesicherten Theorien und der emotional gesteuerten, nicht rationalen Liebestätigkeit zu geordnet wird. Die aber wird von den VertreterInnen der neosozialen Sozialpolitik zukünftig dem menschlichen Nahraum (Familie, Nachbarschaft) zugewiesen und in die Ehrenamtlichkeit verschoben. Ansonsten wird als Folge der Entwicklung „eine Polarisierung von Management und ausführender Sozialer Arbeit – mit weiter wachsenden Unterschieden in den Lohnniveaus" (Lutz 2008) erwartet. Die ausführenden Kräfte müssen keine wissenschaftlich orientierten Sozialarbeitenden mehr sein. Für die einfache direkte Arbeit am Menschen reicht es, wenn sie in der Lage sind, die standardisierten Handanweisungen zu befolgen. Im Management aber finden sich genau die, die als „ModernisierungsgewinnerInnen" aus dem gesamten Prozess hervor gehen.

Kappeler stellt fest: „Für die neuen Eliten in der Sozialarbeit/Sozialpädagogik, die Manager, Planer, Geschäftsführer, New-Public-Artisten und Neuen Steuerungs-Fetischisten, die gegenwärtig Erfolgreichen, die sich dem beruflichen Nachwuchs als Leitbilder präsentieren, scheint der Zug unwiderruflich in die ‚marktförmige Entwicklung' der Sozialen Arbeit abgefahren zu sein" (Kappeler 1999, S. 345). Für die „ModernisierungsgewinnerInnen" stellt sich wie White (2003, S. 433) es mit Blick auf die angelsächsische Szene formuliert, das Problem so: „Die weitere Existenz der Sozialen Arbeit hängt davon ab, ob es ihr gelingen wird, sich in Zukunft in neuer Form und so darzustellen, dass sie ihre Bedeutung für die Erreichung der Ziele nachweist, die der neue

Managerialismus vorgibt". Der Beitrag von Schönig (2005), der immer wieder in diesem Buch aufgegriffen wird, ist ein Beispiel für diese Haltung.

Ebenso kritisiert Galuske die SozialpädagogInnen, die „atemlos dem entfesselten ökonomischen Modernisierungstempo hinterher" hecheln. „Gerade die Gefahr einer sozialtechnologischen Modernisierung, die sich der (unbeabsichtigten) Nebenfolgen ihres Tuns immer weniger bewusst ist, aber im Transrapid-Tempo immer neue Chiffren, Formeln und (Modell-)Programme produziert, ist angesichts des verstärkten Außendrucks auf die Träger und Institutionen des Bildungs- und Sozialwesens nicht zu übersehen" (Galuske 2002, S. 294).

Die „ModernisierungsgewinnerInnen" werden keinen Anlass haben, kritisch mit den neuen Veränderungen umzugehen. Sie profitieren davon. Sollten sie je ein fachlich sozialarbeiterisches Selbstverständnis gehabt haben, so wird es ihnen im Rahmen ihrer neuen Rolle und ihrer neuen Denkweise längst abhanden gekommen sein.

5.2.2.6 Passiver Widerstand und subversive Tricks – die unbeeindruckten Profis

VertreterInnen dieser Gruppe sehen die Ökonomisierung und die Aktivierungspolitik durchaus sehr kritisch, trauen sich aber zu, sie im Interesse der Profession und der Klientel quasi umdrehen zu können. Im Rahmen dieser Haltung wird indirekt Widerstand geleistet, allerdings ohne dies wirklich offen zu zeigen. Es handelt sich um eine eher subversive Form der Bewältigung vorhandener Widersprüche. Gerade diese Haltung ist sehr verbreitet.

Viele PraktikerInnen, die sich von den Zumutungen und klientenfeindlichen Folgerungen der Aktivierungsstrategie und ihrer Ökonomisierung betroffen sehen, meinen, die neue Politik einfach hinters Licht führen zu können. Es sei schließlich immer schon nötig gewesen in der Sozialen Arbeit, den Staat und seine Vorstellungen, seine Verwaltungsvorschriften, seine Bürokratie etc. auszuhebeln und auf dem eigenen, fachlichen Wege – für den Auftraggeber möglichst nicht einsehbar – dennoch Hilfreiches für die Klientel zu erreichen. Und so ist es auch heute eine verbreitete Strategie von MitarbeiterInnen der Sozialen Arbeit etwa im Umgang mit zu knapp bemessenen Zeitressourcen, die ihnen eine fachlich angemessene Arbeit unmöglich machen, den Kostenträger „auszutrixen": Durch Umstrukturierungen schafft man sich die notwendigen Bedingungen, damit man doch tun kann, was man für nötig hält. Durch eine interne Umverteilung der knappen Zeitressourcen z. B. versucht man Zeitkontingente bei der Beratung von Fällen herauszuarbeiten, die man bei anderen KlientInnen dringend zusätzlich braucht. Man spart Ressourcen auf, um sie dort einsetzen zu können, wo sie am meisten fehlen. Die Botschaft aber, die die

MitarbeiterInnen durch ihren „Trick" an Geldgeber und die Kontrolleure ihrer Arbeit senden, lautet: ‚Die Zeit, die ihr uns gebt, reicht aus. Alles o. k'. Wenn morgen weiter gekürzt wird, werden die MitarbeiterInnen ihre Kontingente noch gezielter und überlegter verteilen müssen – dennoch bleibt immer weniger Zeit und die Arbeit verliert auf eine schleichende, nach außen hin kaum erkennbare Weise, an Qualität und Wirkungsmöglichkeiten.

Ein anderes Beispiel solcher trickreichen Bewältigungsversuche: Eine Kinderschutzeinrichtung, die keine Regelförderung mehr erhält, durch die sie ihre sozialpädagogischen Aufgaben kostendeckend finanzieren kann und bei der das Geld, dass für die Einzelfallabrechnungen mit dem Jugendamt hereinkommt, nicht ausreicht, stellt nun brav und wie gewünscht Anträge für verschiedene, zusätzliche Einzelprojekte. Sie schreibt in schillernden Farben, was die Einrichtung alles im Rahmen der ausgeschriebenen Projekte leisten und auf die Beine stellen wird und hofft, in die Förderung aufgenommen zu werden. Denn dann kann sie versuchen, mit den neuen Projektmitteln erst einmal den fachlichen Alltag und seine Kosten abzudecken. Die eigene Arbeit wird umgedeutet, umbenannt, nach der neuen Decke gestreckt und zu Recht gezerrt. Die Tatsache, dass die Einrichtung das Geld eigentlich für ihre alltägliche sozialpädagogische Arbeit dringend braucht und dass die bezahlten Fachleistungsstundenbeträge nicht ausreichen, um ihr Überleben zu sichern, wird so aber vertuscht. Der Konflikt wird unter den Teppich gekehrt.

Eichinger spricht von ‚quasi nicht ganz legalen Ausweichbewegungen und von „Guerilla-Taktik". Hier sieht man sich großem Druck und Schwierigkeiten im Kontext von Neuerungen gegenüber, „ohne das gleichzeitig Möglichkeiten gesehen werden, grundlegend gegenzusteuern. „Die einzige Möglichkeit sei, die Lücken und Spielräume in den Realisierungsbedingungen auszunutzen, um durch Sabotage kurzfristig den Druck neuer Steuerungsinstrumente zu verringern" (Eichinger 2009, S. 190).

Die „schlauen Austrixer" gehen außerdem von der Vorstellung aus, dass es ganz normal sei, dass die Sozialpolitik ihrer Sozialen Arbeit die fachlich notwendigen Bedingungen und Ressourcen nicht bzw. nicht hinreichend bereitstellt und dass es immer darum gehen wird, diese hinten herum irgendwie doch sicherzustellen. Auf den Gedanken, dass die Gesellschaft die Pflicht haben könnte, Soziale Arbeit so zu sichern und zu finanzieren, dass diese ihre Aufgaben fachlich qualifiziert und für die Betroffenen wirklich nützlich leisten kann, kommt man gar nicht erst und stellt deshalb auch keine Forderungen.

Die „unbeeindruckten Profis" unter den WissenschaftlerInnen treten den neuen Anforderungen interessiert und bereitwillig, wenn auch kritisch gegenüber und lassen sich auch auf sie ein. Sie plädieren aber dafür, sich mit der Ökonomie auseinander zu setzen, damit eine Fremdbestimmung Sozialer

Arbeit nicht erfolgen kann (vgl. Albert 2008). Sie gehen davon aus, dass die VertreterInnen von Ökonomisierung und Aktivierung letztlich doch auf die fachlichen Argumente und die fachliche Interpretation der Profession selber angewiesen sind bzw. sie nicht umgehen können. Und so versuchen sie, den Stier bei den Hörnern zu packen, stellen sich den Herausforderungen und vertrauen in dieser Auseinandersetzung unbeirrt und voller Optimismus auf die Durchsetzungskraft ihrer fachlichen Argumente (vgl. z. B. Remmel-Faßbender 2007; Bohrke-Petrovic 2007).

Ähnlich wie die schlauen PraktikerInnen, die versuchen, die neue Entwicklung zu umgehen, indem sie deren Vertreter und ihre Absichten austrixen, nehmen die „unbeeindruckten Profis" die ökonomischen Anforderungen hin und diskutieren bereitwillig über ihre Erfüllung, versuchen dann aber, ihre fachlichen Vorstellungen quasi wie Trojanische Pferde mitten in die neuen ökonomischen Kategorien hinein zu platzieren und sie damit doch im Sinne der Profession zu bestimmen. So beteuert z. B. Lutz, man müsse sich mit der Ökonomie arrangieren, „wobei es darauf ankommt, deren Sichtweise aufzunehmen, ohne diese zu übernehmen. Es geht also nicht darum, Inhalte aufzugeben, sondern darum, diese ökonomisch zu bewerten, als ökonomische Größe zu transportieren! Hier liegt die Chance der Sozialen Arbeit, ihre Überzeugungen, Standards und Visionen trotz des ökonomischen Drucks weiter zu entwickeln (Lutz 2008).

Es ist sicher ein wichtiger Schritt, in der Auseinandersetzung mit Ökonomisierung und sozialpolitischer Aktivierung die fachlichen Standards und Anforderungen für Qualität deutlich und selbstbewusst auszuformulieren. So leitet z. B. Merchel (2000) differenzierte Prinzipien zur angemessenen Leistungsbeschreibung ab, entwickelt kluge fachliche Alternativen und nennt alle Bedenken und Einschränkungen, die zu beachten wären, damit eine Leistungsbeschreibung im Sinne der Profession erfolgen kann. Er versucht dabei, die Leistungsbeschreibung, die ja ein ökonomisches, betriebswirtschaftliches Instrument ist, fachlich sozialpädagogisch umzudefinieren und umzudeuten und sie als Trägerin fachlicher Inhalte und Konzeptionen und zu deren Durchsetzung zu nutzen. Ganze Bücher sind damit angefüllt, wie man z. B. die Prozesse der Neuen Steuerung in den Jugendämter sehr wohl und trotz aller Probleme fachlich voranbringend umsetzen könnte (vgl. Liebig 2001). Als ein solcher Versuch, aus den gegebenen Bedingungen letztlich etwas sozialpädagogisch richtig Gutes zu machen, ist z. B. auch der von Cremer-Schäfer kritisierten Ansatz eines städtischen Sozialamtes zu verstehen, die Hartz-Gelder selber auszugeben und als ein sich sozialpädagogisch verstehendes Amt die Beratung der Arbeitslosen selber in die Hand zu nehmen und dadurch für die Betroffenen möglicherweise das Schlimmste zu verhindern (vgl. Cremer-Schäfer 2004,

S. 169). Auch hier wird versucht, aus den vorgegebenen Entwicklungen und Vorschriften „das Beste herauszuholen" und die Absichten der anderen Seite sozialpädagogisch zu transformieren oder möglicherweise sogar zu unterhöhlen. Es handelt sich um den Versuch, die neosoziale Unterwanderung unserer Profession fachlich umzusteuern, quasi selber zu unterwandern und damit auszuhebeln.

Die „unbeeindruckten Profis" gehen quasi von einer Unverwundbarkeit der Sozialen Arbeit gegen die vollständige Managerialisierung aus, also von einer Immunisierung durch ihre professionelle Rationalität (vgl. Heite 2008, S. 175). Die strategische Unterwerfung unter die Semantik von Leistung, Erfolg und Qualität wird hier verstanden als Chance zu Umdeutungen und zu eigensinnigem Widerstand, mit dem Ziel, die erstrebte Anerkennung als Profession nun auf diese Weise durchzusetzen. Letztlich sei die Profession Soziale Arbeit „durch den Managerialismus zwar gefährdet, aber gleichzeitig auch potentiell weiter entwickelbar", so skizziert Heite diese Haltung (Heite 2008, S. 184). Voraussetzung für das Gelingen dieser Entwicklung und für die Durchsetzung der eigenen fachlichen Inhalte in den managerialistischen Kontexten ist für die VertreterInnen dieser Gruppe eine präzise und selbstbewusste Artikulation der eigenen professionellen Inhalte. Nadai und Sommerfeld z. B. sehen in der Auseinandersetzung mit den neuen Herausforderungen die große Chance, eine gestärkte professionelle Identität zu entwickeln (2005).

Heite hält dies für eine Illusion. „Soziale Arbeit anerkennt die Spielregeln der managerialistischen Professionalisierung und tritt – ausgestattet mit dem Ziel und der Hoffnung, die Spielregeln ändern zu können – in Auseinandersetzungen ein, die zwar reziprok, aber nicht gleichberechtigt verlaufen" (Heite 2008, S. 185). Das Leistungsparadigma der Ökonomisierung biete der Sozialen Arbeit die Möglichkeit, „sich in der Anerkennungsrationalität Leistung als qualifiziert erbrachten und evaluierten ‚Erfolg' zu professionalisieren" (ebenda, S. 19). Sie greife diese Chance auf und versuche nun, ihre besondere Art von Leistung, ihre eigenen Eigenschaften als etwas „Differenziertes" einzuklagen und den etablierten marktspezifischen Leistungsbegriff so umzudeuten und so zu reformulieren, „dass er sozialarbeiterische Leistungen in ihrer Besonderheit anerkennbar erfasst" (ebenda, S. 20). Heite vertritt die Meinung, dass aber jeder Versuch, in diesem „Kampf" um Anerkennung zu bestehen, gleichzeitig auch den Wunsch enthalte, dem geltenden Leistungsparadigma zu entsprechen. Dessen Anerkennung durch Soziale Arbeit gehe einher mit Wirkungsorientierung und der Implementation entsprechender Evaluationsmethoden, um sozialarbeiterische Leistungen zu beschreiben und zu bewerten. Die Bewertungsmaßstäbe für diese Anerkennung und Anerkennungslogik aber, so Heite, sind nicht mehr ihre eigenen (ebenda).

Nach außen aber, für Politik und Öffentlichkeit aber auch für die PraktikerInnen wird durch die favorisierte Bewältigungsstrategie dieser „unbeeindruckten Profis" der Eindruck erweckt, dass die Kritik an der Ökonomisierung und der neosozialen Umorientierung doch nicht so ernst zu nehmen sei. Schließlich seien diese irgendwie doch mit der Profession und ihren ethischen Grundlagen kompatibel und damit am Ende auch akzeptabel. Letztlich wird das Problem auf diese Weise verharmlost und entschärft.

5.2.2.7 Das Beharren auf dem Verlorenen – die Konservativen

Passiven Widerstand auf eine ganz andere Art leisten die „Konservativen". Auch diese Bewältigungsvariante findet sich unter PraktikerInnen wie unter WissenschaftlerInnen.

Die Konservativen, so wie sie hier verstanden werden, haben eine kritische Distanz zu den neuen Entwicklungen und den neuen Herausforderungen. Sie empfinden sie weitgehend als Zumutungen und sehnen sich nach den Zeiten insbesondere der 70er und 80er Jahre, in denen Soziale Arbeit sich verstärkt an den Interessen und Mandaten der Menschen orientieren konnte, wo man nicht durch Sparzwänge an einer guten Arbeit gehindert wurde und wo der ständige, Kraft und Zeit raubende Rechtfertigungsdruck nicht bestand. Sie lehnen es ab, einer Modernisierung hinterherzulaufen, die aus ihrer Sicht keinen Fortschritt bedeutet.

Oft wird versucht, die neuen Entwicklungen einfach auszusitzen oder zumindest hinauszuzögern. Um mit den unerfreulichen Entwicklungen nicht konfrontiert und um selber nicht gezwungen zu sein, die eigene Fachlichkeit infrage stellen zu müssen, sucht ein Teil von ihnen deshalb gezielt Nischen und Spielräume in der bestehenden Sozialen Arbeit auf, wo die Welt der Sozialen Arbeit „noch in Ordnung scheint". Es gibt auch durchaus noch immer Bereiche, Träger und Arbeitsfelder, wo von Ökonomisierung noch nicht viel zu merken ist und wo der aktivierende Staat bisher noch nicht hinreicht.

Eine Variante von konservativer Bewältigungsstrategie besteht darin, sich illusionslos zu der schon immer bestehenden Funktion Sozialer Arbeit als sozialer Lückenbüßerin und Putzfrau der Nation zu bekennen. Soziale Arbeit sei schon immer und vor allem anderen für die Ärmsten der Armen da gewesen, habe schon immer mit sozial ausgegrenzten Menschen zu tun gehabt und sei ihnen schon immer in der Not zur Seite gestanden. Da sei es für die Soziale Arbeit heute erst Recht klar, wo sie hingehöre, wenn in der gegenwärtigen Zeit die Gruppe der Ausgegrenzten anwachsen. Eine wirklich anerkannte Profession sei die Soziale Arbeit außerdem ohnehin noch nie gewesen, so wird weiter argumentiert, sie schwamm immer schon im Kielwasser ihrer Klientel, hatte es immer schwer, musste immer darum kämpfen, etwas für die Schutzbefohlenen erreichen zu können. „Der Sozialen Arbeit war es nie verheißen, unbedrängt ihre Option für Benachteiligte auszuüben", sagt Mühlum (2009). Da mag er Recht haben. Aber eine höchst problematische Schlussfolgerung wäre es, sich im Rahmen einer solchen Sicht mit der gesellschaftlichen Ausgrenzung von Menschen sowie mit der eigenen marginalen gesellschaftlichen Rolle abzufinden.

Bei all diesen „konservativen Strategien" führt die durchaus berechtigte Kritik an den bestehenden Verhältnissen zur Ablehnung der gegenwärtigen Entwicklungen aber gleichzeitig zum Rückzug, ohne dass eine wirkliche Gegenwehr entfaltet und ohne dass offensiv und konstruktiv Soziale Arbeit nach vorne, das heißt aber nicht in Richtung „Neoliberalismus", entwickelt wird.

5.2.3 Einschätzung der Strategien und Reaktionen

Es ist m. E. nicht die Mehrheit, weder bei den PraktikerInnen noch bei den WissenschaftlerInnen, die vorbehaltlos und ohne Bedenken die neue, modernisierte Soziale Arbeit des aktivierenden Staates und die Marktförmigkeit seiner Sozialleistungen begrüßt und vorantreibt.

Außer bei den „ModernisierungsgewinnlerInnen" zeigt sich bei allen, dass hier sehr wohl um die eigene professionelle Identität gerungen wird. Sie haben dabei alle gemeinsam, dass sie auf die eine oder andere Weise versuchen, trotz allem weiterhin eine gute Soziale Arbeit – wenn eben möglich – auch im bisherigen Professionsverständnis sicher zu stellen:

- indem sie einfach helfen und nicht fragen, was es sie kostet,
- indem sie sich auf Aspekte stürzen, bei denen ihnen die neue Aktivierungspolitik Chancen einzuräumen scheint für wichtige Themen der Sozialen Arbeit, die bisher aus ihrer Sicht nicht umfassend und tief greifend genug umgesetzt wurden,
- indem sie versuchen, an die Moral und Ethik der Wirtschaftsseite zu appellieren und ihr das Angebot einer gleichberechtigten Koexistenz und Kooperation machen,
- indem sie an den alten Strukturen festhalten, sich mit den neuen nicht wirklich auseinandersetzen und nur passiven Widerstand leisten oder
- indem sie die neuen Bestimmungen versuchen auszutrixen und zu umgehen und sich sehen als selbstbewusste und unbeeindruckte VertreterInnen ihrer Profession, die glauben, es ohne Weiteres mit der anderen Seite aufnehmen und dabei als Profession obsiegen zu können.

Sie alle aber, so möchte ich behaupten, fördern dennoch den fortschreitenden Prozess der neosozialen Veränderung unserer Profession.

Die meisten dieser Strategien reagieren durchaus kritisch auf die Ökonomisierung und den aktivierenden Staat. Oft werden nur die „Auswüchse" beklagt oder angeprangert, oft wird auf besondere Schwierigkeiten für die Soziale Arbeit hingewiesen. Mitunter ist diese Kritik aber durchaus auch grundlegend und grundsätzlich.

Aber allen, auch den „unbeeindruckten Profis" ist eins gemein: Die Kritik wird nicht offensiv vertreten. Man betont seine fachlichen Forderungen und Vorstellungen, bemüht sich aber gleichzeitig, sich den neuen Begriffen und Anforderungen anzuschmiegen. So greift z. B. Remmel-Faßbender (2007) auf der einen Seite klar und deutlich die Bedenken auf, die sich auf die Möglichkeiten einer an der KlientIn orientierten Beratung im Kontext einer von Ökonomisierungsprozessen bestimmten Sozialen Arbeit beziehen, stellt aber die Effizienz als dominierendes Prinzip nicht offensiv infrage. Es geht ihr um die Frage, „wie Beratungskonzepte im Kontext veränderter Bedingungen den Zielen unterstützungsbedürftiger Menschen, aber auch den Zielen veränderter Organisations- und Finanzierungsstrukturen gerecht werden können" (ebenda, S. 86). Remmel-Faßbender stellt zunächst fest, dass heute viele Fachkräfte den Verlust sozialarbeiterischer Fachlichkeit in der Beratung befürchten, wenn „der Kosteneinsparungseffekt als Entscheidungskriterium dominiert" (Remmel-Faßbender 2007, S 87). Sie besteht dann ganz im Sinne der „unbeeindruckten Profis" auf einem Beratungskonzept in der Sozialen Arbeit, das auch bei „weniger privilegierten Menschen mit Vielfachbelastungen und komplexen, lang andauernden Problemlagen" (ebenda, S. 86) in der Lage sein müsse, diesen Menschen mit dem erforderlichen Zeitrahmen in der Beratung gerecht werden zu können und empfiehlt, den „Luxus einer beratenden Unterstützung" auch angesichts der größeren Kosten (Dauer der Beratung) als Leistungsangebot vorzusehen, weil unter Umständen nur diese Beratung tatsächlich geeignet sei, „Hilfe zur Selbsthilfe" zu leisten. Sie insistiert also einerseits sehr konsequent auf fachlichen Standards für Beratung. Die ökonomischen Entwicklungen und Rationalisierungsansprüche aber werden von ihr gleichzeitig als unausweichlich hingenommen und es wird versucht, an den Begriffen des aktivierenden Staates anzudocken und – eher sanft als fordernd – auf die Möglichkeiten und Konzepte einer fachlichen Sozialen Arbeit hinzuweisen, die allein letztlich dazu geeignet seien, „die Ziele der Aktivierung und der Ökonomisierung zu erreichen" (ebenda). Ein offener Konflikt wird also vermieden.

Man glaubt allgemein, wie es scheint, dass es gelingen könne, eingetaucht in den und zugeschüttet vom Managerialismus, die Essentials der Profession dennoch im Griff behalten und den gesamten Prozess kontrollieren zu können. Im Jahre 1992 sahen Flösser und Otto das New Public Management als Chance, um anstehende Reformen in der Sozialen Arbeit auf der organisatorischen

Ebene durchzusetzen. Für sie war es damals selbstverständlich, dass dies die Profession im Kern nicht berühren dürfe und könne. Eine solche Annahme muss heute als illusionär bezeichnet werden. Dennoch unterschätzen heute die „unbeeindruckten Profis" die Absichten ihres Gegenübers. Wenn man versucht, sich Konflikt vermeidend dem Ökonomisierungsprozess und der Aktivierungsdoktrin anzuschmiegen, zieht man mit einiger Sicherheit schließlich doch den Kürzeren, und zwar allein schon deshalb, weil die Intentionen der Deprofessionalisierung in diesen Prozessen selber enthalten sind. Sie sind eben keine leeren formalen Hülsen, die man einfach sozialpädagogisch füllen kann, sondern eine klare und politische Strategie, die letztlich andere Ziele verfolgt, als die sozialpädagogische Profession. Nur wenn die Grenzen und Unzumutbarkeiten dieser neosozialen Prozesse für die Fachlichkeit Sozialer Arbeit offensiv offen gelegt würden, gäbe es eine Chance, für eine – vielleicht produktive – Auseinandersetzung mit den Partnern z. B. im Kontraktmanagement. Wenn man dagegen diese Auseinandersetzung scheut und vermeidet, verwischt und verschleiert man die Tatsache, dass sich die Positionen ab einem bestimmten Punkt gegenseitig eben doch ausschließen.

An dieser Stelle sei noch einmal an die u. a. von Roer (2010) formulierte These erinnert, einer der Gründe, warum es der neoliberalen Ideologie so widerstandfrei gelungen sei, die Soziale Arbeit unter ihre Oberhoheit zu zwingen, sei es, dass sich die Soziale Arbeit durch die Übernahme individualisierender Gesellschaftstheorien in den 80er Jahren einer Problemsicht geöffnet habe, die die gesellschaftlichen Ursachen menschlicher Problemlagen ausblendet und auf ein gesellschaftstheoretisch verankertes Selbstverständnis als politische Kraft verzichtet. Insofern könnte möglicherweise ein Grund für die defensive Haltung der Sozialen Arbeit auch darin liegen, dass es der Profession derzeit nicht nur an Mut und Kraft, sondern tatsächlich auch an Argumenten bei der Auseinandersetzung mit dem Neoliberalismus fehlt.

Reisch ist der Meinung (2009, S. 224), dass die Profession „die durch das neoliberale Unternehmen induzierten erheblichen politisch-ökonomischen und ideologischen Veränderungen bisher weder begriffen (hat) noch wirkungsvoll darauf reagiert". Er vermutet, dass die Soziale Arbeit darum bemüht sei, die politisch Herrschenden nicht herauszufordern, um nichts weiter aufs Spiel setzen zu müssen. Dieses „keine schlafenden Hunde Wecken" scheint bei der Gruppe der „unbeeindruckten Profis" das entscheidende Motiv. Gegen die damit verbundene optimistische Deutung einer „Normalisierung" Sozialer Arbeit sprechen sich u. a. Galuske (2002), Schaarschuch (1990, 2000) und Bommes/Scherr (2000) aus.

Viele der oben beschriebenen Bewältigungsstrategien im Umgang mit den neoliberalen Herausforderungen kranken daran, dass sie die gegenwärtige Situation entweder unterschätzen oder aber nicht wirklich durchschauen. Die Betroffenen wissen nicht oder machen sich nicht klar, in welchem politischen Zusammenhang diese Herausforderungen und Entwicklungen stehen, was sie bezwecken und was sie bereits bewirken. Gleichzeitig unterliegen einige der Strategien der Illusion, es sei möglich, diese Probleme auszusitzen oder doch fachlich letztlich irgendwie in den Griff zu bekommen. Vor allem ist vielen nicht klar, dass es sich bei diesen Entwicklungen um einen gesellschaftlichen Prozess handelt, dem politische Entscheidungen vorausgehen und der entsprechend auch nur politisch zu kontrollieren und zu verändern ist.

Die oben beschriebene Bewältigungsstrategie der „Konservativen" wiederum wird deshalb so bezeichnet und hier als nicht brauchbare Strategie bewertet, weil sie sich in ihrer Kritik erschöpft und nichts beiträgt zur offensiven Auseinandersetzung und zur konstruktiven Weiterentwicklung einer Sozialen Arbeit, die sich nicht resignativ zurückziehen sollte, sondern offensive Antworten auf die neosozialen Herausforderungen formulieren muss. Genau das aber soll in Ansätezn im folgenden Abschnitt versucht werden.

Da wäre noch eine weitere mögliche Bewältigungsstrategie in unserer Profession: der aktive Widerstand einer kritisch denkenden, reflexiven und politisch bewusst und widerständig handelnden Sozialen Arbeit. Nicht nur im Rahmen der wissenschaftlichen Fachdisziplin gibt es kritische Stellungnahmen und Analysen. So konnte Eichinger durchaus auch bei PraktikerInnen eine kritische und offensive Haltung identifizieren (Eichinger 2009, S. 192). Die zeichnet sich aus durch das Denken in Alternativen und durch Versuche, Kritik zugunsten einer Weiterentwicklung zu wagen. Dieses Bewältigungsmerkmal soll im letzten Kapitel (Kap. 6) des Schwarzbuches Thema sein.

5.3 Eckpunkte für ein neues konzeptionelles Selbstverständnis der Disziplin und Profession Soziale Arbeit

Die Bedrohung der professionellen Sozialen Arbeit ist sehr real und könnte dazu führen, dass Soziale Arbeit in absehbarer Zeit nicht mehr viel zu tun hat mit dem, wie sie sich z. b. im Kontext der Lebensweltorientierung versteht. Ihre Stellung als autonome, wissenschaftlich geleitete Profession wird im aktivierenden Staat negiert. Angesichts der massiven Veränderungen und Umdeutungen Sozialer Arbeit und angesichts der mehr oder weniger starken Tendenz in Wissenschaft wie Praxis, sich an die neuen Erwartungen und Zumutungen anzupassen, stellt sich die Frage, was passieren muss, damit Soziale Arbeit wieder in die Lage versetzt wird, ihre eigenen Positionen und ihre eigene Autonomie zu verteidigen.

Es wäre gerade in Zeiten, in denen die Soziale Arbeit in der alltäglichen Auseinandersetzung nicht selten mit dem Rücken zu Wand steht und bestenfalls kleine Zugeständnisse erkämpfen kann, notwendig, offensiv die eigenständige Konzeption Sozialer Arbeit weiterzuentwickeln, daraus für die Profession klare, sozialpolitische wie fachpolitische Orientierungen zu formulieren und diese im Rahmen der Auseinandersetzungen in Wissenschaft, in der Praxis vor Ort und in der Politik deutlich zu machen.

Im Folgenden sollen deshalb – aufbauend auf den Ergebnissen der oben geleisteten Analyse – Eckpunkte entwickelt und formuliert werden, auf die sich eine solche fachliche (Neu-)Orientierung und eine widerständige Professionspolitik inhaltlich ausrichten könnten.

5.3.1 Ablehnung der Ökonomisierung – *Zurückweisung der Marktförmigkeit des Sozialen*

Was noch 1992 als selbstverständlich galt, dass Soziale Arbeit zu den Nonprofit-Bereichen der Gesellschaft gehört, die eben nicht marktförmig zu organisieren und zu handhaben sind (vgl. Flösser/Otto 1992), wurde inzwischen in aller Konsequenz ins Gegenteil verkehrt. Soziale Arbeit wird, genauso wie der Gesundheits- und der Bildungsbereich auch, durch und durch als Marktprodukt gesehen und verhandelt. Das führt zu den oben dargestellten Folgen:
- Effizienz wird über alle anderen Aspekte gestellt und gefährdet damit die Fachlichkeit Sozialer Arbeit und u. U. sogar die Gewährleistung gesetzlicher Ansprüche der Klientel.
- Effektivität Sozialer Arbeit wird in einer typisch betriebswirtschaftlichen Weise definiert und der Sozialen Arbeit abverlangt als kurzfristiger, nach

außen deutlich sichtbarer, jederzeit reproduzierbarer Output, der einem gezielten Input mit hoher Wahrscheinlichkeit zu folgen hat.
- Nicht effiziente Soziale Arbeit und nicht effiziente KlientInnen werden tendenziell ausgeblendet und nicht mehr finanziert.
- Soziale Arbeit erhält Warencharakter als standardisiertes, technisch reproduzierbares Produkt mit Verfallscharakter. Soziale Erfahrungen und gewachsene Beziehungen und Kommunikationsstrukturen werden missachtet und in ihrer Bedeutung für die tatsächliche Effektivität und damit auch Effizienz Sozialer Arbeit geleugnet.
- Die Finanzierung der Sozialen Arbeit im Rahmen des für die Geschäftsbeziehungen zwischen Unternehmen entwickelten Kontraktmanagements engt die Soziale Arbeit auf inakzeptable Weise ein.
- Die prekären Arbeitsbedingungen der PraktikerInnen wirken krankmachend und stellen mit dem so gewollten ständigen Rechtfertigungsdruck Rahmenbedingungen dar, die eine Wirksamkeit Sozialer Arbeit unterlaufen.

Die ideologische und praktische Vereinnahmung des sozialen Bereiches in die Marktpolitik muss deshalb energisch zurückgewiesen werden. Was 1992 selbstverständliche Erkenntnis der Profession war, gilt heute, nach all den Erfahrungen mit den Veränderungen der Sozialen Arbeit, erst recht:

Eine an sozialer Gerechtigkeit interessierte Gesellschaft muss bestimmte Bereiche aus dem Marktgeschehen heraushalten und jenseits des Marktes stützen (und hier sind nicht die Großbanken gemeint), sonst verkauft sie ihre Menschen an ein System, dem die Supergewinne wichtiger sind als das Wohl der Schutzbefohlenen und die Menschenrechte. Die Soziale Arbeit darf wie andere gesellschaftliche Bereiche – etwa Gesundheit, Bildung, Kultur – nicht dem Marktparadigma unterstellt werden, weil menschliche Bedarfe nicht wie Marktprodukte behandelt werden können. Soziale Arbeit braucht:
- Anerkennung ihrer spezifischen Produktionsbedingungen für eine tatsächlich wirkungsvolle Bearbeitung der Problemlagen von Menschen (z. B. Inblicknahme langfristiger und nachhaltiger Lösungen, Bereitstellung hinreichender Zeitkontingente für die Erbringung Sozialer Arbeit, Einbeziehung der gesellschaftlichen Aspekte und Ursachen sozialer Problemlagen),
- Schaffung von angemessenen Arbeitsbedingungen für Sozialarbeitende, u. a. als Voraussetzung für eine sinnvolle Wirkungsforschung, d. h. z. B. Entgegenwirken der Tendenz zu prekären Arbeitsplätzen,
- Beenden der bestehenden Praxis, im Bereich Soziale Arbeit Fachkräfte durch fachlich nicht qualifizierte Kräfte zu ersetzen,

- wirklich ausreichende Finanzierung, damit die angemessene Umsetzung der fachlichen Aufgaben hinreichend abdeckt werden kann,
- Respektierung der Grenzen der Rationalisierbarkeit Sozialer Arbeit – selbstverständlich bei Sicherstellung einer effizienten Verausgabung der Mittel.

Bei all dem geht es nicht um die Behauptung, dass Soziale Arbeit etwa nicht die Aufgabe hätte, mit den ihr zur Verfügung gestellten Mitteln effektiv und auch effizient umzugehen. Soziale Arbeit will sich nicht außerhalb der ökonomischen Gesetze der Gesellschaft stellen. Aber sie stellt den Anspruch, dass sie selber es ist, die als Disziplin und als Profession Fragen von Wirkung und Erfolg, von Methoden und Zielperspektiven fachlich ableitet. Sie will nicht ihre Fachlichkeit, ihre Ethik und die Definition ihrer Aufgaben und Zielgruppen durch einen sie umfunktionierenden und sie sich selber entfremdenden Ökonomisierungsprozess verlieren.

Es handelt sich bei der Ökonomisierung der Sozialen Arbeit keineswegs nur um den Versuch einer Sparstrategie oder einer Effektivierung Sozialer Arbeit. Die Ergebnisse der Betrachtung insgesamt lassen deutlich werden, dass die Ökonomisierung der Sozialen Arbeit weit mehr bedeutet, als eine zwecks Erhöhung der Effizienz an die Soziale Arbeit herangetragene ‚Verbetriebswirtschaftlichung'.

Schöning bemerkt, dass die Vermarktlichung der Sozialen Arbeit nicht selber der Sinn sei, sondern vielmehr Mittel zum Zweck: „Jener steigende Rechtfertigungsdruck ist somit nicht ausschließlich und noch nicht einmal primär der akut prekären Kassenlage geschuldet, sondern er ist ein langfristig-konzeptionelles Phänomen" (Schöning 2006, S. 34). Und so kann Schöning mit dem ihm eigenen Optimismus auch sagen: „Vieles, was sich in der Praxis akut als rapider Niedergang darstellt, ist aus sozialpolitischer Sicht Teil des langfristigen Strukturwandels und der mit ihm verbundenen Ambivalenz" (ebenda, S. 28).

5.3.2 Ablehnung des sozialpolitischen Konzeptes des aktivierenden Staates – *Wiederentdeckung der politischen Rolle der Sozialen Arbeit*

Es geht bei allem Reden von der aktivierenden und auf die Eigenverantwortung und Eigenvorsorge der Betroffenen ausgerichteten Gesellschaft letztlich um die Unterordnung der Sozialen Arbeit und des Sozialen überhaupt unter die Zweckrationalität einer Ideologie und eines Gesellschaftsbildes, die sich von

Werten wie Gleichheit und Gerechtigkeit losgesagt haben und die Menschen nur mehr als „Humankapital" sehen, das sich mehr oder weniger rentabel in die Verwertungs- und Gewinnprozesse der kapitalistischen Wirtschaft einfügt.

Neben der konsequenten Zurückweisung der Ökonomisierung geht es bei der Neu- bzw. Wiederorientierung der Sozialen Arbeit vor allem um eine Auseinandersetzung mit dem Menschenbild des aktivierenden Staates und darum, die Entwicklung der Sozialen Arbeit zu einer bloßen Sozialtechnik zu verhindern, die sich auf individualisierende Ansätze (z. B. Verhaltenstraining) im Sinne des Systems beschränkt.

Hier ist es unbedingt erforderlich, dass sich die Soziale Arbeit über ihr Menschen- und Gesellschaftsbild klar wird. Versteht sie sich als gesellschaftliche Instanz, die die Aufgabe hat, auf die vom Kapitalismus verursachte soziale Beschädigung der Individuen einzuwirken (Böhnisch et al. 2005, S. 103), so ist für sie die gegenwärtige Ausklammerung und Verleugnung gesellschaftlicher Hintergründe für soziale Problemlagen von Menschen nicht akzeptabel. Das Menschenbild der Sozialen Arbeit ist nicht vereinbar mit der ihr aufgezwungenen Vermittlung des flexiblen Habitus, mit dem geforderten Verzicht auf Parteilichkeit und dem Auftrag, nur in effektive und effiziente Klienten zu investieren. Ihre ethische Ausrichtung auf soziale Gerechtigkeit und Ressourcenausgleich steht zum neosozialen Konzept in klarem Widerspruch.

Die Soziale Frage, nämlich die Frage danach, wie und wodurch die Menschen im kapitalistischen System in ihrer Lebenswelt und ihrer Persönlichkeit beschädigt werden, ist nach wie vor der Dreh- und Angelpunkt Sozialer Arbeit. Denn ihre Aufgabe ist es, diese Beschädigungen zu beseitigen bzw. Menschen dabei zu helfen, trotz Beschädigung ihr Leben zu bewältigen.

An dieser Stelle sei noch einmal an die u. a. von Roer (2010) formulierte These erinnert, einer der Gründe, warum es der neoliberalen Ideologie so widerstandfrei gelungen sei, die Soziale Arbeit unter ihre Oberhoheit zu bringen, sei es, dass sich die Soziale Arbeit durch die Übernahme individualisierender Gesellschaftheorien in den 80er Jahren einer Problemsicht bereitwilligst geöffnet habe, die die gesellschaftlichen Ursachen menschlicher Problemlagen ausblendet und auf ein gesellschaftstheoretisch verankertes Selbstverständnis der Sozialen Arbeit als politische Kraft verzichtet habe. Roer weist darauf hin, dass keine Disziplin die individualisierenden Theorien z. B. von U. Beck in dem Masse für sich adaptiert habe, wie die Soziale Arbeit. Das Lebensweltkonzept, das sehr stark auf die Individualisierung abhebt, das aber vom Grundgedanken her durchaus die gesellschaftlichen und auch die gesellschaftskritischen Aspekte der Sozialen Arbeit abdeckt, wurde in diesem Zusammenhang zunehmend einseitig individualisierend und damit oberflächlich rezipiert. Das Ausgrenzen gesellschaftlicher Aspekte aus dem sozialpädagogischen Ansatz zu Gunsten einer massiven und umfassenden Individualisierung, die in diesem Sinne fehlende gesellschaftstheoretische Fundierung der Disziplin, die Propagierung vom Ende der Sozialen Frage und die Auffassung Sozialer Arbeit als Dienstleistung, so Roer (2010, S. 41), haben der einsetzenden neoliberalen Wirtschafts- und Sozialpolitik sozusagen direkt zugearbeitet.

Was unsere Profession in der gegenwärtigen Lage braucht, ist ein offensives, klares und in ihrer eigenen, der sozialpädagogischen Sprache formuliertes sozialwissenschaftlich verankertes Konzept. Es wäre wichtig, sich konstruktiv, aber klar mit Positionen auseinander zu setzen, die von einer Kompatibilität Sozialer Arbeit mit der neosozialen Sozialpolitik ausgehen und gezielt auf die Vereinnahmungsversuche des aktivierenden Staates zu antworten.

Die Disziplin sollte die bestehenden theoretischen Ansätze, wie z.B. die Lebensweltorientierung, weiterentwickeln, ihre gesellschaftstheoretischen Schwächen einer dominierenden Individualisierung überwinden und sich auf die gesellschaftliche Funktion Sozialer Arbeit als Antwort auf die Soziale Frage des herrschenden, kapitalistischen Gesellschafts- und Wirtschaftssystems besinnen. Roer (2010) fordert in diesem Zusammenhang eine „radikale Neuorientierung".

5.3.3 Eckpunkte für eine wissenschaftlich geleitete, subjektorientierte und politisch aktive Praxis der Sozialen Arbeit

Abgeleitet aus den beiden oben erläuterten Grundpositionen und in Auseinandersetzung mit den konkreten fachlichen Konsequenzen des neosozialen Arbeitsansatzes, soll im Folgenden kurz auf die spezifischen handlungsorientierenden Aspekte und Merkmale eingegangen werden, die sich aus der sozialen Aufgabe, dem Gesellschafts- und Menschenbild sowie aus der im Alltag der Menschen verorteten Konzeption unserer Profession grundsätzlich und in allen Arbeitsfeldern ergeben.

5.3.3.1 Besinnung auf die gemeinsame Profession und ihre Merkmale
Eine Identifizierung der Sozialen Arbeit als eigenständige gesellschaftliche Aufgabe, als Profession mit grundsätzlich spezifischen Aufgaben und Handlungsorientierungen ist heute dringend erforderlich.

Gegenwärtig verschwindet unsere Profession in einer unübersehbaren Fülle von Spezialisierungen, Arbeitsfeldern und Projekten. Kaum ein Praktiker ist im Stande, zu sagen, was an dem, was er tut, spezifisch ist für die Profession Soziale Arbeit. Kaum jemand kann erklären, was unsere Profession im Besonderen leisten kann im Vergleich zu anderen Professionen. Was kann eine Sozialarbeiterin, was Menschen anderer Professionen trotz einer spezialisierten Zusatzausbildung im sozialen Bereich, was ehrenamtlich tätige Laien oder auch unausgebildete Kräfte andererseits nicht können? Es geht darum, die Auflösung und weitere Entwertung der Sozialen Arbeit durch die um sich greifende Spezialisierung einerseits und die Arbeit im sozialen Bereich mit standardisierten und vorgegebenen Handlungsansätzen andererseits zu verhindern bzw. wenigstens aufzuhalten.

Denn so verliert die Soziale Arbeit zum einen noch weiter ihre Anerkennung und Bedeutung. Gleichzeitig findet die Demontage der Profession Soziale Arbeit ohne nennenswerten Widerstand einer sich gemeinsam als Berufsgruppe verstehenden Gemeinschaft der Sozialarbeitenden statt.

Sozialarbeitende sollten sich der spezifischen Merkmale der Sozialen Arbeit bewusst werden:
- Allzuständigkeit,
- Alltagsorientierung,
- inszinierte, das heißt professionell zur Verfügung gestellte Solidarität,
- breite, vielfältige Ausbildung, die es ihr ermöglicht, an die Menschen und ihre Problemlagen ganzheitlich, systemisch und im komplexen Zusammenwirken von Persönlichkeit, sozialem Umfeld und gesellschaftlichen Verhältnissen heranzutreten.

Sie sollten bewusst und selbstbewusst wahrgenommen und in ihrer Besonderheit und z.T. als Alleinstellungsmerkmale zur Kenntnis genommen und nach außen vermittelt werden.

Der Zusammenschluss mit anderen VertreterInnen der Berufsgruppe – über das eigene Arbeitsfeld und auch den eigenen Träger hinaus – weckt das Gefühl von Gemeinsamkeit und schärft den Blick für die gemeinsamen Themen und Probleme.

Notwendig ist es, sich als Profession gemeinsam die Rolle und Aufgabe der Sozialen Arbeit klar zu machen, gezielt die immer wieder nahegelegte einseitige Individualisierung unserer Arbeit zu hinterfragen und alternative Ansätze, Vorgehensweisen und Positionen zu erarbeiten. So würde die Soziale Arbeit mit ihrer Position und Aufgabe auch nach außen erkennbarer.

Die Fähigkeit, sich wieder als VertreterIn einer gemeinsamen Profession zu erkennen, kann die einzelne SozialarbeiterIn dadurch erreichen, dass sie sich der spezifischen Professionsmerkmale, des gesellschaftstheoretischen Konzeptes, der spezifischen Inhalte und Methodenansätze ihrer Profession besinnt und bewusst an ihrer Kompetenz und an ihrem Selbstwertgefühl als SozialarbeiterIn arbeitet.

5.3.3.2 Verbindlichkeit des Klientenmandates, Parteilichkeit und ethischer Kodex

C.W. Müller, einer der Väter der modernen Sozialen Arbeit hat in seiner Laudatio für Johannes Münder Folgendes festgestellt: „Klaus Mollenhauer hat einmal nachdenklich angemerkt, Sozialpädagogen seien die gleichsam geborenen Kritiker ihrer Gesellschaften. Weil sie es ständig und professionell mit den tatsächlichen und mit den prospektiven „Opfern" dieser Gesellschaften zu tun hätten – mit Ausgestoßenen und Außenseitern, mit Geistes- und Gefühlskranken, mit Fußkranken des industriellen Fortschritts, mit Entmachteten und mit Entbehrlichen und natürlich mit den Jungen und den Alten" (C.W. Müller 2006, S. 14; vgl. Kessl 2005b, S. 30; vgl. Mollenhauer 1991).

Von einer Sozialen Arbeit, die sich und ihre Aufgabe so versteht, will der aktivierende Staat nichts mehr wissen. Eine Soziale Arbeit, wie der aktivierende Staat sie sich wünscht und wie er sie vor allem mit dem Mittel der Ökonomisierung durchzusetzen versucht, muss zwangsläufig ihr Gesicht verändern. Was das im Einzelnen bedeutet, wurde oben ausführlich dargestellt.

Soziale Arbeit ist als Profession einem Menschen- und Weltbild verpflichtet, das eine gesellschaftliche Verantwortung für Ungleichheit, Ungerechtigkeit und soziale Benachteiligung impliziert. Deshalb ist sie bemüht, die Lage ihrer Klientel zu verändern und soziale Probleme zu benennen und anzuprangern. Sie kann sich deshalb nicht auf eine einseitige Pädagogisierung ihrer Aufgabe einlassen.

Soziale Arbeit verpflichtet sich, für die Rechte und Bedarfe der Menschen, für die sie zuständig ist, einzustehen. Sie erklärt sich parteilich für die in der Gesellschaft und durch die Gesellschaft sozial Benachteiligten. Das alles wird gegenwärtig im aktivierenden Staat nicht für notwendig gehalten und ist unerwünscht.

Soziale Arbeit steht und stand immer unter dem doppelten Mandat. Sie bekam ihre Aufträge nie allein von der Klientel, sondern immer auch vom gesellschaftlichen System. Dieses doppelte Mandat aber, wie es bisher bestand, wird heute infrage gestellt, wenn nicht sogar aufgekündigt. Die Bedürfnisse und Interessen der Klientel werden nur so weit berücksichtigt, als es dem Mandat des Systems nicht im Wege steht. Tritt ein Konflikt ein, wird von der Sozialen Arbeit erwartet, dass sie klar im Interesse des Systems handelt. Die Funktion von Sozialpädagogik und Sozialarbeit gehe heute, so Schöning (2006), konzeptionell über das hinaus, „was von ihnen im konservativen Sozialstaat bismarckscher Prägung erwartet wurde" (ebenda, S. 30). Politik und Verwaltung nützten heute die sozialen Dienste, um einen bestimmten Typus sozialer Probleme zu lösen, erklärt Schöning, und weiter: „Die relative Bedeutungszunahme ist – hier hilft kein Lamentieren – unmittelbar mit stärkeren Steuerungsansprüchen der Sozialpolitik verbunden" (ebenda. S. 30). So weist Schöning klar auf die Tatsache hin, dass der eigentliche Nutzer sozialer Dienstleistungen der Staat sei und die Klientel, da sie nicht bezahlen könnten, weitaus weniger Gestaltungsmacht inne hätten, was diese Leistungen betrifft (vgl. Schöning 2006, S. 35).

Der neue Staat legt Soziale Arbeit auf sein Erziehungsprojekt fest, begrenzt die monitäre Unterstützung für Menschen ohne Arbeit auf eine minimalistische Grundsicherung und hält harte Bandagen bereit für die, die sich diesem Projekt verweigern. Eine echte parteiliche Interessenvertretung von Menschen – im Zweifel auch gegen den Staat und gegen die gesellschaftlichen Erwartungen – scheint damit für die Soziale Arbeit zunehmend im Bereich der Utopien zu verschwinden. Für das Mandat ihrer Klientel bleibt der Sozialen Arbeit also nur ein sehr enger Raum, oft gar keiner mehr. Für die Klientel und im Sinne ihres Mandates zu arbeiten ist nur mehr möglich, wenn der Staat bzw. der Markt dies erlaubt. Und der Markt hat daran nur Interesse, wenn es sich auszahlt.

Soziale Arbeit, die sich als parteiliche Interessenvertretung ihrer Klientel versteht, muss sich dafür einsetzen, dass sie in dieser Funktion von der Gesellschaft und vom Staat akzeptiert wird. Sie besteht auf:

- dem Mandat der Sozialen Arbeit, das sie von den betroffenen Menschen erhält und das nicht einfach vom Mandat des Staates weggewischt werden kann,
- ihrer Aufgabe, für sozial Benachteiligte Hilfen anzubieten, auch wenn diese nicht im marktförmigen Sinne abgerufen werden,
- Finanzierung Sozialer Arbeit auch für solche Menschen und für solche Arbeitsfelder, die nicht den Effizienzkriterien gerecht werden.

5.3.3.3 Konsequente Umsetzung der sozialpädagogischen Handlungsstrategien

Soziale Arbeit leitet ihre methodischen Ansätze, ihre Handlungsorientierungen und ihre fachlichen Grundsätze von dem oben beschriebenen sozialpolitischen Selbstverständnis und von einem humanistischen Menschenbild ab,

- das Partizipation statt Paternalisierung anstrebt,
- das Ergebnisoffenheit statt einer thematischen Engführung z. B. auf reine Arbeitsfähigkeit realisiert,
- das Methodenoffenheit praktiziert und die geeigneten methodischen Schritte am Klienten und seinen Möglichkeiten orientiert,
- das Motivierung praktiziert und sich dem Einsatz von Druck und Sanktionen verweigert, wenn es darum geht, dass Menschen sich verändern und entwickeln sollen.

Sie versteht sich als einen zwischenmenschlichen Interaktionsprozess, der durch Kommunikation und Interaktion, durch das Herstellen von Vertrauen und Beziehung und der durch Koproduktion und Aushandlung gekennzeichnet ist.

Es geht der Sozialen Arbeit nicht darum, bei Menschen bestimmte Verhaltensänderungen durchzusetzen, sondern darum, ihnen Entwicklungs- und Lernprozesse zu ermöglichen, die sie für die Bewältigung ihres Lebens brauchen. Hierfür eigenen sich weder Sozialtechniken noch das Fallmanagement, sondern vielmehr solche Methoden, die sich bewusst ressourcenorientiert und subjektorientiert verstehen, wie Beratungsmethoden und andere Methoden, wenn sie sich gezielt um Subjektorientierung bemühen.

Soziale Arbeit sieht ihre KlientInnen nicht als ihre Objekte an. Sie geht vom Subjektstatus aller Menschen aus und hat Respekt vor ihren KlientInnen und vor ihren bisherigen Versuchen, ihr Leben zu bewältigen. Ziele, Wege und Methoden werden deshalb in der Sozialen Arbeit nicht vorgegeben, sondern mit den KlientInnen zusammen erarbeitet in einem ergebnisoffenen Koproduktionsprozess umgesetzt.

Soziale Arbeit spricht ihrer Klientel keine Schuld für ihr evtl. Versagen zu. Vielmehr sieht sie auch die gesellschaftlichen Hintergründe der Probleme, die Menschen haben und versucht, Lösungsmöglichkeiten im Umfeld der Betroffenen zu finden und umzusetzen.

Soziale Arbeit bedarf der erforderlichen Zeitkontingente für ihre Arbeit.

Sie ist nicht planbar und kontrollierbar, wie ein technischer Ablauf. Sie ist nicht standardisierbar, denn durch die Standardisierung ihrer Handlungsabläufe verlöre sie ihre eigentlichen Wirkmöglichkeiten.

Soziale Arbeit bedarf einer fachlichen und wissenschaftlichen Ausbildung, die all diese Handlungsschritte und Handlungsorientierungen ermöglicht.

5.3.3.4 Fachliche Autonomie und demokratische Kontrolle der Fachlichkeit

Wie oben ausführlich dargestellt, sind die konzeptionellen, ideologisch gefärbten Eingriffe in die Professionalität der Sozialen Arbeit, in ihre theoretischen und ethischen Grundlagen sowie in ihre Methodik äußerst vielfältig.

Es kann aus Sicht einer wissenschaftlich geleiteten Profession nicht hingenommen werden, dass die Soziale Arbeit in ihrem Kern von außen infrage gestellt und dass auf diese Weise ihre Aufgabenstellung fachfremd so umdefiniert wird, dass sie ihre fachliche und ethische Orientierung aufgeben muss. Sozialarbeitende müssen das Recht haben, sich in der Praxis auf ihren spezifisch professionellen Kodex berufen zu können, sowohl was ihre Fachlichkeit, als auch, was ihre Ethik betrifft, ganz so, wie es z.B. jeder Arzt, jeder Anwalt oder Psychotherapeut kann.

5 Was wird aus der Profession Soziale Arbeit?

Soziale Arbeit hat in den letzten Jahrzehnten ein professionelles Selbstverständnis entwickelt, an dem sie die fachlichen und ethischen Implikationen und Folgen ihrer Arbeit bewerten kann. Sie ist mehr als eine vom gesellschaftlichen System bezahlte und eingesetzte Instanz. Hans Uwe Otto fordert im Gespräch mit Fabian Kessl und Holger Ziegler (2006), das in der Zeitschrift „widersprüche" abgedruckt wurde, eine eigenständige Position und Diskussion in der Profession Sozialer Arbeit: Es käme darauf an, so Otto, die Substanz einer kritischen, reflexiven Sozialen Arbeit hoch zu halten und gleichzeitig so stark zu machen, dass sie in der Auseinandersetzung mit „den vorherrschenden Anmaßungen" bestehen könne. So fehle z. B. heute eine berufsmäßig organisierte Diskussion, die die Möglichkeit für eine „Emanzipation der Profession von ihren Anstellungsträgern" bietet (ebenda, S. 117). Zu ähnlichen Gedanken kommt Staub-Bernasconi mit ihrer These vom „Tripelmandat", dass nämlich für die Soziale Arbeit neben die Mandate des Systems und der betroffenen Menschen ein weiteres trete, das Mandat der eigenen Profession, die professionelle Ethik der Sozialen Arbeit selber (Staub-Bernasconi 2007b). Es gibt, so Staub-Bernasconi, von der Profession selbst definierte Aufträge, die sie unabhängig machen von einem gesellschaftlichen Konformitätsdruck. Staub-Bernasconi bezieht diese Aussage auf den bestehenden internationalen Berufskodex Sozialer Arbeit und die dort festgeschriebene Verpflichtung zur Einhaltung der Menschenrechte. Sie plädiert für ein „vom Zeitgeist unabhängiges Theorieprogramm Sozialer Arbeit" (ebenda, S. 33). Es sei eben nicht gleichgültig, „für welche theoretische Position, für welches Menschen- und Gesellschaftsbild, für welche Wahrheitstheorie, welche Ziel-, und Handlungstheorien, Methoden und Techniken – ja zu welchem Leistungserbringungskontext und für welche Rechte man sich entscheidet. Kurz, es gibt nicht nur eine Ethik des Handelns, sondern auch je eine des Denkens und der wissenschaftlichen Theoriebildung über Mensch und Gesellschaft, die sich nicht nach dem gerade aktuellen politischen und ökonomischen Wind richten können" (ebenda).

Auch Oelerich und Schaarschuch (2005) fordern, dass die Soziale Arbeit die Definitionshoheit über ihre professionellen Ziele und Wege behalten und offensiv für sich verlangen soll.

Von der gesellschaftlichen Akzeptanz einer solchen Sicht auf die Profession Soziale Arbeit sind wir allerdings, wie Otto (Kessl/Otto/Ziegler 2006, S. 117) anmerkt, heute noch sehr weit entfernt. Soziale Arbeit, so wird hier gefordert, muss dringend einen Weg finden, wie sie sich aus der direkten Abhängigkeit von aktuellen politischen Ausrichtungen und nationalen Sichtbeschränkungen befreien kann.

Es bedarf also einer gesellschaftlichen Anerkennung der Profession Soziale Arbeit als eine wissenschaftlich geleitete, fachlich autonome Kraft. Das bedeutet im Einzelnen:
- Fachliche Definitionsmacht der Sozialen Arbeit für ihre Ziele und Methoden sowie für das, was die Qualität der Sozialen Arbeit ausmacht und welche Qualität in der Praxis bereitgestellt und bezahlt werden muss,
- Recht und Pflicht der praktizierenden Sozialarbeitenden, sich in ihrer Arbeit auf den fachlichen Kodex ihrer Profession zu berufen,
- Schutz vor einer Vereinnahmung durch Betriebsloyalität durch einen fachlichen Kodex und die demokratische Kontrolle seiner Einhaltung.

Wenn auf dem sogenannten „Sozialmarkt" Kostenträger und Kunde identisch sind, und wenn der Staat in Form von Jugendamt, Sozialamt, ARGE o. ä. zumindest theoretisch den Preis für Soziale Arbeit soweit drücken kann, dass jede Fachlichkeit und jede Qualität nur noch auf dem Papier steht, dann braucht die Gesellschaft eine Instanz, die dieser Praxis Einhalt gebieten kann. Der öffentliche Träger der Sozialen Arbeit kontrolliert die freien Träger auf die Einhaltung ihres Mitteleinsatzes und auf die Fachlichkeit ihrer Leistung. Wer aber kontrolliert die Kontrolleure? Schipmann fordert ein Controlling der Öffentlichkeit für die Jugendämter (2006, S. 105). Es wäre eine demokratische, vom Staat und den Trägern der Sozialen Arbeit unabhängige Instanz erforderlich, die einerseits die Soziale Arbeit als wissenschaftlich geleitete Profession schützt, damit sie nicht willkürlich wirtschaftlichen und ideologischen Interessen ausgesetzt wird und die andererseits Menschen davor schützt, durch fachlich unangemessene oder unqualifizierte Soziale Arbeit geschädigt zu werden.

All die hier im Rahmen von Eckpunkten formulierten Selbstverortungen Sozialer Arbeit haben allerdings nur dann einen Sinn und sind nur dann auf einer eigenständigen wissenschaftlichen Basis gegründet, wenn Soziale Arbeit ihre gesellschaftstheoretischen Konzepte und Positionen überdenkt und korrigiert, die sie sich seit Mitte der 80er Jahre angeeignet hat mit der Übernahme der Behauptung, die Soziale Frage sei in der heutigen Gesellschaft obsolet und Soziale Arbeit sei nun mehr und nur noch eine allgemeine Dienstleitung für alle Menschen, bei denen sich individuelle Lebensbewältigungsprobleme zeigen (vgl. Roer 2010, Michel-Schwartze 2010). Nur wenn sie sich versteht als Profession, die Lebensbewältigungsprobleme von Menschen nicht nur als individuelle Defizite und persönliches Versagen begreift, sondern als Folgen gesellschaftlicher Bedingungen und Zumutungen, wenn sie bereit ist, ihre lebensweltliche Konzeption im Sinne von Bizan (2000) „zu repolitisieren, sie wieder und endlich als eine gesellschaftliche Kraft zu begreifen, die gesell-

schaftliche Widersprüche nicht glätten, sondern beim Namen nennen muss (ebenda), wird sie für sich in Anspruch nehmen können
- dass sie sich mit ihren Angeboten nicht innerhalb der gleichen gesellschaftlichen Kräfte und Strukturen bewegen kann, deren Folgen sie bekämpfen muss,
- dass sie den gesellschaftlichen Auftrag hat und nicht aufzugeben bereit ist, sich für sozial Benachteiligte einzusetzen, auch dann, wenn dieser Einsatz aus Sicht der Ökonomisierung ineffizient und aus Sicht des aktivierenden Staates überflüssig erscheint,
- dass sie als Disziplin und Profession über ihre eigenen fachlichen und ethischen Positionen, Leitlinien, Problemerkennungs- und Handlungsstrategien verfügt, die ihr nicht streitig gemacht werden können.

6 Repolitisierung und Politisierung der Sozialen Arbeit

Wenn man sich die hier dargelegten Folgen der Aktivierungsdoktrin und der Ökonomisierung für die professionelle Soziale Arbeit vor Augen führt, könnte man sich verwundert fragen, warum dieser Prozess nicht auf heftigen Widerstand gestoßen ist, warum diese schleichende Umwandlung fast lautlos und scheinbar widerspruchslos über die Bühne der sozialpädagogischen Praxis gegangen ist bzw. noch weiter geht.

Soziale Arbeit war nicht immer in diesem Sinne unpolitisch. Die Jahre intensiver politischer Aktivitäten und hohen sozialpolitischen Engagements innerhalb der Sozialarbeiterschaft waren die 68er Jahre und das nachfolgende Jahrzehnt, jene Zeit, in der die Soziale Arbeit als parteiliche und auf Seiten der Menschen stehende Profession neu gedacht und professionell z. B. im Rahmen der Lebensweltorientierung und als Hochschulausbildung verankert wurde. Laut Thiersch (1993) war es in den 80er Jahren im Rahmen der zunehmenden Pluralisierung und Individualisierung und angesichts des Wegbrechens von Normen und gesicherten Verlässlichkeitsstrukturen erfahrener Lebenswelten notwendig geworden, auf die Kompetenzen, Strukturen und Ressourcen in der Lebenswelt derjenigen hinzuweisen, die „mit den Problemen, die sie mit sich selbst im sozialen Umfeld haben, wiederum der Gesellschaft Probleme machen" (ebenda, S. 13). Gedacht war das „Insistieren auf Eigensinnigkeit lebensweltlicher Erfahrungen der Adressaten" als ein „Versuch und Instrument der Gegenwehr zu den normalisierenden, disziplinierenden, stigmatisierenden und pathologisierenden Erwartungen, die die gesellschaftliche Funktion der Sozialen Arbeit seit je zu dominieren drohen" (Thiersch ebenda, S. 13). Hier kommen die Parteilichkeit und die Hervorhebung des politischen Mandates in der lebensweltorientierten Sozialen Arbeit noch deutlich zum Ausdruck. Die Soziale Arbeit der folgenden Jahrzehnte war sich jedoch nicht darüber im Klaren, dass auch sie – wie der Sozialstaat – als ein Moment im „Projekt sozialer Gerechtigkeit der Neuzeit verstanden werden muss, dass sich in Stufen differenzierter Konkretisierung – soziale Gerechtigkeit als Gleichheit vor dem Gesetz, als Gleichheit in der politischen Selbstbestimmung … und als Gleichheit in Bezug auf die Gestaltung von Lebensverhältnissen – durchgesetzt hat" (Böhnisch, 2005, S. 248). Sie war daher nicht auf die tief greifenden Konsequenzen gefasst, die mit dem Rückbau des Sozialstaates auch auf die eigene Profession zukamen und wähnte ihre ethischen, fachlichen und politischen Implikationen und Standards als sicher. Lange Zeit schien es der Profession gar nicht mehr notwendig, diejenige Seite des doppelten Mandates, die ihren Auftrag von der Seite der Klientel her bezieht, gegen systemische Ansprüche zu verteidigen (vgl. hierzu z.B. Salustowicz 2006, S. 194). Das doppelte Mandat der Sozialen Arbeit galt einfach als selbstverständlich, es artikulierte sich ja schon in den offiziellen Verlautbarungen der Profession und der Sozialpolitik (z.B. 8. Jugendbericht 1988, KJHG 1990). Insofern schien auch keine Notwendigkeit zu bestehen, die ethische, politische und fachliche Kernorientierung der Profession offensiv und explizit nach außen deutlich zu machen. So kam es, dass die Zumutungen der neoliberalen Sozialpolitik auf eine Soziale Arbeit trafen, die sich selber kaum noch als politische Disziplin verstand, geschweige denn, die Erfahrungen in politischen Aktionen hatte oder sich irgendwie hätte politisch verhalten können. Winkler folgerte schon 1995: Eine „gesellschaftstheoretische Fundierung (und damit auch Politisierung) der sozialpädagogischen Theoriearbeit erscheint angesichts der „Rückkehr eines unvermittelten, ordinären Kapitalismus" zwingend geboten, der sich unter dem Deckmantel des ökonomischen Sachzwangargumentes der politischen Auseinandersetzung entzieht und damit einer Entpolitisierung von Ökonomie und Gesellschaft Vorschub leistet" (Winkler 1995, S. 159).

6.1 Soziale Arbeit und Politik

Bevor wir die Frage aufwerfen, wie es heute um dieses von Winkler (vgl. auch Roer 2010, S. 43; Butterwegge 2010, S. 81) beschworene politische, widerständige Potential in unserer Profession steht, und wie man eine Repolitisierung oder auch Politisierung (denn es geht nicht einfach um eine Wiederherstellung früherer Verhältnisse, sondern vor allem um eine Neubegründung und Neuorientierung dieses politischen Mandates) der Sozialen Arbeit in Gang bringen könnte, stellt sich zunächst die Frage, ob Soziale Arbeit überhaupt unpolitisch sein kann.

6.1.1 Das politische Mandat der Sozialen Arbeit

Soziale Arbeit ist selber eine sozialpolitische Instanz und wirkt in unterschiedlicher Weise politisch. So wie sie als notwendige Antwort des frühen Kapitalismus auf die von ihm selber verursachte Soziale Frage entstanden ist, ist sie auch heute Teil der Sozialpolitik der herrschenden politischen Kräfte kapitalistischer Gesellschaftssysteme. Sie wird über Gesetze, über deren politische Auslegung und über die öffentliche Finanzierung weitgehend durch das politische System bestimmt, wirkt aber auch selber politisch, indem sie zwischen

System und den Menschen der Gesellschaft vermittelt und deren Überleben unter den gegebenen politischen Bedingungen zu sichern versucht. „Soziale Arbeit ist unweigerlich auch politisches Handeln, denn sie ist geprägt von der Spannung zwischen Hilfe und Kontrolle, zwischen Anpassung und Befreiung (Pluto/Seckinger 2008, S. 134).

Faktisch und historisch gesehen ist die Soziale Arbeit eine notwendige Begleiterscheinung des kapitalistischen Gesellschaftssystems (vgl. Böhnisch et al. 2005). Seit der ersten Industrialisierung brachte dieses System in den verschiedenen betroffenen Ländern massives Elend für einen großen Teil der Bevölkerung mit sich. Die so entstandene „Soziale Frage" (vgl. Kap. 1.3) wurde immer drängender. Das System brauchte die Menschen in doppelter Weise: als Produzenten und als Konsumenten. Wie war es zu erreichen, dass die Masse der Menschen im Rahmen des neuen Gesellschaftssystems so überleben konnten, dass sie diese beiden Funktionen auch langfristig würden ausüben können. Es gab zwei verschiedene Antwortversuche:

Große Teile der Arbeiterbewegung versuchten, eine sozialistische Überwindung des kapitalistischen Systems zu erkämpfen und damit auch die „Soziale Frage" obsolet zu machen.

Des Weiteren gab es – als Antwort auf diese sozialen Probleme – den Versuch, die „Soziale Frage" durch soziale Reformen innerhalb des bestehenden kapitalistischen Systems zu lösen. In diesem sozialreformerischen Kontext entwickelte sich im Laufe der Zeit der spätere Sozialstaat und mit ihm die Soziale Arbeit.

So entstand eine komplizierte, doppelte Aufgabenstruktur für die Soziale Arbeit:

- Soziale Arbeit ist als Teil der Sozialpolitik immer dazu aufgefordert, sich in die aktuelle politische Richtung einzufügen. Sie setzt als ausführendes Organ der herrschenden Politik, als Teil der praktizierten Sozialpolitik einer Gesellschaft, also im Rahmen ihres systemischen Mandates, die Vorstellungen und Aufträge um, die ihr sozialpolitisch gesetzt werden.
- Beauftragt vom System selber mit der Linderung der „Sozialen Frage", d.h. mit dem Ausgleich und dem Erträglichmachen der Verwerfungen der kapitalistischen Gesellschaft für den Teil der Menschen, der am unteren Sektor des gesellschaftlichen Wohlstandes angekommen ist, ist sie ganz direkt und unmittelbar konfrontiert mit den Problemlagen, die dieses System erzeugt, z.B. mit der zunehmenden und massiven sozialen Ungleichheit, mit Phänomenen wie Armut, Arbeitslosigkeit, gesellschaftliche Ausgrenzung, mit sozialer Benachteiligung, mit psychischen und sozialen Störungen und Schieflagen, die Folgen sind von gesellschaftlicher Ungleichverteilung, gesellschaftlicher Ausgrenzung und Vernachlässigung

und struktureller Gewalt. Soziale Arbeit erfährt in ihrer Arbeit sehr konkret und im ganzheitlichen, lebensweltlichen Zusammenhang, wie es zu den Problemen kommt. Sie erfährt also unmittelbar die gesellschaftlichen Hintergründe solcher Problemlagen. Da es ihre Aufgabe ist, die Menschen in diesem gesellschaftlichen System bei der Lebensbewältigung zu unterstützen, muss es notwendig – letztlich auch aus Sicht des Systems – ihr Interesse sein, die sozialen Problemlagen, die einer gelungenen Lebensbewältigung ihrer Klientel im Wege stehen, aufzuzeigen, zu verändern bzw. deren Veränderung von der Gesellschaft zu fordern.

- Hinzu kommt, dass die Soziale Arbeit sich als Profession an den Erkenntnissen und Grundlagen der Human- und Gesellschaftswissenschaften orientiert. Als in diesem Sinne reflexive Kraft verfügt sie über genügend Selbstreferenzialität (vgl. z.B. Michel-Schwartze 2010, S. 20), trotz ihrer Eingebundenheit in die Sozialpolitik des Systems, die gegenwärtigen politischen Konzepte und ihre Folgen für die Menschen und die eigene Profession zu reflektieren. Deshalb kann sie sehr wohl als Kritikerin und Mahnerin gegenüber der aktuellen Politik und den gesellschaftlichen Verhältnisse auftreten, ist sie die „geborene Kritikerin des Kapitalismus" (vgl. C.W. Müller 2006, S. 13), weil sie eine enorme Einsicht hat in die vom gesellschaftlichen System erzeugten Verwerfungen.

Was bei alle dem Soziale Arbeit aber nicht kann, ist, sich außerhalb der politischen Dimension zu bewegen. Ob sie sich anpasst oder ob sie sich wehrt, ob sie sich als reines Ausführungsorgan des Systems begreift oder ob sie versucht, sich aus ihrer Profession heraus für Menschen einzusetzen und sich gegen unzureichende Bedingungen für die Ausübung ihrer eigenen Kunst zu wehren, soziale Arbeit ist immer politisch, so oder so. Wenn hier im Weiteren von einer „Politisierung" der Sozialen Arbeit die Rede sein soll, so ist das in dem Sinne zu verstehen, dass es darum geht, wieder bewusst das politische Mandat aufzugreifen und eine parteiliche Haltung für die KlientInnen unserer Profession einzunehmen. Und Soziale Arbeit, die wie beschrieben, gar nicht unpolitisch sein kann, wäre in dem hier gemeinten Sinne dann „politisiert", wenn sie sich dieser Tatsache bewusst geworden ist und sich dann gezielt dafür entscheidet, entsprechend ihrer ethischen Grundsätze und im Zweifel auch gegen systemische Forderungen nach Anpassung und Unterordnung zu wirken.

Welche Rolle Soziale Arbeit tatsächlich innerhalb ihrer Gesellschaft spielt und gespielt hat, liegt und lag deshalb auch immer mit in ihrer eigenen Entscheidung, bzw. in der Entscheidung ihrer AkteurInnen:

Auf der einen Seite ist Soziale Arbeit immer eng mit der herrschenden Politik verbunden und damit befasst, sie zu transportieren und umzusetzen. Je nach Interessenlage der herrschenden Kräfte wirkt sie auch möglicherweise human und hilfreich im Sinne der Menschen. Bei einer nicht an den Interessen der Menschen bzw. aller Menschen ausgerichteten Politik allerdings und z. B. bei einem sozialpolitischen Verständnis, das Menschen aussondert und abstempelt, wird die Soziale Arbeit denn dazu angehalten, auch solche Vorstellungen mit umsetzen.

Andererseits kann Soziale Arbeit in solchen Fällen aber auch Widerstand leisten und somit selber eine treibende Kraft sein, wenn es darum geht, menschenwürdigere sozialpolitische Perspektiven zu eröffnen und zu fördern. Selbst dann, wenn die Demokratie ins Schlingern gerät, hatte und hat Soziale Arbeit durchaus die Möglichkeit, sich einer Menschen verachtenden Politik zu verweigern oder eigene, möglicherweise auch gegen die offizielle Politik gerichtete Schritte zu unternehmen. Natürlich ist es nicht immer einfach, sich gegen die herrschende Ideologie zu wehren und auf einer humanistischen Sozialen Arbeit zu bestehen. Im Zweifel gerät man damit in einen ernsthaften Konflikt mit dem System.

Wie wir wissen, kann es sehr wohl passieren, dass Soziale Arbeit sich politischen Interessen unterordnet oder andient, die sich gegen Menschen richten. An dieser Stelle soll der „Vater der modernen professionellen Sozialarbeit", nämlich C.W. Müller zu Wort kommen, der mit Blick auf die Rolle der Fürsorge im deutschen Faschismus die Notwendigkeit einer fachlichen und ethischen professionellen, eigenständigen Ausrichtung unmittelbar klarstellt: „Sozialarbeiter und Sozialarbeiterinnen in Gesundheitsämtern, Jugendämtern und Sozialämtern, Erzieherinnen und Pflegerinnen in geschlossenen und offenen Einrichtungen der Sozialen Arbeit und viele andere in Sozialen Berufen Tätige waren in das bürokratische System der Auslese, Aussonderung und Ausmerze von Trägern „unwerten Lebens" eingebunden. Viele haben sich dagegen gewehrt und mussten für diese Gegenwehr bezahlen, viele haben stillschweigend geduldet und sind in die innere Emigration gegangen, viele haben, zum Teil aus Überzeugung, mitgemacht." (C.W. Müller 2006, S. 19). Nicht ohne Grund weist C.W. Müller darauf hin, wie wichtig es sei, „das historische Bewusstsein wach zu halten, dass auch Vertreter einer moralischen Profession nicht gefeit sind gegen die Versuchung, die moralischen Prinzipien dieser Profession gegen ein antihumanes Gegenbild einzutauschen" (ebenda, S. 19).

Und so gilt auch heute: Soziale Arbeit kann nicht neutral bleiben, kann sich nicht raushalten oder sagen, Politik gehe sie nichts an. Sie ist auch heute immer politisch, so oder so. Sie muss sich entscheiden, wem sie letztlich dienen will.

6.1.2 Gibt es heute kritische Sozialarbeit und kritische SozialarbeiterInnen?

Soziale Arbeit fügt sich heute weitgehend stillschweigend in die neuen Bedingungen und Herausforderungen. Ein Teil der Sozialarbeitenden sind längst bewusst oder auch unbewusst zu Agitatoren der neosozialen Politik und Sozialarbeit geworden.

Der andererseits bei vielen durchaus vorhandene Unmut führt aber nicht zur organisierten Gegenwehr – von einer aktiven, politischen Einmischung ganz zu schweigen. Im Sinne der oben gemachten Feststellung, dass Soziale Arbeit nicht unpolitisch sein kann, muss kritisch angemerkt werden: Soziale Arbeit, die sich „unpolitisch", angepasst und langmütig verhält, ist und wirkt also sehr wohl politisch. Sie unterstützt und festigt das System und in unserem Fall das neoliberale sozialpolitische Konzept und schadet der eigenen Profession.

Es stellt sich die Frage, wie es zu einer solchen Entwicklung in der Profession kommen konnte. Wieweit hängt das mit dem veränderten sozialpolitischen Klima in unserer Gesellschaft zusammen? Angesichts der gezielten individuellen Schuldzuweisungen und der Leugnung politischer Verantwortung für die Problemlagen der Menschen im aktivierenden Staat, kann vermutet werden, dass die neoliberalen und neosozialen Vorstellungen und Zumutungen der gegenwärtigen sozialpolitischen und gesellschaftspolitischen Praxen selber einen großen Anteil an dieser politischen Apathie haben, da sie die Sozialarbeitenden zu scheinbar unpolitischem Verhalten verführen und einer weiteren und immer stärkeren „Entpolitisierung" der Sozialen Arbeit zuarbeiten. Sie verändern und entfremden die Soziale Arbeit ihrer eigenen Fachlichkeit und sorgen gleichzeitig dafür, dass kaum jemand daran Anstoß nimmt und nehmen kann.

Dennoch, nicht alle fügen sich ein, nicht alle nicken und schweigen. Eine ganze Reihe von Wissenschaftlerinnen, PraktikerInnen und StudentInnen sind nicht bereit, sich dem Veränderungsdruck anzupassen. Es sind diejenigen, denen ihre Berufssituation im sozialen Prekariat unerträglich wird, die die Auswirkungen auf die Klientel nicht akzeptieren können (weniger Hilfe, unzureichende Hilfe und Abschiebung sowie keine Hilfe für Ausgegrenzte) und die die Profession, ihre ethischen Grundlagen, ihre professionellen Methoden und Orientierungen nicht aufgeben wollen. Es geht ihnen um die Erhaltung der Profession Soziale Arbeit und um das, wofür die lebensweltorientierte Soziale Arbeit steht: ein humanistisches, an Menschenrechten und sozialer Gerechtigkeit orientiertes Umgehen mit denjenigen, die an ihrer Lebensbewältigung scheitern oder zu scheitern drohen.

Es liegt bis heute keine Analyse vor, wie viel Widerstand, wie viel Gegenwehr es im Kleinen und Großen in unserer Profession in der gegenwärtigen Phase gibt. Ich persönlich halte es für eine Illusion, davon zu reden, dass wir bald Verhältnisse wie in den 68er Jahren haben werden. Die Kräfte, die an einer scheinbar unpolitischen Sozialen Arbeit interessiert sind, sind stark. Man sollte sich keine Illusionen machen. Aber ich glaube auch, dass es mehr Widerstand und mehr politisch denkende, kritische Sozialarbeitende gibt, als man im beruflichen Alltag mitbekommt. Es gibt durchaus Potenzial für eine Repolitisierung wie Politisierung der Sozialen Arbeit. Es gibt sie, die kritische Soziale Arbeit.

6.1.3 Berechtigte Kritik oder die Verfechter des ewig Gestrigen?

Den Kritikern der neosozialen Veränderungsprozesse in der Sozialen Arbeit wird häufig vorgeworfen, das Gestern zurück haben zu wollen. Was ist davon zu halten?

Tatsächlich gilt in unserer Gesellschaft grundsätzlich als fortschrittlich, was sich „modern" gibt und neue, aktuelle Entwicklungen forcieren und mitgestalten will. Wer aber bestimmte neue, zukünftige Entwicklungen kritisch sieht, der wird pauschal als konservativ abgetan (vgl. z. B. Michel-Schwartze 2010, S. 7). Es geht der kritischen Sozialen Arbeit aber gar nicht darum, auf den Verhältnissen und Möglichkeiten von gestern zu beharren. Es geht allerdings sehr wohl um das Recht, etwas nicht notwendig für gut halten zu müssen, nur weil es neu und „modern" ist.

Die Verteidiger der Ökonomisierung reagieren auf die Kritik der neoliberalen und neosozialen Entwicklungen in der Sozialen Arbeit so, als ginge es um eine grundsätzliche Leugnung etwa der Relevanz der Begriffe Effektivität und Effizienz für die Soziale Arbeit. Auch das ist so nicht richtig. Es geht der kritischen Sozialen Arbeit nicht darum, die Notwendigkeit der Wirksamkeit Sozialer Arbeit oder auch die Sicherstellung eines sparsamen Umganges mit dem anvertrauten gesellschaftlichen Geld infrage zu stellen. Vielmehr muss die Profession aus Sicht der kritischen Sozialen Arbeit selber auf einer effizienten und wirkungsvollen Gestaltung ihrer Arbeitsvollzüge bestehen. Was aber Effektivität im Einzelnen bedeutet, möchte sie aus ihrer Fachlichkeit heraus selber bestimmen und sie weigert sich, fachliche Qualität und fachliche Inhalte einem Effizienzdiktat zu opfern.

Ebenfalls geht es bei der Kritik nicht darum, moderne Technik oder rationale Unterstützungsmöglichkeiten wie z. B. ein Managementkonzept für eine qualifizierte Arbeit verwerfen und etwa zur alten essayistischen Aktenführung zurückkehren zu wollen. Es geht auch nicht darum, die Systematik zu verdammen, die z. B. eine rational durchdachte Hilfeplanung ermöglicht. Es ist den Worten von Peter Stascheit voll zuzustimmen, der in der Diskussionsabschlussrunde des Symposiums „Management und Soziale Arbeit" (Heister 2003) sagte: „Ich habe den Standpunkt, dass wir Managementprinzipien in der Sozialen Arbeit einsetzen können und sollen. Damit haben wir jedoch nicht die soziale Frage beantwortet und deren Beantwortung dürfen wir auch nicht den Managern überlassen" (ebenda, S. 392).

Die Berücksichtigung von Managementaspekten müsste also keineswegs notwendig zu einer Verwerfung von Kernaufgaben und Kernidentitäten Sozialer Arbeit führen. Aber genau das geschieht, und zwar deshalb, weil die Einführung der Neuen Steuerung und des Sozialmanagements im Rahmen einer Umsteuerungspolitik betrieben wird, die diese Verwerfung der Kernidentität Sozialer Arbeit mit bezweckt. Sie versucht die Soziale Arbeit zu dominieren und in ihren Dienst zu stellen. Ziel der kritischen Profession aber wäre es, die ökonomischen und betriebswirtschaftlichen Techniken als Dienerin und nicht als Beherrscherin professioneller Sozialer Arbeit offensiv einzufordern.

Ganz sicher geht es bei der Kritik am neosozialen Konzept der Sozialen Arbeit auch nicht darum, die im Lebensweltkonzept angestrebte „Vitalisierung" der Klientel (vgl. Hinte/Karas 1989) aufzugeben und zur Fürsorge der Klientel (entsprechend der Konzepte der 50er Jahre) zurückzukehren. Die Lebensweltorientierung besteht sehr wohl und kompromisslos auf der Ermächtigung und Bemündigung, also der Aktivierung ihrer Klientel. Allerdings, das konnte oben gezeigt werden, bedeutet diese sozialpädagogische Aktivierung etwas anderes als die Aktivierung im neoliberalen Konzept. Die lebensweltorientierte Sozialarbeit, selber Kind der Zweite Moderne (vgl. z. B. Galuske 2002), antwortet selber auf die aktuellen gesellschaftlichen Entwicklungen, auf die „Umbrüche der Moderne, auf die Zunahme der Individualisierung und Pluralisierung von Lebenslagen und Lebenswegen" (vgl. Thiersch 1991, S. 20). Sie wird durch den neosozialen Ansatz nicht etwa fachlich überholt. Vielmehr wird sie von ihm ideologisch ausgehebelt.

Und auch den alten Sozialstaat fordistischer Prägung wollen die KritikerInnen der neoliberalen Entwicklungen in der Sozialen Arbeit nicht wiederhaben. Seine historisch reale Gestalt und Struktur würde der Sozialen Arbeit heute nicht mehr genügen. Was es aber zu retten und wieder zu fordern gilt, das ist der im ehemaligen Sozialstaat enthaltenen Kern des sozialen Diskurses (Böhnisch/Schröer 2002). Wie oben erläutert, hat die neoliberale Sozialstaatskritik mit der realen organisatorischen Form des Sozialstaates gleichermaßen dessen sozialpolitischen Kern weggefegt. Dieser soziale Diskurs hat sich dadurch nicht erledigt, dass einige ihn als erledigt betrachten. Er ist offensiv und kreativ weiterzuführen, auch und gerade zu Zeiten von Wirtschaftskrisen und so genannten knappen Kassen. Schließlich geht es darum, dass die Soziale Frage in unserer Gesellschaft nicht dauerhaft mit einer sozialdarwinistischen Antwort abgetan wird. Soziale Arbeit wäre eine wichtige Kraft und Stimme in diesem Diskurs. Und schließlich ist sie selber von seinen Ergebnissen existentiell betroffen (vgl. auch Bitzan/Bolay/Thiersch 2006, S. 69).

6.2 Strategieebenen kritischer Sozialer Arbeit

Wie schon aufgezeigt, gibt es durchaus VertreterInnen der Sozialen Arbeit in Wissenschaft wie Praxis, die nicht bereit sind, die neue Entwicklung einfach hinzunehmen und die darauf bestehen, dass Soziale Arbeit mehr sein muss und kann, als ein Erfüllungsgehilfe globaler und nationaler wirtschaftlicher Steuerungsorgane des Sozialen. Sie berufen sich dabei auf die ethischen Grundlagen der Sozialen Arbeit und sehen sich in einem aktivierenden Staat, der diese Grundlagen von sich weist, an einem Punkt angekommen, wo Soziale Arbeit entweder ihr Gesicht, ihr Profil und vor allem ihr humanistisches Wesen verliert oder aber unabdingbar einen – vermutlich nur politisch denkbaren – Weg finden muss, sich zu befreien aus ihrer engen Verquickung mit dem jeweiligen System und auf einem eigenständigen professionellen Mandat zu bestehen.

Strategien für eine Gegenwehr ergeben sich auf unterschiedlichen Ebenen, die wiederum aufeinander aufbauen und mit einander korrespondieren. Wenn wirklich etwas durch Gegenwehr geändert werden soll, so wird es notwendig sein, sich auf all diesen Ebenen kritisch einzubringen und aktiv zu werden.

6.2.1 Reflexivität als Gegenbild einer sozialtechnologischen Anpassung

Reflexivität bedeutet, den entscheidenden Schritt zu wagen von der bloßen Unzufriedenheit und dem unbestimmten Unbehagen an der gegenwärtigen Situation in der Sozialen Arbeit hin zur reflektierten und wissenschaftlich begründeten Kritik. Das Begreifen der Zusammenhänge, das Durchschauen von gesellschaftlichen Hintergründen und von nur scheinbar begrifflichen Ähnlichkeiten sind somit wichtige Aspekte und gleichzeitig die Voraussetzung einer Erfolg versprechenden Gegenwehr. Sie stellen die Basis für kritisches Herangehen, für Widerstand und politisches Handeln dar. „Will die Soziale Arbeit nicht zum Spielball einer Turbomodernisierung und ihrer sozialen Verwerfungen werden, bleibt ihr einzig und allein der kritische, aufgeklärte und wissensbasierte Blick auf die ihr systemisch abverlangten Aufgaben, Funktionen und die ihr zur Verfügung gestellten Ressourcen", so führt Galuske die Bedeutung der Reflexivität aus (Galuske 2002, S. 21). Auf diese Weise entwickelt sich das notwendige „Gegengift" (ebenda). Reflexivität liefere keine Lösungen, aber oft seien Fragen produktiver als das in „Glaubenskämpfen mündende Ringen um eine abschließende Antwort, die zur Voraussetzung (meist) eine andere Gesellschaft hat, die es (noch) nicht gibt" (ebenda, S. 348). Reflexivität bietet Denkangebote, welche das Verständnis für die Wirklichkeit und die darin enthaltenen Bedingungsgefüge erleichtern, stellen auch Bütow, Chassé und Hirt fest (2008, S. 231). Reflexivität im Sinne eines „Durchschauens der Verhältnisse" ist somit das Gegenbild einer sozialtechnologischen Anpassung an die neuen systemischen Erfordernisse.

Besonders wichtig wird Reflexivität, wenn man sich bewusst macht, dass die neosozialen Veränderungen auf eine merkwürdige Weise lautlos und scheinbar einvernehmlich von statten gegangen sind. Sie werden von vielen erlebt und behandelt wie naturbedingte Modernisierungsprozesse, die nicht aufgehalten werden können. Reflexivität fördert hier die Erkenntnis, dass es sich bei alldem um die Folgen gesellschaftlicher Entscheidungen handelt, um von Menschen gemachte Regeln und Verhältnisse und nicht um irgendwelche Naturereignisse. Auf diesem Hintergrund der Reflexivität erhält man so etwas wie eine „Sehhilfe", denn im Rahmen der Analyse wird deutlich, dass dieses real existierende Bedingungsgefüge auch ganz anders sein könnte. Damit gerät bisher Selbstverständliches „in den Horizont der Aufmerksamkeit und wird zum Teil überhaupt erst sichtbar" (Galuske 2002, S. 347/8). Insofern hat Reflexivität sehr viel zu tun mit Handlungsmöglichkeiten und Handlungsorientierungen. Denn so kann Zukunft anders gedacht werden als eine bloße Verlängerung der gegenwärtigen Situation.

Diese erste Strategie ist vordergründig eine Strategie der Theorie und der Wissenschaft. Aber die *PraktikerInnen* können und sollten sie sich unbedingt zu Eigen machen. Das Bewusstsein davon, warum bestimmte Dinge so und nicht wie gewünscht laufen, allein schon dieses Bewusstsein, nimmt etwas fort von der persönlichen Belastung, und es ist eine gute Ausgangsbasis für weitere Schritte des Widerstandes. C. W. Müller (2006) betont z. B. die Notwendigkeit eines kritischen Bewusstseins bei den PraktikerInnen, wenn diese versuchen wollen, die ihnen zugemuteten Anforderungen nicht einfach widerstandslos auszuhalten und hinzunehmen: Nur so würden sie in der Lage sein, ihre Situation in der Praxis kritisch zu durchschauen und die dort erfahrbaren Probleme zuzuordnen:

- So werden sie erkennen, dass viele ihrer Misserfolge nicht an den eigenen Unfähigkeiten liegen.
- Sie werden als MitarbeiterInnen gegenüber ihren Vorgesetzten oder z. B. auch als Träger gegenüber dem Jugendamt deutlicher sagen können, was unter bestimmten Bedingungen geleistet werden kann und was nicht.

- Sie werden in die Lage versetzt, im Bezug auf die von ihnen zu vollziehende Praxis die Grenzen des ethisch für sie selber noch Akzeptablen zu definieren.
- Und schließlich können sie auf dieser Grundlage auch die Grenze ihrer persönlichen Bereitschaft zur Selbstausbeutung bestimmen.

Für die *kritischen WissenschaftlerInnen* der Disziplin Soziale Arbeit wiederum bedeutet Reflexivität unter anderem, dass sie sich verstärkt in Theorie und Forschung mit neosozialen oder neosozial-kompatiblen Positionen und Interpretationsweisen Sozialer Arbeit – auch mit denen aus den eigenen Reihen – auseinandersetzen sollten. Erst wenn eine aktive Auseinandersetzung mit solchen Entwicklungen auch auf wissenschaftlicher Ebene stattfindet, erfährt die Disziplin den notwendigen Entwicklungsschub, der auch die Profession selber in die Offensive tragen kann. Roer (2010) mahnt eine grundsätzliche Neuorientierung an: „Sozialarbeit, die sich als sozialpolitische Akteurin betätigen will, nicht im Dienste des Wettbewerbstaates, sondern bewusst im Interesse ihrer KlientInnen, muss sich selbst als Faktor im Spiel der gesellschaftlichen Kräfte erkennen. Dafür ist die Politisierung ihrer Grundlagen, der Sozialarbeitswissenschaften, eine Voraussetzung. Unverzichtbar aus meiner Sicht ist also eine Analyse der Profession im Kontext der aktuellen Entwicklung des (Raubtier- und Casino) Kapitalismus" (Roer 2010, S. 43).

6.2.2 Beharren auf sozialpädagogischen Positionen

Bei der folgenden Strategieebene geht es um den Schritt von der Kritik und Analyse hin zum offensiven Handeln. Reflexivität ist zwar eine Voraussetzung für widerständiges Handeln, aber noch keine Garantie dafür. Kappeler und W.C. Müller (2006) stellen fest, dass ein kritisches Bewusstsein und eine affirmative Praxis in der Realität nämlich durchaus, auch innerhalb einer einzigen Person, „in Frieden miteinander leben können". Die oben angeführten Bewältigungsstrategien für die neuen Herausforderungen machen dies offenkundig. Zum Handeln gehört offensichtlich mehr als nur Reflexivität. In erster Linie ist der Entschluss erforderlich, sich mit den „Herrschenden" anzulegen, also offen eine andere Position zu beziehen und für sie zu kämpfen.

Der alltägliche Widerstand im Kleinen gegen fachfremde und fachlich unzumutbare Anforderungen und Rahmenbedingungen in der Praxis der Sozialen Arbeit ist von größter Wichtigkeit. Es geht dabei zunächst noch gar nicht um regelrechte „Aktionen", um organisierten Widerstand oder komplexe politische Strategien. Es geht schlicht darum, dass jeder Sozialarbeitende vor Ort und jede WissenschaftlerIn an ihrem Schreibtisch die Kernaussagen und die ethischen und wissenschaftlichen Orientierungen der Sozialen Arbeit bewusst, gezielt und offensiv thematisiert, herausfordert und sich den Tendenzen, sie zu unterlaufen und zu konterkarieren, unmissverständlich und selbstbewusst entgegenstellt.

Von „störrischer Professionalität" wird gesprochen (vgl. z. B. Galuske 2002; Walther 2005), wenn es darum geht, bestimmte neosoziale Entwicklungen in der Sozialen Praxis offen zu unterlaufen und zu stören. Dollinger stellt fest: „Will die Sozialpädagogik bei dieser Instrumentalisierung nicht kooperieren, so muss sie Aktivierungsprogramme dort im Dienste der Nutzer ihrer Leistungen „stören", d. h. refigurieren, wo die Nebenfolgen und Einseitigkeiten der Aktivierungspolitik für die Betreffenden nicht zu tragen sind" (Dollinger 2006, S. 18; vgl. auch Prömmel 2006, S. 30; Galuske 2008). Mit dieser Strategie soll versucht werden, im Rahmen der Profession und mit den Mitteln der Profession offenen Widerstand zu leisten, nicht im Sinne eines Rückzuges oder einer Verweigerung, sondern im Sinne einer aktiven Praxis, die den Konflikten an den Grenzlinien zwischen Fachlichkeit und neoliberaler Herausforderung nicht aus dem Wege geht.

Das Beharren auf sozialpädagogischen Positionen als wichtige Strategie im Umgang mit den neosozialen Entwicklungen schimmerte auch in einigen der oben aufgeführten Bewältigungsstrategien durch (z. B. bei den „unbeeindruckten Profis"). Sinnvoll im Sinne einer Gegenstrategie sind diese Bemühungen aber nur, wenn sie offensiv eingesetzt werden, als offene Auseinandersetzung mit dem Gegenüber, als bewusster Einstieg in eine Auseinandersetzung im bestehenden Konflikt, als Bemühen, diesen Konflikt offenkundig werden zu lassen, ihn nicht unter den Teppich zu kehren oder heimlich doch zu machen versuchen, was man für richtiger hält. Es geht also um das offene und widerständige Beharren auf den Eckpfeilern der Profession: auf ihrer sozialpädagogischen Konzeption, auf ihrer Ethik, auf ihren Begriffen und dem eigenen Verständnis ihrer Begriffe sowie auf ihren lebensweltorientierten Methoden und Zeitperspektiven. Nur so kann man der Falle entgehen, die Heite (2008) beschreibt, dass man nämlich alleine schon dadurch, dass man versucht, die Spezifik der Sozialen Arbeit in die Semantik der Ökonomie und ihren Leistungsbegriff zu transferieren, die grundsätzliche Ausrichtung und Orientierung an Leistung, Erfolg und Qualität im letztlich ökonomischen Sinne auch für die Soziale Arbeit akzeptiert und sich damit dieser Logik unterordnet. Man entgeht diesem Automatismus erst dann, wenn man nicht nur versucht, seine eigenen fachlichen Inhalte angemessen und erkennbar unterzubringen, sondern wenn man gleichzeitig den Anspruch der ökonomischen Logik und ihrer

Instrumente auf Gültigkeit und Zuständigkeit und z. B. ihre Vorstellungen von Wirkung und Evidenz im Bezug auf die Soziale Arbeit infrage stellt.

Gerade auch für *PraktikerInnen* ist diese Strategie äußerst hilfreich und durchaus alltäglich praktizierbar: Sie setzt allerdings zunächst voraus, dass die PraktikerInnen ein angemessenes Selbstbewusstsein als Sozialarbeitende und eine gute Kenntnis ihrer Profession entwickelt haben,

- dass sie wissenschaftlich begründen können, was sie tun oder tun möchten und warum sie es tun;
- dass sie begreifen, was Sozialarbeit eigentlich (Besonderes) leisten kann,
- dass sie dieses Besondere nicht festmachen an ihren juristischen oder psychologischen Kenntnissen, sondern an dem kommunikativen „Kern" Sozialer Arbeit und z. B. an ihrer Allzuständigkeit und Alltagsorientierung,
- dass sie für sich fachliche Autorität beanspruchen (vgl. Nadai et a. 2005, S. 192) und in der Lage sind, ihre Kompetenzen anderen gegenüber überzeugend zu kommunizieren. Aufbauend auf eine solche professionelle Basis ist dann ein auf Professionalität beharrender und auch offener Widerstand Erfolg versprechend.

So empfiehlt beispielsweise Staub-Bernasconi (2007b, S. 36): „Wenn der Sparauftrag zur Deprofessionalisierung führt, muss dies aktenkundig gemacht, je nachdem öffentlich und damit (träger)politischer Verantwortung zugewiesen werden". Das könnte z. B. bedeuten:

- Wenn Sozialarbeitende sich auskennen in Fragen der erforderlichen Qualität ihrer Profession, werden sie sich aktiv und qualifiziert in Prozesse des Qualitätsmanagements und der Leistungsbeschreibungen einmischen können und die Grenzziehung zwischen einer Leistungsbeschreibung, die das Projekt Soziale Arbeit als kommunikative Profession angemessen abbildet und einer Quantifizierung, die Soziale Arbeit zu einem standardisierten Produkt entleert, aufzeigen und besser verteidigen können. Auf diese Weise könnte es z. B. im Rahmen des Kontraktmanagements zu Konflikten kommen, die aber angesichts guter fachlicher Argumente nicht so ohne weiteres vom Tisch zu wischen wären.
- Wenn SozialpädagogInnen wissen, was sie leisten können und unter welchen Voraussetzungen sie diese Leistung erbringen können, so sind sie in der Lage, anzugeben, welche Ergebnisse unter beispielsweise neuen einschränkenden Bedingungen ihrer Arbeit nicht mehr erwartbar sind und welche Nebenfolgen eintreten können. Auf eine solche Weise wäre z. B. der Widerstand gegen eine Einschränkung der Zeitkontingente im Rahmen der Beratung von Menschen mit komplexen Problemlagen umzusetzen. Was kann so noch erreicht werden? Was nicht? Welche Folgen kann das

haben? Welche Folgekosten? Die Antworten auf diese Fragen müssen offen dargelegt und am besten verschriftlicht werden. Die Verantwortung für eine Praxis, die mit offenen Augen diese Folgen riskiert, liegt dann nicht mehr beim einzelnen Sozialarbeiter.

- Wenn SozialpädagogInnen und SozialarbeiterInnen sich ihrer professionellen Zielsetzungen sicher sind, haben sie eine solide Grundlage für eine „alltägliche Thematisierung und Skandalisierung der Folgen neoliberaler Spar- und Kontrollpolitik.

Die Strategie des alltäglichen und konkreten Widerstandes setzt bei PraktikerInnen allerdings nicht nur viel Selbstbewusstsein und professionelle Sicherheit voraus, sondern natürlich auch die Kraft und Bereitschaft, Konflikte durch das „störrische Beharren" hervorzurufen und durchzustehen:

- So könnte z. B. eine sozialpädagogische Familienhelferin, die sich zusammen mit ihrem Fachteam sicher ist, dass diese ambulante Hilfe in der ihr anvertrauten Familie die Problemlagen nicht lösen kann, dies dem öffentlichen Auftraggeber zurückmelden. Sollte es zur Nichtbeachtung dieser fachlichen Einschätzung kommen, wäre eine schriftliche Stellungnahme zur Kenntnis des verantwortlichen Jugendamtsleiters ein nächster Schritt. Sollte dieses Verhalten zu Einschränkungen oder Sanktionen gegenüber dem betroffenen Träger oder der konkreten Mitarbeiterin führen, müsste dieses Vorgehen der öffentlichen Jugendhilfe vor dem zuständigen Jugendhilfeausschuss kritisch hinterfragt werden und im schlimmsten Fall sollte man mit dieser Kritik – natürlich was die Klientel betrifft anonymisiert – an die Öffentlichkeit gehen.
- So könnten z. B. MitarbeiterInnen dem Träger eine offene Rechnung aufmachen, wie viel er durch ihre Bereitschaft spart, unbezahlte Überstunden zu machen oder im eigenen Beruf zusätzlich ehrenamtliche Einsätze zu übernehmen.
- Auch die Gegenüberstellung der Kosten für einen nachhaltig wirksamen Ansatz auf der einen Seite mit den wahrscheinlichen Folgekosten auf der anderen, die bei einem kostengünstigeren aber viel zu kurz schrittigen Vorgehen entstehen werden, wären ein gutes Argument, das auch wirtschaftlich denkende Verwaltungen nicht leicht entkräften können. Ganz sicher hat eine solche Gegenüberstellung ihre Wirkung, wenn diese Diskussion die Öffentlichkeit erreicht.

Auch der *Kampf gegen prekäre Arbeitsbedingungen* ist ein Beispiel für das Beharren auf fachlichen Positionen und Bedingungen qualifizierter Sozialer Arbeit. Er ist nicht nur zum Schutze der Sozialarbeitenden selber notwendig, sondern genauso ein wichtiger Schritt im Widerstand gegen die schleichende Deprofessionalisierung, Entkernung und Banalisierung unserer Profession (vgl. z. B. Staub-Bernasconi 2007). Hierher gehören politische Forderungen nach einer angemessenen Bezahlung für fachliche Qualität und Qualifikation und ebenso nach der Bereitstellung der notwendigen Rahmenbedingungen, die Soziale Arbeit braucht, um nachhaltig wirken zu können (z. b. Kontinuität, hinreichend Zeit).

Auch für die *Wissenschaft* wäre das Beharren auf Fachlichkeit ein entscheidender Schritt der Gegenwehr. Aber es kommt dabei darauf an, dass, anders als es bei den im vorigen Kapitel skizzierten Bewältigungsstrategien von einigen WissenschaftlerInnen praktiziert wird, die unvereinbaren Widersprüche nicht weggeredet oder negiert werden, um so vielleicht doch ans sozialpädagogische Ziel zu gelangen. Die kritischen Punkte müssten vielmehr offen, offensiv und widerständig auf den Tisch gelegt und eine Auseinandersetzung darüber eingefordert werden:

So sollten sich kritische WissenschaftlerInnen heute gezielt besonders mit solchen Fragen auseinandersetzen, die mit den fachlichen und ethischen Kernelementen Sozialer Arbeit zu tun haben (z. B.: Welche Möglichkeiten der Motivierung von Klienten bestehen – jenseits von Druck, Überredung und Sanktionen? Welche Bedeutung spielt die Ergebnisoffenheit für den sozialpädagogischen Prozess? Welche gesellschaftlichen Hintergründe befördern spezifische Entwicklungen wie z. B. Zunahme jugendliche Gewalt, Unterschichtmentalität, oder Zunahme von Psychosomatischen Erkrankungen?).

Die kritische Wissenschaft der Sozialen Arbeit müsste also den Konzepten und Absichten der neosozialen Strategie unmissverständlich fachliche Alternativen entgegenzustellen, etwa einen „befähigungsorientierten Ansatz" (vgl. Heite 2007, S. 74) anstelle der neosozialen Schuldzuweisung. Sie sollte eigene empirische Ansätze zur Überprüfung sozialpädagogischer Wirkung entwickeln, die nicht einem kurzatmigen Zeithorizont und einem segmentierten Verständnis von Veränderung verpflichtet sind, sondern die versuchen, den komplexen Zusammenhängen der Wirklichkeit von Menschen und ihren Lebenswelten gerecht zu werden. Ein „störrisches Beharren" auf der Seite der WissenschaftlerInnen könnte sich z. B. auch im Kontext von Forschungsaufträgen für die Praxis zeigen oder im Rahmen der Beteiligung an Projekten und Modellen. Viele Forschungsaufträge aus der Praxis transportieren heute neosoziale Vorstellungen und haben entsprechende Erwartungen an die Forschung. Es geht nicht darum, solche Aufträge zu verweigern oder ihnen aus dem Wege zu gehen. Störrisches Beharren und fachlicher Widerstand würden vielmehr bedeuten, im Rahmen solcher Projekte oder Forschungsaufträge die Schwächen des Ansatzes immer wieder zu verdeutlichen. Kessl (2005, S. 226) fordert, dass die Forscher die Beschränkung auf Funktionalitätsfragen aufgeben. Wissenschaft kann sich nicht als gekaufte Kraft vereinnahmen lassen. Als Wissenschaft hat sie das Recht und auch die Pflicht, Praxis nicht einfach abzubilden, zu verdoppeln, im Interesse der politischen Auftraggeber schön zu reden und erwünschte Fragen im Sinne des Fragenden zu beantworten. Und sie hat auch das Recht, unerwünschte Antworten zu geben und unerwünschte Fragen zu stellen. Wird ihr das nicht gestattet, sollte sie diese Vereinnahmungstendenzen offen legen und öffentlich machen.

Natürlich ist eine solche „störrische" Soziale Arbeit weder in der Wissenschaft und schon gar nicht in der Praxis beliebt und es wird sicher auch versucht, sie abzuwehren oder gar auszuschalten. Die ernstzunehmende Sorge vieler PraktikerInnen, bei Widerstand ihre Stelle zu verlieren, die direkten Folgen widerständigen Verhaltens und offener Kritik auch bei Leitungspersönlichkeiten machen deutlich, dass Widerstand keine einfache Sache ist und auch für den Einzelnen gefährlich werden kann (vgl. auch Staub-Bernasconi 2007b, S.37).

Dagegen gibt es allerdings ein Mittel, ein für politische Auseinandersetzungen uraltes und elementares Mittel: Soziale Arbeit, die bereit ist zum konsequenten und offensiven Beharren auf ihren professionellen Positionen muss kollektive Formen des Widerstandes einbeziehen, wahrscheinlich auch erst einmal entdecken und Erfahrungen darin sammeln. Der Widerstand auf der Praxisebene wie auf der fachlich-theoretischen Ebene wird sich nicht durchsetzen und nach außen kaum wahrnehmbar werden, wenn es sich dabei nur um Aktionen Einzelner handelt. Diese Möglichkeiten scheinen aber in sozialarbeiterischen Kreisen merkwürdig unbekannt zu sein. Auf ihre Notwendigkeit gehe ich noch ausführlich ein.

6.2.3 Das politische Mandat der Sozialen Arbeit wieder aufnehmen

Der nächste Strategieschritt ergibt sich mehr oder weniger zwangsläufig aus den vorigen. Die Reflexivität führt unmittelbar zu politischen Erkenntnissen über die eigene Profession und der Weg des störrischen Beharrens auf Fachlichkeit macht die Notwendigkeit einer Repolitisierung und Politisierung im Sinne der Wiederaufnahme des politischen Mandates Sozialer Arbeit unmittelbar erfahrbar.

Es geht zunächst darum, sozialpädagogische und politische Implikationen und Absichten innerhalb der Profession Soziale Arbeit wieder bewusst zu machen, die politische Legitimation neu zu begreifen und für sich zu entdecken (vgl. Kessl/Otto/Ziegler 2006; vgl. auch Roer 2010). Des Weiteren geht es um Konsequenzen für politisches Handeln der in der Sozialen Arbeit Tätigen, ein

Handeln, das über das oben beschriebene „störrische Beharren" auf der eigenen Fachlichkeit hinausgehen muss, das in der konkreten sozialpädagogischen Arbeit mit der Klientel selber (vgl. z. B. Bizan 2000) und auch nach außen hin in die Öffentlichkeit und Politik hinein wirksam werden soll.

Der Prozess der Selbstvergewisserung der Profession als einer politischen Profession umfasst die erneute Inblicknahme ihrer sozialpolitischen Verbunden- und Eingebundenheit, ihrer Entstehung und ihrer gesellschaftlichen Funktion im Kapitalismus, ihrer widersprüchlichen Mandate sowie des politischen Mandates der Sozialen Arbeit und ihrer ethischen Positionen.

Winkler sieht einen positiven Aspekt in der gegenwärtig aufgezwungenen Auseinandersetzung mit der neosozialen Politik darin, dass Soziale Arbeit wieder gezwungen werde, politisch zu werden (vgl. Winkler 2008, S. 204). Er fordert, dass Soziale Arbeit „ein Verständnis von ihrer gesellschaftlichen Funktion wiedergewinnt, sich selbst als eine Instanz des Politischen in der modernen Gesellschaft begreift (Winkler 1995, S. 183).

Die Einsicht in die unabweisbare politische Rolle der Sozialen Arbeit und der Wille, diese Rolle im Interesse der Menschen – auch derjenigen, die die Gesellschaft ausgrenzt – wahrzunehmen, sind Voraussetzungen für ein tatsächlich politisches Handeln der Sozialen Arbeit. In diesem Sinne kommt es zu einer Reformulierung politischer Handlungsstrategien und politischer Ziele Sozialer Arbeit.

Im Einzelnen sind das z. B. folgende Orientierungen und Handlungsansätze:

6.2.3.1 *Parteilichkeit mit unserer Klientel*

Parteilichkeit als politische Haltung und Handlung wird als erkennbare und konsequente Parteinahme für die Teile der Gesellschaft verstanden, die klassisch Klientel der Sozialen Arbeit sind, die von der Gesellschaft schon immer ausgegrenzt wurden und die, die im neoliberalen Staat einer verschärften Ausgrenzung und dazu auch noch einer Moralisierung und Entwertung ausgesetzt werden (vgl. z. B. Galuske 2008, S. 25).

Der Berufsgruppe der Sozialarbeitenden wird als Berufsmotivation immer wieder so etwas wie „Nächstenliebe" unterstellt. Parteilichkeit ist jedoch etwas ganz anderes als Nächstenliebe. Sie bedeutet das Partei Ergreifen für Schwächere und zwar aus der ethischen Überzeugung heraus, dass diesen Schwächeren Unrecht geschehen ist oder geschieht. Ihr Mangel an Ressourcen ist keine individuelle Eigenschaft und schon gar kein individuelles Versagen, sondern stellt eine soziale Benachteiligung dar, die nicht zu akzeptieren ist.

Im Rahmen der Parteilichkeit geht es also nicht um Mitleid und Barmherzigkeit, sondern um die offene und öffentliche Verteidigung von Menschenrechten, z. B. auch von Sicherheits- und Freiheitsrechten unserer Klientel. Parteinahme bedeutet auch, dass Soziale Arbeit sich nicht dazu missbrauchen lässt, Menschen mit Schuldgefühlen zu belasten. Stattdessen geht es darum, Menschen über die Strategien einer Gesellschaft aufzuklären, die sich selber von jeder Schuld für soziale Problemlagen frei spricht und die Verantwortung dafür allein den einzelnen Menschen in die Schuhe schieben will. Das Bestehen auf einer parteilichen und sozialanwaltlichen Funktion der Sozialen Arbeit für ihre Klientel muss im Sinne von Parteilichkeit der Profession offensiv nach außen vermittelt werden. Kessl bezeichnet dies als eine wichtige Funktion der Sozialen Arbeit (Kessl 2005a, S. 227). In der offensiven Verteidigung sozialer Rechte und im Entgegenwirken der Re-Privatisierung von Verantwortung für die Absicherung sozialer Risiken sieht z. B. auch Heite (2009, S. 115) eine zentrale politische Aufgabe der Profession.

6.2.3.2 Aufklärung über das neosoziale Projekt

Die Aufklärung über das neosoziale Projekt fängt in der konkreten sozialpädagogischen Arbeit an. Im Sinne von Bizan (2000) geht es darum, Soziale Arbeit nicht auf die Unterstützung von Lebensbewältigung im Sinne einer bloßen Ruhigstellung der Menschen zu reduzieren, sondern im Sinne einer „radikalisierten Lebensweltorientierung" (Bizan 2000, S. 343) gleichzeitig die Widerständigkeiten, die Reibungen, die Widersprüchlichkeiten *zu* (Einf. d. V.) thematisieren und als Ausgangspunkte für die Gewinnung autonomer Lebenspraxis, die das Zurechtkommen überschreitet", zu nutzen. Sie empfiehlt eine „Konfliktorientierung als professionelle Kompetenz in der Sozialen Arbeit", die sich nicht nur um die Bewältigungsseite von Konflikten kümmert. „Es geht ebenso darum, den zugrunde liegenden Konflikten einen Namen zu geben und sie somit als Ausdruck eines Konfliktverhältnisses kenntlich zu machen und die Konfliktbeteiligten zu benennen (ebenda, S. 343).

Die fallübergreifende, streitbare Aufklärung der Gesellschaft über die Ideologie des Neoliberalen und ihre impliziten, wissenschaftlich inakzeptablen theoretischen Schlussfolgerungen ist eine weitere, politische Aufgabe kritischer Sozialen Arbeit. Kessl (2005, S. 226) stellt sich eine „transparente Positionierung" der Sozialen Arbeit innerhalb politischer Kämpfe vor. Soziale Arbeit, so Kessl, müsse heute die „neosozialen" Regierungsprogramme ihres „Ideologiefreiheitsgewandes" entkleiden, um damit die eigentlichen neoliberalen Überzeugungen zu dechiffrieren (ebenda, S. 226). Der Notwendigkeit, sich in unserer Gesellschaft für die Rechte Sozial Benachteiligter einzusetzen, macht die Soziale Arbeit zu einer gesellschaftlichen Kraft, die explizit und offensiv für soziale Gerechtigkeit und Menschenrechte eintritt. Es gibt in unserer Gesellschaft kaum noch glaubwürdige Gruppen oder

Instanzen, die für ein humanistisches Menschenbild und für eine verantwortliche Gesellschaft stehen. Mit ihrer lebensweltlichen Konzeption aber tritt Soziale Arbeit genau dafür ein. Ihre Bedrohung durch das neosoziale Modell ist gleichzeitig eine Bedrohung der Gesellschaft und ihrer humanistischen Wurzeln und Verpflichtungen. Somit wäre ein Kampf für die Erhaltung der Profession gleichzeitig ein Kampf um eine menschliche Gesellschaft.

Soziale Arbeit tut gut daran, sich gegen Privatisierung, Dekommodifizierung und Vermarktlichung der Sozialen Arbeit und des Sozialen überhaupt zur Wehr zu setzen und die Öffentlichkeit über die Folgen dieser Entwicklung und die Hintergründe aufzuklären. Menschen und menschliche Bedarfe sind keine Waren. Soziale Arbeit und ihre Klientel dürfen nicht irgendeinem Profitinteresse unterworfen werden. Entscheidungen, die hier getroffen werden, müssen anderen Maßstäben und Kriterien unterliegen. Das alles gilt für die Soziale Arbeit im Übrigen genau so wie z. B. für den Betrieb öffentlicher Verkehrsmittel: Der Bedarf der Berliner sich innerhalb ihrer Stadt mit der S-Bahn im angemessenen Tempo und Takt fortbewegen zu können, wurde nicht mehr bzw. wird nur eingeschränkt gewährleistet, weil die Orientierung am Markt und am Gewinn (Börsengang) es verunmöglicht hat, den Wartungs- und Sanierungsaufgaben im Interesse der Menschen wirklich gerecht zu werden.

6.2.3.3 Durchführung alternativer Projekte Sozialer Arbeit

Auch alternative Praxisformen und Praxisprojekte können politische Handlungsstrategien entwickeln und eine politische Wirkung erzeugen. So sind aus den alternativen sozialen Projekten der 70er und 80erJahre später Regelprojekte Sozialer Arbeit geworden (z. B. Frauenhäuser, mobile Jugendarbeit, sozialpädagogische Familienhilfe). Heute gibt es weit weniger Engagement und Initiative für alternative Projekte im sozialen Bereich (vgl. Notz 2009, S. 215). Gegenwärtige Beispiele sind Ansätze aus dem Selbsthilfebereich oder z. B. Elterninitiativen. Weitere Bespiele sollen unten kurz vorgestellt werden. Als Versuche, sich aus der Abhängigkeit des Staates und seiner neoliberalen Vereinnahmung zu befreien und allein oder zumindest frei vom systemischen Mandat dem Mandat der KlientInnen und der eigenen Fachlichkeit dienen zu können, sind Projekte zu verstehen, die außerhalb einer staatlichen oder wirtschaftlichen Förderung alternative Soziale Arbeit umsetzen. In einzelnen Fällen gelingt es in solchen Ansätzen alternativer professioneller Sozialer Arbeit auch heute, zusammen mit den KlientInnen neue Wege zu gehen und Alternativen zum Bestehenden zu entwickeln. (Schroedter 2006, S. 98). Soziale Arbeit, die sich der Fesseln ihres systemischen Mandates zu entledigen versucht, hat es allerdings sehr schwer und wird sich nur hier und da halten können. In der Regel bleibt Soziale Arbeit finanziell abhängig von staatlichen, von Steuergeldern oder von Spenden. Die Spielräume für eine alternative Soziale Arbeit, die sich nicht den Bedingungen und Auflagen des neosozialen systemischen Mandates beugt, sind also eng. Trotzdem stellen sie zur „offiziellen" Sozialen Arbeit ein wichtiges Gegengewicht dar und sind eine produktive und politisch orientierende Quelle für die Ausformulierung des politischen Mandates der Klientel und für die Umsetzung einer Fachlichkeit, die allein den Orientierungen der Profession zu folgen bereit ist.

Projekte der „solidarischen Ökonomie" (vgl. Notz 2009, S. 216f) bzw. der „Gemeinwesenökonomie" (vgl. Böhnisch 2005, S. 244) z.b. gab es in Deutschland seit der Formierung der Arbeiterbewegung. Heute existieren alternative Betriebe und Projekte, in denen Mitglieder selbst verwaltet und in kollektiven, nicht hierarchischen Strukturen unter selbst bestimmten Normen Tätigkeiten verrichten, die der Erstellung von Produkten oder Dienstleistungen dienen (z.b. Handwerksunternehmen im Rahmen der Sanierung des eigenen Wohngebietes (vgl. Ries 2003, S. 205), Umsonstläden, Stadtteilcafés, Entrümplungsfirmen). Betriebe der solidarischen Ökonomie müssen sich auf dem Markt konkurrenzfähig zeigen. Deshalb kommt es nicht selten zur „Selbstausbeutung" in solchen Betrieben, die ständig um ihre Existenz kämpfen müssen (vgl. Notz 2009, S. 217). Eine grundsätzliche Lösung der Sozialen Frage oder auch der Situation der professionellen Sozialen Arbeit können sie also nicht bieten. Dennoch: „Projekte und Betriebe der solidarischen Ökonomie", so kommentiert Notz (ebenda, S. 219), „haben ein Fenster in eine herrschaftsfreie Welt aufgetan. Sie setzen auf die Kraft des Vorlebens und des Experiments, stellen sich den Herausforderungen der GrenzgängerInnen und versuchen, aus Träumen Leben werden zu lassen."

Auch *alternative Ausbildungsprojekte* wie das „Anti-oppressive Social Work" (AOSW), ein Projekt alternativer Sozialer Arbeit aus England, das die politische Einmischung in als Privatprobleme verklärte gesellschaftliche Angelegenheiten als seine Aufgabe ansieht, kann als Form einer alternativen Sozialen Arbeit angesehen werden (Straub 2006, S. 119). Das AOSW ist in Ausbildungsinstitutionen präsent und strebt in Kooperation mit sozialen Bewegungen z.b. den Aufbau alternativer sozialer Dienste an. „Soziale Arbeit wird in erster Linie anwaltschaftlich verstanden, als eine Profession, die ungerechte, unterdrückende Beziehungen verändern kann und muss. Von den Angehörigen der sozialen Zunft wird erwartet, dass sie das Veränderungspotenzial Sozialer Arbeit mit Individuen, Gruppen oder Gemeinschaften zugunsten von mehr sozialer Gerechtigkeit nutzen, politische Einmischung wird explizit als eine Aufgabe Sozialer Arbeit definiert (ebenda, S. 122).

Ehrenamtliche Soziale Arbeit (nicht als Alternative zur Berufstätigkeit, sondern als politisches außerberufliches Engagement verstanden), stellt eine weitere Möglichkeit alternativer Sozialer Arbeit dar. Hier besteht die Chance, Soziale Arbeit frei vom systemischen Mandat ganz in den Dienst der betroffenen Menschen zu stellen und ihnen z. B. dabei zu helfen, sich gegen menschenunwürdige Behandlungen im Kontext Hartz IV zur Wehr zu setzen. So kann es einen politischen Sinn machen, als professionelle SozialarbeiterIn ehrenamtliche Unterstützung von Arbeitsloseninitiativen zu leisten. Als Beispiel sei hier die schon oben erwähnte Kölner Erwerbsloseninitiative genannt (Kölner Erwerbslose in Aktion e.V., KEAs), in der von Hartz IV Betroffene und Nichtbetroffene Mitglieder sein können. „Wesentliches Anliegen der KEAs ist und bleibt seit ihrer Gründung der aktive und aktionistische Protest und Widerstand gegen Hartz IV und andere Repressionen" heißt es auf der Homepage der Initiative (KEAs 2009 a. a. O.). Die Initiative gibt einen „Kölner Erwerbslosenanzeiger" heraus, die Mitglieder begleiten sich gegenseitig beim Gang zur ARGE oder zu Ämtern, bieten offene Beratungen zum SGB II an, veranstalten improvisierte „Erwerbslosen-Frühstücke", unterstützen kreative Protestformen gegen den Sozialabbau, engagieren sich aber auch auf soziokultureller Ebene.

Auch der schon erwähnte *Berliner Rechtshilfefond Jugendhilfe e.V.* (vgl. Urban/Schruth 2006, S. 127) kann als alternative Soziale Praxis bezeichnet werden. Er bildet eine von den Interessen freier und öffentlicher Jugendhilfeträger unabhängige Anlaufstelle für Betroffene, denen Jugendhilfeleistungen widerrechtlich vorenthalten werden. „Wenn ... Politik und Verwaltung in der Umsetzung des KJHG rechtsstaatlich versagen, kann dem nur noch auf rechtlicher Ebene begegnet werden. Die Betroffenen sind hierzu jedoch ohne Unterstützung nicht in der Lage: Sie wissen in der Regel nicht, welche Rechte ihnen zustehen und wie diese durchgesetzt werden können", erläutern die Autoren die Notwendigkeit dieses Ansatzes (ebenda).

6.2.4 Solidarisches, vernetztes, politisches Handeln

Diese vierte Ebene stellt keine neue Strategie neben den anderen dar, sondern sollte allen Bemühungen um eine repolitisierte Soziale Arbeit immanent sein.

Alternative Projekte, politische Aktionen, Auseinandersetzungen kann man nicht individuell durchstehen. Und sie werden ihre Wirkung nur dann entfalten, wenn sie von vielen getragen werden.

Es ist deshalb notwendig, dass sich kritische SozialpädagogInnen miteinander vernetzen, sich organisieren, um so gemeinsam Forderungen zu stellen und Widerstand zu leisten.

6.2.4.1 Möglichkeiten und Erscheinungsformen solidarischen Handelns
Verbindungen und gemeinsame Aktionen von Praxis und Wissenschaft bieten sich an. Es geht um jede Form fachlicher, fachpolitischer und politischer Kommunikation und Organisation auf einer vom Anstellungsträger unabhängigen Basis. Auch die Möglichkeiten von Austausch und Organisation im Rahmen des Internets sind hier nutzbar. Wichtig wäre auch die Zusammenarbeit mit Betriebsräten, soweit sie die Interessen der MitarbeiterInnen auch wirklich vertreten oder auch die Gründung von Facharbeitskreisen.

Die Organisation möglichst vieler PraktikerInnen in Gewerkschaften oder Berufsverbänden wäre eine weitere notwendige Voraussetzung, um den „störrischen Widerstand" zu organisieren, durchzuhalten und weiter zu treiben. Die Berufsverbände, z. B. der DBSH (Deutscher Berufsverband für Soziale Arbeit e.V.) halten in ihren Konzepten und Verlautbarungen die sozialpädagogischen Handlungsmaximen sehr wohl hoch. Ganz offenbar sind sie den neosozialen Versprechungen nicht auf den Leim gegangen sind. Neosoziale Protagonisten bemerken dazu bedauernd, dass von Seiten der Berufsverbände keine Bereitschaft zu spüren sei, sich den neuen Errungenschaften des aktivierenden Staates zu öffnen (vgl. z. B. Erath 2006, S. 107). Die internationalen SozialarbeiterInnen-Vereinigungen (z. B. IFSW, international federation of social workers) stellen ebenfalls eine hervorragende Möglichkeit für die Soziale Arbeit dar, sich der politischen Aufgaben ihrer Profession zu versichern und gleichzeitig nach außen als politische Kraft auftreten zu können.

Und schließlich stellt sich auch die Notwendigkeit, *Bündnisse über die eigene Profession hinaus* zu schließen, die politische Auseinandersetzung mit Gleichgesinnten gemeinsam zu führen, d. h. auch, sich berufsübergreifend zu organisieren und zu vernetzen. Dies gilt gleichermaßen für die Praxis wie für die Wissenschaft und vor allem auch für beide zusammen. Herrmann und Stövesand (2009, S. 200) fordern die Soziale Arbeit auf, sich Bündnispartner im politischen Kampf zu suchen. Notz (2009).

Mit Blick auf diese vierte Strategieebene ist festzustellen, dass es Sozialarbeitenden heute offenbar besonders schwer fällt, gemeinsam politisch zu handeln.

6.2.4.2 Selbstverständnis als gemeinsame Berufsgruppe ist nicht entwickelt
Die Mitglieder der Profession haben zum einen große Probleme damit, sich als eine Gruppe mit gemeinsamen Interessen und Zielen zu verstehen und entsprechend eine *berufsverbandliche Organisierung* anzustreben. Es gibt eine Menge unterschiedlicher Fachverbände, in denen durchaus viele KollegInnen organisiert sind. Aber Fachverbände stellen als Kristallisationsmoment der gemeinsamen Arbeit und der Organisation in der Regel bestimmte fachliche The-

men oder auch Arbeitsfelder in den Fokus. So vernetzen sich Sozialarbeitende z. B. als Erziehungsbeistände, als Straßensozialarbeiter, als MitarbeiterInnen im Behindertenbereich etc. Die Tatsache, dass man der Profession Soziale Arbeit angehört, ist eher selten ein Motiv, sich zusammenzuschließen. Es besteht so gut wie keine gemeinsame Identität als Sozialarbeitende, kein Bewusstsein, einer gemeinsamen Profession anzugehören.

Es wundert deshalb nicht, dass der einschlägige Berufsverband der Sozialen Arbeit (DBSH) nur eine mehr oder weniger geringe Anzahl Sozialarbeitender unter seinem Dach in den verschiedenen Landesverbänden versammeln kann. Er ist außerdem z. B. auch an vielen Hochschulen kaum bekannt. Seine Veröffentlichungen und Aktionen werden nicht hinreichend zur Kenntnis genommen.

Das Gleiche gilt für die internationalen SozialarbeiterInnen-Vereinigung (z. B. IFSW). Die Aktivitäten der dort organisierten und engagierten KollegInnen erreichen die Masse der KollegInnen in der Praxis kaum oder eher zufällig. Gruppierungen, die sich als Vertretungen der Profession verstehen, sind letztlich innerhalb der Gruppe Sozial Arbeitender mehr oder weniger isoliert.

Ein wichtiger Hintergrund für die mangelnde Solidarität und Organisationsbereitschaft innerhalb der Berufsgruppe ist die Tatsache, dass sich die Einheitlichkeit, das Gemeinsame, das Verbindende in der Sozialen Arbeit immer mehr aufzulösen scheint in der unübersichtlichen Fülle verschiedenster Arbeitsfelder, Organisationsformen, Produktionsformen, Anstellungsträger usf. Bestimmte Methoden und Techniken, vorgegebene konkrete Zielvorgaben oder Wirkungsmodelle, Programme und Zielgruppenaufträge stehen im Vordergrund und verweisen die Profession mit ihren fachlichen Kompetenzen und ethischen Werten in den Hintergrund. Der fachlich-ethische Kern der Sozialen Arbeit, ihr Charakter als kommunikativer, interaktiver Prozess, der Menschen bei der Bewältigung ihres Alltags unterstützen soll, verschwindet so immer mehr (vgl. z. B. Galuske 2003). Ein gemeinsames Verständnis Sozialer Arbeit, das als Grundlage für eine mögliche Berufsidentität dienen kann, ist für viele nicht mehr nachvollziehbar und greifbar. Sozialarbeitende in der Praxis haben deshalb große Schwierigkeiten, in der KollegIn, die vielleicht in derselben Stadt, aber in einem ganz anderen Arbeitsfeld, bei einem anderen Träger und unter anderen Zielvorgaben tätig ist, die BerufskollegIn zu erkennen und eine Ziel-, Haltungs- und Interessengleichheit mit ihr auszumachen.

Es wäre vor allem auch eine Aufgabe der Hochschulen, diesen, allen sozialarbeiterischen Aufgaben und Tätigkeiten innewohnenden Kern der Profession wieder verstärkt zu vermitteln, die spezifischen Kompetenzen der Sozialen Arbeit zu verdeutlichen und bewusst zu machen sowie entsprechende Verteidigungsstrategien gegen nicht professionelle Absichten und Vorstellungen konkret und aktiv zu erarbeiten. Wenn die Soziale Arbeit sich als ein Ganzes mit gemeinsamen Interessen wahrnehmen könnte, hätte sie mit diesem verbindenden professionellen Selbstverständnis eine wichtige Voraussetzung geschaffen für eine fachpolitische und berufspolitische Vernetzung und auch für die Entstehung und Ausübung von Solidarität innerhalb der gesamten Profession.

6.2.4.3 Hintergründe für den geringen Organisationsgrad in der Profession
Über die berufsverbandliche Frage der Organisiertheit hinaus sieht es mit der *gewerkschaftlichen Orientierung* der Profession nicht besser aus. Es ist eine bekannte wenn auch angesichts der konkreten, so oft prekären Berufssituationen schwer zu begreifende Tatsache, dass Sozialarbeitende heute weniger denn je eine gewerkschaftliche Organisierung für sich in Betracht ziehen. Der durchschnittliche Organisationsgrad der Sozialarbeitenden in Deutschland bei Gewerkschaften (in Frage kommen ver.di und die GEW) und Berufsverbänden überschreitet nach deren eigener Aussage nicht einmal die 10% Marke. C.W. Müller (2006, S. 143) mahnt die gewerkschaftlichen Organisiertheit von Sozialarbeitenden an. Ebenso kritisieren Herrmann und Stövesand (2009, S. 197) den geringen Grad politischer und berufständischer Organisation heutiger Sozialarbeitender. Beim gegenwärtigen geringen Organisationsgrad von Sozialarbeitenden darf man sich nicht wundern, dass von der Seite der Gewerkschaften und des Berufsverbandes nur begrenzte Aktualität und Schlagkraft in Sachen Soziale Arbeit zu beobachten ist. Je mehr Sozialarbeitende sich dort organisieren, desto mehr können solche Organisationen für unsere Berufsgruppe faktisch leisten. Tatsächlich gibt es z.B. bei Studierenden – zumindest im Osten des Landes – kaum Vorstellungen, was eine Gewerkschaft, eine Interessenvertretung leisten kann.

Hintergründe für die geringe Bereitschaft, sich in Gewerkschaften und auch im Berufsverband zu organisieren, sind außerdem das geringe Wissen über und die fehlenden Erfahrungen mit politischen Organisationen. Es besteht kaum eine Vorstellung davon, welche Macht und Schlagkraft in der Größe einer Gruppe liegen können. Auch scheint es kaum jemandem klar zu sein, dass z.B. eine gewerkschaftliche Organisation ihre aktiven Mitglieder nicht nur mit Ressourcen und Leistungen unterstützen kann, sondern für sie vor allem auch einen Anonymitätsschutz bietet.

Wenig Wissen besteht auch darüber, dass Organisationen nur dann wirklich etwas bringen können, wenn sie viele Mitglieder haben und wenn man sie selber aktiv nutzt, um gemeinsam für etwas zu kämpfen, sich selber persönlich einzubringen und selber für die eigenen Rechte einzutreten. Dass Berufsverbände und Gewerkschaften eine gewisse Ähnlichkeit haben mit Selbsthilfegruppen, kommt professionellen Sozialarbeitern paradoxerweise nicht in den

Sinn. Sie verstehen sich als Einzelkämpfer und brauchen keine Hilfe. Eine Berufsgruppe allerdings, die antritt, ihren Klienten dabei zu helfen, sich zu wehren, ihre Rechte einzuklagen, sich zusammen zu tun, sollte sich gut überlegen, welches Modell sie hier vorgibt.

Und offenbar gibt es auch wenig Erfahrung damit, dass gemeinsamer Kampf Spaß macht und Mut und dass er das beste Mittel ist gegen Depression, Resignation und Burnout. Das Zitat einer Kollegin, die seit zwei Jahren dem Berufsverband angehört, spricht dafür, dass sie verstanden hat, worum es gehen könnte: „Ich weiß, dass die Organisation nicht von heute auf morgen meine Situation verändern kann. Aber wenn man jetzt nicht anfängt, was dagegen zu tun, wird es doch immer schlimmer. Und mir persönlich geht es besser, seit dem ich weiß, ich tue was, ich lasse mir nicht mehr alles gefallen. Und ich weiß jetzt auch, dass ich dabei nicht alleine bin. Und wenn wir noch mehr werden, dann werden wir auch irgendwann Veränderungen erreichen!"

Grundsätzlich ist heute weder ein positives Verständnis von *Solidarität noch die Einsicht in die Notwendigkeit, politisch selber aktiv* zu werden, verbreitet. Es gibt viele Gründe dafür. Ein Grund liegt sicher darin, dass heute, zu Zeiten des Neoliberalismus, Solidarität als politische Kraft unerwünscht ist. Dort, wo jeder für sich alleine zu sorgen hat, wo jeder für die Risiken seines Lebens alleine einstehen muss und wo Versagen und Not allein die Schuld des Einzelnen ist und bleibt, da sind Solidarität und politisches Engagement geradezu kontra indiziert. Erwartet wird von vielen Studierenden oder auch PraktikerInnen heute – ganz im Sinne der neoliberalen Ideologie – im besten Fall, dass man bei gewerkschaftlichen und berufsständigen Organisationen Dienstleistungen kaufen könnte. Wenn die Organisation aber eine Verbesserung der Lage in naher Zukunft nicht garantieren kann, sieht man sie als ineffektiv und ineffizient an. „Was nutzt mir das dann? Was gehen mich die andern an? Ich muss mich um mich und meine Familie kümmern!"

Die Solidarität innerhalb der Berufsgruppe war schon immer eher unterentwickelt. Sozialarbeiter sind traditionell meist Einzelkämpfer und selbstlose Helfer gewesen. Aber heute verabreicht offenbar der Neoliberalismus dem letzten Rest vorhandener Solidarität den Dolchstoss: Denn längst ist aus Solidarität Konkurrenz und Wettbewerb, ist aus Netzwerkarbeit eine Modernisierungsmethapher für mehr Effizienz geworden. Und an die Stelle der Solidarität unter Gleichen ist die Solidarität mit dem eigenen Arbeitgeber, mit dessen Unternehmen und seinem wirtschaftlichen Wohlergehen geworden, von dem ja die eigene Existenz abzuhängen scheint. Auch unter BerufskollegInnen steht – und so soll es wohl auch sein – jeder und jede für sich alleine und damit auch gegen alle anderen. Im Rahmen des Studiums ist das kaum anders.

6.2.4.4 Organisationen kritischer Sozialer Arbeit
Es gibt innerhalb der Profession aber auch *Ansätze* einer *explizit politischen Organisationsbewegung*. Immerhin, so erwähnen Herrmann und Stövesand (2009, S. 197) gibt es seit 2005 einen bundesweiten Arbeitskreis „Kritische Soziale Arbeit". Es gibt ferner die schon die seit 1925 bestehende und einer gesellschaftskritischen Sozialen Arbeit verpflichtete „Gilde Soziale Arbeit". Und es wird vor Ort an den Hochschulen und in den Städten und Landkreisen sicher auch noch andere, oft auch informelle Gruppen geben, die sich die (Re-) Politisierung der Sozialen Arbeit auf die Fahne geschrieben haben. Aber insgesamt hat die Profession an dieser Stelle nachzuholen, nicht nur an Organisiertheit, sondern überhaupt erst einmal an Phantasie, wie und wo das Gemeinsame gefunden und genutzt werden kann (vgl. Herrmann und Stövesand 2009). Auch wenn sich hier und da Widerstand regt, wenn es durchaus politisch aktive und kritische VertreterInnen von Profession und Disziplin gibt, ist es offenbar bisher nicht gelungen, dass sich der Widerstand in der Profession vernetzt. Genau so wenig haben wir es bisher geschafft, dass unsere Probleme und unsere Sicht der Problemlage an die Öffentlichkeit dringen. Zu beobachten ist leider, dass Organisationen und politisch aktive Gruppen, trotz ihrer im Wesentlichen gleichen Ziele und Einschätzungen, untereinander wenig Kontakt haben, kaum vernetzt sind, sich mitunter von einander distanzieren aber oft auch einfach nicht von einander wissen. Es wäre eine verdienstvolle Aufgabe, einen Überblick zu schaffen über das, was an kritischer und politischer Sozialer Arbeit heute existiert. Es wäre wichtig, dass sich diese Gruppen kennen lernen, dass sie Bündnisse eingehen und miteinander über Ziele und Perspektiven der kritischen Sozialen Arbeit diskutieren und gemeinsamen Aktionen entwickeln.

6.3 Politisierung als notwendiger Lernprozess in der Sozialen Arbeit

Welche Strategien, Projekte und Handlungsalternativen zu einer Verbesserung und Verstärkung der gegenwärtigen Situation kritischer Sozialer Arbeit führen könnten, wurde ausführlich erläutert. Nun sind solche Handlungen und politischen Strategien weder in der Praxis noch in der Wissenschaft von heute auf morgen einfach da und verfügbar. Zunächst müssen die Voraussetzungen dafür geschaffen werden bzw. muss die Profession selber dafür sorgen, dass sie entstehen.

Voraussetzungen für eine (Re-)Politisierung und (Re-)Solidarisierung der sozialarbeitenden Zunft ist nach meiner Einschätzung die weitere und konse-

quentere Verbreitung folgender Erkenntnisse und Haltungen bei WissenschaftlerInnen und PraktikerInnen:
- Die Erkenntnis, dass die gegenwärtigen Probleme der Klientel sowie die der Profession von Menschen gemacht sind und keine unabwendbaren Naturgewalten darstellen,
- die Bereitschaft, sich zu wehren, für die eigenen Interessen und Rechte einzusetzen und sich nicht anzupassen, sich nicht treiben zu lassen, sei es aus Pragmatismus, aus Faulheit oder aus Angst,
- die Bereitschaft und Fähigkeit, sich mit Menschen gleicher Interessenlage und gleicher Gesinnung zusammen zu tun und gemeinsam gegen die bestehenden Missstände anzugehen.

All diese Voraussetzungen scheinen heute offenbar weitgehend verschüttet. Die entsprechenden Wissens- und Erfahrungsbestände stehen kaum noch zur Verfügung. Möglicherweise wurden und werden sie gezielt vorenthalten. Es gilt, sie neu zu schaffen und zu vermitteln und zu erarbeiten.

6.3.1 Unterstützungsleistungen für den Prozess der Repolitisierung und Politisierung

Die Aufforderung, die alltäglichen Zumutungen und den beschriebenen Veränderungsdruck aufzuhalten, sie in die Grenzen zu weisen, sich zur Wehr zu setzen, richtet sich zunächst an die Praxis. Schließlich muss befürchtet werden, dass deren widerstandlose Indienstnahme vor allem anderen das neoliberale Projekt besiegeln könnte. PraktikerInnen haben es aber zugegebener Maßen besonders schwer in dieser Auseinandersetzung, denn sie sind selber als Personen eingespannt in diese neuen Bedingungen. Eichinger hat, wie bereits weiter oben erwähnt, zu Recht darauf verwiesen, dass Sozialarbeitende in ihrer Praxis immer gleichzeitig drei verschiedene Problemerfahrungen aushalten und für sich steuern müssen: den Umgang mit den wahrgenommen fachlich-ethischen Widersprüchen, ihre persönliche und berufliche Existenzsicherung und die Anforderung, die betreffende Einrichtung zu erhalten, um nicht den eigenen Arbeitsplatz zu verlieren (vgl. Eichinger, 2009, S. 121).

Angesichts dieser besonderen Schwierigkeiten der Praxis in der Entwicklung und Umsetzung eines kritischen und offensiven Berufsverständnisses stellt sich die Frage, wer die Praxis in ihren Bemühungen um kritische Positionen und um Veränderungen unterstützen könnte und sollte. Welche Unterstützungsleistungen wären z.B. von den Instanzen und Akteuren zu erwarten, die konstitutiv zur Profession dazu gehören, selber aber nicht in der Zwickmühle der PraktikerInnen stecken, sondern es sich sozusagen leisten könnten, aus einer gesicherten Distanz heraus, kritisch und politisch tätig zu werden. Eine Politisierung der Sozialen Arbeit braucht die Aktivitäten und das Engagement aller in ihr tätigen und an ihr konstitutiv beteiligten Akteure. Hier zeichnen sich Aufgaben ab für Hochschulen und Bildungseinrichtungen und für die großen, traditionellen Verbände und Träger, die in unserem Land für Wohlfahrt, für die Erbringung sozialer Dienstleistungen und für soziales Engagement stehen. Welchen Beitrag können sie im Einzelnen zur Politisierung der Profession, zu einer selbstbewussten und wehrhaften Position der Sozialarbeitenden gegenüber den neoliberalen Zumutungen beitragen? Und welche Verantwortung käme ihnen dabei zu?

6.3.2.1 *Die Verantwortung der Disziplin für die Politisierung der Profession*

Von einer neosozial inspirierten Wissenschaft, wie sie im vorauf gegangenen Kapitel beschrieben und in ihren Haltungen zur „Modernisierung der Sozialen Arbeit" charakterisiert wurde, ist wenig Hilfe für den anstehenden Lernprozess der Profession zu erwarten. Hier wird nicht selten Anpassung empfohlen und/oder vorgelebt. Hier wird zwar versucht, „das Beste daraus zu machen", aber ohne den Finger auf die entscheidenden Kritikpunkte zu legen. Hier wird nicht selten die Illusion genährt, all das sei gar nicht weiter schlimm und man könne sehr wohl auch heute und unter den aktuellen Bedingungen qualifizierte und fachlich wie ethisch gute Soziale Arbeit machen.

Es gibt aber auch eine ganz beachtliche Anzahl von Publikationen kritischer WissenschaftlerInnen, die sehr bewusst und sehr reflektiert die bestehenden Verhältnisse und gesellschaftlichen Perspektiven im Blick auf die Soziale Arbeit analysieren und kritisieren. Diese Analysen, Einschätzungen, empirischen Ergebnisse und theoretischen Überlegungen und Schlussfolgerungen wurden maßgeblich in das vorliegende Schwarzbuch einbezogen.

Einige dieser kritischen WissenschaftlerInnen stellen sich darüber hinaus auch die Frage, was getan werden könnte, um die neosoziale Entwicklung zu stoppen. Es gibt durchaus auch in der Fachwissenschaft Vorschläge für widerständiges Handeln. Sehr üppig sind solche Überlegungen freilich nicht. Und wie deutlich die Kritik auch ausgefallen sein mag, am Ende ziehen die WissenschaftlerInnen in der Regel sachlich ihre Schlüsse, scheinbar distanziert, nicht mehr so interessiert – oder vielleicht auch ängstlich darauf bedacht, dass keiner ihre wissenschaftliche Neutralität infrage stellen könnte. Sie benennen vielleicht noch kurz mögliche Handlungsalternativen. Aber alles verschwindet sofort wieder in der wissenschaftlichen Komplexität und Vielstimmigkeit. Hier müsste in die Deutlichkeit der Schlussfolgerungen und Handlungsperspektiven mehr investiert werden.

Wenn man als PraktikerIn Orientierung suchend in diese kritische sozialpädagogische Fachliteratur hinein schaut, ist man zudem mit einer überraschend komplexen Fachsprache konfrontiert und verliert mitunter trotz aller Praxisorientierung dieser Texte letztlich doch den Bezug zu dem, was in der Wirklichkeit der Sozialen Arbeit heute passiert. Es besteht, wie Heite und Plümecke es bezeichnen (2006), die Gefahr, dass in der Wissenschaft Kritik nur noch als „Tugend der Analyse von Realitätsbedingungen und Konstitutionsstrukturierungen des jeweiligen Feldes bzw. ihrer Subjekte und Handlungspotenzen gedacht" wird (Heite/Plümecke 2006, S. 104). So befürchten auch Kessl, Otto und Ziegler, dass kritische Soziale Arbeit den Fehler der Vergangenheit wiederholen könnte, indem sie sich eine Art „Parallelgesellschaft" konstruiert und sich dort in ihrer ‚gekonnten Theorie' und ihrer weit reichenden Analyse sonnt, aber zugleich auf einem Spielfeld agiert, um das nur wenige Zuschauer versammelt sind" (Otto/Ziegler 2006, S. 111). Sie fordern, dass die kritische Sozialarbeitswissenschaft sich gerade jetzt in die Soziale Arbeit insgesamt einmischen solle. Sie müsse Wege finden, ihre kritischen Erkenntnisse aus dem Elfenbeinturm heraus zu transportieren. Dies sei erforderlich auch aus der Verantwortung für die Praxis Sozialer Arbeit heraus, die weit weniger in der Lage sei, sich reflexiv zu diesen Herausforderungen zu verhalten und deshalb eine nachvollziehbarere Unterstützung für einen fachlichen Widerstand brauchen würde.

Von Bedeutung ist ebenso, welche Themen die kritische Wissenschaft aufgreift und vertieft. Schneider fordert eine Forschung, die sich auch der Lebenssituationen und -bedingungen ihrer AdressatInnen in annimmt, sich also nicht mit dem Blick auf die Oberfläche bestehender Praxen und ihre offensichtlichen Wirkungen begnügt, sondern einen Betrag dazu leistet, die Bedingungen zu erforschen, wie Gesellschaft dauerhaft verändert werden könnte (vgl. Schneider 2008). Es ist die Aufgabe der kritischen Wissenschaft, die Diskussion an der Stelle kontinuierlich und allen Unkenrufen neoliberaler Modernisierungsanbeter zum Trotz, voranzutreiben, wo die Widersprüche zwischen dem Anspruch Sozialer Arbeit, als einer auf soziale Gerechtigkeit verpflichteten Profession einerseits, und der neoliberalen Variante einer scheinbar entpolitisierten und alle sozialen Zusammenhänge leugnenden Praxis Sozialer Arbeit andererseits, offenbar werden.

Aufgabe kritischer Wissenschaft wäre es im Rahmen ihrer Politisierung und zur Unterstützung der Profession in eben diesem Prozess – neben den oben bereits beschriebenen Aufgaben –
- dass sie die Modernisierungsfolgen in der Sozialen Arbeit verständlich, nachvollziehbar und für die Praxis wieder erkennbar und in ihren Konsequenzen wie Hintergründen durchschaubar macht, dass sie also heraustritt

aus dem Elfenbeinturm und die Situation der Sozialen Arbeit und der Gesellschaft nach außen verdeutlicht und klar und laut mitteilt, welche Folgen die Gesellschaft hiermit in Kauf nimmt,
- dass sie nicht bloß distanziert, sozusagen von oben aus wissenschaftlicher Distanz auf Klientel und Soziale Arbeit herabschaut, um Phänomene zu analysieren und zu erklären, sondern dass sie auch in ihrem wissenschaftlichen Ansatz Parteilichkeit für Klienten und betroffene Sozialarbeitende zeigt.

Würde sich die kritische Wissenschaft so verhalten, so könnte sie einen großen Beitrag leisten zu einer Politisierung unserer Profession. Die Praxis fühlt sich heute von der Wissenschaft – auch von der kritischen Wissenschaft oft alleine gelassen. Sie braucht mehr wissenschaftlich formulierte Analysen der gegenwärtigen Situation. Sie braucht Unterstützung in ihrer alltäglichen Auseinandersetzung durch verstehbar formulierte wissenschaftlich begründete Aussagen, durch verständliche und vermittelbare Argumente und durch parteiliche und solidarische Positionen gegenüber der Praxis.

6.3.2.2 Verantwortung der Wohlfahrtsverbände und Träger für die Weiterentwicklung

Traditionell stehen in Deutschland die Wohlfahrtsverbände für soziale Verantwortung der Gesellschaft und sie galten lange als Garanten dafür, dass sie sich – jeweils mit Bezug auf den ethischen Hintergrund ihrer Religionsgemeinschaft oder einer konsequent humanistischen Weltsicht – für soziale Gerechtigkeit und sozial Benachteiligte in der Gesellschaft einsetzten. Das Kinder- und Jugendhilfegesetz weist ihnen eine große Bedeutung und Mitverantwortung für die soziale Versorgung der Menschen dieser Gesellschaft zu (vgl. KJHG § 3 und 4). Offiziell sehen sie sich selber auch heute noch so (vgl. BAGWF a.a.O.) So müsste man eigentlich erwarten können, dass sie sich angesichts der Veränderung der sozialen Landschaft in eine Gewinn orientierte und nur noch am Maßstab der Effizienz bewerteten Marktwelt, in der mit Krankheiten und mit psychischen und gesellschaftlich verursachten Problemlagen Geschäfte gemacht werden, deutlich zu Wort melden und im Widerstandsprozess gegen solche Entwicklungen an vorderster Stelle stehen. Ähnliches ist jedoch nicht zu beobachten. Seit das Prinzip der Gemeinnützigkeit sozialer Träger nicht mehr trägt (vgl. Kap. 3.2.2.1) und Wohlfahrtsverbände nicht mehr als Non-Profit-Organisationen gelten, sondern plötzlich in Konkurrenz stehen müssen zu privaten Anbietern und gewinnorientierten Betrieben, sind auch die Wohlfahrtsverbände zwangsläufig und gezwungenermaßen zu Unternehmen und die dort Verantwortlichen zu Unternehmern geworden. Spindler konstatiert: „Freie Träger, die sich einem solidarischen Menschenbild verpflichtet fühlen, die emanzipatorische Ziele vertreten, die nicht bereitwillig Sparvorstellungen der Verwaltung, am besten auch noch hoheitliche Kontrolle übernehmen und das gesetzlich geforderte Angebot freiwillig auf ein Minimum reduzieren, sind ... nicht erwünscht" (Spindler 2010 a.a.O.). Die Wohlfahrtsverbände nehmen selber eine zwiespältige Haltung zu diesen Prozessen ein: Sie stellen in einer Verlautbarung der Bundesarbeitsgemeinschaft Freier Wohlfahrtsverbände (BAGFW a.a.O.) zwar fest: „Die Verbände der Freien Wohlfahrtspflege stellen sich als Leistungserbringer dem Wettbewerb und befürworten ihn dort, wo er zur Steigerung der Effizienz und zur Verbesserung der Hilfeleistungsinstrumente und -methoden beiträgt. Dieses gilt sowohl für den Wettbewerb unter freigemeinnützigen als auch gegenüber öffentlichen und privat-gewerblichen Leistungsanbietern. ... Die Verbände lehnen jedoch die Einführung marktwirtschaftlicher Komponenten in dem Sozialbereich dann ab, wenn diese zu Lasten von Hilfebedürftigen gehen und wenn sie Mitarbeiterinnen und Mitarbeiter unerträglichen Belastungen aussetzen. Das marktwirtschaftliche, auf Gewinnmaximierung ausgerichtete Modell versagt für die Bereiche des Sozialen" (BAGFW a.a.O.). Aber die Praxis sieht durchaus anders aus: Was die neue Unternehmerfunktion der Wohlfahrtsverbände und aller freier Träger z. B. im Blick auf die Bezahlung und die Gestaltung der Arbeitsbedingungen für Soziale Arbeit bedeutet, wurde schon mehrfach erwähnt. Als man sich in den Medien darüber aufregte, dass eine bekannte Lebensmittelkette ihre Mitarbeiter kündigte und als schlechter bezahlte Leiharbeiter wieder einstellte, hatte seit langem z. B. das Diakonische Werk (vgl. Wohlfahrt 2007) MitarbeiterInnen gekündigt und ihnen über eine Leiharbeitsfirma schlechter bezahlte Verträge angeboten – für dieselbe Arbeit, die sie bisher auch geleistet hatten. Wohlfahrtsverbände und Träger Sozialer Arbeit sehen sich durch die Finanzierungspolitik und die künstlich hergestellte Konkurrenz am Sozialmarkt gezwungen, ihre Mitarbeiter schlecht zu behandeln und ihren Klienten das Geld aus der Tasche zu ziehen bzw. sie mit schlechteren Leistungen abzuspeisen. Ob aus dieser Ecke dennoch Unterstützung in Richtung Politisierung der Profession zu erwarten ist, wenn es also darum geht, die Soziale Arbeit aus der neoliberalen Falle heraus zu holen, erscheint fraglich. Sicher gibt es Ansätze und auch Unterschiede. Mitunter hört man sozialpolitische Aussagen und einigermaßen klare Forderungen von hochrangigen Vertretern der Wohlfahrtsverbände und auch manchmal kritische Anmerkungen zur gegenwärtigen Gesellschaftspolitik. Aber die Schizophrenie zwischen Unternehmerdenken und fachlichem Denken ist allen Trägern und Wohlfahrtsverbänden eingebrannt. Sie müssen fortan mit zwei Zungen reden um überleben zu können. Zu fordern allerdings wäre, dass sich die Wohlfahrtsverbände – entsprechend ihres öffentlich bekundeten eigenen Selbstverständnisses (vgl. BAGFW a.a.O.) – als soziale Institutionen gemeinsam und jenseits der ihnen aufgezwungenen Konkurrenz Wort und Stimme verschaffen würden, um den Abbau des Sozialstaates zu stoppen und die beschworene Eigenverantwortung der Bürger bei gleichzeitiger Schuldzuschreibung für jedes ihrer möglichen Probleme zurückzuweisen.

Und der öffentliche Träger der Sozialen Arbeit? Laut Gesetz kommt ihm z. B. die Verantwortung zu für die Gewährleistung der Hilfen, die im Kinder- und Jugendhilfegesetz festgeschrieben sind (vgl. KJHG § 79. Absatz 1 und 2). Aber auch – und manchmal möchte man meinen, gerade – von hier ist wohl erst Recht nicht viel Widerstand gegen die neoliberale Politik und den neosozialen Umbau der Jugendhilfe zu erwarten, ist doch das Jugendamt und in seinem Auftrag der ASD gezwungenermaßen selber der Ausführende der Kürzungspolitik und der Effektivitäts- und Effizienzideologie in der Erziehungshilfe. Früher hätte ich meine Hand dafür ins Feuer gelegt, dass ein Jugendamt eine sozialpädagogische Einrichtung ist, wie es das KJHG vorschreibt (KJHG § 72) und so zu sagen das ‚Fachamt für Kindeswohl'. Heute würde ich das so nicht mehr behaupten. Es gibt böse Zungen, die meinen, es handele sich inzwischen eher um ein ‚Amt für Kindeswohlgefährdung'. Ich weiß, dass solche Aussagen nicht fair sind all denen gegenüber, die dort unter den gegebenen Bedingungen oft verzweifelt versuchen, immer noch und immer wieder für ihre Klientel dennoch das Beste heraus zu holen. Aber Innovationen, Widerstand, Kritik und Repolitisierung der Profession sind aus dieser Ecke zurzeit tatsächlich nur schwer vorstellbar.

Dennoch müsste das nicht so sein, auch heute nicht. Warum gibt es keine Initiative kritischer Jugendämter? Warum ist es nicht möglich, mit geballter und solidarischer Kraft der realen Sozialpolitik die Stirn zu bieten und sozusagen „die Leviten zu lesen". Der Jugendamtsleiter, der öffentlich mitteilte, dass er mit dem ihm zur Verfügung gestellten reduzierten Budget die Vorschriften des KJHG nicht erfüllen könne, musste gehen. Die Sozialpolitik könnte kaum 1000 JugendamtsleiterInnen gleichzeitig hinauswerfen und sie könnte sie auch nicht überhören. Die gegenwärtige Sozialpolitik zwingt die Jugendämter immer wieder zu Verhaltensweisen und zu Entscheidungen, die nicht am Wohle des Kindes orientiert sind. Sie zwingt sie im Rahmen ihrer Auflagen zu Schritten, die fachlich nicht akzeptabel sind (vgl. Kap 3.2.2 und 3.4.3). Warum führt so etwas nicht zu einem Aufschrei, warum nicht zu einer Verfassungsklage? Wenn sich hier, beim öffentlichen Träger der Jugendhilfe, Widerstand regen würde oder wenn wenigstens offen zugegeben würde, dass man gezwungen ist, Schritte einzuleiten, die einer fachlichen Prüfung nicht Stand halten könnten, wäre schon das eine große Unterstützung für die MitarbeiterInnen der Sozialen Arbeit, die hier an der Basis oder auf der mittleren Leitungsebene damit beschäftigt sind, irgendwie doch noch Soziale Arbeit zu machen und die sich alleine gelassen und ohnmächtig fühlen gegenüber einer sie dominierenden neoliberalen Sozialpolitik und Verwaltung.

6.3.2.3 Verantwortung der Hochschulen für Herausbildung eines kritischen Bewusstseins

Hochschulen bilden die späteren PraktikerInnen aus. Insofern kommt ihnen eine große Verantwortung für eine mögliche Politisierung der Sozialen Arbeit zu. Kritische PraktikerInnen beklagen, dass die neue, neosoziale Politik in der Sozialen Arbeit nicht etwa nur von älteren KollegInnen abgenickt, unterstützt oder sogar aktiv eingefordert wird. Nicht selten sind es die frisch von den Hochschulen kommenden SozialpädagogInnen, die das neosoziale Projekt aktiv vorantreiben.

Es stellt sich die Frage, welche Rolle die Studiengänge der Sozialen Arbeit, ihr Aufbau, ihr Inhalt und welche Rolle die Einführung der neuen internationalen Studiengänge Bachelor und Master bei der gravierenden „Entpolitisierung" der Studierenden und der späteren PraktikerInnen spielen. In vielen Hochschulen ist der neoliberale Wind längst eingezogen. Im Rahmen vieler Bezugsfächer ist von einer parteilichen Sozialen Arbeit, die sich insbesondere für sozial Benachteiligte einsetzt, nicht mehr viel zu spüren. Eine besondere Verantwortung kommt hier sicher denjenigen HochschullehrerInnen zu, die direkt das Fach Soziale Arbeit lehren. Sie bieten sich zudem als Modelle für werdende SozialpädagogInnen an. Mit ihnen und ihren Vorstellungen setzen sich die Studierenden auseinander, wenn es darum geht, eine eigene Berufsidentität zu entwickeln.

Bei den Studierenden selber gibt es eine große Gruppe, die sich zwischen Fachlichkeit und Ohnmacht hin und her gerissen sieht, wenn sie an ihre zukünftige Praxis denkt, und die Angst hat davor, sich später einmal hilflos und ohne Widerstand anzupassen. Diese Studierenden möchten sich wehren und sie möchten sich wehren können. Und genau hier sind wir als HochschullehrerInnen gefordert, wenn es darum geht, die Soziale Arbeit wieder zu einer politischen, engagierten Kraft zu machen: Die Hochschule hätte sehr viele Möglichkeiten, bei Ihren StudentInnen die Grundlagen für ein widerständiges fachliches Berufsverständnis zu legen und ihnen ein politisches Selbstverständnis als Sozialarbeitende zu vermitteln:

- Die oben genannten Kompetenzen und Erkenntnisse im Kontext von Reflexivität und Aneignung bzw. Einübung bewusster und offensiv vertretbarer Fachlichkeit sollten im Rahmen des Studiums eine zentrale Rolle einnehmen. Sehr viel mehr müsste z. B. auch die Deutlichkeit zunehmen, mit der die Kernaussagen der Sozialen Arbeit – gerade in Auseinandersetzung mit neosozialen Tendenzen – vermittelt werden. Die bewusste Erarbeitung der Alleinstellungsmerkmale unserer Profession, die Vermittlung der Fähigkeit, auch nach außen klar und auch auf den konkreten Fall bezogen, darstellen zu können, worin der spezifische Auftrag und Ansatz der Sozialen Arbeit liegt, die Vermittlung dessen also, was Professionalität bedeutet und was sie gefährden kann, all das sind Lehrinhalte, deren Vermittlung der verbreiteten Unsicherheit und dem so oft unterentwickelten Selbstwertgefühl und geringen Selbstbewusstsein als Sozialarbeitende entgegenwirken könnte (vgl. z. B. Kessl/Reutlinger/Ziegler 2006, S. 117f). Des Weiteren sollte die reflexive Auseinandersetzung mit den aktuellen, brennenden Fragen unserer Profession mit Blick auf die Ökonomisierung und die Vorstellungen und Forderungen des aktivierenden Staates zentrales Thema im Studium der Sozialen Arbeit sein – und zwar vom ersten Semester an. Ganz konkret sind diese Zusammenhänge z. B. anhand der Geschichte der Sozialen Arbeit, sowie anhand der aktuellen gesellschaftlichen Entwicklungen zu erarbeiten. Hier sollten unbedingt auch schon die ersten Erfahrungen der Studierenden in ihren Orientierungspraktika Ausgangspunkt für entsprechende Betrachtungen sein. Eine besondere Bedeutung kommt der Praxisreflexion zu, also der reflexiven, fachlichen Begleitung der Praktika unserer Studierenden. Das ist der geeignete Ort, um die alltäglichen Erfahrungen der PraktikantInnen bewusst zu machen und aufzugreifen, die sie mit den veränderten Praxisbedingungen, mit den in der Praxis aktuell vorherrschenden Menschenbildern und den Erwartungen nichtfachlicher Instanzen an Soziale Arbeit gemacht haben. „Warum tickt die Praxis so anders als das, was wir hier in der Hochschule gelernt haben?"

- Darüber hinaus könnte Hochschule auch noch mehr tun. Fachliches Wissen und Reflexivität reichen nicht aus, will man sich später als fachlich kompetenter und engagierter, sich politisch begreifender Sozialarbeitender behaupten. Hochschulen können den Studierenden auch die Erfahrung vermitteln und die Einsicht für sie erlebbar machen, dass man sich sehr viel besser fühlt, wenn man zu Problemlagen und Zumutungen eine offensive, aktive, mutige Haltung einnimmt, als wenn man sich duckt und versucht, alles einfach irgendwie auszuhalten. Das bedeutet, das fachpolitisch und sozialpolitisch engagierte Projekte zu den im Studium vermittelten Erfahrungsbereichen gehören sollten, in denen die Studierenden gemeinsam erste Erfahrungen mit störrischem Bestehen auf Fachlichkeit, mit Öffentlichkeitsarbeit und Einmischungsstrategien machen können. Für die oben angeführte diskursive Kompetenz, sich verbal zur eigenen Fachlichkeit und ihren Dimensionen äußern und verständlich machen zu können, wäre es zudem hilfreich, wenn die zukünftigen Sozialarbeitenden auch über ausgeprägtes Wissen und unterschiedlichste Fähigkeiten und Erfahrungen in der Öffentlichkeits- und Medienarbeit verfügen würden.

▩ Neben der Entwicklung einer Bereitschaft zu Gegenwehr und zu offensiver Einmischung, ist es auch Sache der Hochschule, im Rahmen ihrer Möglichkeiten dazu beizutragen, dass bei den Studierenden die verbreitete Haltung: „Jeder sorgt heute eher für sich allein", aufgebrochen wird. Unsere Studierenden suchen nach Möglichkeiten, nicht ganz alleine zu sein bei ihrem Versuch, der Anpassung im Berufsleben zu entgehen. Daran kann man anknüpfen. Es ist unbedingt notwendig, den Betroffenen konkrete Erfahrungen mit Solidarität und mit gemeinsamem politischem Handeln zu ermöglichen. Das kann z. B. in den oben erwähnten fach- und/oder sozialpolitisch engagierten Projekten erfolgen. Aber auch in der Struktur des Studiums sollten bewusst Elemente eingebaut werden, die für die Studierenden die Erfahrung ermöglichen, dass gemeinsames Handeln etwas bringt und dass Solidarität sich für alle auszahlt. Das würde voraussetzen, dass Hochschulen bereit sind, selbstkritisch darauf zu schauen, wo ihre Studiengänge selber zu einer Entsolidarisierung der Studierenden beitragen und dann konsequente Änderungen einzuleiten.

6.3.2 Wie wird man eine kritische, politisch handelnde VertreterIn der Profession?

Abgesehen von den oben schon beschriebenen Möglichkeiten und Verantwortlichkeiten von Wissenschaft, Trägern und Hochschulen in dieser Frage geht es bei der Entwicklung von Reflexivität, von politischem Bewusstsein und der Bereitschaft zu aktivem, offensivem und solidarischen Handeln innerhalb der eigenen Profession zunächst um eine Entwicklungsaufgabe, die von Praktikerinnen und zukünftigen PraktikerInnen aus eigener Kraft und Initiative heraus geleistet werden muss und kann – wenn eben möglich mit anderen, mit Gleichgesinnten zusammen. Es geht also darum, sich selber ganz bewusst in einen selbst organisierten Lernprozess zu begeben.

6.3.2.1 *Lernschritte und Erkenntnisse im Kontext Reflexivität*

Der erste Bereich dieses Lernprozesses meint die Aneignung von Erfahrungen, Erkenntnissen, Wissen und Haltungen, die oben unter dem Begriff Reflexivität zusammengefasst wurden. Hier geht es um folgende Lernschritte:

- *Bewusstwerden der eigentlichen Möglichkeiten Sozialer Arbeit, ihrer Aufgaben und der notwendigen Rahmenbedingungen*
Sozialarbeitende sollten wissen und begreifen, was Soziale Arbeit eigentlich kann. Als erstes sollte man sich abgewöhnen, die Effizienzschere im Kopf zu haben und nur noch in dem engen, vorgegebenen Rahmen zu denken. Es sind Fragen erlaubt und erwünscht wie diese: „Was wäre hier wirklich fachlich nötig, was fachlich möglich?" Und erst dann geht es um die Frage, „Können wir das auch umsetzen und wenn nein, warum nicht?".
Es ist gefährlich, wenn Praktiken und Wirklichkeiten einer lebensweltorientierten Sozialen Arbeit für die heutigen Akteure gar nicht mehr vorstellbar sind und damit für eine Utopie aus einer goldenen, versunkenen Zeit gehalten werden. Es macht z. B. Sinn, sich mit Ansätzen der Sozialen Arbeit aus den 80er, 90er Jahren bewusst auseinanderzusetzen. „Warum scheint dieser Ansatz heute nicht mehr möglich? Ist er heute unbrauchbar, weil sich die Lage und die Probleme geändert haben? Oder wird er nicht mehr favorisiert, weil er Wege und Ziele im Auge hat, die heute politisch nicht mehr gewollt sind? Oder kann er nicht mehr zum Tragen kommen, weil die notwendigen Ressourcen (z. B. Zeit) nicht mehr bereitgestellt werden (können)?"

- *Erlernen und Üben eines bewussten und diskursiven Umgangs mit der eigenen Fachlichkeit*
Es ist eine immer wieder kehrende Beobachtung: Studenten und auch PraktikerInnen können sehr wohl ziemlich genau erklären, was ihr konkretes Arbeitsfeld ist und welche Aufgabe es hat, aber sie sind kaum im Stande zu erklären, was eigentlich das Sozialarbeiterische dabei ausmacht. Hier kann und sollte eine bewusste fachliche Benennung und Bestimmung des konkreten Inhaltes der professionelle Aufgabe, ihrer Kriterien, Prinzipien und der spezifisch sozialpädagogischen methodischen Zugänge schlicht geübt werden. Dass geht eigentlich immer, in jeder Situation, bei jeder neuen Aufgabe, jeder Argumentationsnotwendigkeit, bei jedem fachlichen Sachverhalt, der zu bewältigen ist. Es lohnt, immer wieder Fragen wie diese zu stellen und für sich selber zu beantworten: „Was ist an dieser Aufgabe das sozialpädagogische Problem? Welche Lösungen und Wege sind aus der Profession heraus angemessen? Welche Bedingungen wären aus fachlicher Sicht hier erforderlich? Und welche fachlichen Einschränkungen und inakzeptablen Schritte und Ziele werden mir im konkreten Fall z. B. durch die Anforderungen meines Arbeitgebers, die Richtlinien des Ministeriums etc. zugemutet?"

- *Bewusstwerden der politischen Hintergründe der gegenwärtigen (Fehl-) Entwicklung*
Das Wissen darum, dass bestimmte Prozesse nicht Gott gegeben oder natürlich sind, sondern Ausfluss knallharter politischer Entscheidungen, eröffnet erst die Möglichkeit, die Gesellschaft und konkret auch die Soziale Arbeit anders zu denken, als so, wie sie uns heute offeriert wird. Hier sollte man sich immer wieder folgende Fragen stellen: „Wie sind diese konkreten, einschränkende Arbeitsbedingungen entstanden? Wer hat sie veranlasst? Mit welcher Begründung, mit welcher Rechtfertigung? Kann ich sie akzeptieren? Welches Bild von unserer Profession steckt dahinter, welches Menschenbild, welches Gesellschaftsbild? Teile ich diese Vorstellungen? Will ich sie teilen? Wie könnten sie geändert werden? Wer könnte was dafür tun?"

- *Begreifen der Tatsache, dass unsere Profession immer politisch wirkt und man sich nicht aus der Politik heraushalten kann*
Sozialarbeitende müssen sich vergegenwärtigen, dass Soziale Arbeit und damit auch sie selber sich nicht unpolitisch oder neutral verhalten können. Was Soziale Arbeit auch tut, ob sie sich anpasst, ob sie rebelliert, ob sie versucht, das Beste daraus zu machen oder sich zu wehren – immer wirkt sie politisch. Sie muss sich deshalb entscheiden, wem sie letztlich dienen will. Daraus ergibt sich benahe zwangsläufig die Einsicht in die Notwendigkeit und Selbstverständlichkeit der politischen Einmischung Sozialer Arbeit. Und so sind auch hier wichtige Fragen zu stellen und zu beantworten: „Welche Konsequenzen hat es, wenn ich an dieser Stelle die Klappe halte und schweige? Warum schweigen eigentlich die KollegInnen? Was hat das für Folgen? Warum schweigt der Chef, obwohl er eigentlich die Sache genauso kritisch sieht? Was wäre, wenn auf einmal alle laut den Mund auftäten? Wer wären die Adressaten? Wie könnte man sich vor Sanktionen und Gegenreaktionen des Arbeitgebers schützen?"

Der alltägliche, bewusste Umgang mit solchen Fragen und die wiederholte Erarbeitung der Antworten qualifiziert fachlich und gesellschaftspolitisch, lässt die Zusammenhänge bewusst werden und macht sicher im Umgang mit der Analyse der gegenwärtigen Situation und mit den eigenen fachlichen und politischen Zielen und Forderungen.

6.3.2.2 Lernschritte in Richtung offensiver Gegenwehr und Einmischung
Der nächste Bereich notwendiger Lernprozesse meint die Aneignung von Erfahrungen, Erkenntnissen, Wissen und Haltungen, die die Entwicklung einer

positiven Einstellung zur Frage einer offensiven Gegenwehr betreffen. Folgende Aspekte sind zu unterscheiden:
- *Entwicklung von Bereitschaft und Mut, sich zur Wehr zu setzen und Widerstand zu leisten*
Zum widerständigen politischen Handeln gehört mehr als nur Reflexivität. In erster Linie ist der Entschluss erforderlich, zu widersprechen, offen eine andere Position zu beziehen und für sie zu kämpfen. Zweifellos muss man sich hier entscheiden zwischen einer eher bequemen Haltung und dem Bedürfnis, sich nicht in irgendeine Gefahr zu bringen auf der einen und dem – psychohygienisch sehr viel sinnvolleren – Entschluss, nicht mehr alles zu schlucken, sondern sich zu wehren, sich als aktive, selbstbewusst handelnde Person wiederzuentdecken.
Eichinger stellte in ihrer Untersuchung (2009) fest, dass ein kritisches und widerständiges Verhalten in der Praxis dann gezeigt wird, wenn es eine Chance auf Erfolg in sich birgt (vgl. Eichinger 2009). Da aber Erfolge in der unmittelbaren Praxis eher nicht kurzfristig zu erwarten sind, besteht die Notwendigkeit für die Akteure, zu lernen, Erfolg von politischem Handeln und von fachlicher Gegenwehr für sich selber differenziert und neu zu definieren und z. B. eine längere Zeitperspektive in den eigenen Erwartungshorizont aufzunehmen. Eine wichtige Rolle für das so notwendige Erleben von Erfolg und Sinnhaftigkeit politischen Engagements liegt außerdem in der Akzeptanz und positiven Verstärkung durch die Gruppe der Gleichgesinnten und in ihrer solidarischen Unterstützung. Diese Gruppe allerdings ist nicht einfach da. Man kann und darf nicht erwarten, dass sich z. B. gleich alle KollegInnen solidarisch erklären. Diese Gruppe sollte man sich suchen. Ohne sie aber würde politisches Engagement schnell erlöschen.
- *Bereitschaft und Initiative zur öffentlichen Artikulation und Einmischung*
Das Herstellen von Öffentlichkeit ist ein guter Schutz für die Akteure und gleichzeitig eine wichtige Voraussetzung für politische Wirkung. Für eine aktive Gegenwehr und erst recht für offensive Einmischung wäre es notwendig, dass Sozialarbeitende anfangen, die Mittel der Medien, z. B. auch die des Internets für ihre Artikulation von Gegenwehr zu nutzen. Hierzu gehört zum einen eine gewisse mediale Kompetenz, aber vor allem auch die innere Bereitschaft, in die Öffentlichkeit zu treten und dort Auseinandersetzungen zu führen. Es gibt viele Möglichkeiten auch für „einfache" PraktikerInnen, sich zu artikulieren, ohne dabei Dienstgeheimnisse zu verraten oder sich für den Arbeitgeber als Querulant zu diskreditieren: Da kann man Leserbriefe als Privatmann oder -frau schreiben, kann bei kritischen Sozialarbeiter-Blogs unter einem Pseudonym mitarbeiten oder selber eins betreiben, da kann man als Gruppe oder im Rahmen einer Orga-

nisation fachliche Stellungnahmen zu Ereignissen an die Presse geben, da kann man als privat organisierte, berufspolitisch engagierte Sozialarbeits-Gruppe einer Region eine regelmäßige Kolumne bei der Tageszeitung betreiben, die „Neues aus der Sozialen Arbeit" berichtet, die also die Öffentlichkeit regelmäßig über die Profession, ihre Aufgaben, ihre Projekte, ihre alltäglichen Leistungen und eben auch über ihre aktuellen Schwierigkeiten etc. informiert. Natürlich kosten solche Schritte in die Öffentlichkeit Mut, Kraft und auch Zeit. Aber im Unterschied zu der an Arbeitgeber immer wieder als unbezahlte Arbeit verschenkten Freizeit wäre diese, für berufs- und sozialpolitische Orientierung und Arbeit genutzte freie Zeit, eine gute Investition: Sie macht es nämlich möglich, sich wirklich frei, als private Person, unabhängig von Dienstverhältnissen und Dienstverpflichtungen mit der Politik der Profession zu befassen.

6.3.2.3 Lernschritte in Richtung von Solidarisierung und organisiertem Handeln

Schließlich geht es um die Einsicht in die Notwendigkeit, sich solidarisch zusammen zuschließen und um die entsprechenden Kompetenzen. Das alte Motto „Gemeinsam sind wir stark" beschreibt eine historisch bewährte Methode des politischen Kampfes, die dabei hilft, Mut zu entwickeln und die persönlichen Risiken einer aktiven Gegenwehr zu mindern. Solidarität ist heute, wie schon oben erläutert, keine selbstverständliche Haltung in unserer Profession. Für die Entwicklung von Solidarität ist zum einen – wie oben bereits beschrieben – die Erkenntnis der Betroffenen Voraussetzung, dass Sozialarbeitende als VertreterInnen einer gemeinsamen Profession gemeinsame Interessen haben und dass sie gemeinsam sehr wohl die Macht und Kraft haben, sich z. B. gegen Preisdumping in der Jugendhilfe erfolgreich zur Wehr zu setzen. Es ist darüber hinaus von großer Wichtigkeit, dass Sozialarbeitende Erfahrungen mit Solidarität und mit gemeinsamem politischem Handeln machen. So etwas gelingt durchaus auch in Eigeninitiative: Orte für kritisches und solidarisches Denken und Handeln und für die Entwicklung gemeinsamer politischer Strategien können spontan im persönlichen Rahmen Betroffener zustande kommen, sie können aber auch gezielt aufgesucht und geschaffen werden. Sie können realen aber auch virtuellen Charakter haben. Das Internet hat sich als Instrument der Solidarisierung, als Podium für Austausch, Diskussion und Entwicklung von Strategien bis hin zur organisierten Gegenwehr in der jüngsten Zeit als hoch effektiv und geeignet erwiesen (man z. B. denke an die 50 000 Unterschriften von WissenschaftlerInnen, die im Rahmen des Protests gegen die Bagatellisierung des Betruges im Rahmen der Erstellung einer Dokterarbeit eines amtierenden Ministers innerhalb von 48 Stunden übers Internet gesammelt werden konnten).

Ich gehe nicht davon aus, dass es heute kein Bedürfnis nach Solidarität mehr gibt, davon haben mich die Erfahrungen mit vielen PraktikerInnen und Studierenden überzeugt. Es gibt z.b. bei vielen Studierenden und auch bei PraktikerInnen die Hoffnung, dass sie einen Weg für sich zu finden werden, der es ihnen ermöglicht, den beruflichen Zumutungen und neoliberalen Herausforderungen nicht mehr hilflos ausgeliefert zu sein. Was sie sich denn wünschen würden für die Anfangszeit im Beruf, in der neuen Stelle, in einer fremden Stadt, habe ich unsere frisch gebackenen SozialarbeiterInnen gefragt. Die Antwort war viel versprechend: „Wir hoffen, dass wir an unserem neuen Arbeits- und Lebensort ein paar Leute finden werden, die genau wie wir diese Probleme sehen. Mit denen möchten wir uns dann zusammensetzen, austauschen und uns irgendwie gegenseitig unterstützen."

Entscheidend ist tatsächlich, dass sich die Sozialarbeitenden einen Ort schaffen, an dem sie ihre Probleme aussprechen können, wo nach deren Ursachen gefragt wird, wo Strategien für Lösungen entwickelt werden können. Ein Ergebnis dieser gemeinsamen Überlegungen könnte irgendwann sicher auch der Entschluss sein, sich durch den Beitritt zu einer Gewerkschaft oder zum Berufsverband weitere Ressourcen zu sichern und mehr Schlagkraft und Stärke zu verschaffen. So verstanden wäre der Beitritt zur Organisation dann nicht der vermeintliche Einkauf einer Interessenvertretungs-Dienstleistung, sondern er wäre der Erkenntnis geschuldet, dass so ein Zusammenschluss die Kräfte bündelt, Ressourcen stärkt und im Sinne einer großen, starken Selbsthilfegruppe die eigene Durchsetzungskraft um ein Vielfaches erhöht. Es kann ganz einfach damit beginnen, dass sich kritische Sozialarbeitende innerhalb ihres Teams, oder auch über ihren Träger und ihr Arbeitsfeld hinaus in ihrer Stadt, ihrem Landkreises etc. finden, regelmäßig treffen und gemeinsam unterstützen und auf diese Weise Wege entwickeln, ihren Widerstand auch nach außen zu transportieren und zu demonstrieren. Und es könnte der Tag kommen, wo diese Gruppe von einer anderen Gruppe in der Nachbarstadt erfährt, wo ähnliches passiert, usf.

Deshalb – fast am Ende dieses Buches – noch eine zweite Vision, diesmal aber eine hoffnungsvolle:

Beispiel 41:
Der Sozialarbeiterstammtisch
Jens hat vor zwei Monaten als frisch gebackener B.A. Sozialarbeiter eine Arbeit bei einem freien Träger aufgenommen, der obdachlose Menschen betreut. Die Bezahlung und die sonstigen Arbeitsbedingungen, die man ihm angebo-

ten hat, waren nicht gerade rosig. Aber als Berufsanfänger, so dachte Jens, hätte er keine Wahl. Ein Jahr, vielleicht zwei wäre er das schon durchhalten und dann, mit wirklicher Berufserfahrung im Rücken, würde es sicher leichter. Die erste Zeit war sehr anstrengend und damit gefüllt, dass Jens sich durch eine Fülle von Akten aber auch von Dienstanweisungen und Träger eigenen Handbüchern durcharbeiten musste. Die Zeit für die Klienten war eher knapp. Auch als Jens allmählich besser durchblickte, stellt er immer wieder fest, dass er nicht die Zeit hatte, sich wirklich um seine Klientel zu kümmern, wirklich auf ihre Problemlagen einzugehen und mit ihnen gemeinsam Lösungen für ihre Lebenssituation zu entwickeln. Andererseits war Jens gehalten, akribisch jeden seiner Arbeitsschritte im Computer festzuhalten. Die Zeit dafür allerdings konnte er nicht abrechnen. Also gewöhnte er sich an, um sich nicht selber immer weiter unter Stress zu setzen, einfach am Ende des Tages sozusagen freiwillig und in seiner privaten Zeit, die liegen gebliebenen Aufgaben und manchmal auch die erforderlichen und nicht geschafften Kontakte zu erledigen. Er hatte kaum noch Lust und Freude daran, sich für seine Klienten einzusetzen und merkte, dass er ganz allmählich anfing, seine obdachlosen Klienten für seine bedrängte Arbeitssituation verantwortlich zu machen. Warum stellten die sich auch so dämlich an?

Jens war sich klar, dass das so nicht o. k. war, dass er selber hier ganz schön ausgebeutet wurde und dass er das auch noch – leider – bereitwillig schluckte. Aber was sollte er tun? Jens fühlte sich nicht mehr wohl in seiner Haut, fühlte sich abhängig und ohnmächtig. Er mochte gar nicht mehr in den Spiegel sehen. War das wirklich noch er selber?

Nach einem halben Jahr lag endlich die Probezeit hinter ihm. Aber er war nicht wirklich zufrieden mit seiner Arbeitssituation. Wenn er seine Probleme und seine Kritikpunkte gegenüber seinem Vorgesetzen ansprach, wischte dieser alles vom Tisch mit der Bemerkung, Jens würde sich im Laufe der Zeit schon noch hineinfinden. Ansonsten könne er doch auch am Jahresende, wenn ohnehin alle Verträge wieder neu abgeschlossen werden müssten, gehen. Die versteckte Drohung war nicht zu überhören. Als Jens sich darüber bei seinen KollegInnen beschwerte, winkten die ab und empfahlen ihm, nicht so viel Staub aufzuwirbeln. Zufällig trifft Jens eines Abends in einer der wenigen guten Kneipen der drögen Kleinstadt, in die es ihn verschlagen hat, eine Kommilitonin aus „alten Zeiten". Sie arbeitet im Nachbarort in einem anderen Arbeitsfeld. Die beiden kommen ins Gespräch, erzählen sich ihre Sorgen und stellen überrascht fest, dass sie sehr ähnliche Probleme haben, obwohl ihre Arbeitsbereiche in keiner Weise miteinander zusammen hängen. Die Kommilitonin kennt auch noch eine andere Sozialpädagogin im Nachbarort, die ebenfalls an der gleichen Fachhochschule studiert hat, und die sich in dieser Gottverlassenen Gegend auch ziemlich alleine fühlt. Sie laden diese Kollegin ein und so entsteht allmählich eine Art Sozialarbeiterstammtisch, der sich jede Woche trifft. Sie beratschlagen zusammen, sie trösten und ermutigen sich gegenseitig, sie tauschen Informationen aus, sie holen sich von den anderen Rückmeldung, ob bestimmte für sie belastende Probleme wirklich so schlimm und nicht akzeptabel sind, ob ihr Verhalten gegenüber den anderen MitarbeiterInnen oder dem Chef klug oder weniger geschickt war.... Auch zwischen den einzelnen Terminen entsteht per Telefon, per Skyp oder per Mail ein kollegialer, freundschaftlicher und fachlicher Austausch. Andere BerufskollegInnen stoßen dazu. Irgendwann fährt man gemeinsam zu einer interessanten Tagung, diskutiert im Anschluss lange die Konsequenzen aus den dort gemachten Erfahrungen. ...

Die Arbeit und die Arbeitsbedingungen von Jens sind durch die Gruppe nicht unbedingt anders geworden. Aber er ist jetzt eher in der Lage, seine Meinung zu sagen und bewusst und selbstbewusst fachlich zu argumentieren. Manche kleinere Veränderung hat er auch schon bei seinem Chef durchgesetzt. Auch seine KollegInnen vor Ort hören inzwischen durchaus interessiert zu, wenn er seinen Sozialarbeiterstammtisch erwähnte. Insgesamt geht es Jens mit seiner beruflichen Situation jetzt deutlich besser und er fühlte sich wieder wie ein Mensch mit aufrechtem Gang, mit eigener Meinung und mit dem stolzen Willen, sich nicht anzupassen an all das, was ihm an seiner Arbeitsstelle, an der Sozialen Arbeit insgesamt und überhaupt an der Gesellschaft nicht gefällt.

So etwa könnte es anfangen ...

6.4 Von der Reflexivität zum politischen Handeln

Jede offensive Gegenwehr bedeutet bereits den ersten Schritt zur Einmischung. Einmischung aber bedeutet noch mehr: Es geht darum, aktiv und offensiv politische Felder zu besetzen, sich dort Gehör zu verschaffen, sich als politisch wirksame Kraft einzubringen und zu profilieren. Politisches Handeln der Sozialen Arbeit ist nichts anderes als die „alte", im KJHG ausformulierte „Einmischungsstrategie", die Aufforderung zum Einmischen in politische Angelegenheiten und Diskussionen in allen Bereichen der kommunalen und der allgemeinen Politik (vgl. KJHG § 1.4). So stellt z. B. Otto im Gespräch mit Kessl und Ziegler fest: „Es geht also um nichts weniger als eine sozialpolitische Einmischung mit wissenschaftlichen Mitteln" (Kessl/ Otto/ Ziegler 2006 S. 115).

Hier liegt ein möglicher Ansatz in gemeinsamen politischen Aktionen über Träger und Regionen hinaus, zusammen mit anderen politisch aktiven Gruppierungen und ähnlich betroffenen Berufsgruppen sowie in einer entsprechenden, vielfältigen, offensiven und kreativen Öffentlichkeitsarbeit.

Soziale Arbeit müsste auf der ganzen Linie aus ihrem eigen Schatten heraustreten und sich auf allen Ebenen einbringen, einmischen, mitmischen und zu Wort melden.

Hier nur ein kleines Beispiel:

Die Arbeitsministerin der gegenwärtigen Regierung, Frau von der Leyen, hat sich Etwas ausgedacht, von dem sie anscheinend meint, dass es den Bildungsnotstand der durch die PISA Studien identifizierten Risikogruppen unserer Gesellschaft beseitigen könnte: die Bildungsgutscheine. Das klingt erst mal gut, ist aber aus sozialpädagogischer Sicht bestenfalls ein Tropfen auf einen sehr heißen Stein. Ich frage mich: Warum sagen wir es nicht überall laut und deutlich? Warum sagen wir nicht,

- dass mit diesem Volumen von ganzen 10 Euro im Monat weder ein regelmäßiges Mittagessen noch ein Nachhilfelehrer und auch keine Kunstschule bezahlt werden kann,
- dass man hier offensichtlich hofft, dass 90% der Betroffenen von dieser Möglichkeit gar keinen Gebrauch machen werden und man dann mit dem Geld den einen oder anderen bildungsfernen Vorzeige-Jugendlichen ausstaffieren kann,
- dass man so keine Bildungsbarrieren abbauen kann, sondern es angesichts einer Medien- und Werbungskultur, die täglich und mit großem Erfolg ihre Verdummungsstrategie verfolgt, ganz anderer, sehr viel größerer und einfühlsamerer Bemühungen bedarf, will man diesen Bevölkerungsschichten Bildung und Kultur nah wirklich nahe bringen,
- dass außerdem in vielen Teilen unseres Landes die Gutscheine überhaupt nicht eingelöst werden können, weil die notwendige Infrastruktur fehlt,
- dass eine Gesellschaft, die sich über die Bildungsferne eines Teils ihrer Bevölkerung beklagt, erst einmal dafür sorgen müsste, dass für diese Menschen echte Zukunftschancen geschaffen werden.
- usw.

Warum steht unsere Profession nicht geschlossen auf und mischt sich hier ein? Wer denn, wenn nicht die Soziale Arbeit kann hierzu etwas Kompetentes sagen?

Soziale Arbeit hat ein politisches Mandat, aber sie selber und sie alleine kann die Gesellschaft nicht verändern. Der Weg zu einer veränderten und fachlich wiederhergestellten Sozialen Arbeit wird letztlich nicht über alternative und kritische Projekte und störrische Fachlichkeit, sondern nur über eine politische Veränderung insgesamt gelingen. Es geht schließlich um keine Kleinigkeit, sondern darum, den Staat und die regierenden Parteien nicht aus der sozialen Verantwortung zu entlassen. Das erfordert politische Diskussionen und Aufklärungen, es erfordert fachliche Einmischungen in politische und öffentliche Diskussionen. Soziale Arbeit könnte diese notwendige politische Diskussion innerhalb der Gesellschaft mit entzünden. D. h. wir brauchen nicht nur eine politische reflektierte Professionalität sondern politisch reflektierte und politisch aktive Menschen in unserer Profession.

Strategische Überlegungen für politisches Handeln Sozialer Arbeit in einem solchen Sinne, das über die Politisierung der Sozialen Arbeit selber hinausweisen, sind z. B.

- *Brisante Themen aus ihrer Tabuisierung herausholen!*
Völker geht es darum, die Re-Politisierung der Diskussion über Arbeitslosigkeit voranzutreiben, und zwar „im Sinne einer Thematisierung verdrängter Fragen nach Umverteilung von Arbeit und Reichtum, Rolle der Erwerbsarbeit, Veränderung der Arbeitsgestaltung zugunsten des Zugangs von Personen, deren Arbeitsvermögen nicht „flexibel und dynamisch" verwertbar sind" (Völker 2005, S. 86). Soziale Arbeit muss Wege finden, die öffentliche politische Diskussion anzuregen und sie muss sie natürlich auch in ihren eigenen Reihen führen: Wieso gibt es Arbeitslosigkeit, wer ist schuld? Was bedeutet Armut? Woher kommt sie? Was haben die Betroffenen dazu beigetragen? Was die Gesellschaft? Und wie geht Gesellschaft mit armen Menschen um? Was ist der Markt, der unser aller Geschicke in seiner anonymen Hand hält und von dessen Funktionieren und von dessen Profiten unser aller Wohlergehen abhängt? Solche Diskussionen sind überall möglich, vom Gespräch unter Kollegen am Mittagstisch bis hin zu öffentlichen Veranstaltungen, Leserbriefen oder Blogbeiträgen.

- *Zurückweisung der Privatisierung sozialer Problemlagen*
Bütow, Chassé und Hirt (2008) geht es um die Offenlegung der Moralisierung und Naturalisierung sozialer Problemlagen. Es ist eine wissenschaftliche wie politische Aufgabe der Sozialen Arbeit, der Privatisierung sozialer Problemlagen entgegen zu treten und sie als populistischen Diskurs zu entlarven.

- *Das erneute Aufwerfen und Diskutieren der Sozialen Frage*
Maurer stellt fest, dass Soziale Arbeit nicht nur die Aufgabe hat, zu lindern, zu beschwichtigen und zu normalisieren. Soziale Arbeit sei ebenso Akteurin der „Problematisierung sozialer Konflikte" (Maurer 2009, S. 166). Hier wird Soziale Arbeit als Kraft gesehen, die die Soziale Frage nicht nur befrieden, sondern sie auch immer wieder selber stellen muss, weil ihre Möglichkeiten vom System her begrenzt sind und nie wirklich befriedigen können. Auch Notz (2009, S. 215) sieht den politischen Auftrag, Ungleichheit und Ausgrenzung anzuprangern und Handlungsstrategien zu entwickeln, die einer Ausgrenzung entgegenwirken. Dabei sei es aber wichtig, „nach

den Wurzeln zu graben, die die soziale Ungleichheit produzieren und reproduzieren". Auch hier erscheint Soziale Arbeit als politisch aufklärende und die vorhandenen Konflikte artikulierende Kraft.

- *Offensive Einmischung Sozialer Arbeit in die Politik*
Kessl (2005) stellt sich vor, die Analyse der gegenwärtigen Verhältnisse, also das, was im Rahmen der Reflexivität an Wissen um Zusammenhänge zur Verfügung steht, zum „Gegenangriff" zu benutzen. Es ginge um eine direkte Einmischung Sozialer Arbeit in die Fragen der Gesellschaftspolitik. Auch Böhnisch und Schröer (2008) halten es für nötig, an die Politik offensive Forderungen stellen. Z. B. ist es sinnvoll, dass Soziale Arbeit über ihre politischen Vertretungen wie den DBSH oder die Gewerkschaften Fragen an die Parteien formuliert, etwa so, wie Green Peace dies in Umweltfragen tut.

Auch die Profession Soziale Arbeit als solche müsste sich Bündnispartner suchen, um so ihren Forderungen und fach- wie gesellschaftspolitischen Äußerungen und Stellungnahmen mehr Ausdruck und Kraft zu verleihen. Gruppen und Initiativen mit ähnlichen Vorstellungen und Anliegen sollten nicht nebeneinander arbeiten, sondern sich zu gemeinsamen politischen Schritten zusammenschließen, um sich für eine andere, soziale und an Gerechtigkeit und nicht an Marktfreiheit und Profit orientierte Welt einzusetzen.

Freilich wird man sich auch fragen müssen, ob die Probleme der Profession und der Gesellschaft wirklich zu lösen sind, wenn man in diesem Kontext die Verhältnisse des neoliberalen Projektes nicht grundsätzlich hinterfragt und den Weg, den unsere regierenden PolitikerInnen und Wirtschafts-InteressenvertreterInnen vorgeben, wie erwünscht weiterverfolgt. Die eben knapp überstandene ökonomische und politische Krise oder die gerade aktuellen und leider die Menschheit nun über Jahrzehnte oder Jahrhunderte weiter belastenden Ereignisse im Atomkraftwerk von Fukushima haben gezeigt, welchen Gefahren die Menschheit ausgeliefert ist, wenn sie dem Markt Spielraum in allen Fragen einräumt. Die Politik rief in der Finanzkrise nach einer Regulierung der Märkte, nach Begrenzungen für Managergehälter, sogar nach Begrenzungen der Freiheit der Märkte. Geändert hat sich nicht viel. Sie hat natürlich nicht die Superreichen zur Kasse gebeten, um die Zeche der Krise zu zahlen. Vielmehr bleibt sie der Politik der Entlastung der Unternehmen treu. Sie leistet weiterhin massive staatlicher Stützung der Banken und Konzerne mit Steuergeldern und auf Kosten der BürgerInnen und tut alles dazu, dass der freie Markt – gestützt und sozusagen im eigenen Interesse begrenzt und kontrolliert – im Sinne eines Systems, das alles und alle unter die Verwertungs- und Gewinninteressen von privaten Unternehmen stellt, die entscheidende gesellschaftspolitische Kraft in unserem Land und auf der ganzen globalen Welt bleibt. An eine Veränderung der neosozialen Politik wurde während und mitnichten und erst recht nicht nach der Krise gedacht.

Eine wirklich politische Debatte mit und im Interesse der professionellen Sozialen Arbeit müsste deshalb auch bereit sein, in ihrem Diskurs Systemfragen zu akzeptieren. Unsere gegenwärtige Gesellschaft ist von zwei maßgeblichen Strukturen geprägt: Wir sind eine Demokratie und wir leben gleichzeitig im Turbokapitalismus. Beides hängt nur sehr bedingt zusammen und es ließe sich sicher demokratischer und menschenwürdiger leben, wenn man auf die andere Seite dieser Scheinehe verzichtete. Das gilt ganz sicher für die Soziale Arbeit und für die Menschen, die diese bei der Bewältigung ihres Lebens brauchen.

Literatur

3. Armuts- und Reichtumsbericht der Bundesregierung (2008). Berlin 2008
8. Jugendbericht der Bundesregierung (1990). Bericht über Bestrebungen und Leistungen der Jugendhilfe. Bonn 1990
9. Jugendbericht der Bundesregierung (1994) Bericht über Bestrebungen und Leistungen der Jugendhilfe. Bonn 1994
11. Jugendbericht der Bundesregierung (2002). Bericht über Bestrebungen und Leistungen der Jugendhilfe. Berlin 2002
13. Jugendbericht der Bundesregierung (2009). Bericht über Bestrebungen und Leistungen der Jugendhilfe. Berlin 2009

Albert, M. (2006): Die Ökonomisierung der Sozialen Arbeit. In: Sozial Extra 7-8/2006, S. 26 ff
Albert, M. (2008): Hier das Geld – und dort die Liebe? Soziale Arbeit und Ökonomie – (De-) Professionalisierungstendenzen zwischen Armutsbekämpfung und „freiem" Markt. In: Sozialmagazin 78/2008, S. 37ff
Ames, A./Bürger, U. (1998): Untersuchung der unterschiedlichen Inanspruchnahme vollstationärer Heimerziehung im Verbandsgebiet Württemberg-Hohenzollern. Teilbericht II. Stuttgart 1998
Ames, A./Jäger, F. (2006): Die Arbeitsverwaltung als omnipotente Sozialarbeiterin oder der Bock als Gärtner. Zur Korrumpierung sozialarbeiterischer Begriffe und Konzepte durch das Sozialgesetzbuch II. In: widersprüche. H. 100 6/2006, S. 75ff
Arbeitsgemeinschaft Schuldnerberatung der Verbände (2004): Funktions- und Tätigkeitsbeschreibung Schuldner- und Insolvenzberater/in. 2004
Bader, K. (2006): Was ist kritische Soziale Arbeit und was nicht? In: widersprüche. H. 100. 6/2006, S. 33ff
Bamberger, G. (2001): Lösungsorientierte Beratung. Weinheim 2001
Banner, G. (1991): Von der Behörde zum Dienstleistungsunternehmen. Die Kommunen brauchen ein neues Steuerungsmodell. In: Verwaltungsführung I. 1991, S. 6ff
Baum, H. (2004): Theorien sozialer Gerechtigkeit. Münster 2004
Beck, U. (1986): Risikogesellschaft. Auf dem Weg in eine andere Moderne. Frankfurt a. M. 1986
Beck, U. (1999): Schöne neue Arbeitswelt. Vision: Bürgergesellschaft. Frankfurt a. M. 1999
Berndt, E. (2006): Gratwanderung der Jugendsozialarbeit in schwierigen Zeiten. In: widersprüche. H. 100 6/2006, S. 83ff
Bestmann, St. : Sozialraumorientierung als Chance? Kritische Gedanken über das ‚Gesellschaftliche' im Handlungsfeld der Hilfen zur Erziehung. In: Musfeld, T./R. Quindel/A. Schmidt (Hrsg.) (2008): Einsprüche. Kritische Praxis Sozialer Arbeit in der Kinder- und Jugendhilfe, Schneider Verlag Hohengehren 2008, S. 79 – 96
Bitzan, M./Bolay, E./Thiersch, H. (2006): Im Gegebenen das Mögliche suchen. Ein Gespräch mit Hans Thiersch zur Frage: Was ist kritische Soziale Arbeit? In: widersprüche. H. 100 6/2006, S. 63ff
Boeckh, J. (2007): Strukturwandel Sozialer Dienste in der Ökonomisierungsfalle? In: Theorie und Praxis der Sozialen Arbeit 2/2007, S. 5ff
Boessenecker, K.-H./Trube, A. /Wohlfahrt, N. (Hrsg.) (2000): Privatisierung im Sozialsektor. Rahmenbedingungen, Verlaufsformen und Probleme der Ausgliederung Sozialer Dienste. Münster 2000, S. 129ff
Böhnisch, L. (1991): Sozialpädagogik im Kindes- und Jugendalter. Weinheim 1991

Literatur

Böhnisch, L./Schröer, W. (2002): Die soziale Bürgergesellschaft. Zur Einbindung des Sozialpolitischen in den Zivilgesellschaftlichen Diskurs. Weinheim 2002

Böhnisch, L./Schröer, W. (2008): Auf dem Weg in die Bürgergesellschaft? In: Bütow, B./Chassé, K.A./Hirt, R. (Hrsg.): Soziale Arbeit nach dem Sozialpädagogischen Jahrhundert. Positionsbestimmungen Sozialer Arbeit im Post-Wohlfahrtsstaat. Opladen 2008

Böhnisch, L./Schröer, W./Thiersch, H. (2005): Sozialpädagogisches Denken. Wege zu einer Neubestimmung. Weinheim 2005 Böllert, K./Hansbauer, P./Hansenjürgen, B./Langenohl, S. (Hrsg.) (2006): Die Produktivität des Sozialen – den sozialen Staat aktivieren. Sechster Bundeskongress Soziale Arbeit. Wiesbaden 2006

Bohrke-Petroviv, S. (2007): Beratung im Case Management. Möglichkeiten und Grenzen am Beispiel der Beschäftigungsförderung. In: Blätter der Wohlfahrtspflege 3/2007, S. 89ff

Bommes, M./Scherr, A. (2000): Soziologie der Sozialen Arbeit. Eine Einführung in Formen und Funktionen organisierter Hilfe. Weinheim 2000

Boos-Nünning, U (2009): Kinder und Jugendliche mit Migrationshintergrund im Post-Wohlfahrtsstaat. In: Kessl, F./Otto, H.-U. (Hrsg.): Soziale Arbeit ohne Wohlfahrtsstaat? Zeitdiagnosen, Problematisierungen und Perspektiven. Weinheim 2009, S. 121

Bourdieu, P. (2000): Die zwei Gesichter der Arbeit. Interdependenzen von Zeit- und Wirtschaftsstrukturen am Beispiel einer Ethnologie der algerischen Übergangsgesellschaft. Konstanz 2000

Bremer, F. (2008): Hilfeplanung! Hilfeplanung ? Die Wirksamkeit unausgesprochener Ziele oder Hilfeplanung im Spannungsfeld von umfassend, angemessen und wirtschaftlich. In: Soziale Psychiatrie 4/2008, S. 15ff

Brülle, H./Altschiller, C. (1992): Sozialmanagement – Dienstleistungsproduktion in der kommunalen Sozialverwaltung. In: Flösser, G./Otto, H-U. (Hrsg.): Sozialmanagement oder Management des Sozialen?. Bielefeld 1992, S. 49 ff

Budde, W./Früchtel, F. (2006): Chancen und Risiken eines Sozialraumbudgets. In: Sozial Extra 6/2006. S. 9ff

Bullinger, H./Nowak, J (1998): Soziale Netzwerkarbeit. Eine Einführung für Soziale Berufe. Freiburg i. B. 1998 Buestrich, M./Wohlfahrt, N. (2008): Alles beim Alten? Entwicklungen der Arbeits- und Beschäftigungsbedingungen in der Sozialen Arbeit. In: Sozial Extra Heft 1-2 2008, S. 47ff Bütow, B./Chassé, K.A./Maurer, S. (2006): Soziale Arbeit zwischen Aufbau und Abbau. Transformationsprozesse im Osten Deutschlands und die Kinder- und Jugendhilfe. Wiesbaden 2006

Bütow, B./Chassé, K.-A. /Hirt, R. (Hrsg.): Soziale Arbeit nach dem Sozialpädagogischen Jahrhundert. Positionsbestimmungen Sozialer Arbeit im Post-Wohlfahrtsstaat. Opladen 2008

Butterwegge, Ch. (2010): Neoliberale Modernisierung, Sozialstaatsentwicklung und Soziale Arbeit. In: Michel-Schwartze, B. (Hrsg.) (2010): „Modernisierungen" methodischen Handelns in der Sozialen Arbeit, Wiesbaden 2010, S. 49 – 88

Castell, R. (2000): Metamorphosen der Sozialen Frage. Eine Chronik der Lohnarbeit. Konstanz 2000

Chassé, K.-A. (2007a): Meine Familie ist arm. Wie Kinder im Grundschulalter Armut erleben und bewältigen. Wiesbaden 2007

Chassé, K.-A. (2007b): Unterschicht, prekäre Lebenslagen, Exklusion – Versuch einer Dechiffrierung der Unterschichtdebatte, In: Kessl, F./Reutlinger, Ch./Ziegler, H. (Hrsg.): Erziehung zur Armut? Soziale Arbeit und die „neue Unterschicht". Wiesbaden 2007, S. 17ff

Chassé, K.-A. (2008): Überflüssig. Armut, Ausgrenzung, Prekariat. Überlegungen zur Zeitdiagnose. In: Bütow, B./Chassé, K.-A. /Hirt, R. (Hrsg.): Soziale Arbeit nach dem Sozialpädagogischen Jahrhundert. Positionsbestimmungen Sozialer Arbeit im Post-Wohlfahrtsstaat. Opladen 2008, S. 59 ff

Literatur

Colla, H. et al. (Hrsg.) (1999): Handbuch Heimerziehung und Pflegekinderwesen in Europa. Neuwied/Kriftel 1999

Cremer-Schäfer, H. (2004): Nicht Person, nicht Struktur: soziale Situation! Bewältigungsstrategien Sozialer Ausschließung. In: Kessl, F./Otto, H.-U. (Hrsg.): Soziale Arbeit und Soziales Kapital. Zur Kritik lokaler Gemeinschaften. Wiesbaden 2004, S. 169ff

CV (Hrsg.) (1997): Mehr Markt in der sozialen Arbeit? Freiburg i. B. 1997

Dahme, H.-J./Otto, H.-U./Trube, A./Wohlfahrt, N. (Hrsg.) (2003): Soziale Arbeit für den aktivierenden Staat. Opladen 2003

Dahme, H.-J./Wohlfahrt, N. (2000): Auf dem Weg zu einer Ordnungsstruktur im Sozial- und Gesundheitssektor. Zur politischen Inszenierung von Wettbewerb und Vernetzung. In: NEUE PRAXIS 4/2000, S. 319ff

Dahme, H.-J./Wohlfahrt, N. (2003): Die verborgene Seite des aktivierenden Staats. In: Sozial-Extra, 27. Jahrgang, H. 8/9 2003, S 17ff

Dahme, H.-J./Wohlfahrt, N. (2005): Sozialinvestitionen. Zur Selektivität der neuen Sozialpolitik und den Folgen für die Soziale Arbeit. In: Dahme, H.-J./Wohlfahrt, N. (Hrsg.): Aktivierende Sozialarbeit. Theorie – Handlungsfelder – Praxis. Hohengehren 2005, S. 6ff

Dahme, H.-J./Wohlfahrt, N. (Hrsg.) (2005): Aktivierende Sozialarbeit. Theorie – Handlungsfelder – Praxis. Hohengehren 2005

Dahme, H.-J./Wohlfahrt, N. (2006): Strömungen und Risiken der Verwaltungsmodernisierung in der Jugendhilfe. In: Hensen, G. (Hrsg.): Markt und Wettbewerb in der Jugendhilfe. Ökonomisierung im Kontext von Zukunftsorientierung und fachlicher Notwendigkeit. Weinheim 2006, S. 61 ff

Dahme, H.-J./Wohlfahrt, N. (2008): Der Effizienzstaat: die Neuausrichtung des Sozialstaates durch Aktivierungs- und soziale Investitionspolitik. In: Bütow, B./Chassé, K.-A. /Hirt, R. (Hrsg.): Soziale Arbeit nach dem Sozialpädagogischen Jahrhundert. Positionsbestimmungen Sozialer Arbeit im Post-Wohlfahrtsstaat. Opladen 2008, S. 43ff

Dilthey, W. (1900): Die Entstehung der Hermeneutik. 1900

Dollinger, B. (2006): Salutogenese. In: Dollinger, B./Raithel, J. (Hrsg.): Aktivierende Sozialpädagogik. Ein kritisches Glossar. Wiesbaden 2006, S. 173ff

Dollinger, B. (2007): Reflexive Professionalität. Analytische und normative Perspektiven sozialpädagogischer Selbstvergewisserung. In: neue praxis 2/2007, S. 136ff

Dollinger, B./Raithel, J. (Hrsg.) (2006): Aktivierende Sozialpädagogik. Ein kritisches Glossar. Wiesbaden 2006

Dörner, K. (2008): Chancen der Ökonomisierung. Zehn Thesen. In: Vierteljahreszeitschrift für Heilpädagogik und ihre Nachbargebiete (VHN) Jahrgang 77, 4/2008 S. 329ff

Eger, F. (2008): Wie Jugendämter entscheiden. Ursachen einer veränderten Inanspruchnahme von Hilfen zur Erziehung. Wiesbaden 2008

Eichinger, U. (2009): Zwischen Anpassung und Ausstieg. Perspektiven von Beschäftigten im Kontext der Neuorientierung Sozialer Arbeit. Wiesbaden 2009

Eick, V. (2005): „Ordnung wird sein..." Quartiersmanagement und lokale Sicherheitspolitik. In: Dahme, H.-J./Wohlfahrt, N.: (Hrsg.): Aktivierende Sozialarbeit. Theorie – Handlungsfelder – Praxis. Hohengehren 2005, S. 110ff

Elsner, D. (2007): Die Sozialgenossenschaft als alternative Rechtsform für die Gestaltung sozialer Dienste. In: Theorie und Praxis der Sozialen Arbeit 5/2007, S. 14 ff

Enggruber, R. (2010): Von der „sozialpädagogisch orientierten Berufsbildung" zur „beruflichen Qualifizierung Jugendlicher mit besonderem Färderbedarf" – methodische Konsequenzen. In: Michel-Schwartze, B. (Hrsg.) (2010): „Modernisierungen" methodischen Handelns in der Sozialen Arbeit, Wiesbaden 2010, S. 135 – 172

Erath, P. (2006): Blick über den Tellerrand. Die Neujustierung Sozialer Arbeit muss europäische Aspekte einbeziehen. In: Blätter der Wohlfahrtspflege 3/2006, S. 104ff

Literatur

Evers, A./Nowotny, H. (1987): Über den Umgang mit Unsicherheit. Die Entdeckung der Gestaltbarkeit von Gesellschaft. Frankfurt a. M. 1987

Fellner, M. (2008): ADHS und Legasthenie – Klientifizierung schulischer Probleme als Strategie gegen Chancenungleichheit. In: Musfeld, T./R. Quindel/A. Schmidt (Hrsg.) (2008): Einsprüche. Kritische Praxis Sozialer Arbeit in der Kinder- und Jugendhilfe, Schneider Verlag Hohengehren 2008, S. 39 -56

Finis Siegler, B. (1997): Ökonomik Sozialer Arbeit. Freiburg i. B. 1997

Flösser, G./ Vollhase, M. (2006): Freie Wohlfahrtspflege zwischen subsidiärer Leistungserbringung und Wettbewerb. In: Hensen, G. (Hrsg.): Markt und Wettbewerb in der Jugendhilfe. Ökonomisierung im Kontext von Zukunftsorientierung und fachlicher Notwendigkeit. Weinheim 2006, S. 77 ff

Flösser, G./Oechler, M. (2006): Qualität/Qualitätsmanagement. In: Dollinger, B./Raithel, J. (Hrsg.): Aktivierende Sozialpädagogik. Ein kritisches Glossar. Wiesbaden 2006, S. 155ff

Flösser, G./Otto, H.-U. (Hrsg.) (1992): Sozialmanagement oder Management des Sozialen? Bielefeld 1992

Flösser, G./Schmidt, M. (1992): Managementkonzepte in der sozialen Arbeit. In: Flösser, G./Otto, H.-U. (Hrsg.): Sozialmanagement oder Management des Sozialen? Bielefeld 1992, S. 88ff

Foucault, M. (2004): Geschichte der Gouvernementalität, 2 Bde., Frankfurt am Main 2004

Franke, A./Mohn, K./Sitzler, F./Welbrink, A./Witte, M. (2001): Alkohol- und Medikamentenabhängigkeit bei Frauen: Risiken und Widerstandfaktoren. Weinheim 2001

Füssenhäuser, C. (2006): Lebensweltorientierung. In: Dollinger, B./Raithel, J. (Hrsg.): Aktivierende Sozialpädagogik. Ein kritisches Glossar. Wiesbaden 2006, S. 127 ff

Galuske, M. (2002): Flexible Sozialpädagogik. Elemente einer Theorie Sozialer Arbeit in der modernen Arbeitsgesellschaft. Weinheim 2002

Galuske, M. (2008): Fürsorgliche Aktivierung – Anmerkungen zu Gegenwart und Zukunft Sozialer Arbeit im aktivierenden Staat. In: Bütow, B./Chassé, K.-A./Hirt, R. (Hrsg.): Soziale Arbeit nach dem Sozialpädagogischen Jahrhundert. Positionsbestimmungen Sozialer Arbeit im Post-Wohlfahrtsstaat. Opladen 2008, S. 9ff

Galuske, M. (2009): Methoden der Sozialen Arbeit. Eine Einführung. Weinheim 2009

Galuske, M./Thole, W. (Hrsg.) (2006): Vom Fall zum Management. Neue Methoden der Sozialen Arbeit. Wiesbaden 2006

Gieseke H. (2001): Ökonomische Implikationen des pädagogischen Handelns. In: Hoffmann, D./Maack-Reinländer, K. (Hrsg.): Ökonomisierung der Bildung. Die Pädagogik unter den Zwängen des Marktes. Weinheim 2001, S. 15ff

Glöckner, R. (2006): Beschäftigungsorientiertes Fallmanagement. Praxisorientierte Betreuung und Vermittlung in der Grundsicherung für Arbeitssuchende (SGB II) – Eine Einführung. Regensburg 2006

Gragert, N./Peucker, Ch./Pluto, L./Seckinger, M. (2008): Ergebnisse einer bundesweiten Befragung bei Kindertagesstätten (DJI). München 2008

Habermas, J. (1981): Theorie des kommunikativen Handelns (Bd. 1: Handlungsrationalität und gesellschaftliche Rationalisierung; Bd. 2: Zur Kritik der funktionalistischen Vernunft). Frankfurt a. M. 1981

Heidbrink, L./Hiersch A. (Hrsg.) (2006): Verantwortung in der Zivilgesellschaft. Frankfurt a. M. 2006

Heimann, E. (1980): Soziale Theorie des Kapitalismus. Theorie der Sozialpolitik. Frankfurt a. M. 1980

Heiner, M. (2004): Professionalität in der Sozialen Arbeit. Theoretische Konzepte, Modelle und empirische Perspektiven. Stuttgart 2004

Heister, W. (Hrsg.) (2004): Management und Soziale Arbeit. IX. Europäisches Symposium zur Sozialen Arbeit. Mönchengladbach 2004

Heite, C. (2008): Soziale Arbeit im Kampf um Anerkennung. Professionstheoretische Perspektiven. Weinheim 2008

Heite, C./Klein, A./Landhäßer, S./Ziegler, H. (2007): Das Elend der Sozialen Arbeit – Die „neue Unterschicht" und die Schwächung des Sozialen. In: Kessl, F./Reutlinger, Ch./Ziegler, H. (Hrsg.): Erziehung zur Armut? Soziale Arbeit und die neue Unterschicht". Wiesbaden 2007, S. 55ff

Heite, C./Plümecke, T. (2009): Kritik der Kritik oder der Dativ ist dem Genitiv sein Tod. In: widersprüche. H. 100. 6/2006, S. 103ff

Helming, E. (2010): Kontrollstrategien der Kinder- und Jugendhilfe am Beispiel der Entwicklung von Frühwarnsystemen und Frühen Hilfen. In: Michel-Schwartze, B. (Hrsg.) (2010): „Modernisierungen" methodischen Handelns in der Sozialen Arbeit, Wiesbaden 2010 S. 173 – 204

Hensen, G. (2006): Markt und Wettbewerb als neue Ordnungsprinzipien. Jugendhilfe zwischen Angebots- und Nachfragesteuerung. In: Hensen, G. (Hrsg.): Markt und Wettbewerb in der Jugendhilfe. Ökonomisierung im Kontext von Zukunftsorientierung und fachlicher Notwendigkeit. Weinheim 2006, S. 25 ff

Hensen, G. (Hrsg.) (2006): Markt und Wettbewerb in der Jugendhilfe. Ökonomisierung im Kontext von Zukunftsorientierung und fachlicher Notwendigkeit. Weinheim 2006

Hering, S./Münchmeier, R. (2000): Geschichte der Sozialen Arbeit. Eine Einführung. Weinheim 2000

Herriger, N. (2002): Empowerment in der Sozialen Arbeit. Stuttgart 2002

Hildebrandt, E. (Hrsg.) (2000): Reflexive Lebensführung. Zu den sozialökologischen Folgen flexibler Arbeit. Berlin 2000

Hinte, W./Karas, F. (1989): Studienbuch. Gruppen- und Gemeinwesenarbeit. Neuwied 1989

Hinte, W./Menniger, O./ Zinner, G. (2007): Für eine Aufwertung der kommunalen Jugendhilfe Vorschläge für eine zeitgemäße Finanzierung und Struktur. In: Blätter der dt. Wohlfahrtspflege 5/2007, S. 163ff

Hirschmann, A. O. (1991): Denken gegen die Zukunft. Die Rhetorik der Reaktion. Frankfurt a. M. 1991 Hoffmann, D./Maack-Reinländer, K. (Hrsg.) (2001): Ökonomisierung der Bildung. Die Pädagogik unter den Zwängen des Marktes. Weinheim 2001

Hoyer, Y. (2006): Schuldnerberatung in der sozialen Arbeit. Hausarbeit im Rahmen des Studiums zum Master of Arts in Social Work. FH Jena 2006

Husserl, W. (1954): Die Krisis der Europäischen Wissenschaften und die transzendentale Phänomenologie 1954

Job, K. (2008): Soziale Arbeit im ARGEN. Ist beschäftigungsorientiertes Fallmanagement Case Management im Sinne Sozialer Arbeit? unveröffentlichte Diplomarbeit. Jena 2008

Job, K./M. Pommer/S. Ortmann (2009): „Soziale Arbeit zwischen Anspruch und Wirklichkeit zum Zeitpunkt der Zweiten Moderne" Forschungs- und Entwicklungsarbeit. Unveröffentlichter Projektbericht. Fachhochschule Jena. 2009

Kappeler, M. (1999): Rückblicke auf ein sozialpädagogisches Jahrhundert. Essays zur Dialektik von Herrschaft und Emanzipation im sozialpädagogischen Handeln. Frankfurt a. Main 1999

Kappeler, M. (2007): Ein hohes Maß an Übereinstimmung – Heimerziehung in Deutschland „Ost" und Deutschland „West". In: jugendhilfe 6/2007, S. 298ff

Kappeler, M. (2008): Menschenrechtsverletzungen in der Jugendhilfe. In: Musfeld, T./R. Quindel/A. Schmidt (Hrsg.) (2008): Einsprüche. Kritische Praxis Sozialer Arbeit in der Kinder- und Jugendhilfe, Schneider Verlag Hohengehren 2008, S. 9 – 26

Kappeler, M./Müller, C.W. (2006): Anregung – Provokation – Utopie? Ein Gespräch über David G. Gils Buch „Gegen Ungerechtigkeit und Unterdrückung – Konzepte und Strategien für Sozialarbeiter. In: widersprüche. H. 100. 6/2006, S. 137ff

Kaspar, Th. (2006): Qualitätsmanagement in der Sozialen Arbeit aus Systemischer Perspektive. Aspekte zur Entwicklungsarbeit mit und am Widerstand. BAG der Freien Wohlfahrtspflege. Frankfurt a. M. 2006

Kaufmann, F. X. (1987): Zum Verhältnis von Sozialarbeit und Sozialpolitik. In: Otto, H.-U./ Schneider, S. (Hrsg.): Gesellschaftliche Perspektiven der Sozialarbeit. Neuwied 1987, S. 87ff

Kessl, F. (2005a): Der Gebrauch der eigenen Kräfte. Eine Gouvernementalität Sozialer Arbeit. Weinheim 2005

Kessl, F. (2005b): Soziale Arbeit als aktivierungspädagogischer Transformationsriemen. In: Dahme, H.J./Wohlfahrt, N. (Hrsg.): Aktivierende Sozialarbeit. Theorie – Handlungsfelder – Praxis. Hohengehren 2005, S. 30ff

Kessl, F. (2006a): Bürgerschaftliches/zivilgesellschaftliches Engagement. In: Dollinger, B./ Raithel, J. (Hrsg.): Aktivierende Sozialpädagogik. Ein kritisches Glossar. Wiesbaden 2006, S. 65ff

Kessl, F. (2006b): Sozialer Raum als Fall? In: Galuske, M./Thole, W. (Hrsg.): Vom Fall zum Management. Neue Methoden der Sozialen Arbeit. Wiesbaden 2006, S. 37ff

Kessl, F. (2007): Die Wiederkehr der Sozialen Frage – ein Postskriptum zur jüngsten Debatte um die „neue Unterschicht". In Kessl, F./Reutlinger, Ch./Ziegler, H. (Hrsg.): Erziehung zur Armut? Soziale Arbeit und die neue Unterschicht". Wiesbaden 2007, S. 135ff

Kessl, F./Otto, H.-U. (2004): Soziale Arbeit und die Neugestaltung des Sozialen. In: Kessl, F./ Otto, H.

Kessl, F./Otto, H.-U. (2009): Soziale Arbeit ohne Wohlfahrtsstaat? In: Kessl, F./Otto, H.-U. (Hrsg.): Soziale Arbeit ohne Wohlfahrtsstaat? Zeitdiagnosen, Problematisierungen und Perspektiven. Weinheim 2009, S. 7ff

Kessl, F./Otto, H.-U. (Hrsg.) (2004): Soziale Arbeit und Soziales Kapital. Zur Kritik lokaler Gemeinschaften. Wiesbaden 2004

Kessl, F./Otto, H.-U. (Hrsg.) (2009): Soziale Arbeit ohne Wohlfahrtsstaat? Zeitdiagnosen, Problematisierungen und Perspektiven. Weinheim 2009

Kessl, F./Reutlinger, Ch./Ziegler, H. (2007): Erziehung zur Armut? Soziale Arbeit und die „neue Unterschicht" eine Einführung. In: Kessl, F./Reutlinger, Ch./Ziegler, H. (Hrsg.): Erziehung zur Armut? Soziale Arbeit und die neue Unterschicht". Wiesbaden 2007, S. 7ff

Kessl, F./Reutlinger, Ch./Ziegler, H. (Hrsg.) (2006): Auf Basis systematischer Vergewisserungen aus dem Mainstream heraus. Ein Gespräch mit Hans-Uwe Otto. In: widersprüche. H. 100 6/2006, S. 111ff

Keupp, H. (2000): Gesundheitsförderung als Ermutigung zum aufrechten Gang. Eine salutogenetische Perspektive. In: Sting, S./Zurhorst, G. (Hrsg.): Gesundheit und Soziale Arbeit. Gesundheit und Gesundheitsförderung in den Praxisfeldern der Sozialen Arbeit. Marburg 2000

Keupp, H. (2007): Plädoyer für eine zivilgesellschaftlich „Neuerfindung" Sozialer Arbeit. In: Theorie und Praxis der Sozialen Arbeit. 3/2007, S. 11ff

Kieselbach, Th. (1998): Arbeitslosigkeit und Gesundheit. Neue Ergebnisse der psychologischen Arbeitslosenforschung. Weinheim 1998

Kieselbach, Th. (1998b): Arbeitslosigkeit und Rehabilitation : Ergebnisse der Arbeitslosenforschung in der BRD zum Zusammenhang von Arbeitslosigkeit und Gesundheit. In: Mauthe, J.-H.: Rehabilitationspsychiatrie. Stuttgart 1998b

Klatetzki, T. (2005): Professionelle Arbeit und kollegiale Organisation. In: Klatetzki, T./Tacke, V. (Hrsg.): Organisation und Profession. Wiesbaden 2005, S. 253ff

Klüsche, W./Effinger, H./Liesenhoff, C./ Mangold, J./Mergner, U./Sadowski, G./Sahle, R./Steinert, E./Tillmann, J. (Hrsg.) (1999): Ein Stück weiter gedacht. Beiträge zur Theorie- und Wissensentwicklung der Sozialen Arbeit. Freiburg i. Br. 1999

Koch, H. (2008): Soziale Kapitalisten-Vorbilder für eine gerechte Wirtschaft. Berlin 2007

Kolbe, C./Reis, C. (2005): Vom Case Management zum Fallmanagement – Zur Praxis des Case Managements in der Sozialhilfe und der kommunalen Beschäftigungspolitik am Vorabend von Hartz IV. Fachhochschulverlag Frankfurt a. M. 2005

Krafeld, F.-J. (1994): Die Praxis akzeptierender Jugendarbeit. Opladen 1996

Kraimer, K. (1994): Die Rückgewinnung des Pädagogischen. Aufgaben und Methoden sozialpädagogischer Forschung. Weinheim 1994

Kreft, D./ Mielenz, I. (Hrsg.) (2008): Wörterbuch Soziale Arbeit. Weinheim 2008

Kreuzer, M. (2001b): „Das Richtige tun und es richtig machen". Die Methodenfrage in der Sozialen Arbeit im Spiegel von Anforderungen, Hoffnungen und Erfahrungen. In: Kreuzer, M.: Handlungsmodelle in der Familienhilfe. Neuwied 2001, S. 13 ff

Kreuzer, M. (Hrsg.) (2001): Handlungsmodelle in der Familienhilfe. Zwischen Networking und Beziehungsempowerment. Neuwied 2001

Kronauer, M. (2002): Exklusion: die Gefährdung des Sozialen im hoch entwickelten Kapitalismus. Frankfurts a. M. 2002

Kutscher, N. (2008): Prävention unter Druck. Frühwarnsysteme und Elterntrainings. In: Sozial Extra 1-2 2008, S. 38ff

Landes, B. (2007): Alles wird zur Dienstleistung. Die wirkungsorientierte Finanzierung von Jugendhilfe. In: Blätter der Wohlfahrtspflege 1/2007, S. 33ff

Landwehr, R./Baron, R. (Hrsg.) (1991): Geschichte der Sozialarbeit. Hauptlinien ihrer Entwicklung im 19. und 20. Jahrhundert. Weinheim 1991

Lange, D./Thiersch, H. (2006): Die Solidarität des Sozialen Staates – Die Solidarität des reformierten Sozialstaates. In: Böllert, K./Hansbauer, P./Hansenjürgen, B./Langenohl, S. (Hrsg.): Die Produktivität des Sozialen – den sozialen Staat aktivieren. Sechster Bundeskongress Soziale Arbeit. Wiesbaden 2006, S. 211ff

Langer, A. (2006): Professionsmanagement, Professionsethik und ökonomische Ethik. Thesen zum (Sozial-) Management professioneller Dienstleistungserbringung vor dem Hintergrund von Ökonomisierungsprozessen in der Sozialen Arbeit. In: heilpädagogik (hp) 4/2006, S. 393ff

Lazarus, R.S. (1995): Stress und Stressbewältigung – ein Paradigma. In: Filipp, H.-S. (Hrsg.): Kritische Lebensereignisse. Weinheim: Beltz, 3. Aufl. 1995

Lemke, Th./Krasmann, S./Bröckling, U (2000): Gouvernementalität, Neoliberalismus und Selbsttechnologie. Eine Einleitung. In: In: U. Bröckling, S. Krasmann und Th. Lemke (Hg.) Gouvernementalität der Gegenwart. Studien zur Ökonomisierung des Sozialen, Frankfurt a/M., S.72-109

Liebig, R. (2001): Strukturveränderungen des Jugendamtes. Kriterien für eine „gute" Organisation der öffentlichen Jugendhilfe. Weinheim 2001

Lindenberg, M. (2005): Geschlossene Unterbringung und die Politik des aktivierenden Sozialstaates. Zur nacheilenden fachlichen Begründung einer vorauseilenden politischen Entwicklung. In: Dahme, H. J./Wohlfahrt, N.: (Hrsg.): Aktivierende Sozialarbeit. Theorie – Handlungsfelder – Praxis. Hohengehren 2005, S. 123ff

Lindner, W. (1999): Jugendliche und Jugendarbeit im Kontext der gegenwärtigen Sicherheitsdebatte. In: deutsche jugend Heft 4 1999, S. 153ff

Litges, G. (2007): Fremde Welten. Die Kooperation von Jugendhilfe und Wirtschaft erfordert intermediäre Kompetenzen. In: Blätter der Wohlfahrtspflege 5/2007, S. 183ff

Luttwak, E. (1999): Turbokapitalismus. Gewinner und Verlierer der Globalisierung. Hamburg 1999

Lutz, R. (2008): Perspektiven der Sozialen Arbeit. In: Aus Politik und Zeitgeschichte (APuZ 12 -13/2008)

Maaser, W. (2006): Aktivierung der Verantwortung: Vom Wohlfahrtsstaat zur Wohlfahrtsgesellschaft. In: Heidbrink, L./Hiersch A. (Hrsg.): Verantwortung in der Zivilgesellschaft. Frankfurt a. M. 2006

Mäder, U. (2009): Draußen im Drinnen: Integration durch Ausschluss? In: Kessl, F./Otto, H.-U. (Hrsg.): Soziale Arbeit ohne Wohlfahrtsstaat? Zeitdiagnosen, Problematisierungen und Perspektiven. Weinheim 2009, S. 35ff

Margalith, A. (1998): Politik der Würde. Achtung und Verachtung. Berlin 1998

Martin, E. (2001): Sozialpädagogische Berufsethik. Auf der Suche nach dem richtigen Handeln. Weinheim 2001

Matt, E. (2005): Ausbildung und Berufsqualifikation. In: Anhorn, R./Bettinger, F. (Hrsg.): Sozialer Ausschluss und Soziale Arbeit. Positionsbestimmungen einer kritischen Theorie und Praxis Sozialer Arbeit. Wiesbaden 2005, S. 351ff

Matthies, H./Mückenberger, U./Offe, C./Peter, E./Raasch, S. (1994): Anforderungen an eine Neugestaltung der Arbeitswelt. Eine Studie der Hans-Böckler-Stiftung. Reinbeck b. H. 1994

Maurer, S. (2006): Kritik als Bewegung und Horizont – oder: Was kann das Projekt einer Kritischen Sozialen Arbeit vom Feminismus „lernen"? In: widersprüche. H. 100 6/2006, S. 195ff

Maurer, S. (2009): Soziale Arbeit als Gedächtnis gesellschaftlicher Konflikte oder: das heterogene Kollektive. In: Kessl, F./Otto, H.-U. (Hrsg.): Soziale Arbeit ohne Wohlfahrtsstaat? Zeitdiagnosen, Problematisierungen und Perspektiven. Weinheim 2009, S. 165ff

Meinhold, M. (1997): Qualitätssicherung und Qualitätsmanagement in der Sozialen Arbeit. Freiburg i. B. 1997 Meinhold, M./Matul, Ch. (2003): Qualitätsmanagement aus Sicht von Sozialarbeit und Ökonomie. Baden-Baden 2003

Mellenthin, A. (2006): Arbeitslosigkeit in Deutschland: Folgen, Entwicklung, Ursachen. Saarbrücken 2006

Meng, J. (2009): Evidence Based Social Work Practice. Powerpoint Präsentation im Seminar: Brennpunkte der Sozialen Arbeit; Aktuelle Probleme und Diskussionen (Prof. Dr. Chassé) SS 2009. Masterstudiengang FH. Jena 2009

Merchel, J. (1992): Sozialmanagement als Innovationsstrategie. Anmerkungen zu Hintergrund und Bedeutung der aktuellen „Management" Diskussion bei Freien Trägern der Sozialen Arbeit. In: Flösser, G./Otto, H.-U. (Hrsg.): Sozialmanagement oder Management des Sozialen? Bielefeld 1992, S. 73 ff

Merchel, J. (1994): Von der psychosozialen Diagnose zur Hilfeplanung. In: Soziale Praxis, Heft 15. Hilfeplanung und Betroffenenbeteiligung. Münster, 1994

Merchel, J. (1999): Qualität in der Jugendhilfe. Kriterien und Bewertungsmöglichkeiten. Münster 1999

Merchel, J. (2002): Qualitätsmanagement in der Sozialen Arbeit. Ein Lehr- und Arbeitsbuch. Münster 2002

Merchel, J. (Hrsg.) (2000): Qualitätsentwicklung in Einrichtungen und Diensten der Erziehungshilfe. Methoden, Erfahrungen, Kritik, Perspektiven. Frankfurt a. M. 2000

Merchel, J./Schrapper, Ch. (Hrsg.) (1996): Neue Steuerung. Tendenzen der Organisationsentwicklung in der Sozialverwaltung. Münster 1996

Messmer, H. (2007): Jugendhilfe zwischen Qualität und Kosteneffizienz. Wiesbaden 2007

Michel-Schwartze, B. (Hrsg.) (2010): „Modernisierungen" methodischen Handelns in der Sozialen Arbeit, Wiesbaden 2010.

Michel-Schwartze, B. (2010): Einleitung. In: Michel-Schwartze, B. (Hrsg.) (2010): „Modernisierungen" methodischen Handelns in der Sozialen Arbeit, Wiesbaden 2010, S. 7

Michel-Schwartze, B. (2010): Wirklichkeitskonstruktionen durch beschäftigungsorientiertes Fallmanagement – eine Wegweisung für Soziale Arbeit ? In: Michel-Schwartze, B. (Hrsg.) (2010): „Modernisierungen" methodischen Handelns in der Sozialen Arbeit, Wiesbaden 2010, S. 323 – 346

Mollenhauer, K. (1991): Einführung in die Sozialpädagogik. Probleme und Begriffe der Jugendhilfe. Weinheim 1991 (1964)

Muetzelfeldt, M. (2000): Markt, Organisation und Profession – Erfahrungen aus dem australischen „Constract State, In: Otto, H.U./ Schnurr, St. (Hrsg.): Privatisierung und Wettbewerb in der Jugendhilfe. Marktorientierte Modernisierungsstrategien in internationaler Perspektive. Neuwied 2000, S. 65 -86 2000, S. 80 f

Mühlum, A. (2009): Strategien jenseits von Fürsorge und Markt. In: Sozialmagazin 1/2009, S. 10ff

Müller, B. (2008): Sozialpädagogisches Können. Ein Lehrbuch zur multiperspektivischen Fallarbeit. Freiburg i. B. 2008 (1997)

Müller, C. (2009): Wer herrscht in der Sozialen Arbeit? Oder: eine Re-Politisierung mittels Gouvernementalitätsdiskurs. In: Beitrag Politik und Soziale Arbeit 2009, S. 36ff

Müller, C. W. (1992): Wie Helfen zum Beruf wurde. Band 2. Eine Methodengeschichte der Sozialarbeit 1945 – 1990. Weinheim 1992

Müller, C. W. (2006): Laudatio In: Mutke, B./Tammen, B. (Hrsg.): Soziale Gerechtigkeit – Soziales Recht. Interdisziplinäre Beiträge zu Problemlagen und Veränderungsbedarf. Weinheim 2006, S. 13ff Müller, C. W. (2007): Von der tätigen Nächstenliebe zum Helfen als Beruf. In: Lob-Hüdepohl, A./Lesch, W. (Hrsg.): Ethik sozialer Arbeit. Ein Handbuch. Paderborn 2007, S. 11ff

Müller, C. W. (2008): Helfen und Erziehen. Weinheim 2008 (2001)

Münder, J./Baltz, J./Kreft, D. (2006): Frankfurter Kommentar zum SGB VIII: Kinder- und Jugendhilfe: Stand: 01.04.2006

Munsch, Ch. (Hrsg.) (2003): Sozial Benachteiligte engagieren sich doch. Über lokales Engagement und soziale Ausgrenzung und die Schwierigkeiten der Gemeinwesenarbeit. Weinheim 2003

Musfeld, T. (2008): Zahnloser Tiger oder Wolf im Schafspelz? Therapeutisierung und doppeltes Mandat in der Familienhilfe. In: Musfeld, T./R. Quindel/A. Schmidt (Hrsg.) (2008): Einsprüche. Kritische Praxis Sozialer Arbeit in der Kinder- und Jugendhilfe, Schneider Verlag Hohengehren 2008 S. 219 – 240

Musfeld, T./R. Quindel/A. Schmidt (Hrsg.) (2008): Einsprüche. Kritische Praxis Sozialer Arbeit in der Kinder- und Jugendhilfe, Schneider Verlag Hohengehren 2008

Mutke, B./Tammen, B. (Hrsg.) (2006): Soziale Gerechtigkeit – Soziales Recht. Interdisziplinäre Beiträge zu Problemlagen und Veränderungsbedarf. Weinheim 2006

Nadai, E. (2009): ‚Sisyphus Erben'. Soziale Arbeit in der Armutsbekämpfung. In: Kessl, F./ Otto, H.-U. (Hrsg.): Soziale Arbeit ohne Wohlfahrtsstaat? Zeitdiagnosen, Problematisierungen und Perspektiven. Weinheim 2009, S. 133ff

Nadai, E./Sommerfeld, P./Bühlmannn, F./Krattiger, B. (2005): Fürsorgliche Verstrickung. Soziale Arbeit zwischen Profession und Freiwilligenarbeit. Wiesbaden 2005

Nauerth; M. (2007): Braucht die Unterschicht Fürsorge? – Anmerkungen zu einer bürgerlichen Debatte aus dem Blickwinkel Sozialer Arbeit. In: Theorie und Praxis der Sozialen Arbeit 3/2007, S. 52ff

Nolte, P. (2004): Generation Reform. Jenseits der blockierten Republik. Schriftenreihe der Bundeszentrale für politische Bildung. Bonn 2004

Notz, G. (2009): Solidarische Ökonomien statt Ökonomisierung des Sozialen. In: Kessl, F./Otto, H.-U. (Hrsg.): Soziale Arbeit ohne Wohlfahrtsstaat? Zeitdiagnosen, Problematisierungen und Perspektiven. Weinheim 2009, S. 207ff

Oelkers, N. (2009): Die Umverteilung von Verantwortung zwischen Staat und Eltern. Konturen postwohlfahrtsstaatlicher Transformation eines sozialpädagogischen Feldes. In: Kessl, F./ Otto, H.-U. (Hrsg.): Soziale Arbeit ohne Wohlfahrtsstaat? Zeitdiagnosen, Problematisierungen und Perspektiven. Weinheim 2009, S. 71ff

Literatur

Oevermann, U. (2000): Theoretische Skizze einer revidierten Theorie professionalisierten Handelns. In: Combe, A./Helsper, W. (Hrsg.):Pädagogische Professionalität. Zum Typus pädagogischen Handelns, Frankfurt a. M. 1996, S. 70-182

Olk, Th. (2009): Transformationen im deutschen Sozialstaatsmodell. Der „Sozialinvestitionsstaat und seine Auswirkungen auf die Soziale Arbeit. In: Kessl, F./Otto, H.-U. (Hrsg.): Soziale Arbeit ohne Wohlfahrtsstaat? Zeitdiagnosen, Problematisierungen und Perspektiven. Weinheim 2009, S. 23ff

Otto, H.-U. (1999): Ideologie-Palaver. In: NEUE PRAXIS 3/1999, S. 323ff

Otto, H.-U./Schneider, S. (Hrsg.) (1987): Gesellschaftliche Perspektiven der Sozialarbeit. Neuwied 1987

Otto, H.-U./Schnurr, St. (Hrsg.) (2000): Privatisierung und Wettbewerb in der Jugendhilfe. Marktorientierte Modernisierungsstrategien in internationaler Perspektive. Neuwied 2000

Peters, F. (1999): Strafe und Heimerziehung, in: Colla, H. E. et al. (Hrsg.): Handbuch Heimerziehung und Pflegekinderwesen in Europa. Neuwied/Kriftel 1999

Pluto, L./Seckinger, M. (2008): Experten stehen sich selbst im Weg – einige Anmerkungen zur Beteiligung von Adressaten in den stationären Hilfen zur Erziehung. In: Musfeld, T./R. Quindel/A. Schmidt (Hrsg.) (2008): Einsprüche. Kritische Praxis Sozialer Arbeit in der Kinder- und Jugendhilfe, Schneider Verlag Hohengehren 2008, S. 113 – 138 2008, S. 134).

Poguntke-Rauer, M./Mennemann, H./Löcherbach, P. (2007): Hilfeplanprozess und Assessment im Allgemeinen Sozialen Dienst durch EDV-Unterstützung. In: Nachrichtendienst des deutschen Vereins 3/2007, S. 75ff

Pokorny, T. (2009): Ökonomisierung als Modernisierungsstrategie und Professionalität in der Sozialen Arbeit. Betrachtung der Ursachen, Entstehungsbedingungen und des Gegenstandes der Ökonomisierung in der Sozialen Arbeit und deren Folgen auf die professionellen Handlungszusammenhänge am Beispiel der Jugendhilfe. Unveröffentlichte Diplom-Arbeit. FH Jena 2009

Poulsen, I. (2008): Burnoutprävention im Berufsfeld Soziale Arbeit. Perspektiven zur Selbstfürsorge von Fachkräften. Wiesbaden 2008

Pracht, A. (2008): Betriebswirtschaftslehre für das Sozialwesen. Eine Einführung in betriebswirtschaftliches Denken im Sozial- und Gesundheitsbereich. Weinheim 2008

Prins, S. (2008): „Sind Mitarbeiter für den Papierkram da oder für die Menschen?" Oder: Wie sich in den letzten Jahren die Betreuungsbedingungen aus Sicht der Betroffenen verschlechtert haben. In: Soziale Psychiatrie 3/2008, S. 16ff

Prömmel, E. (2006): Liebe Widersprüche-Redaktion. In: widersprüche. H. 100. 6/2006, S. 25f

Raithel, J./Dollinger, B. (2006): Case Management. In: Dollinger, B./Raithel, J: Aktivierende Sozialpädagogik. Ein kritisches Glossar. Wiesbaden 2006, S. 79ff

Rauschenbach Th./Ortmann, F./Karsten, M.E. (Hrsg.) (1993): Der sozialpädagogische Blick. Weinheim 1993

Rauschenbach, Th. (1999): Das sozialpädagogische Jahrhundert. Analysen zur Entwicklung Sozialer Arbeit in der Moderne. Weinheim 1999

Rauschenbach, Th. (1999b): Grenzen der Lebensweltorientierung – Sozialpädagogik auf dem Weg zu ,systemischer Effizienz'. Überlegungen zu den Folgen der Ökonomisierung Sozialer Arbeit. In: Zeitschrift für Pädagogik. Beiheft 39. Weinheim 1999, S. 223ff

Rauschenbach, Th./Schilling, M. (2005): Kinder- und Jugendhilfereport 2. Analysen, Befunde und Perspektiven. Weinheim 2005

Rawls, J. (1971): Eine Theorie der Gerechtigkeit. Frankfurt a. M. 1999 (1971)

Reisch, M. (2009): Die Politik der Sozialen Arbeit in Zeiten der Globalisierung. In: Kessl, F./Otto, H.-U. (Hrsg.): Soziale Arbeit ohne Wohlfahrtsstaat? Zeitdiagnosen, Problematisierungen und Perspektiven. Weinheim 2009, S. 233ff

Remmel-Faßbender, R. (2007): Beraten und Steuern in der Sozialen Arbeit. In: Blätter der Wohlfahrtspflege 3/2007, S. 86ff
Reuter-Spanier, D. (2006): Elternarbeit – mit oder gegen Eltern? In: jugendhilfe 3/2003, S. 124ff
Roer, D.: Soziale Arbeit und Sozialpolitik. Der Beitrag der Mainstream-Sozialarbeitswissenschaften zu (Ent-) Politisierung der Profession. In: Michel-Schwartze, B. (Hrsg.) (2010): „Modernisierungen" methodischen Handelns in der Sozialen Arbeit, Wiesbaden 2010, S. 33 – 48
Sander, K./Ziebertz, T. (2006): Personenzentrierte Beraten – Lehren – Lernen – Anwenden. Ein Arbeitsbuch für die Weiterbildung. Berlin 2006
Schaarschuch, A. (2006): Dienstleistung. In: Dollinger, B./Raithel, J. (Hrsg.): Aktivierende Sozialpädagogik. Ein kritisches Glossar. Wiesbaden 2006, S. 91ff
Schefold, W. (2003): Der Umgang benachteiligter Bevölkerungsgruppen mit Ämtern am Beispiel der Jugendhilfe. In: Munsch, Ch. (Hrsg.): Sozial Benachteiligte engagieren sich doch. Über lokales Engagement und soziale Ausgrenzung und die Schwierigkeiten der Gemeinwesenarbeit. Weinheim 2003, S. 171ff
Scherr, A. (2001): Pädagogische Interventionen. Schwalbach 2001
Scherr, A. (2005): Kapitalismus oder funktional differenzierte Gesellschaft? Konsequenzen unterschiedlicher Zugänge zum Exklusionsproblem für Sozialpolitik und Soziale Arbeit. In: Anhorn, R./Bettinger, F. (Hrsg.): Sozialer Ausschluss und Soziale Arbeit. Positionsbestimmungen einer kritischen Theorie und Praxis Sozialer Arbeit. Wiesbaden 2005, S. 77ff
Scherr, A. (2006): Bildung. In: Dollinger, B./Raithel, J. (Hrsg.): Aktivierende Sozialpädagogik. Ein kritisches Glossar. Wiesbaden 2006, S. 51ff.
Schipmann, W. (2006): Privatwirtschaftliche Leistungsanbieter als Wegbereiter von sozialer Marktentwicklung in der Jugendhilfe. Zur Notwendigkeit einer Neustrukturierung. In: Hensen, G. (Hrsg.):Markt und Wettbewerb in der Jugendhilfe. Ökonomisierung im Kontext von Zukunftsorientierung und fachlicher Notwendigkeit. Weinheim 2006, S. 89ff
Schmidt, R. (2006): Auf dem Weg zur evidenzbasierten Sozialen Arbeit. Ein Impuls zu mehr und zu anderer Fachlichkeit. In: Blätter der Wohlfahrtspflege 3/2006, S. 99ff
Schmidtbauer, W. (1977): Die hilflosen Helfer. Frankfurt a. M. 1977
Schnegg, St. (2006): Sozial-Nachrichten von den „südlichen Hilfsvölkern" (Arno Schmidt). In: widersprüche. H. 100. 6/2006, S. 51ff
Schneider, A. (2008): Das Wesentliche ist unberechenbar … aber deutlich wahrnehmbar. In: Forum Sozial 4/2008, S. 12ff
Schnurr, J. (2006): Verlust öffentlicher Gewährleistungsverantwortung durch sozialraumorientierte Finanzierungskonzepte? In: Hensen, G. (Hrsg.): Markt und Wettbewerb in der Jugendhilfe. Ökonomisierung im Kontext von Zukunftsorientierung und fachlicher Notwendigkeit. Weinheim 2006, S. 127 ff
Schönig, W. (2006): Aktivierungspolitik. In: Dollinger, B./Raithel, J.: Aktivierende Sozialpädagogik. Ein kritisches Glossar. Wiesbaden 2006, S. 23ff
Schrödter, M. (2006): Die beiden Sozialpädagogen. In: widersprüche. H. 100 6/2006, S. 96ff
Schruth, P. (2008): Jugendhilfe als Spruch und Widerspruch. In: Musfeld, T./R. Quindel/A. Schmidt (Hrsg.) (2008): Einsprüche. Kritische Praxis Sozialer Arbeit in der Kinder- und Jugendhilfe, Schneider Verlag Hohengehren 2008, S. 27 – 38
Schulz von Thun, F. (2005): Miteinander reden Band 1 – 3. Frankfurt a. M. 2005
Schulze, G. (2005): Die Erlebnisgesellschaft. Kultursoziologie der Gegenwart. Frankfurt a. M. 2000
Schütz, A./Luckmann, Th. (1975): Strukturen der Lebenswelt. Darmstadt 1975
Schwarz, P. (1992): Management in Non-Profit-Organisationen. Eine Führungs-, Organisations- und Planungslehre für Verbände, Sozialwerke, Vereine, Kirchen, Parteien usw. Bern 1992
Schwendter, R. (2006): Was ist kritische Sozialarbeit und was nicht? In: widersprüche H. 100 6/2006, S. 19ff

Seithe, M. (2008): Engaging. Möglichkeiten klientenzentrierter Beratung in der Sozialen Arbeit. Wiesbaden 2008
Sennet, R. (1998): Der flexible Mensch. Die Kultur des neuen Kapitalismus. Berlin 1998
Sickendiek, U./Engel, F./Nestmann, F. (2002): Beratung. Eine Einführung in sozialpädagogische und psychosoziale Beratungsansätze. Weinheim 2002
Simon, T. (2005): Aktivierende und repressive Strategien: Nichts (völlig) Neues in der Wohnungslosenhilfe. In: Dahme, H.-J./Wohlfahrt, N. (Hrsg.): Aktivierende Sozialarbeit. Theorie – Handlungsfelder – Praxis. Hohengehren 2005
Skaderlud, F. (2000): Unruhe. Eine Reise in das Selbst. Hamburg 2000
Somm, I. (2009): Leistung die (nichts) zählt. Soziale Dienstleistungen jenseits der Leistungsgesellschaft? In: Kessl, F./Otto, H.-U. (Hrsg.): Soziale Arbeit ohne Wohlfahrtsstaat? Zeitdiagnosen, Problematisierungen und Perspektiven. Weinheim 2009, S. 87ff
Sommerfeld, P./M. Hüttemann (Hrsg.) (2007): Evidenzbasierte Soziale Arbeit. Nutzung von Forschung in der Praxis. Hohengehren 2007
Sorg, R. (2006): Neoliberalismus. Soziale Arbeit im Kapitalismus. In: Sozialmagazin 9/2006, S. 48ff
Sorg, R. (2007): Soziale Arbeit und Ökonomisierung. In: Neue Praxis 2/2007, S. 209 ff
Spindler, H. (2007): Sozialarbeit und der Umgang mit der Armut. Eine alte Aufgabe im neuen Gewand. In: Forum Sozial 3/2007, S. 29ff.
Staub-Bernasconi, S. (2006): Kommt nach dem Abbau des (Sozial)Staates die demokratische Zivilgesellschaft? In: Böllert, K./Hansbauer, P./Hasenjürgen, B./Langenohl, S. (Hrsg.): Die Produktivität des Sozialen – den sozialen Staat aktivieren. Sechster Bundeskongress Soziale Arbeit. Wiesbaden 2006, S. 71ff
Staub-Bernasconi, S. (2007a): Soziale Arbeit als Handlungswissenschaft. Systemtheoretische Grundlagen und professionelle Praxis. Ein Lehrbuch. Bern 2007
Staub-Bernasconi, S. (2007b): Soziale Arbeit: Dienstleistung oder Menschenrechtsprofession zum Selbstverständnis sozialer Arbeit in Deutschland mit dem Seitenblick auf die internationale Diskussionslandschaft. In: Lob-Hüdepohl, A./Lesch, W. (Hrsg.): Ethik sozialer Arbeit. Ein Handbuch. Paderborn 2007, S. 20ff
Stierl, S. (2008): Mitarbeiter und Klienten in der Entwürdigungsspirale. Eröffnungsvortrag der Tagung „Das Soziale als politisches Anliegen – Soziale Arbeit im Spannungsfeld von Sparpolitik und Gemeinwesenorientierung" am 17./18. Januar 2008 in Potsdam. In: Soziale Psychiatrie 3/2008, S. 4ff
Stövesand, S. (2002): Gemeinwesenarbeit = Quartiersentwicklung? Von der Nachbarschaft als Hausfrau der neoliberalen Umstrukturierung . In: Standpunkt: Sozial 2002, Heft 1, S. 75ff
Straub, U. (2006): Anti-Oppressive Social Work als kritische Soziale Arbeit. In: widersprüche. H. 100 6/2006, S. 119ff
Straumann, U. (2000): Professionelle Beratung. Bausteine zur Qualitätsentwicklung und Qualitätssicherung. Heidelberg 2000
Struzyna, K.-H. (2006): Wirkungsorientierung in den Hilfen zur Erziehung – warum und wofür? Zu Hintergründen und Bedeutung des strategisch methodischen Ansatzes. In: jugendhilfe 6/2006, S. 289ff
Struzyna, K. H. (2007): Wirkungsorientierte Jugendhilfe – Hintergründe, Intentionen und Ziele des Bundesmodellprogramms. In: ISA (Hrsg.): Beiträge zur Wirkungsorientierung erzieherischer Hilfen. Münster 2007
Sturzenhecker, B. (2005): Aktivierung in der Jugendarbeit, In: Dahme, H.-J./Wohlfahrt, N.: (Hrsg.): Aktivierende Sozialarbeit. Theorie – Handlungsfelder – Praxis. Hohengehren 2005
Tausch R./Tausch, A.-M. (1998): Erziehungspsychologie. Göttingen 1998 (1971)
Thiersch H./Grundwand, K. (1995): Zeitdiagnose Soziale Arbeit. Weinheim 1995
Thiersch, H. (1986): Die Erfahrung der Wirklichkeit. Weinheim 1986

Thiersch, H. (1991): Ganzheitlichkeit und Lebensweltbezug als Handlungsmaximen der sozialen Arbeit. In: Institut für Soziale Arbeit (Hrsg.): Essener ASD-Kongress. Münster 1991, S. 7f

Thiersch, H. (1993): Strukturierte Offenheit. Zur Methodenfrage einer lebensweltorientierten Sozialarbeit. In : Rauschenbach, Th. et al.: Der sozialpädagogische Blick. Weinheim 1993

Thiersch, H. (1995): Lebenswelt und Moral. Beiträge zur moralischen Orientierung Sozialer Arbeit. Weinheim 1995

Thiersch, H. (2009): Lebensweltorientierte Soziale Arbeit. Weinheim 2009 (1992)

Tischner, W. (2004): Konfrontative Pädagogik – die vergessene „väterliche" Seite der Erziehung. In: Weidner, J./Kilb, R. (Hrsg.): Konfrontative Pädagogik. Konfliktbearbeitung in Sozialer Arbeit und Erziehung. Weinheim 2004

Trube, A. (2005): Casemanagement als Changemanagement? Zur ambivalenten Professionalisierung Sozialer Arbeit im aktivierenden Sozialstaat. In: Dahme, H.-J./Wohlfahrt, N. (Hrsg.): Aktivierende Sozialarbeit. Theorie – Handlungsfelder – Praxis. Hohengehren 2005, S. 88ff

v. Wensierski, H.-J. (Hrsg.) (1997): Rekonstruktive Sozialpädagogik. Konzepte und Methoden sozialpädagogischen Verstehens in Forschung und Praxis. Weinheim 1997

v. Wolffersdorff, C. (1996): Geschlossene Unterbringung in Heimen. Kapitulation der Jugendhilfe? Weinheim 1996

Völker, W. (2005): Aktivierende Arbeitsmarktpolitik. Auf dem Wege zu mehr Zwang und Existenzdruck. In: Dahme, H.-J./Wohlfahrt, N.: (Hrsg.): Aktivierende Sozialarbeit. Theorie – Handlungsfelder – Praxis. Hohengehren 2005, S. 70ff

Voskamp, A./Schulze-Bentrop, St. (2005): Harte Zeiten erfordern gute Informanten. Eine unabhängige Beratung für Arbeitslose ist notwendig. In: Dahme, H.-J./Wohlfahrt, N. (Hrsg.): Aktivierende Sozialarbeit. Theorie – Handlungsfelder – Praxis. Hohengehren 2005, S. 168ff

Walther, A. (2005): Partizipation als Weg aus dem Aktivierungsdilemma? Perspektiven subjektorientierter Unterstützung junger Frauen und Männer im Übergang in die Arbeit im internationalen Vergleich. In: Dahme, H.-J./Wohlfahrt, N. (Hrsg.): Aktivierende Sozialarbeit. Theorie – Handlungsfelder – Praxis. Hohengehren 2005, S. 44ff

Weißenstein, R. (2006): Erfahrungen mit einem regionalen Budget in den Hilfen zur Erziehung. In: Sozial Extra 6/2006, S. 21ff

Wendt, W. R. (1995): Geschichte der sozialen Arbeit. Stuttgart 1995

Wendt, W. R. (2008): Case Management im Sozial- und Gesundheitswesen. Freiburg i. B. 2008

Weyers, St. (2006): Verantwortung/Eigenverantwortung. In: Dollinger, B./Raithel, J. (Hrsg.): Aktivierende Sozialpädagogik. Ein kritisches Glossar. Wiesbaden 2006, S. 217ff

White, V. (2003): Drei Modi des Managements sozialer Arbeit. In: Dahme, H.-J./Otto, H.-U./Trube, A./Wohlfahrt, N. (Hrsg.): Soziale Arbeit für den aktivierenden Staat. Opladen 2003, S. 419ff

Wiesner, R. (2003): Freiheitsentzug in pädagogischer Verantwortung? Zur Diskussion der geschlossenen Unterbringung im Rahmen der Kinder- und Jugendhilfe. In: Das Jugendamt (JAmt) 76. Jahrgang, H. 3, 2003, S. 109ff Winkler, M. (1995): Die Gesellschaft der Moderne und ihre Sozialpädagogik. In: Thiersch H./ Grundwand, K.: Zeitdiagnose Soziale Arbeit. Weinheim 1995, S. 155ff

Winkler, M. (2007): S'Lebbe iss doch, wie's iss. Unterschicht, Kultur und Soziale Arbeit – eine andere Geschichte. In: Kessl, F./Reutlinger, Ch./Ziegler, H. (Hrsg.): Erziehung zur Armut? Soziale Arbeit und die neue Unterschicht". Wiesbaden 2007, S. 104ff

Winkler, M. (2008): Annäherung an den neuen gesellschaftlichen Ort sozialer Arbeit. In: Bütow, B./Chassé, K.-A. /Hirt, R. (Hrsg.): Soziale Arbeit nach dem Sozialpädagogischen Jahrhundert. Positionsbestimmungen Sozialer Arbeit im Post-Wohlfahrtsstaat. Opladen 2008, S. 191 – 208

Wohlfahrt, N. (2004): Bürgeraktivierung statt Nutzerorientierung? Das Quartier im Mittelpunkt managerieller Verwaltungsmodernisierung. In: Kessl, F./Otto, H,-U. (Hrsg.): Soziale Arbeit und Soziales Kapital. Zur Kritik lokaler Gemeinschaftlichkeit. Wiesbaden 2004, S. 123ff

Wohlfahrt, N. (2007): Entwicklung der Beschäftigungsverhältnisse in der sozialen Arbeit auf dem Weg zum Niedriglohnberuf? In: Enggruber, R./Mergner, U. (Hrsg.): Lohndumping und neue Beschäftigungsbedingungen in der sozialen Arbeit. Berlin 2007

Wohlfahrt, N./Buestrich (2008): Die Ökonomisierung der Sozialen Arbeit. In: Aus Politik und Zeitgeschichte (APuZ 12-13/2008)

Wohlfahrt, N./Riediger, S. (2000): Privatisierung und Ausgliederung bei sozialen Diensten. In: Boessenecker, K.-H./Trube, A. /Wohlfahrt, N. (Hrsg.): Privatisierung im Sozialsektor. Rahmenbedingungen, Verlaufsformen und Probleme der Ausgliederung Sozialer Dienste. Münster 2000, S. 129ff

Wolf, K. (2006b): Wie wirken pädagogische Interventionen. In: jugendhilfe 44 6/2006, S. 294 ff

Wolf, K. (Hrsg.) (2006): Entwicklungen in der Heimerziehung. Münster 2006

Ziegler, H. (2005): Prävention im aktivierenden Staat. In: Dahme, H.-J./Wohlfahrt, N. (Hrsg.): Aktivierende Sozialarbeit. Theorie – Handlungsfelder – Praxis. Hohengehren 2005, S. 58ff

Ziegler, H. (2006): Evidenzbasierte Soziale Arbeit. Über managerielle PraktikerInnen in neo-bürokratischen Organisationen. In: Schweppe, C./Sting, St. (Hrsg.): Sozialpädagogik im Übergang. Neue Herausforderungen für Disziplin, Profession und Ausbildung. Weinheim 2006, S. 139ff

Ziegler, H. (2008): Sozialpädagogik nach dem Neoliberalismus: Skizzen einer post-sozialstaatlichen Formierung Sozialer Arbeit. In: Bütow, B./Chassé, K.-A./Hirt, R. (Hrsg.): Soziale Arbeit nach dem Sozialpädagogischen Jahrhundert. Positionsbestimmungen Sozialer Arbeit im Post-Wohlfahrtsstaat. Opladen 2008, S. 159ff

Züchner, I. (2008): Zur Zukunft der Professionalität in der Sozialen Arbeit. In: Bütow, B./Chassé, K.A./Hirt, R. (Hrsg.): Soziale Arbeit nach dem Sozialpädagogischen Jahrhundert. Positionsbestimmungen Sozialer Arbeit im Post-Wohlfahrtsstaat. Opladen 2008 S. 209ff

Internet Quellen

Assmann, B.(2003): Die Zukunft der Qualitätsgemeinschaft Soziale Dienste. Berlin 2003. Online im Internet: URL: http://www.evfh-berlin.de/evfh-berlin/QSDB/assmann.htm. (Stand: 18.08.2009)

BMSfSFJ (2009): ESF-Modellprogramm. Schulverweigerung – Die 2. Chance. Online im Internet: URL: http://www.zweite-chance.eu/content/alte_foerderperiode_bis_3182008/esf_modellprogramm/ index_ger.html (Stand: 24.08.2009)

Bundespsychotherapeutenkammer (2009): Kinder und Jugendliche. Online im Internet: URL: http://www.bptk.de/psychotherapie/themen_von_a_z/kinder_und_jugendliche/722818.html (Stand: 16.07.2009)

Friedrich Ebert Stiftung (2006): Gesellschaft im Reformprozess 2006. Online im Internet: URL: www.fes.de/.../061017_Gesellschaft_im_Reformprozess_komplett.pdf (Stand: 24.08.2009)

Jahnke, J. (2009): Infoportal Deutschland & Globalisierung. Online im Internet: URL: http://www.jahnke.net/arbeitjul09.html (Stand: 26.08.2009)

Kommission für Zukunftsfragen der Freistaaten Bayern und Sachsen (1997): Erwerbstätigkeit und Arbeitslosigkeit in Deutschland: Entwicklung, Ursachen, Maßnahmen. Online im Internet. URL: http://www.bayern.de/Kommission-fuer-Zukunftsfragen-.1699/index.html (Stand: 04.12.2009)

Karges, R. (2011): Hartz IV im beruflichen Alltag von SozialarbeiterInnen. Soziale Arbeit zwischen eigenen, fachlichen, gesellschaftlichen und gesetzlichen Ansprüchen. Unveröffentlichter Forschungsbericht an der Katholischen Hochschule für Sozialwesen Berlin. Berlin. Im

Literatur

Internet unter http://www.khsb-berlin.de/hochschule/personen/lehrende/hauptamtliche-lehrkraefte/karges-rosemarie/ (Stand 26.3.2011)

KEAs (2009): Kölner Erwerbsloseninitiative in Aktion e. V. Online im Internet. URL: http://www.diekeas.org (Stand 10.09.2009)

Neurologen und Psychiater im Netz (2009). Online im Internet: URL:http://www.neurologen-undpsychiater-imnetz.de/npin/npincontent/show.php3?w=(1%3D1)%20&o=priority&og=&cur=0&nodeid=28 (Stand: 13.08.2009)

Nodes, W. (2009): Hartz IV und die Folgen für die Soziale Arbeit. Online im Internet: URL.: http://www.labournet.de/diskussion/arbeit/realpolitik/hilfe/nodes.pdf (Stand: 23.07.2009)

Statistisches Bundesamt (2009): Alkoholkonsum, Selbstmordrate. Online im Internet: URL: http://www.destatis.de/jetspeed/portal/cms/Sites/destatis/Internet/DE/Presse/pm/zdw/Archiv /GenTable__2009,templateId=renderPrint.psml (Stand 25.08.2009)

Statistisches Bundesamt (2009): Sozialbudget. Online im Internet. URL: http://www.destatis.de/jetspeed/portal/cms/Sites/destatis/Internet/DE/Navigation/Statistiken/ Sozialleistungen/Sozialbudget/Sozialbudget.psml (Stand 14.08.2009)

Spindler, H.: Freie Träger im Spannungsfeld zwischen Aktivierungsstrategien und der Wahrung sozialer Rechte für arme Bürger, Vortrag bei der Tagung: „"...und nicht vergessen: Solidarität", Bewältigungsstrategien freier Träger für die Gestaltung sozialer Arbeit im „aktivierenden Sozialstaat" der AWO und der Hochschule Magdeburg am 25.2.2010 in Magdeburg. Im Internet unter http://www.uni-due.de/edit/spindler/publikationen.html (Stand 16.3.2011)

Spindler, H. (2010): Freie Träger im Spannungsfeld zwischen Aktivierungsstrategien und der Wahrung sozialer Rechte für arme Bürger, Vortrag bei der Tagung: „"...und nicht vergessen: Solidarität", Bewältigungsstrategien freier Träger für die Gestaltung sozialer Arbeit im „aktivierenden Sozialstaat" der AWO und der Hochschule Magdeburg am 25.2.2010 in Magdeburg. Online im Internet: URL: http:// www.uni-due.de/edit/spindler/publikationen.html (Stand: 16.3.2011)

Stern (2004): Unterschicht das wahre Elend 2004. Online im Internet: URL: http://www.stern.de/politik/deutschland/unterschicht-das-wahre-elend-533666.html (26.08.2009)

Terres des Hommes (2009): Flüchtlingskinder. Online im Internet: URL: http://www.tdh.de/content/themen/schwerpunkte/fluechtlingskinder/umfs.htm. (Stand: 18.08.2009)

Tersteegen, G. (2007) In: NachdenkSeiten die kritische Website: Sozialarbeit à la Roland Berger. Online im Internet: URL: http://www.nachdenkseiten.de/?p=2043 (Stand: 25.08.2009)

Thiersch, H. (2009): 30 Jahre Sozialpädagogik: Tübinger Reminiszenzen im Licht allgemeiner Entwicklungen. Online im Internet: URL: http://www.erziehungswissenschaft.uni-tuebingen.de/ .../Sozialpaedagogik/Sozialpaedagogiktag/.../Thiersch__30Sozialp__dagogiktag_200. (Stand:18..8.2009)

Wermelskirchen, A (2009): Weniger Kindstötung in Deutschland. in: FAZ NET, 12. Juli 2009. Online im Internet: URL: http://www.faz.net/s/Rub77CAECAE94D7431F9EACD163751D4CFD/Doc~E5CCBDC26268340D284FEB5F04929D6B5~ATpl~Ecommon~Scontent.html (Stand: 12.06.2009)

Verzeichnis der Beispiele

Beispiel 1:	Der flexible Habitus und Thomas K.	101
Beispiel 2:	Der unternehmerische Habitus und Marianne R.	103
Beispiel 3:	Prototyp des flexiblen und unternehmerischen Menschen: Julia P.	104
Beispiel 4:	„Das ist jedes Mal wie Pokern unter ungleichen Partnern."	129
Beispiel 5:	Zum Jahreswechsel die Kündigung für alle	133
Beispiel 6:	Sozialpädagogische Familienhilfe: „Luxus- versus Gebrauchsvariante"	165
Beispiel 7:	Schulsozialarbeit: „Aus eins mach viele!"	167
Beispiel 8:	Der Allgemeine Sozialer Dienst ist nur noch im Feuerwehreinsatz	168
Beispiel 9:	„Neue Ideen lassen Sie lieber gleich stecken! Sie sind eh zu teuer."	170
Beispiel 10:	Familienhelferin – Qualifikation: Mutter von zwei großen Söhnen	173
Beispiel 11:	Kinderzentrum Schönestadt – vertane Investition	175
Beispiel 12:	„Beraten sie doch einfach ein bisschen schneller!"	177
Beispiel 13:	Ein neues Kindergartenkonzept verschleiert den Personalmangel	179
Beispiel 14:	„Erst mal muss die Versetzung klappen. Dann sehen wir weiter."	181
Beispiel 15:	Sozialpädagogischer „Notdienst" im Kinderheim	182
Beispiel 16:	„Was ich so mache als Sozialpädagogin? Vor allem Fundraising."	185
Beispiel 17:	„Dann merkte ich, ich kann es einfach nicht mehr ertragen."	186
Beispiel 18:	„Die ambulante Hilfe bringt schon noch was. Jedenfalls ist sie billiger."	189
Beispiel 19:	„Diese Hilfe ist uns zu teuer und es geht ja schließlich auch so."	192
Beispiel 20:	„Auf einmal bin ich der liebe Gott und der letzte Arsch."	194

Verzeichnis der Beispiele

Beispiel 21:	„Was man nicht zählen kann, interessiert uns nicht."	199
Beispiel 22:	„Genehmigt wurden genau zwei mal vier Stunden Tagesgruppe."	202
Beispiel 23:	„Aber daran werden wir wohl nichts ändern können."	207
Beispiel 24:	„Wir hatten ein ziemlich gutes Projekt. Jetzt ist es vorbei."	208
Beispiel 25:	„Jetzt ist Hilfeplanung endlich ein klar strukturierter Vorgang!"	212
Beispiel 26:	„Toll, was da für ein Wissen drin steckt!"	222
Beispiel 27:	Das unbekannte Dienstleistungsangebot Hilfe zur Erziehung	224
Beispiel 28:	„Wir haben keine Zeit, solche Menschen erst lange zu motivieren."	228
Beispiel 29:	Hausaufgabenbetreuung im sozialen Brennpunkt	229
Beispiel 30:	„Die macht uns noch unsere Erfolgsquote kaputt!"	231
Beispiel 31:	„Da können wir auch nichts mehr machen."	289
Beispiel 32:	Pünktlichkeit ersetzt keinen Arbeitsplatz	292
Beispiel 33:	Was Mirco eigentlich möchte, interessiert hier niemanden.	299
Beispiel 34:	„Ich habe es ja schließlich selber unterschrieben."	306
Beispiel 35:	Fallmanagement statt Jugenddrogenberatung	310
Beispiel 36:	„Der braucht harte Bandagen."	313
Beispiel 37:	„Die hat ihre Chance verspielt."	317
Beispiel 39:	„Da müssen Sie sich eben noch mehr anstrengen, Frau Heinrich!"	324
Beispiel 38:	Auf dem Plette-Platz herrscht wieder Ruhe und Ordnung.	334
Beispiel 40:	„Wenn ihr Mann sie geschlagen hat, drücken sie die 2!"	343
Beispiel 41:	Der Sozialarbeiterstammtisch	436

Stichwortverzeichnis

8. Jugendbericht 47, 60, 64, 282, 398, 443

A

Agentur für Arbeit 98, 250
akademische Ausbildung 32, 43, 53
aktivieren 64, 86, 251, 269, 274, 292, 318, 329, 331, 332, 444, 449, 454
aktivierender Staat 19, 74, 89, 93, 96, 241, 242, 243, 247, 248, 252, 254, 262, 265, 267, 268, 271, 272, 275, 276, 278, 281, 288, 290, 297, 309, 319, 320, 323, 327, 330, 336, 338, 340, 344, 349, 361, 370, 372, 373, 379, 380, 381, 388, 390, 395, 418, 430
Alkoholabhängigkeit 30, 174, 222
Alleinstellungsmerkmale 48, 50, 430
Allgemeiner Sozialdienst 129, 212, 317, 345, 428, 455
Alltag 33, 49, 50, 51, 60, 61, 62, 64, 68, 85, 100, 105, 129, 150, 165, 174, 183, 196, 203, 204, 261, 358, 364, 376, 403, 419, 456
Alltagsorientierung 51, 353, 409
Allzuständigkeit 48, 49, 50, 57, 244, 288, 409
Almosen 40, 41, 279, 284, 285, 286, 292, 351, 359, 413
alte Bundesländer 47, 101
ambulante Hilfen 26, 118, 133, 150, 151, 160, 163, 165, 178, 189, 190, 219, 358, 410
Arbeiterbewegung 42, 277, 280, 399, 416
Arbeiterwohlfahrt 18, 42, 152, 457
Arbeitsbündnis 55, 57, 61, 251
Arbeitsfähigkeit 42, 301
Arbeitsgesellschaft 71, 72, 94, 110, 154, 292, 446
Arbeitslosigkeit 30, 41, 42, 60, 74, 89, 91, 92, 93, 98, 101, 105, 107, 109, 111, 146, 152, 154, 155, 209, 222, 228, 243, 247, 248, 249, 250, 255, 263, 265, 266, 281, 288, 294, 306, 320, 324, 329, 332, 338, 377, 399, 440, 448, 450, 455, 456
Arbeitsmarkt 72, 75, 96, 102, 112, 153, 154, 243, 251, 253, 254, 267, 299, 320, 338
Arbeitsrecht 95
Armenwesen 42

Armut 38, 39, 40, 41, 74, 76, 92, 105, 106, 109, 110, 146, 240, 249, 265, 279, 281, 285, 288, 294, 303, 319, 320, 324, 337, 338, 350, 373, 399, 440, 444, 447, 448, 454, 455
Aufklärung 20, 41, 106, 276, 279, 280, 283, 284, 296, 414
Auftraggeber 38, 53, 128, 131, 206, 219, 220, 256, 300, 352, 375, 410, 412
Ausbeutung 42, 334
Ausbildung 32, 33, 43, 47, 53, 55, 88, 91, 101, 153, 154, 158, 166, 256, 292, 300, 310, 450, 456
Ausgrenzung 34, 86, 109, 171, 233, 261, 265, 278, 280, 287, 288, 291, 295, 297, 332, 333, 334, 335, 350, 352, 353, 379, 399, 402, 413, 440, 444, 451, 453

B

Bachelorstudium 48
Behindertenarbeit 26, 258
Benachteiligung 20, 60, 69, 79, 96, 112, 146, 230, 281, 296, 320, 329, 338, 390, 399, 413
Beratung 30, 49, 57, 76, 85, 86, 118, 155, 172, 177, 185, 189, 210, 218, 256, 257, 258, 267, 302, 304, 305, 310, 324, 326, 342, 368, 369, 375, 377, 381, 409, 443, 444, 454, 455
Berufsvorbereitungsjahr 30, 357
Bevormundung 84, 302, 371
Bewältigungsstrategien 320, 363, 367, 382, 407, 408, 411, 445, 457
Beziehungsarbeit 178, 179
Bezugswissenschaften 47, 54, 68, 233, 337
Biografie 56, 61, 73, 101, 103, 113, 339
biografischer Eigensinn 180, 202, 259, 297
Brückenfunktion 70, 196
bürgerliche Frauenbewegung 43
bürgerschaftlich 277, 278, 330, 332, 333
Burnout 186, 187, 365, 368, 421

C

Caritasverband 42, 445
Case Management 177, 211, 252, 257, 267, 268, 298, 301, 302, 304, 344, 353, 444, 447, 449, 452, 455

Stichwortverzeichnis

Casework 45, 46
Chancengleichheit 46, 62, 66, 79, 96, 156, 281, 282, 286

D

Demokratie 73, 281, 401, 442
Deprofessionalisierung 20, 24, 186, 348, 382, 409, 411
Deregulierung 95, 96, 113
Diagnose 56, 62, 219, 350, 450
Diakonie 18, 343
Dienstleistung 57, 95, 120, 121, 126, 128, 130, 132, 135, 136, 137, 138, 140, 141, 151, 157, 159, 174, 182, 196, 197, 201, 203, 206, 210, 215, 223, 224, 225, 226, 227, 229, 230, 233, 236, 241, 273, 275, 349, 350, 362, 373, 388, 391, 416, 421, 424, 436, 449, 453, 454
Disziplinierung 41, 211, 252, 270
doppeltes Mandat 69, 79, 80, 390, 398, 451
Drogenberatung 209, 255, 290

E

Effektivität 27, 74, 88, 116, 117, 121, 124, 133, 136, 138, 141, 142, 145, 148, 156, 157, 161, 162, 163, 176, 207, 208, 211, 215, 216, 217, 218, 220, 230, 234, 239, 257, 348, 349, 374, 384, 385, 403, 435
Effizienz 24, 72, 95, 116, 119, 120, 121, 126, 128, 133, 138, 139, 141, 142, 156, 157, 158, 160, 161, 162, 163, 164, 172, 180, 186, 191, 195, 207, 218, 220, 230, 231, 232, 234, 252, 257, 264, 342, 344, 348, 349, 353, 381, 384, 385, 386, 403, 421, 426, 452
Ehrenamt 37, 40, 42, 44, 152, 177, 209, 240, 330, 333, 351, 358, 360, 410, 416
Eigenverantwortung 58, 74, 96, 247, 251, 253, 254, 262, 265, 266, 271, 272, 273, 276, 284, 288, 302, 316, 319, 323, 330, 348, 350, 351, 354, 386, 428, 455
Ein-Euro-Job 98, 99, 153, 154, 155, 156, 173, 250, 256, 307, 313, 359
Einmischung 27, 224, 353, 402, 409, 416, 425, 431, 433, 438, 439, 441
Elberfelder System 42
Empowerment 60, 62, 79, 227, 245, 271, 273, 329, 447
Erfolg 19, 37, 38, 39, 57, 63, 75, 76, 80, 88, 89, 95, 100, 101, 103, 104, 112, 116, 118, 135, 144, 163, 178, 181, 186, 193, 206, 209, 215, 216, 219, 220, 221, 222, 229, 230, 231, 254, 257, 263, 265, 290, 298, 301, 304, 307, 320, 321, 335, 338, 342, 349, 360, 365, 378, 405, 408, 409, 434, 435, 439
Ergebnisoffenheit 68, 267, 305, 353, 411
Ergebnisqualität 88, 136, 197, 204, 214, 215, 216, 217, 218, 231
Erwerbslosigkeit 107
Erziehungsbeistandschaft 181, 194, 260
Erziehungsberatung 117
Erziehungsprojekt 295, 323, 324, 339, 350, 391
Erziehung zur Armut 40
Ethik 284, 345, 380, 393, 408, 449, 451, 454
Evidenz 214, 219, 220, 222, 340, 409
Existenzsicherung 73, 364, 423

F

Fachhochschule 25, 35, 43, 46, 47, 152, 240, 337, 437, 447
Fachlichkeit 17, 18, 19, 36, 38, 55, 56, 91, 119, 121, 127, 139, 150, 158, 160, 161, 162, 164, 166, 170, 172, 188, 204, 212, 217, 234, 299, 345, 348, 349, 361, 379, 381, 382, 384, 393, 394, 402, 403, 408, 411, 412, 413, 415, 429, 430, 432, 439, 453
Fachschule für Soziale Arbeit 43
Fallbeispiel 28, 29, 30, 57, 75, 76, 77, 78, 80, 81, 82, 83, 84, 85, 86, 87, 88, 101, 103, 104, 105, 173, 175, 177, 179, 181, 182, 185, 186, 189, 192, 194, 199, 202, 207, 208, 210, 212, 222, 224, 228, 229, 231, 289, 299, 306, 310, 313, 317, 324, 334, 355, 356, 357, 358, 359
Fallmanagement 250, 251, 255, 260, 267, 268, 305, 307, 309, 310, 353, 368, 371, 446, 447, 449, 450
Fallmanager 30, 110, 250, 251, 252, 307, 310, 322
Fallverstehen 54, 56, 62, 68, 211, 221, 341
Familienfürsorge 44
Familiengericht 28, 29
Faschismus 44, 45, 73, 401
Finanzierung 25, 32, 125, 126, 132, 133, 135, 136, 137, 142, 143, 149, 157, 175, 185, 199, 214, 221, 244, 385, 386, 391, 398, 447, 449

Stichwortverzeichnis

Flexibilität 68, 89, 91, 99, 101, 102, 103, 112, 151, 152, 179, 196, 240, 338, 440
flexible Arbeitsgesellschaft 71, 94
Folgekosten 76, 92, 144, 193, 410
Folgen 98, 164, 174, 188
Fordern und Fördern 60, 258, 262, 273
freiheitlich demokratische Grundordnung 74
Frühkapitalismus 40
Fundraising 137, 184, 185, 186, 196, 285, 310
Fürsorge 42, 44, 45, 46, 62, 81, 85, 86, 87, 242, 244, 249, 267, 268, 302, 312, 315, 351, 372, 401, 404, 451

G

Ganzheitlichkeit 49, 50, 64, 191, 274, 353, 455
Gemeinwesenarbeit 26, 27, 45, 46, 52, 291, 332, 333, 334, 335, 345, 373, 447, 451, 453, 454
Gerechtigkeit 20, 46, 66, 106, 278, 279, 280, 281, 282, 283, 286, 290, 297, 350, 362, 371, 374, 385, 386, 397, 402, 414, 416, 425, 426, 441, 443, 451, 452
geringfügige Beschäftigung 99
Geschichte der Sozialen Arbeit 39, 44, 233, 430, 447
geschlossene Heime 32, 241, 312
gesellschaftliche Anerkennung 36, 38, 53, 394
gesellschaftliche Benachteiligung 60, 69
gesellschaftliche Ursachen 46, 319, 323, 326, 337, 344
gesellschaftliche Verhältnisse 329, 337
Gesellschaftsbild 61, 66, 67, 248, 276, 386, 393, 433
Gesellschaftswissenschaften 68, 276, 336, 350, 400
gesetzliche Ansprüche 191, 456
Gesundheitswesen 20, 26, 98, 167, 455
Gewalt 73, 320
Gewerkschaften 25, 42, 43, 418, 420, 441
globaler Markt 18, 74, 263
Globalisierung 71, 94, 112, 449, 452, 456
Gruppenarbeit 26, 27, 45, 175

H

Habitus 69, 71, 74, 100, 101, 102, 103, 104, 105, 111, 112, 247, 255, 262, 323, 327, 354
Handlungsmaximen 47, 60, 192, 198, 282, 352, 418, 455

Handlungswissenschaft 34, 47, 54, 68, 337, 340, 454
Hartz-Gesetze 28, 73, 92, 101, 111, 240, 243, 248, 249, 250, 253, 255, 256, 257, 262, 263, 266, 267, 268, 280, 291, 298, 300, 309, 310, 324, 326, 342, 417, 449, 456, 457
Heimerziehung 26, 32, 46, 82, 118, 119, 134, 150, 162, 163, 169, 176, 178, 182, 183, 186, 189, 190, 191, 193, 194, 222, 224, 231, 232, 241, 289, 313, 317, 355, 358, 443, 445, 447, 452, 455, 456
Hilfesystem 267
Hilfe zur Erziehung 26, 29, 134, 148, 160, 162, 163, 181, 191, 202, 210, 224, 259, 260, 312, 317, 428, 450
Hilfe zur Selbsthilfe 33, 52, 60, 198, 206, 245, 262, 269, 271, 272, 301, 381
Hochschule 17, 25, 35, 43, 46, 47, 91, 92, 152, 172, 240, 337, 419, 422, 424, 429, 430, 431, 437, 447, 456, 457
Humanismus 40, 276

I

Ich-AG 98, 99
Individualisierung 52, 58, 59, 71, 94, 275, 316, 319, 321, 322, 324, 328, 332, 338, 388, 397, 404
Individualität 61, 215
ineffizient 95, 133, 145, 169, 176, 182, 223, 229, 230, 247, 348, 395, 421
Innere Mission 42
integrieren 50, 61, 75, 76, 79, 86, 101, 282, 288, 289, 297
Intervention 49, 50, 56, 62, 63, 79, 193, 211, 223, 227, 312, 319, 323, 350, 362, 453, 456
Investition 111, 175, 182, 253, 255, 258, 260, 262, 263, 265, 290, 331, 350, 351, 435

J

Jugendamt 18, 23, 28, 29, 32, 43, 45, 91, 107, 115, 116, 117, 118, 119, 127, 128, 129, 130, 131, 133, 140, 148, 151, 162, 163, 167, 168, 173, 181, 188, 189, 191, 193, 197, 202, 212, 224, 240, 256, 257, 289, 297, 307, 310, 315, 317, 324, 345, 355, 356, 358, 376, 377, 394, 401, 406, 428, 445, 449, 455

Jugendarbeit 26, 46, 145, 147, 149, 151, 152, 155, 167, 258, 259, 415, 449, 454
Jugendberufshilfe 30, 152, 255, 256, 298, 299, 300
Jugendfürsorge 44
Jugendgerichtshilfe 28, 29, 159, 258, 260
Jugendhilfe 24, 27, 28, 43, 44, 47, 64, 72, 75, 89, 115, 118, 127, 128, 131, 139, 143, 144, 145, 147, 148, 155, 164, 171, 185, 193, 194, 214, 218, 224, 230, 258, 289, 300, 304, 305, 308, 309, 313, 316, 318, 321, 339, 341, 351, 371, 372, 410, 417, 428, 435, 443, 444, 445, 446, 447, 449, 450, 451, 452, 453, 454, 455
jugendliche Straftäter 26, 32, 97, 261

K

Kapitalismus 39, 42, 44, 45, 68, 72, 90, 91, 95, 102, 110, 235, 242, 271, 277, 278, 282, 285, 286, 344, 347, 398, 400, 407, 413, 446, 449, 453, 454
Kernidentität 101, 234, 404
Kinderarmut 321
Kinderrechte 24
Kindertagesstätte 103, 112, 173, 178, 179, 189, 210, 317
Kinder- und Jugendhilfe 17, 24, 47, 60, 89, 115, 125, 127, 131, 143, 144, 147, 165, 192, 218, 224, 241, 259, 282, 371, 426, 428, 443, 444, 446, 447, 451, 452, 453, 455
Kindesmisshandlung 107
Kindesvernachlässigung 107
Kindeswohl 28, 72, 75, 428
Kindeswohlgefährdung 190, 193, 224, 240, 305, 315, 316, 355, 428
Kindeswohls 72
Klassen 37, 167, 173, 209, 233, 290, 291, 313, 319, 337, 338, 350, 352
Klientenorientierung 297
Konkurrenz 73, 89, 125, 137, 138, 139, 140, 153, 188, 246, 257, 348, 421, 426
Kontinuität 134, 175, 176, 203, 209, 348, 411
Kontraktmanagement 115, 123, 128, 130, 132, 207, 382
Kontrolle 32, 81, 123, 130, 205, 245, 252, 258, 264, 288, 291, 315, 316, 355, 394, 399, 427
Koproduktion 55, 88, 198, 215, 218, 267, 304, 305, 308, 349

Kosten 24, 38, 74, 76, 79, 96, 121, 122, 124, 125, 126, 128, 130, 131, 132, 135, 138, 139, 140, 143, 144, 145, 146, 147, 158, 159, 161, 162, 163, 164, 170, 171, 174, 184, 186, 188, 190, 191, 192, 193, 199, 206, 214, 216, 225, 240, 242, 247, 266, 299, 302, 328, 331, 343, 347, 349, 362, 370, 376, 381, 410, 441
Kostensenkung 130, 137, 138, 140, 141, 142, 144, 146, 160, 161, 164, 166, 191, 236
Kostenträger 120, 126, 128, 130, 184, 185, 190, 191, 199, 206, 210, 375, 394
Kostenwettbewerb 138, 139
Krise 53, 54, 57, 74, 93, 96, 97, 169, 200, 249, 292, 362, 367, 441
kritische Soziale Arbeit 18, 21, 46, 47, 84, 127, 145, 218, 242, 243, 244, 245, 246, 263, 271, 276, 278, 327, 346, 354, 370, 371, 379, 380, 381, 383, 400, 403, 404, 405, 407, 410, 412, 424, 428, 443, 445, 446, 447, 448, 450, 454, 455
kulturelle Gewalt 320
Kunde 129, 138, 196, 223, 225, 226, 257, 394

L

Laienarbeit 50, 55, 173
Lebensbewältigung 33, 48, 59, 60, 64, 66, 71, 77, 78, 80, 106, 244, 255, 268, 270, 274, 301, 344, 350, 400, 402, 414
Lebensweltorientierung 17, 36, 47, 58, 59, 60, 67, 89, 162, 198, 223, 262, 271, 272, 274, 275, 303, 304, 341, 352, 372, 373, 384, 388, 397, 404, 414, 446, 452
Leiharbeit 99
Leistung 16, 24, 28, 40, 41, 44, 71, 88, 109, 120, 123, 124, 125, 128, 130, 132, 136, 138, 139, 140, 141, 147, 148, 157, 158, 159, 160, 181, 184, 191, 193, 195, 197, 198, 204, 206, 208, 210, 211, 214, 215, 217, 218, 219, 220, 221, 223, 224, 225, 226, 227, 229, 230, 236, 242, 243, 250, 252, 253, 254, 257, 261, 262, 273, 276, 277, 278, 284, 288, 312, 330, 331, 347, 378, 391, 394, 408, 409, 420, 427, 435, 443, 454
Leistungsbereitschaft 89
Leistungserbringer 126, 132, 135, 137, 140, 161, 207, 219, 226, 237, 427
Lobby 34

M

managerialistisch 38, 375, 378, 381
Mandat 55, 68, 69, 70, 76, 77, 79, 80, 302, 329, 390, 391, 393, 397, 398, 399, 400, 405, 412, 413, 415, 417, 439, 451
Marktprodukt 195, 208, 223, 374, 384
Marktwirtschaft 18, 38, 89, 91, 93, 94, 97, 126, 138, 235, 263, 287
Massenarbeitslosigkeit 43, 110, 291
materielle Unterstützung 42, 111, 320
Medien 17, 23, 32, 37, 51, 91, 94, 97, 107, 110, 112, 294, 427, 434, 439
Menschenbild 17, 20, 73, 269, 276, 277, 278, 279, 295, 301, 335, 349, 415, 427, 433
Menschenrechte 24, 41, 66, 73, 74, 283, 286, 385, 393, 414
Messbarkeit 197, 198, 215, 349
Methoden 17, 45, 47, 48, 49, 51, 54, 62, 63, 66, 68, 80, 88, 117, 158, 173, 186, 210, 220, 233, 252, 257, 259, 261, 266, 272, 312, 326, 327, 340, 341, 344, 353, 393, 394, 402, 408, 419, 446, 448, 449, 450, 455
Methodenoffenheit 51, 341, 344, 353, 361
MigrantInnen 26, 27, 29, 177, 293, 321, 333
Minderheiten 74, 333
Mittelschicht 111, 332
mobile Jugendarbeit 46, 415
Modernität 95, 145
Motivierung 57, 81, 228, 316, 339, 362, 411
multiperspektivische Fallarbeit 56, 341, 451
Multiproblemfamilien 26

N

Nachbarschaftlichkeit 36
Nachhaltigkeit 87
Nächstenliebe 40, 52, 286, 413, 451
Nationalstaat 95
Neoliberalismus 246, 263, 380, 382, 421, 449, 454, 456
neosozial 39, 211, 274, 278, 333, 347, 371, 407, 424, 429
Netzwerk 52, 332
Neue Steuerung 121, 122, 123, 124, 450
neue Unterschicht 110, 265, 294, 295, 444, 447, 448, 455
Neuorganisationsdebatte 352
Niedriglohn 42
non-profit 426, 453
Normalarbeitsverhältnis 94

Normalität 26, 72, 77, 85, 98, 99, 106, 119, 172, 185, 200, 201, 231, 281, 334, 376

O

Obdachlosenhilfe 24, 30
öffentlicher Dienst 122, 124, 127, 145, 152, 188
Öffentlichkeit 18, 21, 23, 24, 31, 36, 37, 38, 46, 48, 75, 76, 97, 261, 293, 327, 368, 379, 394, 410, 413, 415, 422, 434
Ökonomie 38, 142, 161, 196, 210, 216, 223, 233, 234, 235, 258, 326, 376, 377, 398, 408, 416, 443, 450
ökonomisch 38, 45, 65, 68, 74, 95, 96, 102, 105, 111, 121, 122, 124, 141, 153, 156, 160, 163, 188, 195, 211, 216, 220, 225, 231, 235, 236, 241, 243, 255, 260, 264, 275, 278, 279, 286, 296, 321, 331, 339, 353, 363, 373, 374, 375, 377, 381, 382, 393, 398, 404, 408, 441, 449
Ökonomisierung 16, 17, 19, 21, 24, 38, 89, 93, 100, 113, 115, 119, 120, 138, 141, 145, 147, 157, 160, 161, 188, 197, 202, 205, 206, 208, 214, 217, 218, 219, 223, 225, 233, 234, 236, 237, 239, 241, 258, 264, 275, 276, 283, 286, 344, 346, 347, 355, 360, 361, 366, 373, 375, 377, 378, 379, 381, 386, 390, 395, 397, 403, 430, 443, 445, 446, 447, 449, 451, 452, 453, 454, 456
Ordnungspolitik 351
ÖTV 25

P

Paritätischer Wohlfahrtsverband 18
Parteilichkeit 79, 297, 302, 329, 350, 351, 373, 397, 413, 426
Partizipation 45, 47, 191, 198, 202, 212, 229, 245, 259, 271, 273, 274, 305, 307, 332, 339, 349, 351, 352, 353, 455
Paternalisierung 297, 370
pathologisieren 46
Personalschlüssel 88, 149, 150, 178
Perspektivlosigkeit 27, 89, 338, 357
Pisastudie 92
Pluralisierungsprozessen 45, 58, 59, 94, 277, 397, 404
politisches Handeln 399, 405, 412, 413, 417, 440

Politisierung 397, 398, 400, 403, 407, 412, 422, 423, 424, 425, 426, 427, 429, 440, 451, 453
PraktikerInnen 15, 18, 19, 21, 24, 46, 119, 128, 164, 192, 213, 217, 345, 346, 363, 364, 365, 366, 368, 370, 372, 375, 377, 379, 380, 383, 385, 402, 406, 409, 410, 412, 418, 421, 423, 429, 431, 432, 434, 436, 456
Praktikum 17, 48, 104, 112, 164, 166, 172, 231, 300, 359
Prävention 27, 47, 144, 146, 155, 191, 198, 326, 353, 373, 449, 456
prekäre Arbeitsverhältnisse 98, 365
Prekariat 105, 151, 402, 444
Privatisierung 89, 95, 113, 125, 126, 284, 414, 415, 440, 443, 451, 452, 456
Privatunternehmen 95
Professionalisierung 36, 38, 47, 133, 166, 172, 244, 273, 378, 455
Professionalität 18, 31, 37, 48, 49, 53, 57, 154, 172, 186, 216, 217, 218, 221, 237, 239, 340, 342, 360, 361, 362, 370, 392, 408, 409, 430, 440, 445, 446, 452, 456
professionelle Autonomie 37
Profit 74, 94, 216, 231, 234, 426, 441, 453
Projekt 26, 27, 82, 84, 85, 92, 100, 104, 116, 117, 133, 136, 138, 147, 148, 149, 154, 155, 167, 168, 176, 179, 185, 208, 209, 230, 246, 275, 313, 327, 328, 329, 333, 334, 360, 362, 363, 365, 366, 370, 376, 391, 397, 409, 411, 414, 415, 416, 417, 422, 423, 429, 430, 431, 435, 439, 441, 450
Prozessmerkmale 89, 203, 218
Prozessqualität 88, 197, 218
Psychiatrie 24, 85, 183, 231, 289, 444, 452, 454
Psychoboom 66
Psychologie 25, 26, 47, 54, 68, 303, 339
Psychotherapie 86, 304

Q

Qualifikation 88, 117, 131, 153, 173, 174, 175, 198, 247, 411
Qualität 19, 36, 56, 57, 80, 88, 117, 118, 120, 131, 132, 133, 136, 138, 139, 140, 157, 158, 160, 161, 162, 163, 164, 165, 170, 174, 177, 178, 180, 184, 196, 197, 198, 199, 201, 203, 204, 205, 206, 207, 208, 211, 213, 215, 218, 219, 220, 221, 223, 225, 226, 234, 236, 262, 263, 274, 282, 298, 348, 357, 360, 369, 376, 377, 378, 394, 403, 408, 409, 411, 446, 448, 450, 454
Qualitätsanforderungen 36

R

Rationalisierung 100, 103, 160, 203, 210, 211, 446
Raumangebot 88
Recht auf Arbeit 112
Rechte 43, 60, 67, 69, 85, 91, 96, 243, 247, 280, 285, 287, 304, 328, 338, 351, 390, 393, 414, 417, 420, 423, 457
Reflexivität 68, 405, 406, 407, 412, 429, 430, 431, 434, 438, 441
Reformen 42, 46, 92, 124, 184, 381, 399
reformpädagogische Ansätze 43
Reichsjugendwohlfahrtsgesetz 44
Repolitisierung 16, 397, 398, 403, 412, 423, 428
Risiken 42, 59, 74, 109, 112, 126, 247, 253, 318, 414, 421, 435, 444, 445, 446
Risikogesellschaft 59, 109, 443
Risikogruppe 92, 110, 351, 439

S

Sachkosten 149, 150
Sanktionen 30, 57, 64, 70, 83, 251, 254, 257, 265, 268, 269, 298, 304, 305, 308, 309, 310, 311, 312, 313, 317, 326, 346, 350, 351, 362, 410, 411, 433
Scheidungsberatung 26, 29, 83, 356
Schulabbrecher 106
Schuld 28, 46, 104, 112, 265, 293, 316, 350, 411, 414, 421
Schulden 32, 34, 109, 173, 255, 256, 258, 265, 298, 324, 343, 443, 447
Schule 27, 28, 30, 32, 33, 48, 50, 65, 82, 101, 106, 107, 112, 130, 134, 151, 167, 168, 169, 174, 181, 194, 202, 209, 222, 231, 289, 292, 313, 315, 321, 324, 356, 371
Schulsozialarbeit 26, 48, 82, 151, 167, 258, 313, 315
Schulverweigerung 106, 456
seelische Behinderung 30, 231
sekundäre Integration 228, 264, 299
Selbstausbeutung 366, 369, 407, 416

Stichwortverzeichnis

Selbstbewusstsein 15, 37, 78, 99, 193, 198, 307, 332, 409, 410, 430
Solidarität 35, 36, 44, 51, 202, 265, 279, 281, 287, 331, 369, 419, 421, 431, 435, 436, 449, 457
Sorgepflicht 72
Sorgerecht 29, 72, 82
Sozialamt 18, 25, 197, 199, 324, 377, 394
Sozialarbeit 19, 25, 35, 36, 46, 62, 65, 93, 119, 147, 156, 169, 174, 176, 211, 234, 258, 268, 282, 283, 303, 323, 332, 347, 350, 352, 355, 356, 357, 358, 359, 361, 369, 374, 390, 401, 402, 404, 407, 409, 445, 448, 449, 450, 451, 452, 453, 454, 455, 456, 457
sozialdemokratisch 42, 43, 246, 280
Sozialdienst 118, 134, 169, 174, 188, 191, 193, 194, 212, 257, 315, 317, 345
soziale Absicherung 46
soziale Benachteiligung 34, 96, 109, 110, 297, 329, 332, 338, 351, 390, 391, 413, 426, 429
Soziale Frage 39, 42, 106, 275, 278, 280, 281, 282, 338, 388, 394, 398, 399, 405, 416, 444, 448
soziale Gerechtigkeit 282, 284, 297, 350, 371, 374, 397, 414, 425, 426
soziale Gruppenarbeit 27
soziale Netze 61, 77, 85, 105
sozialer Abstieg 105
sozialer Nahraum 353
soziale Sicherung 96, 143, 242, 245, 266
Soziale Trainingskurse 26
soziale Ungleichheit 74, 279, 281, 284, 295, 441
Sozialhilfe 99, 242, 248, 249, 250, 254, 267, 269, 280, 317, 449
sozialintegrativer Erziehungsstil 303
sozialistisch 42, 44, 45, 89, 280, 399
Sozialleistung 96, 145, 243, 250, 253, 347, 380, 457
Sozialmarkt 130, 140, 236, 348, 427
Sozialpädagogische Familienhilfe 116, 150, 165, 172, 173, 190, 222, 259, 317
sozialpädagogische Intervention 51, 79, 80, 211, 313
sozialpädagogische Tagesgruppe 171, 192, 198, 202, 203, 210
Sozialpolitik 15, 23, 24, 43, 47, 53, 136, 165, 233, 237, 241, 243, 247, 248, 254, 264, 267, 272, 275, 276, 277, 279, 290, 301, 302, 327, 347, 371, 374, 376, 388, 391, 398, 399, 400, 428, 445, 446, 448, 453
Sozialraum 61, 353
Sozialraumorientierung 47, 62, 162, 353, 443
Sozialstaat 19, 21, 24, 39, 45, 46, 68, 73, 79, 95, 96, 111, 113, 127, 137, 143, 164, 239, 241, 242, 243, 244, 245, 246, 247, 248, 264, 266, 268, 271, 273, 276, 277, 278, 280, 282, 283, 284, 285, 288, 289, 295, 320, 330, 336, 390, 397, 399, 404, 428, 445, 449, 455, 457
Sozialversicherungsgesetze 42
Soziologie 47, 54, 68, 337, 444
Sparstrategie 90, 143, 147, 216, 386
Spendenwesen 40
Spielsucht 108
Sponsering 310
Staat 16, 19, 24, 28, 38, 41, 44, 72, 74, 86, 89, 93, 94, 95, 96, 112, 125, 126, 128, 135, 136, 138, 139, 140, 154, 174, 197, 224, 226, 237, 239, 240, 241, 242, 243, 246, 247, 248, 249, 252, 253, 254, 255, 257, 258, 261, 262, 263, 264, 265, 266, 267, 268, 269, 270, 271, 272, 273, 274, 275, 276, 278, 280, 281, 283, 284, 285, 286, 287, 288, 290, 291, 294, 297, 299, 300, 307, 308, 309, 311, 312, 319, 320, 323, 327, 329, 330, 336, 338, 340, 344, 348, 349, 350, 361, 370, 372, 373, 375, 379, 380, 381, 384, 388, 390, 391, 394, 395, 402, 405, 413, 415, 418, 430, 439, 444, 445, 446, 449, 451, 454, 455, 456
Stadtteil 50, 65, 118, 330, 335, 455
Stadtverwaltung 27, 334
Standardisierung 54, 158, 203, 210, 211, 213, 341, 344, 348, 360, 362
Statistisches Bundesamt 107, 108, 143, 457
Status 31, 37, 39, 53, 56, 109, 348
Strafvollzug 26, 289, 309
Straßensozialarbeit 26, 29, 334
strukturelle Gewalt 73
Strukturqualität 88, 197
Studentenbewegung 46
Subjekt 59, 60, 61, 63, 64, 67, 96, 101, 104, 113, 192, 225, 226, 230, 253, 260, 265, 269, 274, 292, 297, 301, 302, 305, 330, 373, 425
System 40, 41, 42, 44, 59, 61, 63, 65, 68, 69, 70, 71, 75, 76, 79, 80, 91, 98, 105, 112,

123, 140, 141, 186, 196, 229, 232, 234, 261, 280, 281, 287, 329, 344, 352, 385, 390, 393, 398, 399, 400, 401, 402, 405, 440, 441
systemisch 70, 165, 196, 245, 321, 322, 398, 399, 400, 405, 415, 417, 452
System-Lebenswelt-Paradigma 70

T
Teilhabe 46, 56, 61, 66, 69, 76, 96, 106, 154, 282, 287
thematische Engführung 50
Toleranz 74, 241, 309, 335
Tripelmandat 393
Turbokapitalismus 89, 94, 95, 442, 449

U
Ungerechtigkeit 39, 69, 106, 294, 295, 390, 447
Ungleichheit 59, 62, 74, 96, 105, 106, 146, 242, 247, 263, 266, 279, 280, 281, 282, 287, 290, 292, 295, 297, 320, 337, 350, 390, 399, 440
Unternehmen 42, 74, 95, 99, 101, 104, 124, 125, 126, 128, 129, 135, 137, 141, 146, 231, 233, 287, 348, 352, 366, 382, 385, 421, 426, 441
Unternehmer 71, 99, 102, 103, 286, 426
unternehmerischer Habitus 74, 101, 104, 247, 262, 327
Unterschicht 110, 265, 293, 294, 296, 332, 444, 447, 448, 451, 455, 457
Unterstützung 17, 21, 24, 25, 28, 30, 33, 34, 40, 42, 44, 51, 56, 57, 60, 65, 66, 67, 68, 69, 70, 73, 76, 77, 79, 81, 84, 86, 96, 111, 121, 133, 144, 146, 148, 150, 155, 159, 171, 182, 186, 195, 201, 202, 212, 216, 218, 226, 228, 229, 230, 242, 244, 247, 249, 250, 253, 255, 262, 263, 269, 274, 279, 285, 286, 303, 304, 305, 314, 317, 320, 324, 328, 330, 331, 334, 358, 366, 369, 370, 381, 391, 414, 417, 425, 426, 427, 429, 434, 452, 455

V
Verantwortung 17, 20, 24, 36, 44, 52, 61, 64, 96, 97, 110, 121, 122, 125, 126, 137, 151, 156, 190, 194, 195, 247, 252, 253, 254, 266, 268, 270, 273, 276, 277, 279, 286, 300, 319, 321, 328, 330, 332, 344, 348, 352, 353, 354, 362, 368, 373, 390, 402, 409, 410, 414, 424, 425, 426, 428, 429, 439, 446, 450, 451, 455
Verbetriebswirtschaftlichung 89, 195, 236
Verhaltensmodifikation 339, 350
Vermarktlichung 19, 20, 89, 113, 121, 170, 354, 386, 415
Verpflichtung 55, 74, 106, 127, 157, 204, 247, 256, 390, 393
Verteilungsgerechtigkeit 96, 282, 283, 337
Vormundschaftsgericht 28

W
Wächteramt 28, 72, 75, 315
Ware 138, 140, 208, 209, 210, 225, 226
Weimarer Republik 43, 45, 248
Werteerziehung 74, 329
Wettbewerb 125, 126, 137, 138, 139, 237, 240, 269, 301, 421, 427, 445, 446, 447, 451, 452, 453
Widerstand 15, 46, 128, 147, 250, 366, 375, 378, 379, 380, 383, 397, 403, 405, 407, 408, 409, 411, 412, 417, 418, 422, 425, 428, 429, 434, 436, 448
Wirksamkeit 36, 174, 176, 188, 206, 216, 217, 341, 374, 385, 403, 444
Wirkung 37, 84, 88, 89, 133, 136, 142, 146, 160, 167, 178, 182, 196, 202, 203, 214, 215, 216, 217, 218, 219, 220, 221, 234, 318, 341, 349, 368, 409, 410, 411, 415, 417, 425, 434
Wirtschaftssystem 74, 287
wissenschaftlich 15, 33, 36, 39, 47, 48, 51, 53, 54, 55, 56, 59, 62, 68, 88, 120, 213, 217, 218, 219, 220, 221, 275, 336, 337, 338, 339, 340, 341, 361, 367, 368, 372, 374, 383, 384, 392, 393, 394, 405, 406, 407, 408, 409, 411, 412, 414, 418, 422, 424, 425, 426, 431, 438, 440, 447
Witze 31, 32, 33, 34, 35, 174

Z
Zeitkontingente 15, 17, 20, 28, 29, 39, 40, 42, 44, 46, 47, 55, 64, 79, 87, 88, 89, 92, 99, 105, 111, 117, 118, 129, 134, 135, 136, 137, 143, 145, 149, 150, 151, 156, 158, 159, 163, 165, 166, 167, 168, 169, 171, 172, 174, 177, 178, 180, 182, 183, 184, 185, 186, 187, 190, 195, 197, 198, 200, 207, 209, 211, 212, 215, 217, 220, 222,

227, 228, 231, 243, 245, 246, 247, 248, 277, 284, 286, 289, 290, 298, 299, 301, 302, 306, 309, 310, 312, 315, 317, 324, 331, 332, 338, 340, 342, 346, 348, 358, 364, 369, 375, 379, 384, 385, 397, 399, 409, 411, 432, 435, 437, 444

Zivilgesellschaft 279, 330, 331, 333, 336, 446, 450, 454
Zone der Verwundbarkeit 105
Zwangsarbeit 41, 42
Zweite Moderne 21, 58, 59, 60, 89, 91, 94, 95, 100, 109, 110, 268, 273, 280, 344, 404, 447

Lehrbücher Soziale Arbeit

Karl-Heinz Braun / Konstanze Wetzel
Sozialreportage
Einführung in eine Handlungs- und
Forschungsmethode der Sozialen Arbeit
2010. 288 S. Br. EUR 22,95
ISBN 978-3-531-16332-1

Karl August Chassé
Unterschichten in Deutschland
Materialien zu einer kritischen Debatte
2010. 210 S. Br. EUR 16,95
ISBN 978-3-531-16183-9

Christina Hölzle / Irma Jansen (Hrsg.)
**Ressourcenorientierte
Biografiearbeit**
Einführung in Theorie und Praxis
2., durchges. Aufl. 2010. 341 S. Br. EUR 19,95
ISBN 978-3-531-16377-2

Fabian Kessl / Melanie Plößer (Hrsg.)
**Differenzierung,
Normalisierung, Andersheit**
Soziale Arbeit als Arbeit mit den Anderen
2010. 267 S. Br. EUR 19,95
ISBN 978-3-531-16371-0

Michael May
**Aktuelle Theoriediskurse
Sozialer Arbeit**
Eine Einführung
3. Aufl. 2010. 321 S. Br. EUR 29,95
ISBN 978-3-531-17071-8

Harald Christa
Grundwissen Sozio-Marketing
Konzeptionelle und strategische
Grundlagen für soziale Organisationen
2010. 326 S. Br. EUR 22,95
ISBN 978-3-531-17010-7

Andrea Friedrich
**Personalarbeit in
Organisationen Sozialer Arbeit**
Theorie und Praxis
der Professionalisierung
2009. 146 S. Br. EUR 14,95
ISBN 978-3-531-16557-8

Brigitta Michel-Schwartze (Hrsg.)
Methodenbuch Soziale Arbeit
Basiswissen für die Praxis
2., überarb. u. erw. Aufl. 2009. 346 S.
Br. EUR 19,90
ISBN 978-3-531-16163-1

Wolfgang Widulle
**Handlungsorientiert Lernen
im Studium**
Arbeitsbuch für sozialpädagogische
Berufe
2009. 254 S. Br. EUR 24,90
ISBN 978-3-531-16578-3

Erhältlich im Buchhandel oder beim Verlag.
Änderungen vorbehalten. Stand: Juli 2011.

www.vs-verlag.de

Abraham-Lincoln-Straße 46
65189 Wiesbaden
tel +49 (0)6221.345 - 4301
fax +49 (0)6221.345 - 4229

Handbücher Soziale Arbeit

Kirsten Aner / Ute Karl (Hrsg.)
Handbuch Soziale Arbeit und Alter
2010. 548 S. Br. EUR 49,95
ISBN 978-3-531-15560-9

Soziale Arbeit für und mit älteren und alten Menschen meint mehr als nur Altenhilfe. Vor dem Hintergrund des demografischen Wandels, der vor allem eine Zunahme der Altenpopulation mit sich bringt, eröffnet sich ein breites Handlungsfeld für die Soziale Arbeit. Mit dem Handbuch werden zum einen die gegenwärtigen Strukturprobleme sozialer Altenarbeit aufgezeigt und gleichzeitig wird das Spektrum, das weit über die reine ‚Altenpflege' hinaus geht, vorgestellt.

Stefan Maykus / Reinhold Schone (Hrsg.)
Handbuch Jugendhilfeplanung
Grundlagen, Anforderungen und Perspektiven
3., vollst. überarb. u. akt. Aufl. 2010.
431 S. Br. EUR 49,95
ISBN 978-3-531-17039-8

Bernd Dollinger / Henning Schmidt-Semisch (Hrsg.)
Handbuch Jugendkriminalität
Kriminologie und Sozialpädagogik im Dialog
2010. 586 S. Geb. EUR 49,95
ISBN 978-3-531-16067-2

Kriminalität Jugendlicher erweist sich regelmäßig als mediales und politisches Ereignis. Wenig relevant sind in diesen Zusammenhängen kriminologische und sozialpädagogische Befunde, die wissenschaftlich fundiert tatsächlich vorliegen. An einer Schnittstelle von Sozialpädagogik und Kriminologie setzt dieses Handbuch an und fasst die gegenwärtigen Diskurse für die (Fach-)Öffentlichkeit zusammen.

Margherita Zander / Roemer Martin (Hrsg.)
Handbuch Resilienzförderung
2010. 690 S. Br. EUR 49,95
ISBN 978-3-531-16998-9

Erhältlich im Buchhandel oder beim Verlag.
Änderungen vorbehalten. Stand: Juli 2011.

www.vs-verlag.de

Abraham-Lincoln-Straße 46
65189 Wiesbaden
tel +49 (0)6221.345 - 4301
fax +49 (0)6221.345 - 4229

Printed in Poland
by Amazon Fulfillment
Poland Sp. z o.o., Wrocław